蘭学と日本語

杉本つとむ

Sugimoto Tutomu

蘭学と日本語

The Dutch Impact on Modern Japanese Language

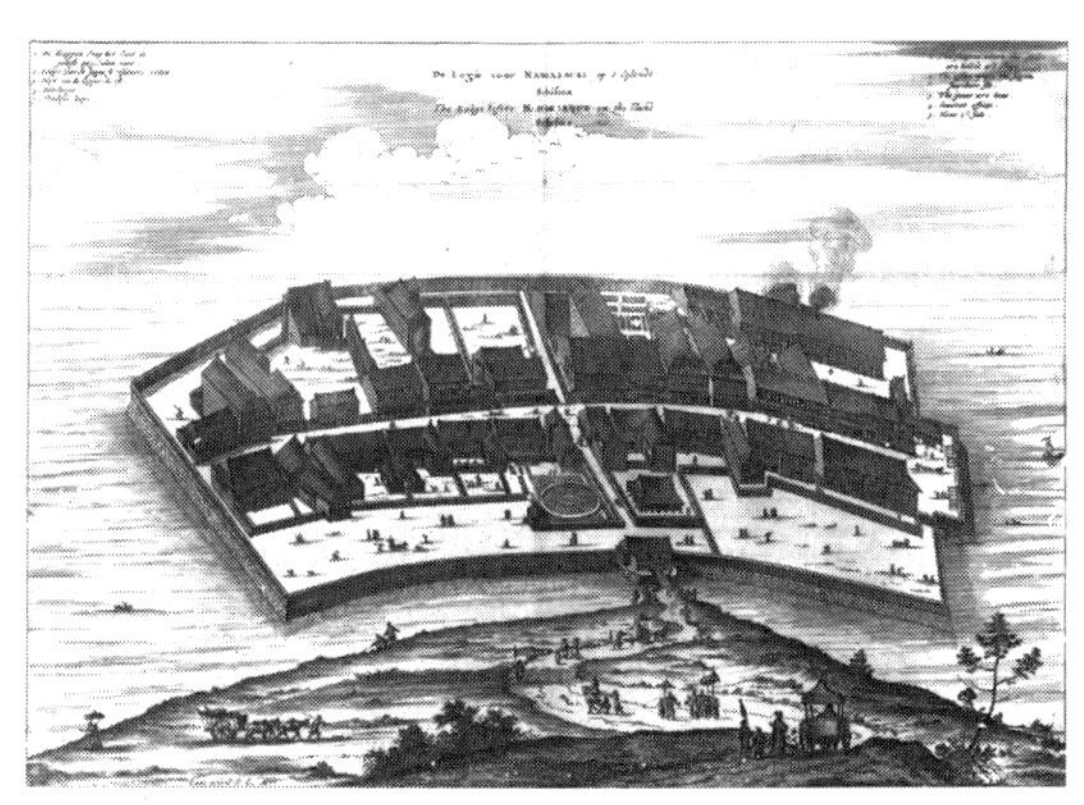

八坂書房

カバー・扉図版
モンタヌス『日本誌（東インド会社遣日使節紀行）』（1669 年）
〈出島〉

表紙図版
同上、〈江戸〉

まえがき

衛生研究所のI氏から疑問に思っていた〈血球〉が、やはり英語ではなくオランダ語とご教示をいただき勉強になった由のお手紙をいただいた。また医師のW氏から先生の論文で、〈健康〉がオランダ語の翻訳としり、僕も少し調べて論文にしたので、抜刷りをおくらせていただきますと玉稿を頂戴した。私のオランダ語研究が専門の、関心ある方々の目にすこしはとまったようである。漢方の〈欠盆骨〉を〈鎖骨〉と訳し、未詳であったKlier（キリール）を〈（リンパ）腺〉と訳し、その他、〈膵臓、遺伝、腱、腟（膣）、処女膜〉など、内科関係の用語――『解体新書』では訳されぬ用語――を翻訳した宇田川玄随、同玄真、同榕庵、同興斎など宇田川家四代にわたる蘭学の家の人びと、その門弟たちの精進が、多くの内科医学用語を創訳した。こうした江戸時代の蘭学を研究していた私に、日本医師会の某氏の目がとまって、同会の機関誌に、〈近代医学の源流〉などと厳しいタイトルで小文を一年間連載した。会長、武見太郎氏が拙著『医戒』の愛読者であることもしらされた。

しかし蘭学は医学だけにとどまるわけではない。もちろん。〈彼はまだ学問に入りはなである・響きは空気の娘である（擬人体で無生物を主格とする）・彼と彼女は接吻した〉など、デアルを基本にした訳文を長崎通詞たちが創始した（現代流行作家、宮部みゆき『荒神』（「朝日新聞」、平成二十五年三月十五日）に、〈夜になって雲が月と星を隠している〉の文態にまで伝流している）。国家的使命を拝し、かつ真理追究せんの自覚をもって翻訳に精進した長崎の学究的通詞の一団が、江戸の蘭学界に正確な翻訳法を伝授した。周知のようにデアル体はその発露の一端であり、これこそは新しい明治時代になって、いわゆる言文一致体として受けつがれ、それまでの文語体に代って口語体の書き言葉として日本語文の基本となり、現代までつづく創造的実践の証しである。

こうして蘭学者たちにより、江戸時代はこれまでの日本にかつてない素晴しい翻訳文化、学芸が創造され展開していった。翻訳の根源は、厳密にして理にかなった蘭語学が原動力であり、かかる方法を確立したのが、『鎖国論』の著で学校教科書にものる旧長崎通詞、志筑忠雄（中野柳圃）である。彼は通詞の職を辞し本姓、中野柳圃にもどって、『蘭語九品集』や『九品詞名目』、『蘭学生前父』などの著を執筆、〈名詞・代名詞・形容詞／主格・処格・奪格／直説法〉などオランダ語の構造を解明し、その文法用語を翻訳確立した。さらに西欧科学、天文・物理の学術分野にまでふみこんで、『暦象新書』を執筆し、〈恒星、衛星、遊星、惑星〉、新理論〈地動説、自転、公転〉などを翻訳紹介している。その弟子にも俊才が出て、オランダ語の文法にあっては、〈前置詞〉や〈関係代名詞〉などの訳語も創出し明治の、近代の日本文化、科学を発展させる基礎となる蘭語学を確立した。

また柳圃の学は江戸へ伝えられ、その門人やさらにその門人により、〈元素、酸素、二酸化炭素、水素〉そしてウランやスパ、アルキメデスの原理、水の電気（エレキ）分解、プラス・マイナス極、さらには、〈花粉、細胞、雌蘂、雄蘂、球根／光線、分子、理科〉など、まさに近代科学の世界を幕末の日本に具現した。これら西欧科学の導入、学習を導いたのは、オランダ語でありラテン語などである。これに敢然と立ち向った学究の徒が、中野柳圃を祖とする蘭学者たちである。彼らが誰よりも先んじて文法を修得し、翻訳の土台を築かねば江戸期、いな近代日本の学芸は一世紀は遅れたであろう。現代の科学立国日本は実現されていなかったであろう。文明開化も維新前半世紀に幕は切っておとされたのである。

ここにささやかながら、彼の学問の軌跡の一端を古くしてすでに公表したわが論文を再びつらねて、柳圃を中心にさらにその周辺の蘭学の徒の論考の一部をまとめて、一巻の論文集としてこの世に残しておくこととした。

近代語学会の帰途、宇都宮大学の山口先生に誘われてJR山手線大塚駅近くの古本屋、明善堂書店を訪れた。もはや半世紀ほどむかしのことである。ご主人は井上謙吉と名乗り、「よく早稲田の先生もみえます、演博の後藤さんや人類学の西田先生なども」と。山口先生は雑誌「解釈」の編集をしており、資金面でこの御主人に助勢してもらっている由。山口先生が私のことをいろいろ紹介してくださった。以後不思議な縁でその後約二十年ほどこの店に出入りすることになった。ここにはまた社会思想社の杉田という編集長もよくみえるといい、「紹介しましょう、近くまたおでかけください」――そういわれて明善堂書店を辞去したが、やがて社会思想社から、現代教養文庫の一冊にと『日本語再発見』を刊行させていただいた。杉田氏は一高東大出の秀才だそうで、文庫本の表紙カバーに絵柄をデザインするように工夫したのは氏のアイデアという。現代では岩波文庫など多くの文庫本がこれを借用、踏襲しているわけである。ここで私たち仲間の「近世文学史研究の会」の論文集『近世中期文学の諸問題』の第一冊目を出版していただいた。仲間には隠しておいたが、井上氏の要請で、四万円を何とか捻出し現金で持っていき、出版を懇請した（領収書を今も保管）。そのころ西鶴、芭蕉の研究が大学で盛んであったが、江戸の文化・学芸は中期にありと私たちは気炎をあげていた。昭和四十一年のことである。同人は石川潤二郎、高田衛、中野三敏、中村博保、山下一海に私で、すべて私の後輩、事務所を杉本の自宅、練馬区上石神井においた。そもそもは石川君の提案での研究会であり会合であった。彼が一番熱心で、それまで、同人を結集するのに再三わが家を訪れ、意欲的であった。私自身は後輩たちとほとんど面識はなく、文学と言語と専攻も異なり、交渉はほとんどなかった。石川君は若くして逝き、今は高田、中野、私と三人のみとなった。この論集に私は〈国語学史上の一発見――中野柳圃と『西音発微』〉を発表した。本書の第一部1に収録の論文のもとになったものである（その後、「論文集」は四本、最後は笠間書院にお願いして終了した。同人はすべて大学に職を得た）。もとより井上さんも山口先生も今は彼岸のかなたである。八坂書房の前社長、八坂安守さん（当時、社会思想社の編集担当）ともここがひとつの縁である。私も老いの身のやがてあの世へのお迎えも近かろうと思い一筆付記することにする。

蘭学者の末裔ともいえる森鷗外は、「洋学の盛衰を論ず」の論者で、〈既往の外国語を修めし者は、能く書を読みて、其語を口にすること能はず。今後は唯だ会話せよ。書を読むこと勿れと。予は真に外国語に通ずるものの、会話と読書と、之くとして不可なることなきを信ず。若し会話のみにして足るといはば、是庖丁の外国語のみ〉

と警告を発している。当時、会話優先の愚論への批判である。現代の英語教育はまさに、この〈庖丁の英語〉教育にひたすら突進しているではないのか。また漱石は「語学養成法」(明治四十四年)で、(入学)試験英語について批判し、「現代読書法」の一文では、〈(試験では)一般の学力を鑑定する事は出来ない。学生の綱渡りが出来るか否かを見る位のもので、学生も要するにきはどい綱渡りは出来ても地面の上が歩けなくては仕方のない話ではないか〉と、鷗外と同じように、学校での英語教育とその入試のための英語教育を〈綱渡りの英語〉などと指摘する。もちろんこれはそのまま、受験英語に対する皮肉な批判である。この両文豪の鋭い警告や批判に国も有識者も学校の先生も、一度は耳を傾けてほしいと思う。江戸時代の蘭学者の語学学習とその成果、功業を検証するならば、もはや現代の学校教育において国家として、国民として、外国語学習、教育がどうあるべきか、その解答はおのずと十分に用意されている。過去の歴史に学べといいたい。江戸時代のオランダ語学習とその成果を研究した私の眼からも、現代の外国語教育が果してその本質をしっかりと考えているかどうか疑問である。貧しい小手先の語学教育に終らぬことを願っている。

なお先にふれたが、本書には旧稿の多くを再録した。ことに第三部の諸論考は、すでに『蘭語学とその周辺』(「杉本つとむ日本語講座5」)にまとめて昭和五十四年に桜楓社から刊行した。いわば再刊であるが、私にとって記念すべき論考であり、多少の進歩ある筆を加えることができたと思うので、あえてここに再公開した。了とされたい。

末筆となってしまったが、まったく蘭学などの存在も、オランダ語のオの字も無知なる窮措人であった私を励まし、ご指導をたまわった早稲田大学図書館長、故岡村千曳先生に——すでに歳月は半世紀とすぎさっているが——心から感戴の辞を捧げて筆をおくこととする。

二〇一三年十月吉日

相州鎌倉佐助谷にて　著者誌

蘭学と日本語

目次

まえがき　5

第一部　中野柳圃と言語研究　17

1―中野柳圃『西音発微』の考察――国語学史上の一発見……19
はじめに　中野柳圃について　中野柳圃の著作　『西音発微』の概観　五十音図の考察
蘭学者の史的位置　蘭語学と国学　柳圃と義門　おとをの所属を正したのは誰か
音声学者としての蘭学者　ハ行音は脣音・喉音である　ラ行音・四つ仮字について
おわりに　追記

2―現代文法用語の翻訳と考察――中野柳圃、蘭語研究の精華……73
はじめに　『九品詞名目』の訳語　訳語の検討　柳圃学の進展

3―中野柳圃『蘭学生前父』の考察――日蘭対照比較語法研究の出発点……90
はじめに　『蘭学生前父』　品詞論　死という用語　比較文典の貌

4―宇田川玄随『蘭学秘蔵』と中野柳圃の蘭語研究……115
はじめに　〈助辞考〉について　〈助辞考〉翻刻　内容の吟味　補記

第二部　蘭語研究・翻訳と近代日本語の創造　141

1―近代日本語の成立――洋学との関連において……143
はじめに　野呂元丈と平賀源内　長崎と江戸　宇田川家の人々　榕菴と理化学用語　おわりに

2―近世における外国語の摂取とその影響――近代日本語史の一断面……171
蘭学とは　紅毛文化　翻訳の方法　蘭和辞書と翻訳　『道訳法爾瑪』、成立と内容
『道訳法爾瑪』の訳語　おわりに

3―翻訳と近代日本語の形成……189
はじめに　生活の単位　学芸の新分野

4―近代日本語の標章――デアル体の発生と展開……209
蘭学者と翻訳　蘭文から英文へ　英文とデアル体　近代化の標章

5―尾張藩蘭学の祖 吉雄南皐『訳規』と翻訳法……225
構成と内容　翻訳の方法　反訳と品詞・格　翻訳の実例と方法　『訳鍵』と訳語　補記

第三部　蘭語研究・学習と新資料　261

1―新井白石と〈蘭語〉の学習……263
はじめに　南蛮紅毛語の時代　文体こそ批判の要　おわりに

2―山路之徽、蘭語学習と世界地理学――蘭学史上の一発見……275
はじめに　編者と楽山・忠恭　成立と目的　酒井忠恭と蘭学　構成と内容

3―前野蘭化と蘭文句読法・諺の考察――新資料、『和蘭点例考』・『思思未通』をめぐって……295
一　蘭化、『和蘭点例考』と句読法の考察　295
はじめに　本文の吟味
二　蘭化、『思思未通』と諺の考察　316
はじめに　記述の形式　蘭化の批判　蘭化とP・マーリンの辞書　〈至鈍至愚〉の訳
蘭化とその訳文　蘭化の語学力

4―高野長英と蘭文典の学習――新資料『繙巻得師』をめぐって……335
はじめに　長英と蘭文典の執筆　「国会本」、『繙巻得師』　格と数と法

5―高橋景保編『亜欧語鼎』の編述――アジア・ヨーロッパ語対訳辞典……359
辞典編集の状況と条件　辞典の内容・構成　近代語史と漢語語彙　編者と助力者　景保と語学力
6―小関三英論――書翰と文典断片（新資料）の考察……372
はじめに　小関三英と『弘采録』　三英とその語学力　三英と吉雄権之助　文典断片と『英文鑑』　小関は Koseki
余論　H・ドゥーフと蘭日辞典訳編の史的意義――日蘭友好の金字塔――395
H・ドゥーフの選択　ドゥーフと大通詞　〝ドゥーフ・ハルマ〟の訳編と方法　ドゥーフと道富丈吉
訳文の文体と訳語　〝ドゥーフ・ハルマ〟と蘭語学習塾　蘭学史上の金字塔
資料　Ⅰ　『訳鍵』〈凡例并附言〉（影印）　432
Ⅱ　『乾坤奇観』（影印）　449
Ⅲ　シーボルト蒐集〝日本の書物（刊本・写本）目録〟（影印）　463
ヨーロッパに〈蘭学資料〉を求めて――「あとがき」に代えて　477

*

第四部　欧文篇　**Part IV** : Dutch Studies : Interpreters, Dutch Learning and Translation, etc. —— **9**

1｜The Inception of Translation Culture in Japan …… *11*

2｜Dutch Linguistics in the Edo Period …… *19*

3｜The Dutch Style Physicians in the Tokugawa Period …… *35*

公開講演一覧　*1*

索引　*2*

蘭学と日本語

蘭学に興味をもつようになったのはもはや半世紀もむかしのことである。故岡村千曳先生にはじめてお目にかかり、早稲田大学蘭学資料のことをお尋ねした時である。先生は『蘭学事始』をみなおさねばいけない、大槻家や宇田川家のことも再検討しなければ……といわれ、私に『蘭学生前父』という小冊子（写本）を見せてくださった。その時はじめて中野柳圃や馬場佐十郎のことも話してくださった。同時に先生の名著『紅毛文化史話』を進呈してくださり、是非勝俣詮吉郎先生を一度お訪ねするようすすめられた。早速勝俣先生を訪問、ご病床にあられたが、持参の二箱の苺を大変喜ばれ、短時間ながら、蘭学についていろいろ拝聴することができた。それから約一月足らず後、先生は永眠された。しかし先生がかつて御執筆の〈語学の逸才馬場佐十郎〉（「新小説」）というご論文のあることを話されたので、以後神田で何とかそれを見つけて購入したいと念願した。昭和三十八年、オーストラリアの国立大学へ招聘された時、岡村先生にその旨をお話し、近刊の拙著のご批判をおきかせいただいた。その折、帰国したら是非無窮会本の『蘭学生前父』をみてください、といわれた。しかし帰国した時は、已に先生は私の届かぬところに座され、あれもこれもとおききしておくこともできぬままとなってしまった。痛恨の至である。しかし先生の蘭学研究殊に蘭語学研究の素志を発展させたいと念じ、まず長崎蘭通詞とその語学について私なりの再検討をはじめた。そして中野柳圃について考察した小論を発表し、さらに馬場佐十郎に関する小論をまとめんと決意した。おそきに失したが、本書にまとめた拙論は岡村千曳先生・勝俣詮吉郎先生への私のささやかな報告である。

蘭学者の業績を考えるうえでは、何としても墓所を訪ねて、その墓誌銘を検分すべきと思い、馬場については堀之内の宗延寺を訪ね、住職の方から過去帳をはじめ、その類縁の方についておききした。同時に、京都大学図書館、東北大学図書館、静嘉堂文庫、無窮会と通って、資料探訪に時間を過した。その後さらに全国を探訪した。こうして私の蘭学の一部、蘭語学への研究という——私の近代日本語の研究構想の一環ではあるが、一時江戸語研究から途中下車して——まことに未知なる分野への研究の旅がはじまった。

第一部

中野柳圃と言語研究

1 中野柳圃『西音発微』の考察——国語学史上の一発見

1

はじめに

江戸時代の語学者といっても、ぴんからきりまである。国学者の中でも特にことばに関心をもった学者、たとえば富士谷成章や本居春庭など、語学者の一典型であろう（もっとも現代のように語学専門の学者などは存在しない）。しかしここではいわゆる蘭学者に限定して考えてみよう。江戸時代の蘭学者として、これはと考えられる学者をあげるとすると誰になるだろうか。語学者として指を屈することのできる逸才は必ずしも多くない。それらの中でオランダ語関係の研究家として特に注目されるのは、中野柳圃と馬場貞由（佐十郎）の二人であろう。すでに馬場貞由については勝俣銓吉郎先生の玉稿があって、その一端が広く研究紹介されている。[1] しかし馬場の先生にあたる中野柳圃については、まだ必ずしも一般的に知られていない恨みがある。ただ部分的にはあちこちに柳圃に関する研究が発表されており、渡辺庫輔氏によって紹介概観されている。氏の『阿蘭陀通詞志筑氏事略』（長崎学会、昭和三十二年）がそうした方面の唯一の文献ということができる。しかしそれでも、もれているものがあり、特に語学方面ではまだまだ考究のメスが加えられていないようである。

中野柳圃について

しかし前掲の渡辺氏の論文は非売品であるし、部数も多くなかったようであるから、小論の出発にあたって、中野柳圃について紹介しておきたいと思う。柳圃についていくら紹介してもしすぎることはない。理解がより深められると思うからである。渡辺氏の論考では〈志筑忠次郎〉として約三十ページ余にわたり、人為り・著作についてふれておられるが、それを中心資料として、中野についてどういう人物か、要点をまとめてみよう。およそつぎのようになる。

○宝暦十年（一七六〇）生まれ、文化三年（一八〇六）七月死去。行年四十七歳。病弱、また奇疾のため、稽古通詞の職に二年在職したのみでこれをやめている。職を辞したのは十八歳の年である。

○杉田玄白の『蘭学事始』（文化十二年成）につぎのような記事がみえる（岩波文庫・緒方富雄校訂本による）。

この人（本木栄之進）の弟子に志筑忠次郎といへる一訳士ありき。性多病にして早くその職を辞し、他へゆづり、本姓中野に復して退隠し、病を以て世人の交通を謝し、ひとり学んで専ら蘭書に耽り、群籍に目をさらし、その中かの文科の書を講明したりとなり。（五七～五八ページ）

○藤林普山『和蘭語法解』（文政十二年・一八一五刊）の巻頭にある馬場貞由の蘭文〈序〉にもつぎのようにある。

（前略）Hij〔N ; Liuho〕is zeer zwak van gesteltenis geweest, maar ...（彼は体質が非常に弱かったが……）

○中野柳圃著『暦象新書』（寛政十年・一七九八成）の〈序〉（吉村迂斎による）に、つぎのようにみえる（「文明源流叢書本」にはみえない）。

嘗罹奇疾、解職養間数年、沈痾悉癒、今猶強壮

○『新撰洋学年表』（安永六年・一七七七の条）につぎのようにみえる。

通詞志筑氏八世相伝て忠次郎忠雄に至る、稽古通詞となりしも口舌の不得手なるために、此年年十八（ママ）、早く其職を辞し、本木蘭皐（栄之進）に就き天学を専修す。

右のほか大槻玄沢、『蘭訳梯航』や新宮凉庭、安部龍平らの記するところからすれば、右の諸氏の記事は正しいようである。ただ渡辺氏も記しているように、奇疾とは何か判明しない。あるいは通詞として職にたえられぬと考えて辞した点から、何か言語障害的なものだったのだろうか。しかし死歿が四十七歳の時というから、辞職後、約三十年間自分の好む学究生活ができたわけであるから、生来病弱とはいえ辞職の折の病気とは直接関係ないのではなかろうか。迂斎が〈今猶強壮ナリ〉と述べている点からすれば、その時の病気は内患でなく外患ではなかったろうか。

柳圃とは、〈通称は忠次郎、名は盈長、後に忠雄、字は飛卿、季竜、季飛、号は柳圃、本姓は中野氏〉という人物である。〈忠次郎〉は仲次郎、忠治郎、忠二郎とも記されたらしい（『暦象新書』の〈序〉など）。本姓中野氏とあるように、志筑は志筑孫次郎の養子になったゆえである。また渡辺氏が『事略』のはじめに、〈阿蘭陀通詞志筑氏は一に志築に作ってある。これは志筑に作るが正しい〉とあるように、志築・志筑の両方がみられ（大槻如電翁・岡村千曳先生のものにも志築がみえる）、後者を正しいとしている。「由緒書」などをみても〈志筑〉が正しいと思われ、渡辺氏に従うべきであろう。柳圃の号は多分、病弱であるところから〈蒲柳の質〉を意味したものであろう。またつぎに彼の師弟関係についてみておこう。上に引用した『蘭学事始』はさらにつづけてつぎにように述べている。

> 文化の初年、吉雄六次郎、馬場千之助などいふ者、その門に入りて、かの属文（しょくぶん）並びに文章法格等の要を伝へしとなり。この千之助は今は佐十郎（貞由）と改名し、先年臨時の御用にて江戸に召し寄せられしが数年在留し、当時御家人（ごけにん）に召し出され、永住の人となり、専ら蘭書和解の御用を勤め、この学を好めるもの、皆その読法を伝ふることとなれり。わが子弟孫子、その教へを受くることとなれば、各〻その真法を得て、正訳も

成就すべし。さて、忠次郎は本邦和蘭通詞といへる名ありてより前後の一人なるべしとなり。若しこの人退隠せずして在職にてあらば、却つてかくまでには至らざるべきか。これ、或は江戸にてわが社の師友もなくして、推してかの国の書を読み出だせることのはじまりしに、かの人も憤発せるのなすところかとも思はる。これまた昇平（しょうへい）日久しく、これらのことも世に開くべきの気運といふべし。（五八ページ）

右の記事から『新撰洋学年表』にもふれていたように、本木栄之進（良永、蘭皐）が師匠であり、弟子に吉雄六次郎（六二郎とも）、馬場千之助（貞由）のいたことが知られる。しかもその弟子たちによって、江戸の蘭語学界がおこされたことを思うと、中野の間接的な功績は高く評価されねばならない。むしろ玄白の書いた記事中に、江戸での蘭学熱が柳圃らを刺激したように書いているが、これはいささか我田引水、本末転倒のきらいがある。玄白のいうように、〈忠次郎は本邦和蘭通詞といへる名ありてより前後の一人〉というのがあたっていると思われる。大槻玄沢の記すところ（『蘭訳梯航』を参照）や、馬場貞由と玄沢との交友関係、さらに玄沢の子、玄幹と柳圃の関係、宇田川榕庵『自叙年譜』（『紅毛文化史話』収録）などを総合してみると、馬場が柳圃の蘭語学説・彼の所説をひっさげて江戸に来るまでと、それ以後とは格段の差がある。彼の在府以前には蘭語学はまだ江戸に存在しなかったといってもいいのである。[2] 馬場が柳圃の第一等の弟子であることを思えば、柳圃の創始した蘭語学が、馬場を経て展開していったと考えることができる。また吉雄六次郎（権之助）をはじめとする吉雄家の人びとと、江戸の蘭語学界の関係を考えれば（上掲、宇田川榕庵の『自叙年譜』参照）、ますます柳圃によって、日本での蘭語学創始発展の歴史が切っておとされたと考えるのが至当である。であるから長崎通詞こそ江戸の蘭学・蘭語学界を刺激し、発奮させたと考えねばならない。玄白のものにはたまにみられるが、どうも彼は己れを中心とした自分史を描きすぎている。一将功なって万卒枯るという方法を歴史家はとるべきではない。柳圃の弟子については、すでにあげたが、『和蘭語法解』の馬場の蘭文〈序〉にもつぎのようにみえる。

De Nakomelingen van den heer liúho zijn maar drie in het Eerste, namelijk I. Rokziro, N. Kitsemon en de ondergetekende waar van de Eerste is nú ook in Nangazaky, de tweede is reets dood, en de derde word daarna aan't het Jedo ontboden ;

I. Rokuziro は吉雄六次郎でありN. Kitsemon は西吉右衛門であろう。馬場を入れれば柳圃学のよき後継者として、三人がいることになる。この序文は文化十二年、馬場自身が江戸で書いたと記してあるから、その時点で六次郎が長崎に、吉右衛門は死歿したと述べているとおりであろう。『新撰洋学年表』の文化七年（一八一〇）の条に、〈和蘭小通詞、西吉右衛門以病辞職子吉太郎嗣〉とみえ、翌年の二月二十一日に死歿の記事が出ている。〈すでに死歿〉というのはこれを意味していると思われる。つぎに『新撰洋学年表』から関連事項について、二か所引用しておこう。

□享和三年癸亥（一八〇三）
仙台藩士大槻民治（清準号、平泉）、同玄幹（茂楨磐里、玄沢子）、遊学して九月長崎に至る、末次忠助勧て教を中野柳圃に受けしむ、柳圃即志筑忠雄、是年本姓中野に復す（民治卅一歳受星学 玄幹十八歳受文学）　＊資料としては『磐里日記』(3)。
□文化元年甲子（一八〇四）
長崎通詞吉雄六次郎、馬場千之助、西吉右衛門、中野柳圃に就き和蘭文科の学を受く、自是西洋文法語格始て行る　＊資料としては、〈吉雄南皐『六格前篇』〈緒言〉、大槻磐水（玄沢）『蘭訳梯航』〉の記事をあげる。

右の記事から大槻玄幹もまた柳圃に教えを請うたことが判明する。これは小論の中心である『柳圃遺教 西音発微大槻玄幹』（文政九年・一八二六）[4]からも肯定することができよう。また末次忠助（独笑）も柳圃の弟子であったらしいことがわかる。これについては古賀十二郎『西洋医術伝来史』（日新書房）の〈志筑忠雄の黴毒亜米利加伝来説〉（同書三五八ページ）に、志筑忠雄の紹介があり、つづけて、〈末次忠助、西吉右衛門、吉雄権之助、馬場佐十郎、大槻玄幹、橋本伯寿、永井青崖などは、その門人の錚々たる人物であった〉という記事をみることができる。また渡辺氏の引用している古賀氏の『未刊本長崎市史 洋学編』の一部につぎの記述がみられる。

志筑氏は、訳司本木氏初め栄之進、天明八年より仁太夫の弟子なりしと云はれてゐる。蘭学事始にさう記してある。もとより、志筑氏は、本木氏に益を請ひ、且本木氏より著しい感化を受けた事であったらう。しかし、其門人とは云へまい。其外志筑氏は、吉雄耕牛、松村翠崖、其他の諸先輩にも指教を受け、特に吉雄氏より幾多の示唆を受けたことであったらうと思う。

本木氏は天文学（天学）にくわしかったはずであるから、柳圃に受けつがれて、彼がその学にくわしかったと考えるのは自然である。逆に考えれば、柳圃が本木の影響を受けたことが天文学にくわしかった点から考えて当然である。しかし吉雄氏との関係から推定すると、吉雄耕牛と交渉のあったことも十分うなずけると思う。耕牛ほどの人物が自分の末子、吉雄六次郎が柳圃に学ぶことを認めていたことを思うと、柳圃の実力のほどがうかがえるのである。それはともかく新宮凉庭がその日記の中に、〈世無レ識三者最善二横文一、蘭人嘗読二其文一乃納衽、賛嘆曰、吾邦雖二学館善文者一不レ能レ過也〉（渡辺氏論考三三ページ）と記録しているのも、まんざらではあるまい。弟子の馬場貞由が書く蘭文から推量しても、師弟ともに蘭作文に秀でていたことも明らかである。[5] 以上の点から考えて〈中野柳圃の学統〉はつぎのようになろう。

本木栄之進（仁太夫）（良永）（蘭皐）
吉雄耕牛（幸作）

中野　柳圃（志筑忠雄）

- 吉雄六次郎（耕牛の末子）（権之助）如淵 ― 吉雄常三（俊蔵・南皐）
- 馬場貞由（千之助）（佐十郎）轂里
  - （宇田川榕庵）
  - （藤林普山）
- 西吉右衛門（正典）
- 末次忠助（忠介）（独笑）その他
- 大槻玄幹（磐里）

2　中野柳圃の著作

柳圃の病気がどうであれ、彼が蘭語・蘭学に専念できたのは幸であった。そして加えて、〈蓋其生家ハ長崎の資産家とぞ、其生計に顧慮なきより其志を果したりと聞く〉（『新撰洋学年表』安永六年丁酉 一七七七）ということで、いっそう十分な学究生活をすることができたのであろう。彼はもはや一介の舌人・

通詞ではない。その業績からいってもりっぱな学者・学究の徒であった。東の前野良沢と比肩できる逸才であるということができる[6]。

渡辺氏のいわれるごとく、中野柳圃をもっとも早く紹介されたのは、狩野亨吉（こうきち）博士と思われる。それは明治二十八年（一八九五）の「東洋学芸雑誌第十二巻」に狩野博士が、〈志筑忠雄ノ星気説〉と紹介されたものである。昭和八年（一九三三）には、三上義夫氏が、「東京物理学校雑誌第五百号」に、〈塵跡線若クハ塵跡弧ニ就イテ〉と題して、『暦象新書』の説を敷衍紹介している。こうした紹介の後、林鶴一博士の『和算研究集録下巻』を引用し、中野柳圃の著作に言及されている。渡辺氏はそれらをまとめて、〈今日、忠次郎の著書として知り得るのは、都合二十四種である〉（三七ページ）とされて、つぎのものをあげておられる（ことわりのないものは古賀十二郎氏の紹介によるもの）。

万国管窺（万国管見とも）・計意留求力論・火器発法伝（林博士も）・八円儀（林博士は八円儀測量法）・暦象新書（林博士も）・鎖国論・暦象必備・三角提要秘算・奇児伝日蝕絵算（林博士は日蝕絵算）・二国会盟録・四維図説・各曜観天図・読暦象考成・西洋天文訳説（林博士も）・紅毛火術秘伝小鈔（西洋学訳述目録にも）・四法諸時対訳（同上）・鈎股新編（渡辺氏による）・魯西亜志録（同上）・諸曜廻転（同上）・和蘭詞品考（新撰洋学年表）・度量考（同上）・火力編（林博士による）

以上二十二種　＊二十四種とあるが、おそらく数えちがいであろう。

以上の二十二種をみてもわかるように、柳圃の著として語学関係のものは『四法諸時対訳』・『和蘭詞品考』がみられるのみである。大方は理学関係のもので、彼が日本物理学の祖とも、その方面で評価されているとおりである。しかし『和蘭詞品考』については、『新撰洋学年表』の記事を引用して考察されているので、ここに再び引用するとつぎのとおりである。

○享和元年辛酉（一八〇一）志筑忠雄（柳圃）自力の発明もて、蘭文に語格詞品ある事を覚り、記之翻訳の用に備ふといふ（其書を和蘭詞品考といふ　下層参見）／和蘭詞品考　志筑忠雄撰（本書成稿不知存何年故始附于斯　上層参見）（一部省略）

右でわかるように、『和蘭詞品考』の存在したことは確からしい。同年表では馬場貞由のことばを引用して、〈予弱令崎陽ニ在リシ時柳圃先生ニ和蘭詞品考ト云ク（ママ）著書アルヲ聞ケリ〉とみえる。これは渡辺氏が静嘉堂文庫大槻本分類仮目録に、〈蘭語九品集　志筑忠雄撰、訂正蘭語九品集、馬場貞由撰〉とあるのを引用されて考察している点と関連がある。ことに同氏が、『訂正蘭語九品集』の〈緒言〉の馬場貞由のことば、〈予弱齢崎陽ニ在ルノ時、柳圃先生和蘭詞品考ト云フ著書アルヲ聞ケリ（後略）〉を引用されたが、結局、〈忠次郎の著は和蘭詞品考、それを西某（渡辺氏は西吉郎右衛門とされているが、西吉右衛門の誤記であろう）が編成したのが蘭語九品集、更に貞由の訂正したのが訂正蘭語九品集といふわけである〉（『事略』、五六ページ）と推定されている。『和蘭詞品考』は実在せず、馬場の『訂正蘭語九品集』がこの面影を伝えているということであろう。また渡辺氏は静嘉堂文庫本の『訂正蘭語九品集』の表紙に、〈九品集助字考、蘭語撰〉と墨書してあることを指摘されている。そして、〈なお「助字考柳圃先生遺教」といってある〉と記しておられる。氏はこの『助字考』を著作中に加えず、また『蘭語九品集』も著作とされていないようである。行文から推察すると、すべて『和蘭詞品考』と同一物とみなされたようである。ただ『新撰洋学年表』に示してある『和蘭詞品考』の説明部分の〈馬場穀（轂）里の言〉は、同書にあると誤解されやすい引用の仕方であって、事実は上述のように、『訂正蘭語九品集』にある馬場のことばである。なお馬場の〈緒言〉は大切なのでもう少し引用して、『蘭語九品集』と『訂正蘭語九品集』の関係を示しておこう。[7]

馬場は、〈予弱齢崎陽ニ在ルノ時、柳圃先生和蘭詞品考ト云フ著書アルヲ聞ケリ、但先生漫ニ他人ニ示ス事ヲ許サス思フニコレ未タ艸案ニ属シ、或ハ誤謬アラン事ヲ恐レ再訂ヲ謀リタマフテナルヘシ……幾クモナクシテ先生逝ケル、再ヒコレヲ索ムルニ由ナシ、然ルニ歿後コレ等ノ艸稿数種、悉皆門人西某ナル者受得タリト聞ケリ（後略）〉と述べている。したがっておそらく中野柳圃としても完成した『和蘭詞品考』というものを残さなかったということが考えられる。馬場の〈緒言〉はさらに、〈コレヲ熟読スルニ、或ハ写誤多キニ似テ亦或ハ其文章更ニ解シ難キ者多シ、コレ必ス訳ヲ為スノ誤解ニ出ツ、且ツ編次序ヲ失シテ躰裁ヲナサス、其説前後ヲ為ス誤リノ少カラス、初学ノ徒若シコレヲ取テ規則トナストキハ却テ益惑ヲ生スル事アラン事ヲ知ル〉と酷評している――『蘭語九品集』を馬場が訂正して、『訂正蘭語九品集』をつくった意義が知られる。したがって厳密な意味では、中野柳圃の『和蘭詞品考』は現存しないし、しかしそうした点からいえば、『助字（辞・詞）考』も、〈柳圃先生遺教〉とあり、『西音発微』も同様に遺教であって、柳圃が直接手を下したものではないが、遺教、口授などの形式をとるのは、当時の一つのスタイルである（なお『助詞考』が早稲田大学に所蔵されている）。

遺教という点からもう一つ大切な書をあげておかねばなるまい。『新撰洋学年表』を参照されたはずの渡辺氏がおとしているもの（後の片桐氏も落している）に『蘭学凡』がある。つぎに『新撰洋学年表』から同書の紹介部分をすべて引用させていただく。

□文化十三年丙子 一八一六 八月蘭学凡　大槻玄幹撰

緒言に此書は柳圃先生の遺教にして、西土文科書の提要なり、文科に三級あり、第一配字学、第二詞性学、第三綴詞学、従前蘭学者は僅ニ配字学ヲ得テ、直ニ翻訳ヲ為サントス、譬バ山ニ入リ木ヲ伐リ規矩準縄ヲ用ヒズシテ、家屋ヲ造立セントスルガ如シ 云々 明年和蘭接続詞考を作る。

○本書は上の和蘭語法解六格前編と大同小異、共に中野柳圃の発明に出しもの、語法解先に刊行せられ二書上木に至らず、故に同時代に在て識者少きは遺憾也右の説明をもってすれば、藤林普山の『和蘭語法解』も中野柳圃の遺教と考えていたようである（同書がマーリンの語学記述を翻訳している点からすると、柳圃も『蘭学生前父』や『助詞考』でマーリンを用いていたことが知られるので、必ずや何か影響を与えていると思う）。また『六格前編』は吉雄俊蔵のもので、文化十一年に著わしているが（『新撰洋学年表』による）、わたしの見た『助詞考』が吉雄俊蔵の筆になっていたので、俊蔵もまた中野柳圃と深い関係にあったこと、いわば柳圃学の発展者の一人であったことが、大槻如電翁の右の解説とも一致する。ここで最近出された片桐一男氏の『蘭学者名簿稿』から、〈志筑忠雄〉の著書を抜き出させていただこう。片桐氏は『新撰洋学年表』（略号は年）と『西洋学家訳述目録』（略号は目）によっておられる。まず上にあげたものと重複するものを示してみる。〈求力論（年）・火器発法伝（年）・魯西亜志附録（年）・八円儀（年）・暦象新書（年・目）・和蘭詞品考（年）・三角提要秘算（年）・日食絵算奥書（年）・四法諸時対訳（目）〉の九種である。重複していないものは〈生前父（目）・助辞考（目）・四十五様（目）・四音発微（目）〉の四本である。このうち『四音発微』は明らかに『西音発微』の誤刻と思われるから、上で示した二十二種にこの四種を加えて二十六種、さらに『蘭学凡』を加えて合計二十七種とすることができそうである。ところが同片桐氏のものには、志筑忠雄のつぎに、志筑盈長として、〈長崎人「紅毛火術秘伝鈔 十二」（目）〉をあげている。これは上掲二十二種の中に既に書名をみるように、志筑忠雄のもので、盈長はすなわち忠雄のことであるのを片桐氏は別人と考えたのであろう。このことは渡辺氏が「万国管闚」の説明のところで、同書の〈自序〉の末に、〈天明二壬寅之仲秋、肥前長崎晩生志筑忠次郎盈長叙〉（当時二十三歳）とあるのをあげておられるから確実であろう（佐藤賢了『日本洋学編年史』（昭和四十年）に、これを未定のように示してあるが、何か別に根拠があるのだろうか。何も資料を示されていない）。

『生前父』や『助詞考』については、岡村千曳先生の『紅毛文化史話』の〈西詩邦訳の濫觴〉の項に、〈彼〈志筑忠雄〉は当時における蘭学の第一人者で、この方面の著書には「蘭学生前父」と「助詞考」とがある。これはいづれも我が国最初の和蘭文法書で、これらの書出でて以来、蘭学は急速の進歩を遂ぐるに至つた〉（同書一一九

〜一二〇ページ）と述べておられる。いずれも語学書であることがわかる。さらに岡村千曳先生の著につぎのものがあげられている。〈蘭詩作法　大日本長崎前和蘭通詞志築忠雄〉（同書一一八ページ）――蘭詩についての著述である。岡村先生のいわれるようにこの書は失われて現存しないが、大槻玄幹とともに志筑忠雄の門にはいった大槻平泉が、「三国祝章」を著わし、その中で志筑忠雄からきいたという和蘭の詩体について述べているので、概略は知られよう（同書一三六ページ）。誇張すれば西洋詩論の先駆者が志筑であったともいいうるのである。志筑は『鎖国論』の中でも、ラテン語の詩を漢詩に訳しているわけであるが、この方面の著述もあったことがしられる。最後の一書を加えると以上でほぼ中野柳圃の著作二十八種について、すべてふれたと思うが、語学関係のものとして改めてあげてみればつぎの六種となる。(8)

1和蘭詞品考　2四法諸時対訳　3蘭学生前父　4助詞考　5西音発微　6和蘭詞術（1と同じか）　7蘭学凡

右に『六格前編』を加えれば八種となるが、しかし『新撰洋学年表』の記事（文化十一年）に、『蘭学凡』からの引用であるが、〈洋斎曰ク公（玄幹）ノ崎ヲ去リシ後ハ、柳圃ノ名日高ク逝矣ノ後其ノ学愈開ケ、古轍一変シテ西学ノ真面目ヲ得ルニ至ル、余モ季父ニ就テ其学ヲ修ム〉とあって、洋斎こと吉雄俊蔵が、季父、吉雄権之助について、柳圃の発明した蘭語学を学んだことを知るのである（拙論〈『和蘭属文錦嚢抄』（吉雄如淵編）について〉を参照）。そういう意味では、馬場貞由・吉雄権之助・大槻玄幹が柳圃に直接習った場合と異なって、俊蔵は孫弟子ということになろう。『六格前編』はいちおう除外したのはそうしたわけである。ただ上であげた狩野博士のことばに、〈志筑氏は生時馳名の蘭学者なりき。其風化を被り、遺教に私淑せしもの少しとなさず。或は謂ふ。西音発微、観象図説、語学新書は、其徒の手に成れりと。此等の書は、皆文政、天保の際、文壇に一旌旗を立てたるもの、以て氏の学風の一般を窺ふべきか〉とあって、遺教また柳圃の力作と断じておられる。わたしの被閲した三本の

『蘭学生前父』のうち一本は、宇田川榕庵の筆写蔵書らしく、榕庵の師匠、馬場貞由から直伝されたものであろう。あるいは吉雄六次郎の線で伝わったものもあろう。広く長崎の通詞の間では、柳圃の説を学んで書写されていたのかもしれない。吉雄俊蔵については別に一文をつづったが、語学方面では、同じ吉雄家の一人として、これまた秀才の一人である。

なお狩野博士のことばにみえる『語学新書』はおそらく鶴峯戊申の『語学新書』をさすものと思われる。すなわち『語学新書』の漢文序（天保四年癸巳仲春　島田易清謹識とある）に、〈同時本居富士谷二公起。而専論二歌文助辞一。継志築藤林諸氏出。而盛訳二遠西語書一。文運既動。語法将レ振焉〉とあるので、当時から志筑の語学上の活躍も決して単に長崎の一隅にのみあったというわけではなかったようである。

以上柳圃の語学方面の業績について紹介、検討してみたが、小論では彼の音声学方面の研究について考察するにとどめる。ただこの方面の著作が他のものと違って、いずれも晩年のものである点で注目したい。

3

『西音発徴』の概観

この書の体裁はおよそつぎのようになっている。題簽は〈西音発徴〉、表紙裏に〈官許　長崎柳圃先生遺教　大槻玄幹著／和音唐音対註西音発徴　完／附西洋字原考／文政丙戌発兌　書肆青藜閣金華堂　同刻〉とある。南山道人の叙（序）が三丁、凡例が二丁からなる。

〈凡例〉に、〈一本編和蘭字音ノ対註ハ余嘗テ長崎ニ游フ日柳圃中野先生ニ謁シテ口受スル所也〉と述べている。唐音は『清文鑑』『清文啓蒙』等を閲して、これを利用したと述べる。しかし本書編述の二つの要点を考えねばなるまい。その第一はつぎのことである。

一、本編ヲ述スル職トシテ之由ル所ハ和蘭言詞ヲ訳スルニ臨テ、直訳ト義訳ヲ作ス可カラザル者ハ、唐山音ヲ以テ対訳スルニ、従来其訳字ニ窮スル者多シ、而今此対註ニ因テ訳者ノ労ヲ省クノミ

一、直音ノ如キハ私音ヲ以テ註スルニ若クコトナケレトモ、所謂五十音ト称スル者、古来其韻音訛謬スル者多キガ故ニ、今巻端ニ其呼法ヲ論シ正シキ古音ニ復セントスル也

右の結果として、本文最初に、〈皇国五十音弁〉なる論考を記述し、一種の比較音韻論・表意文字と表音文字との比較検討などにも及んでいる。また当然のことながら、方言や口語音、諺文や梵文などとの比較考察、国学者への批判もおこなわれている。全体的には彼ら蘭学者の学問水準、その知識の程度を示すことになるのである。

4　五十音図の考察

まず、〈皇国五十音弁〉により、五十音についての考察記述を紹介してみよう（□囲みは原本陰刻）。

(a)○カ行音について、〈[牙音] カ（ア）｜（カ）キ（イ）｜（カ）ク（ウ）｜（カ）ケ（エ）｜（カ）コ（オ）｜（カ） 此経ノ五韻子ハ上ノ五韻母字ノ単音ヨリ生スル五字ニシテ其音モ皆重音也、下四十字同例ト知ルヘシ（中略）濁音ヲ ガ｜ ギ｜ グ｜ ゲ｜ ゴ｜ トイフ萬葉仮名ニハ其別アリテ、文字モ異ナレトモ片仮名ニテハ濁点ノミニテ分テリ〉とある。

(b)○サ行音について、〈[歯音] サ（ア）｜（ス）シ（イ）｜（ス）ス（ウ）｜（ス）セ（エ）｜（ス）ソ（オ）｜（ス） 此経ノ者前例ノ如キ重音也、濁音ハ ザ｜ ジ｜ ズ｜ ゼ｜ ゾ｜ ニシテ

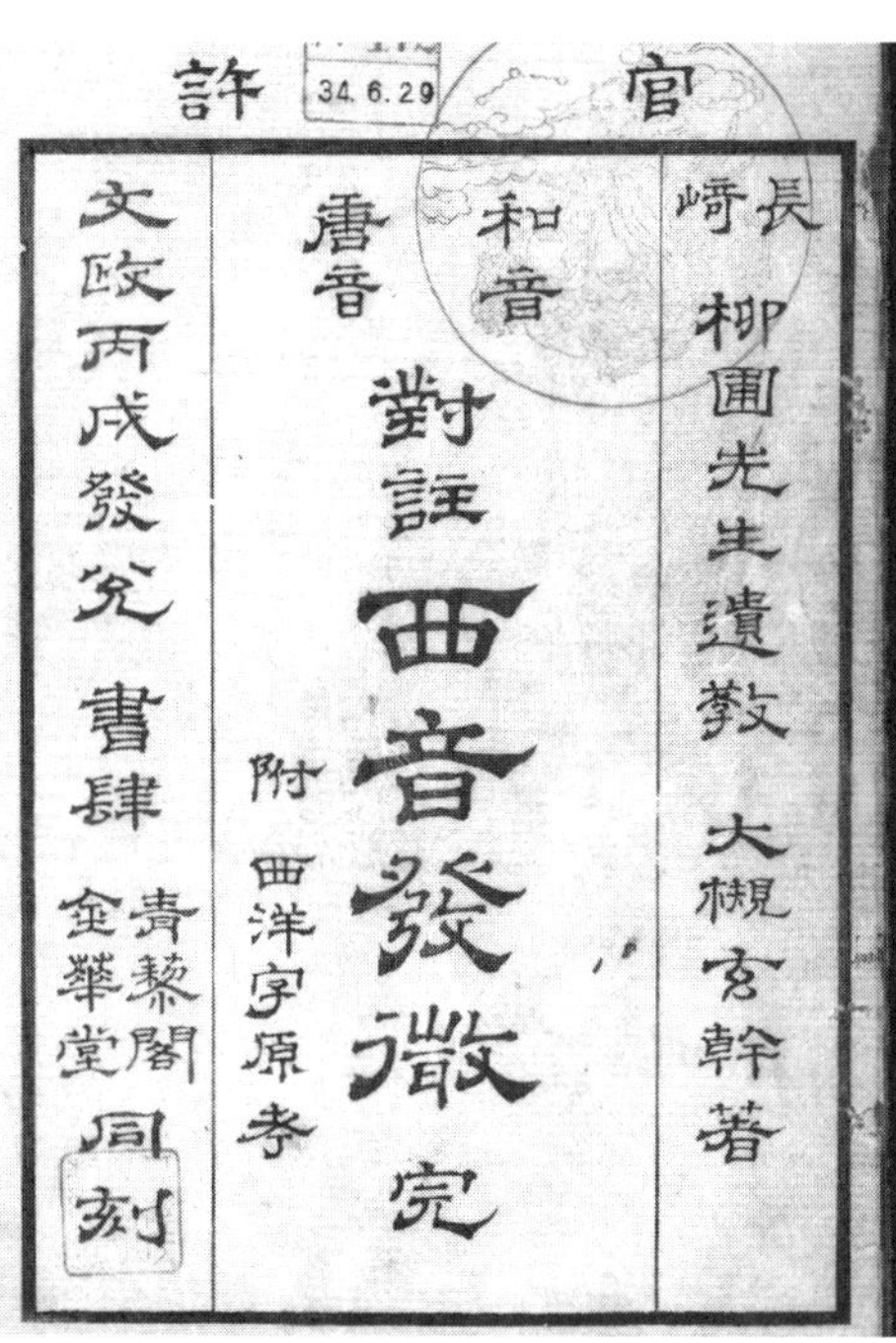

〈見返し〉

〈表紙〉

柳圃先生曰諳厄里亞國窮理學士兀通ノ書ニ三稜角稍子ヲ以テ諸色ヲ現レ各色ノ略ヲ測定ア色層稍通ノ理ヲ發明スル説アリ此三稜角稍子ハ此方小

皇國五十音辨

喉音 アイウエオ 此經ノ音釋ハ卅六頭字音註并ニ巻末韓韻口呼ノ辨ニ見ヘタリ

此五韻母字ハ各ゝ單音ニテ喉内ヨリ出ル音ニ輕重ノ次テアルノミナリ假字作ラレザリシ前ハ所謂萬葉カキトイフ者ノ如ク漢字ノ音ヲ以テ充ル者モアリ義ヲ以テ填タル者モアリテ其例一定ナラザリケル今ノ世唐音ヲ以テ充ントスルニ的當ナル者一ツモナシ却テ之ヲ漢土ヨリ先ツ邦ミニ求ムルニ此五音母ナキ國ナクツノ假字ナキ地モ亦ナシサレハ此五韻母字コソ天然ノ音ナル可ケ

〈皇国五十音弁・冒頭（3オ）〉

西音發微

凡例

一本編和蘭字音ノ對註ハ余嘗テ長崎ニ游フ日柳圃中野先生ニ謁シ口受スル所之唐山音ノ如キハ舌人ニ面命シ其傳ヲ受ケ對註スト雖モ妥貼ノ者ヲ得サルヿ半ニ居ル爾後十數年ニシテ清文鑑及ヒ清文啓蒙等ノ書ヲ閲スルニ其巻端ニ清文十二頭字一百四十四韻ノ音釋ヲ出セリ故ニ本編出ス所ノ喉脣喉音。舌尖拄喉音。重脣鼓氣音。滚舌鼓氣音。重脣音。等ノ音目及ヒ其對譯ノ文字等ハ其書ヨリ拔モ

〈凡例・冒頭（1オ）〉

『西音発微』（架蔵本）

半濁ハサシスセソナリ〉とある。

(c)○タ行音について、〈舌音 タチツテト此経ノ音前例ノ如シ、濁音ダヂヅデド半濁音ナシ此五韻子ノ中今訛リ呼モノ二ツアリ、チトツノ音也後世呼トコロノ音ハチ経ノシトスノ半濁音也、清音ニテハ差ツカヒナキ様ナレトモ、濁音ニ呼寸ハシノ濁リチノ濁リスノ濁リツノ濁リ混シテ弁シガタシ、是ハ本音ヲ訛リテ呼ガ故也（後略）〉とある。

(d)○ナ行音について、〈舌音 ナニヌネノ此経ノ音前例ノ如シ、此韻子ノ元音ヲ和蘭ニテnノ字トナセリ、此方ノンノ字音ハ古来五十音ノ外トナセトモ、此ナ経ナルコト明ケシ、其証ハ上ニモ云ヘル如ク但ヲタヂ播(但馬)ヲハリ(播磨)信ヲシナ(信濃)トモシノ(信夫)トモ呼ニテ知ヘシ、是タ経ラ経ナ経ノ三ハ皆舌音ニシテ縦横相通スルガ故也、昔ハ此ンノ仮字ナカリシニ或人ハんハもノ字也トイヒ、或人ハニノ字ノ下ヲントハネタル也トイフ、余ハ此説ヲ佳トス、ソハンノ音ハナ経韻子ノ字ナレハ也、モハマ経ニシテ、此経ノムハンニ混雑スルガ故ニ、モトムト相通ナレハ平カナノもヲんニ書シテムトンニ通シ書シタルモ知ベカラサレトモ、是ハ所謂言(ママ)便（音便の誤刻であろう）ニテ相通ニハアラザル也（中略）或人ノ説ニ此音ハ異国ノ音ニシテ皇国ニハ古ヘナシト云ヘルハイブカシ、如何ト云ニ古ヨリ今ニ至リテ音声ノ上ニテハ此音アリシコト必然也、仮字ノ上ニテ論スル寸ハ前ニモ云ル如ク、古書ニハント書スベキ仮字ナキガ故ニ皆武牟等ノ仮字ニテ通用セシガ故ニ後ノ世ヨリ是ハム是ハント考ヘ正スニ由ナキニ似タリト雖トモ、此弁ヘハ後ニ具セリ、何ニマレンノ単音、皇国ヲ始メ漢土ヲ除ク外萬ノ邦々此音ナキハナカリシニテモ知ルヘキ也〉とある。なお頭註としてつぎのことばが追加されている。

追考 ンノ音ハナ経ノ所属ニシテ古音ナレバタラノ二経ニ相通スレトモ、脣音マ経ノムヲ音便ニテント唱フル例ニ入ルベカラズ、唐音ハ勿論和音ニテモ古来其別正証アルニテ知ベシ、サレバ或人ンノ音ハイトウノ変ニシテ鼻声ナレバ、皇国ノ古言ニコレアルコトナシトイヒテ、叨ニンノ音ヲ廃シムノ音ニ改メシコト

大ナルヒガゴトナリ

(e)〇ハ行音について、〈脣音 ハヒフヘホ 此経ノ音前例ノ如シ、濁音バビブベボ半濁音パピプペポ也、別ニ喉音ノハヒフヘホアリ 皇国此音アリテ其仮字ナシ、此論下ニ具ス〉とある。

(f)〇マ行音について、〈脣音 マミムメモ 此経ノ音前例ノ如シ、但シ此韻子ノムノ音ンノ音ト混シテ分明ナラス、今其別ヲ云ハンニユカムカヘラムノ類ヲユカンカヘラン又ケムラムナムナドヲモケンランナント云フハ誤ナリ、ソハユカメトモユカモトモ云テマ経通用ノ字ナレバナ経ニ混ズベカラス、扨ンハイヌル（往去）ヲインヌトモインデトモシヌル（死）ヲシンデトモシニテトモイヒ、又奈何事ヲナンゴト何条ヲナン条如何ヲイカント云類皆ナ経相通ニシテマ経ニ混スヘカラス、又地名ニ通用スル者ハ前ニモ云ヘル如クニ信ヲシナ（信濃）因ヲイナ（因幡）讃ヲサヌ（讃岐）難ヲナニ（難波）（サイバラ古本ニ名旡波宇美波トアリ此旡ハンノ仮字ナキ前ニ強テンニ通用セシ証ナリ）丹ヲタニ（丹波）ト書ス（皆ナ経通韻ニシテ所謂言便ニハアラヌナリ）又蘭ヲラニ 苑ヲオニ（紫苑）薫ヲクヌ（薫衣香）近ヲコノ（近衛）ト呼等也（以上皆舌内音相通ニシテ脣内音ノマ経ニ通スベカラザル也　但芭蕉ヲバセオ雙六ヲスゴロク博士ヲハカセナド、書シテ皇国言ニ近ク転シテ呼タルトハ径庭ナリ其舌内音トイフハ真文元寒等ノ韻字ニシテ皆ンノ韻ナリ脣内音トイフハ侵覃監咸等ノ韻字ニシテ皆ムノ韻ナリ）扨ムノ仮字ヲ地名ニ用ヒタルハ瀋ヲシミ（上総夷瀋）談ヲタミ（出雲美談）トモタム（大和談峯）トモ 曇ヲドミ（信濃安曇）トモドモ（出雲恵曇）南ヲナメ（出雲南佐）トモナミ（播磨印南）トモ呼フ（以上皆脣内音ニシテ舌内音ノナ経ニ通スベカラス）等ニテ古ハントムノ別アリテ正シキコト知ヌヘシ（身ヲシミ頓ヲトミ文ヲフミト書スルコトハ誤ナレトモ忌サヽハルコトアリテ読カフルモ知ルヘカラサルナリ）（朝鮮語音との比較記述があるが省略）〉とある。

(g)〇ヤ行音について、〈喉音 ヤ𛄠ユ𛄡ヨ 此経ノ音ハ韻字ノイニ五韻母字ヲ配スルガ故ニイトエノ音ハ韻母ノ音ト混スルコトナシ此経ノ𛄠ハイヲ重ネタル音ニシテイ、ト引テ呼フ音也、𛄡ハ上ニヲ帯テイエト呼フ音也、此エノ仮字作ラレサルハ如何ナルコトニヤ余私ニイヲ𛄠エヲ𛄡ト改メ書シテ、ア経ノイエニ分テリ〉とある。

(h)〇ラ行音について、〈脣音 ラリルレロ 此経ノ音前ノカサタナハマノ六経ノ例ノ如シ、但シ舌尖音滾舌音ノ別アリ、此方其音アリテ其仮字ナシ、鴟珀設廿六頭字音註并ニ輯韻第一頭字中ニ於テ攷究スベシ〉とある。

(i)〇ワ行音については、〈脣音ワヰウヱヲ　此経ノ音ハ韻字ノウニ五韻母字ヲ配シテ重脣閉口ニテ呼フ音也、ウアノ促リワ。ウイノ促リヰ。ウウノ促リウ。ウエノ促リヱ。ウオノ促リヲ也、然ルニ此経ヲ古来喉音開口ニ呼ガ故ニ、ヰウヱヲノ四字音ヲア経ニ混シテミダリ也、其呼法ヲ正シクスル寸ハ決シテア経ニモヤ経ニモ交ル可カラスシテ古キ仮名遣ニテハ其別モ分明ナリ、此経ヲ喉音ニ収ムヘカラザル論ハ、下文ニ詳具ス、扨此経ノウノ字ア経ト同シケレバ今私ニウト改メ書ス〉と用意のほどを示している。(9)

5

蘭学者の史的位置

右の所説を一読すれば、註解なしに柳圃らの主張の、いかに卓越したものであるかを知ることができよう。五十音についての研究は、その評価において二つに分けられる。一つは音それ自身に対する研究の如何であり、他は音韻研究史的位置から問われるものである。いうまでもなく言語学のなかった江戸時代であり、柳圃・玄幹ともにいわゆる言語学者ではないから、現代の新しい言語学的研究から批判するならば、多くの欠点があろう。しかし、蘭学者のすぐれていることは時代を考え、さらに当時日本語研究で正座をしめていた国学者の研究と比する時、まさに雲泥の差を感じるといっても言いすぎではあるまい。動詞や助動詞・助詞の研究において、江戸時代の国学者の果たした役割・研究成果は偉大であり、動詞変化の図を考えうかべただけでも、今日的価値はかがやいているということができよう。しかし音声・音韻研究に関する限り、現代と比較できぬほど未発達・未熟であったといいうる。伊藤慎吾氏が『近世国語学史』（昭和三年）で、〈然し乍ら、我が江戸時代に在りては、かかる問題（音韻・音声論に関する問題）は学問の対象となることが少なかった。ただほんの一部分に手を着けてをるにすぎない〉（同書二〇〇ページ）といわれているのは真であろう。江戸時代日本語音についての研究が、国学者たちの手によっておこなわれたことに関して、時枝誠記先生はつぎのように述べられる。

本期に於いては、特に丙に属する表音的漢字に就いての研究に著しい発達をなした。(中略)借音文字より出発して更に厳密な方法の下に、国語古音の再現、国語古音と、それの記載に用ゐられた漢字の原音との関係に就いての研究は、韻鏡の研究によつて著しく助長された。韻鏡は、唐末宋初、悉曇学の影響の下に成立した支那文字の音韻排列図であつてその文字の所属の位置により、その字音の字母、韻、四声を知ることが出来、従つてその字音を明かにすることが出来るのである。我が国に輸入せられたのは吉野朝時代であつて、その当初にあつては、未だ韻鏡の何たるかが知られなかつた。近世初期に文雄が出て、始めて韻鏡に基いて字音の正謁を論じてから、漸くその真価が認められる様になつた。宣長が、字音仮名遣の根拠に用ゐる様になつて、韻鏡は国語の古音を明かにする為の関鍵と考へられる様になつた。我が国語の古音の実際を明かにする為には、古音の表記に使用せられた漢字音が如何なるものであつたかを知る必要がある。漢字音が如何なるものであつたかを知る方法は、韻鏡によつてこれを知るより他に道がないと考へられた時、韻鏡の研究は、国語古音の究明には必須のものと考へられたのである。韻鏡が近世に於いて専ら国学者の手によって研究せられたのは如上の理由によるのである。

(『国語学史』岩波書店、同書、一〇八〜一〇九ページ)

要するに国語古音の再現、国語古音と漢字の原音との関係についての研究が、日本語音の研究の中心であったというわけである。韻鏡もそのために研究され利用されたのである。一口にいうなら漢字音の研究から日本語音の研究へとアプローチしたのである。この方面で特筆される本居宣長の『地名字音転用例』にしても、それを発展訂正した僧義門の『男信』にしても同様である。太田全斎の研究も宣長の発展であり、根本的態度においては前者とかわりない。

右のような国学系の研究態度・方法に対して、柳圃ら蘭学者のそれは、いうまでもなくオランダ語からであり、彼らのいう唐山音（当時の生きたシナ語音）からである。同じ中国音といっても、国学者が韻鏡のような過去のものによっているのに反し、蘭学者は今のものによっている。これは国学者が古語を偏重しているに反し、蘭学者が現代語、俗語、方言、外国語を尊重しているのと根本的相違があるわけである。蘭学者がオランダ語音と日本語音（和音）との比較をおこない、アベセの二十六音への理解と学習の結果――いうならラテン文字を駆使しての西欧の音韻論・音声論を基礎にしているのが根本的な態度・方法なのである。『西音発微』のことばをかりれば、〈若シ人イハンニ皇‐国ノ字‐音ハ元ヨリ正キ直キナルヲ、蛮‐夷ノ鳥囀ツル拗‐音ヲモテ正シヌルハイトヲカシト、是大ナル曲言ナリ、和‐蘭ノ正シキ字‐音モテ近世ノ訛リテ曲レル音ヲ正シ、古ノ直ナル音ニ反シヌルコソ国学ヒニ忠臣トモイフベケレ〉（二九丁・三〇丁）というわけである。もっとも『西音発微』には、満洲語・蒙古語・朝鮮語・諺文・梵語などを参考にしているところがみられるから[10]、国学者などとくらべると広い言語学的比較考察がおこなわれていたということができる。しかしこれまで国語学ではこの蘭学での研究を不問に付してきたのである。

6　蘭語学と国学

つぎに、上にあげた(a)〜(f)までの所説について、少しく検討してみよう。まず、(d)ナ行音についてと(f)マ行音についての二つの場合を考えていってみよう。同時に宣長らのものと比較してみたいと思う。まず(d)ではナ行音が舌音であり、ンはこのナ行音のものであると推定している。或人として実名をあげていないが、文字のンはニの字から出たとしている。ンとムとは異なる音である。或人（おそらく本居宣長であろう）が日本には古代にンがないといっているのはまちがいである。文字のンがなかったからといって、音のンがなかったと考えるのはまちがっている。――このように述べているわけであるが、この柳圃の結論はすべて正しいと思われる。ナ行音とンの音とが同質のものであり、タ行音やラ行音も同じ〈舌音〉の中にいれて考えているのは妥当している。例として、〈但馬・播磨・信濃・信夫〉をあげて、チ・リ・ナ・ノの各音が同じ舌音であり、ともにタン・ハン・シンとなることを論拠としているのである。追考で、〈ンノ音ハナ経ノ所属ニシテ古音ナレバ、タラノ二経ニ相通スレトモ脣音マ経ノムヲ音便ニテント唱フル例ニ入ルベカラズ〉と断言している態度を認むべきである。ンとムの両音については、『呵刈葭』における本居宣長と上田秋成の論争がよく知られている。今参考までに宣長の意見を若干ぬき出してみたいと思う。(11) すなわち『漢字三音考』（天明五年序・一七八五）につぎのようにある。

鳥獣万物ノ声

大凡ノ上件ニ云ル。外国ノ引音曲ル音急促音ンノ音ハノ行ノ半濁音ハ。皆是不正ノ音ニシテ。人ノ正音ニ非ズ。鳥獣万物ノ声ニ類セル者也。イカニト云ニ先鳥獣ノ声ハ。馬ハニイ牛ハモオナドト。皆必長ク鳴テニトモモトモ短クハ鳴コトアタハズ。彼外国人ノ引音コレニ近シ。又雉ハキン犬ハワン鼠ハチウ猫ハニヤウト鳴タグヒ。外国人ノ曲ル音ンノ韻ナド是ニ近シ。（後略）凡ソ鳥獣万物ノ中ニ。其声ノ皇国ノ五十音ノ如ク単直ニシテ正シキ者ハ。一ツモアルコトナク。皆サマ〴〵トクセアリテ。外国人ノ音是ニヨク似タルモノ也、コレ皇国ノ音ハ正シク、外国ノ音ハ正シカラザル明徴也。

＊「全集五」三八六ページ、以下引用は筑摩書房版『本居宣長全集』による。

右の説（信念という方がよかろうか）によれば、ンは雉や犬の鳴声であって、日本語にあるはずがないというのである。宣長の考えの根本は上で尽きているのであるが、この宣長の考えに真向から反対した秋成は、〈古の人の言語にんの音なしといふは、私の甚しき物也〉（『呵刈葭 上』、「全集 八」三七八ページ）と攻撃している。しかしそれに対しても宣長は、〈抑自然の音に古今の異はなければ、今の人にんの音あれば、古の人とてもんの音も有つらめ共、それは不正の音なるが故に、古へは言語には用ふることなかりしなり〉（同上三七九ページ）と相もかわらず不正の音故にンの存在を否定している。さらに秋成は、〈上古にんの声ありといふは、其証まづ漢字にんの匀あること、叟も元来しか聞えらるゝを、其字を仮て書るが、万葉集に許多見えたり、見点、告兼、行覧、別南、乱今可聞、恋世久良三、これらの字漢にんの匀なること明白也、さるを一字にては一定の字なき故に、武牟無舞等の音を仮て、其活用には上よりの連声にて、自然の開口に随ひ、む共ん共呼べきなり、それを悉にむとのみ唱へむには、開口の妙用、文字のために活動することあたはず〉と反論している。秋成は具体例を出し、開口の妙用——発音上によることをもってンの音の存在を示したわけである。しかし、宣長はこう考えている。

> 古は右のてん けん らん なんの類をも、てむ けむ らむ なむとむをさだかに呼しを、それに点兼覧南等のんの匀の字を書るは、んはむに近き声なるに依て、借たる物也、然借たる例は、集中にも他書にも多き中に、地名の神なみを甘南と書る類を思へ、もしんの匀の字を書るを以て、必んと呼し証とせば、神なみをも古はかんなんと呼りとせんか、又右の外れなむなどのなむに嘗字を借ても書り、嘗は今とてもなむとこそいへ、なんとはいはず、又国名の多爾波に丹波と書れども、和明抄其外の古書には太邇波とこそあれ、たんはといへることは見えず、これらにてもんの匀の字は近き声に借たる物なることを知るべし、さて右のたにはも中古以来はたんばと呼、是にてんと呼は皆音便に頽れたる訛なることをも知るべし
>
> （「全集 八」三七九～三八〇ページ）

〈んがむに近き声〉というおおざっぱな考えからは、所詮ン（舌音）とム（脣音）の音のちがいも考えられないであろう。すべて後世は〈音便に頽(クヅ)れたる訛〉と断じたのでは、そこに冷静な学問的操作の片影もみられない。さらに宣長は、〈ねもごろ・なみだ〉をネンゴロ・ナンダというのも訛であり、〈凡てむみもぬになどいづれも中古以来音便にくづれて、んとよぶ語甚多し〉（同上、三八二ページ）と述べている。

柳圃がタ行・ラ行・ナ行がともに舌音であるが故に、〈但馬・播磨・信濃・信夫〉などのある例を示しているのであるが、ムとンは相通でなく、混雑したものであり、いわゆる音便によっていると断じている点、はるかに宣長より音声学的・科学的考察ということができよう。彼がムとモとは相通じるというのも、ともに脣音である故であった。〈追考〉の考えは正当であって、宣長はンとムの本質的違い、発音上（調音点）の違いもわからなかったのではないかとさえ疑わせるのである。あまりにも文字にひかれすぎたようである。しかし柳圃が日本語音にンを否定しなかったのは、〈万ノ邦〻此音ナキハナカリシニテモ知ルヘキ也〉という日本語以外の、諸語との比較ということもあずかって力あったのではなかろうか。中国語すら比較検討してみようとしなかった宣長の態度とは、雲泥の差があると断じることができる。ここには明らかに蘭語学の勝利が語られているのである。

さてンの音について、宣長の『地名字音転用例』（寛政十二年・一八〇〇）をみると、〈ンノ韻ヲマノ行ノ音ニ通用シタル例（杉本、以下同じ）ン→マ・ン→ミ・ン→メ・ン→モとなる〉／ンノ韻ヲナノ行ノ音ニ通用シタル例〈ン→ナ・ン→ニ・ン→ヌ・ン→ネ・ン→ノ〉／ンノ韻ヲラノ行ノ音ニ転ジ用ヒタル例〈ン→ラ・ン→リ・ン→ル〉のように、マ行・ナ行・ラ行の各行をあげている。この点、柳圃がタ行・ラ行・ナ行をあげているのと異なる。両者をくらべるとタ行音のンに相通じるというのは、柳圃のいうように正しいであろう。宣長ほどの人が〈但馬〉の例に気づかなかったのはうかつというほかあるまい(11)。しかしこれは柳圃の音声学的方法が、正統で科学的であった故にほかならない。それどころか柳圃はタ・ラ・ナの各行に転ずるのはン〔n〕であるが、マ行はム〔m〕に転ずるとしたわけである。両者を厳密に分けて考えたのである。すなわち、(f)のマ行音についてのところでこう述べている。

ユカム｜カヘラム｜ノ類ヲユカン｜カヘラン｜又ケム｜ラム｜ナム｜ナドヲモ、ケン｜ラン｜ナン｜ト云フハ誤ナリ、ソハユ｜カメトモユカモトモ云テマ経通用ノ字ナレバナ経ニ混ズベカラス

さらに地名の、〈曇（ドム）→ドミ・南（ナム）→ナメ・ナミ〉などを例として、〈古ハン｜トム｜ノ別アリテ正シキコト知ルヘシ〉と結論しているのである。ンとムの違いは音の質的違いであることを断言している態度を思うべきである。そしてさらに大切なことは、〈舌内音トイフハ真文元寒等ノ韻字ニシテ皆ンノ韻ナリ、脣内音トイフハ侵覃監咸等ノ韻字ニシテ皆ム｜ノ韻ナリ〉と、〔n〕と〔m〕が漢字の韻尾で差別があり、通用することのできないことを明言しているのである。これは『西音発微』について、その補訂の意味もかねて著作刊行した大槻玄幹の『西韻府』（天保三年・一八三二）にも、〈脣内音 em 塩 閻 炎 惔 詹 厳 阽 餤 鵮／舌内音 en 煙 燕 咽 焉 嫣 蔫 歎〉（十丁・十四丁）とあげているのに通じる。(12) もしemとen、mとnというオランダ語音の違いを考えなかったら——宣長風に考えれば、emもenも同音となってしまうのである。この点もやはり柳圃らがオランダ語音によって、音声への感覚と認識と分析とを学んだからにほかなるまい。玄幹も後になってやっとその意味が了解できたのである。

7　柳圃と義門

以上で、(d)と(f)にわたっての、柳圃の卓越した所論とその展開を考えてきたが、宣長の観念論的考察と比較してみても、いかにすぐれた科学的考察か納得されよう。従来、柳圃らの説はついにかえりみられなかったのは遺憾であった。あらためて国語学史、日本語研究史上に正しい位置を与えねばな

るまい。学史上、高く評価されねばならないのである。たとえば時枝誠記『国語学史』に宣長からの発展を論じては、つぎのように記述されている。

> 宣長は、撥音に終る漢字、例へば、信（シン）、男（ナン）の如きは韻尾を転用して国語音を表記する場合、ナ行にもマ行にも通用して転ずるものと考へた。然るに義門は、このナ行に転ずるものと、マ行に転ずるものとは、漢字原音の韻尾に於いて差別があつて、通用することの出来ないものであることを明かにした。男信（ナマシナ）の研究は即ちそれであつて、この通用を否定した根拠は、撥音の漢字が韻鏡に於いて如何に排列されて居るかを研究した結果であつて、現今ンと仮名を附けられて居る撥音漢字の中、韻鏡十六摂の標識中、臻、山の両摂に所属する平上去三声の文字の韻はンであり、深、咸の両摂に所属する三声の文字の韻はムであることを明かにし、この両属の文字は、国語記載に転用させられる場合厳然として区別せられ、ン韻はナ行・ラ行に転用せられ、ム韻はマ行、バ行に転用せられるものであることを論じた。
>
> （同書、一一〇ページ）

義門の説は期せずして、柳圃の説に一致している（タ行をのぞくが）。もとより、柳圃の方がはるかに先である。であるから史的位置を論ずるならば、中野柳圃をもって、『男信』の位置におかねばならない。もっとも義門には、さらに『万葉集』訓読への応用方面という国語学の分野に対する新しいアプローチがあり、さらに両者は相知ることなく、銘々別々に研究して同じ結論に達したわけであるから、それはそれとして十分評価されねばならないことであろう。

ただしここで念のために、義門と柳圃との生存時期、著作年次について考えておきたいと思う。上で述べたように、柳圃は宝暦十年（一七六〇）～文化十三年（一八〇六）の生存期間であり、大槻玄幹との関係では、享和三年（一八〇三）・文化元年（一八〇四）のころ師弟の関係をもったと思われる（既述）。したがって『西音発微』に示されている〝遺教〟は文化元年～三年の間とみるのが妥当であろう。しかし柳圃自身の意見・記述となると、それ以前であり十八世紀後半と考えられる。一方義門の『男信』はどうであろうか。義門は天明六年（一七八六）七月七日に生まれ、天保十四年（一八四三）八月十五日に死去している。柳圃の後輩であり、約二十六歳年下にあたるわけである。『男信』はいつ刊行されたかというと天保十三年三月ということになっている。しかしその奥につぎのようなことばがある点は注目される。

此書は凡そ三十年余り前に、高倉学寮にて、近頃は香樹院嗣講と聞ゆる徳竜師の真宗仮名聖教の校合の事に従ひをられし程に……〔ンとムにつきて〕聊聞置る事を本にて、何くれと考へ、文化の五とせにか、先一わたり脱稿せし本をば、さて廿とせ経ての文政七年冬、とみの事にて江戸に出……ゆくりなう全斎太田方……〔に遇ひ、色々と注意を受け、帰国の後〕再治したるを、遠くも近くも親しき人々に更に議り〔その注意によりて〕削りもし補ひもして、後かくものしたるは天保六年六月廿二日

＊多屋頼俊先生〈義門著述一覧〉による。

刊行された『男信』はすくなくとも天保六年に成稿していたことを知るのである。しかし文化五年に第一稿ともいうべきものができていることは注意しなければなるまい。ただし多屋先生は、〈文政八年の頃に書いた第二稿本の大部分は西広寺に残つてゐて、題は『撥韻仮字考』となつてゐる。文化五年の第一稿本は所在不明であるが、題は恐らく第二稿本と同じであらう〉と述べておられる（『撥韻仮字考』は書写して多屋先生より御恵投いただく）。しかし全斎に逢っていること（太田方が全斎と号したのは、文政六年（一八二三）、隠居してからであるというから、隠居後間もない全斎に逢っているわけである）、また文政六年は全斎が『漢呉音図』（文化十二年序刊）の不備を補った『音徴不尽 一巻』を出した年にもなるので、全斎にとっても義門にいろいろアドバイスできる研究と資料をもっていたと思われる。したがって、義門の第一稿本ともいうべき文化五年の作品と天保六年に成稿したものとは、かなり内

容・質的にちがいがあるのではなかろうか。少なくとも当時第一級の音韻学者、全斎に逢ったことは、その前後でかなり義門の研究に進展があったと考えるのは普通であろう。

以上の点から、柳圃の『西音発微』の説が、義門の『男信』より先に形成され公開されたと考える方が妥当すると思われる。ただしかし『西音発微』の廿八丁の頭註に、〈福山ノ太田氏曰鴟珀設ハ開ヲ本トシ合ヲ末トシテ次序ヲ立テタリ〈後略〉〉とか、附録の〈西洋字源考〉の二丁にも、〈福山侯ノ臣太田氏曰ク一ニ〇ヲ一ツ加ヘテ十トナリ……〈西洋数字での零の用法解説についていう〉〉とあるので、この部分は大槻玄幹と太田全斎と交渉があっての聞書きかもしれない。太田全斎の著『漢呉音図』が文化十二年〈一八一五〉に刊行されているのであるから、おそらく玄幹も全斎のものを一見したであろうことは想像される。両者の関係については今後の考究が必要とされる。全斎がmとnの音韻の違いを述べていることや、『磨光韻鏡』の研究をしている点など、いずれも玄幹が『西音発微』をまとめるときに、参考にしたかもしれない。両者の比較検討は別に論をたてて考えてみたい。

8

おとをの所属を正したのは誰か

つぎに宣長や義門ともやはり深い関連のあるア行・ヤ行・ワ行について考えてみよう。上では(a)カ行音についてから紹介しておいたが、『西音発微』の〈皇国五十音弁〉はいうまでもなく〈喉音　ア|イ|ウ|エ|オ〉〈=五韻文字〉からはじまっているのである。これについてはつぎのような説明がある。

此五韻母字ハ各々単音ニテ、喉内ヨリ出ル音ニ軽重ノ次テアルノミナリ、仮字作ラザリシ前ハ所謂万葉カキ

トイフ者ノ如ク、漢字ノ音ヲ以テ充ル者モアリ、義ヲ以テ塡タル者モアリテ其例一定ナラザリケル

一方ヤ行音については、先の(g)に示したように、同じ喉音ながら、両者の相違を説明し、柳圃は私にイ・エの文字を創作している。そして、〈鴟珀設二十六頭字輯韻〉によってみるとつぎのようにみえる。

喉音清	アA 鴉平 亜去 遏入	エE 耶 夜 葉	イI 伊 倚 乙	オO 和 賀 屋	ウU 烏 汗 仏	……（ア行音）
喉音清	ヤia 約。約。約。	エie 野。野。野。	イii 猗 易 逸	ヨio 欲。欲。欲。	ユiu 由 宥 育	……（ヤ行音）

アイウエオをＡＥＩＯＵの順にしているのは、『増広蘭学佩觿』（文化八年再刻とある）にも、〈彼文廿有六字ノ中ＡＥＩＯＵ（アエイオウ）我アイウエオ一ハ音次正シカラス彼定ムル所ノアエイオウ」発音ノ順正タリ味ヒ知ルヘシ〉とあることからも知られるように、発音上のことからであって、音声学的見地からであることがわかる（後述）。これも宣長などには見えぬところであろう。ア行音とヤ行音は当然ワ行音とも関係してくるので、ついでにワ行音についても考えていこう。先に(i)のワ行音に紹介したように、これは〈喉音〉ではなく〈脣音〉になっている。そして、〈此経ヲ古来喉音開口ニ呼ガ故ニ〉ア行音と混じてしまったと、音声観察不備ゆえと指摘しているのである。ここでもヤ行音の場合と同じく、ウという新製字をつくり出している。単に奇をてらうものではないことが説明によって十分納得いくことと思う。上であげた〈鴟珀設二十六頭字輯韻〉によって示すとつぎのようにみえる。

重脣音	ワWa 滑。滑。滑。	ヱWe 物。物。物。	ヰWi 微 未 微。	ヲWo 擭。擭。擭。	ウWu 無 務 無。	……（ワ行音）

ワ行音を〈重脣音〉としたのは柳圃においてであって、柳圃が後に廿九丁のところで、〈此方（日本をさす）ワ‖

経ノ音ヲ従来喉‐音ト定メテ論説ヲ立ル人アレトモ何ノ謂レナキニ似タリ、如何ト云フニワ‖ハ‖ノ脣‐音ヲ緊ク呼フ音ニシテ言ハヌ‖能ハヌ等ノハノ音ハワノ音ニ混ズルナリ、是ニテワ‖ハ‖ノ重‐脣‐音ナルコト明カナリ、試ミニ脣ヲ開テ此音ヲ呼フ寸ハ如何ニシテモ此音出ルコトナキナリ、然ルニ此重‐脣ノワ経ヲ喉‐音ト定メヱ‖ヰ‖ヲ‖ウノ四‐音ヲ喉‐音ア‖経ノエ‖イ‖オ‖ウニ比シテ其音ニ軽重アルトノミ心得ルガ故ニ、彼是相混シテ其音ノ弁別正シカラザルナリ、重‐脣‐音ト心得テ其呼‐法ヲ正シクスル寸ハ、何ソア‖経ニ混ズベキヤ〉と述べているとおりである。

ここのことばは、暗に宣長らのいうところを意識し、批判しているようである。すなわち宣長の『字音仮字用格』（安永四年・一七七五）につぎのようにみえる（原本、句読点なし）。

喉音三行弁

先大御国（ツオホミクニ）ノ喉音ニ、あやわ三行ノ差別アル所以ノ原（モト）ヲヨク明ラメオキテ、後ニ字音ノ仮字ヲ論ズベシ、抑此三行ハあいうえおヨリ分レタル音ニシテ其本ハ一ナリ、サテ一ッニシテ三ッニ分レタル所以ハ、あいうえおノ五ノ音ノ下へ、又あいうえおノ五ノ音ヲ重（カサ）ヌレバ、自然トツヾマリテ、やいゆえよわゐうゑをノ音トナルユヱニ、別ニ此二行ハアルナリ【喉音ニノミ此差別アリテ、余ノかさたなはまらノ七行ニハ是無（レ）キハイカニト云ニ、マヅや行わ行ノ音ハ、モト二音ヅ、重ナリタルモノナレバ、実ハイハユル拗音也、然レドモ喉音ハ、余音ニ類セズ、柔輭隠微ナルユヱニ、二音ヅ、重ナレドモ、オノヅカラツヾマリテ、直音ノ如クナルユヱニ、此二行ノ音トナル也、余ノ七行ハ、二音ヲ重ヌルトキハ二音ニ分レテ、サダカニ拗音ニシテ、一音ニツヾマル事ナシ、故ニ喉音ノ外ハミナ単行ナル也】故ニ古言ノナカニあいうえおノ音ノ重ナリタル言（コトバ）ハ一ッモアルコト無シ、（中略）サテや行モわ行モあ行ヨリ生ズル音ナルユヱニ、三行ニ分ルトイヘドモ、或ハ髣髴トシテ一ッナルガ如ク、一ッカト思ヘバ又サダカニ三ッニシテ、古（ヘ）ハ混淆スルコトサラニ無リキ、然レバ此（ノ）三行ハ、是（レ）字音ヲ弁ズルニモ、亦緊要ノ事也、ヨク／＼会得スベシ【韻学家ニ喉音ヲ論ゼルコトアレドモ、皆古言ニ昧クシテ、三行ノ厳然トシテ相混ズマジキ義ヲ知ラザル故ニ、皆混雑シテ、や行わ行ハ畢竟無用ノ長物ノ如シ、又御国ノ音韻ハ甚悉曇ニ似タル事多シ、然レドモヒタスラニ彼法ニヨリテ是ヲ治スルトキハ、又違フ事多シ、殊ニ喉音三行ハ、吾古言ノ音ヲヨク解セルモノニアラズハ、其義ヲサトルコトアタハジ、】五十連音図中ニ、いゐえゑおをノ所属ヲ錯リテ、或ハゐヲや行又ハあ行ニ属シ、或ハゑヲあ行や行ニ属スル類多シ、惑フコト勿レ、若一字モ此所属ヲ錯ルトキハ、三行ノ弁ミナ明ラカナラズ、先初ニ是ヲ正シオクベシ、サテおハあ行。をハわ行也、此事ハ別ニ下ニ委キ弁アリ、／〇音ノ軽重ハ、御国言ニ就テハ古来ソノサタモナク、無用ノ論ナレドモ、【俗書ノカナヅカヒドモニ言語ノ軽重ヲ云ルハ、ミナ杜撰ノ臆度ニテ、一ツモ古ノ仮字ニ合コトナケレバ、サラニ論ズルニ足ラズ、】あいうえおノ音ニ本ヨリ其次第アル故ニ、ソレニ従ヒテ、や行わ行ノ音ニモオノヅカラ軽中重ノ科アリ、故ニ右ノ図ニモ是ヲ標セリ、字音ヲ弁ルニハイヨ〳〵此軽重ニテ仮字ノ分ル、子細アル故ニ、ナホ精ク其位ヲサトスコト左ノ図ノ如シ（後略）

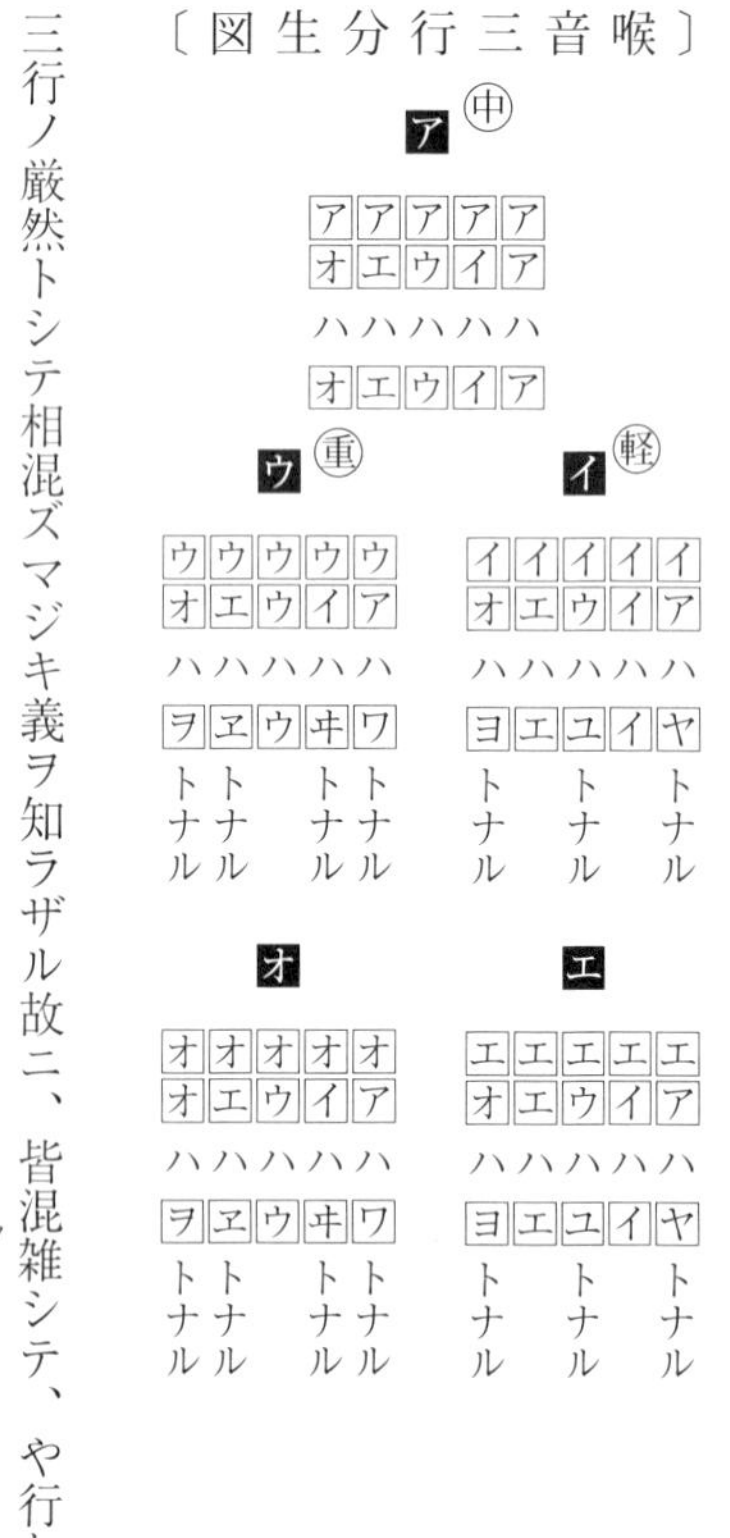

宣長はアヤワ三行を喉音としているが、これは柳圃のいうように、ワ行は喉音ではなく、ア行の発音の口の形

ではそのような発音はできない。服部四郎先生が『音声学』（岩波全書、八六ページ以下）で述べておられるように、〈日本語（東京方言・京都方言）の〔wa〕（輪）などの〔w〕（有声）の唇の調音はこれ〔β〕に近い。この〔w〕の唇の狭めは前から見ると、上下に狭く横に長い形をしている。（中略）〔w〕で表わされる音の両唇の調音は、多くわたり的である。たとえば、日本語の〔wa〕（輪）の〔w〕においては、両唇が最初はゆるやかに後には速かに〔a〕のための位置へわたって行く（即ち開いて行く）のが普通である。この〔w〕において摩擦音が聞えないのは、こういう調音の仕方にも原因がある。〔awa〕（泡）の〔w〕においては両唇が閉じて開く運動をしており……（後略）〉という性質の音声である。いうまでもなく柳圃の考えを現代の音声学で批判することはやさしいが、しかし宣長の喉音を否定して、重唇音（両唇音）を主張している点は、まさに柳圃に音声学的勝利をみる。宣長と柳圃の説は本質的に異なるといってよかろう。

　柳圃のいうようにワ行音を、〈古来喉音開口ニ呼ガ故ニヰウヱヲノ四字音ヲア経ニ混シテミダリ也〉なのである。宣長が喉音としながらも、オとヲの所属を正した——当時のアイウエヲをアイウエオ・ワヰウヱオをワヰウヱヲと訂正したこと——というのは音声学的立場からではなく、むしろ、〈古言のなかにアイウエオの音の重なりたる言は一ツもあることなく〉という古語とそのかなづかいの考察からの点が、決定的だったのである。音声学的立場を一貫してとれば、喉音からはワ行の音は出てこないはずである。またワ・ヤ行のみに拗音（一種の合せ音と解してよい）を考えて、他のものにはそうしたこと（宣長のことばで言えば〈此差別〉）がないと断言している点から、ついに宣長には単音、音素の概念も意識ももちあわせていないことをしる。柳圃が単音（子音字・母音字）の概念をもって、五十音の各音を分析している方法態度とは根本的にちがう。誇張するならば、宣長と柳圃に古代と近代、素人と玄人（音声学者）の差をはっきりとくみとることができる。音声学的に、それ故に五十音図の本質からいって、オとヲの所属する行を明確にしたのは、宣長よりも柳圃にあるといってよかろう。かつて新井白石が音韻の学は西洋がまさるといってはばからなかったが、まさしくその真なることを実証している。白石学の一発展ともいうことができる。これは一面ではラテン文字を駆使する蘭学の有利性にかかっている。しかもさらに痛快なことは、柳圃は十五丁の頭註でつぎのようなことばを記すことを忘れていない。すなわち、

追考、古来ア〼ヤ〼ワノ三経ヲ喉音ト定メシコト其理ナキニ似タレトモヤ〼ワノ二経ハ父字母字トモニ韻母ノ字ヲ重ネタル音ナレバ、ヤ〼経ヲ嘬脣喉音ワ〼経ヲ重脣狭音ト定ムベシ、或人ヤ〼ワノ二経ノミヲ重音（合音、拗音と同じ）ト思ヒ、カ〼サ〼タ〼ナ〼ハ〼マ〼ラノ七経ヲ、直音トセシハイカニゾヤ、ア〼ノ一経ノミ直音単行ニシテ自余九経皆重音ナルコトヲ弁ヘザルハ笑ベキナリ

右の文中の〈或人〉は宣長をさすこと歴然であろう。このことはただ宣長と柳圃の関係を示すだけでなく、実は大槻玄幹と『西音発微』の内容との関係も示唆する。すなわち、宣長の『字音仮字用格』の刊行が安永五年（一七七六）であるから、そのころ玄幹はまだ生まれていない（玄幹は天明六年（一七八六）生まれと思われる）。もっとも玄幹が『西音発微』をまとめるにあたり、あらためて宣長のものを読んで批判したかもしれないが、行文からおして宣長の著書の刊行と近いころであろう（宣長と柳圃とはほとんど同年代である）。『西音発微』がまさしく柳圃の著作であることを実証している。もっとも他の柳圃の遺作からしても、柳圃がかなり宣長のものを読んでいることがしられるのである。

9　音声学者としての蘭学者

ともかく、ラテン文字を知り、単音の概念や表音文字と表意文字の知識などを認識

していた柳圃に宣長が太刀打ちできないのは、むしろ当然でもあろう。

上で宣長が古語の仮字遣いから、ア行のオとワ行のヲの違いを知ったであろうと推定――たとえば織ル（オ）と折ル（ヲ）の違いなど――したが、このことは、彼の説をより発展させた義門の研究からもうかがわれる。たとえば義門が『於乎軽重義』（文政十年・一八二七）で、阿行音は発声の時を除いては、同行相重なることがないけれども、和行音では、〈わゝ、くゝ、たわゝ、／とをゝ、をゝる〉のように重なるからと論証しているのがその一例である。もっとも柳圃も、〈（ワ経モ）其呼法ヲ正シクスル寸ハ決シテア経ニモヤ経ニモ交ル可カラスシテ古キ仮名遣ニテハ其別モ分明ナリ〉（十四丁オ）と仮字遣いのことも考えていたことは確かである。

おそらく宣長がオとヲとの所属を、それぞれア行とワ行にしたことについて柳圃も知っていたであろう。であるから同じく十四丁ウに、〈再按ニアワヤ三経ヲ喉音ト定テオトヲノ錯地ヲ改メ、イトヰトエトヱトウトウノ音声ヲ論スル説アレトモ是ハ全クワ経ノ重脣音ヲモテ脣音ハ経ノ喉音ノ如ク呼カ故ニ、カカル差謬ハ出キヌルコトニゾアルラメ〉と評しているのである。結果的に宣長と柳圃はともに、五十音図にあって、アイウエオ・ワヰウヱヲとオとヲを正座に正したが、しかし宣長の説くところは、柳圃にとって音声学的には誤りであるといわざるをえなかったのである。後に廿九丁のところでも、〈アパヤ喉ヲアワヤ喉ト誤リシヨリ斯ル誤謬モ出来ヌルコトニコソアラメ、笑フヘキコト甚キニアラスヤ〉といっているのと同断である。そしてさらにつぎのように論評していることをつけ加えておきたい。

或国学ヒノ博士五十音中ヲオノ位置ミダリタルヲ改タメシコトサヘ莫大ノ功ト思ヒヌレド、ワ一経ヲ脣音ニ呼フ寸ハオヲノ違ヒノミナラス一経ニオシワタリテ其呼法分明ナリ

柳圃が宣長の功を率直に認めた態度は美しい。しかしやはり音声学的には宣長の未熟さが柳圃によって、はじ

めて純学問的に実証されたといっても過言ではあるまい。つづけて、〈此等ノ理（各音の性質を知ること）ヲ能明ラメオキテ古キ書ヲ読トキ仮名遣ヒ等ヲ正サバ大ナル益アリテイト芽出タキワザニゾアレ〉という、言語研究家としての正統な態度と方法を認めることができる。ここには国学者などにみられる意味の違い（語のちがい）が仮字遣いの違いであるとするのと根本的に異なり、音声の違い、いわば音韻上の問題として仮字遣いが考えられているのである。この点、国学者グループとはっきり区別できるところがあろう。時枝誠記先生が宣長らの仮字遣を論じて、〈僧文雄始めて韻鏡によって字音を論じ、宣長はこれを継承して字音仮名用格に於いて、於乎の音が韻鏡の開合によって区別さるべきものであることを明かにし、その韻鏡上に区別のあることを論じた。かくして一方に五十音図上のお、をの位置を是正すると共に、古仮名遣に同音とされたおを等の文字の音韻上の差別を明かにすることが出来た。（中略）契沖に於いて未解決であつた語とその仮名遣との関係については、本期に至つて、それが音韻の差別に基くものであることが明らかにされたが……〉（『国語学史』一一八～一一九ページ）といわれているが、確かに宣長によるオとヲの位置の訂正や、音韻の標識としての仮字遣観らしき点がみられるが、しかし『字音仮字用格』を子細に読むと上で論じたように、時枝誠記先生の論評はいささか贔屓の引き倒しであり、藪にらめの結果である。誤解も多く仮字遣観としては、依然として語義の標識という点をすてているわけではない。いわば二本立という方が妥当し、音声、音韻への認識においてきわめて未しの観がある。

宣長の研究を受けついだ石塚竜麿の『仮名遣奥山路』（正しくは『仮字遣奥山路』とあるべき）も、仮字の区別が何にもとづくかを明言せずに、語義の理解（語の区別）上に役立つと述べているというのである。橋本進吉博士の御研究によってはじめて、この仮字遣が古代の音韻の区別によることが明瞭になったのである。(13)——柳圃はまさにこの橋本博士の位置に座するものといってよく、きわめて明確な意識をもって、仮字遣が音の違いによることを認識していたのである。それのみか、個々の音がどういう性質のものか、音声学的究明にまでむかっている。ここではとうてい宣長と比較することのできない柳圃の卓説を示しているということができよう。(14)ここにもやはり近世と近代との違いをさえみることができる。柳圃において日本語の音声・仮字遣い観が近代を志向しているということができよう。しかもそれはオランダ語、いいかえると西欧言語学への近接でもあったわけである。つぎにワ行音のでたところで、関連のあるハ行音について柳圃の論じるところをみていこう。

10

ハ行音は脣音・喉音である

ハ行の音について、柳圃がはじめて脣音のほかに喉音のハヒフヘホを考えていることが注目される。ハ行音については新村出先生はじめ有坂秀世博士・橋本進吉博士など種々の立場から論じておられ、オランダの日本語学者、J・J・ホフマン Hoffmann なども、“Japansche Spreakleer”で、スペイン語における語史と対照しつつ、当時の日本語の方言を考えてハ行音がfであり、さらに古代はP音であろうという推定論を示していて、いわば注目された音であった。特に橋本博士の論文、〈波行子音の変遷について〉(「著作集」第四冊)は、それまでの研究を諸論文名をあげて、総合的に考察されている。また有坂博士の〈江戸時代中頃に於けるハの頭音について〉は、時代的に小論と直接関係がある。つぎのような点を明示されている。

1　国語のハの頭音は寛文頃の京都の言語、享保頃の江戸の言語では、既にhになっていたか、或は極めてhに接近していた。

2　長崎あたりの方言では、それより(前の時期)遙か後までもfを保存していたようである。

有坂博士の場合は頭音としてのハの音価であるから、ハ行音全体ではない。橋本博士の論文も江戸時代ハ行音についてはほとんどふれておられない。博士の結論は〈駒のいななき〉で示されているつぎのもので了解されよう。

ハヒフヘホは現今ではha hi hu he hoと発音されてゐるが、かやうな音は古代の国語には無く、江戸時代以後にはじめて生じたもので、それ以前はこれ等の仮名はfa fi fu fe foと発音されてゐた。このf音は西洋諸国語や支那語に於ける如き歯唇音（上歯と下唇との間で発する音）ではなく、今日のフの音の子音に近い両唇音（上唇と下唇の間で発する音）であつて、それは更に古い時代のP音から転化したものであらうと考へられてゐるが、奈良時代には多分既にf音になつてゐたのであり、江戸初期に更にh音に変じたものと思はれる。

さて右のような研究を考えたうえで、柳圃の所説を検討してみると、脣音とともに積極的に喉音を認めている点が注意される。しかもハの音のみでなくハ行音すべてにわたっているのである。〈皇国此音アリテ其仮字ナシ〉という点、やはり音声学者の片鱗をうかがうに足る。長崎でも喉音の存在を明確に報告しているわけである。これは宣長が『漢字三音考』の、〈外国音正シカラザル事〉でつぎのように述べている点とくらべものにならない。

○又外国ニハ。ハ‖ヒ‖フ‖ヘ‖ホ‖ニ清濁ノ間ノ音アリ。濁音ヲ呼ブ如クニ唇ヲ弾テ清音ニ呼ブ。【ハ‖ヲ烟波ノ波ノ如ク。ヒ‖ヲ尊卑ノ卑ノ如ク。フ‖ヲ南風ノ風ノ如ク。ヘ‖ヲ権柄ノ柄ノ如ク。ホ‖ヲ一本ノ本ノ如ク呼ブ是ナリ】此方ニテ半濁ト云フ。漢国ニテハコレヲモ清音トスル也。此レ殊ニ不正鄙俚ノ音ナリ。皇国ノ古言ニ此音アル事ナシ。

いうまでもなく宣長も単なる素人学者ではないし、同時代のハ行音については、自分なりの反省もあったであろう。ハ行音についても彼が実際に感じているところは、つぎのようなものであった。

近世殊ニ脣音ニカギリテイフ軽重アリ。ソハ脣ヲ合サズシテ呼音ヲ軽トス。ハノ行ノ清音ト。ワノ行ノ音ト是也。【今ノ唐音ニハ脣音ニモワノ行ノ音アルナリ。】脣ヲ合セテ呼音ヲ重トス。ハノ行ノ半濁音ト。全濁音ト。マノ行ノ音ト是ナリ。（〈音釈呼法ノ事〉）凡テ中下ナルハヒフヘホヲバ、口語ニハ皆ワヰウヱヲト呼ブ例ナル【仮名ニハ本音ノママニ書ナリ。】其中ニウヲバ。書ヲ読ミ歌詞ヲ誦シナドスルニハ。又再ビ音便ニテ。ヲト呼ブ事多シ。（〈附録、音便ノ事〉）

（「全集五」、四二一～四二三ページ。途中省略）

要するにハ行音がfでなく、wa・i・u・e・oとなっていること（〈音便ノ事〉には、〈中下ナルヒハ、口語ニハ皆イト云。【是ハヒノミナラズ、ハヒフヘホハ、中下ニアルヲバ皆ワヰウヱヲト云リ、ハヲワト云例ニヨラバ、是ハヰトスベケレドモ、姑クイノ条ニ出セリ。】〉ともみえる）を指摘している。宣長がハ行音がワ行音に転じていると言わねばならないのは、ハ行音に喉音と脣音を認めないからであり、〈ヰトスベケレドモ、姑クイ〉にしなければならないといった矛盾したことば——音としては、ア行の（ア）・イ・ウ・エ・オと同じであるから、〈姑クイ〉などとことわる必要はないのである——を吐かねばならなくなるのである。また中下の音と断っているのであるから、頭音では彼のいう不正鄙言の音があるというわけである。だから、〈皇国ノ古言ニ此音アルコトナシ〉と断じたのであろうが、そうするとマ行音も否定され、一般に日本語の脣音を否定することとなる。とするとここでもオとヲの所属を明確にしたことが、音（日本語）をよく検討した上ではないことが証明されるのである。皮肉な言い方をするならば、宣長にあってもア～ヲ・ワ～オとあった方が、ハ行音との関係で日本語音の説明をする方が（上でも示したように）すっきりとしていた——彼の理屈づけに合っているわけである（逆にいうと上に引用した柳圃のことば、〈ワ経ノ重脣音ヲモテ脣音ハ経ノ喉音ノ如ク呼カ故ニカカル差謬ハ出キヌルコト〉なのである）。ともあれ、宣長の場合、(a)実際の音と(b)彼のいだく日本語の音声観と理論的根拠である(c)中国音韻論とは矛盾だらけであって、(a)(b)(c)がすべて一致して彼の日本語音の解釈になっていない点は、十分批判しておかねばならない。まして(a)の実際の音も、厳密には古語と現代語で別種の言語のように意識されていたわけであるから、きわめてイデオロギッシュな、思弁的な音声観・音韻観で自分の都合のいいように処理していくのである。たまたま正論――音声・音韻論から――と思われるものでも、結果において、あるいは偶然そうなったまでである。もちろんそこには、やはり彼が現実の音・江戸時代の音声までも無視することはできないという決定的な要因があったからである。さてしかし柳圃は、ハ行音がワ行音のようになる点についてつぎのように説明している。できるだけ原文どおりに引用してみる。

ハ経モ脣音ナルコト上ニ云ル如クナレトモ此経モ元来ア経ノ次清ニテ、其ヲ清音ニ呼寸ハア経ノ如ク聞ユル也、故ニハヲ開口ニ呼フ寸ハトアノ間ヨリ生スル音ニシテ即チ喉音ノハ也、故ニ西土ノ音、唐山ノ音、共ニハ経ニ喉脣ノ別アリテ分明也、此方ニテハハハ体言用言トモニ発音ニアリテハ開口ノハニ呼テ、即チ喉音ノハ也、然レトモ言詞ノ末ニナル寸ハワト呼ベリ、是ハ所謂音便ナルベシヒハ終(ツヒニ)ヲツイニ　フトヘハ言(イフ)ヲイウ言(イヘ)ヲイエト呼フ皆フトヘノ喉ニシテイトエニ近ク聞ユル也、又菴(イホ)ヲイオト呼モ同シ理リ也、又ｈｏｌｌａ(ホルラ)ｎｄ(ンド)トイフ国名ヲ、此方ニテオランダト呼ベドモ此ホハ喉音ニシテ此方ノ人ニハオト聞ユルガ故也（中略）故ニハ経ヲ喉脣ノ二ニ定ムル寸ハ開口呼ノハ経ヲ喉音トシ、閉口呼ノハヲ脣音ト定ムヘキ也、ワ経ハ上ニモ言ル如ク重脣音ニシテア経ノ清濁閉口呼ナレハ、決シテアパヤ三経ノ喉音ニ収ムベカラスシテ又其三経ニ混スル患モナキナリ、其歌如レ左

アパヤ喉。カ牙サ歯音ニ。タラナ舌。ハマワノ三ッハ脣ノ軽重、アヤワノ三経ア　ヤノミ喉音ニシテ、ワハ脣音ナルコト上件ニ弁ズル如クナレトモ、其三経ノ中イウエノ三ッ、各々其音ヲ異ニスレトモ假字同キガ故ニ今新ニ製スルコト左ノ如シ

アイウエオ　ヤイユエヨ　ワヰウヱヲ

（十五オ～十六ウ）

ハ行音を橋本博士が江戸時代にf↓hと、h音になったことを指摘され、有坂博士もハの音（ハ行音ではなく）が語頭でhとなったことを述べておられるわけであるが、柳圃は江戸期にf音系とh音系が並存していることを明言し、しかも音声学的立場でそう結論しているのである。柳圃は両博士に先立つこと約一世紀ははやいわけである。宣長が〈中下〉と限定して、f↓hになっていることを述べているものと同じ結果になってはいる。しかし彼がワキウヱヲになると述べているのとちがって、ア行やヤ行と同質の〈喉音〉になっていること――すなわちh音になっていることを指摘しているのである。上でもあげたようにハ行音に関する論文は少なくないが、f↓hとの関連において、柳圃の音声学的考察は、時代的にも理論的にも、それら論文の先駆的な労作といっても言いすぎではあるまい。ここでも宣長とは本質的なちがいがある。ただし柳圃はハ行音に喉音を認めているが、例として示した日本語は、〈ハ・ヒ・フ・ヘ・ホ〉のすべてが、語頭にある場合ではない。すなわち、〈ホルランド↓オランダ、ヒスパニア↓イスハニア、hoe（フウ）↓ウウ〉などであり、への語頭にくる場合は示していない（言（イフ）・言（イヘ）をイウ・イエという例をだしているが、右に該当しないことはいうまでもない）。ただ現代語音から考えれば、への喉音は問題なかろう。むしろhoeをウウと呼んだというのは、語に関することで唇音のフウも現実に発音されたと思う。フの音はハ行音の中で、もっとも前代のf音の残っている音ではないかと思う。ただ柳圃の場合も、ハ行音がすべて唇音から喉音になったというのではなく、むしろ唇音・喉音の並存を主張しているわけであるから、一般にf↓hの変化ととらえているよりも、f↓f／↙h と分かれたと考えている点で、正統であろうと思う。ここで新村出先生の〈波行軽唇音沿革考〉[15]を参照させていただく。同論文はハ行音についてのさまざまな意見・研究のあとを示して有益である。すなわち冒頭につぎのようなことが述べられている。

日本語の波行音が最初重脣P音から出て軽脣音Fに移り、次第に今日のH音に帰したといふことについては、古くより内外幾多の学者の所説があつて、よしや尚その沿革の経路と時期と細節とについて考究を尽すべき余地が大に存するにもせよ、大体に於ては最早や異論がないものと思つてゐたところが、最近〔昭和二年ごろ〕に至つても先輩のうちから思ひもかけぬ反対意見があらはれる位、問題が未だ片づききらぬやうに見えるのは、私たちのむしろ案外とする所である。

右でハ行音がf→hになっている点がほとんど了承されているという学界の様子がわかろう。そして同論の文中に、〈契沖以後の国学者ことに音韻学者が往々ただ因襲的に波行音を軽唇音だとか唇音だとか簡単に云っての けたのは当代の発音状態の自覚も観察もしないでの言説にすぎないから取るに足らぬ。尚ほ相当の説明をあげた学者もないとは云へないけれども、当代の活きた発音を捉へてゐない場合が多いのは遺憾である〉（三〇四〜五ページ）と述べておられる。先生が言われる相当の説明をした学者は、その注でわかるように泰山蔚などであろう。——注目すべきであるので、同論文の注(3)をそのままここに転載させていただく。すなわち、〈京都の音韻学者泰山蔚の音韻断（寛政十一年刊）には時流を擢んでたる卓見多し。其一はハ行はフの軽唇音たるを除きて他はみな深喉音なり、先輩がこの五音を軽唇なりとなししは呼試みざるの誤なりと論ぜることなり。之によれば寛政時代京都の波行音はH音なりしこと明らけし。幕末京都辺にFありしといふ説は大に疑ふに足る〉と。しかしこれらの点を考察・通覧してくる時、いよいよ中野柳圃こそ、時流にぬきんでた学者と評することができよう。ついに新村先生の眼中になかったのは残念である。まさしく忘れられた学者であった。新村先生には別に、〈国語に於けるFH両音の過渡期〉（昭和四年）という御考察もあるが、上述のようにハ行音がf→hとなった（今日のH音に帰した）ということはまだまだ研究の余地がありそうである（たとえば川が何時ごろ、カハからカワになったかなど）。というのは、ことはf→hの問題でなくまずf音・h音のそれぞれ、いいかえると日本語のハ行音がどういう性質なのかを改めて考察しなければならないということである。その点、柳圃が並存を認めたことがむしろ一番穏当であったといえよう。決してf→hと単純に一つに帰したのではないからである。別論でふれたがロシア人・ゴロウブニンは『日本幽囚記』で、彼が火（ヒ）の発音のむずかしいこと――fi psi fsiなどと示す――を述べているところがある。ロシア文字では口蓋部摩擦音のchで写しているのは大いに参考になろう。また偶然ながら宣長が馬のなき声をニイと写していること（橋本博士の論考〈駒のいななき〉にはふれておられないが、伝統的にヒンまたはヒヒンという馬のなき声をニンと写している）は、ヒがまだfの音をもっていた（宣長の音韻観念として）と考えたので、フィンとかフィフィンとなくはずのない馬の声をニの音で写したわけである。柳圃もニの音はナ行音で舌音としているが、ナの音とニの音とは舌の形、位置にちがいがあり、むしろ現代のヒの音に近い口や舌の形・位置をとっている。ただヒが摩擦音で無声である点など調音の仕方でニとちがうと思われる。――ともあれ現代語音としてのハ行音も、その実なかなか複雑だと思うのである。ごく新しいところで服部四郎『音声学』に、〔h〕（たとへば日本語の「へ」〔he〕の子音）の喉頭調音について学者の説が一致していない。声門の開き方が「息」の子音〔f〕〔s〕などよりは狭く声門で摩擦音が生ずるとする者、（中略）声門の開き方が〔f〕〔s〕と同じだとする者、同じだが〔f〕〔s〕よりは呼気が強いとする者、或は開放状態より声のための狭めへと移行するという者、などがある。（中略）摩擦音……日本語のuの前のh、たとえばHuzi（Fuji）のH、日本語のiの前のh、たとえばhitoのh（後略）〉と説明されているのである。

柳圃がf音とh音の並存を主張した点は正しい。さらにその表記上では、ハヒフヘホとハ△ヒ△フ△ヘ△ホ△を考案したわけであるが、〈鴟珀設廿六頭字韻〉および『西韻府』では、つぎのようにある。

脣音 清	ハ Fa	法。法。 法。	ヘ fe	歇。歇。 歇。	ヒ fi	非 廢 沸	ホ fo	福。福。 福。	フ fu	不 冨 払
撮脣 喉音清	ハ△ Ha	花 化 呷	ヘ△ he	歇。歇。 歇。	ヒ△ hi	僖 憙 肸	ホ△ ho	訶 呵 熇	フ△ hu	呼 嘑 呼。

脣音清

Fa ハ fe ヘ fi ヒ fo ホ fu フ

Fa 平 法。去 法(ハー) 入 法(ハッ)

fe 平 歇。去 歇(ヘー) 入 歇(ヘッ)

fi 平 非霏菲扉緋騑誹緋妃飛 去 沸費鬻 入 沸(ヒッ)

fo 平 福。去 福(ホー) 入 福(ホッ)輻蝠副復蝮複輹腹覆

fu 平 不。去 富(フー) 入 弗(フッ)沸茀紼髴艴祓紱韍黻紼

喉脣音清

Ha ハ he ヘ hi ヒ ho ホ hu フ

Ha 平 花華譁誇檛撾髽 去 化(ハー) 入 呷(ハッ)

he 平 歇。去 歇(ヘー)。入 歇(ヘッ)。獦蠍

hi 平 羲犧曦嬉嘻僖禧憙熈戲巇 去 憙(ヒー) 入 迄(ヒッ)汔肸

ho 平 呵訶 去 呵(ホー) 入 熇(ホッ)

hu 平 呼膴 去 呼(フー) 入 嘑(フッ)

（三丁・四丁）

鴉珀設二十六頭字輯韻

第一頭字 此頭爲後四類之韻字母字

以下ノ四字即父字 二十字皆協合以上五韻母字

喉音清	脣音濁	牙歯音	舌音濁	脣音清	牙音濁	喉脣音清
A	Ba	ca	Da	Fa	Ga	Ha
E	be	ce	de	fe	ge	he
I	bi	ci	di	fi	gi	hi
O	bo	co	do	fo	go	ho
U	bu	cu	du	fu	gu	hu

喉音清	牙音清	舌尖拄喉音	脣音清	舌音清	重脣鼓氣音	拗音	滚舌鼓氣音	齒音	舌音
ia	Ka	La	Ma	Na	Pa	Qa	Ra	Sa	Ta
ie	ke	le	me	ne	pe	qe	re	se	te
ii	ki	li	mi	ni	pi	qi	ri	si	ti
io	ko	lo	mo	no	po	qo	ro	so	to
iu	ku	lu	mu	nu	pu	qu	ru	su	tu

『西音発微』〈鴉珀設廿六頭字輯韻〉冒頭（21オ・ウ）

11

さてハ行音に類似した音の吟味にラ行音がある。柳圃が、〈舌尖音・滾舌音〉と区別しているもので、前者が現代の音声学でいう〈舌尖側面音・〔l〕〉という言い方に近く、後者が〈舌尖のふるえ音・〔r〕〉に近い。一般に日本語はr音でl音ではないとされている。しかし柳圃は、

ラ行音・四つ仮字について

〈此方其音アリテ其仮字ナシ〉と日本語にもrとlの両音あることを述べている。ただ〈Ra re ri ro ru〉とラ行音を示すのにR字を用い、ラ゜レ゜リ゜ロ゜ル゜と別表記の方法も考えているところをみると、一般には表に示しているように、日本語は〈滾舌鼓気音〉と考えていたようである（滾はふるえころがる・弾くなどの意）。しかし第二頭字以下は、すべてLの字で示している。たとえば、〈ラムLam婪・ランLan蘭・ラウLau労・ライLay来〉のようにである。柳圃は語頭にある場合はLの音がくる場合を考えたのであろうが、くわしい考究はみあたらない。わずかに〈第二頭字〉の説明中に、〈r（ルー）行ノ対訳ヲ欠リ宜l（ル）行ノ字ヲ通用スベシ、若委クセントナレバ其字ニ零点ヲ加ヘテ其別ヲ分ツヘシ〉（廿三丁）とのべている。例からして母音に先立たれぬ場合のラ行音である点、注目したい。しかし服部四郎先生は、〈日本語のラ行の子音は方言によって〔l〕であることがある。東京人の中にも「歴史」「ランプ」などの語頭の子音（母音に先立たれない場合の）として〔l〕（βIfg）を有するものがある。熊本方言などの「リ」「ル」の子音は破裂的閉鎖音であるが、「ラ」「レ」「ロ」の子音は側面音である〉（『音声学』九八〜九九ページ）と述べておられる。柳圃にこれほどの観察力があったかどうかはにわかに断定できないが、日本語のラ行音が母音間で弾き音〔ɾ〕または〔r〕であるのと比較して、語頭のラ行音の違いを熟知していたと思われる。方言からも気づいたようである。ここにも柳圃の音声学者としての一面がある。前のハ△と同じくラ゜などの表記の点まで考えた態度は、現代、〔u〕に対して〔ɯ〕（日本語のウ）の記号を考えたり゜や△の符号をそえて、より正確に音声を示そうとする音声学者の態度

方法に共通しているともいうことができよう。

最後にタ行音を中心として、サ行音などをあわせ考えていくことにする。

タ行音についてまず注意されるのは、いわゆる国語学者のいう〈四つ仮字〉のことである。柳圃がいうように、〈濁音ニ呼寸ハシノ濁リチノ濁リスノ濁リツノ濁リ混シテ弁ジガタシ〉ということである。しかもジ・ヂ・ズ・ヅは結局、〈サ経ノシトスノ半濁音〉であるという。要するにヅ・ヂはズ・ジと同音になったというわけである（これは当時の現象である）。さらに彼のいうところを引用してみよう。

> 藤ノカナハフヂ也、冨士ノカナハフジ也、是古言明カニ分リタランニ、今ノ人カナノミニテ音声ニテ分タザルハ正音ヲ訛ル故ナリ（中略）、筑後ノ国人ハコノチノ濁トシノ濁ヲ弁別シテ此ニ十兵衛（ジフ）トイフ人アリ、彼ニ重兵衛（ヂウ）トイフ人アランニ相共ニ其名ヲ呼テモ、又他ヨリ呼テモイササカ違フコトナシ（中略）ヅトズノ別モ其証三ツアリ、渦ハウヅノカナ、宇受華鬘ハウズノカナ也、是一ツ、トテフテニハヲ、万葉ニ筒トモ喚鶏トモカケリ、又字音ニテ都々ト書シモアリ、此音今ハトトヨメトモ実ハテウト云音也、故ニテウ〳〵トナリテハツヽニ充リガタシ、依テ喚鶏トカキタルハ鶏ヲ喚フ声ニテ、今ハ訛リテトヽ、唱フルナレトモ古ハテウ〳〵ト唱ヘシ故ニ、全クツノ正音ニ充リシナリ、是二ツ今ノ世、蝦夷人ハスヲ半濁ニ呼ベルツノ音ナシ、テウトノミ唱フル也、故ニ松前ヲマテウマヘトツノ正音ニ呼也、是三ツ也（松前は古く満堂満伊と書きアイヌ語のマッォマイでマッは婦人、オは婦人の陰部を意味するか。マへは特に意味がない。matomayと書けるか。あるいはマツはマドで浦回（うらわ）の意か。いずれにせよマツのツは正音であらわしているようである）、モシ又チトツノ音ヲ今ノ如ク呼ハントナラバ、タノ音ヲサノ半濁ニ呼テサ゚（アッ）トナサザレバ律ニ協ハザル也、又関東の俗言ニ空嚢ノ人ヲカラッチリト云、コハ空尻（カラシリ）ノ転也、又奥羽ノ俗言ニカラシリ馬ヲカラチリト云、共ニシノ半濁ツイノ音ニシテテイノチニアラヌ也

四つ仮字については、特に江戸時代には論議されたので、柳圃のいうところが必ずしも独自というわけではない。しかし四つ仮字が結局ジ・ズに統合されていること、方言や古語アイヌ語との比較からわり出しているのが柳圃の説である。さらにツアの音（江戸で式亭三馬がサ゜のように表記したオトサ゜ンの〔tsa〕の音にあたると思われる）の観察も示している。江戸っ子、現代の東京人も、〈真直（マッスグ）〉をマッツグというのが普通である。しかも、〈モシ又横行ニシテシ―トチ―トツ―トスト―ハ通韻也ト云ンニ、タ―経ハ舌音サ―経ハ歯音ナルガ故ニ此経横通スベカラザレバ、全ク今呼ルチ―トツ―トノ音ハ誤リ乱タルコト知ヌベシ〉と述べている。柳圃は訛りと誤りとを明確に分けて判断しているのである。これは宣長が『字音仮字用格』でつぎのように述べているのとくらべものにならない考察といえよう。

○濁音じぢずづ之仮字
濁音ノ仮字ニ、じトぢトマガヒ、ずトづトマガフコト多シ、此分チハ、歯音ト舌歯音トノ字ハしす也、舌音ノ字ハちつナリ、其中ニ歯音ト舌音トノ字ハ、多クハ清音ニモ呼コトアル故ニ分レヤスク、舌歯音ノ字ハ清音ニ呼例ナキ故ニ、分リガタキコトアル也、
（「全集五」、三六九ページ）

音価の推定については両者問題になるまい。つぎに、〈鴟珀設廿六頭字輯韻〉から、〈タ行・ダ行音、サ行・ザ行音〉を示してみよう。

舌音			
タ	Ta	荅。荅゜	荅。
テ	te	的。的゜	的。
チ	ti	氏　常	蛭
ト	to	多　跢	篤
ツ	tu	都　妬	都。

舌音濁		ダ Da	デ de	ヂ di	ド do	ヅ du
		大°大°達°	特°特°特°	第°第°第°	駝駄鐸	徒渡徒°
歯音		サ Sa	セ se	シ si	ソ so	ス su
		洎°洎°洎°	色°色°色°	失°失°失°	速°速°速°	斯°斯°斯°
牙音	清濁	ザ゜ Za	ゼ゜ ze	ジ゜ zi	ゾ゜ zo	ズ゜ zu
		叉瘥刹	礷笡切	疽処処°	麤厝瘯	蚩°截截°
	濁	ザ	ゼ	ジ	ゾ	ズ
		楂乍弱	査㯼熱	如汝日	徂柞族	慈字字°

右の表をみれば、サ゜ゼ゜ジ゜ゾ゜ズ゜音とザゼジゾズの音とを区別していることがより一そう明白であろう。ダ行音とザ行音を認めてはいるがしかし、つぎの二点はすこし疑問がもたれる。すなわち、

○チ|とツ|の音はサ経のシ|とス|の半濁音である。

これはチとツの音が〔ti〕〔tu〕ではなくて、〔tʃ〕〔ts〕であることを説明しているのであろう。したがって、濁音のヂ・ヅ（ジ・ズも同様）は、〔dʒ〕〔dz〕となっているということでもある。これと同じようなことが、後（二十八丁）のところでつぎのように述べられている。

ta(タ)行のti(チ)ハテ‖イ‖ノ合呼、tu(ツ)ハテ‖ウ‖ノ合呼ニシテdi(ヂ)ハデ‖イ‖合呼ノ濁、du(ヅ)ハデ‖ウ‖合呼ノ濁ナリ、此方ノチ‖ノ音、中

古ヨリ訛リテシ‖ノ半濁ニ呼ビ、ツ‖ヲス‖ノ半濁ニ呼ルガ故ニ、仮名遣ヒノ上ニハ、チ‖ノ濁リシ‖ノ濁リツ‖ノ濁リス‖ノ濁リ分チアレトモ、口呼ニテハ其別ミダリナリ、コハ音学トイフモノナキガワザニテ、口呼サヘ正シカリヌレバ口頭ニテ分ルヘキハ云フモ更ナリ

さらに彼の音（声）学的態度はこう仮定する、〈チ|トツ|ノ音ヲ今ノ如ク呼ハントナラバ、タ|ノ音ヲサ|ノ半濁ニ呼テザ゚|（アツ）トナサザレバ律ニ協ハザル也〉と。こういうのも、チとツ（タ行音）の音が〔ti〕〔tu〕の音ではなくて、〔tʃ〕〔ts〕の音と仮定するならば、タの音も〔ta〕ではなくて〔tsa〕とならねば一貫した同質のタ行音とはならないというわけである。関東・奥羽の方言の例なども出しているが、上にも示したように、〈おとっつあん otoᴛcaɴ／御っつお goᴛcoo〉（『国語学辞典』から引用）のᴛca・ᴛcoがあったことは事実である。サ行音の半濁音として、tsa（ᴛca）・tʃi・tsu・tse・tsoを想定し、そのうちtʃiとtsuは実際のタ行音のチとツであると考えているわけである。ta・tʃi・tsu・te・toが柳圃の考えた当時（江戸時代）のタ行音であったということになる。これは、たとえば『国語学辞典』で、タ行音を〈ta・ci・cu・te・to〉としているのとまったく一致する。しかし同辞典で室町時代（京都語）のタ行音を、〈ta・ti・tu・te・to〉と表記しているのと異なる（柳圃は江戸時代以前すでに、江戸的であったと考えている）。しかも柳圃は、『国語学辞典』の記号で示せば、タ行として〈ca・ci・cu・ce・co〉の音のあることも示したわけである。このうち〈ca・ci・cu・co〉は江戸語音としても、現代語としても、明確にされる。しかしce（セ゚）は、柳圃も例をあげていないし、方言例もみえない。私見ではさらにはるか古代ではサ行音はなく、タ行音に統合されていたとさえ考えられる。

12

おわりに

以上で、ほぼ『西音発微』の全体をみとおしたわけであるが、柳圃の音（声）学者としての面目も伝えることができたと思う。観察と分析の才と方法はまさしく学者というにふさわしかろう。彼はアイウエオの排列を蘭学ではアエイオウとすることについてもこう述べている。すなわち、

> a（ア）行ノ順次此方ト位置ヲ異ニスルハ是口内ヨリ出ル所ノ自然ノ序ナリ、如何ト云ニ、口ヲ開テ喉ヨリ自然ニ出ル音ハ、アノ音ニシテ其開口ノ形状宛トシテ三五ノ月ノ如シ、次ニエノ音ヲ出ス寸ハ、二六ノ月ノ如ク、次ニイノ音ヲ出ス寸ハ、九日ノ月ノ如ク、次ニオノ音ヲ出ス寸ハ、六日ノ月ノ如ク、次ニウノ音ヲ出ス寸ハ、三日ノ月ノ如ク、開口ノ形状漸ク狭クナリユクナリ、悉曇家ニテハアヲ開トシテ余ノエイオウヲバ皆合音トスルコト物ニ見ヘタレトモ斯定ムル寸ハ、ワ経ノヱヰヲウト混スルガ故ニ、ア経ハ皆開音トシテ其軽重ノ次序ハ蘭ヲ以テ佳トスルナリ

右は口の開き方からして、ア→ウとアが一番大きい開き、次第に狭くなってウがもっとも狭い形（月齢になぞらえる）となるというごく自然の発音からである。これとほぼ匹敵できるのは宣長『漢字三音考』にあるつぎの考えであろう。〈イ・エ・ア・オ・ウ〉と口の開き具合を図に示して、解説しているわけである（図省略。「全集 五」、四〇二～四〇三ページ）。

五音ノ形状。此図ノ如クナルモノニシテ。イハ開ノ始メナレバ。其形細小ニシテ。本窄(スボ)ク末開ケユク音也。エハイニ類シテ。稍(ヤヤ)大ニシテ。ナホ末開ケユク音也。アハ中極ノ音ナル故ニ。円大ニシテ本末ナシ。【故ニ悉曇家ニ此音ヲ開音トシテ。余ノイエオウヲバ。皆合音トスルコトアリ。】オハ開ヨリ合ニ行ク音ナレバ。末窄リテ。ウニ類シテ。稍大ナリ。ウハ合ノ終リナレバ。其形細小ニシテ。イヨイヨ末窄リ極マル音也。右五音ノ形状。ミヅカラ呼(ヒ)試ミテ知ルベシ。（中略）サテ右ハ開ノ始ヨリ合ノ終(リ)ヘ旋ル次第ナルヲ。又逆ニウオアエイト旋ラセバ。ウオアハ漸(ク)ニ開ケユキ。アエイハ漸(ク)ニ窄リユキテ。合ニ還ルイキホヒナリ。

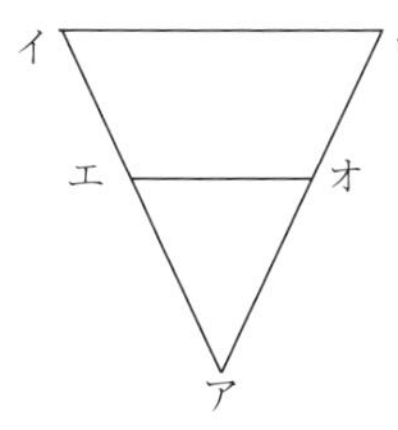

すでに宣長も述べているが、イは開の始めであるがウもまた同様であり、さながら丸い卵も切り様で四角といった便宜的な説明にすぎない。宣長のようにアを中心として、口の開き方だけで論じるなら、イエアオウとも、ウオアエイともなる。ただ図のように音声学でいう（舌の位置を考えに入れた）母音の三角形図に合致しているのは妙である。イとウ・エとオを対応させているところは、口の開き方だけではなかろう。ただ宣長がイエアオウ・イエアオウと〈旋転循環シテ、終(リ)ヨリ又始(メ)ニカヘル。是(レ)声音ノ自然ニシテ、律モ亦同ジ事也〉という説明をしているように、思弁的な、しかも生理的なリズムを彼自身、暗黙のうちに体得していた故ともいえよう。(16) ただ宣長が悉曇家の説を否定せずむしろ、その考えにとらわれてしまっている——開合の違いやアが開音、その他は合音などの考え——点を柳圃はオランダ語の発音からして否定しているのである。それがとりもなおさず、柳圃のようにア行音とワ行音を混じないための基本態度ということにもなるのである。このア行音の考察の一点をとっても、宣長と柳圃の態度の根本的違いを知ることができようし、ここにも後者が西欧の言語研究態度に近づいていることを認めることができるのである。

＊

追記

柳圃と宣長の論の組み合わせは、ついに『西音発微』では明示されていない。しかし小論中でも推定したように、両者が火花をちらしているさまを想定することはむずかしくない。これをさらに証明するものとして故岡村千曳先生に拝見させていただいた際に走り書きした(a)『蘭学生前父』(b)『助詞考』（いずれも早稲田大学所蔵）についての私のノートからごく一部を抜き出しておく。すなわち、

A『蘭学生前父』〈崎陽　柳圃先生発明、印（宇田川図書）〉、題簽なく黄表紙で表紙に、〈蘭学生前父〉（写本）と墨書。全三十二丁。柱は、〈風雲堂〉（岡村先生から、宇田川榕庵の書写したものであると教えていただいた）。風雲堂は榕庵の塾名である。この中に、助動詞タリ、ナリの説明と関係してつぎのことばがある。

○（前略）詳ニ本居翁ノ言葉ノ玉の緒（初刊は天明四年・一七八四）ニモ見エテ難キコトニハアラネトモ、一向ニ国学ニ無案内ナラン人ハ、唯々言たり降たるナト皆たるヲ附テ心得ベシ

○（しつこころなく花のちるらんのらんの説明で）本居氏曰、此らんハ然ルヲ疑フニアラズ、然ル所以ヲ疑フナリトイヘリ

○いひてんありなんナド末ヲ推シハカル意ト本居氏イヘリ、又応ノ字モ推シハカル意ト物氏言ヘリ、俗言デアロウ語トモ言ソーナ語トモイフ

『蘭学生前父』はいわば最初の日蘭比較対照文法でもあるし、〈形容詞・自動詞・動他（他動）詞〉などの術語用法の上からきわめて注目すべき作品である。本居宣長の外、〈物氏〉はいうまでもなく物徂徠こと荻生

徂徠であろう。柳圃の読書、研究の範囲も考えられるのである。別稿（本書〈第一部・3〉など）を参照。

B『柳圃先生助詞考』全六十一丁　中野柳圃編　吉雄常三写。題簽なく、紺表紙に〈助詞考〉（写本）と墨書。逆開きである。〈中野柳圃編・吉雄常三写〉は岡村先生の御推定である。ただ『蘭学生前父』に掲載の〈詞品図〉のページ隅に、〈右詳ナルコトハ助字考ニイヘルカ故此ニ略ス〉とみえたので、『助字考』とも表記されたのであろう。またこの『助詞考』の本文中に、〈南皐先師ニナラヘル事也〉とあるので、南皐こと吉雄俊蔵が書き写したと考えられる。先師は吉雄六次郎か、または中野柳圃のことをさすと思われる。本文中、〈予カ三世考〉とか〈右ニ引ル語ハマーリンガ書中ニ出セルモノ也〉とあるので、柳圃の作品であることは確実であろう（『蘭学生前父』に、〈蘭語三世名目〉として、〈過去・現在・未来〉をあげている。これと〈三世考〉と一致しよう）。またP・マーリンを用いている点から、『和蘭語法解』と柳圃との関係を述べている『新撰洋学年表』のことばがいっそう真であることが証明されよう。柳圃はかなりマーリン（別に〈Marin三板〉の語もみえる）の語学書・辞典を座右において、よく読みこなしマスターしていたのであろう。柳圃→馬場貞由→藤林普山（『和蘭語法解』）の線もはっきりしてくるのである。

なお右二書は今後の研究を必要としようし、他の柳圃の語学書との比較検討も必要であろう。今回はこれだけにとどめておく。

註

(1) 雑誌「新小説 七月特輯号」（大正十五年七月一日）に、〈語学の逸才馬場佐十郎〉がある。

(2) 馬場の著作と玄沢の著作とでは重なっている。また馬場の著とされる『和蘭冠辞考』『辞類訳名鈔』なども「芝蘭堂蔵板目録」では〈崎陽馬場先生訳　磐水先生参考〉とみえ、本文を検すると、馬場が磐水と相談し合った由を記している。両者の語学学習上の交渉はきわめて密接であると思われる。両者の年齢差は二十年余である。

(3) 中野氏に復したのを渡辺氏は『暦象必備』をつくったころ、即ち享和元年辛酉（一八〇一）ごろとしている。

(4) 後述してあるが、「芝蘭堂蔵板目録」の中に、〈字音発微 崎陽柳圃先生口授 平茂楨筆録〉とみえる広告をみる。『西音発微』と同一本か、初稿本とでもいえる一本かと思われる。ただし「芝蘭堂蔵板目録」は文化八年である。後考をまつ。

(5) 柳圃門下の逸才として四人、即ち馬場・吉雄・西・末次をあげるのが一般であるが、上述のように、馬場自身は三人の名を示すだけである。念のため。

(6) 『暦象新書』の〈凡例〉に柳圃は、〈予ハ一個ノ舌人ナルノミナレハ僅ニ蘭書ノ大意ヲ解スル事ヲ得レトモ浅見薄聞、和漢ノ典籍ニ暗ケレハ如何シテ天学ノ何物タル事ヲ知ルニ足ランヤ、唯訳文ノ辞拙シテ読人原文ノ意ヲ詳ニ理会スルニ難カラン事ヲ恐ル……〉ときわめてへりくだった態度を示している。これは彼の師、本木についても、弟子馬場についても、同様の言辞、態度がみられる。馬場ほどの語学者が、自分の訳に必ず誤りがあるから、後人は改めてほしいと述べている（内閣文庫本）のである。もって範とすべきであろう。

(7) 新宮涼庭の『鬼国山人西遊日記 巻之二』に、〈従学者纔四人、曰末次忠介、吉雄六次郎、西吉右衛門、馬場佐十郎是也（中略）如淵先生嘗嘆曰吾之学、今得二柳圃之肉一 其学術深遠如レ此、著二暦象新書、鎖国論　和蘭詞術十数部一〉とある。柳圃に親しく私淑していた吉雄六次郎（如淵）が、著書十数部と言い、特に語学方面に、〈和蘭詞術〉という名の著書をあげているのが注目される。これが『和蘭詞品考』と同一書であるかどうかはわからぬが、今後注意してその所在を確かめたい。渡辺氏はこれについて疑問を提出されておらず、氏は著作の中にこれをあげておられない。また最近出版の『日本洋学編年史』（錦正社）には、岡村千曳先生のものはもちろん『助詞考』・『蘭学生前父』もふれておられない。しかし岡村先生の著書は、昭和二十八年に既に刊行されていたのであるから、明示すべきであった。

なお蘭学資料研究会の研究報告（八十号・昭和三十六年四月）に、〈志筑忠雄の著訳書〉なる報告がある。この中で報告者、神田茂氏は、〈(1)西洋学家訳述目録(2)新撰洋学年表(3)未刊本長崎市史洋学編(4)阿蘭陀通詞志筑氏事略(5)明治前日本数学史 第五巻」(6)蘭学者名簿稿〉の六冊を参照されて、三十種の著作をあげておられる。氏の分類では、天文関係が十三種で一番多く、以下語学が五、地理四、数学四、兵学二、雑二となっている。あげてある語学書五種は、〈和蘭詞品考・四法諸時対訳・助字考・蘭学凡・西音発微〉である。しかし残念ながら、氏も述べておられるように、『西音発微』をのぞき実物にあたって調査したものではないので、新しい説明は何もない。『四法諸時対訳』のように書名から類推して語学書であろうと断じられたり、『生前父』のようにりっぱな語学書でありながら、まったく説明もなく、雑に入れられているものがある。また『和蘭詞術』の名はあげていない。

(8)『新撰洋学年表』の文化十一年の条に、〈九月　訂正蘭語九品集　中野柳圃著　馬場佐十郎訂〉とみえるが、これは『蘭語九品集』の訂正版であって、『和蘭詞品考』とは直接関連がない。また『助詞考』は一般に『助字考』とあるが、わたしのみたものによって『助詞考』ともあった。

(9)〈ガ行の鼻音〉についてはまったくふれていない。これは〈長崎〉を当時、nangasaki(y)とスペリングしているくらいであるから、長崎でも鼻音がきかれたと思うのだが、ついにみえない。

(10)『西音発微』の〈三ウ〉に、〈万国ノ字皆仮字ニテ漢土ノ如キ文字ナシ、但シ皇国琉球朝鮮等ハ仮字ト文字ヲ併セ用フルナリ、蒙古字ハ梵字ニ因テ製セシヨシ、近来行智闍梨其読法ヲ粗解セリ、満洲字ハ清太祖蒙古字ニ因テ創製シ、自国ノ言詞ヲ写セシヨシ、日官高橋公其法ニ熟ス、魯斉亜字ハ馬場轂里、其邦人ヨリ伝ヘタリ、和蘭字ノ如キハ近世相伝ヘテ海内学者多シ、梵字ノ如キハ古来相伝ヘテ失ハス、朝鮮諺文ノ如キハ、古ク伝ヘシナレトモ都下其学ヲ講スル者一二ニ過ス〉とみえる。

(11)『地名字音転用例』の〈字を省ける例〉の中に、〈但□馬（国）太知万　是モ但字、タヂニハ用フベキニ非レバ、ヂニ当ル字ヲ省ケル也（略）〉として、但がタヂと転じたことを考えなかった。これは但の漢字音をよく調べず、また古代にはンの音がないとする自説のために、自縄自縛にあってしまったゆえである。ただ最後に、〈上件字ヲ省ケル例トセル中ニ、韻ヲ転ジタル例トシテ、上ニ出セル雑ノ転用ノ中ニ収ルベキモアラムカ（後略）〉と述べている。やはり宣長の学者としての研究心がうかがわれる。

(12)『西音発微』の〈鴟珀設廿六頭輯韻〉の〈第二頭字／第三頭字〉にもつぎのようにある。

〈脣内音〉アム am 諳・エム em 炎・イム im 音・オム om 泓・ウム um 烏母

＊バム bam 龐〜タム tam 耽までアム〜ウムと同様に示している。

〈舌内音〉アン an 安・エン en 煙・イン inn 殷・オン on 温・ウン un 汾

＊バン ban 版〜ワン wan 樠までアン〜ウンと同様に示している。

(13) 橋本進吉〈国語仮名遣研究史上の一発見——石塚竜麿の仮名遣奥山路について〉（大正六年）や、『古代国語の音韻に就いて』（昭和十二年発表・昭和十六年刊行）が参考になるが、後者において、〈竜麿は自分の見出した古代の特別の仮名遣についてどういふ風に考へて居つたかといふに、これは何か発音の区別に依るものであらうといふやうなことを考へて居つたやうな形迹もありますけれども、実ははっきりしたことは判りませぬ〉と述べておられる。なお『仮名遣奥山路』は正しくない。どういうわけか橋本博士が論稿に〈仮名遣奥山路〉と表記、考察以来、その学統の方々はこの誤表記を踏襲しているが、日本古典全集刊行会寿梓の翻刻『仮字遣奥山路』（扉）は、〈序〉で、〈仮字つかひ奥の山路序〉とあり、本文巻首内題は〈かなつかひおくの山路〉とある。書誌的にいえば、〈かなつかひおくの山路〉を正式とすべきであり、次善としては、〈仮字遣奥山路〉か『古学小伝』の〈仮字用格奥乃（之）山道（路）〉などが、当時の表記として好ましいと思われる。すくなくともカナは〈仮字〉と表記すべき。

(14) 宣長も『玉かつま 二の巻』の〈五十連音をおらんだびとに唱へさせたる事〉に弟子の小篠大記御野という者が天明八年に長崎に行った時の話を、宣長に伝えたことと関連してこう記している。

> 於蘭陀人のまうで来てあるに逢て、音韻の事どもを論じ、皇国の五十音の事をかたりて、そを其人にとなへさせて聞しに、和のくだりの音をば、みな上にうを帯て、ゐはうゐの如く、ゑはうえのごとく、をはうおのごとくに呼て、いえおとはひとしからず、よく分れたり、こは何をもて然るぞと問しかば、はじめの和にならへば也とぞいへりける、かの国のつねの音も、このけぢめありとぞ、此事おのが、字音かなづかひにいへると、全くあへりとて、いみしくよろこびおこせたりき、なほそのおりの物がたりども、何くれといひおこせたりし中に、おかしき事どももあれど、ここにはもらしつ。

宣長がオランダ語音を参照にしたか否かは、書き残したものがないので、何ともいえない。しかし、上に引用した点からすれば、ある時、ある時点では柳圃とも同じ立場にあったともいえよう。しかし宣長にあって、ついにオランダ語音は鳥獣の囀に終始した。両者の研究、結果の違いはここに本質的な隔りをみせるのである。

(15) 『東亜語源志』所収。昭和三年の御発表。

(16) 人間の自然体からいけば、発声のはじめに口を大きく開けていることはないので、むしろイからはじまり、次第に口をひろげて、エとなりアで最高となり、再びオ・ウと閉じつつイに終わると考えられる。その点、宣長の説も肯定できよう。田中舘愛橘の『葛の根』（日本のローマ字社、昭和十三年）の「発音考」を参照。この世界的物理学者も宣長に味方する。

初出▼論集『近世中期文学の諸問題』（同人誌、近世文学史研究の会、昭和四十一年六月、明善堂書店）

2　現代文法用語の翻訳と考察——中野柳圃、蘭語研究の精華

はじめに

1

現代、日本語文法で用いている文法用語、とりわけ品詞とその各呼称は、いずれも翻訳語である。このことは〈副詞〉という一品詞をとり出してみても判明する。江戸時代の日本語研究の主体、母胎であった国学者のものにはみあたらぬ用語である。本居宣長や富士谷成章、さらに本居春庭の著書などを検しても見られぬところである。要するに、現代の日本文法の内容は江戸時代の国学——これは漢学の影響を受けているのであるが——の伝統にかなり負っていながら、そうした内容をもることばの器は国学系ではなく、蘭学系——横文字学習から出ているのである。これはいわば古い酒を新しい革袋にもったわけで、現代の日本語研究の破綻がここに一起因しているということもできる。これまでこの文法用語、とりわけ品詞名などについて、特に究明する論がなかった(1)。これは外国語文法、たとえば英文法などでも同様である。〈前置詞〉は、英語の preposition の訳語として、明治になって登場使用されたと思っている人がまだ一般的であろう。これももとよりオランダ語の voorzetsel の訳語であり、幕末には以下の考察で判明するように、かなり一般的にも用いられている。こ

れまで、以上の点が明確でなかったのは、一にも二にも江戸時代の蘭語研究をないがしろにしていたからである。資料に乏しいからではなく、蘭語を学習してこれを読み解こうとしなかった学者の怠慢があったからである。

蘭語研究をそのままオランダ語（含、ラテン語）研究と短絡的に考えては誤りであって、小著で考究したように、蘭語研究は現代の言語学に近い内容と態度をもって創始された学問であり、日本語との対照考察によって、日本語研究を深めたところがある。(2) また〈論理術・衛星・詩学・貴婦人・演説／アリストテレス・ラショネ（ラシーヌ）・オペラ・コメディー・ギルド〉などの訳語・人物、さらに〈……デアル〉の文体創始と、近代日本の学芸という畑への、種まく役目もかなり演じたのである。早稲田大学図書館には日本のすべての大学と比較しても、抜群にこの種の蘭語資料が多く所蔵されている。そられに触発されてわたしの研究もはじまった。そこで以下、蘭語研究のごく一部であるが、品詞とその各呼称を、中野柳圃による文法用語の翻訳研究を中心に考察してみよう。

『九品詞名目』の訳語

蘭文法の鼻祖は中野柳圃（志筑忠雄、宝暦九年・一七五九〜文化三年・一八〇六）である。私見では彼によって蘭文法の体系は開発され、確立されたと思う。さらに発展させたのが、その門弟の二人、長崎通詞である馬場佐十郎（貞由・轂里、天明七年・一七八七〜文政五年・一八二二）と吉雄権之助（永保・如淵、天明五年・一七八五〜天保三年・一八三二）である。まず柳圃の研究したところを著作によって考えていくこととしたい。柳圃の語学書はすくなくないのであるが、九品詞を概観し、その骨格を考究したものに、『九品詞名目』という十二丁からなる資料がある。目下のところ現存はただの一本で、京都伏見の若林政治氏の所蔵として存するが、他に権之助に師事した野呂天然がこれを敷衍解説した『九品詞略』（京都大学文学部言語学研究室蔵）が伝えられている（いずれも写本）。したがって両者により、柳圃のいわんとするところを、誤りなく検討することができる。また他の柳圃の作品として、『蘭語九品集』『柳圃中野先生文法（和蘭詞品考か）』なども現存しているので、それらによってさらに厳正に、柳圃の述べんとするところが推定できるのである。

『九品詞名目』はまず次のような構成になっている。ラテン語（当時、学術用語）・オランダ語で用語を表示し、それと対訳して日本語が示されている（形式は私意で整え、仮に符号を付す）。

Grammatica 文学
文字 letter en
話術 Spraakkonst
- a. Orthographia, letter（文字） beschryving（談） of Spelkonst　諸字反切科
- b. Etijmologia, oorsprong kúnde（元ヲ正ス術）　詞品科

＊いうまでもなく、いわゆる文法のうち、〈品詞論〉は、b.である。訳に〈詞品科〉とあって、書名の〈品詞（科）〉ではない点、注意したい。また、ラテン語、Grammatica ＝ オランダ語、Spraakkonst, Spraakkunst.

右のように、ここで考察の対象となるのは、b.の Etijmologia（ラテン語）である。これはオランダ語、Oorsprong-kunde であり、これに対訳の日本語、〈元ヲ正ス術〉とみえる。このように、本源を究めることが原義である。しかし英語などでも、ラテン語からの Etymology を用いて、品詞の意に用いていた証拠は、たとえば"S.O.D."に、〈Etymology: (3) Gram. The part of grammar which treats of the parts of speech their formation and inflexions 1592.〉とある点からも明白である。日本でも明治十七年刊『増補英文指針』（田原学）に、〈（前略）今通則ニ拠リテ英文典ヲ大別スルトキハ左ノ如シ、第一、正字学（Orthography）、第二、詞性学（Etymology）、第三、作文学（Syntax）、第四、音律学（Prosody）〉（同書二ページ）とみえる。柳圃のものと同質といってよく、柳圃の『九品詞名目』が決して色あせた用語の使用ではないことが判明するであろう。

本書の成立はおよそ十八世紀末と考えられる。そして本文でも、〈△Negenderlijk Spraak deels 九品〉とある点、

まさしく英語の〈Nine Parts of Speech〉と同じ内容であることが確定的である。小論ではOrthographia（正書法・正字法）の方は割愛して、Etijmologiaの分野の考察に限定するが、これは訳して〈詞品科〉とあるように、柳圃にあっては、〈品詞・詞品〉の両方の訳語を用いていたようである。前者はいうまでもなく現代の日本文法で用いるそれと同様である。Etijmologiaは英語のEtymologyであり、Etymonとlogosの合成語であって、柳圃も示しているように、語の本源＝元を正す学であり、語源学でもある。それゆえに英語などでも品詞科＝各語の性格・機能の記述にあてて用いたわけである。

さて〈詞品科〉の内部であるが、これを次のように九種に分けている。（　）内は現代文法用語である。

1. Articulús, Ledeken（Lidwoord）＝発声詞（冠詞）＊複数形／geslacht＝種類・性、陰（女）・陽（男）・中（中）詞
2.a. Nomina, Naamwoord＝静詞（名詞）、本名（固有）・通名（普通）・実名（実詞）／陰・陽・中／単・複／変化
b. Adjectiva, bijvoegelijk naamwoord＝虚詞（形容名詞、形容詞）、陰・陽・中／比較（比較法）、称（原級）・勝（比較級）・最（最上級）
3. Pronomina, voornaamwoord＝代名詞（代名詞）／真代名（人称代名詞）、代再言＝再代言（関係代名詞）・問名（疑問代名詞）・有物（事物代名詞）・普通〔不定とも〕代名詞（不定代名詞）
4. Verbúm, werkw:＝動詞（動詞）、動他・動他（他動）・自動（自動）・被動詞（受身動詞）／hulpwoord＝常用動詞、俗に助詞（助動詞）
5. Participium, Deelwoord＝動静詞（分詞）＊のちに品詞からのぞき、代って〈数詞〉を採択する／虚詞／格
6. Adverbium, bijwoord＝形動詞（副詞）
7. Conúnctio（Conj(i)unctio）, zamenvoegsel（Voegwoord / Koppelwoord）＝助詞（接続詞）、八種をあげる。
8. Prapoletio（Praepositio）, voorzetzels ＝慢詞（前置詞）／onscheidelijke voorzettels をあげる（後述参照）。

9. Interjectio, tussenwerpsel ＝ 嘆息詞（間投詞）、十三種をあげる。

以上のとおりである。スペリングの誤写の目だつところもあるが、原本のまま引用しておいた。原本の説明文は漢字片仮字まじりである。いうまでもなく、日本文法と直結せずに、英文法などとの比較がまず妥当するわけであるが、あらためて訳語を検討して見ると、いずれも（ ）内に付した現代語で判明するように、現代文法用語と比すると隔りはあろう。しかし内容の理解は明確なのである。国語学史で必ずとりあげられる藤林普山（泰介）『和蘭語法解』（文化十二年・一八一五年序刊）も、その蘭文序（馬場佐十郎による）で判明するように、普山が柳圃の文法学を奉ずる学徒であることを示しているから、この『九品詞名目』がやはり一つの本源となっていることは見のがせまい。以下各翻訳の〈品詞〉を検討する。

2

訳語の検討

第一番目の〈発声詞〉は柳圃の解釈から出てきた意訳であって、原語によれば、『和蘭語法解』にみえる〈性言 geslacht〉や、佐十郎の『和蘭文範摘要』（文化十一年・一八一四成）にみえる〈冠詞 lidwoord〉などが適訳といえよう。権之助の『属文錦嚢』の一本には〈宗詞〉などの訳もみえる。もっとも同書は動詞を〈業詞〉、形容詞を〈陪（倍）名詞〉とするなどやや他と異なるので、柳圃―権之助の授受で成立した用語か、権之助独自のものか、いずれか未詳である。

いうまでもなく〈発声詞〉は日本語にない品詞であるが、その機能や文中での位置からして、日本語の性格として古くからいわれてきた〈発語（ほつご）〉、あるいは徂徠のいう〈発語ノ辞〉などとも関連づけて訳出したものであろう。

これを〈冠詞（辞）〉と訳出したのは佐十郎の『蘭学梯航』（文化十三年・一八一六成）・『和蘭文範摘要』・『魯語文法規範』（文化十年・一八一三成）などが、早いころである。もっとも佐十郎は前置詞や接頭辞までも〈冠辞〉と訳し呼ぶこともあり、やや安定性に欠けているといえるかもしれない。わたしがこれまでみたうちで、〈冠詞〉のもっとも早い訳例は、寛政五年（一七九三）成立の宇田川槐園『蘭訳弁髦』（東京大学総合図書館蔵）である。槐園は旧長崎通詞、森平右衛門（新井庄十郎／西雅九郎）の指導を仰ぎ、かつ柳圃の著作を紹介されて、〈蘭学秘蔵〉の名で書写しているから、あるいは長崎通詞の間では、比較的早く普通に〈冠詞〉が用いられていたかもしれない。長崎通詞、本木正栄らの訳編にかかる『諳厄利亜語林大成』にも〈a 冠詞又一ツ〉と訳を与えている。一八一〇年代の半ばからしだいに一般的になりつつあったのであろう。日本文法とは直接関係ないが、むしろこの異質なものの理解は、意外に時間を必要としていなかった点は注目しておいてよかろうか。

本書で〈静詞〉の〈本名〉に、〈義経・弁慶／日本・長崎〉などを例にあげて説明、〈本名〉は固有名詞をさす。〈静詞〉は名詞で、他に〈名目詞・実名詞〉などとも訳したようである。日本最初の外国語文典に義経や弁慶が登場する点、別の意味で興味がひかれよう。さらに〈静詞〉に〈六格〉――〈格〉の原語を〈declinatio, buiging〉と示す――あるを述べ、〈1.Nominativus, Noem 正〉以下、品詞の場合と同様に、ラテン語・蘭語・日本語訳をあげている。六格はまったくラテン語文法にのっとったもので、しかも旧蘭文法であり、後に四格となる。この格変化は江戸では寛政八年（一七九六）刊の『波留麻和解』では、〈未詳〉とし、『道訳法爾瑪』では、〈静詞の変化〉とある。今、（　）内に現代語を与えて訳語を比較し、第一格から第六格までを次に示しておく。

1.正（主格）　2.主（所有格・属格）　3.与（与格）　4.所（処格）　5.呼（呼格）　6.取（奪格）

右のとおり現代訳語ときわめて一致している。柳圃は他に、〈第一格〜第六格〉とも呼んでいる。そして説明では次のようにみえる。

> 大概ヲ云ニ[正]ハ[ハ][ガ][ヤ][徒][アリ][ナリ]ナリ[主]ハ[ノ]ナリ[与]ハ[ニ]ナリ[所]ハ[ヲ]ナリ[呼]ハ[ヨ]ナリ[取]ハ[ヨリ]ナリ[ヲイテ]ナリ又[ヲイテ]ノ意ナル[ニ]モ[取]ナリ

簡潔である。しかし明瞭ではなかったのであろう。ついに柳圃に師事した大槻玄沢や、その子、玄幹にはこの程度の解説では了解をこえたようである。[3]右の説明の中に、〈徒〉とある点、既に小論〈中野柳圃とその言語研究〉(『近代語研究 第二集』)で考察したように、本居宣長の『詞の玉緒』など、宣長の文法論が柳圃に投影、影響していることもほぼまちがいあるまい。〈徒〉(宣長の用語)とは、格助詞など助詞が与えられていない場合、裸格(はだか)をいう。そして第一格と第二格は柳圃の弟子の著作には、〈1. 主格　2. 生格〉、あるいは〈1. N.　2. T.〉などと表示されていて、前者が一般的になっていく。また性の三種であるが、『柳圃中野先生文法』などに〈男、m.・女、v.・中間、g.〉などの呼称と表示がみえるが、〈陽・陰・中詞〉が圧倒的に用いられている。佐十郎のものも同様――ことに彼はm. v. g.など記号も多用する――で、原語から容易に訳出されると思われる〈男性・女性・中性〉はなかなかみえず、吉雄権之助の『和蘭属文錦嚢抄』に、〈陽性・陰性・中性〉の〈三詞〉をあげるついでに、〈男性女性中性トモ謂ヘリ、又父性詞母性詞子性詞トモ云〉とあるなどが比較的早い方である。しかしこれもやがて、〈男・女・中性〉に統一されていく(後述参照)。権之助の蘭文法の普及などとも関係があるかもしれない。もっとも柳圃にも上述のように、その萌芽はあるので、実際は〈男・女・中性〉なども用いたかもしれぬ。数の〈単・複〉は〈単称・複称/単員・複員〉などの呼称が一般で、〈単数・複数〉は幕末になって、やっと定着する。また『柳圃中野先生文法』には、〈虚詞〉を〈形容字・形容語〉とも呼んでいる。いずれも漢文法、あるいはシナ語法からの転用で、十分に蘭文法に定着しているわけではない。しかし、柳圃の『蘭学生前父』(文化三年以前・

一八〇六年以前成）に明確に〈形容詞〉とみえる点、柳圃自身、これを用いていたことが推測できよう。佐十郎は『魯語文法規範』で、〈前詞ハ形容詞代名詞分動詞等ノ属スル名詞ヲ分ツ〉とあって、やはり〈形容詞〉を用いている。数か所にみえ、かなり普通に用いているようである。こうして〈形容詞〉は柳圃に本源をもち、次の世代により、一八〇〇年前半までには次第に定着してきたのであろう。

代名詞は特に問題なく、ほとんど今日的であるが、非日本語的である。〈関係代名詞〉に相当する〈代再言（再代言とも）〉は、約半世紀間は用いられ、ごく一般的であった。幕末に〈関係代名詞〉が出てくる（後述参照）。

次に〈動詞〉であるが、ここの三分類はほとんどそのまま幕末までおこなわれている。ただ〈動他詞〉は同じ柳圃のもので、〈他動詞〉とある場合もごくまれにみられる。ここで注目すべきは動詞の〈四法〉として、〈直説・使令・分註（分注・分註の二つの表記をもつ）・普通法〉、〈四時〉として、〈現在・過去・未来・普通〉をあげていることである。前者はいわゆるsyntax文章法の用語であり、後者は時制の用語である。前者の文章法に関しては、柳圃に『作文必用訳書須知 属文錦嚢』の著がある（属文は作文の意の漢語）。後者に関しては同じく、『四法諸時対訳』（別に『蘭文法諸時』とも称す。文化二年・一八〇五成）の著がある。それぞれさらに深く研究し記述しているのである。いずれも従来、紹介されぬもので、ことに前者は、権之助の著と混同されていたものである。権之助にも、〈属文錦嚢〉の名称をもつ著があるが、柳圃から教授されたもので、本源はやはり柳圃である。

上掲の著で、柳圃は〈普通法〉を原語に忠実に、〈不限法〉とも訳している。しかし柳圃の説や用語を受けついだ、佐十郎・権之助のものには、現代と同じく〈不定法〉の訳でみられる。〈分註法〉も『和蘭語法解』では、〈附説法〉とあり、さらに柳圃の遺教を奉じたという玄幹の編著『蘭学凡』に、〈接続法〉がみられる。しかしこの文章法の分野で柳圃の説を忠実にしかも発展させたのは権之助である。彼の『重訂属文錦嚢』（写本）や『和蘭属文錦嚢抄』（写本）などをみると、〈疑問法（叩問法とも）〉を入れて五法に整理している。伝写本での多少の異同はあるものの、ほとんど完全に現代と近い内容と用語、用法を確立している。権之助の功もまた大である。動詞を論ずる時はどうしても、文の構成法・単語の語順などが問題になってくるわけで、必然的に文章の〈法〉が考えられたと思われる。柳圃の『作文必用訳書須知 属文錦囊』は、権之助によって〈重訂〉が冠され、内容的にも、和歌などを例文として参照させるなど、より充実した説明補訂がなされた。そしてさらに権之助の門人、武部尚一(游・子芸)・吉雄俊蔵(羽栗費、長隠)によって筆受、発展させられて、俊蔵の江戸、名古屋などでの活躍により普及する。つとに江戸の蘭学界などにも紹介されたことは注目される。宇田川榕庵や大槻玄幹など、大いにその語学学習と研究上に影響を与えられた。江戸蘭学の中で、語学分野が質的にもレベルアップされたのである。

『四法諸時対訳』も佐十郎によって、柳圃の『蘭語九品集』と一本にまとめられて、『訂正蘭語九品集』(文化十一年・一八一四年成)となった。同じく蘭学者の福音の書となったのである(これを佐十郎の著と説くのは誤り。ただし本書の〈訂正〉は多く、佐十郎が柳圃の意図を誤解して解説しているので注意を要する)。

次に〈動静詞〉である。これは柳圃の跡を継いだ佐十郎までであって、その門弟、高須馨(松斎)などの著では代って、〈数詞 Telwoord〉を一品詞として入れ換えている。すなわち〈動静詞〉は現代の〈分詞〉であって、一品詞ではないこと——これはただし柳圃や佐十郎の誤解ではなく、本国でのオランダ語学で、旧くは一品詞として認めていた故である——を知って、十九世紀にはいって舶載の蘭文典では、〈数詞〉を一品詞とし、動静詞は削除されている。日本でも当然ながら、これを採用し、〈数詞〉が登場するのである。その点、佐十郎の『蘭学梯航』にみえるのを早い例とする。それはともかく、〈動静詞〉はそのまま動名詞と考えられそうであるが、英語のようにはオランダ語に動名詞(ジェランド)はなく、まさしく分詞であって、〈動詞ヲ以テ転シテ静虚ノ如ク使ヘルモノナリ/何レモ虚詞ノ格ナル故ニ六格ニヨツテ変化スル〉と柳圃が説明するところである。普山はこれを〈分言〉と訳し、さらに〈現在分言・過去分言〉に分けている。これは佐十郎が『和蘭文範摘要』で、〈分動詞・動分詞〉などと訳し、さらに〈現世ト過去アリ〉と二分している点を受けての記述と推測される。柳圃はその内容を十分に了解していたが、二分することは述べていないようである。

次は〈形動詞〉であるが、〈虚詞ハ静物ヲ形容シ bijwoord ハ動作ヲ形容ス……虚詞ト形動ト通用ナルモ多シ〉と説明しているとおりで、これまた、きわめてよく柳圃は了解していたところである。〈形〉を蘭語学者は修飾の意で用いている。したがって、形動詞――ロシア語文法でも佐十郎によって用語として用いられるが、内容的には同一ではない――は、動詞を修飾する語＝副詞のことになる。説明に、〈形容ス〉の語を用いている点、形動詞は適訳でもあるが、原語からすると、『和蘭語法解』の〈添言〉なども妥当する――高野長英などの著述にもみえる――が、原語の bijwoord からして、〈副詞〉の訳も出てくるわけである。権之助の『訳文必用属文錦嚢』・『重訂属文錦嚢』などに、訳語の〈副詞〉がみえる。したがって〈副詞〉は権之助の訳出と推定されよう。さらに、その弟子、吉雄俊蔵が『六格前篇』（文化十一年・一八一四成）でこれを一般的に用いている。柳圃―権之助―俊蔵という学統の流れで創始されたのであろう。柳圃を一つの本源としてこの訳語が出てきたわけで、長崎では早く一般化したと思われる（なおオランダ語では、形容詞（虚詞）は名詞のカテゴリーになっている）。

おそらく蘭語研究で、もっとも概念や訳語の把握訳出に手間どったのは、接続詞であろうと思う。柳圃も〈助詞〉として下位分類には、〈連続詞〉（en 及の類）とか〈選取ノ詞〉（dan ヨリ）など十一種の分類を示している。しかし、〈助詞ノ様ニ見エテ実ハ形動詞ナルモ多シ〉と接続詞と副詞の類似相違にも苦慮している点、現代の日本語文法と共通した指摘考慮がうかがわれる。また、〈daar・hier（数語省略）ナドハ代名詞ニ似タレドモ亦形動詞ナリ〉のように、日本語で考えると、おうおう誤解しかねないところも、きちんとおさえている。柳圃がこの〈助詞〉の内容をよく理解し、日本語のことも十分に学習して誤らなかったことが推定される。現代の外国語研究者よりも、はるかによく自国語を知っているものということができる。佐十郎は『柳圃中野先生文法』にみえる〈連続語〉の系統であり、『蘭語九品集』にもみえる〈連属詞〉を用いたり、また、彼の翻訳ロシア語文典では、〈接語辞（詞）〉なども用いている。上掲の『諳厄利亜語林大成』には英文法ながら〈連属（続とも）詞〉がみえる。〈連属詞〉から〈接続詞〉への訳は、必ずしも困難ではなかったと思うが、しかし日本語の本質からは――本来的に日本語には西欧的な接続詞が存在せず、研究者によっては副詞に入れている――どうしても、〈接続詞〉の出現には時間がかかるのである。ただし、〈接――〉の用語は『和蘭語法解』に〈接言〉の訳語でみえる。これは原語の直訳からも出てくるが、連や属から接、さらに接続への訳語の転換も小さいようで幕末までまたねばならない。オランダ語の〈en（と・及）、of（か・や・あるいは）・maar（が・しかし）〉など、日本語では〈助詞〉と考えても不当ではないのである。なお柳圃に師事した大槻玄幹に、『和蘭接続詞考』（文政八年・一八二五成）の編著があって、これを〈接続詞〉のもっとも早い例と指摘解説した国語学者がいるが、明らかに誤りである。この〈接続詞〉は玄幹も述べているように、〈接頭接尾辞〉、すなわち、現代の〈接辞〉であり、当時も、玄幹が師事した佐十郎の著した『蘭語首尾接詞考』（文化五年・一八〇八成）の〈接詞〉である。内容を検討しないで名称のみで勝手に断定すると、とんだ誤りをまねいて後に悪影響を及ぼす。(4) 上例の〈冠辞〉（接頭辞）なども同様である。

第八番目は〈慢詞〉である。これは内容的に前置詞であることは明白なのであるが、柳圃は、〈所（処）在詞〉を用いるのが普通であって、〈慢詞〉は珍しい。最終的は〈所（処）在詞〉に落ち着いた。佐十郎には、〈前詞〉の訳もみえるが、〈所（処）在詞〉が主として流れ、一方では権之助―俊蔵の線で〈慢（漫とも）詞〉が受けつがれた。もっとも俊蔵は『六格前篇』に、〈前詞〉の訳語を用いている。したがって柳圃の後には三つの訳語が並行的におこなわれたようであり、一八一〇年代には、〈前詞〉がかなり用いられるようになったのであろう。天保四年（一八三三）完成の『和蘭辞書和解』（はじめ『ドゥーフ・ハルマ』、また、俗に『長崎ハルマ』）でも、〈所（処）在詞〉となっている。しかし桂川国興らがこれを公刊する際、『和蘭字彙』では〈前置詞〉と変更している。もとより国興個人の考えからというのではなく、後述のように時代の反映と推定できるのである。おそらく幕末の安政期ごろには、〈前詞・前置詞〉のいずれもが普通になったのであろう。しかしそれまでは所（処）在詞がもっとも一般的に用いられたと思われる。〈所在詞〉という訳は原語 voorzetsel からは出てこない。おそらく〈te Jedo 江戸ニテ〉（te＝ニテの意の前置詞）など、地名の前などに置かれるところが多い故に、意味を考慮して柳圃が意訳したのであろう。

しからば〈慢（漫）詞〉はどうであろうか。私見では荻生徂徠の漢文法の言語説からきているのではあるまいかと思う。柳圃は徂徠の言語研究の方法・態度を学んでいるようである（『蘭学生前父』の〈序〉にみえる）[5]。徂徠に、〈慢ハ意ノブラリトシタル字ナリ辺傍時際処ナドヤウノ字ナリ〉（『訓訳筌蹄』）とある。前置詞と内容的に一致する点、徂徠学信奉の柳圃が、この〈慢〉をとって、〈慢詞〉と訳したのは必然性があろう。原語の〈voor〉は〈前〉、〈zetsel〉は〈置ク〉の意なので、前詞や前置詞の訳も困難ではなかったろう。そして、『和蘭語法解』で〈上言〉の訳語を用いているのは、原語とはそぐわず、むしろ柳圃が、〈実字ノウヘニオク〉と説明している点を受けて訳出したものと推定できそうである。普山みずからいうように原本を忠実に読み解いていけば、〈実字ノ前ニオク〉で〈前言・前詞〉などの訳が出てきてもよさそうなのに、〈上言〉と訳したところは、やはり中に柳圃が介在しているとしか考えようがあるまい。佐十郎はその著『和蘭辞類訳名鈔』（文化七年・一八一〇成）で、〈按ニ「ホールトセ（ママ）トセル」ハ前ニ置クモノトイフコトナリ〉と説明しながら、訳は〈故ニ初用辞ト訳ス〉としている（これはほとんどすぐに消えてしまう）。もっとも彼の訳した『魯語文法軌範』には、〈前詞〉が普通にみられる。

この〈慢詞〉が注目される点に、〈onscheidelijke（不離） voorzettels（ママ）〉がある。現代蘭文法などでも説明する〈Onscheidbaar samengestelde werkwoord 不分離複合動詞〉と関連の深いもので、動詞の構成要素の一部である接頭辞というべきものである。これは佐十郎によって文化五年（一八〇八）には『蘭語首尾接詞考』とか『蘭語冠履辞考』の書名でまとめられ、蘭文法の精緻なる一分野を形成する（佐十郎のこの著は成立より半世紀後、安政期に刊行される）。このへんは当時の江戸の蘭学者には理解の外の高級なものであった。冠詞と接頭辞、また分離（不分離）複合動詞と接尾辞などの理解にはいささか混線がみられる。柳圃や馬場の蘭語学の深度も推量できようか。前置詞が名詞の前に置かれる、すなわち名詞に冠する語として、〈冠詞（辞・字）〉の訳もかなり普通に用いられたようである。これは佐十郎のものなどからみえるので、彼の訳出にかかるところであろうが、比較的長期間、用いられたようである。〈前置詞〉の一つの成立の過程を考えても、先人の苦心はたいへんなもので、訳語と内容との完全一致を目ざしての翻訳の苦悩ぶりがしのばれる。

最後の〈嘆息詞〉であるが、細分して十三種類に分けている。これはいずれの文典でも、もっとも単純明快な内容とて用語で特に問題とするところはない。しかし〈動詞〉のところであげた〈呼格〉などにも〈Ô men〉などと表示している点、蘭語による原本より直接引用したことが推測される。柳圃の別著をみると、呼格では〈!〉の記号も与えているのである。柳圃が、W. Sewel（セウエル）の文典で学んだらしいことは、佐十郎の指摘するところである。

以上で、『九品詞名目』を中心とする柳圃による文法用語の翻訳と、その成立の考察は終るのであるが、もう一つ柳圃の著述である『蘭語九品集』についてふれ、補足しておきたい。

3

柳圃学の進展

『蘭語九品集』はこれまで所在未詳とされていたが、十年ほど前に披閲し翻刻して小察を加えて公開しておいた。柳圃の門弟、西正典によって伝写されたようである。また『訂正蘭語九品集』とも混同されるところがあったが、両者との異同も明確にしておいた。『蘭語九品集』は『九品詞名目』をさらに、例語などを多くあげ、概説風に記述した著作である。これによると、〈発声詞〉も〈定・不定〉に二分している。これは佐十郎が『和蘭文学問答』（別称、『西文軌範』、文化八年・一八一一成）の著書で、同じく〈有定・無定〉に二分している点と通じる。これがやがて、幕末には〈定（ジョウ）冠詞・不定（フジョウ）冠詞〉とに分けられることになる。形容詞も〈虚詞〉でなく、原語に忠実に〈虚静詞〉と訳している。名詞を〈実静詞〉とも訳しているところと対応する。そして〈虚静詞〉は〈wit 白（キ／シ）〉のような例語をあげる。これも〈実・虚〉に分ける漢文法の概念と用語を応用したものである。しかし佐十郎は〈白シ〉の例示を誤りとして、〈白キ〉の一種のみに訂正し、終止形を誤りと改悪した。蘭語では単独で述語にならぬゆえであろう。しかし反面、彼が柳圃ほど日本語を考察していなかったゆえである。動詞の四法では、〈直説・使令・分註・不限〉と、最後の〈不限法 onbepaalde wijze〉は、他に〈不定法〉の訳語もみえ、上述のように、権之助や佐十郎に引継がれていく。〈不限法・不定法〉のいずれも、原語から直接訳されるところである。しかし何としても、『蘭語九品集』で注意されるところは、文法的記述よりも、巻末の本居大平の跋文である。柳圃死没四年目の文化七年（一八一〇）の筆であるが、次のようにみえる。

（前略）こゝに。かの国の詞つかひの九品にわかれて。さだまれるのりあることを。わきまへ記したる書あり。これはた。猶かの国のふみよみ考ふるにも。皇国詞にうつしなすにも。かならず助となるべき書なりとぞ。こは此学の博士にありける中野忠雄といふ人の。思ひおこして。いそしみなすとするほどに。つひにえはたさで。世になくなりにけるを。此ごろ又同じ学のはかせにて西正典といふ人の。またかきつぎ。猶よくえらみ正して。世にひろめむとするになんありける。これか端ぶみ一くだりとこへるは。かのはかせたちに物ならへる建部游。かく書そへたるは。此人のこひねかふゆゑよしある本居大平。時は文化七年の秋長月の二日の日

大平はいうまでもなく宣長の養嗣子であり、西正典は柳圃の四大弟子の一人である。また建部游は武部尚二と同一人で、紀州藩に仕え、正典・権之助に師事して蘭学を修めたことの知られている人物である。国学の正統派である大平がいかに蘭学の大家、中野柳圃を正当に評価していることか。貴重な評言でもあろう。この跋文は漢蘭折衷医として活躍の野呂天然（明和元年・一七六四〜天保五年・一八三四）の手になる書写である（野呂と柳圃の関係は未詳）。こうして柳圃学は権之助—建（武）部を仲介に、紀州をはじめ関西地方、さらに上でもふれたが江戸にも伝播したと思われる。国学と蘭学が紀伊・伊勢の相隣る地域で、手を握ったことも注目しておいてよい。ただ果

して具体的に柳圃学が本居の国学にどう影響したかは、明確な例がみあたらない。

さて柳圃の文法用語と翻訳の進展について、もうすこし追補しておこう。

幕末になると写本で訳者未詳の『和蘭文典後編』などに、〈冠詞・形容詞・数詞・副詞・代名詞・前詞・接続詞・分詞／関係代名詞〉などがみえる。しかし成立時が明確でないのが惜しまれよう。その点、安政三年（一八五六）刊、(A)小原竹堂『挿訳俄蘭磨智科』と(B)飯泉士譲・高橋重威『和蘭文典字類前編』には、現代とほとんど同じ訳語がみえるので、両者にのるところを表にして下に示す。

幕末蘭学者の雄、緒方洪庵も『和蘭詞解略説』で、〈冠詞（リットウオールド）（定・不定に二分する）・前詞（ホールセッチユル）・続詞（フーグウオールド）・副詞（ベイウオールド）〉など、上の二書と共通している。形容詞には長崎系で、権之助の系統の〈陪名詞〉

原　語	(A)『挿訳俄蘭磨智科』	(B)『和蘭文典字類』
1. Lidwoord	冠詞，定冠詞・不定冠詞	冠詞，定冠詞・不定冠詞
2. Zelfstandige N.W.	実名詞／男・女・中姓／単・複称，単・複数とも	実名詞／男・女・中属／単・複称
3. Bijvoegelyk N.W	形容詞	形容詞
4. Telwoord	数詞	数詞／定数詞・不定数詞
5. Bijwoord	副詞	副詞
6. Voornaam W.	代名詞／人代名詞，持代名詞（主物代辞），指代名詞，反己代名詞，問代名詞，関係代名詞	代名詞／人代名詞，物主代名詞，指示代名詞，再帰代名詞，疑問代名詞，関係代名詞
7. Werkwoord	動詞／能動詞，中姓（ママ）動詞，所動詞／不規則動詞／無人動詞	動詞／能動詞，自動詞，所動詞／不規則動詞／非人動詞
8. Voorzetsel	前詞	前置詞
9. Voegwoord	接続詞	接続詞
10. Tusschenwerpsel	挿間詞	歎息詞
△ Deelwoord	分詞／現在分詞・過去分詞	分詞／現在分詞・過去分詞

幕末翻訳蘭文典と文法用語

＊〈一詞〉は翻訳書によって，〈一辞，一字〉と〈辞・字〉を〈詞〉に代って用いている。
＊＊高野長英は『繙巻得師』（草稿，国立国会図書館蔵）など，一般には〈男・女・中性〉が多くみられる。
＊＊＊〈単称・複称〉が一般的で，大庭雪斎『和蘭文語之凡例』（安政2年・1855刊）に〈単数・複数〉とある。

を用いているが、固有名詞の例語には、柳圃の著書の〈本名〉にみえた〈義経・弁慶〉などが例示されているから、ここにも柳圃の伝統と影響は大きいものがある。また福井藩の解剖医、橋本左内などは、〈形容詞・関係代名詞〉などを用いており、〈重文／主部・客部〉など〈四法〉をよく了解して、蘭文翻訳を心がけている。こうした点からは、上掲二書の訳語を幕末の一般的標準的訳語と考えてよかろう。

幕末、『和蘭文典』とあるのは普通名詞ではなく、Maatschappÿ, "Grammatica", "Syntaxis" を指す。日本にはいってきたのが何時、何版かまだ詳察が残されているが、天保十一年（一八四〇）に熊坂蘭斎という奥州白石出身の蘭学者が覆刻版を出しており、これは原本が一八二二年刊の第二版によるとある。その後、安政期まで原本の覆刻がおこなわれている（一般に普及したのは、のちの箕作阮甫による覆刻本）ので、それにともなって翻訳や文典内の単語を対訳した語彙集（〈字類〉と呼ぶ）も編集出版される（上掲の『和蘭文典字類』がその典型である）。全国的にも蘭語学習は盛んになってきたわけで、『和蘭文典』とその訳語——ことに文法用語は、ほぼ定着してきたのである。[6]再三述べるように、一つの標準的な訳語を示したものとして、(A)・(B)二つの作品がよき判定材料となろう。幕末には既に英学・フランス語学・ドイツ語学・ロシア語学も幕が切っておとされていたので、それらに共通した文法用語も確立されたことになる。蘭語学を基礎にさらに諸外国語の学習が発展したわけで、重要な語学学習の武器が中野柳圃を出発点にその門弟、長崎通詞を中心に確実に、しかも着々と進展していたのである。ヨーロッパの文化・科学・兵学など新しいものの輸入と移植に、語学の果した役割をあらためて高く評価したいと思う。

なお蛇足ながら、言及し得なかった点で、大槻玄幹の蘭文典とその蘭語力の吟味があるが、従来、玄幹と柳圃との関係を明確にせぬまま彼を過大に評価しているのであって、彼の著書は実は柳圃・佐十郎・俊蔵らのものであって、彼のオリジナリティーはほとんどないと断定できる。これは玄幹自身も語っているところでもあって、小著（『江戸時代蘭語学の成立とその展開 Ⅰ・Ⅱ・Ⅲ』早大出版部、昭和五十一〜五十三年）に詳述したところである。また、刊本の『和蘭文典』などは森鷗外なども、少年のころの蘭語学習に使用していたことが判明する。柳圃のものともに、幕末の覆刻本、また翻訳蘭文典はかなり大きな意味をもつと思う。

ことばは思想の器である。現代文法用語の翻訳と成立、定着を素描して、あらためて柳圃とその系統の研究者など、先人の努力と研究の正確で速やかなことを知り、深い敬愛の念を禁じえない。(7)

註

(1) まったくなかったわけではない。たとえば大槻文彦〈和蘭字典文典の訳述起原　明治三十一年三月〉(『復軒雑纂』所収、明治三十五年)など、早くみられる。

(2) 小著『江戸時代蘭語学の成立とその展開Ⅰ・Ⅱ・Ⅲ』(早大出版部)・『蘭語学とその周辺』(桜楓社)を参照。

(3) この点、玄幹は後、文政期にはいってから、佐十郎・俊蔵に問い正して、柳圃のものを理解し、遺教としてまとめた。

(4) 佐藤喜代治編『国語学研究辞典』(明治書院)の〈接続詞〉の項の解説にみえる。

(5) 小論〈徂徠とその言語研究〉(「国文学研究56」、昭和五十年六月)を参照。

(6) 牧天穆『蘭語通』(安政四年・一八五七刊。『ドゥーフ・ハルマ』の一写本を長崎で披閲し、それを土台にして編集刊行の蘭日辞典)に、〈品詞〉として、〈実詞・代名詞・形容詞・副詞・前置詞・接属詞・感慨詞〉とみえる。したがって長崎通詞の間では、早期に品詞名としては、現代同様に改訳された品詞名が用いられていたのかもしれない。〈第三部・5〉の拙論を参照。

(7) 『九品詞名目』『蘭語九品集』は拙著『国語学と蘭語学』(武蔵野書院、平成三年)に影印としておさめた。

初出▼「文学48-8」(岩波書店、昭和五十五年八月)

3 中野柳圃『蘭学生前父』の考察——日蘭対照比較語法研究の出発点

はじめに

1

中野柳圃についてはすでに『西音発微』の考察その他で、彼の〈音声観・文法観〉などについて、考察発表した。それらでは、五十音図におけるオ・ヲなどの所属の正しさを音声学的に考察、論じた学者として柳圃をとりあげた。(1) さらに彼の文法研究について、品詞名など文法用語の翻訳についても考察した。しかし調査考究していくと、彼が和漢洋を兼ねた学者として、いっそう言語研究方面に一頭角を抜んでていることをしった。殊に彼とその弟子、馬場佐十郎との学統関係を考えていく時、この事はますます真である。またあらゆる意味で、江戸時代の蘭語学の基礎を築いた人物として、その研究、交友、師弟関係をさぐっていくことは、日本の学問の性格と、江戸時代中期での学問のあり方を評価する上に大切である。ここでは無窮会蔵本の『蘭学生前父』を中心に静嘉堂文庫蔵本の『助辞考』、故岡村千曳先生御所蔵だった『助詞考』・『蘭学生前父』(早大蔵、写本)を参照して、彼の学説を考えていくことにしたい。当然国学者による日本語の語法研究とも関係をもち、蘭語、日本語との比較対照文法の様相をおびてくるわけである。

『蘭学生前父』

『蘭学生前父』（写本。以下『生前父』と略称）の名が、出版されたもので明白にみえるのは、馬場佐十郎『蘭語冠履辞考』（安政二年・一八五五序刊）であり、写本系統では、同じく佐十郎の『訂正蘭語九品集』が関連する。殊に前者には、〈蘭学生前父（ランガクセイゼンフ）〉と読みが付されているので、ランガクセイゼンフの呼称が正式であることが判明した。岡村千曳先生からは〈ランガクセイゼンノチチ〉ともうけたまわったので、そうした呼称でも呼ばれていたのかもしれない。馬場の言として、〈生前父〉ともみえるから略称されたこともあったろう。『生前父』の成立であるが、現存のものにはいずれも年次が記されていないので不明である。柳圃がいつごろから言語研究の方面に関心をもったか、いつこのような作品を書きあげたかが問題になる。大槻玄沢は天明の初めといい、馬場は文化元年に決定的文法論を発表したように述べている。[2]柳圃のものはすべて写本であることと、直接自分で書きつづっているよりは、〈遺教、遺著、口授（受）〉などと、弟子によって筆録、編述されているものが多いので、どこまでが純粋に、単一に柳圃のものか判定しにくいところがある。同じ『生前父』でも故岡村千曳先生御所蔵のもの（以下、「岡村本」と仮称）は、宇田川榕庵書写で、〈遺教〉となっている。おそらく榕庵の師でもある佐十郎を通してのものであろうが、第三者のさかしらな加筆などはないであろう。また「無窮会本」の『生前父』は、後の写しと思われるものの、題簽に、〈蘭学生前父　全〉とあり、二十七丁（丁数は算用数字を用いている）すべてを通して、ととのった柳圃のものと判断できるのである。しかも「岡村本」と違って、〈目次〉がきちんともうけられていることである。内容を知る意味もあるので、目次をつぎに示してみよう。

〈目次〉

一　和語例　初丁　二　両語ノ異　同　三　蘭語三世名目　同　四　切ル、詞　同
五　続ク詞　三丁／動他詞　同丁／自動詞　五丁／静虚詞　六丁　六　三世図　七丁
七　六詞ノ重ヌル秘訣　同丁　八　事迹ノ詞　九丁　九　種々ノ詞遣ヒ　十丁

十　Zoudenノ叓　二十丁　十一　種々ノ結ヒ詞　二十一丁　十二　六詞秘訣并定格　二十三丁
十三　詞品図　二十五丁　目次終　＊原本は各項目ごとに改行で記述。

2

品詞論　順序は逆になるようであるが、最終、〈十三　詞品図〉から検討しておこう。これについてはつぎのような図式を示している。

虚
活
静　動
　　V
静　自動　動他
ADI　VN　VA
（二十五丁ウ）

実　死
SUB
動之死　静之死
（二十六丁オ）

『助辞考』（「岡村本」）、〈虚と実〉などの図式
（早稲田大学図書館蔵）

右から語の分類をどう考えたか――品詞分類についての彼の考えを明確にすることは簡単ではない。おそらく筆録者が柳圃のいうところを筆で書きとどめる時に、描きそこなった点などもあろう。ただ全体的にみていくと、〈虚と実、活と死〉という根本的分類基準があったと思われる（「岡村本」の『助辞考』にも類似の図式があるので参考になる）。虚・実・死の概念はおそらく漢文法、徂徠の説からであろう。虚を活用という点（それぞれの条件下で語形変化させる）で、動と静に分けていることも肯定できる。したがって理論的には虚も死が考えられるから、〈動之死・静之死〉という考えがでてくる。これから実の実なるものに対して、死の実なるもの――すなわち〈死（動・静の）〉があらわれるわけである。動はさらに他を使（しか）らしめる、他を動かすという点で動他詞、また自から然る、自から動くという点で自動詞、と二分できる。「岡村本」でも、それぞれ蘭語が書きそえられている。ここで分類された〈動他詞（他動詞とも）・自動詞〉は、その後他の文典類にも踏襲されていくものである。可能の意を表現する語文の説明で、〈konnen ヲ漢字ニテ訳スルハ二義アリ、動他ノ語ニテ云フニ、een man die Spreken kan ト云寸能ノ字当ル、動カスモノニカ、ル故ナリ、動カサル、者ニカ、ル寸ハ、wolden（ママ）〔worden とあるべき〕ト合シテ可字ニ当ル、仏家ニ能所ノ二義アルカ如シ 能所（ママ）ト動カスモノト動カサル、者トヲ云〉とみえる。仏家云々というところに彼の拠った点の根拠もうかがえる。他動詞が受身になる点もここで説明しているわけだが、それを日本語の受身の言い方と混じて?·可能の意に考えているのは、多少疑問がもたれる。さらに〈動之死・静之死〉は、それぞれ〈Werkwoordelijk Zelfstandige（ママ） naamwoord・toevoeglijk Zelfstandig naamwoord〉とあるように、前者は動詞的実詞、後者は形容詞的実詞――すなわち〈死〉と表現し、〈動名詞〉と〈抽象名詞〉、厳密にいえば、動詞から転じた名詞、形容詞から転じた名詞、いわゆる品詞の転成の類をさしている。〈右詳ナルコトハ助詞考ニ云ヘルユヘ此ニ略ス〉とある。そこで、『生前父』を一時離れて、『助詞（字）考』の説明を考えてみよう。「岡村本」ではつぎのようにある。

①動詞ヲ死用セルモノ ing ヲ帯フ、動詞ノ中ニモ konst gang ナドノ如キハ ing ナシ然モ其意一ナリ（中略）静

ノ死ニモ hijd ナキモアリアルハ必スｆナリ、静死ハ多クハ hijd ヲ帯タリ

右の説明に続いて動詞は、〈planten 植ル〉をあげ、動詞ノ死は、〈Planting 植ヒ（ママ）〉など、他に、〈行ク～行キ／歩ム～歩（アユミ）〉など、動詞の名詞に転成した語形を示して、〈動ノ死〉としている。〈静ノ死〉の場合は、静詞の〈hoog 高シ、lang 長シ、Schoon 美シ〉に対して、〈hoodhijd 高キコト、langhijd 長キコト、schoonhijd 美キコト〉などの例をあげている。いずれも動詞・形容詞が、接尾辞 img か hijd（heid）を接尾することにより、名詞に転じること――死用というのはそういうことを述べたものである。もとより接尾辞をとらずに死用されることもきちんと示している。別に、〈凡ソ動詞ヲ其儘ニ死用スルニハ het ヲ用ユ／het eelen, het drinken, het leezen, 動即為死（動詞をそのまま、死詞とする意であろう）〉とあり、ウゴクモノをウゴカヌようにすることを〈死用〉の語で表現している。さらに限定しては実詞となることをいうわけである。その一つの指標が冠詞、het であるという。日本語で、〈読ムは動詞〉という場合など、品詞としては〈読ム〉を名詞として扱うわけで、同様の理である。

柳圃のこの〈死〉の用語はかなり特殊と考えてよかろう。実詞と死詞とは結果的には同一のものとみることができるが、前者は本来的にそうであるのに反し、後者は、本来的には生きているものが、死んだ結果、転成して、実詞になっている点が異なる。国文法でいう品詞の転成であり、〈死〉の用語は徂徠学を一つの淵源とする。

静嘉堂文庫本『助字考』に例を求めると、〈◦geen 無 実詞死詞ニ連る時 Daar is geens mensch.〉とある。しかし死の用語を考える上からは、「岡村本」の方が細かいと思われるので、つぎに同書から若干抜萃してみよう。

(イ) lijk 死詞実詞ニツケテ静活詞ト為スノミニ非ス元来ノ静活詞ニモツク matiglijk ナドノ如シ気色ノ詞ト心得ベシ（形容詞也）コレモ亦静活ニ属ス動詞ニモカ、ル死実ニモカ、ル時アリ

(ロ) Zelfstandig naamwoord　死実通称　ウコカヌ詞　werk woordelijke zelfstandig naam.　動死詞　ワサノ死詞

toevoegelijk zelfstandig naam. 静死詞（ヤウスノ死詞／ケシキノ死詞）　＊オランダ語では形容詞は名詞のカテゴリーである。

〈死〉の用語をほかにしても、右の(イ)で〈形容詞〉という術語の用いられている点が注目される。これは、『生前父』でも〈又形容詞（静虚ノ属）ヲ音ニテ云フ寸ハたりト訳ス瑟たり赫たりナトノ類也瑟とあり赫とありト云フ意ナリ〉とみえる。(イ)でmatiglijkを形容詞として、〈動詞ニモカ、ル〉というのは副詞的用法もあるということで、これも日本語と同じように考えられよう。しかし〈形容詞〉としているのは、ヨーロッパ語のたとえば英語のadjectiveと同じく、名詞を修飾する故であるが、ここでは、日本語の形容詞に近い考えである。引用した文の前後を仔細に検討すると、柳圃は〈明カナリ・愚ナリ／白シ・清シ〉なども同じ形容詞という術語で呼んだと推定できる（国文法では前者を形容動詞とよぶ）。さらに、〈ナリ（ニ十アリ）・タリ（ト十アリ）〉と〈（白）シ〉とは同じzijn（在存詞）と対応するものと考えている。正しいか否かは別として、白シのシを動詞で、しかも存在をあらわすアリと同じように考えている点は注意される。現代の日本語研究家の中にもおり、オランダの日本語学者、J・ホフマンにもみられる考えで、いっそう興味がもたれる。ともあれ柳圃の形容詞は富士谷成章の〈状（サマ）〉（在（ありさま）・芝（しざま）・鋪（しきざま））とほぼ一致する内容と分類と思われる(3)。

3

死という用語

上で柳圃における〈死〉という用語と例語について具体的に考えてきたのであるが、この語を柳圃独特のものと仮定し、柳圃学の発展というか、継承という点で一つの大切な用語にもなると思われる。すなわちつぎにその証拠、四例をあげてみよう。

①『蘭訳弁髦二』の〈De〉の説明で、〈諸ノ実語及ヒ名目語ノ首ニ冠ラシムル辞ナリ（中略）虚語ノ首ニ冒スルコトアリ其時ハ其虚語カ死語ニナリテソレヲ首領スル実語カ名目語カ是非ソノ跡ニアリテソレヲ体トシテ其体ニ連属シテ用トナリ／mijn ハ其差別尤知ヤスシ実語死語ノ上ニツキテ夫レハ誰ガノシヤイヤコレハ我ガ何ゝジヤト物ノ符徴ト苗氏ニナル迄ノコトナリ

②『正訂蘭語九品集』の〈不限法〉の説明で、〈te zúllen leeren 学ばん　タトヘハ右ノ geleerd hebben ヲ geleerd te hebben トイヘハ死語格ナリ　即ち不限ノ死語ナリ　te zúllen leeren モ死語ナリ（後略）／een geleerd man te zullen zijn 一学者たらん　是等ハ皆予が作意ニテ te ヲ添テ死語ノ格トナセルモノナリ〉(4)

③『六格前篇』の〈詞原〉で、〈名詞 Naamwoorden, ト云凡ソ名タルノ詞ナリ之ヲ大別シテ二品トス一曰正名詞二曰陪名詞是ナリ△正名詞ハ喎蘭ニ zelfstandige naamwoorden ト云凡ソ万物固有ノ名謂百事云為ノ死称ナリ

④『蘭学凡』で〈物名詞是ヲ naamwoorden, ト云、漢ニ所謂実詞ニシテ諸物ノ死称也（死称トハ活用セサル詞ヲ云） 男女間ノ三声ト単畳ノ二員アリ

①は寛政五年（一七九三）の序がある宇田川玄随の著で、柳圃の生存中であるが、著者との直接関係は通詞を通してである。他は、②の馬場佐十郎③の吉雄南皐（俊蔵）④の大槻玄幹といずれも柳圃から直接に伝えられ、柳圃の死後に公となっている。書誌的なことは別論に詳説したが、この術語の用法を通しても、柳圃―佐十郎―玄幹、あるいは柳圃―如淵―南皐―玄幹の線がうなづけるのである。のみならず「岡村本」が、宇田川榕庵、吉雄俊蔵の書写本であってみれば、さらに佐十郎―榕庵、如淵―俊蔵―榕庵の線も考えられる。江戸における蘭語学の学統がこうして、長崎の柳圃を始源地に江戸へも発展していったことが判明する。そして③の『六格前篇』では、〈形容詞・副詞〉の訳語も登場している。今のところ副詞の訳語は、俊蔵の師、吉雄如淵のものにみえる

のを最初とするが、これもおそらく柳圃に発しているのであろう。①は柳圃と著者との関係を暗示する。宇田川玄随（槐園）はもともと漢方が専攻であるから、あるいは柳圃と別に漢文法から思いついたのかもしれない。しかし天明五年（一七八五）に長崎に遊んだ大槻玄沢が、柳圃に接していること、玄随の書写した『蘭学秘蔵』に柳圃の『助辞考』など語学関係書がみえるので、玄沢か旧長崎通詞から流れていったのであろう。柳圃—玄沢、通詞—玄随の線で、柳圃学が、江戸の蘭学者にも受けつがれていったと考えられる。当時、柳圃は三十歳前後であり、むしろそうした証拠の一つと考えたい。

佐十郎の著作で現存しているものをみると、この〈死〉の用語がない。たとえば『蘭語冠履辞考』で、〈lijk, 之。属。〉をみると、〈静辞ニ尾シテ形動辞トナルアリ（中略）鄙言（ヒゲン）ノ何々グライ又アンバイ又カゲンナド云ハンガ如シ仮令ハ maatiglijk（ママ）, ヨイカゲン 程ヨキヲ言フ overvloediglijk, 過分ナルクライ 多（オホ）フスギルヲ云フ ノ類ナリ〉とみえるだけである。本書には『助詞考』と同じ単語が示されているが、これは『訳鍵』などにもみえないものであって、他の場合と同じくこうした文典に、共通の例語がみられる点で、佐十郎の著述も柳圃の一発展であることは明白である。

4

比較文典の貌

さてここで改めて、本書の成立とその特色を、どこに求めるべきか考えていこうか。序（「岡村本」は欠く）で〈柳圃著〉としてつぎの言挙げがある（原文、句読点なし。以下同じ）。

物氏の訳筌に、漢学をせんものは文字の本来の面目を識れといへるが如く、蘭学もまたさるわさなるから、おのれ此ころ和漢の語をゑらひて、訓訳しつる此文の名をしも、かの生れぬ前の父をこゐしきとよめるが本来の面目をいへる哥なるによそへてなん、蘭学生前父と名つけつる淵源は徂徠の学問方法にあり、書名の由来のことがしられよう。国学へも徂徠学の影響は大きいとは思うが、蘭学にも然りであって、文字文法の学と徂徠学の方法との関連は今後くわしく考究されるべき課題だと信ずる。(5)ともあれ柳圃の『生前父』がかなり本質的なものへ肉迫して、相対的観点から蘭文典を執筆したものというよりは、むしろもっと本質に分け入って記述した論文という性格のものである。したがって蘭語学の著述でありながら、最初に㊀和語例としてつぎのように示している。(6)

ぬ	つ	おつ	しろし	き
ぬる	つる	おつる	しろき	し

右ナルハ切ル、詞ナリ左ナルハ続ク詞也ぬトつトノ
別ハ後ニ見ヘタリ

日本語は所詮、切れと続きであるというのはこのころの常識でもあったろうが、やはりそこから出発している（太宰春台『倭読要領』を参照）。そして『生前父』には（「岡村本」なし）、〈第四条ニ見ユ(ママ)切ル、詞ハはも徒ニカ、リ続ク詞ハそのや何ニカ、ルナレトモ前ニハ皆はも徒ニテ云ナルヘシ〉と誰かの書入れがある。これは宣長の研究から引用してきたと思うが、柳圃自身、のちに、〈本居氏の「詞ノ玉緒」〉と出しているから、柳圃はかなり宣長を参照考察したと思われる。国語学史的にいえば、旧派の人びとは形容詞のシ・キは現在のシ・キで、助動詞のキ・シは過去のそれであるとも考えられていたわけだが、柳圃では、形容詞語尾と過去の助動詞とに明白に分け、前者のシ・キは存在詞アリと同質的なものと考えていたらしい（書入れの文字は本文のそれと同じで、柳圃自身のそれであろう）。

ここで大切なことは、なによりも日本語と蘭語との違いについての意見であろう。すなわち〈㊁両語ノ異〉としてつぎのように述べている。

和語ニハいへるひと　言へる語ト両様ニイへ共蘭語ニハ　言へる語　いゝつる人　いひし人ナト訳スへキハアレトモ言へる人ト訳スヘキモノナシ、此類猶多シ、動他詞（言ふハ動他詞ナリ）ニノミ此異アリ、然レハいへるひと、いひつるひと左ノミ差別ナシト見へタリ

但シ隕ぬる石　隕たる石ナトハ差別アリ　自動詞（隕るハ自動詞ナリ）ナレバナリ

〈いへるひと・言へる語〉と言ふの表記が異なるが、これは直接関係あるまい。いへるがひとと語にかかるかどうかという点であろう。何故なら蘭語の言ウ spreeken は他動詞であるから目的語（賓といった）をとらねばならない。しかし人は目的語にならず、語が目的語になるから、〈誰ゝが言ツタ語〉という表現——Woorden die men gesproken had. Woorden die men gesproken heeft——はあっても、〈誰ゝが言ツタ人（誰と人と同一人と仮定する時）〉という表現はありえないわけである。日本語の他動詞は蘭語と根本的に異なるから、〈言へるひと・言へる語〉とどちらにも表現できるわけである。であるから、蘭語で言ヘル人の意と表現を示すとならば、een man die spreekt と再代言（関係代名詞）を用いて表現せねばならぬわけである。言ヘル語を言フ語の意と表現を示そうとする時は、言ヘル人に準じ、Woorden die men spreekt とするか、gesproken woorden という表現をとるわけであろう。しかし一般的にいって、日本語で言ヘル人と表現する時は、(a)言ウ人（言ウ本人と人とが同一人）と(b)誰カニツイテ言ツタ（言ツテル）人・(b)誰カガ言ツタ（言ツテル）人と二つに解されるので、そのあいまいさをなくして、一つに限定して蘭語で表現する時には、(a)(b)(b)のそれぞれに対応する蘭語表現を考えて、其中からどれか一つを選ばなければならなくなる。(a)の場合には、gesproken men（man）などとはいえないのである。何故ならば後（㊄続ク詞）に、〈spreeken ハ動他ナルユへ、had, heb. ニ値へ（ママ）ハ必ス men. ヲ加へザレハ言フコト能ワズ、had, heb. モ動他ナレハナリ〉と説明しているとおりであろう。これこそ日本語とヨーロッパ語との大きな違いであり、ことばとしてはごく簡単であるが、柳圃によって、はじめてこうした彼我対照しての比較文法の芽ばえがあらわれた

意義は特筆しなければならない（これは反面、オランダ語では関係代名詞が用いられねばならぬ点と重なる）。これはさらに、〈いひてん　隕なんノてん、なん和語ノ素性ノ定マリアリ、大概自動ハぬぬるぬれヲ帯ビ、動他ハつつるつれヲ帯フ〉という考察にもつながっている。富士谷成章の考察には及ばないが、柳圃は外国語との関係で考えている点、大概というところに力点をおいて考えるならば、右の仮定も許されるであろう。[7] 特に自動詞が〈ぬ〉を帯びるというのは実例を検討しても妥当している。柳圃が、〈Woorden die men spreeken zou. いふべき語 応言之語 言デアラフ語 いひてん語トモ訳スベシいひてん、ありなんト末ヲ推シハカル意ト本居氏云ヘリ、又応字モ推シハカル意ト物氏云ヘリ〉と説明しているところをみると、確かに和漢の、しかも宣長と徂徠という両言語研究家の研究をよく勉強し、ソシャクしている点がみられる。そしてはからずも、〈言フデアラフ語〉と口語訳を示しているように、蘭語文・文語対訳→俗語訳文を示してもいるのである。いたるところに、〈俗語デアラウ語トモ言ヒソーナ語トモ云／俗ニハアッタロー或ハアロートシタトモ〉のように俗語での翻訳文（句）が示されている。この点もまた、宣長や成章の俗言・里言に訳している態度方法と一致する。これはまさに徂徠のいう〈崎陽ノ学〉であり、時代的特色でもある。蘭文考察を離れて、柳圃はすぐれた日本語学の徒といってよかろう。

柳圃の蘭語学習研鑽の成果は、日本語の音声学的研究に偉大な勝利と結果をもたらしたわけだが、文法、表現の意味の吟味においても、深い沈潜と考察のことばをきくことができる。さらに〈㊈種々ノ詞遣ヒ　㊉ zouden ノ叓〉から、若干を選んで考えてみよう。

(イ) Als hij huis is, deerft 'er niemand spreeken. 彼ひと家にあれは彼所にありて敢ていふひとなし、コレモ過去ナリ、和語ノあれば、いへばノ字ニ二義アリ、タトヘハ、跡見れば心なくさ（ママ）の浜千鳥そは声こそ聞まほしけれト云、跡みればノばハ跡見る時はト云意ニテ、漢ノ則ノ字、蘭ノ Wanneer ニ通ス、又　ちればこそいと、桜はめてたけれ浮世（ウキ）（上声ニテ呼フベシ（朱））に何か久しかるへき　ト云、ちればノばハ、ちるゆへにト云意ニテ、からト同意ニテ、漢ノ故字、蘭ノ omdat ニ通ス、今ノ人多クハ此ヲ別テ、則字ノ方ナルトあれば、ちればナト云ヒ、故ノ字ノ方ナルヲイハハ、ゆへにト云、今此ニハ則字ノ方ナルヲ、あれば、ちればナド訳シ、故字ノ方ナルヲ、からト訳セシ、からハゆへヨリ軽キ語ナリ、omdat ハ vermist（ママ） ヨリ軽ク、als ハ wanneer ヨリ軽キカ如シ、als ハ時ニヨリテ indien ニ通フコトアリ、ソレハ下ノ句ノ現世詞ナキカ、又ハ下ノ句ナキ寸ノコトナリ、あれば、いへばノばハ、右ニ云フ如ク、omdat ニ当テ難ケレトモ、其外ありしかば、あらめばナドノばハ、皆ヨク omdat ニ当ルナリ　＊Omdat は英語の because に相当する。

(ロ) indien hij te huis was, zou 'er niemand durven gespreeken. 彼人家ニありませば、彼所にありて敢ていふひとなからまし、コレハ仮令ナリ、ありしかは、ありしかとハ、真ノ過去ナリ、あればあれともハ現世ノ過去ナリ、あるからあるかゆへにハ現世ノ現世ナリ、あらは、ありともハ現世ノ未来ナリ、あらめ、あらめばハ、其ノ未来ナリ、ありとは、あらましかと抔ハ、仮令ナリ

(ハ) 総テ仮令等ノ寸ハ zouden ヲましト訳ス、但しましト云語ハ耳遠クシテ如何ト思フ寸ハ、仮ニべしニ代、飛鳥川しからみ渡しせかませは流る、水はのとけからまし、世の中にたへて桜のなかりせば春の心はのとけからまし、逢見すは恋敷事もなからまし音にぞ人を聞べかりける

下ノ句ノべかりけるモべし之意ニ類セリ、音にぞ人をきかましト云ト同意ナリ、然レバましトべしトノ近キ詞ナリト知ラル

仮令ト推シ量ルトノ辞ハ、右ノ哥ノ意ヲ以テ、左ニ示メスニテ知リヌベシ

飛鳥川ニシガラミ渡シテセヒテ見タラバ、嘸流ル、水ガ長閑デヨカローニ、セカズニアルカラ一向ニ長閑ナコトハナヒ

右仮令ナリ、即本哥ノ意

飛鳥川ニシガラミ渡シテセク筈カセカヌ筈カシラネトモ、セクナラハ水ガ長閑ニ流ル、デアロー

右ハ推量ル意

右の(イ)・(ロ)・(ハ)はそのまま日本・シナ・和蘭と三か国語の比較対照語法の考察であり、さらに日本語自身への語法的、言語哲学的探究でもある。(イ)は接続助詞、〈ば〉の用法中でも、已然形を受けて順接の既定条件を表す場合のものである。〈～時は／～ゆえに（から）〉などの口語訳は現代もそのとおり用いられる。助詞〈ば〉にも意味論的異同を追求して怠らないわけで、彼が日本語の助詞についても一つの研究態度と方法があったことを知るのである。たとえば『あゆひ抄』の〈三波家○第二にごるはといふ〉のところに、〈二様あり。一、装の日靡伏をうけたるは里同。又所によりてはニヨッテとも里すべし。（いへば・あれば・の類也。）又トともいふ。「雨がふるとかさをさし、風がふくと花が散る」などの類也。（後略）〉成章のいう二様は、已然形から接する場合と、未然形から接する場合を指すから、柳圃が前者の場合について、二様の解を示したのとは異なる。しかし前者の場合の解としては、むしろ柳圃の方が明確であって、現代に近いか、むしろ一致している。しかもそれをそれぞれ漢文（語）や蘭文（語）での用法と対応させて考えているわけで、比較対照語法の立場をかなり明白に示している。やはり外国語を識るものは自国語への認識の深度もますものである。

(ロ)の場合は(ハ)の場合とも通じるが、時制についての考察で、過去・現在・未来・仮令（仮定）という各表現の真の表現意味を考えている。さらに(ハ)においては、特に zouden について一項目を設けて考えている。引用している〈飛鳥川しからみ渡し……〉は、『万葉集巻二』の一九七番の歌であり、〈世の中に……〉は、『伊勢物語』であり、〈逢見すは……〉は、『古今集巻四』の六七八番の恋歌である。柳圃が和漢の学に通じていたという馬場らのことばが、真実であることを一つ証明することになる。

『古今集』については、寛政八年、本居宣長の『古今集遠鏡』が出版されて、いわゆる俗解をもって一首の解釈を示しているわけであるが、『万葉集』についてはどうであろうか。おそらく柳圃のようにこれを文法的な見地からとりあげ――『万葉集』『伊勢物語』『古今集』と列挙比較している――て、全体の口語訳を試みたものはまだなかったといってよかろう。今、「日本古典文学大系本」（岩波書店刊・以下大系本と略称する）の訳を示しておくと〈〔大意〕明日香川にしがらみを渡して水をせきとめたならば、流れる水もゆったりとしていることであろうに。／〇塞かませば―セクは狭くしてふさぐ。マシは反実仮想を表す。マセバ…マシと呼応する〉とある。柳圃の訳でこの歌が、〈セカズニアルカラ一向ニ長閑ナコトハナヒ〉と現在の事実に反する仮想の表現がとられていることを、訳文によってもはっきりと認めねばならない。オランダ語の仮定的表現（仮定法）を日本語のマシで明確に受けとめている態度は、一首全体の口語訳とともに十分注目したいものである。さらに推測するならば、〈マセバ……マシ〉の呼応を考えているがゆえに、〈下ノ句ノべかりけるモべし之意ニ類セリ、音にぞ人をきかまし卜云卜同意ナリ〉と述べているわけであろう。これは『あゆひ抄』で、マセバ・マシカバなどがマシを受けることを述べたあとで、〈又ましならずして可倫をもてうけたるもあり。ぬべしやは（ヤウニナリソナモノカヤ）。べく有ける物を（ハズデ有タコトヂヤノニ）などの類見本抄〉と述べているのに通じるところである。しかも柳圃の場合は、こうした点を考慮に入れた上で一首を適訳（蘭訳）している。単に仮定の場合とは変えて、〈セク筈カセカヌ筈カシラネドモセクナラハ……デアロー〉と仮想の意をもって訳している。ここまでくると、柳圃もりっぱな国語学者であり、万葉集研究家である。契沖にしても、加藤千蔭にしても、『万葉集』にか程までの語学的アプローチをとげた訳をしていただろうか。わずか一首の解釈で云々することはできないが、もし柳圃が蘭学・蘭語学の方面でなく、古典研究、解釈の方面に進んだとしたならば、おそらく成章や宣長に匹敵するような業績を世に問い、国語学史上の一偉才として高く評価されたことであろう。『古今集』の歌の解を「大系本」でみると、ついにマシとべシとの近似性は注されておらず、文法を考慮しての解釈としては、むしろ宣長の『古今和歌集遠鏡』の方がまさるといえよう。柳圃には一首解はないのであるが、〈人を聞べかりける〉を〈人をきかまし〉と同意と、きっぱり断定している自信は、むしろ日本語学者といってもよかろう。助詞・助動詞などの意味用法という語学的アプローチによる和歌の解釈は見事というほかない。

柳圃がなかなか解釈にうるさかったし厳密であったらしいことは、右のいくらかで了解されようが、さらに〈㈩種々ノ結ヒ詞〉でも同じである。ここでは日本語文の蘭語訳を示し、彼我の違いを比較考察し、助動詞研究をおこなっている。吟味してみよう。

(イ)けり　めり　ハ意ノ決スル詞ナリ、其内けりハ過去、めりハ現世ナリ、蘭ニハ、様〻ノ点ヲ以テ句ヲ絶ツユヘニ、けりめりト当ルベキ詞ナシ、唯末ニ畢点（畢点ノ名ハ大槻カ蘭語楷梯ニ仍ル）アル所ニ、自ラ是等ノ意ヲ含メル所多シ、文勢ニヨリテ知ルヘシ、詳ニ説クコト右能（ママ）仮ニ一二例ヲ示サン。

現世　het Riviet water vloeijt zo verwondelijk.

　河水乱れて流るめり

同　de lent is al gekomen.

　春は来にけり

右ノけり、めりノ外ナル詞ハ定格アルモノ多シ

(ロ)（現世）hoe zo haastelijk vallen de bleemen als.

　しず心なく花のちるらん

疑ノ詞ト末ナル歎息ノ点トニヨリテ、らんノ意ヲ知ル、但シ現世ノ詞ナリ、らんハつらん、めらん何レモ同意也、譬ヘハ哥ヲいふらんト云ヒテハ、一字足ラヌ寸ハ、いひつらんト云フヲ得、本居氏ノ曰此らんハ然ルヲ疑フニ非ス、然ル所以ヲ疑フ也

(ハ)（現世）misschien is de zomer al gekomen.

　夏来るらし

らしモ現世ノ詞ナリ、持統天皇ノ御哥ニ万葉ニアル本哥ハ夏来るらしトアリ俗ニハ夏ガ来タソーナト云らしい常ノらんトノ分別スベキ蘭語、未タ思ヒ得ス misschien was hij hier gekomen 彼ひと爰に来にけらしけらしハ、過去ナリコレモ俗ニハ来タソーナト云

＊〈蘭語未タ思ヒ得ス〉とはっきり述べ、そこで、misschien（多分）の語を加えのであろう。

(イ)(ロ)(ハ)を通して、示されている日本語と対応の蘭文はおそらく柳圃の手になるものであろう。(イ)の〈河水乱れて……〉も、〈立田川紅葉乱れて流るめり〉をいささか変形したものであろう。その他の短句も、いちおう蘭文を主体として、対応の日本語文のような形式になってはいるが、すべて柳圃の蘭語学のほどを示すよき例句である。『万葉集』『古今集』など、彼の手がけた範囲は広い。ここで彼が名を出した本居氏は、もとより宣長であろうが、[8] 宣長の『詞の玉緒 六』の〈らし 附けらし〉（十九丁オ）の条では、つぎのように説明されていて、ついに持統天皇の歌にはふれていない。

○らしハらんのはたらきたる辞にて。疑ひの重きと軽きとのけぢめと聞ゆめ（ママ）れど。古き哥共を考るに。又さることのみにもあらぬがごとし。但しや何などの結びにはらんのみおほくして。らしハいと〳〵まれ也。（後略）

〈らし〉をまず、断然と、〈現世ノ詞ナリ〉とし、もっとも適切な〈夏来るらし〉をあげ、しかもおそらく改変の〈夏来にけらし〉を考えて、〈万葉ニアル本哥ハ〉と柳圃は、ラシの本質について、考究のメスを加えている。この厳密さと深さを確認したいと思う。宣長はどちらかというと形式に重点をおいているが、柳圃は意味を考え、オランダ語との対応を考えている。蘭文に al（既に）を入れ、is gekomen と完了形をとっている点、さらに、misschien を加えて翻訳している点に、両国語をよく知っている柳圃の翻訳態度もうかがえるといえるのである。

宣長と比すべき成章はどうであろうか。『あゆひ抄』で〈らし〉は、〈らんよりは、たしかに見さだめながら心のおちゐぬことばなり。里さうなといふ。〉と説明している。里のさうなは柳圃の訳ソーナと一致して妙である。両者はおそらく知り合わなかったであろうから、期せずして、偶然にも同じ訳語を得たわけである。〈らしハ常ノらんトノ分別スヘキ蘭語〉がないとしている点からしても、現代の国文法で到達しているラシの研究考察と同じ線に達していたことが推定される。なお過去には〈けらし〉を示し、〈俗ニハ来タソーナ〉の訳を与えている点も成章と同じということができる。国学者も沈思黙想、よく日本語を考察しているが、しかし引用歌で、柳圃が『万葉集』を用いている点は、宣長や成章と違って彼の見識の一端が示されているということもできよう。

　順序は逆になったがラシとラムの近似を考えていたことが、(ロ)で知られる。ここで、〈本居氏ノ曰〉というのを、宣長の『詞の玉緒』で検してみると、〈らん・らめ〉の説明で、〈古一 久かたのひかりのどけき春の日にしつ心なく花のちるらん〉と、同じ歌をあげ、全体的説明では、〈(前略) 皆其事を疑ふにはあらず。然るゆゑを疑へるてにをは也。さる故に皆かなといふに通へり。(中略) ひさかたのひかりのどけき云々の歌ハしづ心なく花のちるかな。何とてしづ心なく花のちるらんといふ意なり。(後略)〉と述べている。さらに〈大空は恋しき人のかたみかはもの思ふごとになかめらるらん〉などの歌の説明において、〈皆上に疑ひのてにをは有て。語切れたり。(中略) そのゆゑを疑ひて。さて上へかへりて (中略) そのゆゑを問かくる也 (後略)〉と説明している。これも柳圃が、〈疑ノ詞と末ナル歎息ノ点トニヨリテ、らんノ意ヲ知ル〉と述べているのと一致する。成章が、〈凡らん・けん・なん・句末にあれば、上に疑の頭・脚・又ぞ (副詞・代名詞・助詞をさす) を承てうちあふがつね也〉と説明しているのにも近い。成章がこのために同じく、〈久かたの光……〉の歌を引用して、〈久かたの光のどけき春の日に (ナド) しづごゝろなくはなのちるらん (デアラウゾ)〉と示しているのは、柳圃が蘭文で hoe (ナド、ドウシテの意の副詞) を用いて歎息的疑問の表現文に蘭訳している点と一致する。日本語がわかり、オランダ語をマスターしているものにおいて、はじめて、〈hoe… /しづ心なく……〉という蘭文と日本文とが提示されるのである。外国語の習得、その理解において、柳圃にまさるとも劣らなかった馬場が、こと和学に関しては、自己の無能を告げ、師、柳圃の秀れていることを強調しているが、事実はまさしくこのことを立証してあまりがある。

〈つらん・ぬらん〉について和歌上の形式として、そうする由の私見が柳圃にみえるが、宣長のものにはみえないようである。柳圃がふかく西欧の詩の型式も考究し、かなりのところまで了解していたと思われるので、あるいはそうしたこととも関連のある発言が、ここに垣間見せているのかもしれない。

(イ)では〈めり〉が現世であり、文・句の区切れとも関連のあることを述べているが、成章が〈大かたなりとよむに似て、いさゝかたかふべし〉と説明しているのと相通うといえようか。ただし成章はメリが、〈里におもきぢや・様にぢや・などいふに似たり。心えやすからぬ詞なり。〉と述べ、〈たつた河……〉の歌を、〈たつた河もみぢみだれてながるめり（ルヤウスヂヤ）……〉と訳している。宣長は『古今和歌集遠鏡』で、〈○立田川ハ紅葉ガチリミダレテ今最中流レルヤウスニ思ハレル。ソレデハ今渡ツタナラバアツタラ錦ガマン中カラキレルデアラウカイ〉と訳している。この宣長の訳も必ずしもわかり易いとはいえない。成章と宣長との解はほとんど同じ訳としてよかろう。しかし柳圃の場合は〈決スル詞ナリ〉といい、〈現世ナリ〉であり、畢点のある点、すなわち断止することを述べている。そして蘭文も、〈河水が、そのように驚くほど烈しく流れている〉と直訳できるから、前二者がヨウスという訳解をしているのと違って、〈流るなり〉と断定の気持ちが強い。この点ではどちらかというと成章とも通うところがあり、訳となると立田川の歌も、おそらく〈～流レテイルノダ〉ぐらいに訳したと思う。比喩的に紅葉が流れているようだ（様子だ）というのではなく、現実に紅葉が流れているわけで、下句にある〈にしき〉こそヒユということができよう（錦のようだ）。現代の国文法でいう〈現実にたしかに存在している事柄を、推量のかたちで婉曲にのべる〉という説明と比較すれば、婉曲かどうかという点が問題になるわけである。蘭文からはこの訳はみあたらないが、おそらく〈婉曲云々〉を柳圃は考えていなかったのではないだろうか。現代「日本文法講座」（明治書院刊）の例解で、〈（前略）モミジガ散リ乱レテ流レテイルヨウダ〉とあるのは、正しいだろうか。これだと実際は散り乱れて流れていないが、乱れて流れているようにみえるということで、誤りである。ヨウスダとするならば、あいまいなだけに誤りではなく、何となくぼやかした表現となっていると解せるであろう。こう考えてくると、柳圃の方が考察に浅いところがあるようだが、そうでもなさそうである。そしてたとえば成章の例示している〈うぐひすの花をぬふてふかさもかなぬる（濡）める〔ルヤウスナ〕人にきせてかへさん　伊勢〉を、「大系本」の歌註では、〈鶯が青柳を糸に縫って梅の花を縫って笠を作るというが、その笠がほしいものだ。濡れて行くあなたに着せて帰したい。「める」は推量の助動詞の連体形で目の前に見えている情景を見ながら推量する意〉と解しているのを考えたい。訳文の〈濡れて行く〉には推量も婉曲の表現もない。目前の情景を見ながら推量するというのもずいぶん美しい説明である。訳文に関する限りむしろ柳圃的である。ここは成章の様子（～の様だとは異なる）ということばを入れると、訳としてより良いかもしれない。いずれにせよ、現代でも訳文に表す時には推量の意の表現がなくて、〈濡レテ行ク〉と直截に訳しているのである。当時の学問研究の水準や、柳圃の研究域からすれば、やはり柳圃がコトバへの研究とひらめきにおいて、宣長や成章と比肩するだけのもののあったことを、証するであろう。

(イ)ではしかし、以上の語法的考察の点とともに、〈畢点ノ名ハ大槻カ蘭学楷梯ニ仍ル〉という書入れが注目される。何故ならば、この記事によって、柳圃と玄沢の関係が微妙なものとして浮かんでくるからである。今まで大槻玄沢の『蘭学階梯』は天明三年成稿し、玄沢が長崎遊学をした天明五年以後、天明八年（一七八八）に刊行となっている。既に別論でふれたように、天明八年刊の『蘭学階梯』は長崎遊学の所産であることが同刊本の見返しにハッキリ書き留られている（現在のものでこれのない刊本が多い。再刊の折は削除したか）。したがって現在のものは天明三年のものと異なると思う。そして、大槻玄幹の記しているところでは、柳圃が玄沢の著作を所持していたというから、おそらく玄沢は長崎遊学に草稿、『蘭学階梯』の一部を持参したであろう。玄沢の場合、前野良沢とも深い関連があり、特に『蘭学階梯』において然りであるが、ここでは問わない。当時天明五年前後の玄沢の実力は柳圃と比較にもならなかったと思われる。[9] 学ぶことはあっても、教えることや相談し合うこともできなかったであろう。後年、柳圃の弟子の馬場佐十郎が参府して、翻訳の仕事に従った時も三十歳余の年齢の違い、まさに父子という隔りであるが、馬場の翻訳を手伝い、その後についた玄沢であり、天明期という時点で己の非力を自から書きとどめているのである。しかし『生前父』に右のような記事のあるのは、やはり玄沢と柳圃のつながりを考えさせるか、第三者の書入れでもあろうか。柳圃はただ、〈畢点〉という訳語を借用しただけであったろうか。玄沢の研究が何らかの形で柳圃に影響を及ぼしたとも推量されようか。しかし実は、「岡村本」で同書を示すとつぎのようにある。

> 唯末ニ畢点（即。|ナリ）アル所ニ自ラ是等意ヲ含メル所多シ、文勢ニヨリテ知ヘシ、詳ニ説クコト能ハス、仮ニ一二例ヲ示サン
>
> ＊上の〈けり・めり〉の説明のところの、〈……説クコト右能仮ニ……〉（一〇四ページ参照）は、意味が通じないが、「岡村本」によると〈不能〉とあって、この不を右と写し違えたと解せる。

要するに「岡村本」では上の断りの註文はなく当然のことで、〈畢点〉を用いている。したがって、〈大槻カ蘭学階梯ニ仍ル〉の書入れは筆録の宇田川榕庵によるところであろうか。彼には『点類通考』という、この種のものに関する総合的研究ノートがあるが、それは馬場佐十郎から授ったものであると述べ、〈・〉は〈文中一事ヲ決定スルトキ用フ〉と柳圃調（馬場調）をもって述べている。結論的にいうと、「無窮会本」の『生前父』はこれを筆録した人か、それに近い人の書き込みであろう。『蘭学階梯』をみて、それに〈畢点〉とあるところから、深く両者の関係や、著述の前後も考えずに、書き込んだのであろうと思う。〈畢点〉の訳語も、むしろ柳圃が玄沢に示したのではなかったか（馬場のものにみえる点からも）。

以上のような柳圃の方法と態度の淵源はどこにあったのだろうか。先にもあげたが、〈㊈種々の詞遣ひ〉の十八にみえるつぎの文の訳と説明を考えておこう。

十八　al had zij een mooij gesigt, het zou een Lantaan zondel(ママ) licht, zijn.　彼女に美色あらんもこれ無光の燈ならまし　＊スペリングは原本のまま。〈zou, zullen〉は英語の〈should, shall〉に対応、〈zondel〉は〈zonder〉が正しい。

コレハ仮令ナリ

al ト云詞ニ含メル zullen ノ意ヲ取テ上ノ句ニ用テあらんもト訳ス（中略）あらんもト云古哥ナドハ見当ラズ、古哥ニハカヤウノ寸モヤハリありともト云ヘルコト多シ、然レトモソレニ習ヒテ仮令と未来トノ訳法分明ナラズ、故ニ今ハ仮ニあらんもト訳ス

蘭文を直訳すれば〈タトイ（al は英語の even if にあたる）彼女ガ美人デアツテモ、ソレハ光ナキ燈(ランタン)デアロウ〉であるから、すこし意訳している。しかし柳圃の訳は日本的に翻訳されていて、りっぱである。特に〈あらんも〉が柳圃の仮の訳であり、zou（zullen）を考慮しての訳といい、新しい文体創始にもつながるものであることを忘れてはなるまい。こうしたところに彼の自信と研究心の一端が、つぎのようなことばでつづられるわけである。

以上二十七則ノ語ハ余カ作為ニ出タレトモ各本ヅク所ナキニ非ス、然レトモ猶倒置等ノ語モアルベケレハ、後人ノ正シタマワンコトヲ希フ

右で、〈本ヅク所〉と述べているのはどこであろうか。ここで、それを推定しておきたい。その手がかりの第一は馬場佐十郎の作、『和蘭文範摘要』（文化十一年・一八一四成）の例言中のつぎのことばである。

（馬場が柳圃に対して）一日就テ、問フ先生嘗テ此文式ノ要領ヲ得タルノ由ヲ聞クニ、答テ曰ク、余曾テ和蘭人泄物爾（セウエル）ト云ヘル人著述スル所ノ「ガラマチーカ」ト云フ書ヲ閲シ、日夜研究シ後聊カ得ル処アリ、今余吾子等ニ授ル所是レナリ

柳圃が答えているように、「泄物爾ノガラマチーカ」が一つのよりどころとなっていると考えられる。しかし本書にも〈hebben ハマーリン三板ニAトアリ hadden モ同シ、ハルマ初板ニ自動トセルハ恐クハ誤レリ〉とみえるから、W. Sewel（セウエル）（泄物爾）だけでなく、他の文典・辞典をタンネンに読んで得た、語学的知識のつみ重ねがあったと考えられる。(10)

『助詞考』での根本的方法や態度は、『生前父』とかわらない。「静嘉堂文庫本」と「岡村本」での違いも紙数の関係でここでは割愛するが、大差はない。ただ後者により多く、くわしく柳圃の説明がうかがえる。

今「岡村本」で紹介しておくと、A～Zまでにいわゆる助詞を分けて、それぞれ文例・訳文を示して解説している。横書きで〈A〉の部では、〈alleen ㊀㊁㊂㊃、alleen 唯ト訓ス又唯一人ト言意ニモナル〉といった工合である。訳文は文語、口語両方であるが、ここで助詞というのは、日本語のテニヲハと違って、時には副詞や接辞・前置詞・冠詞も含めている。簡単にいうと文構成の主体、中心とならぬものすべてを指しているようである。(11) しかし上述のように本書から柳圃の文法学、言語観を知ることができる。それどころか、記述の中に、〈是等ハ予カ三世考ノ中ニ弁セリ〉とか〈予ガ愚見ノミニテ云ニハ非ス、蘭皐先師ニナラヘル事也／費曰原訳落タリ〉などとみえる。前者からは柳圃の著述として、『三世考』のあったことが知られ、後者からは柳圃の師に、蘭皐（本木栄之進、良永）が、さらに〈費曰〉から本書の筆録者として、吉雄俊蔵の存在が、それぞれ判明するのである。また、〈発按ニ彼人と談ずべきが為ト訳スベシ〉ともみえるが、〈発〉なる人物もまた俊蔵である。これは『生前父』の欄

外にも名が出ているが、尾張藩に仕官がかなって、『生前父』を毎月一定の日に講義している俊蔵である。その他『生前父』と合わせて柳圃の文法用語がしられる。また本書を述作するうえで、マーリンを用いている点、文例が私意でなく、蘭文典の原書、あるいは辞典の例文より引用したらしいので、子細に検討していくと、逆に彼の用いた文典や辞典の類も推定することができよう。最後に本書にみえる文法用語をまとめて一覧表に示しておく。

品詞を表わす用語のまとめ

現代――柳圃

○冠　詞――発声ノ詞

性：（男性）陽性
（女性）陰性
（中性）中詞

○名　詞――実詞・自体詞・虚静死詞（略して静詞），ウゴカヌ詞

数：（複数）衆詞・復詞
（単数）独詞

○形容詞――虚詞・虚静活詞（略して静詞）静活ノ詞・静活詞・静虚詞・ヤウスノ詞・気色ノ詞・形容詞・adj.

○代名詞――代名詞・ホーレナーム（原語で voornaamw.）

○動　詞――動詞・活動詞・ワザノ詞
動他詞，使然詞
自動詞，自然詞

○歎息詞――歎息ノ詞

△助　詞：上の分類に属さぬものをほとんどすべてふくめている。

◇追記　〈時制〉についてはほとんどふれなかった。しかし外国語のことであるから、時制について日本語と大きく違いがあり、特に時の一致では主文と従属文との関係があって、日本人には最初とまどうものである。〈過去中ノ過去／過去詞ヲ置テ仮令ニ用ユル〉などともみえるが、外国語独特の構造と意味を理解するのは、必ずしも簡単ではない。そうした点をふくめて、柳圃の文法研究について、つぎの機会にさらに論じたいと思う(12)。

註

(1) 本論集〈第一部・1〉の小論を参照。

(2) 玄沢のことばは『蘭訳梯航』、馬場のことばは『和蘭語法解』の馬場の蘭文〈序〉にみえる。

(3) 『あゆひ抄』にみえる〈装図〉（おほむね下）を参照。馬場佐十郎も『魯語文法軌範』（文化十年成立）で、〈形容詞〉を普通に用いている。雑誌「ことばの宇宙2-4」（昭和四十二年二月号、テック言語教育事業グループ）に掲載の拙論〈馬場貞由の肖像〉を参照。

(4) ここの説明は、〈ik ben gewoon vroeg op staan（私ハ早クオキルコトニナレテイル）〉のように、不定法の名詞的用法をさす。なお本書はともすると従来馬場のもののように考えられているが、一部内容補訂で、中野柳圃の説と考えるべきである。

(5) 拙論〈徂徠とその言語研究〉（「国文学研究五六」、早大）を参照。玄白が『蘭学事始』で、江戸の蘭学が長崎通詞に影響を及ぼしたように述べているが、その誤りであることは既に研究家の間で常識となっていると思う。むしろ長崎通詞への影響は徂徠あたりであったろうか。

(6) 本書のこの体裁は『西音発微《サイオンハッピ》』（文政九年刊）でもいえるところで、柳圃学の構造を考えるうえで大切である。

(7) 〈ぬ〉が自動詞とともに用いられるという説明は、現代国文法で、〈ぬ〉は、〈自然に推移したり、作為の及ばぬ意をもつ動詞などと用いる〉と解するところと同質であり、〈つ〉は、〈作為的、人為的な意をもつ動詞を受ける〉という点、柳圃の解説と同質であろう。また成章に及ばないが、柳圃はしかし例えば、〈㊉種々ノ結ヒ詞〉で、〈op dat hij wederkemt　かへり

来るがに　がに未来ナリ、俗ニカヘリ来ルヤウニト云〉とあって、成章がこれを清音にして、〈……かへりくるかに〔キドモスルヤウニ〕〉としたのと異なる。しかしこれも宣長が、〈かならずにごるべき辞なり〉（『詞の玉緒七』）というのが正しい。柳圃の例文は『古今集一六』〈哀傷歌〉の〈泣く涙雨と降らなむ渡り河水まさりなばかえりくるがに〉にみえる。むしろ柳圃が優ると思われる。現代もガニと濁り〈かのように〉などと訳す。

(8) 『生前父』で存在を表わすzijnについて、つぎのように説明されている。ここに〈本居翁ノ言葉ノ玉ノ緒〉と明確にうち出している。

○zijnハ在字ノ如シ、動詞ニアヘハたりト訳ス、言ヘリト訳スルモ言てありト、万葉ニ言有ト書クトアリ、然レトモzijnノ意ハ在ノ字ニ当レリ、言ひて爰在る意ナリ、にありト云スシテありト云フユヘ、万葉ニハ在字ヲ書キタルベケレトモ、其実ハありト云モ亦在ノ意ナリ、其外降れりハ降てあり也、隕たりハ隕てありナリ、いへる　降れる　隕ちる　上（アゲ）たるナトノ言ヒサマハ、詳ニ本居翁ノ言葉ノ玉ノ緒ニ見ヘテ難キコトニハアラネドモ、一向ニ国学無案内ナラン人ハ、唯いひたる、降たるナド、皆たるヲ附テ心得ベシ、訳ニ用ヒシモヨシ、たりハ即てありナリ、虚ノ静ニアヘハなりト訳ス、明なり、黄（ママ）なりナドノ類ナリ、但シ白し、清しナドノ類ハ、即チ白くあり、清くありト云ニ同キユヘ、し字即チくありノ意ニテ、zijnニ当ル、因テコレラニアヘハ□（ママ）ヲしト訳ス

(9) 『蘭訳梯航』およびその附録の手紙文（いずれも『磐水存響』に収録）を参照。

(10) 『助詞考』には、〈此文法ゴウランツトルクニ見タリ〉と書きこまれている。これは柳圃でなく俊蔵の筆かもしれない。

(11) 蘭学者の著した語学関係書の中に、富士谷派の〈ナ・ヨソヒ・アユイ・カザシ〉の術語のみえる点も注意したい。

(12) 直接文法論とは関係ないが、四十五とか百五十九などを、〈四五・一五九〉と十をのぞいて表記している。従来こうした表記が福沢諭吉に発しているというのは誤りである。

（補註） 小論については、拙著『近代日本語の新研究』（桜楓社、昭和四十二年）におさめた〈第一章　近代日本語と蘭語学〉を参照されたい。そこで、中野柳圃、馬場佐十郎などについて詳述しておいた。

初出▼『近代語研究二』（近代語学会、昭和四十三年一月、武蔵野書院）

4 宇田川玄随『蘭学秘蔵』と中野柳圃の蘭語研究

1

はじめに

早大の洋学文庫中の逸品『蘭学秘蔵』について考察する。本書は題簽（書き外題）及び中扉によると〈甲集・乙集〉の二冊により成る。宇田川晋、即ち宇田川玄随（字は明卿・槐園、宝暦五年・一七五五～寛政九年・一七九七）自筆の写本である。有界十二行で、板心に〈瓊洲蔵書〉とある。〈瓊洲〉は玄随の別称であろうか。大きさは縦二七五粍、横一九〇粍（匡郭内では一九〇粍×一三七粍）で、改装されている。

内題は、〈甲集〉において、〈蘭学秘蔵巻之一　大日本　東海　宇晋撰〉とある（東海は貽貝の俗称、玄随の戯称、渾名）。〈乙集〉も〈巻之二〉とあるから、甲集・乙集は改装の際に扉にある〈甲集・乙集〉によって名づけたものであろう。後題簽には、旧蔵者、〈岡村千曳〉先生の角印〈千曳〉がある。扉に、〈甲集・乙集〉（この字は自筆）とあるが、元来は〈巻之一・二〉といった呼称だったかもしれない。料紙は楮紙、虫喰いが甚しく、難読個所も多い。しかしよく修補されており、本文は玄随独特というか、特徴ある文字をもって書きつづられている。

以上ほぼ体裁について紹介したが、書名の意味からして、文字どおり〈蘭学〉のための〈秘蔵〉とすべき貴重な内容がもりこまれているわけである。しかもこの〈蘭学〉は、内容的にはかなり語学に比重がおかれていて、玄随はいうまでもないが、中野柳圃の蘭語研究を考えるうえに貴重な資料である。さらに当時の江戸の蘭語学を知るうえに重要な資料的価値をもつ。もっとも、〈甲集・乙集〉の両巻を通じて、内容記述は随筆的であって、まとまったものではない。自分の学習研究の経過、結果を述べているところや他人の著述の写しといった部分もある。いずれも彼自身の学習に益するところありと、ノートしたものであることは確かである。そして体裁上は上欄の欄外に、小見出し的に記述内容について表示しているので、それの一覧表を作成することによって、内容紹介の代用にもなろう。全体を外観する意味でまずその点をつぎに列挙しておく。

〈甲集〉

知足・戒嗇・説性・令洛・無逸／書翰／水甲氣冑／御風船／正誤／文法（いわゆるグラマではない）／文義／正誤／釈例／七値／字書／註例／読法／訳法／文法（いわゆるグラマではない）／単訳／文法／単訳／文法／分量／単訳／文法／註法／文法／服度／単訳／地図／医書／録路建樹／渇愕立酷悉／莎木麪／月名七値歌／薬方書例／分量書法／薬物／作剤法／文法／死活／種痘／助語／ワント／七葉一枝草／註例漢ニ異ナラズ／キフト異名／阿細亜紀行／単訳／文法□□フテレツケン／単語／重数ノ読法／羅甸テセ之読法（ママ）／マーリン之ウヲールテン釈例／□ネイドアフ□セツ□アフ／病名ヲ註ス／ヒユブネル之書／コンストウ□ールデンブツク／草名／書牘式／麻薬／助語／点法／助語／世界／掲署／吸毒石／酒石／機□思他児／スワルウエ根／ヘネースブーク凡例／元木門人志築忠次郎助辞考（細目省略）／単語／蘭書点画考、改正増補／テツチンキ榜葛剌ヨリノ書牘／釈文（上の訳文）／佳語、戒黷貨、好問、晩成、勉学（巻之一終）

〈乙集〉（一部私に小見出しを作成した）

福知侯ヨリ手書ノ箇牘／単訳／op-hiel／単訳／蘭土ニ松及竹ナシ／コンストウヲルーテンフーク／ミコ□

ラスコーヒ□、顕微鏡／水甲氣冑／リュクトスループ之説／岑春臺／単訳／サラーデ／bij, om／単語半島／単訳／♣カラアフル♠スコツプル♥ハルト——□(ブール)——□□(ラニンギ)——(ニテ)◆ダイト(ママ)／Holland／阿蘭陀へ渡ス銅数／蘭国地図（色つき）／世界之始／当帝、公方様／一七八〇紅毛ノ初年／Keizer 第一帝ほか／千六百四十一年五月十一日ヨリ平戸嶋ヲ長崎ノ出嶋ニ移ス／千二百七十五年ニ欧羅巴ノ人始テ日本島ナルモノ有ル事ヲ知ル／千五百四十二年ニ波爾杜瓦而(ホルトガリヤ)ノ人始テ日本ヲ見出シ、千五百四十九年ヨリ交易／千五百八十四年阿蘭陀ノ人波爾杜瓦而(ホルトガリヤ)ノ人ト共ニ日本ニ来ル／十二か月／時不復来、人不得不有時乎休（諺を大量にあげる）／ローマ数字の読み方／里程／長さ／距離の測定／◉日などの記号／ヨンストン／脉法／アナトミ書／文法／印肉／器材日土圭／発明曼陀羅花／物産／人品称呼（日本での呼称、前にもあり）／緞灦類／文法／製剤／産科書／単訳／製剤／文法／単訳及薬物／文法／発明／名物(エンゲル)／単言／文法／丸子／蘭琉同名／直訳及転訛／産物／単詞／小児尻斑／文法／単詞／文法／墨水法／直訳／文法 buchan(ブカン) ノホイスレイキへネースキュンデニ出ス／思思未通／青木崑陽先生ノ言語集／単訳／本義ノ転用／ショメールノ標題／単訳／熱病篇ノ加筆／単訳／森平右衛門ノ語リキ／単訳／金石品目／馬璘カ言語集／単訳／サーメンスプラーカ／単訳／製剤／ヘスコウインゲン綱目（巻之二終）　＊最終丁に貼紙（赤よごれ）にハングル（ルビ付）で〈ナムトグセイブク〉とみえる。

右のようにかなり内容は充実し、多種多彩であり、旺盛な好奇心を感じる。それだけに、成立の時期も重要となる。本書のどこにも成立を明確につげる文字はない。しかし文中に、(1)〈今安永九年マテ一千七百八十年〉とある点と、(2)〈大槻玄沢(仙台医官)長崎に遊学シテ帰ル〉とある点、さらに(3)中川淳庵が死没していることを述べている点、(4)前野蘭化の〈蘭書点画考、改正増補〉が、〈天明丁未（七年）〉に成立している点——こうした諸点を考慮すると、まず一つのグループとしては、〈安永九年（一七八〇）〉ごろから〈天明七年（一七八七）〉ごろの間に執筆したものであることが推定できる。ある一時点ではなくて、数年間の幅があると考えてよかろう。

しかしさらに検討すると、あるものについては、下限は、文中にある中川淳庵宛の甲比丹、I・ティチング（テツチンキ）の書翰から、寛政二年（一七九〇）ぐらいまで降るもののあることが推定できる。これらを考慮し、玄随が寛政九年（一七九七）に四十三歳で死んでいる点から、本書は玄随が三十代のもっとも脂ののりきったころの作品群であろう。約十年間という長い間のものとなってしまうが、原本を見る限り、文字や筆に乱れや変化なく、一気に書きあげたようにもみえる。もっとも玄随の手は特徴があるのできわめてよく整っている。そして時にふれて書きつづったものの集成とは考え難い体裁もみられるのである。しかし内容にみられる資料関係からは、ある期間に書きつづられたことはまちがいあるまい。玄随が翻訳した『西説内科撰要』は序文に〈寛政四年〉とみえるから、おそらく医学書の翻訳以前とその過程でいろいろと当面した語学上の問題や、その間に彼が参考にしたり、勉強した蘭書、あるいは柳圃や蘭化などの語学書についてノートするところがあっ

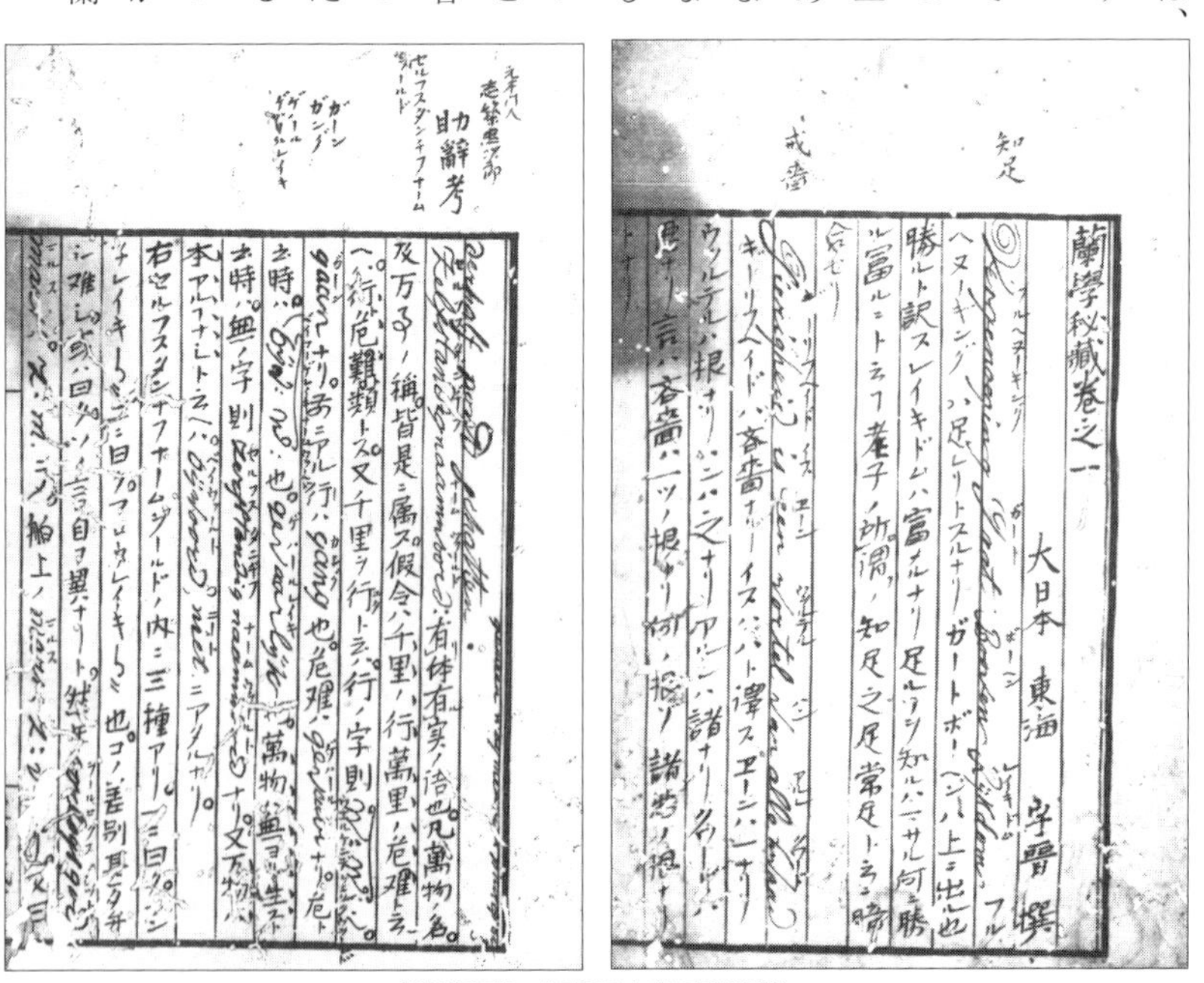

『蘭学秘蔵』（早稲田大学図書館蔵）
右：〈巻之一〉冒頭／左：〈助辞考〉冒頭

たかと思う。玄随の著した語学書、『蘭訳弁髦』が寛政五年に完成しているから、それへの素材的意味も考えられると思う。したがって、内容について考察して成立時を考える必要があろう。

以上のように初期の江戸蘭語学の実態を考えるうえからも、貴重な資料が充満しているのである。いうまでもなく玄随自身の語学を考えるのにきわめて貴重な資料であることはいうをまたない。そういうわけで、記述の内容から上にあげた内容目次的なものは、〈(A)玄随自身の記述にかかるもの。／(B)他人の記述にかかるものの写し〉と大きく二種に分類して考えられる。

(A)はきちんとまとまったものではなく、どちらかというと漫筆的である。後者の(B)についてはさらにつぎのように分けて考えることができる。

①前野蘭化の著、『思思未通』（現在まで所在不明というもの）、『蘭書点画考』、『同改正増補』（同上）の二種、『金石品目』（翻訳、〈題言〉という部分）など。＊別に蘭化のことはよくその名の引用がみられる。

②志筑忠雄（中野柳圃）の著述、〈（元木門人）志築忠次郎助辞考〉のこと。

③（長崎）訳士、庄十郎の〈書牘式／ブリーフ式〉のこと。＊この庄十郎は別に森平右衛門と名乗ってもみえ、江戸に出てきた旧長崎通詞で、初期の江戸蘭学へ及ぼした影響は大である。玄随が彼に就いてよく学習している。

④中川淳庵らの蘭文書翰など。

右のほか、〈大槻玄沢、龍橋（朽木隠岐守、福知山侯）、岑（嶺）春臺、嵐山甫安、青木昆陽（文蔵）、田村西湖、月池公、榜葛剌鉄丁義（商館長 Isaac Titsingh（ティチング））〉などの名もみられる。小稿では、上の②の志筑忠雄の著述のところを中心に考察したい。その他はそれぞれ別に論考を用意したので、機会があれば発表したいと思う。

2 〈助辞考〉について

上で述べてきたように、『蘭学秘蔵』の〈甲集〉中に、〈元木門人(ママ) 志築(ママ)忠次郎助辞考〉（欄外）と表示する記述がある。この表示は欄外の書入れでみえるものであるが、中野柳圃こと志筑忠次郎の作品を書写しておいたというのである。『蘭学秘蔵』にはこうした有力な人物の作品が書写されているのであるが、中でもこの書写は重要な意味をもつ。まず冒頭の数行を示すとつぎのようになる（文中一部横文字の左ルビを右にうつした）。

> Zelfstandignaamword ハ有レ体有レ実ノ語也。凡万物ノ名及万事ノ称。皆是ニ属ス。仮令ハ千里ノ行万里ノ危難ト云ヘハ。行ト危難ト類トス。又千里ヲ行ト云ハ。行ノ字則 w ハ w 也。gaan ナリ。前ニアル行ハ gang 也。危難ハ geva□r ナリ。危ト云時ハ。bijv:w: 也。gevaarlijk 也。万物ハ無ヨリ生スト云時ハ。無ノ字則 zerfstanding naamwoord ナリ。又万物ハ本アル事ナシト云ヘハ。bywoord, 。niet ニアタルナリ。

右は主としていわゆる実名詞、動詞・副詞などに関する説明記述である。欄外に書かれた書入れは他の例から推定してもこれが、誰のどういう作品かを示したものと解することができる。すなわち志筑忠次郎の〈助辞考〉に関連するということである。しかし私はこれまで、『助辞考』なる書を、〈助字考〉とある写本をふくめて数本披閲しているが、ここでの記述内容とまったく異なっている。もっともこれは当然のことかもしれない。何故ならば、〈助辞〉は内容的にかなり雑多であるから。〈助辞考〉で、名詞を主として説明記述することなどはありえない。とすると、欄外の文字はどういう意味になるのであろうか。ここの〈志築忠次郎〉は、志筑忠雄であり、中野柳圃であることにまちがいはない。しかしそれよりも、欄外の表示、〈助辞考〉は、その意味するところが問題である。ことに時期的にかなり早く中野の蘭語学が、江戸に紹介されているわけで、従来の蘭語学史は完全に訂正を要することになる。ここの記述は、玄随自から原本より書写したものではなくて、他の誰かのものから書写したと思われ、玄随は〈志築忠次郎〉とは直接的にはほとんど何の交渉もなかったと思う（『蘭学秘蔵』中には、ついに他には一か所も志筑忠次郎についてふれていない）。〈志築／元木門人〉も正しくは、〈志筑／本木門人〉とあるべきで、まま〈志築・元木〉の表記が他にもみられはするが、耳から間接的に聞いたものか、書写した原本が誤記されていたのかと思われる。

右で〈蘭語学史を考える上から〉と述べたが、ここですこしその点を吟味しておきたい。玄随がいつごろ、誰からこの志筑の語学書をしらされたかは決定的資料がないが、『蘭学秘蔵』の「甲集」の成立時期と関連して考えることは可能である。とすると、安永八・九年から寛政二年ごろ（一七七九〜一七九〇）となる。しかしこれはやや幅がありすぎるし、「甲集」の成立などから推定して、むしろ早い時期と考えられると思う。これは玄随に志筑のことをしらせた人物とも関係があろう。その一人は大槻玄沢ではなかったかと思う。とすると、天明六年（一七八六）ごろのことと推定できる。すなわち、天明五年十月、長崎遊学した玄沢が、志筑に面接していることは玄沢自筆の日記で判明するから、天明六年帰府してから、玄沢が玄随にこれを示したのであろう。こうしてみてくると、天明六年以前には、この志筑の作品が成立していたこともほぼ確実であろう。かつて私は、〈『蘭訳弁髦』に関する考察――宇田川玄随とその蘭語学〉なる小論（「武蔵野女子大学紀要6」所収）において、玄随の蘭語学とその著『蘭訳弁髦』に関して、つぎのように述べたことがある。

> 率直にいって本書（寛政五年成立の蘭訳弁髦）の意義は、中野柳圃や馬場佐十郎らの優秀な長崎通詞らによる蘭語学が、江戸に影響を与える以前のものとして、記念すべき著述であると言わねばならない。

しかしこれは明らかに訂正を要することになる。なぜならば、寛政五年以前に、玄随はすでに中野柳圃の作品を書写していることが、右のように事実として立証できるからである。私は同論中でまた、多少の危惧をもって、中野柳圃の語学と関連があるかも知れぬと推量してはおいたが、やはりそのことが実証されたことにもなる。年齢的には柳圃が二十五歳か、それ以前に執筆したものということができよう。私見では、柳圃がJ・ケイルの天文書を翻訳する過程で、語学的考察をおこなったと思うので（この確かな証拠もある）、おそらく天明の初年、一七八〇年のごくはじめには、すでに柳圃の蘭語学は成立していたと推定できるのである。改めて柳圃の蘭語学の偉大さを思う。彼の翻訳の確かさも、こうした基礎的な語学学習の堅実さによることがいよいよ証明されるであろう。

さらに〈助辞考〉について考えてみよう。柳圃の『助辞考』に関しては、別に考察をしたので、その方を参照していただくこととして、今ここで玄随が書写記述している〈助辞考〉は、はじめにふれたように、〈助辞〉についてではなく、したがって〈助辞考〉と呼ぶにふさわしくない。志筑の別の著作に関連を求めねばならない。私がまとめた〈中野柳圃著作考〉によって、比較検討してみると、この〈助辞考〉は、現在『柳圃中野先生文法』（直書き外題、別に〈和蘭詞品考〉とも書入れがある）と呼ばれる作品（京都大学文学部言語学研究室所蔵本）と類似一致する内容、記述体裁のようである。比較する意味で、同書のはじめをつぎに引用してみよう（原本、句読点なし）。

Zelfstandig naamwoord 有体有実ノ語也、凡万物ノ名及万事ノ称皆是ニ属ス、仮令ハ千里ノ行万里ノ危難ト云ヘハ行危難類トス、又千里ヲ行ト云ハ行ノ字、則 w:w: 也、gaan ナリ、前ニアル行(カウ)ハ gang 也、危難ハ gevaar 也、危ト云時ハ byv:W: 也 gevaarlÿk 也、万物ハ無ヨリ生スト云時ハ無ノ字、則 zelfstandig naamwoord 也、又万物ハ本アルコトナシト云ヘハ bywoord、niet ニアタル也（一オ）

右の説明文を一一九ページ以下にあげた〈助辞考〉の記述文と比較する時、おそらく両者がそれぞれ同一源から書写された同一文であることは歴然であろう。字句は九九％も一致する。ただ〈助辞考〉は、蘭語や漢字にかたかなで発音、読みがなを付したり、〈。〉や二、三の助詞を補った点が異なるだけである。両者の一致はまったく完全に近いといってよかろう。したがって、この〈助辞考〉は内容的にも実質的にも、〈和蘭詞品考〉といった呼称の方がしっくりするし、正しい書名と断定してよかろう（論末の補記参照）。ごく一部の比較ながら、両者は内容・記述で一致したわけであるが、さらに全体的な比較検討をしてみても、上の証明と同じく、九〇％ほども一致していることが判明した。異同点は写本ゆえのごくありうる点にすぎない。

3

つぎに論証する手続きとして、『蘭学秘蔵』に収載の〈助辞考〉を全文抜き出し、翻刻してみよう。なお翻刻にあたり、原文の〈ÿ〉は〈y〉で代行した。

〈助辞考〉の翻刻

Zelfstandignaamwoord（セルフスタンヂフナームウヲールド）ハ有レ体（リ）有レ実（ル）ノ語也。凡万物ノ名及万事ノ様。皆是ニ属ス。仮令ハ千里（註）ノ危難ト云ヘハ。行ト危難ト類トス。又千里ヲ行ト云ハ。行（ユク）ノ字則 w ハ w（ウエルケンデウエルクウヲールド）也。gaan（ガーン）ナリ。前ニアル行ハ gang（ガング）也。危難ハ geva□r（ゲハール）ナリ。危ト云時ハ。bijv：w：（ベイフーゲレイキナームウヲールド）也。gevaarlyk（ゲハールレイキ）也。万物ハ無ヨリ生スト云時ハ無ノ字則 zerfstandig naamwoord（セルフスタンヂフ ナームウヲールト）ナリ。又万物ハ本アル事ナシト云ヘハ。bywoord（ベイウヲールト）、niet（ニート）ニアタルナリ。

＊セルフスダンチフナームウヲールド

＊＊ガーン／ガング／ゲハール／ゲハールレイキ

右セルフスタンチフナームゥヲールドノ内ニ三種アリ。一ニ曰ク。マンネレイキー也。コノ差別甚タ弁シ難シ。或ハ曰ク。ソノ言自ラ異ナリト。然トモ oorlogs god mars ハ。z.m. ニシテ舶上ノ mars ハ z.v □リ。又曰婦人ニ附タル語。及ヒ陰物ノ名ト。然トモ wijf ト云□□婦人事ナレトモ。尚 z.v. ニ非スシテ。z.g. ナリ。其定難キヤ此ノ如シ曽テ蘭人ニ問ヘトモ亦ソノ詳ナル事ヲ得ズ。因テ之ヲ闕テ知者ヲ待ノミ。

＊又 geenerley zerfstandig w。ハ右ノ二ツノ中ナリ。或ハ又曰ク。此等皆初音ノ強弱ニ因ルト。唯セルフスタンヂフ□□ムウヲールドニノミ。コノ別有テ。他種ノ語ニ之ナキハ何ソヤ。右実語。コレヲ自立名語ト訳ス。ソノ語三種。一曰男――二曰女――三曰中間――

＊ゲーネルレフセルフスタンヂ

＊bijvoegelyk ナームウォールド。無ニ実形一マタ事業ニ非ルノ語ナリ。凡諸形容字ノ類皆是也。若クハ物ノ貌。若クハ事ノ勢。ソノ象テ言ベキモノ。是ナリ。groot 大ナリ。rond 丸シ。ziek 病ムト云ハ此ニ属ス。geooste 大。rondte 丸。ziekte。病ト云トキハ。皆セルフスタンヂフナームウヲールドナリ

＊ベイフウゲレイキナームウヲールド

又一二三名ノ数ノ名モ。皆之ニ属ス。仮令ハ火ト云トキハセルフスタンチフナームウヲールド也。vúr 也。燃ルト云トキハ。werkende werkwoord ナリ。brande ナリ。熱シト云トキハ。byvoegelyk ニテ adeetd（見せ消ナリ。

右形容語。コレヲ傍寄名語ト訳ス。獨立ス可ラサルヲ云□□

＊bijwoord。諸ノ問語。waar, wat, wanneer, wie, welk ナト。及コノ如キノ類。皆是ナリ。voorzetsle ト似テ別ナリ。右助語。コレヲ傍語ト訳ス。

＊ベイウヲールド

*ウエルケンデウエルクウヲールド brengen 運。nemen 取□ meeke 為ス。verbergen 隠ス等ナリ。皆□ヲナス語ナリ。wy□na holland ハ。我ラ阿蘭國ニ運フ也。余準レ之。右コレヲ為レ事 事語ト訳ス。即然語 geener□□□k werkwoord ハ。マーリンニテハ onzydig w: ト云。自然ノ語ナリ。又 werk:w: マーリンニテハ zijdig w. 也。使然ノ語ナリ。己ニ由テ而シテ他ニ因ラサルヲ自然ト云。行ク立ツ成ル等ナリ。行ル立ツル成ス等ハ。使然ナリ。又何□使然語ニテモ。其先ニ zig アレハ自トナル。仮令ハ ombrengen ハ殺**スナリ。zig ombrengen ハ自殺ナル故 zijdig, 意ニナルナリ。又自然語ノ前ニ laaten アレハ使然トナル。laaten gaan ハ行シムルナリ。右自然語。コレヲ由已語ト訳ス。

＊ウエルケンデウェルクウヲールド／＊＊殺ハ致ナルベシ

*voorsetsel（voorzetsel とあるべき）ハ onder、bijten、agter、tuzzen 等ナリ。多ハ処ノ上ニテ言テ。実語ニ由テ言ヲナス者ナリ。其下ニ其外後等ナリ。又 van ハ。之ノ字ノ意ヲナス語ナリ。若シ王ノ之子ト言トキハ。zoon van de kooning ト云。モ而モ（見セ消）王之前ト言トキハ。voor van de kooning ト云テ。而モ voor van de kooning トイハズ。是 voorSetsel（ママ）ニシテ zoon ハ然ラス。凡ソノ語 voorz: ノトキハ van ハ無ノ例ナリ。van モマタ voorz: 但シ極テ広キ語ナリ。亦ベイフーグレイキウヲールドノ次ニ。セルフスタンヂフナームウヲールド有トキハ。de, het ノ類ハナキ例ナリ。groot kooning 大王ノ類ナリ。＊＊ woordlid トハ。de, het ノ類ヲ云。是ハ実語ノ先ニ必ス有モノナリ。但シ人名國名数名及 god ニハ。之ナシ。右コレヲ節ト訳ス

＊ホールトセットセル／＊＊ウヲールドリット

*koppelwoord ハ indien, als, Schoon,。上句ト下句ト□（ノ）意ヲ維クナリ。als ik zie. 我ト見ルナラト云テ次ノ果ノ意□□（ヲ生）ス。又 terwyl ik daar w□□s。我彼所ニアル間ト云ヘハ。意味断ル所アリ。故ニコノ語ハ傍語ニ属シテ此ニ入ラズ。gelyk de dief 如レ盗ト云トキモ。又傍語ニナル故。意味断ル也。

右訳ス二連続語ト一 ＊voegewoord。蓋 ＊koppelwoord ノ事ナリ。

＊ondúisch word ハ。純粋ナラヌ。風ノカハリタル語ナリ。ドイツノ正語ニ非ルナリ。qúspitoor ナトノ類ナリ。今日本ニモコノ類アリ。

＊onvolmakte tyd ハ。voorleden tyd had hebben ノ voorl:tyd ナリ。総テ voorl:deelw: トノ別ハ。凡ソ ge ノツキタルハ。皆 deel woord gegeven 也。其 voorl: tijd ハ。gaf 也。ik gaf トハイヘトモ。ik gegeven トハ。イハズ。＊＊zamengestelde woord ハ。合成語ナリ。モシ自立名語ニ対スルトキハ。或ハ二ツニ分テ言ナリ。仮令ハ hy komt weder ト云ハ。weder-komen ヲ分チタルナリ。hy welderhomt トハイハヌ例ナリ。als hy werdkomt ト云トキ分ケズ。但シ合ヲ分ルニ非ス。本ハ分分ニシテ合セテ成ルヲ以テ合成ト云。是ヲ以前後各一意ヲナセリ。若シ別々ニ合得セズシテ只合成ノミニ通スルモノハ。必ス書ノ読ニアタツテ。其分ニ迷フモノ也。na de kerk gaan、ヲ合スレハ。nagaan ナリ。此ノ如キノ類

＊ヲンド□セルウォールド

＊ヲンキルマークテテイド／＊＊サーメンゲストルデウォールド

又単語ノ首ニ ＊ ont on be ver ノ類アルモノアリ。其後ヘニ e□ Sel ig ing heid lyk ag□ig baar □□□ノ類アリ。唯 be ト ver ノ二ツハ。常例ナキニ似タリ。ont □□□語ニ反シ。或ハ類ス。ontkleden ハ反ス。＊onkkomen ハ類ス。蓋シソノ意陽気アリ。故ニ開出發意也。onbequáam ノ類ナリ、但シ ont ハ為事語ニツキ。on ハ傍寄名語ニツクモノナリ。＊＊er ニ二ツアリ。傍寄名語ニツクトキハ。比数シテ甚キノ意ヲナス。hooger witter, ノ類ナリ。処ニ因テハ der トモ云。zwaarder ノ類ナリ。又為事語ニツヒテハ。其事ノ主トナルナリ。schapper, maaker, trekker ノ類仮令ハ maaker ハ。作者ナリ。＊maaksel ハ。其作ル所ノ者ナリ。依テ Sel ハ。ソノ事ヲ蒙ルモノヲ指ス。handvasten ハ。握ルナリ。handvastsel ハ。其握ル所ノモノヲ云。schepsel、zetsel ノ類ナリ。ig lijk ハ。何レモ傍寄名語トナサシムル具ナリ。自立名語ニモ付キ。又為事語ニモ付ク。＊ヲン

ト／ヲン　＊＊エル／セル

menselyk, verdraaglyk 。但シ verdraaglyk ノトキハ。baar ノ意ニ似タリ。又 wettig, vaardig ノ類アリ。何レモ其語ヲ転シテ。傍寄名語トナスモノナリ。但シ ig ト lyk トノ別ハ。ソノ語ニ因テ少シ別アル事モアリ。wettig ト云ト wettelyk ト何モ云事モアリ。又 aerdiglyk op een aardig wyze ト注ス。此時傍語ナリ。□□zig ハ傍寄名語ナリ。又 wonderbaarlyk 等ノ語。アルヒハ傍寄名語トナリ。アルヒハ傍語トナル。wonderbaarlyk mens ト云時ハ。傍寄名語ナリ。hy is wonderbaarlyk gerd ト云トキハ。傍語ナリ。仮令ハ。笛ヲ吹事妙ナリ□□□(ト云ト)キハ。コノ妙字傍語ナリ。妙語ナリ。妙ナル御法ト云也。傍寄名詞トナル。ヨク〳〵分別シ。一句ヲ成スモ。必ス語書ニ於テ。語類ヲ考テ。苟モスヘカラス。ing heid モ。其意少シ異ナリ。何モ語ヲ轉シテ。自立名語トナスモノナリ。但シ ing＊。多クハ事語ニツク。仮例ハ zwymen ヲ。zwijming トナシ。huyshouden ヲ huyshouding トナス。是家ヲ保ツヲ轉シテ。家ヲ保ツ事ト云語ニナスナリ。我ヨク家ヲ保タント云トキハ。huys houden ナリ。家ヲ保ツ事ヲ学フト云トキハ。＊＊huys houding ナリ。又 heid 多ハ傍寄名語ニ付ク。是ハ晦キ日ト云トキハ duister ナリ。今日ト昨日トノ晦サハ。何レカ甚シイ。ト云トキハ。duistehied ナリ。又 heid ヲ以テ事語ト云付其徳ヲ指ナリ。タトヘハ op letten ヲ転シテ。op lettenheid トナスハ。慎ムヲ転シテ。ツヽシミトナスナリ。慎所ノ本性ヲサス。Kleynheid。ソノ小キ事ト云時ノ小ナリ。他ミナ之ニ準ヘ。亦 Kleinigheid ト云ハ。小道具ナリ。＊＊＊lings ハ。傍語トナスモノナリ。多クハ忽然勃然等ノ然ノ字ノ意ニ通ス。krúiys lings, drupper lings schrylings ナドノ語アリ。

＊イン□(グ)／＊＊ヘイド／＊＊＊リングス

＊ste ハ。極ノ字ノ意アリ。仮令ハ beter ハ勝ルナリ。三国ノ中ニテハ何ノ国カ勝ルト云トキハ。至勝ノ意ナル故。beste ナリ。此國ハ彼ノ國ニ勝ルト云トキハ。beter 此国ハ其ノ餘 middelste voogste 等□(ナ)リ。又数字ニツクトキ。第ノ字□(ノ)用ヲ□□(ナス)。eerste(ママ) tweede 第一第二ナリ。achtig。事語及ヒ自立名語ヲ転シテ。傍寄名語ト

ナスモノナリ。黒色雑レルヲ zwartachtig（スワルトアクテキ）ト云。雨多ヲ regenachtig（レーゲンアクテキ）ト云。マタ waarachtig（ウワールアクテキ）ト云フハ waar（ウワール）ト云ト一也。water（ウハートル） achtig（アクテキ）ハ。水ニ似タリ。水ノ如シト云フ。spons（スポンス） achtig（アクテキ）スポンスニ似タリ。スポンスノ様ナリト云事。**baar（バール）ハ。堪ルト云意アリ。actbaar（アクトハール）ハ。誉ルニ堪タリ。並ニ誉ルニ足レリト云意。bruik（ブロイク） baar（バール）。用ルニ堪タルモノナリ。húwbaar。嫁スヘシト云ヒ。嫁スルニ堪タリト云。彼方ニテ女子三十歳。嫁（ヨメ）スルニ堪タリト云和俗嫁（ヨメ）サカリト云。

*ステ／アクチフ／／バール

*ver（フル）意甚タ広クシテ。窮ムベカラスト雖モ。今ソノ言ヘキモノヲ挙ルニ。vermaaken（フルマーケン）, verzeten（フルセッテン）, verplaatsen（フルプラーツ）, verleezen（フルレーセン）, verhuis（フルホイス）, 今一ツヲ去テ一ヲ取ルノ意アリ。再造ナリ。遷スナリ。所ヲ移スナリ。再読ナリ。家ヲ移スナリ。然トモ又 verkruipen（フルコロイペン）, verdraagen（フルダラーゲン）ノ類。甚多シ。コレラ基本語ニ類ス。蓋シ切ニ ver（フル）ヲ附テ。意味ノ殊ナルヲ示ス。又 verhaasten（フルハースト）, vergrooten（フルゴローテン）, verkelegen（フルケレーゲン）, ノ類。モト傍寄名語ヲ転シテ。為事語トナスナリ。

*フル

*eersteperzoon（エールステペルソーン）。一番ノ人ト云（ママ）シカ如シ。我ヲ云ナリ。コノ内三様ノ別アリ。ik（イキ） my（メイ） myn（メイン）ナリ。ik（イキ）ハ。吾起テ物ニ先タツノ意アリ。ik（イキ） sal（サル） ú（ユー） geven（ゲーヘン）, 吾汝ニ与シトナリ。my（メイ）ハ。吾居テ物ヲ待テ。又物来ヲ吾ニ客タルノ意アリ。凡 my（メイ）ハ。静ニシテ人ニ役セラレ。ik（イキ）ハ。動テ物ヲ役ス。gy（ケイ） zult my（メイ） geven（ゲーヘン）ハ。汝吾ニ与フベシトナリ。与ルハ彼ナリ。受ルハ我ナリスベテ ik（イキ）ニハ。必ス一ノ事語アリテコレニ対ス。my（メイ）ニハ附ズ。右ノ zult（シュルト）モ。彼ニツクモノナリ。又 mijn（メイン）ハ。我□（ソ）ノ物事ノ主タルナリ。mijn（メイン） kind（キンド）。我カ子。mijn（メイン） hand（ハンド）。我カ手。ノ類ナリ。又 *wy（ウエイ）, ons（ヨンス）, onse（ヨンセ）、モ我ナリ。但二人以上ノ語ナル故。我ラト云カ如シ。而テ wy（ウエイ）ハ。ik（イキ）ノ如ク。ons（ヨンス）ハ。my（メイ）□（ノ）如ク。ons（ヨンセ）ハ。myn（メイン）ノ如シ。

*イキ／メイ／メイン／／ウエイ／ヨンス／ヨンセ

*tweedperzoon。二番人ト云カ如シ。我ニ対スルモノヲ云。所謂汝ナリ。亦三種アリ gy ハ ik ノ如ク。ú ハ my ノ如ク。úwe 又 úwe ハ。myn ノ如シ。又二人以上ニ。汝等ト云事 gylieden ト云。gy トモ云。ソノ外差別ナシ。右男女ニ通シテ一ナリ。**derdeperzoon。三番人ト云ンカ如シ。吾ニ非ス。汝ニ非ス。所謂ル彼ナリ。hy hem zyn。次第前ニ同シ。又二人以上ニハ zy hen hún ト云。右男語ナリ。婦人一人ナレハ。zij haar haare ト云。二人以上モ一ナリ。

*ゲイ／ユー／ユーエ　**ヘイ／ヘム／セイン　セイ／ヘン／ヘン　セイ／ハール／ハーレ

Ondervagende voor naamwoord ハ。誰ト問也。wie is het ト云トキハ。是ハ誰ヤト云事ナリ。wie wien wiens ト云トキハ。其次第前ノ如シ。三様ノ別ナリ。又所ヲ問ニハ。waar ト云。時ヲ問ニハ。wanneer ト云。物ヲ問ニハ。wat ト云。数物ノ中ニ於テ。別テ問フ時ハ。welke ト云。wat トモ云。又右ノ語。其所其時其物ト云事ニモナル。但シ問否ノ別ヲ知レハ。自ラ分ル。事語ハ。必ス自立名語ニ対スルモノナリ。其事語。自立名語ノ前ニアルハ。問語ナリ。zal ik eaten ハ。問語ナリ。ik zal eaten ハ否ラス。此ノ如キ類。

右第一ヨリ第三番マテノ諸語。皆是ヲ voornaam woord ト云。（六字抹消）広ク言テ人ノミニ限ラズ。人ニ限リタルヲ persoonlyk voornaamwoord ト云。但シ人ノ名ヲホールナームト云。タトヘハ Johan Keill ナレハ Keill ハ氏ニシテ。Johan ハ名ナリ。蘭国等ノ風。書スルニ名ヲ先ニシテ氏ヲ後トス。名前ニ在ヲ以テホールナームト云。前名ト云カ如シ。又勝タルヲホールナーム。筆頭ニ書ス可カ故ナリ。是等ハ別意ナリ。

*ウハール／ウハンネール／ウエルケ／ウィー／ウイーン／ウイーンス

*sterven, dooden, verlyden ノ別ハ。自立名語ノ sterve ト。dood ト。overlyden ノ自立名語トハ一也。何レモ死ト云事。死ニ至ル等ナリ。sterlide（ママ） overlyden ノ二ツモ。事語ニナル時ハ。死スルナリ dooden ハ。事語ノ上ニテ殺ス也。wyden ハ。亡トイヒ故ト云ンカ如シ。亡父ナト、云トキノ語ナリ。

*ストルフェン／ドウデン／フルレイデ

*sprak(スプラーカ) taal(タール)ニ通ス。言語ナリ。阿蘭陀語ナト、云時ニ用フ。gesprak(ゲスプラーカ)ハ話ナリ。spreúk ハ言ナリ。古人ノ言ニ曰クト云トキナドニ用ユ。sprak ハ spreeken, voorledentyd ナリ。zien ヲ zag ト云カ如シ。konst**、kúnst、kúnde ハ。同意ナレトモ。kunde ハ。必ス合成語ノ後ニツクナリ。genees kúnde, stere konst トモ云フナリ。

*スプラーカ／ゲスプラーカ／スプレーキ□□**コンスト／キュンスト／キュンデ

*凡ソ諸ノ事語類等。皆ソノ前名ニ従テ殊ナリ。所謂 ik ben gy zyt, hy is, zy is, 女ノ時ナリ。zy zyn, wy zyn。是等ミナ weezen(ママ) ト云語。ノ化シテナル所ナリ。ik heb gy hebt hy heeft zy heeft, zy hebben, wy hebben ミナ hebben ナリ。又 had ト云ハ。hebben, voorledentyd ナリ過去語ト云ンカ如シ。ソノ外** zien ヲ zag ト云ヒ。ik ben ヲ ik was と云ノ類ナリ。仮令ハ（ik）zag hem gisteren ト云トキハ。ik heb hem gisteren ト云ニ同シ。総シテ諸ノ事語先ニ ge***アル類ハ。ミナ是ヲ deel word ト云。是ハ句中本至ノ自立名語。アルヒハ前名ニ対スル事能ハス。仮令ハ ik gezie hem gistren トハ云サル例ナリ。依テ別ニ過去語アリ。又過去語ハ。t ノ字ヲ付テ言ヌモノナリ。gy zagt、gy vroegt ナド。言ハヌ例ナリ。然トモ三人以上ニハ。gy vroegen ナドノ語アリ。

*ベン／セイト／イス／セイン／ヘツプ／ヘツプト／ヘーフト／ヘツペン／ハツド

サフ／ワス□□*ゲ

*凡テ諸ノ自立名語ニ。de het ノ類アリテ。頭ニ付モノナリ。ソノ例モトヨリ常アリ。男女自立各語中間自立名語ノ meervoud(メールホウド) ノ時ハ。イツレモ de ヲ用ユ。仮令ハ daúw ハ男語ナリ。de dauwe, de dauwen ト云ヘシ。又 afwyking ハ女語ナリ。de afwyking。de afwykingen ト云ベシ。又 deel ハ中間語ナリ。依テ de deelen ト云ベシ。若シ eenwoúd ノ時ハ。必ス het ナリ。又ソノ自立名語ノ首ニ。傍寄名語アレハ。de het ハ用サルモノナリ。凡テ自立名語ニ。三種ノ別アリ。能々考サレハ。一句ヲナスニモ必ス誤アリ。

*デ／ヘツト

*den ト云トキハ。ソノ自立名語シツカニ受ルノ意ニナル。是ノ時 beschúldigende geval ト云。負時ト云ンカ

如シ。hy gaf dat den regter over ノ類ナリ。レクトル静ニシテ受ルモノナリ。

＊デン

*der, des, ノ二□(ツ)ハ。van de, van het 等ノ意ナリ但シコノ二□(ツ)ヲ用ルニ別アリ。des ハ男語ノ一箇ノ上ニ用フ。dapperheid des mans ハ。dapperheid van den man ト云ニ同シ。ソノ外ニテハ。女語中間語一箇多箇及ヒ男語多箇ニモ。皆 der ヲ用ユ。

＊デル／デス

*dezer ハ女語ノ一箇ノ時ト。男女中ノミノ多箇ノ時トニ用ユ。dezes ハ。男中ノ二ツノ一箇ノ時ニ用ユ。

＊デセル／デーセス

*veel, meer。共ニ多シ。但シ veel。ハソノ意平ナリ。meer ハ。比シテ多キヲ言フ。zo veel als ik hel(ママ) ト云ハ。我持所ト多サヲ同スルヲ云。meer als ト云ヘハ。我持所ヨリモ多キヲ言フ。

＊ヘールメール

*weynig minder ハ少ナリ。ソノ別又前ノ如シ。weynig ハ veel ノ反対。minder ハ meer ノ反対。beter, goed ノ別モ右ノ意ノ如シ。mooy ハ美(ママ)ルヲ云。wel(ヨツク) ハ事ノ上ニテ多ク用フ。

＊ウェイニフ　ミンドル／ベートルグードル(能)／モーイ(美)ウェル

*n ノ字ヲ首ニツケテ。無ノ字ノ意ヲナス事アリ。是ヲ除ケハ反対ノ語トナル。所謂 niet iet niets : nooyt(終無) ooyt(他時); niemand(誰デモ), iemand, nimmer meer, immermeer : ノ類ナリ。

＊〇ニート〇イト〇ニーツ／〇フーイトコヲーイト／〇ニーマンド〇イエマンド／〇ニンメルメール／インメルメール

*iemand, men ノ別ハ。|men ハ元 mensch ヨリ出タリ。前トモ hy ノ類ニ用テ。hem(カレヲ) ノ類ニ用ヒス。|iemand ハ。一人ト云意ナル故。hem ノ処ニモナル。byiemand トモ云。又 hy ノ類ニモナル。(カレニ) iemand zal brood koope

ノ類。但シ多クハ hem ノ意ナリ。‖zonder, □□(niet gern)何レモ無ナリ。＊但シ niet ハ傍寄名語及ヒ事語ニツク。niet goed, niet waar, ノ類ナリ。又 niet gedaan, men moet niet doen ノ類ナリ。geen ハ。物ノ無ナリ。自立名語ニツクナリ。geen mens, geen kaas, geen húis, geen boters, geen barmhertigheid 等ナリ。又 gy zult geen vals getúygenisse spreeken ノ類ナリ。geen ハ valseg(ママ) ニ附ナリ。又 de vorst gat hem niet met alleen ト云トキハ。此 niet ハ gat ニ附ナリ。｜zonder ハ。met geen ト云ンカ如シ。een mensch zonder oog ト云トキ。無目ノ人ナリ。de ziekt zonder koorts。無熱ノ疾ナリ。‖

＊イエマンド★ソンドル／ニート／ガェーン之前

メン

＊dog ト tog ト。吾音(ママ)相似テ意殊ナリ。dog ハ。雖然ノ意ナリ。｜tog 或ハ希ノ意ヲ成ス。doe het tog ノ類。亦 ja tog ハ。実ニ然リナリ。het is tog zo。是実ニ然リナリ。‖

＊hem □(zig)ノ別ハ。hy(彼) heeft(有) zig(自ラヲ) omgebragt(殺) ト云ハ。彼レ自殺スルナリ。hy(彼) heeft(有) hem(彼ヲ) omgebrat(殺) ト云ハ。彼レ彼ヲ殺スナリ。仮令「ヤーコップ」カ手ニカケテ「カスプル」ヲ殺タル時ナドナリ。

＊ドフ／ヘム トフ／シフ

＊zelfs(セルフス), eygen(エイゲン), zig(シフ), ノ別ハ。Eygen(エイゲン) ハ myn(メイン)、uwe(ユーエ) ノ類ナリ。｜zig(シフ) ハ hem(ヘム)(カレヲ), my(メイ), uw(ユー)(ナンチヲニ) ノ類ナリ。｜zelfs(セルフス) ハ ik(イキ) heb't(ヘッブ)。zelfs(セルフス) gedaan(ゲダーン) 我既ニ自ラ是ヲナセリ等ノ類ニ用フ。

＊セルフス／エイゲン／シフ之別

＊tegen(テーゲン) ハ相過ノ意ニ用フ。(朱) hy(ヘイ) komt(コームト) my(我ニ)(朱) tegen(テゲン)(逆ムカ□) ハ。彼我ニ向テ来ルナリ。tegens(朱) ハ。相離レ相戻ルノ意アリ。hy is tegens(ヘイイステーゲンス) my(メイ)。彼人我ニ戻ルナリ。＊テーゲン

内容の吟味

以上であるが、記述を順次読んでくると、ほぼ〈人称代名詞〉（ホールナームウヲールドと原語のままで呼んでいる）までは記述が整っているが、それ以下はやや漫筆的である。しかし内容は濃い。『柳圃中野先生文法』でもまったく同様である。このことは柳圃のこの作品自体が、比較的早期のころに執筆されたものであることを証していると思う。文章の比較はすでに一部を上で具体的にふれたように、それをすべてにおよぼして考えていいと思われる。本書の記述はやがて『九品詞名目』やさらに、『蘭語九品集』として成立する前段階的、草稿的内容である。この点をよりはっきりさせるために、あらためて引用した記述の要点をぬき出して吟味してみる。

1　zelfstandig naamword（ママ）: これを〈自立名語〉と訳す。〈三種アリ。マンネレイキ――、フロウレイキ――、ゲーネルレイ（ママ）――〉とよび、それぞれ〈男自立名語・女――・中間――〉と訳す。男語、女語、中間語とも。

2　bijvoegelijk（ベイフーゲレイキ）　ナームウォールド:〈形容字ノ類〉、または〈形容語〉といい、〈傍寄名語〉と訳している。〈独立ス可ラサルヲ云〉とある。形容詞のこと、ただしオランダ語では名詞のカテゴリーにはいる。

3　bijwoord（ベイウヲールド）:〈諸の問語〉で、〈助語〉であり、〈傍語〉と訳す。のち〈副詞〉と訳される。〈voorzetsel ト似テ別ナリ〉とある。

4　ウエルケンデウエルクウォールド:〈werkende werkwoord〉は、動詞のことであるが〈事語・為事語〉などと訳す。さらに、〈自然語または由巳語・使然語〉と訳す。特に〈マーリンニテ〉として、マーリンの辞典での原語を示して相違を述べている。したがって、辞典のハルマが基準として用いられているらしい。〈自然語〉は〈行ク〉のように自動詞を、〈使然語〉は〈成ス・殺ス〉のように他動詞をさしているようである。

4 voortesel（ホールセツツエル）〈voorz: とも略記。voorzetsel とあるべきところ〉：前置詞のことであるが、〈助辞〉である。このvoorz. と名詞と一体になった形式を、〈節〉と訳している。ついでに、〈de, het〉などを〈woordid（ウヲールドリツト）（woordlid とあるべきもの）〉（訳せば冠詞である）と呼び、固有名詞や god などには、これを冠しないことも述べる。これも助辞である。

5 koppelwoord（コッペウヲールド）:〈als〉などの語を例語として、〈連続語 voegwoord（フークウヲールト）〉とも訳す。同形語があるので、〈傍語〉と似て非なることも説明（訳せば接続詞である）。二つの原語は当時一般的である。これも助辞である。

6 上の〈koppelwoord〉の次に、〈onduisch woord: 純粋ナラス風ノカワリタル語也ドイツノ正語ニアラサル也……〉という文がある。おそらくハルマ（F. Halma）の辞典からであろう。外来語のことと思われる。

7 onvolmaakte（ヲンホルマークト） tyd（テイド）: 過去のことである。また〈deel w:〉、〈deel woord〉と分詞のこともあげている。

8 合成語：記述からは改行もないので、上からつづきのように考えられるが、説明では、分離複合動詞のことである。つぎの9も参照して考えてみたい。

9 接頭・接尾辞：これも記述からは、前からのつづきのようであるが、明らかに接頭・接尾辞のことである。動詞に接する場合、形容詞・名詞に接する場合などに分けても説明している。接尾辞により品詞が転成される場合、名詞化・形容詞化・副詞化など品詞の転成にもふれているが、形容詞の比較三級の用法などにもふれ、かなり多面的である。そして、〈傍語（副詞）〉と〈傍寄名語（形容詞）〉との区別もよく注意している。日本語の場合——たとえば、動詞を名詞化する時は、〈慎ムヲ転シテ。ツ、シミトナスナリ〉——なども例示して説明している。柳圃がよく日本語も学習理解していた証明になろう。柳圃の用語〈死〉がみえる。

10 人称代名詞 :voornaamwoord で、代名詞を示し、さらに、persoonlyk v.n.w. で、〈人称代名詞〉を示している。これは一人称、二人称、三人称を〈一番人・二番人・三番人〉などと分け、さらに単数・複数の両形、主格・

所有格・目的格と分けて語形変化も扱っている。人称のことに言及しているのは注目したい。

11 疑問代名詞：これは、ondervragende voornaamwoord と示している。人・所・物・時などによる別をあげている。またついでをもって、疑問文についてもふれている。文章法（シンタクス）にふれている点を注目したい。

12 10・11を〈voornaamwoord〉というが、同じ voornaam でも、ここは Christian name の場合を説明。はっきり代名詞とは〈別意ナリ〉と述べており、具体的には、Johan Keill の Keill が氏、姓で、Johan が名という（蘭化などはこの区別がついておらず、Johan を姓と考えているのである）。

13 文法的なことの記述、〈死・活〉の用語をもって、蘭語をとおして、〈自立名語〉（名詞）と、事語・為事語（動詞）の語形上の違いについての説明がみられる。dood は名詞であるが、dooden（doden）は動詞ということである。全体からはやや不分明である。他の柳圃の文法的説明、〈死・死詞〉と同じであろう。

14 13と同様に、蘭語での文法的説明からはややはずれているようであるが、単語とその用法、たとえば〈kunde〉と〈konst〉の用い方の相違など、語彙・意味用法を解説、かなり蘭語に精通している人の言であろう。この点は弟子の吉雄如淵、さらに吉雄俊蔵に流れている。

15 zijn と hebben 動詞：人称・時制・数による語形変化を示している。もっとも基礎的な動詞のことであり、単なる過去と過去分詞との異なりについてもふれている。

16 de, het. ／de der: 〈自立名詞〉が〈男・女・中間〉と性（ジェンダー）により異なることによって、de、het の語形変化、その用い方が異なることを述べる（いずれも冠詞である）。また de の語形変化（den, der, des）が、格・数（一箇・多箇）で異なることも示している。dezer, dezes も、これらに準じて示していると解せよう。

17 veel, meer wiynig, minder ／zig: 多イ・少ナイの意の蘭語であるが、名詞に直接かかる点で、単語の意味用法を説明している。おそらく翻訳する場合の配慮であろう。

18 n の字：否定の意をもつ副詞や形容詞・名詞について述べる。例えば、〈niet ハ傍寄名語及事語ニ附ク／

geen ハ物ノ無ナリ自立名語ニ附クナリ〉など説明している。英語でいえば、no と not の用法の異なりと通じる説明である。そして、つぎの〈iemend, men〉の相違につづいて説明している。〈zonder〉も英語の〈without〉と同意であるが、この〈n〉（打ち消しの意）の字の用法に関連がある点で、ここに説明しているようである。

19　単語の個別的意味用法：dog と tog の意味用法など。14・18と同じ解説の態度である。しかし17の zig（zich）の用法に関連して説明がみえる。英語の oneself と同様で、日本人にはいささか理解しにくく、全体的に説明に錯綜があるようである。

20　単語の個別的意味用法説明・zelfs, bijgem, zig ／ tegen など。非日本語的意味用法の解説をみる。

以上ほぼ20項目に分けて考えてみたが、1～12まではかなり整っているといえるが、13以下はやや漫筆的であり、翻訳上の心得的な点である。構成、内容からいえば、まさに『和蘭詞品考』でもあり、一部をとれば『助辞（詞）考』でもあるといった、蘭語入門的な記述、柳圃の蘭文法講話となっている。それだけに前半は割合に文法にかかわる〈詞品考〉的であり、後半は語彙にかかわる個別的、〈助辞考〉的であるともいえよう。特に個々の具体的単語――これも蘭文の直接解読、翻訳にあたって出あう困難な点と考えてよかろう――の説明において、当時の蘭学者には裨益するところ大であったろう。ここには柳圃のいわば語学的知識、蘭語理解のレヴェルが披露されているといえる。

さてこのオランダ語の基礎的解説書は、はじめに推定したように、J・ケイルのものを翻訳していく過程で成立したものであろうと思うが、本書のはじめの名詞の説明中に、wijf が婦人の意でありながら、女性ではなく、中性名詞（z.g.）であること、柳圃はこの名詞の性について疑問をもち、蘭人に訪ねることが記されている。〈曾テ蘭人ニ問ヘトモ亦ソノ詳ナルヲ得ズ。因テ之ヲ闕テ知者ヲ待ノミ〉と。後に柳圃の弟子、馬場佐十郎は（柳圃からの伝聞であろう）、それらが発音によって区別されることを述べているが、その点についても柳圃は、〈皆初音の虚弱ニ因ルト。唯セルフスタンヂフ□□ムウォールドニノミ。コノ別有テ。他種ノ語ニ之ナキワ何ソヤ〉とやはり疑惑の心情を述べている。簡単に発音のこととしては、割切れなかったのであろう。もっとも性の別は名詞だけではなく、形容詞にもあるのではあるが、ともあれ通詞をやめて、人との交際を絶ち、ひたすら蘭語の本質理解明に努力したといわれる柳圃のことを考えると、蘭人に問うたりしていることは、本書の執筆時期があるいは通詞の職を辞した安永六年（一七七七）の近くにあることが推定される。二十歳前後という若いころになるが、しかしこれはケイルの翻訳とからませて考えるべきであろうから、実際的にはもう少し後になろうかとも思う。しかし可能性としては、かなり早くから、こうした語学的記述を心がけていたことも認められる。やはり日・蘭両語の隔りは柳圃にも大きかったのである。その点、手先によき辞書のあったことも推定できる。

　まとまりがないようではあるが、特に注目すべき点は、上で述べた〈漫筆的〉なところ、蘭語学的に重要な接頭辞・接尾辞をとりあつかっているところの説明である。接辞〈ont, on, be, ver〉などを、〈単語ノ首〉にあるものとしてあげる。これはのちに馬場による〈蘭語首尾接詞〉（接頭・接尾辞）の考察にあたるものであり、例示している語彙や意味からしても同じ分野である。〈be〉などは〈常例ナキニ似タリ〉というのは、文法書にのべる点と、具体的に一定の意味用法がみえないからであろう。〈ont〉は、〈為事語ニツキ、on ハ傍寄名語ニツクモノナリ〉というのは、先にふれた英語の not と no に対応するが、馬場が、〈ont ハ、動辞に冠ラシムルノミニテ名辞ニ用ユル事ナシ〉と説明しているのと同じであろう。〈on〉も、馬場は〈実辞及ヒ動辞ニモ附スレトモ都テハ属名辞ニ添ヘ用ユ〉と説明している（いずれも、『蘭語冠履辞考』より引用）。これは分離・不分離動詞と関連するところで、オランダ語では重要な点であり、馬場が忠実な柳圃の後継　者であることを示している。

　さらに接尾辞としては、例えば〈er〉の説明で、これに二用法があり、一つは形容詞（傍寄名語）について、〈比数シテ甚キノ意ヲナス〉といういわゆる形容詞の比較級をつくる点をあげている。witter（より白いの意）がまさしく例語の一つにあたろう。そしてさらに接尾辞〈ste〉のところで、最上級の用法にふれ比較級ともども説明していて完璧に近い。また動詞（為事語という）については、〈er ……其事ノ主トナルナリ。…… maker ハ作者ナリ〉と述べている（動詞の maak から maaker ができるという説明）。〈ig, lijk ハ。何レモ傍寄名語トナサシムル具ナリ〉というのも、この接尾辞をもつことが名詞などを形容詞にすることをよく認識していたことを示すのである。

　このような説明を馬場のいうところと比較してみようか。馬場は、〈er, ヲ尾スル語言二種アリ一ハ虚詞（形容詞、註の語は省略）一ハ動詞（同上）ナリ……二物ヲ比べ云トキノ虚詞ニ尾ス〉と述べ、もう一つは、〈動詞ニ尾スルモノハ其動詞実詞トナル……此 er ヲ尾シタル実辞（ママ）ハ実物本主トナリテ、其動辞ノ事ヲ使用シ運転セシムルノ意アリ（省略）〉（『蘭語冠履辞考』）と説明している。両者の隔りはほとんどなしといってもよく、馬場には多少説明用語が整理されているが、しかし柳圃も例語などは必要にして十分である。質的にはほとんど変らぬといってもよかろう。〈lijk〉を接尾しても、形容詞のみでなく副詞になる場合もあるわけで、そうした区別も柳圃は明確に指示、認識している。抽象名詞をつくる接尾詞の〈heid（hijd）〉についても、〈語ヲ転シテ。自立名語トナスモノナリ〉と述べ、〈opletten ヲ転シテ。oplettenheid トナスハ。慎ムヲ転シテ。ツ、シミトナスナリ。慎所ノ本性ヲサス〉と、日本語で理解をたすけつつ、本質に肉迫している（schoon 美し→ schoonheid 美（び）も同例）。柳圃が、〈ヨク〳〵分別シ。一句ヲ成スモ。必ス語書ニ於テ。語類ヲ考テ。苟モスヘカラス〉と主張しているのも十分に納得できるし、彼自身よく実行しているといえる。学習者にも十分に説得するだけの実と例をそなえているといってよかろう。こうした接頭・接尾辞の説明は、本書の一つの重要な部分であり、要素でもあって、〈助辞考〉というとおりである。柳圃の文法学の原点をさぐり、彼から進展していった蘭語学の源流を知るに絶好の資料といっても過言ではない。ただし他の著作によくみえる〈虚詞〉の用語のみえないのは何故か注目しておく。小論ではよき継承者である馬場の文法とは比較する紙面の余裕がないので、その方は別論によられたい。

　以上のように、玄随の書写した〈助辞考〉というこの論考は、実体はまさしく柳圃の蘭語学全体を考えるうえで貴重な資料であることが判明した。それはとりもなおさずこれが江戸の蘭学への一つの基礎を与えたことにもなるのである。現在ここで論じた〈助辞考〉とほぼ同じく、『柳圃中野先生文法』（いわゆる『和蘭詞品考』）が、京都大学文学部の言語学研究室に一本残っているのみであり、それは新転写本とて必ずしも善本ではない。その点から、この玄随の書写資料は大きな資料価値をもつ。資料的価値があらためて認識されねばならない。

〈補記〉

山田孝雄博士は『国語学史』（宝文館、昭和十八年）の中で、志筑忠雄の『和蘭詞品考』の名をあげて、蘭語の文法的、語学的研究の出発点を志筑としている。これはまさにそのとおりである。『和蘭詞品考』をわずか十数枚のものとしてごく簡単な著述であると述べておられるが、おそらく博士のいう『和蘭詞品考』は、筆者が照合した『柳圃中野先生文法』（京大言語学研究室所蔵）をさすかと思うが、同書には確かに大槻如電の筆で、同書が『和蘭詞品考』と呼ぶものであると書かれている。しかし、如電氏のいうところをそのまま受け入れた結果、山田博士も誤認してしまったわけで、単純に『和蘭詞品考』と言い切るには問題があり、結論的にいうと、小稿で論じた〈助辞考〉、すなわち、柳圃の著した『和蘭詞品考』でもあるが、馬場佐十郎が校訂した『訂正蘭語九品集』の〈緒言〉から推察すると、『蘭語九品集』（京大言語学研究室蔵）に発展するもう一つ前の段階の草稿的なものであることが推定できる。大槻如電氏などの誤解もあって、内容の認定の正しさがやや失なわれてしまったかと思う。また京大言語学研究室所蔵の『柳圃中野先生文法』も、そのまま正式な書名として認められない。ただしここに紹介した『蘭学秘蔵』から〈助辞考〉などと呼ばれたことがあったかどうかも、もう少し詳細な考察が必要であろう。私見ではおそらく、この〈助辞考〉の呼称は玄随の無理解の結果か、第三者に提示されたままを書きとどめておいた写しと考えてよかろうと思う。実質は〈蘭語文法入門〉とでも呼ぶべき概説書である。

○本書に示された文法的用語

1. zelfstandig naamwoord :
   自立名語（実語），それぞれ男語，女語，中間語と呼称区別している。
2. bijvoeglijk (naamwoord) :
   傍寄名語，形容語（形容字ノ類）。
3. voornaamwoord (persoonlyk v., n., w.) ; eerstperzoon :
   一番人（二番人、三番人など）など人称のことも。
4. bijwoord : 傍語（助語）。副詞の類をさす。
5. werkend werkwoord :
   事語・為事語、自然語（由己語）、使然語と区別（前者は自動詞、後者は他動詞のこと）。
6. voorzetsel : 助語（前置詞。冠詞ともよんだ）。
7. woordlid, lidwoord : het, de（冠詞をさす）
8. koppelwoord (voegwoord) : 連続語。接続詞のこと。
9. zamengestelde woord :
   合成語（分離複合動詞をいうか）。
9. onvolmaakte tÿd : 過去（不完全過去）。
10. deelwoord :（分詞）
11. meervoud :
   多個（複数）、単数は〈一箇〉と用いている。

＊動詞や形容詞の名詞化を〈死〉と呼んでいる。
また接頭・接尾辞についてよく説明している。
単語は単、複両形と混在した語形で示している。

（補註） 翻刻にあたり、虫損は□・□で示した。〈＊〉は原文で欄外・本文外の書入れを示す。なお原語に付された片仮字による発音表示のうち虫損の部分は、印刷の都合上、表示しにくいので省略した。朱、記号の一部（側線）も省略した。漢文訓読の一・二の符号はある一部分にのみ集中して用いている。また記述中の漢字字体は、新旧混在しているが、そのままとした。ただし異体字は現行字体にかえた。なお「京大本」と比較して校合した。

初出▼「武蔵野女子大学紀要 14」（武蔵野女子大学、昭和四十九年三月）

第二部

蘭語研究・翻訳と近代日本語の創造

1 近代日本語の成立——洋学との関連において

1

はじめに

近代日本の出発、その発展において、洋学の果した役割はきわめて大きい。洋学はいわゆる蘭学の名でよばれているように、オランダ語をとおして、近代西欧諸国の医学・自然科学・人文科学、さらに兵学までを意味する。洋学者たちはそれらをつぎつぎに摂取し、近代日本の建設に努力していった。また明治の新しい文学の開花にもその基礎を与えた。[1] 明治の〝文明開化〟は、洋学の教養の上にきずかれた秀才児であるともいいえよう。西周、福沢諭吉、森鷗外などを思い出しただけでも十分であろう。しかも、こうした西欧の学術文化を日本に移植するためには、当然のことながら、全く言語系統の異なるオランダ語その他西欧諸語と対決しなければならなかった。学問はまずコトバより入る——というわけで、蘭語学習の過程において、蘭文典、蘭和対訳辞書が記述、編纂された。こうした間の事情は、小論「国語史研究ノート——蘭文典をめぐって」(早大・「国文学研究20」)や「近世における外国語の摂取とその影響——近代日本語史の一断面」(「国語と国文学36—10」)その他に発表した。[2] そこでは文典や辞書にあらわれた翻訳文、翻訳語についてその翻訳態度を検討しつつ考察記述しておいた。この小稿では、いささかそうした蘭語学を離れて、蘭学者たちのあり方、および彼等の翻訳した諸作品の成立事情、特に杉田玄白の『蘭学事始』(3)以外の江戸蘭学界、あるいは長崎通詞と江戸との関連事情などを考えつつ、蘭学者の近代日本語創造に及ぼした努力と功業について考えていこうと思う。もっとも、ただ蘭学者のあり方や翻訳書成立の事情の記述に終ることなく、紙数の許すかぎり、江戸蘭学界の大立物、宇田川家の人々を中心に彼等の翻訳書とその翻訳語について考察することとする。彼等、宇田川家四代の秀才たちによって、近代日本の学術文化を推進していくうえに欠くことのできない数多くの術語がうみだされ、それらは明治・大正期をへて、現代もなおいきつづけているのである。

野呂元丈と平賀源内

玄白は『蘭学事始 上』のはじめでこう述べている。

> 今時、世間に蘭学といふこと専ら行はれ、志を立つる人は篤く学び、無識なる者は漫りにこれを誇張す。その初めを顧み思ふに昔、翁が輩二三人、ふとこの業に志を興せしことなるが、はや五十年に近し。今頃かくまでに至るべしとはつゆ思はざりしに、不思議にも盛んになりしことなり。

『蘭学事始』は文化十二年（一八一五）の頃の成立に誤りないわけであるから、玄白のいう蘭学発生期は、およそ十八世紀の後半、明和三年（一七六六）頃と考えてよかろう。さらに大まかにいうなら『解体新書』の翻訳が着手された明和八年の頃と考えてよかろう。同じく『蘭学事始 下』に、〈そもそも江戸にてこの学を創業して、腑分といひ古りしことを新たに解体と訳名し、且つ社中にて誰いふともなく蘭学といへる新名を首唱し、わが東方闔州、自然と通称となるにも至れり。これ今時のごとく隆盛となるべき最初嚆矢なり〉と誇らかに述べているのである。さらに玄白は、〈和蘭実測窮理のことどもは驚き入りしことばかり〉であり、〈もし直にかの図書を和解し見るならば、格別の利益を得ることは必せり〉（『蘭学事始 上』）と考えて、積極的に蘭学、翻訳へとつきすすむ。もっとも歴史の教えるところでは、将軍吉宗の時代、十八世紀初頭から、実質的には蘭学が開始されたとみるべきであろうし、当時、日本の学界でも、広く実証的学風がおこりつつあって、西欧の科学文化を受けいれるに好都合な学界の空気にもなってきていたのである。[4] 野呂元丈や青木文蔵（昆陽）などは初期江戸の蘭学者として忘れてはならぬ人物であるが、前者は医師であるところから本草、医学関係を、後者は儒者という点からオランダ語の語学的研究に成果をあげていった。たとえば元丈は彼の訳した『阿蘭陀禽獣蟲魚図和解』（寛保元年・一七四一）[5] の凡例風のところに、

一、羅語トハラテン詞ニテ御座候　此躰ハ文字ノ書ヤウ阿蘭陀ト違候而続カネ候　ヨメ候テモ義理通シ不申候（中略）此文躰ハ横文字ノ通スル国ハ何レノ国ニテモ学者ハ通シ候ヨシ雅言（みやこことば）ト相聞へ申候　縦へハミイラヲ唐ニテ木乃伊ト申候　是ラテン語ノモミイト云ヲ移シタルモノト奉存候　阿蘭陀ニテハメンスフライシト云直ニ人肉ト云コトノヨシ俗名ノ様ニ相聞へ申候

の一項を加えている。ラテン語・オランダ語・シナ語・日本語――この四つの語をいつも対比し、しかもそれらを過不及ない完全な日本語――一つの言葉としようとした。そうした新しい表現をうみだす努力こそ元丈や文蔵だけでなく、以後の全蘭学者が負わねばならぬ宿命でもあった。蘭学者による翻訳語の複雑さの一つが、こうしたところに、種蒔かれてもいるわけであろう。

しかし野呂や青木は官人であり、一種の御用学者であった。それにひきかえやや時代は下るが、広く江戸での蘭学者として考えられる人物に平賀源内がいる。元丈で蘭学者の宿命ともいうべき翻訳態度を示してみたが、源内で蘭学者がたどらねばならぬ人の世のあり方をみる。いわば封建時代における蘭学者の生活と意見が語られて

いるのである。源内は明和五年（一七六八）、長崎に遊学し、約三年とどまって勉強し、いろいろな面で新知識を学びとった。彼自身〈翻訳は不朽の業〉といい、西欧の近代科学の追究に努力した。しかし多能なるこの才子は、当時本草学者として自他ともに許していたものの、ついには発狂し、殺人を犯して牢死するという悲劇的な結末をとげねばならなかった。死後源内の親友、杉田玄白は自費で彼のために墓碑をたて、〈ああ非常の人、非常のことを好む。行ひこれ非常なり。なんぞ非常に死するや〉と刻んだ。諷刺文学の作者として、あるいは浄瑠璃作家として縦横に才筆をふるった源内、その本質は本草学者（蘭学者）という点にあったであろう。非常に死せざるを得なかったのは何故であったろうか。しかもこうした例は一人源内だけのものではない。当時の蘭学者の、あるいは進歩的インテリ一般の人間像を示してもいるのである。源内の師でもある吉雄耕牛（後出）は、〈バハン事件（密輸事件）〉のため罪を得、高野長英は顔を焼き、かくれ住み、ついには自刃しなければならなかった。橋本宗吉のように電気の研究故にキリシタンの妖術とあらぬ噂をたてられた。その他〈シーボルト事件〉による高橋景保の獄死、一家全体への処刑。——すべて非常の人々であった。そうでなくとも、後出の馬場佐十郎、宇田川玄真、吉雄俊蔵などのように、あるいは語学に精魂をつくしきり、あるいは火薬実験で死を急ぐなど、やはり非常の人々であった、もちろんどのような場合でも新しいものをつくりだす時には、多くの障害があり、幾多の俊才が生命を断たれるのは当然であろう。(6) 源内もそうした人々の群のはじめの一人であったといってよかろうか。

2

長崎と江戸

源内は長崎遊学の頃を思い出して、蘭書のまばゆさに目移りしてなまかじりに終り、最も基礎であるべき語学をおろそかにしたことを後悔している。おそらく親友である玄白にもこのことはもらしたであろう。長崎通詞、西善三郎の忠告でオランダ語学習を断念した玄白の態度の一つも、そうしたところに遠因があるかもしれない。それはともあれ、玄白らによって訳出された『解体新書』（安永三年・一七七四）は、わが国近代科学の誕生といってもよかろう。同書に対する評価は別にゆずるが、同書翻訳の成功と栄誉は、その中心人物、蘭化、前野良沢の語学力によるところが大きいと思われる。(7) 彼は二度、三度長崎に遊学して、通詞に就いて直接オランダ語を学び、深く語学としてのオランダ語学習に精進したわけである。いわゆるパンクチュエイション（句読法、点例）に関する論や、ラ行音、L・R音の違いなどについての考察など、典型的な語学者としての姿を知ることができる。こうした意味からもまず長崎通詞についてすこし考えておきたい。

『蘭学事始 上』では、玄白のいう蘭学と関連してこう述べている。

> 長崎にも聞き伝へ、蘭学ということ江戸にて大いに開けしということ、通詞家などにては忌み憎みしよし。（中略）如何さま、このころまでは、かの家々は通弁までのことにて、書物読みて翻訳するなどということもなかりし時節（後略）

この記事はいささか真実をおおうものである。大槻玄沢の『蘭学階梯』でも、(1)長崎通詞―単にオランダ語を操る人々と(2)江戸の蘭学者―オランダ語を学んで医書などを翻訳し、西欧の学問を学ぶ人々と二分している。しかし蘭学は長崎通詞をもってはじめられ、幕末まで絶えず長崎が江戸蘭学界へ影響を与えていったのである。

すでに元禄年間、長崎通詞、本木良意によってオランダ解剖書、解剖図の翻訳がおこなわれ、『和蘭全軀内外分合図』と題してまとめられている（刊行は安永元年・一七七二。周防の医師・鈴木宗云）。また外科・楢林流で名高い楢林鎮山は宝暦三年（一七〇六）に、蘭語の重訳から翻訳して『紅夷外科宗伝』（未刊）を著わしたという。(8) また文蔵、元丈、源内、良沢などが教えを受けた吉雄耕牛（永章、幸作）も注目される。ふつう五十歳ぐらいでなければなれない大通詞に、二十五歳の若さで任命されたということでも優秀さがわかろう。玄白は『解体新書』の校閲を頼み、序文を書いてもらっている。蘭語、ラテン語はもちろん、天文、地理、医学方面まで研究している。彼についてはまだ多く調査考察すべきことが残されているが、その兄弟や子、孫——吉雄氏を名乗る人びと——にも多くの逸材がで、直接、間接に江戸、いな日本の蘭学界に強い影響を与えている。大槻玄沢のことばを以てすれば、耕牛は、〈四方の門人六百余人に及び、遂に吉雄流の名声天下に轟きたり〉という、盛事であった。しかも門人に医術を教授するにあたって、第一に紅毛文字、第二に紅毛方言（方言は国語の意）、最後の第十で整骨法というように、やはり語学を入門の第一にすえているのである。先にふれた吉雄俊蔵（常三、南皐）は耕牛の孫の一人で、観象堂の号があるように、天文学にくわしく、また火薬の研究家で、雷管の装置も彼がわが国最初といわれる。火薬実験で負傷し、ついに死亡したという(?)日本のノーベルのような人物である。長崎—大坂—江戸と放浪し、最後に尾張藩に召抱えられ、そこに蘭学の種をまき、大きく実らせた。日本言語学の祖、上田萬年博士の祖は、この吉雄氏の門人、上田仲敏に関係あるといわれている。

明和から天明にかけて活躍した人に、長崎通詞、本木良永（栄之進、仁太夫、蘭皐）がいる。大槻玄沢や後述の志筑忠雄もその門に入った。訳書も十二、三本あるとされるが、天文学の翻訳、『星術本原太陽窮理了解新制天地二球用法記』（寛政三年・一七九一〜同四年・一七九二）がしられている（以下『星術』と略称）。これより先安永三年、『天地二球用法』を訳出して、わが国ではじめてコペルニクスの太陽中心説を紹介しているが、『星術』では、単に新しい西欧の天文学を紹介するだけでなく、東西学術、蘭和の言語構造の違いなども深く考え、翻訳上の一家言ともいうべき〈和解例言〉をつづっている。本書で、〈恒星、惑星、火星、金星、木星、土星〉などが訳出され、〈七曜、火、水、木、金、土曜日（日曜日は太陽日。月曜日は太陰日）〉の曜日名も訳出される。さらにピタゴラス、ケプレル、ガリレイ、デスカルテス（デカルト）、イサクネウトン（ニュートン）などが登場し、フィロソフィーも問題にしている。フィロソフィーは、〈和語に儒教と通ずるなり〉と考えていたらしい。この語の定訳は示していないが、〈西洋の儒教、智学、窮理学〉などとも訳出していた。後に長崎通詞により窮理学からでた〈理学〉が訳定され、明治の半ばまで用いられるようになる。[9]『解体新書』とちがって、ほぼ本木一人の苦心の作品である『星術』の翻訳は、推察を越えた苦闘の連続であったろう。その努力と功績は高く評価されてよい。『星術』の終りにつぎの言葉がある。

（前略）身を以て自ら顧るに、浅識短才の（及ぶ）処に非ず。訳述最も難し、翻訳の精粗正訳不正訳、義訳の誤りあらん。（中略）和蘭語の転用変化の義、考ふるに至りては千言万語何ぞ正訳を得んや。今此の書を解するに、和漢の文則に拘らず、専ら和蘭語の文意に従ひ正訳或は義訳、仮借一二の略文潤文を交ふ。然らざれば彼の上の文意を解し難し。（中略）庶幾（コヒネガハク）は、訳家吾が党の後賢通弁知り明哲の人正補あらん事を。（後略）

＊なお早大図書館蔵の『星術』の写本にはこの文言がない。

この本木と耕牛に教をうけた者に、養子として志筑家に入った志筑忠雄（忠次郎、仲次郎、中野柳圃）がいる。[10]家は代々長崎通詞であるが、彼こそ日本ではじめて〈蘭語学〉の基礎を作った言語学者であり、門下から出た多くの俊才は、直接に江戸蘭学界に強い影響を及ぼしている。語学だけでなく、天文、物理などの自然科学書を翻訳、独自の説もつくりだした。E・ケムペルの〝日本帝国志〟の一部を翻訳した『鎖国論』（鎖国の訳語も志筑）は知られているが、主著の『暦象新書』（上・中・下）が名高い。ニュートンの引力説を紹介、批判し、〈星雲説〉まで考え出している。これはカントのそれよりはやく、しかもまさるとも劣らぬ独自の説であるという。上巻は寛政十年（一七九八）にできあがっているが、〈地動説、重力、遠心力、求心力、光線〉などの術語を用い、西欧の天文、物理（特に光学や力学）の諸概念――よし術語に今日と同じものは少いが――をかなり明確に規定している。いわゆる〈見掛けの運動〉を〈視動〉（上巻）などと訳しており、これはむしろ現代採用するにたる術語といいうる。

志筑の研究は江戸蘭学者、青地林宗（芳滸）の『気海観瀾』（文政十年・一八二七）から川本幸民の『気海観瀾広義』

（安政二年・一八五五）へもつづき、さらに明治期の『物理階梯』（明治五年・一八七二）にまで影響を及ぼしていく。しかも『暦象新書』の序には、〈予ハ一個ノ舌人ナルノミナレバ、僅ニ蘭書ノ大意ヲ解スルコトヲ得レドモ浅見薄聞、和漢ノ典籍ニ暗ケレバ、如何ゾ天学ノ何物タルコトヲ知ルニ足ランヤ。唯訳文ノ辞拙ニシテ読人原文ノ意ヲ詳ニ理会スルニ難カランコトヲ恐ル……〉と謙辞を述べている。訳著書も二十四、五本、決して単なる舌人ではない。特に志筑は病弱のためと通詞を引退し、中野柳圃と名乗り専ら蘭語研究に励んだ。『九品詞名目』『蘭学生前父』『和蘭詞品考』『蘭語九品集』『助詞考』などがある。『蘭学生前父』はわが国最初の文法書であり、宣長（説）まで出てきて、一種の日蘭対照比較文法の趣をなしている。

中野柳圃は国学者の研究にもかなり注目していたようで、〈長崎柳圃先生遺教〉と角書のある大槻玄幹編著『西音発微』（文政九年・一八二六）・同『蘭学凡』（文政七年・一八二四成）によっても、このことを十分うかがうことができる。特に言語音についてオランダ語音などを〈鳥獣の声〉とけなしている国学者を批判し、日本語の古代音や仮字遣いにまでふれている。(11) 国語学史にも関係する人物といってよかろうか。しかもこうした柳圃の門人として、長崎通詞、馬場佐十郎（貞由、轂里）、吉雄六二(次)郎（耕牛の子。如淵、権之助）がいる。なお耕牛の甥で六二郎と並び称される吉雄忠次(二)郎（呉洲）も、〈文法精通、落日加（論理学）〉にくわしく、中野と接触があったと思われる。

以上長崎通詞の幾人かを素描してみたが、彼らの語学方面での功績は、『道訳法爾瑪』で代表されよう。同書に示されたデアル体による翻訳文や、(12)〈文学、論理術、演説、接吻〉などの訳語については、別論で考察したとおりである。『道訳法爾瑪』が江戸へもたらされて、『和蘭字彙』となり、さらに公刊、『文久二年英和対訳袖珍辞書』となって出版される。こうした対訳辞書の系統をたどり、内容を検討していくと、まさに蘭学から英学へ、封建時代から近代日本への大きな推進力の所在が、ほかならぬ長崎通詞にあることを痛感するのである。(13) 彼らの著した蘭文法、対訳辞書、そこに訳出された術語、訳文を検討した時、いっそう語学方面での彼らの努力と功績に再検討を加えねばならないことをしる。別論でも多少考察しておいたが、今後大いに研究されねばならない分野であろう。数多くの近代日本語――文化・科学をおしすすめていくための――が創始されていったのである。

さて吉雄耕牛にせよ本木良永、中野柳圃にせよ、長崎を離れて江戸で活躍したわけではない。諸国からここに集まって教を受けたものは多かろうが……。そうした点から文化五年(一八〇八)の馬場佐十郎の江戸詰は大きな意味がある。馬場は幕府の〈世界地図〉作成のため、江戸天文台(暦局)に呼ばれたわけだが、文化八年には〈和蘭書籍和解御用〉(俗に翻訳局とも)を命ぜられた。これは蘭学が私学から官学へと大変身した瞬間でもある。そして同時にショメールの百科全書の翻訳に従うことになり、大槻玄沢、宇田川玄真(榛斎)、さらにつづいて同榕庵、小関三英、港(湊)長安なども加わっている。同書は『厚生新編』と名づけられ、幕末まで百余巻に及ぶ幕府による翻訳の一大事業であった。

馬場が江戸に呼ばれた時は弱冠二十二歳であり、三十六歳で死去するまで、主として江戸で活躍、幕臣となり、私塾、三新堂を経営し、蘭学者に蘭語を教えた。藤林普山の『和蘭語法解』(文化七年・一八一〇)や奥平昌高の『蘭語訳撰』(同上)に蘭文の序を寄せている。また蘭文典をあらわし、『魯語文法規範』(文化八年・一八一一)、『俄羅斯語小成』(十一巻、文化十一年・一八一四)などロシア語関係書も執筆している。後出の宇田川榕庵なども馬場からオランダ語を習って、あのように大きな翻訳をしとげられたと思われる。柳圃とともに江戸時代の天才的語学者といってよかろう。[14] 馬場死去のあと江戸に呼ばれたのが吉雄呉洲であり、〈博覧強記、精通文法〉と榕庵の記録するところである。さらに吉雄耕牛の孫、吉雄俊蔵も江戸に出、盛んに蘭文法を蘭学者に教えたようで、やはり榕庵の記録では、彼がはじめて蘭語に、〈五法・六格〉のあることを唱え、その説が新奇であったとみえる。その間、大槻玄沢、同玄幹などは長崎遊学をしているわけであるから、文化五年前後、江戸にもしっかりした蘭語学習がおこなわれた。その基礎はやはり長崎通詞であり、しかも柳圃をはじめ一級中の一級といえる人々であった。

旧長崎通詞をはじめ、馬場や吉雄呉洲、同俊蔵らの在府は、こうして長崎と江戸を一つにむすびつけ、江戸蘭学界に蘭学の基礎、蘭語学を徹底的に浸透させた。それ以前とは問題にならない学林が形成されたと思う。

3 宇田川家の人々

『解体新書』のあと注目されるのは宇田川玄随（晋・槐園。一七五五〜九七）、その子玄真、その子榕庵、さらにその子興斎の仕事である。玄随については『蘭学事始 下』にこうある。

> 津山侯の藩医に宇田川玄随といへる男あり。これは元来漢学に厚く、博覧強記の人なり。（中略）かの言語の数々をも習ひしが、元来秀才にて鉄根（てっこん）の人ゆゑその業大いに進み、一書を訳し、内科撰要と題せる十八巻を著せり。これ簡約の書といへども、本邦内科書新訳のはじめなり。惜しいかな四十余にして泉路（よみじ）に赴けり。

玄随は桂川甫周、前野良沢、荒井庄十郎（もと長崎通詞）、石井恒右衛門（馬田（ばだ）清吉。もと長崎通詞）などに蘭語を習ったようであるが、玄白のいうように『西説内科撰要』は一人の力による内科医書としてわが国最初の翻訳である。その他『西洋医言』があるが、同書は、原語と訳語とをカタカナで口調よく並記し、医学書をよむ人への記憶し易い医術訳語集である。彼はかなり蘭語もできたようで、『蘭訳弁髦（べんぼう）』は蘭文法の傑作である。『西説内科撰要』の考察は他日にゆずり、子、玄真（璘・榛斎。一七六九〜一八三四）について考えていこう。

『蘭学事始』には、一度は杉田玄白と父子の契を結んだが、放蕩はげしいため絶交をした由みえる。のち望まれて宇田川玄随の後をついだ。宣長と同じく、伊勢の人であるが、原姓は岡田氏で安岡姓を名乗るなど、かなり起伏変化の多い人生を送った人物である。玄随の門に入って漢学と医学をおさめ、転向して蘭語は玄沢や桂川甫周について習った。おそらく彼の評価が知られるものとしては、学者評判記ならぬ『当世名家評判記』（天保五年・一八三四）であろう。すなわち同書〈医者之部〉に〈大上上吉〉の評点で、こうみえる。

○宇田川玄榛(ママ)　深川頭取「御著述も沢山あり、蘭学者の老先生、三ヶ津でしらぬ人はござりません。わる口「なぜ療治が出来ぬぞ　ひいき「これさ〳〵此人は蘭書の翻訳をして、世間の医者の文盲をお療治なさいます

参考までに比較の意味で、大槻玄沢と杉田玄伯(ママ)を示しておく。評点は〈上上吉〉で、

○大槻玄沢 杉田玄伯　頭取「御両人とも久しい蘭学者でござります。わる口「一向に埒があかぬ　是より若手にきん〳〵の人が出来ました。

右の評語は批評者の立場をよく考慮したうえで考えねばならぬものであろうが、他のものと比しても玄真に関する限り妥当しているようである。(15) 先にふれたように、馬場や玄沢が和蘭書籍和解御用に命ぜられたのが文化八年であるが、二年後には玄真も御用を命ぜられているほどであるから、語学力はかなりすぐれていたと考えられる。当時、〈紅毛学第一〉（野村立栄『免帽降乗録』）と評されてもいる。また寛政十年（一七九八）成立の「蘭学者相撲見立番付」では、〈東大関〉という最高位におかれている。寛政八年（一七九六）に完成した蘭和辞書、『波留(ハル)麻和解(マわげ)』も、玄真の参加により急ピッチに完成に近づいたらしい。玄白は、〈稲村（稲村三伯のこと）が企てしハルマ釈辞の書はかれが加功してその業を助成せりとなり〉と一行でかたづけているが。玄真の記述で特にここで取りあげるのは『西説医範提綱釈義』（三巻、文化二年・一八〇五）、『遠西医方名物考』（三十六巻、文政五年・一八二二以前）、『和蘭薬鏡』（十八巻、刊記未詳）の三書である。(16)

厳密にいうと『西説医範提綱釈義』は彼の訳した『遠西医範』（三十巻、現存四巻）のコンサイス版ともいうべきもの。『遠西医範』をよみとくための提綱であった。玄真の講義を門人、諏訪俊（士徳）を中心に門人二、三人の

手でまとめたもの。〈題言〉によると、正式には〈西説和蘭内景医範提綱釈義〉とよめる。〈題言〉を引用してみよう。

榛斎先生嚮ニ遠西名医著ス所ノ人身内景ノ書数部ヲ訳定シ。集メ成シテ全部三十巻トシ遠西医範ト名ク。其中ヨリ全身諸物ノ名及ビ官能ノ綱領ヲ述ベ。別ニ一巻トシテ篇首ニ冠シ。医範提綱ト名ク。（中略）嗚呼先生多年済生ノ大志ヲ奮ヒ。人間ノ営靡ヲ閣キ。至誠ニ翻訳ヲ事トスルニアラズンバ。吾儕安ンゾ従来ノ謷争ヲ免レ。鑿空ノ舊染ヲ脱シ。容易ク性命存活ノ枢奥ヲ暁リ。百疾証治ノ機密ヲ知ルコトヲ得ンヤ。俊竊ニ荆璞ノ楚雲ニ翳レ。永久連城ノ光リヲ閟サンコトヲ惜ム。因テ同社ノ二三子ト謀リ。嘗テ提綱ノ講席ニ侍シテ筆記スル大略ヲ抄シ。国字ニテ提綱ノ各章ニ附記シ。先生ニ請テ謬誤ヲ正シ。欠漏ヲ補ヒ。蕪雑ヲ刪テ全篇三巻トシ医範提綱釈義ト名ケ。梓ニ鏤メテ師塾ニ蔵メ。以テ医範ノ嚆矢トス。

一、鷧斎杉田先生創メテ遠西。鳩鹿模斯。撰ム所ノ内景書ヲ訳シ。解体新書ヲ著シ世ニ行ハル。此ヨリシテ皆人始テ内景ノ実際ヲ窺フコトヲ得タリ。令嗣紫石先生又家学ヲ勤メ。内外医書ヲ翻訳シ。益〻和蘭ノ医術ヲ唱フ。又磐水大槻先生師命ヲ奉ジ鳩鹿模斯ノ原訳ヲ校訂シ。註證ヲ補訳シ他説ヲ参考シテ大ニ詳覈ヲ加ヘ重訂解体新書ヲ著ハス。

今榛斎先生勃郎蛤爾都。八爾歇印。協児歇印。応欺虚烏。等ノ諸名家内景ノ数書ヲ訳輯シテ医範ヲ著ハス。凡ソ辞簡約ナレバ要領ヲ得易ク。義詳密ナレバ底蘊ヲ究尽ス。初メ解体新書ノ約説出テ。後ニ医範ノ精詳ニ及ブ。天意ト云ベシ。今此書。新書ト並ビ行ハレテ悖ラズ。詳約相発シ。本末互ニ応ジ。永ク遠西内外医術ヲ学ブノ規範トス。

一、此書ニ載ル諸器諸液ノ名称。並ニ新製字等。皆重訂解体新書ト参考出入シテ改訳シ医範ニ載ル所ナリ。故ニ其名義ハ医範ニ就テ考フベシ。

いうまでもなく『解体新書』とのかかわり多く、[17] 両者の比較が必要であろうし、原典の『遠西医範』を参照すべきであろう。しかし〈題言〉（この文章の。点の用法は江戸時代のものとしてはかなり正格である）にあるように、本書は本書として十分価値があり、引用記述を省略したが、養父、玄随の『西説内科撰要』をうけて、正しくこれを発展させたものでもある。『解体新書』が外科であるに対し、内科、外科両方面の書としても頗る価値高いものである。附図の銅板解剖図もわが国最初のものであり、本書をいっそう光輝あらしめている。また文章体に漢字かなまじりのいわゆる国字体を用い、説明用語もつとめて一般的な俗語を用い、漢字にルビをし、固い漢語には左側に意味（訓）をほどこすなども注目してよかろう。当時の学術文は漢文体をとるのがふつうであるから、この点、やはり普及をねらった玄真の〈済生〉の真意がうかがわれる。話しことばでとまではいかなくとも、口授の調子の記述文章体を示している点も、前向きの態度と評してよかろう。もっともこれは玄真だけでなく、榕庵や興斎いわば宇田川家の学風であり、多くの蘭学者の傾向であった。本書は幕末まで広く講読されたようである。さらに本書に示された医学用語、人体各部の名称について考えれば、現代語となっているもの――裏がえせば『解体新書』などとは異なるもの――を見出すことができる。たとえばつぎのとおりである。

甲状軟骨、鎖骨、薦骨、視神経、聴神経、鼸神経、胃液、小腸、大腸、膵、膣（腟）、尿道、輸精管、腺、腱、腹膜、繊維、靭帯、脂肪、（心臓の）右室・左室、心耳

右のほかにもあろうと思うが、すべて現代と同じものであろう。もっとも〈神経〉のように後に出た『重訂解体新書』に出ている訳語[18]――『解体新書』では原語のまま世奴――もあるが、『和蘭薬鏡』など他の記録を参照すると玄真の訳語のようである。また〈小腸・大腸〉は昔からごくふつうにいわれてきた漢方用語であるが、玄白

や玄沢は、〈薄腸・厚腸〉と対訳して用いたのであるが、玄真は俗間の語、漢方系の用語を吟味して採択した。その代り、〈食道〉を気管と対応して〈胃管〉と改訳しているが、これは今はなくなっているわけである（胃管は漢方医の方にはみえる）。〈初恋、手紙〉などが蘭和辞書の訳語にみえるが、いずれも俗間の用語として日常生活に用いられている語を採用したようである（前者は西鶴に、後者は西鶴や芭蕉、一茶のものなどにみえる）。これは蘭学者の翻訳一般の方法でもある。

なお〈膵、腺、膣〉などは〈新製字〉とことわっているように、新しくつくった国字、訳語であった。いうまでもなく趣味的に濫造したものではなく、それまでのシナ語ではまかないきれぬ西欧医学の新しい概念、名称をもる新しい革袋というものである。こうした翻訳語を定めることにより、蘭語を解しないものも、西欧近代医学と共通のことばをもつようにもなるわけである。近代日本への進歩発展がどれほど約束され、推進されたことであろう。ここにもシナから離れて西欧へつく、近代日本の態度がかいまみられるのである。つぎに『遠西医方名物考』『同補遺』（四十五巻、文政五年・一八二二）について考察しておこう。

なお本書と関連して、玄真を語るにふさわしい弟子、緒方三平（章、洪庵）の記す挿話がある。玄真は病篤い時、緒方をよび、『名物考』にのる薬品の分量について、家蔵のアムステルダムの薬秤ではかったが正確を期せなかったことを伝え、〈算数〉に長じている緒方に再験を遺命して死んだ。緒方はそこで度量単位について考究することとなったのである——と。度量・時間などの単位についてもかなり苦心したようである。今までの記述と重複する点もあろうが、〈凡例〉を引用してみる。

一、従来我邦ニ於テ遠西ノ医術ヲ唱ル者。大率(オホムネ)外科者流ニ過(スギ)ズ。我ガ王父槐園先生。西説内科撰要ヲ著ハシコレヲ首唱スルニ及デ人々実ニ西洋内科ノ術アルコトヲ知ル。爾後(ソノノチ)四方俊秀ノ士其緒ヲ継テ講明シ遂ニ海内ヲ風靡ス。然ルニ其病因証治ノ説皆。人身解剖ノ実測ニ拠(ヨ)ルヲ以テ必ズ先ツ内景ニ通暁セザレバ猶権衡(ハカリ)ナフシテ錙銖ヲ較ルガ如ク竟ニ其真面目ヲ領解シ難シ。是ニ於テ家厳榛斎先生。医範提綱ヲ著ハシ遠西内景説ノ綱要ヲ述べ且銅鏤ノ図ヲ附シ併セテ世ニ公ニス。苟モ遠西ノ医術ヲ学ブ者。是ニ蹟テ講究スレバ略其原キ拠ル所ヲ考ルニ足ル。然トモ薬品。方剤。製煉諸術ノ名物未ダ詳明ナラザレバ臨診施治ノ際。靴ヲ隔テ痒ヲ掻ノ憾ナキコト能ハズ。世ノ進デ其説ヲ究ント欲スル者。亦是ヲ以テ口実トシ功ヲ半途ニ廃スル者アリ。家厳竊ニ是ヲ憂ルコトアリテ和蘭薬鏡ヲ著ハシ今又此篇ヲ述ブ。然レトモ其品類ノ浩繁衆多ナル悉ク包羅シテ臚列スルニ遑アラザレバ只古今多ク歴験シ試効彰著ニシテ日用闕ベカラザル者ヲ弁晰シ国字ヲ頭韻ニ掲ゲテ各〳〵自ノ名物ヲ排纂シ検索ニ便リス猶其遺漏スル者ハ後篇ニ載ス。

ここでは『西説内科撰要』『西説医範提綱釈義』『和蘭薬鏡』と順次述べ、本書『遠西医方名物考』編集の必然性を説いている。さらに翻訳については、

一、薬品和漢ニ産スル者ハ漢名ヲ挙グ。唯本邦ニ産シテ漢名未ダ詳ナラザル者ハ和名ヲ挙グ。和漢ノ産未ダ詳ナラザル者。並ニ方剤器械等ハ対訳シテ原名ヲ挙ゲ（例省略）或ハ直訳義訳シテ其名ヲ定ム（例省略）

と述べ、野呂元丈の時と同じく、漢、和、蘭（羅）の諸語がうかびあがってくる。——例えば、〈硫黄「ソルフルス」羅甸名、「スワーフル」和蘭名〉のようにである。これは『和蘭薬鏡』の〈凡例十則〉中にもみえる。すなわちつぎのとおりである。

一、薬品ノ性能主療ノ説漢人ノ所謂ト同ジカラザル者固ヨリ多ク、或ハ其実ハ一般ナレトモ名称ノ殊異ナルガ為ニ読者ノ耳目ヲ新ニスル者アリ、是西洋ノ医術ハ内景実測ノ究理ヲ基趾トシテ名ヲ命シ法ヲ立又世〻人〻

質験ヲ以テ其功用ヲ拡充シ和漢未ダ曽テ言ハザル試効ヲ説ク、故ニ全軀諸器ノ名称ヨリ病原症治ノ説ニ至ルマデ彼此自ラ契合セザルナリ、然レトモ其契合セザル者乃チ学者ノ見聞ヲ広メ新知ヲ啓ク所ニシテ此編ヲ著ハス要旨ナリ、読者此意ヲ領シテ漢説ノ外ニ更ニ新奇ノ試効ヲ得テ済生救療ノ一方ヲ世ニ開カンコトヲ希フノミ

新しいコトバは新しい事実、新しい説を示すための当然の創作であった。紅毛とか蛮夷といわず、〈西洋〉といい、〈実測ノ究理〉といって、漢説につかず西説におもむくべしとする態度――すべてが近代への志向であり、科学する心であって、蘭学者たちの済生救療の姿勢がうかがえよう。

本書は引用の〈凡例〉に語るように、〈乙百葛格安那（イベカコアナ）〉以下いろは順に〈名物〉を排列した一種の薬物事典である。それぞれ引用書は略称を以て示す（これも蘭書の記述法であろう）。なお〈対訳（現代の音訳）〉による原語は原則として一字一音の漢字で示しているが、そのほかの場合は原語をかたかなで示すようになっている。これは時代がくだるとともに行われたことであるが、一般的には漢字で示すことが多く、ときにどう読むのかかなり困難を感じる(19)。こうした表記も明治初期にまで流れていく方式であった。なお参考までに引用書目を示しておこう。

○引用書目（原本の○は（）に改めた）

（肖）肖墨盧（ショメール）初篇　…百家工芸諸術韻府書
（叔）叔墨盧（ショメール）後篇　…同
（淑）淑墨盧（ショメール）続篇　…同
（裴）裴斯（ボイス）　…同
（掲）掲幾斯哥児（ウエーキスコール）　…医学校諸科教授集成書
（伍）伍乙都（ウヲイツ）増補書　…医事纂要書

（協）協乙斯的爐（ヘイステル）……内科治療書

（斯）斯微甸（スウイーテン）……同

（底）底電（テーデン）……同

（羅）羅仙斯的印（ローセンステイン）……内外科治療書

（傑）傑泄児（ゲッセル）……瘍科集成書

（度）度突乃斯（ドドナエウス）……生植写真本草集成書

（革）革律失烏斯（コリュシウス）……同

（繆）繆模琛倔（ミュチング）……同

（涅）涅乙蘭度（ネイランド）……同

（勃）勃郎加盧都（ブランカールツ）……同

（物）物印満（ウエインマン）……同著色書

（戻）戻鄧局方（レイデン）……方剤製煉集成書

（亜）亜謨斯的爾達謨局方（アムステルダム）……同

（抜）抜太朌亜局方（バターヒア）……同

（布）布廉幾（ブレンキ）……薬性主治集成書

（依）依百乙（イベイ）……同

（福）福烏的（ホウテ）……同

（遏）遏爾涅満（アルネマン）……同

厖大な横文字の参考文献であろう。ほかに本文中にも多くの文献が参考書として用いられている。すべてが宇田川家の蔵書であろうか。ここで一考を要することは、本書は多分に子の榕菴によって補訂されていることである。したがって玄真、榕菴父子の合作と考えた方がいい。特に訳語の所属については、どちらとも判断しかねる場合がみえる。補遺にみえる化学用語は榕菴の『舎密開宗』（後出）と比較すると、むしろ榕菴が主として訳出したように思われる。いずれにせよ二人の合作と考えた方が穏当のようである。玄真の翻訳の独自性は、『西説医範提綱釈義』で多少とも示すことができたので、筆をあらためて、榕菴について述べることにする。

4

榕菴と理化学用語

榕菴（一七九八〜一八四六）は彼の『自叙年譜』[20]（早大蔵）があるので、前二者にくらべ、履歴がはっきりしている。父の姓は中島、江沢家に養嗣となる。越後の人だったが若い時に江戸へ出、津山藩々医である玄随、玄真に学んだ。六男四女あって榕菴は長男、江戸生れである。前二者と同じく、玄真に子のないため十四歳の時養子となって、宇田川を名乗った。先にふれたように、文化十一年（一八一四）、十七歳の時に馬場佐十郎から訳文の法を習ったのをはじめ、二十五、六歳まで、吉雄俊蔵、同呉洲にも蘭語を習っている。こうした若い時の語学々習こそ後に相ついで翻訳の力作を出すゆえんであろう。名門に養子となり、秀才の質をうけ努力して惜まぬ榕菴が大成しないはずはない。語学関連では『羅甸語解』『厄利斎亜字音考』『魯西亜字音考』などがあり、『中西雑字簿』（中西とはシナと西洋）ではオランダ語、ラテン語にシナ語、日本語の訳語をそえている。翻訳ノートの一種である。いずれも写本であるが、明らかにペンやインクも使用している。なお前野良沢以来の伝統をふんで、パンクチュエイションの解説書、『点類通考』も著している。丸や点、（ ）や?·など、いわば論理的な文章、西欧の学術文化思想をもりこめるような文章を書くためでもある[21]。

前二者に比して、語学者としての面も濃厚である。榕菴あたりで蘭学も一屈折したようであり、それまでの医学方面を主とした点とちがって、理化学方面が開拓された。榕庵の作品としては、『理学入門植学啓原』（三巻、天保四年・一八三三序）がある、友人箕作虔（阮甫）の漢文序がつぎのようにある。

亜細亜東辺之諸国。止有二本草一。而無二植学一也。有二斯学一而有二其書一。実以二我 東方榕庵氏一為二濫觴一云。客嘲曰植学即本草耳。況其名不レ見二于古一。而杜撰命レ之。妄亦甚矣。（中略）蓋本草者。不レ過三就レ名識レ物。詳二気味能毒一猶如レ知二角者牛。鬣者馬一。不下甚与二究理一相渉上也若夫所謂植学者。剖二別 花葉根核一弁二析各器官能一。猶三動物之有二解剖一。真究理之学也。

右はまさしく〈植物学〉の独立と誕生を告げるものである。〈学原〉に、〈曰二素録義亜(ソーロギア)一。此訳二動学一。植物。無二知覚一不レ能二動遷自適(スルコト)一。其学曰二涬太尼加(ボタニカ)一。此訳二植学一〉とあるとおり、ラテン語、ボタニカ botanica、すなわち植物学（Kruidkunde）の翻訳である。別のところで、〈動物(ヂーレン)、植物(プランテン)、山物(ミネラーレン)〉の三つに分けているが、そのプランテンの研究こそボタニカであり、植学であった。なおソーロギアは zoologia で、〈動学〉であるが、〈動物学〉の訳語はかなり新しく、文久二年版『英和対訳袖珍辞書』あたりまで〈活物学〉が一般的で、慶応年間にはいって、〈動物学〉の定訳をみる。(22)〈植物学〉も同様で、本草学と混用されていて、定訳は慶応年間である。こうした点からも動学や植学の訳語は、榕庵の新しい姿勢からうみ出された新しい訳語である。なお榕庵には文政五年（一八二二）に、『菩多尼訶経』という著述があって、同書は『西洋医言』と同じく、記憶法を加味した植物学の入門書である。どちらかというと榕庵は形式的、理論家の面がある。『植学啓原』では〈学原（この学のよってきたゆえん）、默多徳(メトーデ)（学法とも訳している）〉と組織的な記述をかまえ、つぎのような訳語がつくられた。

花粉(ストイフメール)、葯(ヘルムチー)、柱頭(メルク)、花柱(ステール)、鬚根、直根、宿根、球根、鱗根、雌花、雄花、雄蕊、雌蕊、気室、気孔、

気管《リユクトハーテイ》、蜜槽《ホーニクバツク》、蜜腺、子牀《サードベツト》、単葉《アンケルデ》、複葉《サーメンゲステルデ》、葉柄、葉脈、喬木《ボーム》、灌木《ヘーステル》、機性体《ベウエルキトイグテ》、無機性体《オンベウエルキトイグテ》、細胞《セル》

右のように現代用語が散見する。ただし、〈雄、雌蕊〉は玄真の訳らしい（榕菴は心蕊、鬚蕊とした）。また子房を〈卵巣〉、年輪を〈歳輪〉、十字形花、唇形花を〈十字花、唇花〉などというように現代とややへだたりのある訳語もみられる。その他、〈理科、華氏、摂氏、列氏、粘液、趯謨《ゴム》、発酵、澱粉〉や、〈水素、酸素、炭素、窒素〉などの訳語もみられる（後述）。ただ本書に限って漢文体（句読訓点捨仮字を施す）であることは特異であろう（但し〈無《カマヒ》妨《ナシ》〉のように俗語を与え、表現自身はかなり通俗体である）。巻末に十一丁からなる極彩色の〈植学啓原図〉が附録としてつけられている。文章の一例をつぎに示しておく（いわゆる炭酸同化作用の説明である）。

葉ハ如シ二動‐物之肺ノ一。主ル二呼吸ヲ一。舎‐密‐家《シケイキユンデ》云。日中則ハ発シ二酸‐素《シユールストフ》瓦斯ヲ一。在テハ一背陽《ヒカゲ》之地及ヒ夜‐間ニ一則発ス二炭‐酸《コールシユール》瓦斯及窒‐素《スチツキ》瓦‐斯一。此二種之瓦斯出ッ二名物考補遺一

——〈気孔〉の項——

榕菴の訳業のうちで最も輝しいのは、何といっても『舎密《セイミ》開宗』（二十一巻。内篇十八巻、外篇三巻。天保五年・一八三五）であろう。今試みに明治四十四年刊の『模範英和辞典』（三省堂）で、〈chemistry〉をひいてみると、〈化学、舎密学〉の訳語を得る。榕菴の訳語はついに二十世紀にまで生きていったのである。自から開宗の語を用いているように、〈化学〉を日本でまず手をつけ、はじめてその翻訳書を出版したのが榕菴である。同書は宇田川榕庵重訳とあるように、原著はイギリスのウイリアム・D・ヘンリーの化学書で、榕菴の用いた蘭訳書は一八〇三年アムステルダム刊の“Chemie voor beginnende liefhebbers”という本、いうなら〈化学入門〉という初歩的なものである。舎密はフランス語から借用のオランダ語、chemie の音訳（別にオランダ語、scheikunde を用いる）である。セの音には多少疑問がもたれる（もっとも zondag をドンタクと訛っているのだから当然かもしれない。カナ文字では外国語音

を正確に示せない）。玄真は〈銷錬術〉などともいい、榕庵は時に〈分析術〉などとも訳しているが、長崎通詞や辞書類は文久年間のあたりまで、〈分離術〉がふつうにみえる。慶応年間の英和単語集に、〈化学者〉がみられるようである。植物学、動物学、物理学などと同じく幕末から明治初期にかけて〈舎密〉から〈化学〉（シナでの訳語）へとうつり、しばらくは両者並用されることもあった。それはともかく本書は同僚の戸塚静海が〈序〉で、〈嗟乎此書一出。則創新一世之耳目〉というように、〈化学〉が日本及び日本人に学ばれ普及する第一歩がここに印されたのである。近代化学の祖というフランスのアントワーヌ・ローレント・ラヴォアジェの『化学要論』が刊行されたのは一七八九年（寛政元年）といわれ、それから五十年たたずに、『舎密開宗』は出版された。[23] それまではoxygen（酸素）という元素も発見されず、一般にはフィロジスチック・セオリ（philogistic theory, 燃素説）が唱えられていた。また原爆で一般的になった〈烏刺紐母（ウラニウム）〉も、〈挽近発見された元素で、新しく発見された星・烏刺紐斯（ウラニス）（天王星）から名をとり、一七八九年加羅布邏多（カラプロット）氏（現代はクラプロートとよぶ）によって発明〉されたと榕庵は述べている。その所在と用途についてもふれているが、これもわが国で最初のウラニウム（ウラン）紹介であろう。

『舎密開宗』は〈序例〉で化学の領域や歴史を記述し、元素を初学の記誦のためにイロハ順に列挙している。この場合、上に指摘したように、漢名、訳名、蘭名を示している。参考までに二三をあげてみる。

浮多厄扭母（ホトゲニウム）光素　阿幾舎厄紐母（ヲキセイゲニウム）酸素　加羅里究母（カロリキュム）温素　加爾勃尼究母（カルボニキュム）炭素

右の〈光素～炭素〉は特にことわりないため、榕庵の訳かと思われる。さらにまた(A)漢名あるもの（シナ人の訳）と(B)従来訳名あるものを区別してあげているところ（例語では下部の細字部分）を若干えらんであげてみよう。

(A) 硫酸曹達（ソウダ）芒砂　硫酸苦土 凝水石　消酸加里（カリ）消石　塩酸諳模尼亜（アンモニア）硇砂　酸化水素 水

(B)硫酸加里（孕礬酒石）　亜硫酸加里（覇王塩）　硫酸亜鉛（皓礬）　炭酸曹達（鹻蓬塩）　諳模尼亜（アンモニア）（揮発塩）

いうまでもなく榕庵が『舎密開宗』で訳出、あるいは採用した用語が、現代につづいているわけである。さらに加えて、榕庵自身主張していないが、玄真の場合と同じく、〈容積（カサ）、真相（モチマヘノカタチ）〉などという俗語（日常語）でわかりやすく説明する態度をつとめている。また、〈砒　亜爾摂尼究母（アルセニキュム）　アルセニキ。メタール　シケルペンコバルト○俗名 石見銀山鼠取薬〉のように、金属や薬品の紹介にも、巷間のわかりやすい俗称を附することを忘れていない。しかし本書で特に注目されるのは榕庵がシナの書物をかなり参考にしていることである。とりわけ、方以智（密）の『物理小識』（康熈甲辰・一六六四）やR・モリソンの『五車韻府』など頻出するものであるが、それがそのまま訳語にも関係してしばしば〈漢人、漢名〉の語をつけてシナ語による訳語を明示している。

(A)に示した漢名あるもの、すなわち〈芒砂、硇砂〉などを「英華辞典」で調べるとまさしくそのとおりで、その点『五車韻府』などおそらく榕庵の坐右の書として活用されたのであろう。また(B)の従来訳名あるものでは、〈炭酸曹達〉が玄真の『名物考』では〈鹻蓬塩（晶）〉となっており、『五車韻府』では〈青塩〉（別の「英華辞典」ではsoda の訳語となっている）となっている。〈炭酸曹達〉は榕庵の訳出と考えてよかろう。実は化学（ケミストリー）も、シナでは〈丹竈之事、煉用法〉、化学者（ケミスト）も、〈煉用的、丹家、製煉家〉などのような訳をしていて、〈分離術、舎密／分離家、舎密家〉はいずれも日本の訳であり、〈舎密（セエミ）〉は榕庵独自の音訳と考えられる。かなり「英華辞書」や漢名（シナの訳語）を参考にしたと思うが、榕庵は彼なりの新訳もつくっていったと思う。このへんのことば（訳語）に対する潔癖さは、榕庵の著作に関する限りかなり高度とみなしてよかろう。しかし舎密は〈化学〉に終着する。オランダ語の zeep は英語の soap で、石鹼にあたるわけだが、zeep を漢名では、〈石鹼、番鹼〉というが、西洋の石鹼はシナの石鹼とは似て非なるところもあるので、錫布（ゼーブ）と音訳し、強いて翻訳する時は、〈洋製石鹼〉と註している。これはほんの一例にすぎない。ともかく、近代日本と近代シナの、近代西欧諸学術を中においての翻訳語交渉は、ほとんど未開拓の分野ではあるが改めて考究されねばならぬ重要な課題であろう。

5

文政年間長崎に遊学の大槻磐溪（玄沢の子）は通詞の吉雄某の家で、『英華々英辞典』をみたと記し、あるオランダ人は、文政十一年（一八二八）に長崎通詞が、モリソンの『英華辞典』を翻訳している由を記録している（これは通詞の一人、吉雄権之助のことと推定される）[24]。シナではかなり早くから在華西洋人宣教師によって、シナ語の研究がおこなわれた。ラテン語とシナ語、英語とシナ語（方言も含めて）の辞書の編集もしられている。日本と西欧、シナと西欧——東と西は以外に近くなりつつあった。ともかく、小論で榕庵らの訳語を一つ一つシナ語と比較して示す余裕もないので、今は翻訳語に関する日シの交渉の複雑さを提示するにとどめる。ただ大まかなところ、日本は日本なりの訳語があり、一般に音訳（この用語を榕庵では用いている）語は榕庵などの方に多い。いわば原語をそのまま用いている（この態度の一端は上の〈題言、序例〉でわかる）。〈曹達（ソーダ）・加里（カリ）・瓦斯（ガス）〉の類は多く、その表記と共に明治に入って、以後現代までも長く用いられていくのである。さてもう少し訳語の例をつぎに示してみよう。

元素、酸化、酸化物、酸性、亜爾加里（アルカリ）性、塩（エン）、中性、中和、金属酸化、水素、窒素、王水、青酸加里、細胞、大気ノ圧力、験湿器、無機体（機体に対す）、還元、親和、抱合、遊離、分離、蒸餾、沸騰、定量

右は『遠西医方名物考補遺』にすでにでているものもあり、『植学啓原』とも関連するが、いちおう榕庵によるらしいものである（玄真の訳、その他の人のものもあるかもしれない）。たとえば、〈元素〉については、〈元素「オフ

ド・ストフ」蘭　榕按ニ元素ハ古賢ノ所謂ル元行ナリ、崎陽ノ柳圃翁訳シテ実素トス。仍テ今姑ク素ノ字ヲ用ヒ学者ノ後考ヲ竢ツ〉——すなわち〈元行、実素〉から、〈元素〉と訳出したのである。〈酸化物〉は、〈酸化物「オキセイデ」羅「フルシゥルセル」蘭　諸物酸素ト抱合スレハ酸性ニナリ酸味ヲ生ス。然ルニ多ク酸素ヲ帯テ酸味ナキ者アリ是ヲ酸化物ト曰フ〉——〈抱合〉は化合のこと。別に〈親和〉の訳語も用いている。〈還元〉では〈酸化ノ金属、復タ其酸素ヲ脱シテ元ノ金形ニ還ルヲ還元ト謂フ〉——化学用語もさらに調べればいろいろでてくることと思う。リトマス試験紙も、〈リトマスの染紙〉と実は誤らず用いている。窒素、水素では、〈窒素ハ動物山物植物ニ禀舎シ殊ニ多ク大気ニ弥漫ス。大気ハ窒素瓦斯七分。酸素瓦斯三分ヲ以テ成ル。体容ニテ較レハ水素瓦斯二分酸素瓦斯一分ヲ合シテ水トナル〉——いうまでもなく、水素や酸素の性質についてもくわしく解説、〈越列機ヲ用テ水ヲ分離スル法〉（電気分解）では、それぞれ、〈水素極、酸素極（ネガチーフ・消極、ポスチーフ・積極とも）〉の用語で説明、〈王水〉については、〈世ニ亜括。列義亜此ニ王水ト訳ス。古人黄金ヲ諸々ノ王者ト号ス。此酸能ク黄金ヲ溶ス故ニ此名アリ〉と、——以上少数例であるが、ほぼ内容の一端は紹介できたと思う。

例にあげたもので〈験湿器〉は現代の〈湿度計〉であるが、明治時代はまだ用いられていた呼称である。〈寒暖計〉も榕庵の記すところでは、〈験温器〉の俗間呼称だったというから、ことばの運命や寿命はまた訳者を離れて、どうしようもない社会的恣意性をもつ。そう考えた時、榕庵の訳語がかなり道具としても使いよく、命長らえて現代に用いられてきた価値は大きい。

電気の力を〈越力（電気は越列機。電気はシナの訳）〉と略称して用いるが、これも明治初年までものの本にみえる。また〈細胞、護謨（亜刺比亜〜）〉なども、シナでは、〈蜂窩的貌、小房／樹脂、樹膠）〉などと訳していて両者のへだたりは一つの言語表現をこえた内容への深い理解にまでつながるようである。特に〈細胞〉の中で、〈肺ノ葡萄状細胞〉に〈注射〉するという時のそれは、現代の〈葡萄状球菌（球形細胞が多数不規則に集まり、葡萄状になっている細菌）〉といわれるのに等しい。なお養父、玄真の病気を温泉療法するために榕庵も協力して、熱海、諏訪、修禅寺などの温泉の成分を調べ、外国のそれと比較し考察しているが、そうした化学分析の態度と方法に、榕庵の翻訳のそれがあるといっても過言ではない。〈鉱泉〉や〈蘇把（スパ）（spa）〉の語もふくめて、はじめて正しい意味で近代的な温泉の概念と名称がうまれたといってよかろうか。さらに子、興斎の科学随筆、『万宝新書』（万延元年・一八六〇）では、〈縫塞料（セメント）、インキ、洋紙（オランダガミ）、麦酒（ビール）、仮漆（ヘルニス）（ニス）、ポマーデ（ポマード）、シーロープ、チーズ〉などの製法とその原語が音訳のまま用いられている。その他、紙やすり（砂紙、磨紙とある）、マッチ（早附木とあり、近年舶来の由みえる）〉の製法などとともに文化史上、科学史上注目すべき研究が数多く実験されているわけである。

宇田川家の人々を中心に考究してきたが、『舎密開宗』の外篇だけでも、〈坪井誠軒、小村英庵、杉田錦腸（立卿）、足立栄建、青木周弼、島立甫、広瀬元恭〉など、理化学方面にすぐれた蘭学者の活躍したことを知る。島氏などまだ十分にわかっていない人物だが、〈南部盛岡ノ人、善ニ舎密ニ〉と榕庵が記し、〈澱粉〉や〈丁幾（チンキ）〉の研究をよくしていたという。こうした無名有名の蘭学者たち——幕末に近づくにつれ、そのすそはかなり広く、全国的なものになっていったが、玄真や榕庵の弟子にも師に劣らぬ俊才が輩出したことは彼らの記録しているとおりである。その他、アルキメデスの原理を例の逸話とともに、〈称水之理〉（シナ語訳、称は用の意）として記述、物理学への研究を志した青地林宗、その翻訳書『気海観瀾』（文政八年・一八二五）も逸することはできない。またそれを発展させて『気海観瀾広義』（安政二年・一八五五）を著わした川本幸民。同書にはじめて、〈越歴的里失帝多（エレキテリシテイト）〉の語として、〈支那人近日電気ト訳ス〉がみえる。力学を〈力芸学〉として訳出しているなど、この方面では、まさに幕末から明治初期へかけてのチャンピオンの一人が、幸民であった（彼には明治四年刊の『化学通』や『化学新書』がある）。なおまだ細かい調査はしていないが、『地学初歩和解』（一巻、宇田川榕之介）とか『生理発蒙』（十四巻、島村鼎甫）など地学、生理（日本人の訳、シナ語は商売の意）関係の翻訳も出版されている。今後文献の渉猟といっそうの考究が必要であろう。

おわりに

以上、これまで述べたところで、蘭学者たちの研究と努力が近代日本をきずくうえで、いかに大きな力になったことか、いささかでも素描できたと思う。

近代日本語の成立過程を単に江戸語から東京語へというようなとらえ方だけではなく、まさに縦文化（東洋）から横文化（西洋）という、上部構造のための学術用語の創造に対する態度と方法を考究せねばならぬことを教える。蘭学者による文字通り殉国的な蘭書翻訳と学術上の訳語こそ、近代日本語に欠くことのできない要素ともなり、進展の鍵の一端を担ったともいえよう。しかし蘭学者たちの教養や研究に、ことばを供給したのは、よかれあしかれ漢学（儒教）であった。江戸時代すべての学問は、漢学の素養のうえに立っていたといってもよかろう。宇田川家にしても然りであった。古賀精里の子侗庵のように朱子学の大家でありながら、蘭学に造詣深い学者がいた。幕末の洋学所の頭取も漢学者、古賀謹一郎である——こういう面からも蘭学者が翻訳を考える時、すでに小論中でもふれるところがあったが、蘭語、ラテン語とシナ語、日本語という異なることばを比較対照し、よく内容、概念を理解して新しい妥当な一つの言葉、表現をうみださねばならなかったわけである。いわば漢語による翻訳語の多くも、そういうぎりぎりのところで創訳されたのである。もっとも多くの点で実測究理の精神を学び、オランダ語を構造的に徹底して検討しなければならなかったが。また、そういう蘭学者の間から漢字、漢文へのきびしい批判、いわば現代へつながる国語国文問題のでてきたのも必然といわねばなるまい。ともかく、近代日本語の成立過程、その複雑さを考える時、蘭学者たちの方法の発展として、近代語研究の一方法に蘭・シ・日、三種の言語の比較研究が必要であろう。こうした面から、〈比較対照語学〉（仮称）を提唱して筆をおく。

註

(1) たとえば『座談会明治文学史』（岩波書店）を参照。

(2) 小著『近代日本語の成立』（桜楓社）、『日本語再発見』（現代教養文庫）を参照。本論の〈近代〉の概念もそれにしたがう。

(3) 本稿の引用文は「岩波文庫本」（緒方富雄校訂、昭和三十四年）によった。なお拙著『蘭学事始』（現代教養文庫）、『図録蘭学事始』（早大出版部）、『知の冒険者たち—『蘭学事始』を読む』（八坂書房）を参照。

(4) 蘭学との関係では、荻生徂徠の『訳文筌蹄』など参照。拙論〈徂徠とその言語研究〉（「国文学研究 65」）を参照。

(5) 岡村千曳〈ドドネウスの邦訳について(1)〉、拙論〈R・ドドネウスの“CRVYDT-BOECK”とその翻訳〉（「植物と文化 11」）を参照。

(6) 寛政八年（一七九六）の「蘭学者芝居見立番付」によると、蘭学者一〇四名におよぶ。大名、職人の社会的身分、位置などはまったく関係なく、順位が実力主義で排列されている。

(7) 岩崎克巳『前野蘭化』を参照。

(8) 古賀十二郎『西洋医術伝来史』（日新書院）、拙著『長崎通詞—ことばと文化の翻訳者』（開拓社）を参照。

(9) たとえば浮世草子『元禄太平記 五』に、〈すべて理学の沙汰は仮名書きにていひ述べては埒のあかぬものなり〉などみえる。ここではシナの〈性理学〉をさすが、巷間のかかる用語も参照したことであろう。

(10) 渡辺庫輔「阿蘭陀通詞志筑氏事略」（昭和三十二年長崎学会）を参照、御恵投される。

(11) その一節に、〈若シ人イハンニ皇国ノ字音ハ元ヨリ正キ直ナルヲ蛮夷ノ鳥囀ツル拗音ヲモテ正シヌルハイトヲカシト是大ナル曲言ナリ　和蘭ノ正シキ字音ヲモテ近世ノ訛リテ曲レル音ヲ正シ古ノ直ナル音ニ及シヌルコソ国学上ニ忠臣トモイフベケレ〉と宣長批判をみる。

(12) 〈デアル〉が“浜言葉”といわれるのも長崎通詞の開港による横浜移住と関係がある。拙論〈近代語の標章〉（「国文学研究 25」）、また本書〈第二部・4〉を参照。

(13) Henri Cordier の“Bibliotheca Sinica / Dictionnaire Bibliographique / Des ouvrages relatives a L'Empire Chinois”の第三巻に〈Nov. 18th 1828 – 'dined today at D–'s, in order to meet a surgeon from Japan, whose name is Burgher, in the service of the Dutch. He told me a piece of news which I cannot help communicating to you – it is this – the Japanese translators are rending Morriçon's Dictionary into the Japanese language! This is a curious and interesting fact.（後略）〉とみえる。英和辞書も彼らによって始められた。外科医、Burgher はビュルゲルとして日本の書にも記録がみえる。

(14) 勝俣銓吉郎〈語学の逸才馬場佐十郎〉（「新小説」）を参照。

(15) なお当時の天才的名優・中村仲蔵にも比せられている。

(16) 『新泰西眼科全書』(寛政十一年・一七九九成)もあり、眼科関係で最も早い翻訳で、杉田立卿『眼科新書』の祖本でもある。

(17) 玄沢の『重訂解体新書』(文政九年・一八二六)と訳語上関係が深い。

(18) 〈神経〉は、〈泄奴(セーニュ)。即神液通流之経也。訳曰神経。義訳是也〉とある。『蘭学事始』・『西洋医言』にもみえる。

(19) 既述の〈和解例言〉に蘭語を漢字で示す理由についてふれている。原音の正確を期すためであった。

(20) 岡村千曳『紅毛文化史話』(創元社)に収録。

(21) 榕庵が蘭語学習に使用したテキストに、吉雄権之助の『重訂属文錦嚢』(写本)があり、これはおそらく吉雄俊蔵から教示されて書写したのであろう(『自叙年譜』参照)。また榕庵には加寿麻呂(カジュマロ)の名乗り(榕の木をカジュマロという)で『蘭学重宝記』(嘉永三年・一八五〇)があり、同書にはギリシャ語やドイツ語とともに、ギリシャ文字やドイツ語の髭文字が紹介されている。こうした文字の公開は本書をもってはじめとしよう。なお拙論〈『属文錦嚢』の研究—如淵吉雄権之助の蘭語学〉(『武蔵野女子大学紀要5』)を参照。

(22) 『英和対訳袖珍辞書』も初版、再版、三版と訳語の違いに注意。拙著『江戸時代翻訳日本語辞典』(早大出版部)を参照。

(23) ラヴォアジエにより、〈元素説〉がとなえられ、〈酸素〉という名もつけられた。酸素は一七七四年に発見された。スウェーデンのシェーレは、〈火の空気〉、イギリスのプリーストリーは〈燃素のない空気〉などとよんだ。

(24) 本書は初版がいつかはっきりしない。ただモリソンの華英辞典であることから、彼の“A Dictionary of the Chinese Language”(6 vol. in-4, 1815~1823)、すなわち『五車韻府』の一部であろう。

＊小論は昭和三十六年六月二十四日、国語学会での公開講演の原稿をもとに書き改めたものである。小論作成には岡村千曳先生に種々御教示をいただき深く感謝の意を表します。

初出▼「国語学46」(昭和三十六年九月)

2　近世における外国語の摂取とその影響——近代日本語史の一断面

1

蘭学とは

長崎でおこり、江戸で隆盛をきわめたという蘭学は、単にオランダの学問ということではない。医学方面を出発点とはしているが、オランダ語をとおして、近代西欧の諸科学を学びとるということであった。内容からは、(a)オランダ語学（研究・学習）(b)医学・西洋本草学研究 (c)自然科学 (d)人文科学 (e)兵学研究 (f)文明批評の六方面にわけて考えられる。地域的には江戸と長崎が中心的になっているが、幕末に近づくほど、全国的な広がりをみせていく。もっとも江戸と長崎とは、いつも連携しあって蘭学をもりたてていったというのが実情である。この長崎とは、具体的には蘭通詞（これをわたしは実務派と学究派に分けることを提唱した）であり、江戸では蘭学者とよばれる一群である。わが国最初の本格的蘭書翻訳、『解体新書』（安永三年・一七七四）が刊行され、江戸の蘭学者たちがその翻訳に苦心したことは、玄白の『蘭学事始』（文化十二年・一八一五成）[1]でしられている。その翻訳がわずか二年たらずで、しかもかなり正確であることを考えれば、彼らの語学力——特に中心人物であった前野良沢（蘭化）など——も弱くなかったのであろう。しかし長崎でも通詞のうちのある者は、学に翻訳に志した（幕命による翻訳もあった）。その一人、本木良永（栄之進。一七三五～九四）はわが国最初の天文学書、『星術本原太陽窮理了解新制天地二球用法記』（寛政四年・一七九二）を独力で翻訳した。これはその功業の一つである。前者が〈解剖図〉という頼れる案内図をもち、多少でも伝統のある医術関係であり、複数の俊才の協力によるのと異なり、後者はほとんど未知の世界であった。ただ一人、苦心をかさねながら訳出していった。その副産物として、彼のあらわした〈和（倭）解例言〉は、いわばわが国で、もっとも早い〈翻訳家の一家言〉といえるであろう。したがって、蘭語学習・研究・翻訳も長崎通詞からおこっている。江戸の蘭語学習をリードしたのも中野柳圃（志筑忠次郎・忠雄。文化三年・一八〇六、四十七歳歿）[2]や弟子の馬場佐十郎（貞由。穀里。文政五年・一八二二、三十六歳歿）など、長崎通詞関係の人びとであった。通詞たちは直接蘭人からオランダ語を学び、常に話し合っていたのであるから、実際の力があるのも不思議はなかろう。ともかく蘭学もその基礎は、〈蘭語学習〉であり、そこで果した長崎通詞とそれをとりまく人びとの努力と存在は忘れてはならない。小論では学究的通詞もふくめて蘭学者とよびたい（拙著『長崎通詞——ことばと文化の翻訳者』を参照）。

紅毛文化

以上のように蘭学はオランダ語をとおして、日本に多くの有意義な西欧文化、学芸をもたらした。それが日本語に及ぼした影響はどのようなものであったろうか。十六世紀に来日したキリシタンは、それまでシナやインド以外には世界がないと考えていた日本人に対して、まったく別の天地があることも教えた。いわゆる〈キリシタン文化〉といわれるものである。しかし〈キリシタン文化〉と日本語との関係はどうであろうか。(1)室町末期～江戸初期にわたる日本語の実態をある程度記録した。(2)対訳辞典・日本語文典などの日本語研究書を作製し、〈キリシタン語学〉を樹立した。(3)古典・物語などの翻訳とその通俗体・ローマ字による多くのキリシタン文学を記述した。——などがその主要なものであろう。しかし中心は南蛮人こと、ポルトガルやイスパニヤ、イタリーなど碧眼の人びとであって、日本人はほとんど主体的に参加していない。日本語それ自身への影響は皆無といってもよかろう。彼らが天文・冶金・航海・医術などの進んだ科学知識を日本にもたらしたことと比較すればいっそう微少なるものである。それに反して〈紅毛文化〉が日本語に及ぼした影響はどうであろうか。ケムペル（ドイツ人）にはじまり、ツュンベリー（スウェーデン人）、シーボルト（ドイツ人）、クルチゥス、ホフマン（ドイツ人）などによる日本語研究・日本語文典の記述があるほか、はかり知れぬ多くの〈西欧の知〉がもたらされた(3)。しかしこれから述べるところは、日本人、蘭学者が主体的にオランダ語を学習し、これを摂取するとともに、オランダ語を翻訳――日本語と外国語との対決――する過程での方法と問題を考察したものである。特に翻訳における文体と訳語に考究すべき多くの問題がある。

蘭学者たちが、オランダ語を介して近代西欧諸国のすすんだ科学を学び、日本の近代化に大きな役割を果したことは、いうまでもない。と同時に蘭語学が近代日本語の形成に、大きな影響を与えている事実もみのがすことができない。いわゆる〈文明開化〉も、明治維新の半世紀前にすでに蘭学によってその幕が切っておとされたといってよかろう。以下〈翻訳の方法〉から考察していくこととする（蘭語学習の歴史や辞典・蘭文典の記述事情については別論にゆずった(4)）。

翻訳の方法

〈腑分といひ古りしことを新たに解体（かいたい）と訳名し、且つ社中にて誰いふともなく蘭学といへる新名を首唱し……〉（『蘭学事始 下』）と述べているように新しい時代をめざす新しい学問は腑分けという古いコトバを、〈解体〉という新しいコトバにおきかえることにもあらわれた。ただおきかえるというだけでなく、西欧の近代思想・学問という新酒をまもるためのやむをえない革袋であった。蘭学者の翻訳苦心がこうしてつづけられていく。〝ターヘル・アナトミア〟の翻訳で知られる『解体新書』(5)は、蘭方医による翻訳書の嚆矢として意義があるだけでなく、その〈凡例〉で示された翻訳法は蘭学者（江戸・長崎ともに）のすべてにあてはまる方法である。参考としてあげておこう。

〈凡例〉

一、訳有三等。一曰翻訳。二曰義訳。三曰直訳。如和蘭呼曰価題験者即骨也。則訳曰骨。翻訳是也。又如呼曰加蠟仮価者。謂骨而軟者也。加蠟仮者。謂如鼠嚙器音然也。蓋取義於脆軟。価者価題験之略語也。則訳曰軟骨。義訳是也。又如呼曰機里尓者。無語可当。無義可解。則訳曰機里尓直訳是也。余之訳例皆如是。読者思諸。

＊なお後に出た『重訂解体新書』（大槻玄沢）の〈旧刻解体新書・凡例〉と文章・用語に相違がある。

右の記述とほぼ同様なことが、『蘭学事始 下』・『和蘭医事問答 上』などにもみえるが図式的に示すとつぎのようになる。

○翻訳
- a 狭義の翻訳（対訳・正訳とも）＝ベンデレン benderen（骨、複数形）
- b 義訳（他に意訳ともみえる）＝カラカベンデレン krakbenderen（軟骨、複数形）
- c 直訳（直接に原語を訳したもの。音訳とも）＝キリイル klier（機里尓）

一般に翻訳という時はオランダ語に対応する漢語をみつけ出して置き換えることにある。したがって、a狭義の翻訳にあらわれるのは、シナ製の漢語、あるいはシナ語の用法意味にもとづいた漢語である。b義訳はオランダ語の意味内容をよくくみとり、文脈を考えて翻訳する訳語であって、和製漢語があらわれてくる。玄白のいう〈古来医経に説きたるところの……〉ではすまされぬ部分である。〈セーニュ（Zenuw）〉・〈シンネン（Zinnen）〉をそれぞれ〈神経〉・〈精神〉と訳したのはいずれも義訳である。長崎通詞の方から例をとると、〈恒星―発数鐸・

数蹋耳楞・此ノ語発数鐸トイフハ居テ不動ノ語意、数蹋耳楞トイフハ星ト通ズ、恰モ不動星ト言ハンガ如シ……恒星ト義訳ス〉（「和（倭）解例言」）などである。そのほか同書にみえる〈彗星・知学（理学・哲学のこと）〉など後述する訳語にはこれが多い。山田孝雄博士が、〈洋字の翻訳より生じたる漢語〉（『国語の中に於ける漢語の研究』）と分類されているものの多くがこの中に見いだされる。また〈文学・文体〉のように既製漢語の転用も義訳の一種と考えられる場合があろう。c直訳は一字一音の万葉がなで日本語をあらわしたのと似ている。〈音訳〉ともいわれるもので、〈加里（kali）・曹達（soda）・舎密（chemie, 化学）・瓦斯（gas）・骨百耳尼詰由数（Copernicus）〉など、訳しえぬ語とか固有名詞（人名・地名）など、これもかなり多くみられ、明治初期にまで伝流の方式である。ただし、〈剣橋（ケンブリッジ）〉のようなヌエ的訳語はみえない。

以上のような方針で翻訳していったが、その中でもっとも重きをおいたのは〈義訳〉であった。玄白も、〈人々のこれまで心に得し医道に比較し、速かに暁り得せしめんとするを第一とせり。……いずれにしても人々の暁り易きを目当として定むる方と決定して……〉と述べているとおり、翻訳の第一条件ともいうべき〈わかりやすさ〉を心がけている。義訳の精神もまさにそこにあったのであろう。こうした翻訳をする過程において、蘭学者たちはどういうことに気づいてきただろうか。翻訳の方法でもふれたように、翻訳することはオランダ語と漢語との対決をせまられるということでもある。玄白は、〈漢学は章を飾れる文ゆゑ、その開け遅く、蘭学は実事を辞書にそのまゝ記せしものゆゑ、取り受けはやく、開け早かりしか〉と言い、大槻玄沢も、〈（オランダは）文章を飾るなど云ことなき質樸なる風俗にて実地を踏み、事の簡径なるを先きとする国俗ゆへに、常話も書籍に著すことも同様にて、別に文章の辞と云ものなし〉（『蘭学階梯 下』）と述べている。オランダでは言と文が同一であるということを、ただコトバの問題としてでなく、その背景をなす西欧の近代文化・科学と関連して考えている。いわゆる〈実測窮理〉の精神がコトバとなってあらわれたところに、オランダでの言文一致の文章体を読みとったのである。漢文は江戸時代において論理的文章と考えられていた。しかし蘭学者にとっては、それが非論理的な文章で、西欧的な論理性をとうていもることができないと考えられた。彼らの頭の中には日本語・シナ語・オランダ語が、別々な言語としてでなく、一つの表現――正確で平易を旨とする――を示すものとして思惟されていた。後述のように蘭学者によって試みられた〈デアル体〉も、そこにヨーロッパ的発想を意識していたと考えられる。明治時代におこった文学者の〈言文一致体運動〉にかよう近代的志向をめざすものであろう。しかも二〇〇年前にすでにこうした考えがめばえ実行されようとしていたのである（もっとも訳法は漢文訓読という古代的訳法を学んでいる）[6]。

　蘭学者の中にはオランダ語だけでなく、ラテン語・ギリシャ語・フランス語・ロシア語・英語・ドイツ語さらに満州語など、諸言語にとくに興味をもった人びともあらわれた[7]。また蘭和辞典・蘭文典なども原典覆刻をふくめて次第に公刊されてきた。医学を出発点とし、上であげた六方面に蘭学が分化し広まっていったのである。そうした数多くの人たちの考えを一つ一つ紹介することはできないが、コトバに限っていえば、⑴蘭文は言文一致である。⑵漢学は字学で一生を費してしまう。⑶漢字は一般の人たちをおどすものにすぎない。⑷かなの方が漢字よりすぐれている（一種のかな国字論）――などの主張が底流している[8]。もっとも蘭学者の翻訳によって漢語は急増していくし、造字（腺、膵など）のことなどもあって、一見すると彼らの進歩的見解と矛盾するようである。しかしこれについてはまた理由のあることで、故意にむずかしい漢語を濫造したわけではない（漢語を漢文・漢字とは区別して考えればほぼ了解もいこう。日本独自の漢字漢語文化の創造であって、日本語のまずしさにも関係してくるが、やはりただ一つの正確な表現をめざしたゆえである）。もちろん批判さるべき後進性もあろうが、全体的には近代に向って前進する方向を示しているといってよかろう。

2

蘭和辞書と翻訳

上で考察してきた蘭学者と翻訳の関係は、当然ゆきつくところとして対訳辞書をつくりだした。記述の便宜上つぎに蘭和対訳辞書とその系列を略示しておこう（△は写本を示す）[9]。

右でわかるように、わが国で最初に編集公刊された蘭和辞書は『波留麻和解』であった。江戸の蘭学者、稲村三伯が旧長崎通詞、石井庄助（恒右衛門＝馬田清吉）らの助勢をえて訳編したものである。本書については必ずしもまだ正確に書誌的なことがわかっていない[10]。のちの英和辞書を考えると傍流となってしまって、小論でとりあげる『道訳法爾瑪』が主流となる。これはのちのちまで通詞らが補訂し、天保四年（一八三三）、『和蘭辞書和解』として完成、幕府に献上された。しかし一般に普及したのは、『道訳法爾瑪』であった。

『道訳法爾瑪』は長崎のオランダ商館長ドゥーフ（Hendrik Doeff）と長崎通詞とが共同で訳編したもの。同書の〈緒言・凡例〉およびドゥーフ自身の語るところから、文化十三年（一八一六）以前に着手し、この年に完了したと考えられる。本書は右の図でわかるように、長崎で作成されてから、再び『和蘭字彙（オランダジイ）』[11]となって、江戸に姿をみせる。安政二年〜五年まで四年間を費して出帆された。将軍侍医で蘭方医の桂川甫周（国興）が中心となり、桂川家を総動員しての労作であった。序文で『道訳法爾瑪』を改訂出版した由を示しているが、わたしのしらべた限り訳語・訳文はいうまでもなく語の登録順まで同じで、九〇％まで同一物としてとりあつかってさしつかえはない（但し表記を漢字平仮字まじりから漢字片仮字まじりに改めている）。また『増補改正訳鍵』が『和蘭字彙』と関係ないように示しているものもあるが、その〈後序〉でわかるように、同書はあきらかに『和蘭字彙』を参照して増補改訂しているのである。

さてここで問題になるのは、桂川国興（くにおき）らが江戸の『江戸ハルマ』を採らずに、あえて長崎のものを基にして、『和蘭字彙』を作成した理由についてである。両者の比較検討がなにより必要であるが、考えられる主な理由は、『道訳法爾瑪』は⑴単語だけでなく、例文・句を多くとり入れている。⑵訳語・訳文ともに平易である（江戸蘭学者も長崎通詞の翻訳を〈捷径ナル良訳アリ〉（早大蔵本『波留麻和解』〈凡例〉）と評している）――この二点にある。

『道訳法爾瑪』成立と内容

『道訳法爾瑪』（写本。早大所蔵本による）の〈緒言〉（ドゥーフによる蘭文とその訳文）と、〈凡例〉（通詞による）はつぎのようにある（一部省略、句読点を与えた）。

〈緒言〉

一、辞書を訳するには必ず質実ナル（ママ）語を以てする事を要す　何者辞書の中には殊に鄙俗なる辞多し、是を都雅なる語もて翻せんとせば、極めて意を尽す事能はさるのみならず、更に棄物となるべし、是によつて此辞書を訳するは勉めて語の本意に随て鄙俗なるをいとはず……。

一、皇国の言語の句法外臣是を知らずと雖ども、此書の訳語は直に長崎の方言を取る、是通詞家の老幼ともに通暁し易からん事を欲すればなり、何者若し勉めて都雅の語を取らんとせば、強て崑崙児の洗浴をなすがことく徒に労して用なきものたらん事を恐れてなり。

へんでれきどうふ　敬白

和蘭暦数 一千八百十六年

〈凡例〉

一、我輩皆無学にして雅語を以て訳詞を下すこと能はす、若し強て雅語を用ん事を欲せハ、却て蘭語の義理を失ん事を恐る、故に他の笑を顧みす、直ニ鄙俚の俗語方言を以て訳す。

一、ik heb hem zijn voon(ママ) numens of gehanden. 等の語を直訳する時は、「我彼を彼の企事より離したり」といふ義なれとも、我彼の企事を為遏た なとと訳す、是等は義訳なり。故に van(ママ) の詞にをの訳詞を下す余傚此。

一、動他詞の D.W. の符あるハ、られたると訳を下すべきに、其運用中に在て間ゝてあると訳せるものもあり、又一個の主あるが如く何ゝをしたと訳詞を下すもあり、是唯義は一なり、しかれとも現に主ありて是に hebben を附せるものは、皆何々をしたと訳す、又主に□(虫くい)を附せるものは実はられてあると訳すべけれとも、又てあると訳するもあり、是も亦義に一なり参考すべし。

文化十三年九月　　掛り　通詞

右の数言で翻訳の態度、訳文の性格を知ることができよう。彼らが実際に訳したのはつぎのような訳文である。

◯〈訳文〉原本は蘭語（左）—訳文（右、横に縦書き）。

1 Hij is nog een abcling, of nieuweling in de welenschappen.　彼人はまだ学問に入はなである

2 Hij was een aanhanger van aristoteles.　彼はアリストヲテレスを信仰する人であつた

3 Nieuwjaar zal haast aanschieten.　正月がやがて来るであらふ

4 Het bier schúimt in 't glass.　ビールがコップの内にて泡立ておる

5　Dat bed is nog niet beslapen.　其寝道具には未だ誰もねぬ

6　Ik was daarbij niet aanweezig.　吾其場に居らぬであつた

7　Men moet hem dat kwaad zoeken of te wennen.　人彼に其悪事を止めさするよふにせねばならぬ

8　Zij zeide dat zr（ママ） het sehijnsel van haren minnaar gegien had.　彼女は己が恋人の幽霊を見たと言た

9　Haar hart is heel van hem, of getrokken.　彼女の心が彼を見捨た

10　Die stroom bepalde zijne overwin ningen.　其川か彼か勝利を打ちとつた 川があつたによつて負けたと言ふ意。

原文を省略してさらに追加しておく。

11　夫れは彼女の恋ひ人である。／12　夫れは余り学者くさい説である。／13　為替手形の払ひ時の仕切りハ来る「ウェーキ」である。／14　疱瘡が彼女の顔を見苦しくした。／15　其人は夜前死んだ。

辞書のすべてを通して、〈である（現在）／であつた（り）・た（だ・過去）／であらふ（う）（未来）／ておる・てある・しつつある al doende（状態・継続）／ぬ・ぬであつた（り）（打消過去）／ねばならぬ（義務・当然）〉が文章体として用いられている。ほかに〈我は其事に引き込まるる事はいやじや〉のように、話体の〈じや〉もごく少数はみられる。もともと語の運用を示すための説明的記述文体であるから、デアル体がでてくるのはうなづける。〈緒言・凡例〉でいうように、通俗的にわかりやすさを心がけての翻訳であり、そこにデアル体が創始されたことは充分注意されてよかろう。

〈デアル体〉をうみ出した蘭学の精神については上でも考察し、その近代的姿勢を強調しておいたが、ただ実際的には当時一般的傾向を示してきた俗語（口語）への強い関心も見のがせない（広く俗語・方言の蒐集が十八世紀後

半からおこっている）。またデアル体を創始させたものに、国学者や漢学者の講義体（口授調）、僧侶の説教調が考えられるやもしれない。[12] 蘭学者の蘭文典翻訳の態度をみると、〈不完全自動詞（アル）＋補格語（――デ）〉の関係から、〈デ・アル〉→〈デアル〉と訳出したことは考えられる。訳文は平易を旨としているが、いささかぎこちない翻訳体もみえる（10のように註記文入りもある）。まとめてみると、(イ)無人称代名詞を主語とする。(ロ)無生物が主語になる。(ハ)主語を多くたてる。(ニ)動詞を抽象名詞につける。(ホ)語彙的に、形容詞比較級を用いる（例文に示さないが、〈……より小い（kleiner）〉など多い）。また関係代名詞、〈所の（dat）〉や人称代名詞、〈彼女（zij, カノオンナであろう）〉などを用いる――などである（明治の翻訳文体もほぼ同質であろう）。『道訳法爾瑪』と同系の蘭語学習法を学んだ佐嘉（佐賀）藩の蘭学者、大庭雪斎『和蘭文語之凡例』（安政三年・一八五六）にも、〈健康ハ富ヨリ大ナル宝デアル。昨日花サキシ所ノ薔薇ガ凋ンダ（原文省略）〉などがふつうにみえる。

以上のように平易な俗語表現をめざし、デアル体で一貫した訳文に、『道訳法爾瑪』編集の姿勢をよみとることができよう。上ですこしふれたように、こうした訳文体は、ほとんどそのまま江戸に受けつがれ、前にもましてにぎにぎしく江戸蘭学界にデビューする。当時の江戸は日本全体における、政治・文化・学問の中心地であったから、同書は蘭学界での貴重な存在となり、宇田川の塾、風雲堂ではいちはやく書写して活用している。幕末まで全国的にも強い影響を与えていった。この頃は、ようやく蘭学から英学へと移る重大な曲り角にあったこととて、その出現と史的意義はきわめて大きく、幕末の『和蘭字彙』刊行となる。『道訳法爾瑪』を文久二年（一八六二）刊行の『英和対訳袖珍辞書』と比較してみると、訳語の面では、かなり両者に密接な関連性を知ることができる。つぎに訳語について考察してみよう。

3　『道訳法爾瑪』の訳語

厳密な分類ではないが、六分野に分類して訳語の一部をつぎにあげる。

(イ) 医術・生理：bijziende 近眼の・gasthuis,ziekenhuis 病院・gezicht 視力・hartsterkende middelen 強心剤・pillen 丸薬・purgatie 下剤・steekpil 坐薬・wormen 蛔虫・zweetmiddel 発汗剤；原語省略で示すと、――風邪・清涼飲剤・処女膜・眠りを催す飲剤・粘膜・片頭痛・静脈

(ロ) 数・理：algebra 点竄(てんざん)・cùbis 立方、再乗冪の・deeler 分母・kooking 沸騰・Straat 光線・stofmeel 花粉・bedden 花壇・walm,damp 蒸気・weêrglas 晴雨昇降；原文省略で示すと――顕微鏡・音声・正三角・楕円・比例・立方根

(ハ) 人文・自然：thioorie テョールイ、道理穿鑿の学・digtkúnde,poezij 詩学・fable 小説物(京伝の作のごとき)・koorzang 奏楽の時用る哥・konstenaar 芸術者・letterkonst 文学・muziek 音楽・philosophij 理学・periode 一章(書籍の)・proze 散文・redeneerkunde 論理術・roman 作り物語・stijl 文体・taalkunde 言辞学、言学科・theologant 講釈師・welspreekkonst 辧舌述・aardklove 地球・arbeider 人夫、日雇・melk weg 天の川・noordster 北極星・natúrboek 究理書；原語省略で示すと、――演説・恒星・日蝕・熱帯・商業・法律

(ニ) 器財・人物：beugelbaan 玉突き場・boerenkrijt 白墨(チョーク)・bottel ふらすこ・dek かんぱん(船の)・gieter じょうご・verrekijker 遠眼鏡・mantel 外套(又)合羽・orgel 風楽・pen 筆・penseel 筆(鵞の羽にはあらず本邦の筆のやうなるを言ふ)・schrijfboek 手習草紙・slaghorlogie 鈴うち時計・wijzerplaat 時計の文字板・tafel 卓子(又)机・tent 天幕・búrgers 町人・volk 民、俗・gemeen man 平士・minnaar 恋人・muzikant 歌学者

(ホ) 政治・軍事：bank-briefje 為替手形・brief 手紙、書翰・coers 相場・regten 政治・religie 法教・regtbank 裁判所・staatkúnde 世を治むる術・post 飛脚；原語省略で示すと、——書札の端書・戦艦・歩兵・海軍・武器・地雷火・要害

(ヘ) コトバ・その他：aanstoot 批判・ackterdenken 疑察・caracter 気象・deeling 配分する・denkbeeld 観想・kús 接吻・natúúr 性質、本体・rigtshoer 法則・verbond 契約・vrede 平和・weegen,zelfstandigheid 形相、本質・zin 意味・zondag 日曜日・wijsgeer 知識・voornaamw. 代名詞・vrijheid 自由・controversie 議論・concept 会得

新しい事物や概念を受け入れる時には、当然新語ができるわけである。訳語を選出する基準にも、いろいろあろうが、小論ではいちおう、問題になる訳語・現代語からさかのぼって同質的と思われるものを私意を以て選ぶことにした。

さてそうした訳語の検討についてであるが、まず上述の翻訳三方法が考えられる。しかし直訳の方法は、例語でわかるように、〈ポムプ（pomp）・ビスコイト（beschuit）・シヨコラート（chocolaat, チョコレートのこと）・ふらすこ〉などのように、かな書きになっていて、問題にならない（語彙的には別である）。a狭義の翻訳についても、特に問題はなかろう。多くの訳語をシナ語に仰ごうとしたし、例語にあげなかったが、〈miskraam 小産、うみおとし・lombord 典当鋪・nikkel 麦奴〉など、あきらかに、そうした努力のあらわれである（古代シナ語と近代シナ語の区別は必要であろうが）。したがってb義訳の方法が問題になる。いうまでもなく、これには先のa狭義の翻訳も関連してくる。いうならば、和製かシナ製かの問題が両語の比較・考察（歴史的見地からも）を必要とする。シナ語辞典で確かめることは当然なことだが、訳語である点から、蘭華あるいは、英華字典などで検討する必要もあろう。蘭学者、長崎通詞が、自分たちの力によって苦心訳出したことをはっきり記録しているもの——たとえば〈求心

力・遠心力・重力・皆既蝕〉などをはじめ、〈神経〉などの新しい訳語——は、性格が明確である。ともかく、いちおう私の調査したところでは、上掲の訳語は和製としてよさそうなものばかりである。「英華字典」として、やむをえず時代がくだりすぎるが W. Lobscheid : English and Chinese Dictionary (1866~69) を用いた。今二、三比較した訳語を示してみよう（○印が『道訳法爾瑪』）。

○接吻— Kiss, 親嘴・啜面　○病院— Hospital, 医院・医館・医局
○日曜日（ニチヨウニチと呼んだらしい）— Sunday, 礼拜日・主之日・安息日

その他、〈坐薬・強心剤・発汗剤〉などは、それぞれ「英華字典」の訳では、〈安糞門之薬丸・補血（身）薬・発表薬（発表之剤）〉などとなっていて、日本人の義訳にとうてい及ばない。ただ、〈光線・花粉・理学・恒星〉などはシナ語字書にもみえる。しかし〈恒星〉のように長崎通詞が苦心して訳出したことがわかっているので、あるいはこれら和製漢語がシナへ早くはいっていったのではないかとも思う。『道訳法爾瑪』は五十年は先に成立しているのである。ちょうど〈理学〉が明治にはいって〈哲学〉となり、哲学がシナ語になったように、近代シナ語には明治以前からも日本製の学術・政治経済用語もはいっていったのではなかろうか。もっともこの日本とシナとの関係は、ことが漢語の問題であって、なかなか断定はしにくい。私は未見だが有名なシナ学者 Dr. Robert Morrison の『華英英華辞典』（一八二三・文政六年）は早く長崎に輸入されたといわれる（古賀十二郎『長崎における英語研究』を参照）。やはり日本でのシナ語（訳語）の借用が多いと考えられる。

さらに〈文学・文体〉のようなものも義訳の一種と考えるならば——文学は英語 literature の訳語として、明治以降のものと一般にはいわれている——義訳の類は一そう豊富になろう。伝統のない学問ほど義訳が多く、新造語がみられるのは当然である。こうしてシナ製と和製との区別をしてみると、蘭学者が翻訳にそうとう苦心を

払ってコトバづくりをしていると結論できる。

さて近代日本語史という点で、①訳語の新旧が問題になる。一例として〈論理術〉をとる。オランダ語の redeneerkunde は英語の logic であるから、〈論理術〉は明治の〈論理学〉と同一である。論理学は西周の創始（「明六雑誌23号」明治七年）とされているが、〈理学〉などと共に、蘭学者の創始と考えられる。和製漢語と考えられる訳語で、現代語と一致するものの中には、訳語史上からはるかにさかのぼって、みなおされる語彙があろう。また②内容的に同一だが、訳語の異なるものについても一考を要する。たとえば、〈点竄〉は〈代数 algebra〉・〈法教〉は〈宗教 religion〉・〈歌学者〉は〈音楽家（musician）〉・〈講釈師〉は〈理論家 theorist〉・〈道理穿鑿の学〉は〈理論 theory〉などとなる。さらに③内容的に異なっていて訳語の同一なものも考えられる。たとえば、〈regtsgeleerdheid, z.v. regtkunde 政治科 事の邪正を弁知し各地の風習を会得し、変に応じて其処置の宜しきを得る事をあらかじめ学習する科なり〉など一例である。これは英語の jurisprudence にあたるから、細字の説明を読んでも〈法律科〉の訳が適当であろう。訳語の変遷から、いっそう注目されるものである。またここの例のように、いちおう訳語を与えたものの、概念内容の説明、いわば訳者の註記を付しているものが、ところどころにみられる。例語としてあげた〈fabel, penseel〉や〈wagttoorom, 遠見台 夜火を燈して礁岬等を船に知らする台〉などこの類である（以上は、寓話・鉛筆・燈台と訳されるもの）。さらには語と句の中間的訳語形式であるが、共通したものに、〈Dok 舟船を囲ふ場 :zier 分け難き極微細の分子 :wereldbeschrijving 天理地理の数理を手に取るやうに知る術 :panneel 油画を画く板 :verdigter 形なき事を作る人 馬琴・京伝・三馬の如き者を云〉などがある。いずれも句形式をとっている。現代なら、〈ドック・分子・叙述的宇宙論・パネル（画板）・作家（小説家）〉とある訳語である。翻訳の三方法ではまかないきれずに、こうした形式が用いられたわけであろう（蘭学々習の態度にも関連する）。漢語も内容的には句表現と同じであるから、〈翻訳〉の態度の本筋からは離れていないわけである。しかし句→語の変化は、社会における言語の役目を考えれば、かなり重大なことである。しかも江戸→明治への展開が、句形式→語形式への移行にはっきりと投影しているのである（明治以後も「英華字典」がこの面で大きな役割を演じる）。なお個々の訳語についても、さらに記述したいことがあるが、以上で訳語の考察の一端をおわることとする。

おわりに

近世語研究――生活語ではなく、どちらかというと文化、学芸用語の面であるが――における問題と方法を考えるにあたって、オランダ語と日本語との関係、訳文・訳語を中心にとりあげてみた。蘭学者がオランダ語に接し、これを翻訳する過程にあって、どのような問題にぶつかり、いかなる影響を与えられたことか。彼ら蘭学者により近代の文章体であるデアル体が創始され、文化や学問をおしすすめるための近代日本語が、つぎつぎと生れていった。こうした点について、改めて考えなおされねばならない。また、訳語を吟味してみると、彼らが、西欧の文化や科学の内容を、かなり正確に理解し、咀嚼していたことをしる。また論中ですこしふれたが、日・シの言語交渉も大きな課題であろう。誇張すれば西欧近代文化を受けいれるために、コトバにあって日本とシナは相携えて、その近代化に進んでいったともいえよう。シナの白話文学に及ぼしたという日本の言文一致体運動の影響まで考えれば、なおさら両国の関係は密接であろう。

幕末(万延元年・一八六〇)の洋書注文数は、一月間で、三六三種・七六四八冊の多きにものぼっている。しかも高野長英(「訳業必読書籍目録」参照)のいうように、すぐれた蘭書も実は英・仏・独などの原書の翻訳であった。また世は蘭学から英学へとうつる。もちろん蘭学は日本の近代化に大きな役割を果した(西周・福沢諭吉・森鷗外など、明治の進歩的文化人は、いずれも蘭学の洗礼をうけた)。と同じく、蘭語学習もオランダ語を摂取し、その影響をうけつつ、近代日本語の創造・建設にすばらしい役割を演じた。このことを忘れてはならない(13)。

〔参考論文〕大槻文彦〈和蘭字典文典の訳述起源〉(『復軒雑纂』所収)、勝俣銓吉郎『日本英学小史』、拙編著『日本洋学小誌』(恒星社)

註

(1) 岩波文庫『蘭学事始』（緒方富雄校訂）の解説を参照。小論での引用もこれによる。

(2) 渡辺庫輔『阿蘭陀通詞志筑氏事略』を参照。

(3) 拙論〈第二期欧米人の日本語研究書目〉（「国文学研究15」）、〈蘭人と日本語研究〉（「江戸長崎談叢3―2」）をそれぞれ参照。

(4) 拙論〈国語史研究ノート〉（「国文学研究20」）、『図録蘭学事始』（早大出版部）を参照。

(5) 註1と同じく、緒方富雄先生の解説参照。また註4の図録を参照。

(6) 前野蘭化の『点例考』にすでにみえるが、〈標式十記〉（『蘭学逕』藤林普山）、『点類通考』（宇田川榕庵）などに、punctuation と、種々の符号（・／?など）について述べ、西欧の文章の論理的な点を考えている。漢文での〈点例〉の応用もある。巻末の資料を参照。

(7) 前野良沢『八種字考』、村上英俊『五方通語』高橋景保・吉雄呉洲『亜欧語鼎』、梅彦『五国語箋』などをはじめ、いろいろみられる。

(8) 後藤梨春・司馬江漢・本多利明・山片蟠桃・佐藤信淵・大庭雪斎などの主張のうちに著しい。

(9) 蘭和辞書の訳編に用いた蘭仏辞典は、"Woordenboek der Nederduitsche & Fransche Taalen door François Halma" である。ただし蘭語の解説はまず蘭語で示しているので、そのところを翻訳し、H・ドゥーフが仏語にも通じていたので、さらにその対訳フランス語も参照して翻訳に万全を期した。「洋学ことはじめ展」（蘭学資料研究会編）・「洋学展覧会目録」（早大図書館編集）の解説を参照。

(10) 二つのハルマについて、目下早大図書館蔵本で比較検討中。両者は没交渉ではなさそうであり、これまで誤解して紹介されている。

(11) 刊本。「早大本」は五冊（一八六七枚・約十一万語収）、片仮字漢字まじりの文体。オランダジイの呼び方が正しいと思う。〈字彙〉はシナ明代の代表的字典、『字彙』にちなんで一般名詞として辞書の意で用いた。

(12) 宣長『古今集遠鏡』（寛政八年・一七九六）の古歌訳に〈ツヨウナイノハ女ノ歌ユエデアラウ〉があり、「法問和解」（文化五年・一八〇八）などにも〈……カミナリヲ聴キタイモノダ〉など口語調がみえる（傍点は編者）。

(13) 昭和三十八年、わたしはＡＮＵ（オーストラリア国立大学）に招聘されたが、同国モナシュ大学で、〈近代日本と蘭学〉の演題で講演した際、出席のドイツ人言語学者が、幕末に日本人が多くの洋書に接した事実をはじめてしり、深く感銘を受け驚嘆したと講演終了後に感想をもらされた。このことを想起する。本書第四部（欧文編）を参照。

◎小論に使用の『道訳法爾瑪』は早大図書館蔵本。八冊本。一ページ三十行（横掛）、漢字平仮字まじりの文章体である。柱に、〈道菴秘本 法爾瑪道訳〉とある。

初出▼「国語と国文学36－10」（東京大学国文学会、昭和三十四年十月）

3 翻訳と近代日本語の形成

1

はじめに

小論では、すでに発表した〈近世における外国語の摂取とその影響〉につぐものとして、幕末から明治中期にかけての訳語の変遷と、それが投影している近代的なものを描いてみたい。もしコトバの文明開化ということが許されるならば、その出発点は十八世紀後半からはじまるということができる。語彙というものは、生活を語る土台であると同時に、新思潮の表現である。近代日本の精神の軌跡であり、行動の実態をとらえるうえに、一つの有力な構造である。人智の創出した精巧なメカニズムが語彙の構造なのである。

文化とは借用である。日本が新しい近代国家として、ヨーロッパ的な生活・学問を身につけようとその摂取消化に努力するうえにコトバの果した役割は莫大である。まず横のものを縦に置き換えることによって、彼我共通の生活や思考の場が提供されたのである。もっとも置換といっても決して容易なことではない。添削の妙を営む人材も必要であったろうし、百聞は一見に不如式の事実も大切であったろう。借用が帰化にまで変質していく時、はじめて近代日本語としての資格も能力も個性もそなえるといえる。長い年月と試行錯誤の連続があったであろう。――広く近代日本を建設するために、日本民族が精いっぱい、真剣にしかも自由自在に一つの目標にむかって行動した。いわば〈行動科学〉のみごとな結実こそ、これから小論で考察する訳語とその変遷である。(1)

小論は辞書に登録されている語彙を中心に論述したので、出発点にあたって、使用した辞書類の刊行年次、略称を示しておきたい。使用外国語は主としてオランダ語と英語である（（ ）内は略称）。

a 和蘭字彙（安政二年～五年 一八五五～五八／和蘭） b 訳鍵（文化七年 一八一〇／鍵） c 増補改正訳鍵（安政五年 一八五八／改鍵） d 文久二年英和対訳袖珍辞書（文久二年 一八六一／文英）(2) e 増訂華英通語（万延庚申 一八六〇／華英） f ヘボン和英語林集成（明治元年 一八六八／語林） g 英和字典翻訳適用（明治五年 一八七二／翻英） h 附音挿図英和字彙（明治六年 一八七三／柴英） i 英華和字典（明治十二年 一八七九／英華和） j 英華字典（明治十四年 一八八一／英華） k 井上英華字典（明治十六年 一八八三／井華） l 高橋漢英対照いろは字典（明治二十年 一八八七／高和） m ウェブスター氏新刊大辞書和訳字彙（明治二十二年 一八八九／和訳） n 模範英和辞典（明治四十四年 一九一一／模英）

生活の単位

試みに手元にある福沢諭吉の『増訂華英通語』を開いてみると、〈Petticoat（ペッチコート／必时蔻） 裙（ヲンナノウワギ）／Trousers（ツラヲザルス／兜攋沙時） 褌（フンドシ）〉とある。またズボン吊りの用法と大小便時の説明を、こと細かく記述しているものもある。しかし女ノ上着やフンドシというような訳語――そういう日本語がどうして作られたのか。ズボンをフンドシと解したのは何故であったか。前者は coat にひかれて、下着を上着と誤解もしたであろう。後者は漢字の褌に幻惑され、実物を見ぬ怠りがあったろう。ペチコートもズボンも当時の日本人のものでなく、風俗、生活、行動とまったく遊離した単なるコトバにすぎなかったからである。

新しい酒を新しい革袋にもらねばならない。それには何よりも、生活の単位として、〈一週間〉というものを身につけねばなるまい。新しい語の創作が必要となる。そこでまず週及び週日名の訳語を検討してみよう。

(1)週（蘭 week，英 week）

和蘭—七曜・一メグリノ日数 Toekomende week 来ル「ウヱーキ」、鍵—七値、改鍵—七曜・一メグリ、ノ日数・七値、文英—なし、[3] 華英—一個禮拝（ヒトマワリ）、語林—Mawari・isshū、単語増訳（明治四年）—一週（マワリ）ノ七日、翻英—一週日ノ間・七日節・週七日之期、柴英—一週間（ヒトマワリ）・七曜日（エウニチ）、英華和—ヒトマワリ・イツシウニチ（表記の一部改正）、高和—一週（いっしゅう）・一週間（いっしゅう）・ひとまはり・ひとまはりのあひだ、三版語林—Mawari, isshū, isshūkan、和訳—週日・一週間

訳語例のように、江戸時代はただ単に外国語として受け入れただけである。訳文例でも、〈為替手形の払ひ時の仕来りは来る「ウエーキ」である〉（『ドゥーフ・ハルマ』）のような文例はあるが、〈来週〉とか、そうした単位による行動の意味は理解していたわけではあるまい。よし知識として知っていたとしても、体験として、生活単位としての認識はなかったであろう。

右の訳語例からもわかるように、蘭語翻訳の時代には、『訳鍵』の〈七値（値はめぐる・あうの意。どうやら七日ごとにめぐってくるように解したと思われる）〉から、『増補改正訳鍵』の、〈七曜、一メグリノ日数〉などの訳がでているだけである。明治五年前後の英単語集などをみると、ほとんど、〈一週（ひとまわり）〉の訳が多く、むしろこれが定訳になっているといってよい。現代風の〈一週間（イッシュウカン）〉の訳が、一般的になったのは、上例では明治二十一年のそれであるが、おそらく明治二十年前後と推定してよさそうである。私の設定する近代語から現代語へと史的展開の時期である。したがってヒトマワリから一週（イッシュウ）（間（カン））へ転じたのは、過程的には明治十五年〜二十年のころにおけると思う。さらに厳密には一週間の訳の前に、一週（イッシュウ）（周）とか、一週日（イッシュウニチ）という訳がおこなわれたことも推定できる。明治十二年刊の『英華和』をみるとつぎのようにある。一過程を語るものとして証拠となろう。

○ Week, n. 一箇礼拝，七日節，周七日之期，七日来復。ヒトマワリ，hitomawari イッシウニチ，isshu-nichi.

右の〈イッシウニチ〉が、『ヘボン和英』の第三版では、〈Mawari, isshū, isshūkan〉と一週間の訳語が登録されてくる。まさしく〈一週間〉があらわれ、上掲の『高和』とも一致する。『ヘボン和英』の第三版はいろいろな点で、近代語形成研究上の好資料であるが、この〈一週間(イッシュウカン)〉にあってもよき歴史の証人であることを示している。

しかしここで注意しておくことは小論、小著でも再三強調しているように、シナ語との関係である。上で使用した「英華字典」類などでもわかるように、〈一週間〉の訳は日本人の訳であって、シナ人の訳ではなく、その内容の把握の仕方において、両者がすこぶる不一致点をもっていることに興味がわく。〈礼拝〉とか〈節〉というような概念は、ついに日本語の中には翻訳されなかったのである。これは生活の単位云々ということとともに、日本、シナ両国民の西欧化過程の本質的違いをかいまみせているわけである。さらに七曜日の翻訳において、このことは決定的に明示される。英語・シナ語・日本語（片仮字とローマ字）を対比して示せるので、『英華和』を一代表としてつぎにあげてみる（ただし華は在華西洋人宣教師による翻訳の点を留意したい）。

○Sunday, n. 礼拝日, 主之日, 安息日, ニチヤウニチ, nichi-yō-nichi. ○Monday, n. 礼拝一, ゲツヤウニチ, getsu-yō-nichi. ○Tuesday, n. 礼拝二, クワヤウニチ, kwa-yō-nichi. ○Wednesday, n. 礼拝三, スイエウニチ, sui-yō-nichi ○Thursday, n. 礼拝四, モクヤウニチ, moku-yō-nichi. ○Friday, n. 礼拝五, キンヤウニチ, kin-yō-nichi. ○Saturday, n. 礼拝六, ドヤウニチ, do-yō-nichi.

〈日曜日〉は蘭和辞典ですでに、〈zondag 日曜日〉（『鍵』）とあり、七曜日の訳語は定まっていたと考えられる。しかし『華英』に、〈Sunday(ソヌデー) 礼拝日(ニチヱウニチ)〉とあるように、あるいはまた、『改正増補英語箋』（明治五年・一八七二）で〈日曜日(ニチヨウニチ) 月(ゲツ)曜日(ヨウニチ)……〉など〈——日(ニチ)〉となっているように、蘭語から英語に移っても、ニチヨウニチが定訳であったと思われる。『英華和』もその継続上にあるわけだ。(3) しかし永峰秀樹訓訳『英華字典』（明治十四年、永峰英華と略称）では、

〈Sunday 礼拝(ニチヤウビ)／Monday 礼拝―(ゲツヤウビ)……〉、『高和』では、〈にちえうび 日曜日（一週の初日）Sunday, sabbath-day〉とある。以上の点から曜日の訳語の固定は、week の場合と同じころ、明治十五年～二十年の間と考えてよさそうである。ただA・サトウの『会話篇』（明治五年）には、〈アナタハゲツヨウニチニハナニヲケイコナサルカ〉とともに、〈ニチヨウビハナニヲナサルカ〉もあって、〈ニチ〉と〈ビ〉の並存を示している。またヘボンの『語林』も、〈Sunday, n. Ansokunichi, yasumi, dontaku, nichiyōbi/Monday, n. getsu-yōbi〉とあって、あるいは外国人の間には、一足早く〈――ビ〉の呼称がおこなわれたのかもしれない。もっとも日曜日に関する限り、明治初期は、〈ドンタク・ニチヨウニチ・ニチヨウビ〉がおこなわれ、中では〈ニチヨウニチ〉が一般的であったと結論することができよう。そして日本では、シナのような〈礼拝日〉という訳は生まれなかったわけで、両国民の理解と導入の本質的相違を知る（私もメラネシアのフィジー島の原住民集落で、日本人が日曜日に教会に行かぬ点を詰問された経験がある。彼らもまたキリスト教に帰依して礼拝日の概念をもっているのであろう）。

さて〈一週間〉という新しい生活単位を、生活や行動にとり入れる困難さは大変なもので、ある点では現代も完全ではない。中央と地方の違いもさることながら、これを採用し実行することは一種の革命でさえある（明治八、九年ごろ、東京の小学校が日曜日を休むように勧告されている）。そこでおそらく、意図的に週七日の単位を採用し、実行したのは軍隊や学校であろう。安政二年（一八五五）に、幕府が長崎でオランダ人の指導による軍艦操作伝習の術を幕臣に習わせているが、その時の時間表がまさしく、日曜日～土曜日までとなっている。一部を省略して示すとつぎのようにある。

◇安政四年・海軍伝習の際の日課表（自九時至四時）：日曜日休／月曜日（砲術築城学習ほか）・火曜日（騎馬訓練ほか）・水曜日（算術学習ほか）・木曜日（航海術ほか）・金曜日（蒸気ほか学習）・土曜日（歩兵調練ほか。午前中で終って午後は船掃術除となっている）　＊板沢武雄『日蘭文化交渉史の研究』（吉川弘文館刊）より抜萃（同書五二～五三ページ）。

学校関係では伊沢修二『学校管理法』（明治十五年序）の〈日課表調成法〉に、〈一週間ノ課程ヲ定ムル〉として、つぎのような日課表案がつくられている。

曜／時	第一時		第二時		第三時		第四時		第五時
	三十分	三十分	四十分	二十分	四十分	二十分	四十分		四十分
	一助	辛助	一助						
月	修身	唱歌	読方	休	数	休	図画		
火	修	体操	読	〃	数	〃	習字		
水	〃	唱	博物	〃	作文	〃	習		
木	〃	体	読	〃	数	〃	図		
金	〃	唱	読	〃	数	〃	習		
土	〃	体	博	〃	作	〃	習		

＊小学初等科第六級を例とした。
〈毎週〉というようなことばもある。

右は一例にすぎないもので、明治九年十月の東京英語学校の教則をみると、語学や習字にしても、いずれも、〈一週間九時／六時〉のように〈一週間〉の語があり、さらにさかのぼると、明治五年九月に出た「小学教則」でも、つぎのようにみえる。

○第八級　六ケ月（一日五字　一週三十字ノ課程　日曜日ヲ除ク以下之ニ倣ヘ）
綴方（カナツカヒ）　一週六字即チ一日一字

近代的学校制度は勢い、一週間制をとったであろうし、これは明治三年十月の〈大学南校規則〉にまでさかのぼって考えられるかもしれない。

以上はいずれも、もっとも可能性のある軍隊、学校教育の場合である。完全な一般化は――後々まで月の一日・十五日が休みというのが商店の常である[4]――上で推論したように、ほぼ明治十五年～二十年と考えてよかろう。他日、辞書以外で具体例を検討してみたい。

参考までにつけ加えておくと、蘭学者が江戸～明治への移行の中で、〈週日〉の摂取・了解にどういう態度と反応を示したであろうかという点である。明治六年（一八七三）の太陽暦採用実施の八十年前に、例の大槻玄沢主催による芝蘭堂の〈新元会〉があり、そこで、〈閏十一月十一日は太陽暦の一月一日に相当すれば、阿蘭陀正月と称して元旦賀宴を開〉いた事実がある。想定すれば、彼等蘭学者の間では、七曜日も私的に用いたのではないだろうか。その一材料として、宇田川榕庵『点類通考』（写本）の〈凡例〉の最後に記したつぎの文言をあげておきたい。〈〇文政七年閏八月木曜日　燈下　榕菴誌〉――である。自己の生活に木曜日をとり入れていたことは、他の榕庵の研鑽を考え合わせて、一つの新しい態度を示す実例と評してもよかろう。しかもこれはまた蘭学者全般にもいうことができると思う[5]。さらに附随して、時代の単位、〈一世紀〉についてもふれておきたい。

(2)一世紀（蘭 eeuw，英 century）

和蘭―百年　鍵―生涯・百年　改鍵―生涯・百年　文英―一百年・一世　語林―Hiyaku nen.　翻英―一百年・一世　柴英―百数（スウ）・百年　英華和―a hundred years, 一百年・ヒヤクネン hiyaku-nen.

『文英』の訳語は、すでにメドハーストの『華英字典』に、〈Century, 100years, 一百年　yĭh pĭh nëên ; an age, 一世 yĭh shé〉と訳出されている。しかもこの〈一世〉が、『高和』で〈いっせいき 一世紀（一百年を云ふ）A century〉、『和訳』で〈百数, 百年, 一世期, 百人〉とみえるのは、やはり一週間とほぼ同じ時期であり、語誌的にも興味がある。『語林』の第三版に、〈century, n. Hyaku nen, seiki〉とあるのも、いっそうこのことの確実性を示すことになろう。表記に紀と期のずれなどはあるが、特に問題にする必要もなかろう。いうまでもなく、明治二十年前後は若い日本が飛躍的に躍進すべき一転期であった。文学方面はもとより、〈帝国〉の語が流行し、憲法発布の準備もととのえられた。明治二十二年二月十一日をもって、日本国家は誕生したともいわれる重要な時である。古代国家の誕生にあたっては、六十年が単位とされたが、近代国家は百年、一世紀を一単位として出発したとも解することができる。〈一世紀〉の語のもつ象徴性は、やがて明治三十四年（一九〇一）に、〈二十世紀〉の流行語をうむ前哨線的意味があるとも解せよう。

2

学芸の新分野

いうまでもなく新時代は、何よりも新しい科学によって富国強兵路線がしかれた。その代表的な学芸は化学・物理、動植物学であり、哲学や経済学、社会学である。たとえば『和訳』で、〈Botany, chemist〉を引いてみると、前者は〈本草学、植物学〉とみえ、後者は、〈科学者、製錬ニ熟達シタル者〉とある。現代の英和辞典では、〈本草学〉も〈製錬……〉も見出しえないであろう。しかも明治期も終ろうとするころに出版の『模英』で、〈chemistry〉をみると、〈化学、舎密（セイミ）学〉とある。もっとも、〈botany〉のように、〈本草学〉という、ある程度置換のきく学術は、むしろ翻訳するうえでは、既定のものによれるよさがあろう。そうでないものは、学芸関係の用語に出逢った時から、きわめて困難な翻訳問題にぶつかったであろう。しかし反面翻訳語としては、結果的に類似の訳語があるよりない方が、むしろ新しい訳語を創りだしてもいる。

いわば西欧と共通の学術討論の場を、設定しえたことにもなるわけである。さらに以下、〈化学・物理〉について、その翻訳と訳語の変遷をたどってみよう。

(a) 化学（蘭 chemie, chimie, scheikunde, sckeikonst ／英 chemistry）

和蘭―分離術　鍵―錬金術・銷錬術　改鍵―錬金術・銷錬術・分離術　文英―分離術　語林―kuwgaku
翻英―分離術・煉用法・丹竈之事　柴英―化学　英華和―（chemistry 単独ではなく、chemist で登録されている）煉法者・煉物者・煉法師・製煉法者・クワガクニクハシキヒト kuwa-gaku ni kuwashiki hito・セイレンガクシヤ sei-ren gaku-sha. ＊chemical が煉法的、煉的、製煉的、物質理的、クワガクノ Kuwa-gakuno とある。　永峰英華―煉丹法・煉薬的。化学（クワガク）　井華―煉法・煉物之学・煉物三理・煉用法　高和―くわがく（名）化学・舎密学・せいみがく（物体を分析して研究する学）chemistry, chemical science　和訳―化学

以上を通観すると、chemistry の翻訳には、日本訳として、〈分離術・錬金術・化学・舎密学〉など四種、シナ語訳に、〈煉用法・煉物者〉などをみる。これらのうち〈煉〜〉は日本では初期に属する点、おそらくシナ語訳を借用したのであろう。したがって日本語としては、〈分離術・化学・舎密（学）〉が考えられる。このうち舎密は宇田川榕庵の『舎密開宗』（天保六年・一八三五）によっても、榕庵個人の訳による音訳語と考えられる。[6]〈分離術〉は化学とはそういうものであると解した日本人の、一つの翻訳語であり、他に〈分析術〉の訳も個人的にみえる。これはオランダ語、scheikunde の schei の原義として、〈分析スル〉の意のある点からでもあって、原語次第ということになり、珍重されるべき訳語である。根源は長崎のようである。そしてシナ語訳の〈煉〜〉と比較すると、いかにもシナ人は化学を中世の錬金術か何ぞのように解し――誇張すると、日本人により科学的な態度があるに

反し、シナ人にはより現実的な、超自然的な非科学的態度がうかがえる——ついに化学の本質は理解していなかったのではないかと疑わせる。訳語〈化学〉にしても同様であろう。とにかくHydrogenを〈軽気〉と訳すシナ人と、〈水素〉と訳す日本人の根本的相違でもある。日本とシナで近代化に大きな差があり、いち早く科学立国として、西欧的水準に達した日本と、いつまでも近代化がおくれて、外国人の跳梁を自由にさせたシナとの違いでもあろう。すでに『舎密開宗』とその翻訳の方法・意義については、別に論じたのでここでは割愛するが、原語のまま音訳して〈舎密〉とした態度も、両国の翻訳の違いを語っている。いうまでもなく音訳してその実をとり、深く西欧の化学を認識しようと努力したのが日本であった。もっともこれには在華西洋人宣教師の翻訳が考えられる。江戸時代には、〈離合之学・分合術〉あるいは、〈分析術〉とも翻訳しているが、まさしく舎密の内容・本質はそのようなものなのである。榕庵に発したこの〈舎密〉が、ごく一部の用法から次第に一般化し、明治以前、幕末には、公的に用いられ、ついに辞書の上でも二十世紀をこえて、はるかに明治末期まで用いられたその意味は、過小に評価できまい。

さて現代は〈分離術・分析術・舎密〉などは死語となり、独り〈化学〉のみが用いられている。一体この〈化学〉という訳語は和製かシナ製か？　変化自在の化学に、バケ学の化学と訳したのは、いかにもシナ人的意訳ではある。化は古典、『列子』の昔から、シナでは手品や幻術、いわば錬金術にも通じる意がある。〈chemistry〉をシナ人が〈化学〉とするのも自然である。上にあげた辞書類からは、明治期では〈化学〉が優位になり登録されている。『英華』(永峰)で、〈。化学(クワガク)〉としているのも『英華和』と共通しているし、編者が。印について〈我日用語〉を明示するものと説明している。日本で幕末に、〈化学〉の語がシナから訳語、〈電気〉とともにはいってきたが、一般的になったのは、明治にはいってからで、厳密に年代は区切れないようである。少なくとも明治元年出版の『語林』にすでに〈化学〉がでていながら、明治四十四年の『模英』にも、〈舎密〉が並記されているのが事実である。別論で考察したように、幕末～明治初年はまだ舎密が、公的・一般的であった（もっとも開成所では、既に〈化学〉の語を公的に用いてはいる)。一般例として管見にはいった古い例では、慶応三年刊『英仏単語篇注解』(開成所本)の〈化学者(クワガクシャ)〉である。その他写本で、慶応年間のものに〈化学〉の語をみる。したがって幕末の辞書類に、〈化学〉の語が用いられていたのは確かであるが、ここに問題になる二つの記事がある。

①元治元年(一八六四)四月の開成所頭取の建言。この中に、〈(前略)前書セイミ学を以化学と相唱へ候支那訳例も相見え字義相当仕候様被存候間以来精煉方之文字、化学と相改(後略)〉とみえる。

②『宇都宮氏経歴談』に、〈化学入門と云ふ書物が支那から来た。此れは漢文であつたが英人か何かが書いたのかも知れぬ。そこで自分は日本でも化学と云ふ名にしたいと思つたから、林大学頭(注・開成所頭取)に洋書調所も開成所と改まつたから、製煉所も改めて化学所としたいと云ふた。……遂に化学と云ふ名を用ひることになり製煉所を化学所と改めソレより化学と云ふ名を人が口にするやうになつた。〉

右の記事を信じるならば、〈化学〉はシナ訳となり、開成所と改称した文久三年(一八六三)ごろから公的に用いられるようになったと解せるわけである。しかしそれにしては、「英華字典」の類に、〈化学〉の語のみえないのは不可思議である。この疑は志賀富士男氏の〈川本幸民について〉(「化学史研究二号」、昭和十七年)で、〈化学〉の訳語が、〈少くとも万延元年以前の安政年間に、既に幸民によつて書物の題名に迄使用されているのであると考えられる〉と考察されたことである。川本幸民の著作は『化学新書』と名づけられたものであるが、ここにおいて〈化学〉が、幸民によって使用されたことを知る。しかし、シナ語訳との関係はどうなるのだろうか。幸民の稿本を写真版でみると、〈scheikunde〉とあるから、〈chemie〉からの訳ではない。そこに〈舎密〉でないものがでてきたとも考えられる。また〈電気〉の訳が幸民によつてシナ人訳として紹介され、すでに『文英』にも、〈Electricity, s 電気〉と登録されている(「英華字典」にも同じく登録されている)[7]。幸民はこうした訳語の点ではっきりした態度をとった人物と思われるので、もしシナ語訳を借用したら、電気の場合のようにそれとことわったであろう。また幸民の『化学新書』以前に、シナで〈化学〉が用いられていたら、「英華字典」の類に登録されて然るべきである。この二点からしても〈化学〉は川本幸民の訳になるとも考えられるが、むしろ幸民がシナ語訳の〈化学〉を採択したと考える方がよさそうである。(8) 化学の語が公的に用いられ、〈化学教授〉などの語がみえるようになるのも上の①のころからであるが、明治期にはいっても公的に舎密局の用例もあり、両語並びおこなわれたようである。ただ明治七年文部省から『小学化学書』(三冊本)が出版され、四十一年には、〈化学会〉が創設され、四十三年には「東京化学会誌」などの機関誌の創刊があって、次第に〈化学〉が主流となってきたわけである。いうならば幕末から明治十年ごろまでで、その位置をほぼ確立したということができよう。辞典類の用語例からも、ほぼこのへんの推定がつくところである。つぎの物理学とちがって、『戊辰以来新刻書目便覧』(明治七年刊)で化学関係書をみると、圧倒的に〈化学――〉と化学を書名にもつ書物が多く出版されている。辞典類とほぼ同じような答が示されていると解することができよう。

(b) 物理学(蘭 natuurkennis, natuurkunde, ラ physica/英 physics, natural philosophy)

すでに榕菴によって〈費西加〉(physica)の紹介のあることは記述したが、化学と並んで物理学という新しい学問をどう理解し、どう摂取していったかを考えてみよう。

和蘭―natuurkennis, natuurkunde 究理学、philosophy 理学　鍵―natuurkunde 自然学、philosooph 理学科・学派　改鍵―自然学・同上 光理学　文英―窮理学 Natural philosophy―窮理学 Physiology―窮理学　語林―kiu-ri gaku,Natural philosophy kiu-ri　翻英―窮理学　柴英―性理・格物。理学 Natural philosophy 窮理学博物理学　英華和―(the science of nature) 性学・性理・格物・セイリ

ノガク sei-ri no gaku, ブツリノガク butsuri no gaku; to study physics, 学性理格物、セイリノガクヲマナブ sei-ri no gaku wo manabu. natural philosophy, 性理之学・博物理学・格物総智・ハクブツガク haku-butsu-gaku, キウリガグ kiuri-gaku 永峰英華—性理・格物之学 ブツリ、ガク philosophy 性理。格物窮理之学。性学。リガク 井華—性学・性理・格物 philosophy 理学、性学 : natural philosophy 性理之学、博物理学、格物総智、格物窮理之学 高和—物理学（物の道理を究むる学問）physics, natural philosophy. ／窮理学（物理を研究する学）Natural science, natural philosophy, physics 和訳—物理学、natural philosophy 物理学、生理学、格物学 （philosophy 理学、哲学、理済、理科、究理） ＊『語林』の第三版では、〈Physics, kyūri-gaku, butsurigaku〉とある。

ヘボンの辞典で、すでに〈化学〉とあった訳と異なり、〈物理学〉は明治期にはいっても、〈窮理学〉が圧倒的である。輸入された漢訳物理書をみても、『博物新編』（合信＝Benjamin Hobson, イギリス人／文久年間伝えられる）・『格物入門』（丁韙良＝W. A. P. Martin, 明治元年）など、博物や格物の名をもっている。[9] 両書が後述のように日本での物理学の訳語決定に大いに用いられたことを考えると、その影響もすくなくなかったであろう。しかし蘭学以来の〈窮理学〉が日本人訳として、ずっとつづいている点はみのがせない。おそらくこの窮理学を略して、〈理学〉（理科は理学科の略か）とも呼んだのであろう。〈哲学〉の前身の〈理学〉は、〈性理学〉の省略からと思われる。これは蘭学者が、一面で物理学と哲学とをきわめて近い性格の学問として受けとったこと——というよりなかなか本質を理解して、その学問体系上の位置を、明確にするまでに至っていないという方があたっているかもしれない。これは〈化学〉の場合と異なつて、日本・シナ共通の態度をもっていたと解することができる。

一体何時になったら、〈物理学〉は独立するのだろうか。辞典の上では、明治十年～十五年の間であろうと思われるが、今手元にある明治五年（題言）、文部省編纂として刊行された『物理階梯』（全三巻・明治八年刊・片山淳吉著）は、その訳語を〈博物新編・格物入門・気海観瀾〉など、〈先哲撰用のもの〉に従ったとあるから、よし書名に物理（学）の呼称はとっても、術語は江戸時代からの伝統のうえに立っているわけである。[10] ただし、『物理階梯』がその後、一つの規準としてこれに典拠を求めたという点で、その後、〈物理学〉が一般化する一契機をつくったことは確かであろう。今、上掲の『戊辰以来新刻書目便覧』で、物理学関係の書物をみると、今日の物理学の意で〈物理〉の語を書名として持っているのはわずか一部だけで、他は、辞書での訳語と一致して、〈博物・格物・究理・理学〉と大別され、中でも〈究理〉が圧倒的に多い。いうならば福沢諭吉の『訓蒙窮理図解』（明治元年）が一世を風靡したことが、率直に時代を反映しているのである。〈物理〉は〈化学〉の場合より、日本人にははるかにおそく明確に理解し、受けとられたようである。

ごく通俗的な語彙集からの一例として、明治五年（一八七二）刊の『改正増補英語箋』をみると、つぎのような訳語例に接することができる。

植物学者（ウエモノガクシヤ） botanist（ボッテーニスト）　化学者（クワガクシヤ） chemist（ケミスト）　窮理学者（キウリガクシヤ） naturalist（ナチユラリスト）　性理学者（セイリガクシヤ） philosopher（フイロソフル）

右は慶応三年刊の『英仏単語篇注解』所収の語彙と一致している（ただし植物学者はショクブツガクシャ。これはシナ語らしい）。その〈凡例〉でいうとおり、〈此注解ハ只僻遠ニシテ師友ニ乏シキ地ノ学生ニ授ケ……雅俗ヲ論ゼス〉編集したものであったろう。

ここであらためて、〈物理学〉の変遷をたどるために、その始めにもどって、いささか素描してみたい。本来〈メタフィジックス〉でないはずの物理学（フィジックス）が、蘭学者にはフィロソフィーなどと混同しているように、形而下のものとしてだけでなく、形而上的なもの――物の理、究極のところ――をきわめるということに理解したようである。榕庵の『舎密開宗』にも、参考書としてよくみられるが、シナ書の『物理小識』（明代、方以智）の〈物理〉などがそれである。日本人がシナ語の物理＝窮理と考えていたうえに、西欧の Physics も〈窮理〉と解したわけで、その点はまた Philosophy とも一致したことにもなり、あるいは〈格物致知〉とも対応したのである。

『和蘭字彙』や『訳鍵』など、『道訳法爾瑪（ドゥーフ・ハルマ）』・『波留麻和解（ハルマわげ）』系の辞書類には、ラテン語、Physica（Physics）の語はなく、natuurkennis, natuurkunde を見出し語としているわけであるが、ここに興味あるのは、Physics の移入されたことを考える一資料として、大江春塘編 "Bastaardt Woorden Boek, T'JEDO 1822"（以下、バスタールドと略称）があり、その訳例につぎのようにみえることである。

phisica 窮理術, dialectica 究理術, Mathematica 究理学, naturalist 究理学,（ママ） metapysica 究理以上ノ学

同辞典の性格上、当時のヨーロッパにおける学術用語を登録、翻訳しているわけであるが、[11]〈究理〉と考えられたのが、物理学だけでなく、数学にまで及んでいるのは興味がある。その上メタフィジカを〈究理以上ノ学〉と訳している点を考えると、本質的には究理に形而下的なものを考えていたとも思われる。しかし結局のところ、一つに伝統的、標準的訳語として、あいまいながら〈究理〉がとられたと推定されよう。

一般に物理学の出発点は青地林宗の『気海観瀾』（文政八年・一八二五）と考えられるが、同書では、〈理科者物則之学〉といい、物理学は、〈理科〉の呼称をとっている。同書に、〈引力・重心〉などの術語があり、アルキメデスの原理も、〈称水之理〉（シナ語訳）として紹介している。しかし彼の場合の〈理科〉は、榕庵が『理学入門植学啓原』に、〈理学入門〉と角書しているのと同じ概念であるらしいから、物理学よりさらに広義である。『気海観瀾』を受けた川本幸民の『気海観瀾広義』（嘉永三年・一八五〇）では、つぎのように注目すべき規定を示している。

「ヒシカ」ハ和蘭ニコレヲ「ナチュールキュンデ」ト云ヒ、先哲訳シテ理学ト云フ。天地万物ノ理ヲ窮ムルノ学ニシテ、上ハ日月星辰ヨリ下ハ動植金石ニ至ルマデ其性理ヲ添弁シテ一モ残ス所ナシ。此学タルヤ、諸芸百工ノ源ニシテ、千百ノ事物須臾モ此理ヲ離ルベカラズ（後略）

上で参照した『バスタールド』の訳がきわめて当然であることも首肯できよう。ただ幸民は引用にもあるが、〈ヒシカ〉は〈万物ノ理ヲ窮ムルノ学〉であるといい、本文では、〈費西加者。窮物理之学也〉とも述べているので、やがて、〈物理学〉という術語が生まれでる前兆を示してもいる。事実、安政三年（一八五六）出版と思われる広瀬元恭の『理学提要』には、納都烏蘭裙垤（ナチウルキュンデ）を、〈窮物理学之義〉といい、さらに、〈普知二万有之理一之僖告加（ヒシカ）学ト所謂納都烏蘭裙垤（中略）今先説二物理学一明下所物関二渉人身之理上要使下二学者一知中先務上也〉と、明らかに、〈物理学〉の語を用いている。(12)

帆足万里の『窮理通』（天保七年・一八三六成）を例に出すまでもなく、その後も〈物理学〉の語は一般に用られていない。はじめにあげた辞典類の訳語例が率直にこのことを語っている。しかし一方、〈理学〉というフィロソフィーの訳語とのまぎらわしさが、窮理学の語で救われ、さらに窮理学の多義性が、物理学で限定されるような方向の示された意義は忘れてはなるまい。元恭は金属メッキ術の研究にも力を入れたらしく、物理化学の徒であるが、彼の頭の中には、ヒシカがそれぞれに分化しつつあった一証左にもなる。これは榕庵・林宗―幸民の線をたどると、幸民あたりがやはり一源泉となり、幸民―元恭とつづいていくと考えられる。ちょうど〈化学〉に、〈化学〉と〈舎密〉が並存したように、物理にも終局的には〈物理〉と〈窮理〉が並存したと思われる。

一方また明治三年二月の大学規則には、〈格致学〉とありながら、同年十月の大学南校規則には、〈窮理学〉、さらに明治五年の学制発布では、〈理学〉、明治八年七月、開成学校の学科目に、〈物理学〉が現われるというように、まことに数年中に目まぐるしい用語の（訳語の使用）変転を示している。明治期の文明開化がそのまま、〈物理学〉の訳定に反映している。と同時に辞典での訳語例がやはりこのことを証明しているようである。明治十年～十五年さらに十五年～二十年の間こそ一つのポイントとなろうし、〈化学・物理〉などの学校教育、教科書が大きな役割を演じたと考えられる。しかしそれでもなお、『模範英和辞典』（明治四十四年刊）に、〈Physics, 物理学、理学〉が並置されている事実も見のがすことはできまい。これは他の学名にも共通しているところである。

〈付〉Physicsと関連のあるPhilosophyについて一言つけ加えておく。江戸時代の蘭学者では、〈理学〉が普通であり、〈知学〉や〈儒教〉でも置き換えられた。W・メドハーストの『英華字典』（一八四三）に、〈philosophy, 性理 síng lé, 性学 síng hëŏ, 格物窮理之学 kĭh wŭh keûg le che hëŏ.〉とあって、まったくphysicsと一致している。(a)『英華和』(b)『永峰英華』(c)『ヘボン和英』（三版）をみると、つぎのようにある。

(a) philosophy, n. 理学、リガク ri-gaku　(b) 性理。格物窮理之学。性学リガク　(c) Gaku, ri, dōri, michi, dō, tetsugaku. Narural-, Kyūrigaku. Mental-, Shinrigaku.

右で(c)、すなわち明治十九年の時点では、〈哲学、窮理学（物理学に同）、心理学〉などがすでに訳出されている。もとより、〈哲学〉の訳語は周知のとおり、西周の『生性発蘊』（明治五年成・明治七年刊）の〈理学、理篇ナド訳スルヲ直訳トスレドモ、他ニ紛ル、コト多キ為ニ今哲学ト訳シ東洲ノ儒学ニ分ツ〉が最初であるといわれる。しかし〈哲学〉の語が、そうすぐに一般的になるはずもない。[13] 上の例のように、明治十九年刊の辞書にみえるほか、日本語の見出しとしては『高和』で、〈てつがく（名）哲学（学問の最高尚なる者にて天地の大道を究むるを目的とす）Philosophy〉とある。同書では、〈理学・窮理学〉は〈哲学〉とはっきり区別している。

しかし中江兆民の『理学沿革史』（明治十八年刊）は、伝統的な〈理学〉を〈哲学〉の意に用い、序言で、〈性理学〉の語も用いている。しかも理学は当時の用語に従わないと述べているから、〈哲学〉の語の定着・一般化は、明治十五年〜二十年の間にあると考えられようか。明治十五年刊の『哲学字彙』など明らかに、この種の学術用語の定着、一般化にあずかって力があったと思う。桑原武夫氏が兆民の『三酔人経綸問答』（明治二十年刊）の註（岩波文庫本一二一ページ）で、〈「理学」とは考証の学や詞章の学に対する語で、いわゆる宋明理学（朱子学・陽明学）を指すのが本来の意味であるが、明治前半期、フィロソフィの訳語として「哲学」と並んで用いられた。とくに兆民はほとんどまったく「理学」一点ばりであるのは恐らくその持論にもとづくのであろう〉と説明されているのは明らかに誤りで、明治前半どころか、〈哲学〉と同義語として、〈理学〉が江戸期以来正統に用いられ、その長い伝統の上にたって兆民が用いていたわけで、彼独自の持論によるのではなく当時の一般的用語である。〈哲学〉との並用を強いて仮定するならば明治十五年前後であったろう。やがて消滅するわけであろう。

　ともかく、〈化学・物理学〉の独立・一般化と、〈哲学〉のそれとほぼ同じ時期であると推定することができる。特に〈窮理学〉が〈物理学・哲学〉に分化し独立し、それぞれの性格が明確になつてきたという点で、訳語とその定着・一般化は重要である。いうならばおよそ一八八〇（明治十二年）～一八九〇（明治二十二年）の十年間が、この種の学術用語の定着、近代日本の成立、近代語の形成に大きな意味のある一時期であることを知る。紙数の関係で、時代と言語との関係——特に辞書以外のものによる形成交渉の実態を描きえなかったこと、シナ語訳との比較検討のできなかったことをお詫びして筆をおく。拙著を参照されたい。

註

(1) 小著『近代日本語』（紀伊國屋新書）中の〈近代社会とことば〉を参照。

(2) dの『文英』は、再版本（慶応三年版）と訳語について興味ある相違を発見した。すなわち、〈love 文久二年—愛・恋・財宝、慶応三年—愛・恋／Chocolate 文久二年—甘豆餅、慶応三年—「カ、オ」ニテ製シタル香煎ノ类〉。前者の〈財宝〉は嘗てのキリシタンの〈御大切〉にも通じる。愛（ラブ）を財宝（たからもの）と受けとった真の意味を考え、その語を削ったわずか五年間の隔りを注目したい。拙著『江戸時代翻訳日本語辞典』（早大出版部）を参照。

(3) 慶応三年版の『文英』には、〈七曜一ト周リノ日数／Weekly, adv. 一週毎ニ〉とある。

(4) 七曜および日曜日〜月曜日の訳は、シナの星学から来ていることは事実であろう。シナ人がこれをとらず、むしろ日本人がこれを応用したところに意味がある。また江戸時代、日曜日に相当するのに六斎日がある。あるいは概念的にこれらと関連があったかも知れない。一日・十五日の休みはこの六斎日の系統であろう。

(5) 〈七曜〉を日本人ではじめにとりあげて考えたのは前野蘭化であろう。寛政四年（一七九二）成立の『七曜直日考』にみえ、同書はE・ボイスによるところを翻訳して、〈七曜〉を考察している。週刊誌の代表で最初のものは、大正十一年創刊の「サンデー毎日」といわれるが、明治中頃に「週刊サンデー」という名のものもあったらしい。また week day も、『英華和』などでは〈工作日、作工之日・両礼拝間之日・日曜日外ノ日・シゴトビ〉とあり、〈週日〉の訳語はかなりおくれたと思われる。

(6) 小論〈近代日本語の成立〉（「国語学46」）、また本書〈第一部・1〉を参照。

(7) 後出『物理階梯』ではまだ〈電気〉といわず、〈越歴〉といっている。

(8) 一八五七年一月より、シナ上海で刊行の月刊誌「六合叢談」に、〈化学〉の語が用いられており、これが蕃書調所で幸民の眼にとまり、これまでの舎密をやめ、〈化学〉を採択したことが明白になっている。やはり化学はシナでの訳語である。

(9) W・メドハーストの『英華字典』でも、〈人性学・性理・格物之学〉とみえる。〈格物〉はシナ学者、朱子の説に由来する。

(10) 同書の題言に、〈理学書・理学・究理・格物書〉などの呼び名がみられる。

(11) 近藤正斎『好書故事』〈巻第七十九、書籍二十九、蘭書二、字書〉中に、〈辞学宝鑑三冊装シテ一冊トス／原名メィヱルス、ウヲールデン、シカット〉なるものがみえ、説明に、〈按ニ此書第一冊ハ、『バスタールドウヲールデン』ト云ヘル一種ノ言語ヲ載セ（後略）〉とあり、〈古ヘヨリ和蘭通国ニテ用ヒ来ルモノナリ、此語ナラザレバ事ヲ訳シ書ニ筆スルニ用ヲ為サヾルコトアリ（後略）〉とみえる。〈バスタールド〉は〈私生児〉の訳があるように、国語ではなく外来語を意味する。

(12) 『明治前日本物理化学史』（日本学術振興会、昭和三十九年二月）の一八三ページを参照。

(13) たとえば、別論で私が指摘したように、〈接吻〉が古く、『道訳法爾瑪（ドゥーフ・ハルマ）』にみえ（ただし長崎方言、ウマクチとよみがなを付す）、『文英』などにも受けつがれているが、〈口ヲスウ〉も普通におこなわれ、〈接吻〉（シナの俗語）が一般的に定着したのは、明治期それも十五年近くになる。〈親嘴〉（シナ語）との並用もつづくが、やがて〈接吻〉に統一されるわけである。

しかしそれでも、明治四十四年刊『模範英和』に、〈to kiss〉の訳として、〈口ヲ啜(ス)フ〉が並記されているのである。

初出▼「国語と国文学44-4」(東京大学国文学会、昭和四十二年四月)

4 近代日本語の標章――デアル体の発生と展開

1

（オランダは）文章を飾るなど云ことなき質樸なる風俗にて実地を踏み、事の簡径なるを先きとする国俗ゆへに、常話も書籍に著すことも同様にて、別に文章の辞と云ものなし。

――大槻玄沢『蘭学階梯』

蘭学者と翻訳

蘭学者と翻訳語（近代日本語）との関連については、四つ五つ調査、意見をまとめて発表した。彼らがどのような態度と方法で翻訳にとりかかったかについて、文典と辞典の両方から考察しておいた。わが国最初の翻訳書といわれる『解体新書』の翻訳に関係のある杉田玄白も、『蘭学事始』や『和蘭医事問答』の中で、訳語・漢文・雅語・俗語についていろいろ感じるところを述べている。蘭学者のほとんどが――少くとも翻訳の経験あるものは――蘭文・蘭語のよってくるところを、彼らの〈実測窮理〉の近代科学精神に求めている。はじめにあげた玄沢のことばはその一典型としてよかろう。彼らが、漢文体や文語体から脱却して口語体に近い文章体を用い、いわゆる翻訳体の口語的文章を創作するようになったのも当然のことであった。そうした点からまず文法書の方で、その実践を具体的に示しているのは、藤林普山の『和蘭語法解』（文化十二年・一八一五刊）であろう。例えば次のようにである。

○ Zij（彼ハ） konnen（知） hún（彼等ノ） awbagt（官職） wel（能）. 彼ハ彼等ノ官職ヲ能ク知テイル

○ Wanneer（何時） zijt（シタルヤ） gij（汝ハ） úit（ヨリ） londen（ロンドン） vertrokken（発足）? 汝ハイツ「ロンドン」ヨリ発足シタルヤ

同じ著者が『蘭学逕』の標式十記で、〈．，：？！〉などの用法をあげ、西欧の文章における論理性を強調しているのと深いつながりがあろう（拙論〈句読法の史的考察〉（「武蔵野女子大学紀要2」、昭和四十二年四月）参照）。また新しく天理図書館でみることのできた資料、『和蘭属文錦嚢抄』（文化十年前後成立）にもつぎのような文例がある[1]。

○ hij heefs alle morgen eenen xensterkende（ママ） middelen in genoomen. 彼が毎朝一二の強壮剤お（ママ）内服した。

○ ik zal daan alle morgen van spreeken. 我が其に付て毎朝物言であろう。

○ de maan is de laatste planees. 月は尤も下き曜である。

訳文に〈～である〉のデアル体が出ている点は十分注意を要しよう。全体に口語調のみえるのも、後述の『訳和蘭文語』（和蘭文語之凡例）や『道訳法爾瑪（ドゥーフ・ハルマ）』の文章体にきわめて近い。右書は長崎通詞、吉雄如淵（権之助）の口授を塾生の筆記したものとことわっているように、長崎通詞の間から発生したデアル体のうちで比較的早いものであり、デアル体の続出する『道訳法爾瑪』（後出参照）と深い関係のあることがしられて貴重である。口語体あるいは俗語体の翻訳文が出現したことは、ただ訳者の学識などによるものではない。少なくとも、西洋の思想、その学問の本質と態度を完全とまでいかなくても、真剣にうけとめたうえで、彼らの主張を具体化する表現として、考えだした文体であったことも確かである。かなりコトバとそれが表現する実際の概念なり内容なりの把握に努力していったようである。

すこし時代も下り、外国人のことばであるが、日本での聖書翻訳に中心的活動をしたS・R・ブラウン博士のつぎのことばが味わい深く、蘭学者の蘭文翻訳の態度・意見とも共通するものがあろうかと思う。すなわち、

元来、支那や日本に於ては、書物はただ学者の読むものであるとしてあるが、神の言葉たる聖書は学者だけが読むべきものでは決してない。誰でも読めなくてはならぬ。故に如何なる日本人も自由に読みうる様に翻訳すべきである。

＊高谷道男編訳『S・R・ブラウン書簡集』を参照。

さてここでもう一つ資料をあげておく。それは中津藩主、奥平昌高の『蘭語訳撰』（文化十年・一八一〇）である。(2) 大名の手になるものとはいえ、決して例の珍器珍書をもてあそぶ趣味的なものではなく、学問的にもかなり高く評価されるべきものと信ずる（同書の考察については別論を参照されたい）。例文を示すとつぎのようなものである。

○ De deur zal opendoen.　戸ヲ開ケルデアラウ。
○ De deur zonde opengedaan.　戸ヲ開ケル筈デアッタ。
○ Was is dat.　夫ハ何デゴザル。
○ Dat is duur.　夫ハ高直ジヤ。

〈～である〉はみえないが、文末にデアラウ、デアッタなどがあり、他の訳文などから類推するとデアルも用

いられていたと思われる。こうした訳文がさらに、大庭雪斎の『訳和蘭文語』（安政五年・一八五七）あたりになると、つぎのようにデアル体がごく一般的な文体としてみられる。

○Pieter is een broye jongen.〔ピイテルハ良実ノ書生デアル〕

○gezondheid is grooter schat dan rijkdom.〔健康ハ富ヨリ大ナル宝デアル〕＊原文は二行、つぎも同じ。

○god is de schepper opperheer en wetgeter van den mensch het is derhalve de pligt van dezen, deszelfs bevelen op te valgen.〔神ハ造物主デアル君上デアリ及ビ法則者デアルソレ故ニソノ神ノ命令ヲ継クコトガソレガ（ママ）人民ノ勤デアル〕

雪斎の言語観、文章観は既に発表したので、その方にゆずることとするが、長崎での学習が原点と考えられ、かなりな準備と彼我文章の得失に思いをいたしての翻訳だったと思われる。デアル体の発声は頗る当然なものであったといってもよかろう。一方辞典の方では『道訳法爾瑪』（文化十三年・一八一六成）が注意される。本書の緒言によって翻訳の方法と態度は了解できるのであるが、〈鄙俚の俗語方言を以て訳す〉としたのが基本であり、その間に次のような翻訳文がみられるのである。

○彼人はまだ学問に入はなである。○夫れは彼女の恋ひ人である。○為替手形の払ひ時の仕切りは来る「ウヱーキ」である。○彼等はまだ初恋である。　＊原文省略

いわゆるデアル体の続出である。『道訳法爾瑪』はいうまでもなく商館長H・ドゥーフを中心に長崎通詞たちが協力してつくりあげた辞典である。上掲の大庭雪斎とともに江戸でなく九州、あるいは長崎通詞に関係ある人

の翻訳に、デアル体がおこなわれたことは注意してよかろう。もっとも安政頃になると、オランダ語の文典もかなり広まり、全国的に学習者も増加してきた。別論でも示したとおり、〈東奥 白石〉の可野亮『蘭学独案内』（江戸出版。安政三年・一八五六）にも、〈夫ハマレナル美（ウツ）クシキシロ物（モノ）デアル（is）〉など、デアル体が用いられている。東北地域へも長崎の波ははげしくおしよせ、それとともにデアル体も、一つの標準的翻訳文体として紹介習得されてきたと思われる。『道訳法爾瑪』を受けて江戸で出版された『和蘭字彙』（安政五年・一八五八）も――両者がほとんど同一書なので論外ではあるが――デアル体を踏襲している。さらに竹内宗賢訳『和蘭文典読法』（安政三年・一八五六）の例をあげておきたい（同書の書誌的な解説は別の機にゆずる）。ただ竹内氏が東都、すなわち江戸であることに注意しておいてよかろう。

△セイン　ヂイ　此物デアル
△フロウヱレイキ　セイン　女性デアル（十一丁ウ）
○中姓（ママ）デ有ル所ノ審断ト云字カ取除ラレテアル（十四オ）

＊オランダ語音の表記は省略してつぎにあげる。

○最一般ナルモノデアル（二十オ）
○精密ナルコトヲ与ヘルコトノ為ニ要用デアル（三十ウ）
○別々ニ精ク話デアロフ（五オ）
○其事ガ要用ニアルデアロウ（二・九ウ）

＊オランダ語を原綴なしの片仮名で示し、その下に訳をふす。

2　蘭文から英文へ

以上蘭文翻訳とデアル体の発生についてごく簡単に素描したが、蘭学から英学への移行につれて、このデアル体もまた忠実に継承されていったと思われる。大体において、安政—万延—文久—慶応の間、約十年間に英語関係の書物が編集あるいは刊行され、明治五～六年までに意外な盛況をもたらす。辞典では、『道訳法爾瑪』→『和蘭字彙』→『文久二年英和対訳袖珍辞書』→『慶応二年英和対訳袖珍辞書』のような流れをたどる。特に『英和対訳袖珍辞書』は現代の英語・英文の基礎を築いた辞書として忘れることのできない労作である。その他に、単語編、当用英語集などという類の書も数多く出版される。これらの基になった資料は私の調べた限り、いろいろ書名に異同はあるものの、その第一は、万延元年（一八六〇）に刊行された『英語箋』（石橋政方著）である（後述）。この『英語箋』は小冊ながら日本英学草分けの重大な一冊であることは確かであろう。しかもさかのぼれば、森島中良の『蛮語箋』（寛政十年・一七九八）であり、さらにさかのぼれば、その原本はW・メドハーストの『英和和英語彙集』である。[3] その他、特に熟語を集めた辞典、『英文熟語集』（小幡篤次郎・甚三郎編、慶応四年・一八六八）などもあり、英学は急ピッチで学習されていったことがわかる。

さて英学関係のものではまず第一に、『文久二年英和対訳袖珍辞書』がある。この例文には当然のことながらデアル体がみえる。[4]

○ conversationer, s. as; to be good ~. ヨク談話スル人デアル。○ It is at your discretion. 汝ハ其ソノ師匠(マヽ)デアル。

（上掲の『英文熟語集』にも〈it ought. 其事ハ当然デアル〉のようにデアル体がみえる。ただし例文は多くない）

『和蘭字彙』を範に仰いで編集したものであるから、デアル体のでてくるのはきわめて当然であろう。ただしかし翻訳に関係している人びとが、たとえ江戸に在住しても、もとをただすと九州（長崎や中津など）の人であることは、一応注意しておいてよかろうと思う。〈開成所〉がこの種英学や辞書編集のセンターであるが、ここにいた人びとは、勝海舟のように江戸のものもいることはいるが、多く語学方面では九州の人びとであった。『英和対訳袖珍辞書』の編集主任ともいうべき堀達之助も、もとは長崎の和蘭通詞であり、『英文熟語集』の著者の小幡氏も中津藩士であった。こういう点から長崎通詞などが幕末、開国という時勢の激変とともに、江戸や横浜へ居を移すようになってきたわけである。

以上蘭学から英学へ、長崎から江戸、横浜へと近代日本の舞台が移動するにつれ、新しい使命と表現を担って、〈デアル体〉が、近代日本語の中心的位置に座する可能性を示してみた。小論ではいちおう辞書類を除いて、『英語箋』の類を資料に、さらに幕末から明治初期にかけて、〈デアル体〉の普及進展のあとを示してみたいと思う。デアル体の所在とその普及を考えていくことは、とりもなおさず近代日本語史の重大な一断面であり、あらゆる意味で転換期に立った日本語の近代化を示す標章であろうと思う。

3

英文とデアル体

『英語箋』について一言ふれておく。同名のものが二種あり、ともに根本はメドハーストの『英和和英語彙集』であるが、一本はメ氏のものと直接関係のあるもの（以下A本）、もう一本はメ氏のものを通詞、石橋政方の手によって改編し、『英語箋』としたものと、直接関係のあるもの（以下B本）——この二つに分かれる。A本は、〈一名米語箋〉とあり、前編（二冊、和大、安政四年・一八五七）と後編（四冊、和大、文久三年・一八六三）からなり、仏語学の祖として名高い村上英俊によって校定編述された。扉にメ氏の語彙集と同じ書名が刻まれている。いわばわが国最初の「英和々英辞書」である。それまで英蘭とか蘭英は多少とも手に入ったが、蘭語を知らねば英語もできないわけで、その点本書によって日本語から直接英語、英語から直接に日本語を学ぶことができるようになった。〈英・和〉では〈heven ｜ ten ｜天〉、〈和・英〉では〈イ｜i｜the gall〉のように原書にかなり忠実に翻刻している。しかし訳語が主であり、その訳語も独創性に乏しい（これはメ氏のそれを忠実に受けついだのだから当然かも知れない）。誤訳――〈pine ｜ svogi ｜スギ〉の類など――もあり、ただ〈letter ｜ tegami ｜テガミ／century ｜ f'iakf'nen ｜百年〉など多少訳語に注意されるものもある。一方B本は上・下二冊本、自琢斎蔵版、万延辛酉歳（万延二年）刻とあるもので、〈自叙〉の最後に、〈時万延辛酉春正月於東武横浜公舎　崎陽石橋政方謹識　中山武和校正〉とみえる。すくなくとも万延元年にはできあがっていたものであろう。さらには、石橋氏が弱冠から英語を習い、今童蒙初学の為にこれを編述したこと。および森島氏の『蛮語箋』にならって天文、地理と語を集め英語を学ぶ階梯とした由を語っている。ちなみに石橋政方は明治文学、硯友社社友の一人、石橋思案の父君である。

B本はA本と違って、下巻（巻之二ともある）に、〈言語、日用語法　会話一、会話二〉という項目があり、つぎのような翻訳文がみえる。

○it is true.　其レハ誠デアル。○What weather is it？　何ナル天気デアルカ。○it is cloudy.　雲気ナル天気デアル。○this is a good one try it.　是ハ好キ筆デアル是ヲ試ミヨ。○it is the great of the city.　其レハ市中ノ最大ナル家デアル。

かたかなで発音を示し、それもオランダ語風のそれに近いが、デアル体はかくも多く一つのスタイルとなっている。この『英語箋』は明治五年に、改正増補されて出版されている。その〈序〉に〈嚮ニ石橋氏著ス所ノ英語箋アリ、蓋シ森島氏ノ蛮語箋ニ比スル所ニシテ泰西学者ノ机ニ一日モ欠クベカラザル書ナリ……、茲ニ嶋桂潭兄其誤謬スル者ヲ校正シ、且巻尾ニ加フルニ地球中有名ノ国都島号并ニ詞品区別点符号等ヲ以テシ梓功成ル、名ケテ増補英語箋ト云、頗ル善本ト謂フヘシ、希クハ洋籍ニ登竜セント欲スルノ徒、之ヲ座右ニ置キ親炙シテ可ナラン歟〉とある。〈石橋政方訳 便静居主人校訂・万笈閣発兌〉とあって、政方の弟子島桂潭＝便静居主人の増補したものである。初版から約十年経過しているわけである。訳文を示してみる（初版と同一のものははぶいた）。

○ it is very fine weather. 甚タ晴天テアル。 he will return soon. 彼ハ直キニ帰デ有フ。 ○ his daughter is very agreeable and already of age. 其娘ハ愛ラシクテ最早年頃デアル。＊以下原文を省略し訳文のみ示す。○急度此夏ハ太平ニ為リサウナ者デアル。○少々冷気デアル。○烈風デアル。○彼ハ此ノ娘ト夫婦ニナルデアラウ。○ビーサンハ大ヒニ男子ノ風アル娘デアル。○彼（She）ハ心ノ正シキ娘デアル。○彼（She）ハ美人デアル。○最早遅シ引換ノ刻限デアル。○ハヤ争ヒモ是限ニ為リサウナ者デアル。○其ハ宮ノ如キ家デ有ル。

いうまでもなく翻訳体の多少ぎこちない訳文であり、『道訳法爾瑪』以来の訳文体と全く共通しているものである。しかし蘭学から英学への転換において、かくもデアル体がはなばなしく登場してきたことは、やがてくる近代文学の言文一致体にもどれほどか深い影響を与えたことであろうか。ここで前頁に引用した〈自叙〉のことばが思われる。すなわち〈崎陽石橋政方〉であり、〈東部横浜公舎ニ於テ〉である。というのはデアル体を島村抱月は〝浜言葉〟であると指摘していることと関連がある(5)。やはりデアル体はかって私の予想したとおり長崎から横浜へと通詞の移住とともに招来された訳文――いわば蘭文翻訳によって長崎で生まれた文体の末流だったらしいことである。さらに石橋政方などによりその種が横浜にまかれたことも意義深い。子の思案は横浜で生れ、尾崎紅葉らと硯友社をおこして「我楽多文庫」を発行したことで有名である。小説の文章体として、文学表現の一つとしてデアル体を採用した紅葉——そのはじめの『二人女房』（明治二十四年「都の花」連載）の新文体にも何か影響を及ぼしているのではあるまいか（二葉亭四迷も英語を学んでいたわけであるから、「あひびき」などの訳文とデアル体も関連があるかもしれない）。思案から直接その父のことを聞いたり、その訳文のデアル体についても聞いたであろう。そのうえ紅葉らが大学予備門で学習したリーダーや、翻訳書にもデアル体が用いられていた（後述参照）。——あれこれ考えると、『英語箋』のもつ史的意義は、決して小さく評価すべきでないと思われる。

ここで『英語箋』に類似するものを二、三紹介してデアル体をさらに追及してみよう。その一つに『官許当用英語集』（安田為政、明治二年・一八六八）がある。はじめにつぎのような文言がある。

一、今世ニ行ル処ノ英語箋最モ多シ、然ルニ横文字本邦ノ仮名付ハ正格ナレドモ師ニツキ学バザレバ言ノ遣ヒ方繁多ニシテ通シガタキ語亦多シ……譬バ英語ニ国ノコトヲ「コンテイリー」ト仮名付アレドモ、「カンヅレー」ト言ヒ或ハ紙ノコトヲ「ペープル」ト仮名付ヱドモ、「ペーパ」ト言ズンハ通ゼズ……皇朝人(ワガテウジン)ト外国人トハ音ノチガヒ、亦ハ言ノ伸縮アル故学ザレハ通ジガタキ語(コトバ)多シ、コノ書ハ英人常ニ言扱フ言ヲ其侭ニ記スユヘニ通スルコト安シ、コレ童蒙ヲ導ク一助トモナランコトヲ希ノミ。

つぎに同書から訳文をとりだしてみよう（原語の英語綴りはなくて、かたかなで英文を示している）。

○イット　イス　ノット　トルー、それはまことであらぬ。其レハ誠デアラヌ。○シユールソーイストルー、じつにまことである。実ニ誠デアル。○イット　イス　フォールス　それはいつわりである。其レハ偽デアル。○ホーヱール　コーカンズレネム　あなたのくにはどこである。汝ノ国ハ何処。○ツディ　イス　ウヱリウェーゾル。こんにちははなはだよいてんきである。今日ハ甚晴天テアル。○ウヱリ　ベット　ウインド。

はなはだあしきかぜである。甚タ悪キ風テアル。

右のようにオランダ語風の発音と耳から聞いた英語の混交であり発音表記は信用しがたいが、訳文のデアル体もかなり板についてくる。また、〈ミーメリケン　わたくしあめりか　我レ亜米利加／アイハウスカム　わたくしのたくへござれ　我カ家ニ来レ〉のようにピジョン・イングリィシュならぬ怪しげな英語も多く、それはそれとして初期の日本における英語状況を知る好資料にもなろう。しかし、デアルが実例において、いわば圧倒的多数であることも、デアル体普及化の第一歩を示す例とみてよかろう。

つぎに『英語辞訓 一名スペリング独習』（明治六年・一八七三）からすこし実例を示してみる。

○Test is a decisive trial. ＝テストハ決定ノ吟味デアル。

○A pony is a very little horse. ＝ポニーが甚ダ少キ馬デアル。

○Vipers are bad snakes. ＝バイパールスガ悪キ蛇デアル。

○I will kiss the babe on his cheek. ＝私ガ彼ノ頬ニヲイテ子供ヲ接吻スルデアラフ。

＊以下、発音のかたかな、各語の語釈、一・二の番号などすべて省略。＝は私施。

右は特に編集の主旨説明がみえないが、一種の英語入門書としての性格が考えられる。前者よりよほど正規の英語発音になっている。さらにこれと同年のものに、『挿訳英和用文章』がある。検討してみよう。まず〈凡例〉の一部にこうみえる。

○此書ハ英国ノ尺牘書数部中ヨリ文短ニシテ意解シ易キ日用ノ手簡数章ヲ挙ゲ、之ヲ和訳スルニ、我ガ日用書翰ノ俗文躰ヲ以テシ、児童ノ輩ヲシテ彼我ノ文章ヲ照准シ略其体裁ヲ知ラシム

○横文(ヨコモジ)ニ音読ヲ記シ挿訳ヲ施シ、数字ヲ以テ倒語ノ符号(シルシ)ヲ加フル者ハ、是専ラ初学輩ノ為ニ謀ル者ナリ、音読ヲ読メハ横文ノ語音ヲ知リ、挿訳ヲ見レハ其直訳ヲ知リ、数字ノ符号ニ随ヘハ、其倒読ヲ知ル、故ニ此三者ニ因(ヨリ)テ、刻苦勉励セハ師ナクシテ横文(ワウブン)ヲ読ムノ階梯ヲ得ニ至ン

○此書横文全ク原本ニ従フカ故ニ、訳文往々我邦(クニ)俗文ノ状態ニ匹似セザル者アリ、是専ラ彼国ノ文章躰ヲ知ラシムルカ故ニ、敢テ語句ヲ変換セス、然レトモ文情彼我大ニ懸隔スル者ハ、不得止シテ稀ニ一文章中一二語ヲ添削変換スル者アリ、而シテ校訂(カンガヘタダス)再次猶恐ラクハ謬誤アランコトヲ、看客(ミルヒト)之ヲ正セバ余之幸(カ)ナリ

＊ルビは必要以外省略した。

本書も前書と同じく、大分英語らしい発音になっている点がある。どちらかというと当時のものには、オランダ語風の発音ルビがふつうであるから、両者は英語を直接学んだ人の手になったものであろう。本書は〈凡例〉でことわるように、従来の訳書の体裁を踏襲して、かたかなで個々の単語の発音を示し、漢文訓読風に一、二などの番号（数字）をつけて訳法を示している（これなど蘭学時代の〈蘭化亭訳文式〉と同質であろう）。文体も〈凡例〉に記するようにいちおう俗文体をとった由である。つぎに実例を二三示してみる。

○...which I remember to have been a work ...

＊仕事デアツタコトト我カ覚エル所ノ……（読み下し文は筆者による。印刷上表記の体裁は原文とやや異る。以下同じ）

○...I will take great care ……

＊我ハ大ナル気付ケヲ取ルデ有フ。

○I am, sir, your obedient servant.

＊我ハ君ヨ、汝ノ従フタル僕デアル。　＊以下訳文のみあげる

○君ヨ我ハ汝ノ実ニ係リタル朋友デアル。
○ドウゾ次ノ木曜日(ニチ)ガ定メラレタル時デアルコトヲ忘レ為(ナス)ナ
○夫ガ長キ時デアル。○夫ガ左様ニ愚デアル。
○……利益ノ大ナルモノデ有デアラフ。
○早キ答ガ要スルデ有ラフ。○我ハ汝ヲ見ルベク有ルデ有ラフ。
○私ハ亦独逸語ヲ学ベク好ンデアル。

いわゆる直訳の翻訳文章体であるが、今まで考察してきたデアル体と同一線上に並ぶ翻訳の文章体として評価してよかろう。

4

近代化の標章

以上、幕末から明治初年にかけてのデアル体を示してみたが、これが一般的になるまでには、まだいくらかの時間が必要だったと思われる。たとえば文久三年（一八六三）刊の『ブラウン・英和俗語文集』あたりでは、〈～デゴザリマス。～ダ。〉がふつうにみえるが、デアルを見出すことはできない。同書ではデアリマスもごく少いが、会話や対話での丁寧なことばづかいとしては出てくる。また『蘭英日による買物対話集』（Shopping-Dialogues in Dutch, English and Japanese / publishd by J. Hoffmann, Japanese Interpreter to the Government of the Dutch east-indies ; 1861 London, Hagve // Winkelgesprekken in het Hollandsch, English en Japansch）にも、〈夫(ソレ)ワ正味(ショーミ)値段デ有マスカ。白蠟デ有マスカ、イ、エ生蠟(キロー)デ有マス。今日ワ幾日(イッカ)デ有マスカ。此人ワ誰デ有マスカ〉などがみえるが、デアル体はない。さらに下って馬場辰猪の『日本文典初歩』（An Elementary Grammar of the Japanese Language）（明治六年・

一八七三）の〈Japanese and English Exercises〉にも、あれほど多数の例文がありながらすべて〈～ゴザリマス〉でデアル体はない。話し言葉ゆえ文章体のデアルはみえないのは当然であろう。デアルは恐らく耳できかれることがなかったか、ごく稀であったのであろう。デアルは書き言葉として、文語のナリ、タリに代ってその機能を発揮しているのである。なおここでヘボンの『和英語林集成』（初版、慶応三年・一八六七）につぎのような例文のみえることは一考を要する。これは外国人には文語・口語と峻別するほどデアルを認識していなかった点もあろう。すなわち、

De, デ, post-pass. Kore wa nan de aru, what is this? Kami de aru, it is paper.

本書はアメリカ人、ヘボンの編集にかかるが、助力者、岸田吟香と、横浜という土地から（ヘボンはそこで多くの庶民にも接した）のせいかもしれない。また、アストンの『日本口語小文典』（A Short Grammar of the Japanese Spoken Language. By W. G. Aston, 2nd ed.,1871）に、〈デ〉の用法の説明ではこうみえる。

De aru is in the vulgar Yedo dialect contracted into da, and de wa into ja. Examples. Uso da. It is a lie. Ija naika. Is it not good, i.e. are you not satisfied.

果してデアルは江戸の俗語、方言であるかどうか。これは問題になるところである。(6) しかしたとえ江戸俗語として存在していたとしても、日常会話として具体的に用例を捜しだすことはむずかしい（いわゆる推量の型の〈～であろう（あらふ。あらう）〉は古くからかなり一般的にみられる）。少くとも近代日本語としてデアル体でよばれるデアルは、私がこの小論で考察してきたように、蘭語翻訳（一種の人工語というべきもの）、しかも長崎通詞らによる蘭文の翻訳に一源泉を求める方が妥当するのではなかろうか。また話し言葉とは次元の異なることも認識すべきであろう。

上掲アストンの文典にも、〈～デゴザリマス。～ダ〉はごく普通に例文としてみえるが、デアル体の文章はみえない。ブラウンのものも同様——ここにも蘭文翻訳からの文章体として創始された可能性が考えられよう。

しかしともかくデアルやデアラウは、こうして次第々々に多くの人々に学ばれる機会がふえていくのである。先の『英語箋』でもそうであったように、八歳の童児も英語を学ぶという具合で、日本人がちょうど太平洋戦争に敗北した直後のように、積極的に英語を学ぶようになっていったわけである。そうした時、当然のことながら英文と訳文とを一のものにして学習したであろうから、デアル体も英語学習族の間には、急速な勢いで普及していったことは想像するに難くないのである。

この間の事情を説明できるものとして、(A)『ウヰルソン氏第三リードル直訳合巻』(栗野忠雄訳、明治十七年・一八八四)と、(B)『スウヰントン氏英文典直訳全』(齊藤八郎訳、明治二十一年・一八八八)から例文を示してみよう。

(A)○神ハ「イーブ」ニ汝ガ為シタ所ノ是ハ何デ有ルカト云イシ(p.6) ○基督(キリスト)ハ汝ノ舟私ノ愛デアル／汝ハ温和ナル鳩デアル(p.15) ○足ニ蹼アル動物デアル(p.216)

(B)○働詞ハ動作或ハ有様ヲ言顕ス所ノ詞デアル ○善キ書物ヲ読ムコトハ有益デアル」(p.80) ○「ロングフエルロー」ノエヴァンゲリンハ美ナル詩デアル(p.20)

＊(A)・(B)ともに～デアルがごくふつうにみえる。

以上、デアル形成の小史を蘭文—英文の線で素描した。なおデアルと対応してデスについても考察すべきであったが、つぎの機会にゆずる。ただ結論的にいうとデアルが俗文体として、翻訳文体に急速に広まったとほぼ同じころ、デゴザイマス・デアリマスの略語として(そうした価値評価、心理作用)デスは日常の会話の表現に、はなばなしく登場する。それまで、すなわち江戸ではごく限定された、水商売の女性の言語生活において、女性が主として口にした特別な用語であったがその枠がはずれ、明治という新時代に迎えられ、デスは急速に各階層の人びとに広まった。しかもそれは一部にあって翻訳文体に媒介されて一般化しようとした契機もあったと思われる（明治五年刊『英和通信』など参照）。いずれも新しい時代の、いわば近代日本への志向をめざす新しい表現として、脚光をあびたわけである。以後両語はまさに、〈近代日本語の標章〉として、標準的な日本語として、デアルは文章体、デスは日常の会話体としての坐をかちとったわけである。

註

(1) 小論〈和蘭属文錦嚢抄その他〉（「解釈69」）参照。

(2) 小論〈蘭語訳撰その他〉（「解釈76」）参照。

(3) 小論〈明治以前における英人の日本語研究〉（「解釈74・75」）参照。

(4) 拙著『江戸時代翻訳日本語辞典』（早大出版部）を参照。

(5) 島村抱月〈言文一致と敬語〉（抱月全集二巻）、同氏『言文一致論集』（明治三十三年十二月、言文一致会席上での口演）。

(6) 『浮世床自序』に、〈唐詩の白髪三千丈。広いに縁て個の如く。髦髪（かみのけ）までが長いであると見て来た様なる国字解〉とある。また『刊雪竇頌古称提聞解』（内容は明和六年写 刊行は文政九年秋）に、〈笑止ノコトデアル。……雲門ノ如ク斯僧ノ如クデアル。以前ノ働カ出来ルデアロウ〉とあり、『通詩選諺解』（四方山人著、天明七年・一七八七）の諺解の部に、〈茶席茶莚とハ茶屋の事である／会席をひらくである／角兵衛獅子の事である〉などがみえる。「漢籍国字解」（口授・一種の翻訳）、「説教（仏教）」などにはデアルが用いられていたらしい。服部南郭『唐詩選国字解』にも、〈大名屋敷へ行くのである／四人が大名の男伊達である／長歎息するである〉など、デアル体がみえる。これについては拙論、〈漢籍国字解とその文体—デアル体発生の一側面〉（「武蔵野女子大学紀要3」、昭和三十八年三月）を参照。いずれも翻訳文体として同質的であるが、蘭文翻訳との関連は後日を期したい。

初出▼「国文学研究25」（早稲田大学国文学会、昭和三十七年三月）

5　尾張藩蘭学の祖　吉雄南皐『訳規』と翻訳法

1

構成と内容

吉雄南皐『訳規』は、京都大学言語学研究室所蔵で、外題・内題、ともに〈訳規〉となっている。ただし最終丁の裏に、〈洋々斎訳規尾〉とあるから、〈洋々斎訳規〉と呼んだかもしれない。三十三丁ながら、洋々斎こと吉雄俊蔵の蘭語学、とくに翻訳の方法などをうかがうに最適な資料ともいうことができる。内容吟味の前に、本書の構成について、仮に目次をつくるとなるとつぎのようになろう。

訳　規
　はしがき
一、本　論
　(1)　瘍医新書腫瘍物括篇（原文）
　(2)　反訳大意 附九品詞、六格

二、各論

(1)腫瘍篇第一章訳解　(2)同上第二章訳解

(3)同上第三章訳解　(4)同上第四章訳解

三、総括

回斯的児腫瘍惣括篇訳文第一章～第四章

以上

右のように原文を与えて、その訳法を示すのが主目的である。しかし〈はしがき〉と本論(2)〈反訳大意 附九品詞、六格〉の記述説明部分は、彼の蘭語研究を知るうえで、きわめて重要であるから、まず右の二つの点について考察し、最後に具体的な訳法を吟味してみることとしよう。

本書が吉雄俊蔵のものであることは、〈洋々斎〉の号で判明するほか、本文はじめに、〈南皐　誌〉とあり、本文中に〈発曰〉とある点からも、これを証することができよう（以下南皐で統一して用いる）。本書執筆の意図はつぎのように語られていて、明白である。

今年文化辛未ノ春、前備ニ游ンテ和蘭ノ学ヲ説キ、蘭学生前父、三種諸格、九品詞名目等ヲ講シ、訳法ヲ示スニ回斯的児之瘍医新書腫瘍惣括篇ノ文ヲ仮リ強テ愚意ヲ述、漫爾トシテ比小冊子ヲナセリ、騎旅ノ中纂考スベキ辞書モナク、只予ガ短才ナル僅ニ語記スル所ト、藤林氏之訳鍵トニ頼テ妄リニ説クモノナレハ、訳字ノ誤リ虚実三種ノ不正ナルモアラハ、覓官ノ訂正ヲ請ン、訳文ハ原文ヲ毫モ出入ナカラン事ヲ専トシテ翻セルユヘ、却テ迂遠ニシテ免ルニ便ナラス、コレ訳書ヲ読ム人ノ為ニセス、原書ヲ訳スル人ノ為ニスルガユヘニ尓リ、訳者六格ヲ正クシテ、他ハ便ヲ要シテ文ヲ連ネハ、即チ可ナリ、若一（ママ）モ六格ヲ乱ス則ハ災大ナリ、

豈慎マサルベケンヤ、予別ニ説アリ略焉

右はほぼ一丁に記述されているところであるが、いうところは大いに重要である。文化辛未は文化八年（一八一一）にあたるが、南皐二十五歳というまだ弱年である。従来は文化十一年に大坂へ出て来たというのが、南皐の長崎以外での第一歩と考えられているからである。それはまったく根拠のないものであった。大槻如電翁の『新撰洋学年表』の記事によっただけの話である。それはともかく、〈前備〉とあるのはどこをさすかいちおう考えておいてよかろう。〈備前〉と同じとすると、現代の岡山である。大坂に近いところであるから、おそらく長崎を出奔して第一にやってきたところかと思う。〈騎旅〉ともあるから、いずれにせよ一定のところに住んでいたのではないことは確か。こうした関西地域において、足かけ四年も〈和蘭ノ学〉を説いた点、従来知られていない行動でもある。さらに江戸にまで足をのばして、蘭語学を講義したことは、宇田川榕庵『自叙年譜』によって明白である。そしてさらに、講義に用いた三本の書物、(a)『蘭学生前父』(b)『三種諸格』(c)『九品詞名目』があげられている点に注目したい。右の三本は、いずれも中野柳圃の著書であり、蘭語学の粋をあつめたものといっても過言ではない。後年、南皐が名古屋（尾張藩）に落着いてからも、『蘭学生前父』は講義しているから、南皐にあって、柳圃の影響とその学の発展普及は、決定的といってもよさそうである（本書第一部1〈中野柳圃と言語研究〉を参照）。名古屋出身で長崎遊学をし、吉雄耕牛に師事した蘭学者、野村立栄（リュウエイ）はその随筆『免帽降乗録』に、〈尚貞吉雄先生夜講〉として、〈三八　暦象新書／四　解体新書／五十　生前父／九　運気論／毎日午前蘭学訳（ママ）〉と記録している。〈三八〉とは月の三日と八日の意であろう。他と同じく講義日を示すと思われる（小論〈免帽降乗録の小察〉を参照）。

そしてここにもう一つ注意しておくべき記事がみられる。すなわち本文の註解（第二章の蘭文に対する註解）の㈢の記述につぎのような点がみられるのである。

①（前略）de zadel van it raard was van trijp. ト云アリ、初ノ van ハ主ニナリテ des paards ト云ニ同シ、後ノ van ハ取ニ成テ、van trijp gemacht ト云意ニテ、「的礼布樹にて作りたり」ト訳ス此ニテハヤハリようノ意ニテ取ナリ、「馬の鞍は的礼布樹にて作りたり」ト訳ス

②（前につづく）都テ van ノ訳法ニ予ノ説アリ、訳筌ニ出ス

右の①であげている蘭文は、文化十二年のころ成立の同じ南皐の著、『六格前篇』と同じ蘭文である。訳文も同一で、ただ trijp が片仮字表記であるか、〈的礼布樹〉という漢字による音訳であるかの違いだけである。ということは、『六格前篇』の成立とも関係して、おそらく『六格前篇』の前哨的作品が、この『訳規』でもあったろうし、『訳規』執筆の時点で、現に南皐には『六格前篇』と同じくらいの蘭語学知識と実力をそなえていたと推定してよかろう。そのもう一つの証拠が上であげた②の『訳筌』であろうと思う。この『訳筌』はついに現代まで知られていないので、その内容についてはまったくわからないが、おそらく『訳筌』は書名であり、その名から類推して翻訳の方法にふれている研究書だと思う。さらに所論を読んでいくと、本文中に、〈法留馬〉が出てくる。これはいわゆる『江戸ハルマ』や『長崎ハルマ』ではなく、原本のフランソワ・ハルマという蘭仏辞典を指しているかと思う。とすると、実際問題としては、これもそばにおいて学習していたことが推定できるわけである。南皐においては、これを常に手元においていたのであろうか。また本文の説明、用例中に、柳圃の『助詞考』と同じ部分がみられるので、おそらく上にあげた三本以外に、これも手元において用いたかと思う。柳圃の影響は決定的である。

翻訳の方法

さて本書自体の存在と深いかかわりのある重要な点は、南皐自から、テキストに回斯的児の『瘍医新書』を用いたことである。この書は大槻玄沢により翻訳されている（写本、一部刊行）。回斯的児はL. Heizterで、杉田玄白をはじめ、当時の蘭方医がこぞって書物の上で師事したヨーロッパの医学者である。このヘイステルの医学書をテキストにすることによって、彼の語学を具体的に翻訳上に実践したというわけである。理想的な講義、教授法であり、学習法であると受けとられたであろう。

この翻訳実践において、彼のとった態度が、〈原文ヲ毫モ出入ナカラン事ヲ専ト〉する厳密な原文直訳主義である点に好感がもてる。これは南皐のいうごとく、〈訳書ヲ読ム人ノ為〉ではなく、〈原書ヲ訳スル人ノ為〉という理にかなった方法であった。直訳して、読める日本語におきかえるもう一歩前の方法に徹しているわけで、これは反面、厳密に語学的に訳すことと、翻訳との根本的相違についても認識していたことを示すものであろう。〈若一モ六格ヲ乱ス則ハ災大ナリ〉という発言が、そのまま文法にのっとった南皐の厳密な解読、翻訳の態度に通じるであろう。別に『六格前篇』などを編述したのもよくうなづける。それまでの江戸蘭学者の翻訳とは根本的に異なる質的相違といってよいのである。南皐における訳出はかくも語学的厳密さがある点、彼の蘭語学が、いかに基礎が確立していたかを証すものでもあろう。それはそのまま柳圃—吉雄権之助—南皐と伝流の長崎通詞の熱心な語学研究の結果がもたらしたものといってよい。

最後のところで、〈予別ニ説アリ〉と述べている点について一考しておきたい。具体的にどのような説かは判明しないが、〈六格〉と関連しての説と推定できるので、もしそうだとすると、あるいは『六格前篇』と同様の説か、あるいは『訳筌』なる別著を指すかもしれない。ただ現存の『六格前篇』を検すると文化十二年のころの成立と思われるので、四年ほどの隔りがあり、同一文献とは考えにくいであろう。ただ説としてはすでに成り立っていたのであろうから、同書によって、彼の説を考えることはさしつかえないと思う。

右のようにこのはしがき的部分は、南皐、吉雄俊蔵とその学問方法を知るうえで、かなり重要な記述となっており、数少ない吉雄俊蔵の資料の中でも、貴重な存在といわねばならない。

2 反訳と品詞・格

つぎに本論の⑵とでもいうべき〈反訳大意 附九品詞六格〉について考えてみる。これはつぎのような記述からはじまっている。やはり南皐が柳圃の学統を忠実に受けついでいることを知るのである。

凡反訳ノ門ニ入ラントナラバ、先ツ彼邦ノ辞性ニ九品ノ別アル事ヲ辯スヘシ、柳圃先生勉強シテ此道ヲ開キ、著稿棟ニ充リ、其九品ノ辞性ニ各西名アリテ存ス、先生其義之于ナルヲ省キ、簡便ヲ専トシテ、コレニ漢訳ヲ下シ、九品詞名目ノ著アリ、次ノ訳解中ニ於テ往々其名目ニ過テ初学ノ迷ヒアラン事ヲ恐レ、此ニ其大別ヲ略挙ス、尚精義ニ至テ予之訳筌ニ出ス

右で重要なことは、①柳圃の『九品詞名目』とそれを基礎にしている点、またここでも、②『訳筌』という自著を示していること——であろう。前者についてはすでに考察したので、その方にゆずるとして、『訳筌』については上でふれたように、ついにその現存するものをしらない。後哲を俟ちたい。

右の記述に、〈九品の辞性〉が大切と述べているわけであるが、以下において、〈可考九品ノ名目〉として、第一番目の〈発声詞〉より順次、九品詞について簡単な説明をほどこしている。理解しやすくするため、かつは柳圃の所説と比較するため、図表にして本書と柳圃の『九品詞名目』とをつぎに比較並記してみよう。南皐の別著『六格前篇』も比較のため引用しておく。

図表Ⅰ〈九品詞名目〉

文献 / 現代品詞名	訳規	九品詞名目	六格前篇
1. 冠詞	一　発声詞、de, het, een (1)実詞ニ冠ラシテ其履スル所ノ実詞之六格ヲ知ルノ用ヲナス (2)六格にしたがって別あり (3)三種（男・女・中性）にしたがって、de, het の別あり	一　発声詞、de, het, een (1)〜(3)の説明とほぼ同じ	〈宗詞〉
2. 名詞 形容詞 三性と単複の別がある。 M は男性 V は女性 O は中性	二　静詞 (1)虚詞と実詞に分ける (2)虚詞は独立して用をなさず、実詞に冠して用をなす (3)実詞に三種、単・複の別あり (4) ZM は三種中の陽詞、ZV は同じく陰詞、ZG は同じく中詞	二　静詞／名目語 (1)〜(4)の説明と同じ ＊虚詞（形容詞）は虚字ともある ＊実詞（実字）は三種に分ける	〈名詞〉 (1)正名詞 (2)陪名詞 （形容詞） 単員詞 複員詞 男属 女属 中属
3. 代名詞 関係代名詞	三　代名詞 ○代再言というのがある	三　代名詞 説明は同左。さらに詳細で、五種に分けている。	斥詞
4. 動詞 他動詞 受身動詞 自動詞 ＊助動詞	四　動詞 (1)動揺するの詞をいう (2)動他詞—他を動すの意あり、すべてヲの字を添て訳す (3)被動詞—動他詞に worden を添ていう (4)自動詞—何々ガ来ルなど訳してガの字を附て訳す	四　動詞 (1)〜(4)の説明とほぼ同じ ＊〈常用動詞、俗ニ助詞〉をあげている。これは助動詞のこととなる。	業詞 他業詞 自業詞 被業詞 ＊これは受身の形の場合をいう。
5. 分詞	五　動静詞 ○動詞を虚詞に変じて用いる	五　動静詞 ○動詞ヲ以テ転シテ静虚ノ如ク使ヘルモノ	跨詞
6. 副詞	六　形動詞 (1)少クなどクの字の訳をほどこすもの (2)動詞を形容するの義	六 形動詞 (1)動詞ヲ形容ス (2)虚詞ト形動ト通用ナルモノ多シ	副詞
7. 接続詞	七　助詞 (1)前後の文を助けて意を接続させる。 (2)十一等の別あり	七 助詞 (1)〈連続詞〉など十一種をあげる。 (2)助詞ノ様ニ見エテ実ハ形動詞ナルモノ多シ	続詞
8. 前置詞	八　慢詞 ○実詞の前に在て、意を動詞におくるに用いる	八　慢詞／所在詞 ○実字ノウヘニオク	前詞
9. 感嘆詞	九　歎息詞 ○凡そ十三等の別あり	九　嘆息詞 ○左の説明と同じ	突詞

備考(1)　＊は筆者による註記である。
(2)　南皐の独自性を示す意味で、『六格前篇』を比較にあげてみた。

図表Ⅱ〈六格名目〉

文献 六格名	訳規	九品詞名目	六格前篇
1. 主格	正格、ハ・ガ （noemer）	正格、同左 （nominativus, noemer）	能格、同左 （同左）
2. 属格	主格、ノ （teeler）	主格、同左 （genitivus, teeler）	領格、同左 （同左）
3. 与格	与格、ニ・ト （gever）	与格、同左 （dativus, geever）	得格、同左 （同左）
4. 対格	所格、ヲ （aanklaager）	所格、同左 （accusativus, aanklager）	任格、同左 （同左）
5. 呼格	呼格、ヨ （roeper）	呼格、同左 （vacativus, roeper）	聴格、同左 （同左）
6. 奪格	取格、ヨリ （neemer）	取格、同左 （abativus, neemer）	失格、同左 （同左）

＊『九品詞名目』では、ラテン語（左）とオランダ語（右）の両方を示している。

以上の比較で、『訳規』が、柳圃の『九品詞名目』の忠実な受けつぎであることが証明されたであろう。

ここで〈六格〉に関する説明についてすこし吟味しておきたい。『六格前篇』でもそうであったように、説明において、柳圃同様に和語（含、古語）や和歌、ときに俳句を例示するのが南皐の特色である。まず第一番目の〈正格〉から考察する。

第一　noemer　九品詞名目ニ正字ヲ当ツ、是ニハ慢詞ヲ用ヒス和語ニテ、盤、賀、等ノ字ヲ履スルモノ皆然リタトヘハ、
たらちねは、かゝれとてしもうば玉の我黒髪はなてすや有けんト
云「たらちね」ガ正ナリ余ハ推シテ知ルヘシ

当然のことではあるが、〈慢詞〉（前置詞）を用いぬという注意を述べ、日本語では〈ハ・ガ〉の助詞をとることを明示している。ここで引用の和歌は、『後撰集 十七』〈雑歌 三〉にみえる僧遍昭のそれである。ただし、歌は、〈たらちめはかゝれとてしもうば玉の我黒髪をなでずや有りけん〉（傍点筆者）と二字ほど異同がある。当時巷間流布の和歌集によった故のミスでもあろうか。もっとも〈を〉は変体仮字の書写過程で、を（遠）→は（盤）となってしまった可能性も強い。それはともかく、『後撰集』など和歌による例示は、受講者にはきわめて受け

入れやすいものであったろう。別に南皐は、〈～ハ〉の〈ハ〉の格にあたるものがオランダ語にはないとも述べて、かなり日本語文法にも熱心であったようである。つぎに第二の〈主格〉にうつろう。

第二　teeler　主

des, der, van, ヲ冠シ又ハ schl,s（ママ）等ヲ新ニ履スル等ナリ、和語ニ「乃」ノ字ヲ用ユ、我庵はみやこのたつみ鹿そ住よをうち山と人はいふ也ナド云「ミヤコ」ナリ

teeler は teeller と綴る方が正式であろう。ここでも和歌を引用している。これは百人一首で有名な喜撰法師の歌であるが、あるいは『古今集巻十八』の〈雑下〉から引用したかもしれない。いわゆる所有格の場合である。つぎは第三の〈与格〉である。

第三　gever　与

den, de, aan, voor, in,tot 等ヲ用ユ和語ニにノ字ヲ用ユ、又とノ字モ用ユ、水の面にてる月なみをかぞふれは今宵ぞ秋の最中也けり（ママ）ト云、「水の面」ナリ、又「署豫（ママ）が変して鰻鱺トなる、」抔ノトモ然リ

ここでも和歌が出ているが、これは『拾遺集三』の〈秋〉にある源順の歌である。結句は〈最中也ける〉とあるのが正しいようである。〈ト〉の例として出したものは、狂言などにもみえる〈山の芋が変じて鰻となる〉と同じ俚諺である。卑近な語を示してわかりやすく説明しようとしたもので、いわゆる間接目的格である。つぎは第四番目の〈所格〉である。

第四 aanklager 所|

是ハ慢詞ナシ、発声詞ニハ den, de, het, eenen, eene, een, ナド云フ、和語ニハを|ノ字ヲ用ユ即チ前ノ月なみ是ナリ

前の〈与格〉にあげた和歌に見える〈月なみを〉の〈月なみ〉を指すよしを述べている。これも慢詞がないという。いわゆる直接目的格である。つぎは第五の〈呼格〉である。

第五 roeper 呼|

是ハ ô ノ字ヲ用ユ、タトヘバ ô man ナド云フ、和語ニテよ|ノ字ヲ用ユ今はとてやど枯ぬともなれきつる槇の柱よ我をわするなト云、「槇の柱」ナリ

ここで引用例示の和歌は、『源氏物語』の〈真木柱〉の巻のものである。ただし「河内本」などでは、〈槇の柱は〉とあって、〈よ〉ではないから、南皐の拠ったものは、『湖月抄』あたりであろうか。格の呼称の訳語も第三格同様に、現代と同じである。つぎは最後の六番目にあたる〈取格〉である。

第六 neemer 取|

是ハ uit van, door 等ヲ用ユ、和語ニハよりノ字ヲ用ユ

つくはねのみねより|落るみなの川恋そつもりて淵と成ぬるト云フ「みねより」也

この和歌も百人一首に有名なものであるが、『後撰集 十一』〈恋歌三〉の〈陽成院御製〉から直接引用したかも

しれない。

以上のように第一格の〈正格〉より、第六格の〈取格〉まで、すべて和歌を引用例示して日本語とオランダ語との比較を体得させようと試みている。『古今集』・『後撰集』・『拾遺集』・『源氏物語』、「百人一首」と引用例は多様であり、南皐の教養もしのばれる。しかしこうした和歌を引用する方法は、おそらく柳圃から受けついだ方法かと思う。柳圃の『蘭学生前父』などはそれを証明する一資料でもあろう。また吉雄権之助口授という『重訂属文錦囊』などをみると、同じく和歌がみられるから、柳圃―権之助―南皐と流れている方法と解するのが正しく、やはり根源は柳圃であろう（小論「属文錦囊の研究」参照）。いうまでもなく、現代の和蘭文法書にこうした和歌を材料とした説明は絶無であろうから、古今の比較は不可能であるが、教授法と教材という点から考えて、当時の人びとには適当な方式だったと思う。

さて上で示された説明についてすこし吟味してみたい。一つの例として第四格の〈所格〉の場合を考えてみる。ここで発声詞（冠詞）の所格を示しているのであるが、まず不定冠詞の〈een〉の場合をみてみよう。即ち〈eenen, eene, een〉と示しているわけだが、これは単数、目的格の場合の〈男性・女性・中性〉の変化形を与えている場合である。現代の文法研究書にてらしても正しい語形変化を与えていることが判明する。つぎに〈den, de, het〉であるが、これは定冠詞の場合で、やはり単数、目的格の場合の〈男性・女性・中性〉の変化形を表示している。いずれも正しい冠詞の語形変化を各性（ジェンダー）において示して完璧である。こうした点を考えてくると、江戸の蘭学者にはついぞ見られぬ点であって、やはり長崎通詞らの蘭語学の、正統でしかも基本的学習をよく励行している状況がうかがわれる。

右のように、〈正格〉より〈取格〉までを説明してから、さらにつぎのような説明をおこなっている。

凡一章ノ文ヲ見テモ、実詞毎ニ此六格ヲ備ヘ定リアラザルハナシ、若此法不識モノハ、タトヘハ ik het hem

geslagen ナト云ヲ見テモ、我彼ヲ打ツヤラ、彼レ我ヲ打ツヤラ分明ニ知ル事能ハズ、又此等ノ事ヲ不弁シテモ、多ク書ヲ読ミテ自ラ其妙ヲ得ルモノアルモ、是等ハ其人ノ妙ニシテ人ニ伝フル事能ハズ、且書ニ対シテ、先其義ニ通シテ、而後其文ノ転到(ママ)ヲ知ル、六格之法ヲ弁シタル人ニ於テハ、先其文ノ転到ヲ知リテ後、其義ヲ得ル、是ヲ真ノ訳人ト云フヘシ（後略）

いうまでもないことであるが、六格という語法知識によって、正確な訳文をつくりあげることができる。やみくもに多くの書を読み、単語を訳しても、偶然的に得られた結果にすぎぬわけである。いわば読書百遍、意自カラ通ズの旧い学習によって、あるいはよい結果をえられるかもしれないが、しかしこうした漢文素読的教育法に疑問をいだき、〈此等ノ事ヲ不弁シテ、多ク書ヲ読ミテ自ラ其妙ヲ得ルモノアルモ是等ハ其人ノ妙ニシテ人ニ伝フル事能ハズ〉と皮肉をまじえて述べている。暗に、蘭化や玄沢の訳法・訳文について批判しているのではあるまいか。杉田玄白らの『解体新書』の翻訳法はまさにこの旧式であった。裏返すと、同書のよき翻訳はやはり長崎通詞の語学専門家が助勢したことはまちがいあるまい。そして蘭文法を学習したものは、そうした非語学的な多読式、経験主義を排して、理詰めの学習と、そこから得た語法知識を活用して正確な訳文に達することができるのである。彼らの〈真ノ訳人〉はこの語学修錬によることを確信していたのである。本書はそうした理論を、実践にうつした一つの典型的作品ということができる。

これまで短文では、訳法の一端を示すものがあったが、長い、しかも専門書をテキストとしての訳法は、本書がはじめてではないかと思う。〈九品詞ノ法ニ頼リテ訳スルノ法、前ノ回斯的児ノ文四章ノ例ヲ仮リテ示ス事次ノ如シ〉と述べて、〈回斯的児腫瘍篇第一章訳解〉を試みている。理論を学んだのちの実践的翻訳である。

3 翻訳の実例と方法

訳解の方法であるが、①原文のそれぞれに③単語の解説を述べ、終りに④訳文という順序になっている。ただ記述のうえから、②と③の間に、はじめに示したように、一般的文法解説がはいりこんでいるので、本書の記述に即していうと、②と③とはかなり離れた個所で記述されている。そこで、私に、①、②、③、④の順序に再編成して、〈訳解〉の方法を吟味してみたいと思う。①と②とは同一原文であるから、①と②とを一つにまとめて、①②—③—④の三つの部分を示すこととする。

回斯的児之瘍医新書腫瘍惣括篇原文通計四章（二丁表）　＊各単語に対する訳語は右横書き。

1（原）　het 1 hoofdstúk / van de / gezwellen in 't algemeen 1*　　＊第一章である

Wanneer ergens aan's menschen lichaam Eenig deel tegen de Natúur Opzwelt of dikker word als 't behoort te zijn, zulc word Een gezwel genaamt, 't welk zo wel door 't gezicht, als 't gevoel, zeer ligt bespeúrt word van veelen worden onder de gezwellen de spongiusche vleesen Ook gerekend ; Namentlijk wanneer tegen de natúur iets boven of op de húid úitgroeit, Als wratten, ecterooge n de vleesagtige úitwaseen in de neúgaten, de úitwassen tan de schaamdeelen enz. maar deze die boven de húit úitgroejen, worden van de Eigentlijke gezwellen onderschijden waar van in de verhandeling der heelkúndige fúnstbewerkmgen zal gesprooken worden.

＊上でふれたように、原文と原文の各単語に訳語を与えた部分と、両者を一つにして示したが、後者はあくまでも便宜的な方式と考えられる。たまたま第一章のみがこうした方式をとったまでで、以下第二章〜第四章までわかるように、原文は原則として単語に訳語のないままの形式である。

2（釈）㋑柳圃先生 wanneer ハ和語ノばノ字、漢ノ則字ニ当ル、蓋シばノ字ニ二義アリ、「さればこそいとゞ桜はめてたけれ浮世に何か久しかるべき」ト云寸ハ、ばノ字が和語ノ「から」、漢ノ「故」字ニ通ス、又「跡見れは心なくさの浜千鳥今は声こそ聞まほしけれ」ト云寸ハばノ字ガ、和語ノ「ときは」ト同シク漢ノ則字ニ当ルト云レシ事、此所ニテ訳シテ知ルヘシ、実ニ此通ノ妙手ト云ベシ、法児馬モ ten welkertijd, als, ナド註サレタリ、「其時」之義又ハ「則」字ニテヨシ、是類ノ語ハ助詞中ノ設令詞ニ似タレトモ形動詞也

㋺是ハ実詞ナレトモ、虚詞ノ格ニシテ次ノ deel が本体ノ実詞ニナリ、且六格ノ与ニナルナリ、上ノ Aan ハ慢詞ニシテニト訳ス、凡 tot, voor, Aan, in, onder, op, 等ヲ冠シテ、ニト訳スル実詞ハ皆与ト知ルヘシ

㋩此 of ハ opzwelt ト dikker word ト同意ノ語ナルユヘ、間（ママ）シテル事 Anatomie of ontleedkonst ト云フニ同シ、dikker, grooter, ナド、虚詞ニ er ヲ履スル事、皆物ト物ト比較スル寸ニ用ユ、何よりは是は太しナド云事ナリ、平常無病ノ寸ニ比スレバ大クナル意ナリ、サテ word ヲ先輩「何ゝする事をなす」ナト云、為ノ字ニ限リテ訳スレトモ、此文ノ如キ虚詞又ハ実詞ヲ受テ用ヒタル寸ハ、為ノ字ニテヨシ、又動他詞ヲ受テ下ニアル如ク、Zulc（ママ） word een gezwel genaamt ナト云寸ハ、genaamt word ヲ合シテ、「称せられる」ト訳シテコレヲ被動詞ト云、「かやうなものが自ら業斯越児ト称る」、ニハアラズ「かやうなものが人の為に業斯越児ト称せらる」ト云意ニ訳スヘシ、故 word ハ動他詞ニ配スレハ被字、静詞ニ配スレバ為字ニ当ヘシ

㋥按ニ此類ノ te ニ三等アリ第一ハマタローセン腫瘍惣括篇第十四答文中ニ、dat het uit wondig een gezwel komt te verloonen トアリ、是等ハ behort te zijn ナド同意ニテ、只口調ノミニ用ヒタリト見ヘテ深意ナシ、

又第二ナルハ、前ノ用法ノ如ク見ヘテ上ニ om ノ字アルハ、om te ノ語ヲ分配シタルニテ是ト別意ナリ、タトヘハ dient Om een Aangenamesmaak in de dranken te geven,「好味を飲料に授くる為に効り」ト云意ニテ、om te ニハ何レニモ動詞ヲ配セネハ用ヲナサズ、ユヘニ此 om te ニハ下ノ geeven ト云動詞ヲ配シテ見ルヘシト、標的一語ヲ分ケテ te ノ字ヲ geeven ニ冠シテ見セタルナリ、以上何レモ動詞ニ配スル te ナリ、第三ニ実詞ニ配スル te アリ hij woort te rollerdam ナト云、履スル所ノ実詞六格ノ与ニナリテにト訳ス tot ニ近シト見ユ、hij is tot mijnent ナド云事アレバナリ、又三種ニ定リアリ、中陽ノ詞ニハ te 若クハ ten ト云陰詞ニハ ter ト云、皆にト訳シテ与ナリ、te water, te lande, ter zee, ten deele, ten eersten, ナド云ナリ

㋭gezwel 中詞ニシテ与也、スベテ中詞ハ正与所呼取ニハ Een ト云主ニハ eens ト云、与ニ eenen ト云事モアリ、次ノ het welk ハ gezwel ヲサス代名詞中ノ代再言ナリ、中詞ヲサシテ正与所取ニナル寸ハ、het welk ト云主ニナル寸ハ welks 或 van 't welk ト云、此ニテハ正也、次ノ gezicht gevoel, 皆動詞ヲ実詞ニ変シタルナリ此類ハ中詞ニ属シテ het ヲ用ユ

㋬此五詞註文ノ意ナリ前ノ deze ノ次ニ直ニ worden ヲ附テ見ル可シ、此法ヲ invollende deelen, ト云即チ挿句ナリ、第二章ノ初メノ程ニ、voegens 't onderschijd der oorzaaken en het lijdende deelen トアルモ此法ナリ、ヤハリ前ノ onderschijdentlijke Naamen bekomen ト続ケテ見ルヘシ、此類間〻多シ、意ヲ用ユベシ、又門泥故斯第二十二面ニ、men moet 't púitie zien te rijpen, en den etter mak met 't opleijgen van gesloten rozijnen : of met pap van rozijnen, of on de qúaadaardig hij is, dieserbijis, te verbeteren, met 't voegende digestivum. ト云事アリ是等ハ挿句中ノ挿句ナリ

㋣verhandelen ト云ヘハ「取り給ふ」ト云事ニテ動詞ナリ、ing ヲ履スレバ「取扱ひ」或「論議」ナド訳シテ実詞ナリ、此ルイ皆陰詞ニ属ス、ユヘニ de ヲ冠ス此トコロニテ与ナリ、陰単ノ与ニハ tande in de, ap de, tot de 等ヲ冠ラス例ナリ、次ノ heelkindige ハ元実詞ナルニ ig ヲ履シテ虚詞ニ変シタルナリ、此類尚多シ、次ノ

kunsfbewerkingen ハ元動詞ニ ing ヲ履シテ実詞ニナシタル事 verhandeling ニ同シ、此トコロニテハ諸術ト多キヲ斥スユヘ lingen ト後ヲハネテ云フ、コレヲ複称ト云、スベテ複称ニ冠スル虚詞ニハ e 字ヲ履ス例ナリ、ユヘニ kindige ト云、此例多シ意ヲ用ヒテ見ルベシ、蓋 kopperwoordt トテ、実詞ヲ虚詞ノ如ク用ヒタルニハ e 字ナシ次ノ例ヲ見テ知ルヘシ、koudegezwellen, kreeftgezwellen ナド云ナリ

回斯的児腫瘍物括篇訳文

第一章

若人身一二ノ部分ニ於テ自然ニ逆ツテ腫起シ、ソレガ順次アル則其物業斯越児ト称セラル、其候視察若クハ察(ママ)（撫察とあるべき）ヲ以シテ甚ハタ顕レ易シ、〇コレラ約スルニ、海綿様息肉モ亦腫瘍中ニ算入セラル、所謂自然ニ逆シテ微シク皮上ニ起腫セルモノ、疣鶴眼鼻孔中ニ於ル息肉、陰部ニ於ル息肉等ノ如キ、コレナリ、然レトモ此皮上ニ起脹セル諸息肉ハ、真ノ腫瘍ト分別セラル、其説外科諸術論中ニ於テ説クベシ

以上のように、原文、語釈、訳文を示してみたが、この形式は現代の語学読本（リーダー）の学習におこなわれている講義形式であり、説明を要する語には、㋑㋺㋩……と記号を施して、それぞれ語釈の説明がおこなわれている。このように配慮されている形式も現代の対訳、脚注形式の語学テキストのスタイルと同じで、整備された方式とみることができよう。形式的に整っているということは、内容的にも注目すべきものをもつということになるのである。そこで重要なところが、〈語釈〉の部分となる。これはただ訳語を示しているだけでなく、文法的説明を加えている点からも、現代の〈訳註（脚註）〉などと同質的であるということができる。原文とにらみあわせつつ、この部分を吟味してみよう。

まず㋑ Wanneer の訳註であるが、ここでも上の六格の場合などと同じく、〈和歌・和語〉を例示している。す

なわち〈さればこそ……〉と、〈跡見れは……〉の和歌二首にともなう和語である。前者は『国歌大観』にみえないが、これはおそらく初句が〈散ればこそ〉ではじまる『伊勢物語』の和歌——散ればこそいとど桜はめでたけれ浮世に何か久しがるべき（八十二段）——であろう。もう一つは、『後撰集』の巻十〈恋歌二〉に、〈読人しらず〉とみえる〈跡見れば心なぐさの浜千鳥いまは声こそきかまほしけれ〉の和歌であろう。詞書に、〈返事せざりける女の文をからうじてえて〉とあるが、ここでは何のかかわりもあるまい。いずれも、説明のとおりに、日本語の〈ば〉の説明として、援用したものである。この〈ば〉に二義ありとして、①漢字の〈故〉、日本語の〈から〉の場合と②漢字の〈則〉、日本語の〈ときは〉に相当する場合とを区別している。ここのwanneerは〈則、ときは〉と訳す後者であるというのである。そして説明の文脈からいくと、〈～当ルト云レシ〉とか、〈助詞中、設令詞ニ似タレトモ形動詞也〉などの説明を読むと、どうやら柳圃の教えるところ（あるいは吉雄権之助をとおしての）であるように思われる。〈設令詞〉ならば接続詞の一つであるが、〈似タレドモ〉と文法的には副詞と述べているのである。古典や古語に造詣のあった柳圃のそれを感じさせるのに十分であり、結果的には日本語助詞の考察ともなっている。しかもここでもう一つ注目すべき点がある。それは蘭文法とは直接関係ないのであるが、富士谷成章の『脚結抄』の〈三波家〉の〈何は〉の説明と酷似することである。同書の〈○第二にごるはといふ〉の説に、〈二様あり、一、装の目靡伏をうけたるは里同。又所によりてはニヨッテとも里すべし。〔いへば・あればの類也〕又トともいふ。（中略）二、装の来を承たるはウナラバ・タラバなどいふ。（後略）〉と説明している。期せずして、日本語研究の大家と蘭語研究の大家とが、日本語の助詞の研究においてほぼ同じ結論に達しているわけである。一方は動詞（装）の活用形からの接続の有無を中心に考えているが、一方はもとより蘭語のwanneerを出発点として、〈故・則〉などの漢字（漢文法）を介しての日本語の助詞、〈ば〉などにより考えているのである。

以上のようにWanneerを考えることによって、訳文に示されているように、〈若……アル則（ナラバと読むのであろう）〉と訳出されることが納得できる。

つぎに〈’s menschen〉の訳註であるが、これは〈’s menschen〉を〈実詞ナレトモ虚詞（形容詞）ノ格〉と説明している。この〈’s menschen lichaam Eeenig deel〉で、〈人体の体のある部分（また一、二の部分）〉と訳せるように、複合語のように考えて、一つの名詞（与格）と扱うべしというわけである。ただし初心者には実詞が一つ一つ独立しているという意味で、形容詞のように、〈人の〉となる点について注意をうながしているのである。まことによき語学的説明ぶりで、現代と遜色があるまい。

㋩の〈of〉の説明は、この語をはさんでの op zwelt と dikker word と同格であることを述べているわけである。of は英語の〈or〉と同じく、〈或〉の意のほか、〈即ち〉という意にもなる。したがって、与えている訳語は〈或〉であるが、南皐は両者を訳のうえでは同じように表現しているが、原語の中味はよく了承していたと思われる。この㋩ではむしろ、〈虚詞ニ er ヲ履スル事〉についての説明であろう。現代の文法でいえば、形容詞の比較級の用法の説明である。訳として、〈何よりは是は太しナド云事ナリ〉と、〈物ト物ト比較スル寸ニ用ユ〉とはっきり説明している。またここでもう一つ大切なことを説明している。すなわち〈word〉である。これは〈被動詞〉とも関連してくるわけであるが、いわゆる受身の表現として重要である。〈動他詞ヲ受テ…… genaamt word ヲ合シテ「称せらる」ト訳シテコレヲ被動詞ト云〉という説明は、現代の受動態（Lijdende vorm）と同じ説明である。〈word〉は原形が〈worden〉であるから、厳密には〈worden〉の形で示すべきであろう。〈word〉に〈被〉の訳語を与えている点は、南皐が受動態の形式と内容を十二分にマスターしていたことが了解されるのである。しかも念をおすように〈故 word ハ動他詞ニ配スレハ被字静詞ニ配スレバ為字ニ当ベシ〉とみえる（〈為〉は〈成る〉の意でナルと読むのであろう）。この点、なんとしても、南皐のみの特別な語学知識ということでなく長崎通詞の語学力の優秀さをもの語るものであろう。英語で〈to be 動詞〉をとっての受動態と同じ語法である。

以上㋑㋺㋩までの註記を考えてくると、訳文の〈若人身一二ノ部分ニ於テ自然ニ逆ツテ腫起シ〉までの訳が出てくることが了解できよう。さらに㊁・㋭を吟味してみよう。

㊁は前置詞の〈te〉の説明である。これは三つの意味用法があると述べている。第一は〈只口調ノミニ用ヒタリト見ヘ（ママ）テ深意ナシ〉とある場合、第二は、〈上ニ om ノ字アルハ om te ノ語ヲ分配シタルニテ〉とあって、動詞との関連で用いられる場合、第三は、〈実詞ニ配スル〉場合、この場合、実詞が男・女・中性と三性で異なるとして、〈中陽（中性・男性）ノ詞ニハ te 若クハ ten ト云、陰詞ニハ ter ト云〉という。そして訳す時には、〈実詞六格ノ与ニナリテニト訳ス tot ニ近シト見ユ……皆ニト訳シテ与ナリ〉と与格になることを説明しているのである。

㋭では三つの場合を説明している。まず〈gezwel〉であるが、これはスペリングが、はじめの原文と後の原文では異なっているようであるが、〈gezwel〉（瘍腫）で中性名詞でよかろう。しかしこれの格が与格であると説明している。しかもそれが不定冠詞の〈een〉で判明するというわけである。〈与ニ eenen ト云事モアリ〉とあるが、おそらく〈eenen〉は男性名詞の場合であって、中性ではないと思う。つぎに、〈't welk〉が〈代再言〉（関係代名詞）であることを説明して注目される。これも格変化のある点を指摘している。〈主格（現代の属格）の〈van 't welk〉もきちんと示している点、なかなかよく了解していたと思う。語形の〈't welk〉は、〈het welk〉ともあり、中性名詞を受けているわけで、語形と性と格変化を、十分に認識していたことがよくわかるのである。

第三に〈動詞ヲ実詞ニ変シタル〉ものであるが、〈gezicht/gevoel〉ともに動詞というよりやはり名詞であろう（動詞から転成した名詞であって、動詞を直ちに名詞として用いる場合とは異なる）。

以上㊁㋭の部分を考えてみたが、これによって、㋑〜㋩を受けて、〈……ソレガ順次アル則其物業斯越児ト称セラル其候（兆候）視察若クハ（撫）察ヲ以シテ甚ハタ顕レ易シ……〉と訳出しているわけである。㋭以下、㋬のところまでは特に文法上も問題にするものがないゆえに、説明のないことがわかる。㋬は原文では〈die〉の上にあるが、おそらく〈maar〉（シカシという接続詞）のところにある方がよさそうである。

さてしかし、原文と訳文とを比較すると、まず文頭の〈Wanneer〉から〈dikker word.〉まで——即ち㋑㋺㋩までの註のある部分——の原文で、〈dikker word〉はのぞいて訳出していることがわかる。もし訳出するとすれば、

〈……自然に逆ツテ腫起、即ちふくれあがる時に……〉というように訳してよいであろう。ただ註で説明しているように、〈of〉は zwelt と dikker とを同意同格としている点で、一方のみの意味で十分と考えて、後者の方は省略にしたがったかと思う。〈als 't behort ...〉以下は、〈ソレガ順次アル則……〉の訳に相当するわけであるが、〈業斯越児〉（音訳）は、〈gezwel〉（瘍腫と訳すもの）であるから、〈ソレガ順次アル則……〉は原文の〈als 't behort te zijn〉に相当し、〈te〉の用法は、註でいう第一番の用法にあたるようである。ここの訳文はいささか直訳すぎて明確さを欠くようで〈この腫起がもしもはれがひかずにそのままふくれあがっているならば、このような物は、業斯越児と呼ばれる〉というほどの意味かと思う。さらに、〈't welk〉は、この〈gezwel〉を受けているわけで、註の説明のとおり関係代名詞である。訳文では〈其候〉の訳をあてているが、〈瘍腫〉そのものを〈't welk〉で受けていると考えれば、〈この瘍腫は……〉とすべきで、内容的に〈瘍腫の兆候〉ということになろう。訳文で空白になっている〈察（ママ）〉は、すでに示したように、単語に与えられている〈撫察〉の意でよかろう。W. S.（セウエル）の蘭英辞典には、〈het gevoel. the feeling〉とあるから、感じでわかるという感触（触覚）である。俗にいえば〈目で見たり、さわった感じでわかる〉というところであろう。原文と訳文と比較すると、〈zo wel〉が訳出されていないことがわかる。〈zo〉には〈乃チ〉の訳を与えているが、〈zo wel〉で、〈とても良く〉ぐらいの意であろう。また〈bespeurt〉は〈顕〉の訳語を与えているが、これは〈認知する、認める〉の意であって、〈顕れる〉の意とは異なっている。すくなくとも前の文句を受けて考えると、〈目で見たり、手でさわったりする〉その結果を述べるのであるから、〈甚ハタ顕レ易シ〉ではなく、〈視察や撫察によって、とてもよく（zo wel）、やすやすと簡単に（zeer ligt）この瘍腫が認められるのである〉というように訳す方が、原文に忠実なのではあるまいか。〈顕レ易シ〉は自然に兆候が顕われると誤解されやすいかと思う。

つぎは〈van veelen〉以下であるが、原文は小文字ながら、おそらく〈Van veelen〉と大文字ではじめるべきであろう。この訳であるが〈約スルニ〉とある。要約するの意であろう。しかし前文からのつづきを考えると、やや唐突にも思われる。あるいは〈とりわけ、なかんずく〉などの意ではなかろうか。諸辞典で適訳を見出せなかったが、〈とりわけて、海綿状の肉もまたこの瘍腫のうちに数えられる〉の意ではないかと思う。〈:Namentlijk〉はこうした〈海綿状の肉〉の内容をさらに詳細とする記述であろうと思う。〈Namentlijk〉以下〈uitgroeit〉までで一つのまとまりがあって、〈所謂自然ニ逆ツテ微シク皮上ニ起腫セルモノ〉は、多少意訳ながら問題はないと思う。〈als〉以下は、具体的な例をあげているわけで、名詞の列挙であるからこれも特に問題はないと思う。

さて註解の㋬であるが、〈此五詞〉というのは、具体的には、〈die boven de huit uitgroeijen〉を指すと思われる。また〈此法〉として特に挿入句の用法であることを説明しているのであるが、これは注目してよいものかと思う。この前後を訳文に照らしてみると、〈然レトモ此皮上ニ起脹セル諸息肉ハ真ノ腫瘍ト分別セラル〉ということになる。註解にあるように、〈deze〉は〈worden〉にすぐつづけて考え、これはさらに、後に用いられている本動詞である〈onderschijden〉と一つになって受動態をつくって、〈分別セラル〉となるわけであろう。したがって、〈die〉は説明はないが、deze を先行詞にもつ関係代名詞で、die 以下は、〈皮上ニ起脹セル→deze（諸息肉）〉となる構文かと思う。こうした構文は他の個所にもよくみられるので、ここで〈invollende deelen〉——挿入句法とでもいうか——として解説しているのであろう。かなり重要な、しかも本書にのみみられる独特な〈方式〉である。

つぎは㋣の註解について考えてみよう。ここでは動詞＋ing で、名詞に転成することと、語尾の —ing で女性名詞であることも指摘している。例えば現代のオランダ語文法でも、〈女性名詞となるもの〉として、〈be-looning〉（報酬）などをあげ、〈—ing に終り動詞より由来せるもの〉と分類している。本書と同断である。つぎは〈実詞ナルニ ig ヲ履シテ虚詞ニ変シタル〉として、名詞の形容詞に転成の例をあげている。さらに動詞から名詞になり、しかも複数形である場合、〈後ヲハネテ云フ〉とあるが、これは〈—en〉を接尾して複数形とする場合の説明である。当然のことながら、被修飾語である名詞の数に応じて、複数ならば、形容詞もそのように語形変化するから、〈複数ニ冠スル虚詞ニハ e 字ヲ履ス〉と述べている（これは主格の場合を例にしていることも論をまたない）。すでに上でもふれるところがあったが、複合語の場合は形容詞と異なるから、語形変化はないわけである。

以上㋬㋣の註解が終って、〈然レトモ……説クベシ〉という訳文を示すことになるのである。ここはいずれも文章構造のことではない。ただし、〈die〉を関係代名詞と説明すべきだと思うがいかがであろう。また〈waarvan〉は、〈waarvan〉(英語の of which)とつづられる関係代名詞と考えられるので、この点も説明しないと初心にはやや困難だったと思う。しかし全体の訳文はほとんど完璧に近いといってもよかろう。

4

『訳鍵』と訳語

以下第二章、第三章、第四章についても、註解がほどこされているのであるが、それぞれを吟味する前に、南皐が『訳鍵』を用いたという点について、検討しておきたい。ここで改めて第一章の単語に付された訳語をぬき出して、『訳鍵』(↓で示す)と対照させてみよう(語彙は用いられている順にぬき出して示した)。

1. wanneer 則↓wanneer 毎時・則
2. ergens 何ノ処↓ergens 何処
3. Aan 於テ↓aan 辺、向、於、着
4. 's menschen 人之↓mensch 人
5. lichaam 体↓Ligaam 躰
6. Eenig 一ニ之↓eenig 一ニ、独一(三語略)
7. deel 部分↓deel 分、部(三語略)▽

8. tegen 敵逆・逆→tegen 逆ノ、抵抗、反背、対向（二語略）▽
9. Natuur 自然→Natuur 自然（六語略）
10. opzwelt 腫起→opzwellen 隆起、驕傲
11. of 或→of 又、或、与、則、雖
12. dikker 太ク→dik 濃、厚、肥、頻、巨▽
13. word, worden ナル、被→worden 為、被
14. als 若、若クハ、如キ→als 如、等、似、時、則、於、何▽
15. behoort 定リノ通リニ→behooren 守、主、要、聴
16. to ニ→te 于（三語略）
17. zijn アル→zijn 也、矣、有、者、彼
18. zulc 如此物ガ→zulk 如此、同等
19. gezwel 瘍腫・腫瘍→gezwel 腫瘍、脹腫
20. genaamt 称セ（被）→genaamd 名タ
21. welk ソレガ→welk 其、此、何
22. zo 乃→zo 宛、則、若、故、如是（二語略）
23. wel 能→wel 能（六語略）
24. door 以→door ヨリ、由（三語略）▽
25. gezicht 視察→gezigt 視神、景色、見ル▽
26. gevoel 撫察→gevoel 識覚▽
27. zeer 甚→zeer 甚、病、強（二語略）

28. ligt　易→ligt　容易（十語略）
29. bespeurt　顕→bespeuren　顕ス
30. van veelen　約スルニ→（熟語としては見えない）
31. onder　于→onder　下、共、于（三語略）
32. gezwellen　諸瘍腫・諸瘍→gezwel の複数故、gezwel を見よ。腫瘍、脹腫▽
33. spongiusche　海綿様→spongie　海綿
34. vleesen　諸肉→vlees　肉
35. ook　亦→ook 亦、又
36. gerekenden　算入→gerekend　灰ニ埋テ灯ヲ滅タ▽
37. namentlijk　所謂→なし▽
38. iets　聊カ→iets　些シ、何デモ
39. boven　上→boven 上、高処
40. huid,huit　皮→huid　皮（一語略）
41. uitgroeit uitgroeijen　起張→uitgroeyen　萌出ル▽
42. wratten　疣→wrat　疣贅
43. ecteroogen　鷄眼→なし
44. vleesagtige　肉様→vlees　肉
45. uitwassen　諸息肉→uitwas　息肉
46. in　於、于→in　内、于、於、甚
47. neusgaten　両鼻孔→neusgat　鼻孔

48. schaamdeeln　陰部→scham　耻（耻部と訳すであろう）▽
49. enz.　等→enz.　類等
50. maar　然トモ→maar　雖然、加之、但、唯
51. deze　此レハ→deze　此
52. die　其此ハト云ハ→die　是、彼
55. van　ヨリ→van　之、自（五語略）▽
56. eigentlijn　真之→eigentlijk　自己符合
57. onderschijdm　分別→? onderschryven　下ニ書ク
58. verhandeling　論→verhandelen　商賈、論義、説理
59. heelkundige　外科→heelkonst　瘍気
60. vunstbewerkngen　諸術之→なし
61. zal　応→zal　宜、可
62. gesprooken　説→なし

第一章から冠詞をのぞいて、使用されている単語をすべてぬき出してみた。重複はのぞいたので全体六十語ほどであるが、通覧すると両者での訳語の一致は高い比率を示している。要するに南皐が訳出にあたって、『訳鍵』を用いていたことが髣髴とする。ただ小さな点では異なりもみられる。▽印の単語、たとえばdeelの〈部分〉と〈部・分〉、dikkerの〈太〉と〈厚・巨〉など、gezicht, gevoel, schaamなど。訳語で似てはいても、よく考えてみるとかなり発想が異なり、語彙体系の違いを示唆している。またdoorの〈以／ヨリ・由〉、alsの〈若・如／如・時〉なども本質的に両者の相違を示しているといってよかろう。全体的には五分の一程度のくいちがいであるが、

南皐の方が全体的に俗語というか、わかりやすいことばを用いている。これは長崎通詞一般にいえることであり、文脈でとらえての訳語ゆえである。結果的な推断にすぎないが、『訳鍵』などでも、医学書を読んでいくのには、かなり重宝で、よくできた辞典として活用できる内容と質をそなえていたことも証明される。高野長英なども初期においてこの『訳鍵』を用いて独習したようである。つぎは第二章以下の訳解を中心に、翻訳の状態についてまず原文をあげてから吟味してみたい。

〈第二章〉

2.

het onderschijd[イ] der gezwellen is veelvúldig, en dezelve hebben húnne onderschijdentlijkennamen[ママ], volgens 't onderschijd der oarzaaken en het lijden de deelen, bekomen door om zijn Eenige heete, andere koude, of waterogtige, andere weider, om wind, andone harde of kreeft gezwellen[ロ], Eenige goedaardige, andere qúaadaardige genoemt. Eenige zijn in bijzondere huities besloten die[ハ] daarom blaasgezwellen genaamd worden. Wanneer Eengezwel door desponning van Een slagader[ニ] Ontstaat, zo word het slagaderspad genoemd ; maar die[ホ] der aderen aderspatten, en in 't bijzonder aanden aars spenen of aambeijen geheten. Wanneer in het weeke[ヘ] van de buik, of in 't balzakie of aanden Navel gezwellen ontstaan, de[ママ] zelve[ト] worden in't gemeen breúken genaamd. als 'er in Een gezwel Etter is, Noemt men het Een verzweering. als 'er[リ] úit been Een harde verheventlijd groeit zúec word wind boom of beenknobbel genoemd.

〈第二章訳解〉

㋑ Onderschijd 中詞ニシテ単、此ニテ正ニナルユヘ het ヲ用ルガ例ナリ、gezwellen 中詞ニシテ複、主ニナルユヘ（ママ）ヲ用ユル事亦例ナリ、中詞ノ単ニハ六格トモニ het ヲ冠シ或、主ニハ des, 与ニハ den 、取ニハ van den ナド云事モアリ、複ハ六格トモニ de 或ハ主ニハ der、与ニハ den ヲ用ル事モアリ、サテ此 gezwellen ハ虚詞ノ意ニテ見ルヘシ、而シテ初メノ het ヨリ一連シテ一語ノ意ニナルナリ、然ルニ瘍腫ハ複詞ヲ用ヒ、区別ハ単詞ヲ用ユルモノハ瘍腫ハ下ニ例スル数種ヲサシテ云ヘトモ、区別ハ只一法ナルユヘ、単詞ヲ用ヒタルモノト見ユ、次ノ dezelve ハ gezwellen ヲサス亦拠アリ、次ノ hebben ハ heebt ノ複ニシテ、有ト訳シ也トモ訳ス、hünne ハ代名詞ニシテ、「彼等乃」ト訳シテ複ノ主ナリ、dezelve モ代名詞ナレトモ、元 zelf ヨリ出タル語ニテ、「自ら」ト云意ヲ含メリ、ユヘニ前ノ瘍腫が直ニ自ラ彼等ノ区別アル諸目ヲ、其原因及患部ノ異ニ従テ将来スル事アルト云意ナリ、voegens ヨリ deelen 迄九詞 in vollende deelen ノ法ナリ第一章㋬ノ符ニ詳ナリ

まず㋑の説明を考えてみよう。やはりまず名詞の性・数・格について、冠詞との関連で述べている。名詞の中性・単数で、〈het〉を用いることを示し、これの格変化は、(A)単数、(B)複数でつぎのようにみえる。

(A) N : het, G : het または des, D : het または den ; A : het または van den

(B) N : de, G : de または der, D:de または den, A ; de

現代文法書で説くところと同じである。いかに南皐がこのへんの心得を十分にもっていたかが判明する。しかしつぎの〈der gezwellen〉の説明で、〈虚詞ノ意ニテ見ルヘシ〉というのは、形容詞のように他の名詞を修飾するの意で、〈主格〉（現代の属格）の〈諸瘍腫の〉となって、onderschijd にかかるように説明しているのであろう。〈het onderschijd der gezwellen〉で一語と考えよというのは、初心者にはよいアドバイスであろう（複合語と考えていい

わけである）。そしてここで〈複詞〉（複数）と〈単詞〉（単数）についても、かなり明確な理解をもっていたことが判明する。つぎは hebben であるが、語形変化として、〈hebben ハ heeft ノ複ニシテ〉というのは、誤解されやすい表現であろう。なぜならば、原形が hebben であるから。したがってここは、二人称単数では〈heeft〉であるのに、複数であるから、〈hebben〉と変化しているということの説明である。人称代名詞の説明に、〈hünne ハ代名詞ニシテ、「彼等乃」ト訳シテ複ノ主ナリ〉とあるが、一般に現代文法では、〈hun〉であって、〈hünne〉はいわゆる independent possessives の場合である。しかし『道訳法爾瑪』などにも、〈Dat zijn hünne goederen, 夫は彼等の品物である〉などとみえるから、〈hun, hünne〉ともに用いた語形のようである。F.（フランソワ・ハルマ） H. にも両形があり、W.S.（セウエル） にも、〈Hünne. their〉がみえる。現代との相違は、時代的なものであろう。つぎに説明している〈dezelve〉とともに、代名詞の概念も明確である。〈voegens〉から〈deelen〉まで〈九詞〉とあるが、厳密にいうと六詞であろう。冠詞を数えれば、むしろ十詞になる（あるいは't の省略形は一つに数えないで、九個としたかもしれない）。そして、第一章の㋬の説明と同じく、invollend deelen（挿入句）であるという。ということは、上文にかかっていくことになる。すなわち、〈原因及ヒ患部ノ異ニ随ヒテ……各異ノ諸名アリ〉となる。〈voegens〉は、〈それに適当な↓随って〉と訳したかと思うが、worden を補って考えよという指示のところである（第一章の㋬の箇所を参照）。つぎは㋺を考えてみよう。

㋺此 gezwellen ハ上ノ heete 以下ノ六虚詞ニコトゝク履シテ見ルベシ、然ルニ wind, kreeft ノミ e 字ヲ履セザルハ、此二語元実詞ナルヲ此ニテ強テ虚詞ノ格ニ用ヒタルユヘナリ、此法ヲ kopper word ト云、譬ハ Regenwater, bierglas 等ノ如キコレナリ、又実詞ヲ三合スルモノアリ、前ノ二実が虚詞ノ格ニナルナリ、Rivier visch markt, oranie appelboom, ナド云ナリ、扨又次ノ goedaardige 等ノ二虚詞モ此 gezwellen ニカゝル、然ルニ大尾ニ安セスシテ、中途ニ安スルハ前ノ六虚詞ニテ、端ヲ改ルニヨリテ也、尚第一章㋣ノ府（ママ）ニ纂考ス

ヘシ

㋺を吟味してみる。〈此 gezwellen ハ上ノ heete 以下ノ六虚詞ニコトゝク履シテ……〉とあるのは、やはり初心者に親切な指示であろう。そして、wind, kreeft に〈e〉を接尾していない点は、複合名詞の形であるからで、〈実詞ナルヲ此ニテ強テ虚詞ノ格ニ用ヒタルユヘナリ此法ヲ kopper woord(ママ)ト云〉と説明している。これは第一章の註解にもみえたのであるが、ついでに、二語のみでなく三語つらなるもの、〈River visch markt oranie appelboom〉などの例も示している。〈kopper woord〉は〈koppel woord〉で、〈連続詞〉などと訳されて、品詞の〈接続詞〉の意でも用いたようであるが、ここではいわゆる複合語のことである。

㋩此 die モヤハリ前ノ gezwellen ニカ、レリ、其故ハ此 Eenige = eenige gegewellen(ママ) ト云意ヲ含メリ、然レトモ畢点ニテ隔ツユヘニ、別ニ geneemt worden ノ字ヲ用ユ、都之複、正ハ die トサス例ナリ、其他ハ dier, dien ナド云事アリ

㋥陰詞ナリ、セウヱル〔W.S.〕説ニ陰ノ主ニハ eener, ヲ冠スベシト云ヘリ、法児馬ノ辞書〔F.H.〕ニ van Een ト註ス、然レハ同意ノ語ト見ユ、通シテ用ユベシ、又都テ三種単複トモニ取ニナル寸ハ、van ヲ冠ラス例ナリ、漢ノ之字ニ当レリ、主ニナル寸ハのト訓シ、取ニナル寸ハよりト訓ス、漢ノ之字モ、実詞ヨリ動詞ニカケテ読ム寸ハより訓訓(ママ)ス、蘭ニテモ同シ、タトヘハ「青出シ藍」ナトノ如シ、又 ik heb eenen brief van hem ontfangen 又ハ 't is van haar genoomen ナドニテ知ルベシ、主ニナル寸ハ漢蘭トモニ実詞ヨリ実詞ニカケテ用ヒタリ、タトヘハ原文ノ spanning van een slagader 又ハ dezadel van 't paard was van trijp ト云フアリ、初ノ van ハ主ニナリテ des paards ト云ニ同シ、後ノ van ハ取ニ成テ van trijp genaakt ト云意ニテ「的礼布樹にて作りたり」ト訳ス、此にてハヤハリよりノ意ニテ取ナリ、「馬の鞍は的礼布樹にて作りたり」ト訳ス、都テ

van ノ訳法ニ予（南皐）ノ説アリ訳筌ニ出ス

㈧で〈die〉の関係代名詞であることを指摘している。〈gezwellen ニカ、レリ〉と先行詞を示している。しかし説明のように、〈Eenige〉に〈eenige gezwellen〉の意をふくんでいるから、正しくは〈Eenige にかかる〉というべきであろう。これも南皐は十分に心得ていたとは思う。〈Eenige zijn … worden〉は独立した一文で、前の〈… geneemt〉とは別の文であって、これも〈然レトモ点ニテ隔ツユヘ〉と説明しているとおりである。なお〈畢点〉の用語は、現代のピリウド、終止符のことで、柳圃の『蘭学生前父』『蘭学階梯』に見える用語であるが、蘭化の訳出であろう。また〈dier, dien ナド云事アリ〉という。dier, dien は文脈からいくと〈der, den〉のことかと思う。書写の際のミスであろうか。

㈡はまず〈van een slagader〉の註としてみえるもので、〈陰詞ナリ、セウヱル之説ニ陰ノ主ニハ eener ヲ冠スベシト云ヘリ、法児馬ノ辞書ニ van een ト註ス、然レハ同意ノ語ト見ユ通シテ用ユベシ〉とある。〈セウヱル〉は、先にも〈W. S.〉とみえたが、Willam Sewel（セウヱル）のことで、同氏編集の辞書（架蔵本）の附録にある〈A Brief and compendious Dutch grammar〉などにも、男・中・女性の順で〈Gen・eens, eenes, eener. of a or an〉とある。したがって両方とも用いたのであろう。ここも冠詞が六格の変化と関連しているわけで、特に翻訳上の構文や訳法とは関係がない（六格は旧蘭文法で、ラテン語文法による。南皐のころは、現代と同じ四格で記述されている）。漢文との比較とその相似点も述べているが、南皐にあっても、漢文法は有力な文法知識、文法的理解を与える一源泉だったようである。〈主格〉（属格）と〈取格〉（奪格）とがともに van を用いることがある点で、ここに論議したかと思う。しかしここの記述は、きわめて柳圃調であって、おそらく漢文法との比較とともに、柳圃—権之助と受けつがれてきたものの伝流を示すのであろう。

またここで〈法児馬〉（F. H. と同じ）の名がみられる。これは、後にもみえるが、序では『訳鍵』以外は手元になかったように述べている点を考えると、やや矛盾するが、おそらく長崎ですでにこの訳稿は記述したのであろう。それはともあれ、いうまでもなく、これは François Halma の "Woordenboek der Nederduitsche en Fransche Taalen" のことであろう。柳圃などは、辞書、P・マーリン（Marin）を主に用いているから、この点は南皐の新しい学習を意味しているかもしれない。彼が、〈法児馬ノ辞書ニ van Een ト註ス〉とあるが、これを具体的にいうと、同辞書の〈eener〉の項に、〈eener, is de: genitivús voor de naamen van het vrouwelijke geslagt van eene〉の説明がある。本書では〈van een〉とあるが、おそらく、〈van eene〉の誤りであろう。なおここで、南皐の別著『六格前篇』に収録の例文と同じ蘭文がみられることや、『訳筌』の名がある点を注意しておきたい

㋭此 die ハ上ノ Een gezwel door de spanning 之語ヲサシタル也、上ニ半畢点ヲ用ヒタルト下ノ文ノヤウスニテ考フヘシ

この㋭の吟味は特に必要はないが、〈半畢点〉は〈;〉を指すが、蘭化や玄沢では〈半節点〉と訳している。したがって南皐あるいは柳圃の用語か。

㋬weeke ト e 字ヲ履スル事謂レアリ、陰詞ニハ此例ヲ心得ベシ、陰単ニテ主与取ニナル寸ハ der vroúwe, Aan de vroúwe, van de vroúwe, ナド云フ、正所呼ニハ der vroúw, ô vroúw ナド云フ、蓋シ hijd ヲ履シタル語ニハ、六格トモニ只 hijd ト云テ e 字ヲ履セズ

㋣複ヲサス寸ハ、正所トモニ dezelve ト云代再言ナリ

㋠此 als 法児馬之 wanneer ニ通スト云レシ事実ニ当レリ、又所ニヨリテハ dan ト通スル事アリ、多クハ比較ノ文ニ用テ、和語ノよりハ漢ノ於字ニ通ス、タトヘハ als den lijder wat in beweijing kan wogen zo is 't beter, acter, als lúg, vadtig en stel te zijn, 初メ之 als ハ wanneer ト同意ニテ、漢ノ則字ニ当レリ、後ナルハ dan ト同意ニテ、「有明のつれなく見へし別れより暁ばかりうきものはなし」之よりニ当リ(ママ)、漢ノ「霜葉紅於二月花」ノ於字ニ当リテ、即比較ノ文ナリ、凡和、漢、蘭トモニ都テ比較ニ用ル言ハ定リアリ、即五色七情善悪多少大小軽重高下浅深五味寒熱ナリ、漢ニ在テハ此等ノ字ノ下ニ於字アリテ、次ニ実詞アル寸ハ比較ノ文ナリ、紅於二月花、青出之藍而青於藍、無顕乎隠無明乎微ナトニテ知ルヘシ、於、乎同意ニナルカ、サテ和語ニテハ、「声はせで身をのみこかすほたるこそいふよりまさる思ひなるらん」「つねよりもまたぬれそひしもとこそ昔をかけて落る涙に」ナド、又ハ前ノ「つれなく見へし別れより」ナド詞ノ坐(ママ)ハトマレ、其意ハ皆実詞ヨリ虚詞ニ移ル間ニ、よりヲハサミテ比較ニナリタルナリ、此類枚挙ニ遑アラズ、尚第一章㋩ノ符ニ纂考スヘシ、又次ノ 'er ハ daar 之略語ナリ、此語アル文ヲ訳スルニ心得ベキ事アリ、是モ柳圃先生ノ説甚詳ナリ、daar ト is トヲ合シテ有字ノ意ニナルナリ、只 is トバカリ云ヘバ在字或也字ノ意ナリ、タトヘハ hij is een koopman.「彼人は商人也」hij is in de stad.「彼人都下にあり」daar is een man in de stad.「都下に人有り」等ニテ知ルヘシ、又次ノ noemd men ハ前ノ腫瘍ニ於テ、膿汁アル寸ハ則世人ガソレラヲ潰瘍(ママ)ト称スト云事ニテ、men noemd ト云ベキヲ動詞ヲ上ニ安シタルハ、前ニ病ノ容ヲ云ヒ起シテ、分点ヲ安キ、サテソレヲト動詞ヲ以テ受ル意アリ、此例間〻多シ、意ヲ用ヒテ弁スヘシ、又使令ノ文法ト尋問ノ法トニ於テ、此体ニ紛ラワシキニ似タレトモ、自ラ別アリ、又 het ハ此所ニテハそれト訳スベシ、或発声詞ニ用ユル寸ハ辞意甚異也、概シテそれトノミ訳スルハ誤ナリ、タトヘハ het gezwel, ナド、中ノ単ニ冠シタル寸ハ、発声詞ナリ、六格ニ随テ種々ノテニヲハ(ママ)ニ訳スヘシ、又此所ナドノヤウニ下ノ発声詞ニ重ネ、或ハ動詞ナドニカケテ用ヒタル寸ハ、それト訳スヘシ、het is ナトノ如キコレナリ

形容詞による比較の表現は、指示しているとおり、第一章の㋩で説明している。しかしここで漢文法との比較

考察のみえることは興味がある。なお、is と daar is の違いは、英語でも同様で、後者は英文の there is…．など に対応して考えられよう。

ⓡ此'er. ハ上的トハ少異ナリ、柳圃先生曰、凡自動詞ヲ直ニ正ノ実詞ニ接シテ心得ヘキ寸ハ、必ス'er ヲ加フ、但シ自動詞ニ限レリ、又自動詞ニテモ、「彼人異国に行く」ナト実詞ト動詞ト意隔ル寸ハ、加フル事ナシト、按ルニ、此文ニテハ、verheventhijd が正ニナリテ、次ニ直ニ groeit 自動詞アリテ、「若骨より堅き突起か延長する時は」ト訳シテ、正ト自動詞ト接スルユヘニ、'er ヲ加フルナルヘシ、「彼ひと異国に行く」ト云ワンニハ、hij gaat naar andere land ト云フナラン

〈'er〉は英語の there や of it に相当するが、ここは副詞として、〈骨より〉をさらに明確にいうために、あえて 'er をおく慣用的用法で、英語や蘭語にはあっても、日本語として相当する言い方はない。

上のⓗⓗⓣⓒも、ⓘⓡⓗⓝと同じく、南皐が和歌や漢文法をよく心得て、蘭文の翻訳に応用している方法が示されている。いうまでもなく、彼の師、吉雄権之助の蘭語学を通して、その師、中野柳圃の教授したところでもあろう。まさに柳圃の比較対照言語学の開祖たる一証明をも明示していることになる。よく自己のものとして消化して、明確な語学的知識——格への明確な認識など——と方法によって、蘭文の正確な翻訳を心がけているようすが判明するのである。彼の文法的な知識のみでなく、説明の方法、教材への配慮も考えられる。本書は吉雄南皐の蘭語学の根本を考察するうえのよき資料といえよう。加えて当時の医書翻訳講義の現場をみる思いに誘われる。

補記：

(1) これまで吉雄南皐（一七八七〜一八四三）については誤って解説されているところもあるので、簡単に注記しておく。祖父は著名な大通詞、吉雄耕牛、その息子、如及の子として生まれた。①訳あって長崎を離れたのは、二十五歳の時の文化八年（一八一一）以前である（従来の文化十一年説は誤り）。②大坂に来る前に備前で蘭語学を講じている。備前↓大坂↓江戸↓名古屋という順である。③生涯三回妻をめとる。初めは長崎で唐通詞の娘をである。④天保十四年、尾張藩に仕えるようになって、雷粉製法の研究中殉死した（日本思想大系・洋学論下、岩波書店刊）という従来の説はまったく根拠とする資料はない。⑤南皐についての幼名・号・法号など、これまで判明したところはつぎのとおりである。

号は三渓、南皐、諱は尚貞、字伯元、幼名は通称三九郎、のちに俊蔵（文化十一年改める）また俊三、俊造（晩年）、名は甫、常安・常庵とも称した。尾張藩に出仕するようになって、常三と改めた。長崎で剃髪し羽栗三渓と号した。その場合は名を費、号を洋斎、洋洋斎などとも自称している。〈羽栗〉は古代羽栗と名乗る名医があるところになぞらえて名乗りとしたか。そして天保七、八年ごろ剃髪から惣髪になっている。学統は柳圃の天文学を受けてこれを専攻、塾は〈観象堂〉で、号としても用いた。代表作『理学入門遠西観象図説』（三巻）がある。法号は大機院俊嶽道逸居士。現在は名古屋の共同墓地に墓碑があり、御子孫も名古屋に鉄工所を経営して御健在である。

(2) 吉雄俊蔵（俊三）が江戸に来たことは、宇田川榕庵『自叙年譜』のつぎの記録で判明する。

◇文化十三丙子、年十九。崎山吉雄俊三客居江戸。唱洋文有五法六格、出所著属文錦嚢、六格前編、挖揉図等、以示生徒、使人々点頭。余乃就帷下学之、其説皆新奇、如摩挲異錦、如領略新声。学半年、覚稍有進。

＊すでに馬場に師事しているにも不拘、馬場は中野柳圃の語学の精髄を公開していないのであろう。

(3) 俊蔵が尾張藩に仕えてからの身分は『藩士名寄』（徳川義親蔵）にあり、参考までにつぎにあげる。

町医師　吉雄常庵
常三
天保七申六月十八日

一、文政戌九月十一日　蘭学心得翻訳をも仕候付御扶持二人分被下置可為御用支配候　＊四十歳の年。
一、同十一子三月　御目見医師ト相唱候旨
一、天保七申四月廿四日　被召出寄合御医師被仰付従扶持七人分下置
一、同日　是迄被下候御扶持ハ上リ候

一、同九戊二月八日　奥医師格被仰付御切廿五石御扶持五人分被成下
一、同日　前大納言様御用向心得候様ニト之御事候
一、同十子三月十日　奥医師被仰付元高拾三俵被成下
一、同日　百俵之高ニ御足高被下之
一、同日　前大納言様御用向相心得候様ニト之御事候
一、同年九月十日　家業之儀ニ付願之趣並同役より茂申立候付、向後願之通本道専門ニ相心得、外科金瘡兼相勤候様ニト被仰付候
一、天保十三寅正月十一日　御足高五十俵被下之
一、同十四卯年九月五日　病死　＊五十三歳。但し墓碑の墓誌銘は九月二日とある。註(4)を参照。

＊吉雄俊蔵の研究家、名古屋在住の吉川芳秋氏のいわれるように、〈元より、藩医浅井家の絶大なる庇護によるものとは言へ、他郷人にして而も蘭医としては前古未曾有洵にに破天荒の事であり、如何に常三が優れたる頭脳の持主であり、時人に推重せられたかが分かる〉であろう。天保十子（己亥のはず、あるいは十一年の誤か）に奥医師にまで昇進しているとあるが、この年（一八三九）いわゆる〈蛮社の獄〉により、渡辺崋山、高野長英らが捕えられ、小関三英が自殺している。

(4)

俊蔵の墓参を兼ねて墓誌銘を採取したので、参考までにつぎに紹介しておく。

吉雄南皐常三墓（正面）／天保十四年癸卯九月二日没（西面）
先師南皐子諱尚貞、字伯元、祖曰耕牛子、父如及子、吉雄家居肥前長崎、食於官以職和蘭土繙訳、先師雅修家業、又業研医方、其於能尽物性、則精又精焉、鄰(以)壮東遊、還過尾張、主小川廉治、橋本春山家、時医学館浅井貞庵老子、太重之、従学者又益進、遂仕是邦、居（北面）／僅一紀、累進至奥御医師、而没季五十七、若夫自三千里外来釈屬主戚藩湯薬者、従前所無也、其所述作、有内外要方、艸木譜、観象図説、距度新編、銃砲原論、諸書数十部、実益於万世而不朽矣、弟子某等謹識（東面）

＊吉雄南皐常三の墓地は本来、〈東海山白林寺〉にあったらしい。のち現代の平和公園内の共同墓地に移されたようである。また墓誌銘は『芳蠋集』（写本、蓬左文庫蔵。天地人、三冊三巻。有松庵某編、弘化四年序・跋）の〈地の巻〉にみえる。同書は翻刻されて「名古屋叢書二十五」に収められている。私がたまたまNHKの正月TV番組で、

長崎通詞、吉雄耕牛のことを談じた折、御子孫の方から御連絡を受けて資料など拝見、多くのことが判明した。なお、その著『新訳和蘭内外要方』（文政三年・一八一八刊）にみえる尾張侍医、浅井正封（貞庵）の〈序〉が大いに参考となる。著訳書の詳細は拙著『江戸時代蘭語学の成立と展開Ⅳ』を参照。

初出▼「武蔵野女子大学紀要10」（昭和五十年三月）

第三部

蘭語研究・学習と新資料

1　新井白石と〈蘭語〉の学習

はじめに

『近来繁栄蘭学曾我』（写本の一部）に、〈第一　采覧異言や五事略に西洋事の始りたるは知れて有なり　新井に草創／第二　公命をうけて開きし大功は文字略考漫録を読て見よかし　青木に萌興／第三　蘭籍を自由に読て翻訳の出来る事こそ此翁の手際にて　前野に休明／第四　此学をおし出し唐人迄も膽玉にこたへさせたは此人の気量にて　杉田に隆盛〉とある（作者不詳ながら、戯作者でもあり蘭学者であった森島中良が比定されている）[1]。これは大槻玄沢『六物新志』（天明元年・一七八一成・寛政七年・一七九五刊）の〈題言七則〉にみえるところと同じ趣意である。江戸の蘭学界の担い手を列挙したわけだが、新井白石の草創は確かであろうが、白石は果して、蘭語学習という蘭学の基本的な点についてはどうであったか。蘭語の実力は？　とその点を追究してみたのが拙論である。白石の蘭学を対象に研究されている宮崎道生氏の御論考を十分に参照させていただいた。結論的には、白石は蘭語学習の徒ではなく、西洋という国の学芸、文化に興味と好奇心をもって西洋とは？　と問い、それに彼なりの解答を与えんとした学者である。杉田玄白同様に、蘭語学習には自ら精進するところはなかったようである。

長年、江戸時代の蘭学の史的流れ、また蘭語学習の実態や資料を蒐集してきたわたしは、従来、白石に対する固定した評価がいかに誤っていることか、おそろしい感じにとらわれた。学者は真理に忠実でなければならないのに、往々にして、自分の教えを受けた先生や、書かれた擬装的記述に忠実になり、結果的に悔いを千載に残すことになる。学者は対象を冷静に、かつ客観的に観察し、しかるのちに上田秋成のいうように、学問を私しなければならない。その点、資料の豊かさも必要であり、部分だけでなく全体的な見方をもって、部分を考えねばならない。――こうした時、先人の学恩に浴しながら、やはり非は非とし、改めるべきは改め、述べるべき点は率直に公表して、御批判を受けるのが後輩の務めでもあろう。以下白石について、ことに言語研究とのかかわりにおいて、再評価してみたい。

白石と蘭学を考える場合、資料的にはほとんど不足ないほど十分である。明治三十八年にすでに、『新井白石全集』が今泉定介氏の校訂で刊行されている。しかも宮崎道生氏によって基礎的な資料蒐集はかなりすすめられている。白石の『西洋紀聞』『采覧異言』という二つの著書についてもそうである。また蘭学を考えるうえで、一つの資料になるであろう『外国之事調書』もほぼ正確に翻刻されている。筆者はまずその白石の著作といわれる蘭学関係書を、自分で読みなおしてみた。そのうえで一つの仮説を述べることとした。その間、主として宮崎道生氏の御労作から使用させていただいた。結論を先に述べ、これの論証という記述形式をとっていく。

【一】白石生存のころの蘭学が考究されぬままに論じられる誤り

南蛮紅毛語の時代

宮崎道生氏も同様であるが、従来、あれほど白石を高く評価するにしては、同時代の蘭学の実態考察がきわめてお粗末である。ために白石が特に秀でているような結論をだす誤りをおかす。

これについてつぎの点を示せばこと足りるであろう。一つは、白石の『外国之事調書』（以下『調書』と略称する）に収載の蘭語は、白石のものではなく、当時の長崎通詞一般の語彙を集めたものによっているにすぎぬことである。これはたとえば、元禄九年（一六九六）成立の『阿蘭陀口和解』をはじめ、数多く存在する語彙集を一覧されれば十分に納得できるであろう。氏がオランダ語とされる〈風　ヘンテ（wind）〉（『新井白石の洋学と海外知識』、昭和四十八年、四二五ページ）も、ポルトガル語の vento であって、当時の語彙集にごく普通に収載されている語彙である。同じく、〈マアレ〉（同、四二〇ページ）も氏のいうポルトガル語ではなく、ラテン語の mare である。同じく、〈コラアリウム　珊瑚〉（同、四二〇ページ）もオランダ語といわれるが、オランダ語で珊瑚は、〈koraal〉であって、片仮字表記からしても違いすぎる点に疑問をもつべきで、ラテン語の〈corallium〉である（〈cūralium〉とも綴るようである）。

　こうした誤認は氏の著書のオランダ語を示すところにかなり多い。一つ一つ指摘しないが、何故こうしたことになったか。これは氏ももらされているように、白石のものに何故、オランダ語以外のラテン語やポルトガル語があるのか、混在？するのかということに、目が向けられねばならなかったのである。その理由はしかしきわめて単純である。一つの歴史の流れを展望すれば、誰でもうなづくことができる問題である。すなわち白石のころ――宝永・正徳期（十八世紀初期）――はまだ、南蛮紅毛の時代なのである（南蛮はキリシタンに直結し、紅毛はオランダをさす）。いわばラテン語・ポルトガル語から、オランダ語へと移行する過渡期ということである。もうすこし厳密にいうと、南蛮語がまだ残存している時代なのである。加えて、白石の訊問したシドチはラテン語によってこそ、もっとも通詞と対話ができたわけで、やはり彼はキリシタンの延長上に存在する人物だったわけである。すくなくとも使用語彙はそこに中心がおかれていた。

　このように白石の筆録している外国語――通詞による提供であろう――の実質内容は、語の種類からいくと、ラテン語・ポルトガル語・オランダ語で、中に私自身疑問に思うもので、ギリシャ語もあるようである。宮崎氏が、〈英語・ヒンドスタニー語・マライ語〉などとして復元対応を示しておられるが、むしろこれらは直接的関係からではないから、いわずもがなであろう。そしてたとえばわざわざ、〈南　アウステル　*austral［E. オランダ語ではない」〉（同四一一ページ）とことわっている註記などは理解しがたい。austral はオランダ語であって、英語（E.）とする方が誤りである。時代的にも英語の採択使用をこの時期に想定するのは早すぎる（言語学的に蘭、英は同じ語族(ファミリー)に属する）。これはたとえばベスト best が、英語もオランダ語も同形ではあるが、このころであるならば、当然オランダ語をとるべきで、氏の用いた資料、辞書には、〈英語（E.）〉とことわりでもあったのだろうか。白石の採択した外国語、蘭語の源は二つ、すなわち一つは長崎通詞からであり、もう一つは通詞をとおしてのシドチからの言語である。こうして、『西洋紀聞』や『采覧異言』にみられる横文字、さらに『外国之事調書』にみられる横文字が出てきたわけで、宮崎氏のいう〈白石の蘭語学習の進展性や努力精進の賜〉という評価は、いささかひいきのひきたおしであり、むしろ誤った判定である。

ついでをもって、氏のあげた〈猪　ハルコ　*valken〉（同、四一三ページ）を指摘しておきたい。これはまず、〈ハルコ〉と〈valken〉の片仮字と原綴との相違がありすぎること——こんなに今村英生という蘭通詞は、でたらめな発音をするはずがない——と、〈*〉（氏はこの印のある語は、蘭語以外とされる）のある点で、valken を何語というのであろうか。語形からいくと、オランダ語的であり、別に〈鷹　ハルコ〉（同、四二八ページ）でも〈valk〉をあてておられる（en は複数形を示す場合もある）。たとえ第三者からの教示とはいえ、猪も鷹もごっちゃにして、しかも一方はわざわざ、蘭語ではないと註記するのは、どう考えても理解に苦しむところである。誰がとか専門家がという責任転嫁は許されぬもので、英蘭でも蘭英でも、あるいは蘭日・日蘭でもいいから、対訳辞典によって確かめるという基本的手続きをなすべきではなかったか。しかも〈猪　ハルコ〉は、明らかに〈パルコ〉であり、ポルトガル語の〈porco〉である。延宝九年（一六八一）の年次ある写本、『阿蘭陀口和之式』にも、〈マンテイカデポルコ　油(ブタノ)〉と収載されている。〈パルコ＝ポルコ〉など、ごく一般的な語彙なのである。

白石の〈蘭学〉語彙は、正徳年間をさかのぼる四分の一世紀も前の語彙集にも明示されている。したがって、氏の大いなる欠点は、史的に蘭語学習を考察せず、長崎通詞の功業を無視し、白石のことのみ切りとって、私意で論をたて、しかもよく原語を調べぬこと——これも歴史研究の基本姿勢であろうが——に存在すると思う。公表できぬものではないか。昨今の公害も企業のみの責任ではなく、むしろ本源は研究室の学者のそれだと思う。しかも蘭学の歴史からいけば、すでに延宝・天和のころに、〈盲目腸・幅十二指之腸〉など、かなり原語（オランダ語）に忠実で、後の世代につながる地道な蘭語研究や翻訳が長崎通詞などによっておこなわれていたわけで、白石を特異で秀抜と評価するのは我田引水であり、かえって白石の実証性を否定することになりかねないと思う。

このように白石の蘭語学習？や蘭語蒐集、その筆録を考えてくると、何としても長崎通詞の功業をもう一度見なおさなければならなくなる。通詞たちが、慶長以来、南蛮語の通訳、阿蘭陀語の通訳と、努力精進した事実とその歴史が、あまりにも歴史家から忘れさられていはしまいか。ただ忘れさられているだけなら、やがて日の目をみることもあろうが、ついに別のいわゆる歴史上の知名な人物によってその功を一人じめされたのでは、一体、学問とか研究とか、科学性とか、学者の責務とは何かと自問自答したくなるのである。一将功成ッテ万骨枯ル、とは私のもっとも戒めるところである。そしてもし白石のオランダ語を多少とも論じようとするならば、史的見通しはいうまでもないが、オランダ語のＡＢＣは学ぶべきであり、その道の専門家に疑問は質すべきであろう。そしてその方面の資料は公開して、専門家の目にふれるようにすべきかと思う。一人の力には限りがある。[2]

白石の蘭語語彙について、宮崎氏が、〈或程度体系的ではあるけれども……〉（同、三六九ページ）といわれる時、これまた本当にそうかとの疑いの念をもつ。氏は中世以来の「節用集」の分類などに目をとおしたのであろうか。ましてや元禄九年成立の横文字の語彙集に、〈一、身体　二、五臓　三、六腑　四、病名　五、器類　六、草類　七、木類　八、鳥獣　九、蟲類　十、金石　十一、酒名　十二、雑　十三、数量〉と、用語が十三種に分類され、日本語—外国語（南蛮紅毛語など）と対訳の形式をとり、白石には数等まさる分類と体系的処理（？）をおこなっている。この分類の形式は、当時のこの種の語彙集に共通してみられるところで、南蛮紅毛語彙がかなりその方面の学習者の間で定着していたことも知ることができる。むしろ白石のものには、〈道具類〉がないが、宝永七年（一七一〇）成立の同種の語彙集には、〈道具類〉が一つにまとめられ、すでに、〈顕微鏡〉も収載されている。おそらく白石のために通訳をひきうけた今村英生は、医術方面にはあまり関心をもっていなかった蘭通詞なのであろう。白石はこの点で、このころの語彙集によくみられるハサミとか平針（ランセッタ）などさえ収録していない。

一つの蘭語学習史をつづり考えていこうとすると、白石の蘭語学習がどの程度のものか、その史的位置をどう解すべきか、自明なこととなろう。白石のオランダ語を評価するのに資料はこと欠かないはずである。白石のもので、もっともととのっているのは、宮崎氏が、〈享保元年十二月二十日執筆〉とされるものである。しかしこの〈天 ヘーメル、地 マール又ハアールトボーテムトモ〉ではじまる語彙とその順序は、多少この方面の資料をみている研究者であるならば、これまたごく当然のあるべき語彙集であり語順であることを知る。こころみに、刊行された『類聚紅毛語訳』（寛政十年・一七九八）を一覧されれば、思い半ばにすぎよう。また写本の『阿蘭陀名目語』をみれば、白石の筆録したものか、通詞の単語帳か、また語彙集の一端であるかを歴然として悟ることと思う。むしろ詳しいものには、人間関係で、〈養父・継父・実父〉の区分もあって、白石のものに、〈父〉の一語のみがあるのに比すべくもなく詳細である。――まして青木昆陽と比較するにおいてをやである。はじめにあげた「芝居見立番付」は正統と評されよう。

昆陽と蘭学については、また別の機会に述べたいと思うが、昆陽が伊藤東涯から語学的訓練を受けた語学者として、『和蘭文字略考』を著述したが、白石のものとはまったく比較にならないほどしっかりしたものである（『蘭学事始』での杉田玄白の昆陽評価も誤りである）。上記の点をふくめて、江戸の蘭語学習は、むしろ昆陽に淵源し、忠実な昆陽の継承であって、その一つは前野蘭化の蘭語学習や研究に直結するすばらしい内容をもつ。単音や音節を具体的に考え、表示し、さらに原綴を明示している昆陽は、白石などとは比較にならぬほど堅実なオランダ語学者である。従来、昆陽を過小に評価しているのは、むしろこれまた歴史家の責任ではないか。正しい昆陽関係の資料が与えられているにもかかわらず、資料を研究者が冷静に客観的に考察する労をとらないからだと思う（別の拙論を参照されたい）。蘭語学習の歴史を一つの展開の相でとらえる時、歴史はまことに正直にその判断を下してくれるのである。紙数の関係でつぎに二例のみ、白石のものと昆陽のものをあげておこう（昆陽の蘭語綴りの形式は原本とは若干変更した）。

(a)白石のもの：

1　白檀　サンドル　ホウト

2　悪キコト　クワート

(b)昆陽のもの：

1　白檀　サンデルホウト　s a n de l ho ú t
（エツ アー エン デエ エル ハヲ ユ テ／サ ン デ ル）

2　悪　クワツ　q ú a e t
（キウ ユ ア エ テ／ク）

*昆陽の『和蘭文字略考』（全三巻）は、巻一で、〈1　文字（アラビア数字をふくむ）　2　音節〉を概況し、巻二・三で語彙を収録している。これも〈天文・時令・地理・鳥獣・魚蟲・穀草果・人倫（巻二）／身体・疾病・言語（形容詞・動詞・副詞）・飲食・器財・宮室・織物〉とかなり明確な規準をもって語を分類して収載している。書名の〈文字〉は語の意である。再三述べるように、白石のものとは比較にならぬ充実した語学書である。杉田玄白や大槻玄沢のいう〈類語〉であり、玄白や玄沢にもかかる語彙集の編集書はない。ただしこれはオランダ語の原本があり、それに拠っていることも判明している。

【二】『西洋紀聞』の文体と海外知識の乖離を正す

文体こそ批判の要

『西洋紀聞』をもって、直接的に白石の海外知識を記述したものということについて、私は否定的で疑問をもつ。また当時の蘭学者がとりあげ論じている、白石の『五事略』をなぜ歴史家はもっとりあげないのか。その内容の詳細については他日を期することとし、そのように私が判断をした一つの理由について、以下略述してみよう。『西洋紀聞』の〈中巻〉は、こうはじまっている（岩波文庫本による）。

> 大地、海水と相合て、其形圓なる事、球のごとくにして、天圓の中に居る。たとえば、鶏子の黄なる、青き内にあるがごとし。其地球の周囲九萬里にして、上下四旁、皆人ありて居れり。凡、其地をわかちて、五大洲となす。一つにヱンロパ（註文略す）、二つにアフリカ（同上）、三つにアジア（同上）、四つには、ノヲルト、アメリカ（ノヲルトといふは、此に南といふ。漢には南亜墨利加といふ）五つには、ソイデ、アメリカ（ソイデといふは、此に北といふ。漢に北亜墨利加といふ。○阿蘭陀縷板の図によるに、以上二大洲、共に一圏の内にありて、地上界とす。）（以下略）

これによると白石の知識は、世界五大洲の存在にある。そして記述のスタイルからいくと彼のものとして述べられている。しかしさらに読みとおしていくと、たとえば〈イタアリヤ〉のところで、〈……其地中海に、コラアリウム、ルウブリイを生ずといふ。（赤珊瑚樹也。其樹もつとも長しといふ。）〉のように、〈……といふ〉スタイルの文末結文がよくみられる。これは〈シシーリヤ〉の記述、〈ポルトガル／イスパニヤ／カステイリヤ／ガアリヤ……〉などなど、いずれも〈……といふ、……也しといふ〉文体であって、〈中巻〉の底を流れる重要な文体となっている。〈といふ〉は〈となり／とぞ〉とともに、トイウコトデアルとかダソウダという伝聞の表現文体である。〈……と〉で受ける文章と内容は、本人（白石）のものではなく、白石が他の人から聞いたもの、内容なのである。この文体は本文中のみでなく、註文中にもみられる。しかし上例の〈アメリカ〉の場合の註文の〈といふ〉は文字どおりデアルであって、断定表現であるから峻別しなくてはならない。そこで、二つのトイフを十分に区別し、読み分けないと、白石の自説と他人の説の引用との区別ができない。できないだけでなく、実は白石の記述自体が、このへんを意識してかどうか、しばしばあいまいでもある。たとえば上のアメリカの註文の、〈ノヲルトといふは、此に南（ミナミ）といふ／ソイデといふは、此に北（キタ）といふ〉の部分を読むと、白石が、オランダ語のノヲルト（noord）・ソイデ（zuide, zuide）を南・北と断定しているようにとることができる。これは『采覧異言』でも、たとえば〈西紅海〉の説明で、〈此方西海名、マレルブロム。番語マレ、海也、ルブロム、赤也〉とある。この〈也〉も断定であり、一見して白石のものであり、白石がよく〈番語〉を学習し、こなしていると錯覚におちいる。ノヲルトは北、ソイデは南のこと、白石の聞き違いなのである。また『西洋紀聞』の〈下巻〉のはじめの註文に、〈（前略）そのヨワンといふは、ラテンの語也。ポルトガルの語は、ヨ（ジ）アンといひ、ラ・ランドの語には、ヨヤンといふ。バライルモは、トーマンに隷する地名也といふ〉とある。ここで、〈……といふといふ。……也といふ〉の伝聞表現、ことに前者は、〈そのヨワンといふは……〉からの文をすべて受けるわけであるから、〈ラテンの語也／ヨ（ジ）アンといひ〉もまた、〈といふといふ〉わけで、伝聞であることがほとんどまちがいない。すなわち、ラテン語やポルトガル語、オランダ語は——きわめて当然のことであるが——白石の知識ではなく、すべて通詞に教えられたところを註記したまでで、彼自身がこれらのヨーロッパ語を多少理解していたり、学習したというのではない。むしろ人聞きによくみられる錯誤の典型的例である。

上で指摘したが、オランダ語の〈noord（ノヲルト）/zujde（ソイデ）（北・南）〉を錯誤したのも、正しい聞きとりをせず、本人が学習せず、かつ清書の段階でもその真偽が明確でないままに、記述したのである。さらに西洋では、名＋姓の順に記するよしを註記しているところ（下巻のはじめの部分）も、〈……といふは、……也といふ〉と伝聞形式になっている。

要するに、白石の横文字の知識やヨーロッパの習慣風俗など、多くは伝聞のもの――これは至極当然のこと――であり、これがトイフという明確な形式をとる場合と、そうでない場合とがあって、両者はときにきわめて区別することを困難にさせ、結果的に白石の偉大な海外知識へと拡大解釈されるのである。上でふれた名＋姓にしても、後の前野蘭化ですら誤解して、オランダ人も日本人同様に、姓＋名の順であると記しているほどで、白石が真に理解し、学習研究した結果としての所論とは、いいがたいと思われる。したがって、『外国之事調書』にみられる横文字も、その多くが、【一】でも多少ふれたように、当時の長崎通詞の語彙を筆録しておいたまでであって、この方面に関心はあったかもしれないが、学習の結果を示している証拠にはならないし、まして時間的経過とともに進歩したように説くのは、まったくのひいきのひきたおしである。『西洋紀聞』(下巻)を読んでいくと、岩波文庫の印刷判型ではあるが、改行のところ、パラフレーズごとに、〈……といふ〉という表現文体があって、このいわばトイフ文体が、『西洋紀聞』の中核的文体であり、さらには白石が西洋の知識をどのように獲得し解釈し、表現しようとしていたかをさぐる重要なきめ手となるところである。ただ内容や記述文章の量の多少を考察し、論じても、白石の海外知識の根源という核心部分を解明することは不可能であろう。

『西洋紀聞』の〈下巻〉のおわりに、〈按ずるに〉として、白石個人の評語を加えている――これはまさしく白石の考えであり、コトバである。そこには、〈……ず、……べからず、……とす、……かあるべき、……らし、……あらず〉という強い断定表現がみられ、そうした中で、〈といふ〉はめこみ記述と引用がみられるのである。いうまでもなく、按文形式は〈下巻〉だけではない。この『西洋紀聞』の全体にみられるところである。按文は他に対する彼の意見、考えを示すわけである。

こうして『西洋紀聞』の文体を認識し、そこから内容を検討しようとする時、真に正しく客観的な白石観が創造されると思う。白石が好奇心にとみ、向学心にもえ、知識蒐集に貪欲であったことは筆者も否定しないし、おそらく白石の人間像としては正しいであろう。また実り多い『西洋紀聞』の内容は、ひき出し手である白石の手腕に多くかかっているかもしれない。しかしそれも、人の知識と己れの知識、人のものと吾のものとの、明確な区別の上に立っての批判こそ必要である。これを読む立場の研究者も、その点を十分心得ねばならない。そして確かに、白石はこれを実行している。しかし現代の歴史家が、むしろその白石の意図をすら正しく理解せず、白石の学問、とくに蘭学とのかかわりをも、白石至上で論じているとみられるふしがある。果して冷静で正当な評価を下しているかというと、あえて否と答えざるをえない。『西洋紀聞』は一面では、『蘭学事始』――現代教養文庫『蘭学事始（らんがくじし）』で私の指摘したように、同書も伝聞体の記述に十分注意して読みとるべきである――とともに、きわめて誤解されやすい文体であり、主観的なニュアンスの強い作品である。しかも両者に共通する伝聞の文体をもつ点も、興味あるところである。歴史家としての白石と、単なる随筆家としての玄白とを等し並みに論ずることはできまい。しかし反面、果して白石において客観的な正確な蘭語学習が存在したか、その歴史的事実への考察と把握があったかどうか問題である。海外知識は白石自身の精進による成果であるかどうか。私見では、白石はかなりはったりの強い頭脳明晰なる学者だったように思う。

おわりに

なお蛇足であるが、白石の研究態度や方法に、疑問をもった一つの契機は、彼の文字研究という『同文通考』（宝暦十年・一七六〇）をややくわしく読んだことからである。宮崎道生氏はこれについてほとんど考察されていない。しかしその内容と彼の漢字知識を厳密に考察批判していくとき、同書の校訂編集者、新井白蛾（白石とは無関係）なしには、この『同文通考』は日の目をみることはできなかっただけの内容の不正確さ、不備をみる。白石はついに拠るべき『字彙』をすら用いておらず、漢字のシナ音や字体へのコメントも首をかしげたくなることが、決してすくなくない。彼は果して自らどれほど漢字について考察したのであろうか。それはそのまま蘭学に対しても同様かと思う。彼は所詮、演繹的な研究法と、評論構築にはすぐれていたであろうが、地道な研究には必ずしも適していなかった俊才ではなかろうか。一つのことをこつこつと永い間つづけるには、あまりにも多能多才の学者であったと思うがいかがであろう。

註

(1) 岡村千曳『紅毛文化史話』(創元社、昭和二十八年)・『図録蘭学事始』(早大出版部、昭和六十年)を参照。

(2) 私が初期、南蛮紅毛関係資料を渉猟しているとき、古い写本『阿蘭陀南蛮一切口和』に、〈ソルバ　東〉の語彙に接した。さまざまな対訳辞典で調べたが、何語か解決できなかった。ソルから類推して太陽と関連し太陽からさらに〈東〉と対訳したかなど推考した。しかし結局未詳となった。そこで東京外語大スペイン語科出身の賢学、笠井鎮夫先生におすがりした。先生も心当たりなしといわれ、お電話を切ろうとされたが、〈アルバといえば暁、夜明けなどの意味ですが……〉ともらされた。私はその瞬間、それだと合点し、〈ありがとうございます〉と電話をきった。手元のポ英対訳辞典をみると、〈alva, s.f. dawn, daybreak〉とあった。ソルバはアルバが正しく、片仮字のソとアの誤写と判定した。ソとアは片仮字の写しではおこりうる誤りであろう。写本によくある例ではないか。あまりにソルにひかれて生半可な己の横文字知識に災いされ、〈sol〉(ポルトガル語、太陽)に拘ったことを自嘲した。笠井先生には懇ろに経緯をご報告し感謝のお手紙をさしあげた。

初出▼「新井白石は果して〈蘭語〉を学んだか」『近世の学芸―史伝と考証』(八木書店、昭和五十一年三月)

2　山路之徽、蘭語学習と世界地理学——蘭学史上の一発見

はじめに

早稲田大学図書館所蔵の『和蘭緒言』をやっと拝見することができた。かねて予想していたとおり、すばらしい資料である。資料の記述内容がそうであるのみでなく、資料に登場する人物も時代もすばらしいのである。多年、資料探訪にたずさわってきて、こうした第一級の資料に出逢うことは、ごくまれであり、開巻の興奮はまことに学者冥利に尽きるものである。親しく考察する機会を与えていただいた図書館当局に心から謝意を表したい。まず本書の体裁について紹介しておこう。

1　写本一巻、巻子本仕立で、故勝俣銓吉郎先生旧蔵。（函架番号　文庫8・C665）　＊現代は解体された。

2　外題は墨書きで、〈和蘭緒言〉、内題も同じ。上質の鳥の子紙使用。りっぱなものである。

3　巻末の識語は、〈右和蘭緒言一巻姫路少将源忠恭朝臣之書也　伏乞密写之　等随俊衍 印〉とある

外見はさながら一巻の免許皆伝の秘伝書のごとくである（二九一ページ参照）。そして箱入りであるが、その箱書きには、本書が群馬県の某氏が所蔵しており、高野長英とも深い関連があったように記されていて、ますますその伝来の確かさと、関連人物に興味がそそられる。

本書の披閲より十五年ほど前、私は、本書と類似した『蘭学緒言』（写本、冊子形式の一冊本）を天理図書館で一見しマイクロに収めているが、本書と同じ山路之徽の撰述であり、内容的にはほぼ一致する。[1] しかし同書は冊子であり、〈序〉など若干異なる記述もあって、それはそれとして注意すべき資料である。

1

編者と楽山・忠恭

本書は冒頭に、〈和蘭緒言　山路平之徽編撰〉とあるように、山路之徽のまとめた著述である。之徽はユキヨシと読む。そこでこの人物についてまず吟味しておこう。

之徽が本書を執筆するようになった動機や目的は明瞭であるが、序にあたる冒頭の文において、〈白石先生采覧異言ト云フ地理ノ書ヲ著シ蘭学ノ緒ヲ発〉と述べているところも、注意しておきたい。白石を蘭学の祖と考えることは、当時ほぼ定まった評価かと思うし、具体的には『采覧異言』をとり出している点で、これまた当時一般の見方かと思う。そして実は、之徽も何のために蘭学を学んだかというと、地理書の翻訳という志があった故らしい。『寛政諸家重修譜』によると、之徽は安永七年（一七七八）に、五十歳で死没していることが判明する。これはまた『天文方代々記』の〈評定所儒者、山路久次郎〉なることも判明した。すなわち同書によるとつぎのように記述されている。

> 宝暦十庚辰年五月九日部屋住ゟ暦作測量御用向、是迄父弥左衛門相勤候通手伝可相勤、依之御扶持方五人扶持被下置旨、堀田相模守殿被仰渡旨、松平頼母申渡、明和三丙戌年七月十八日初而
> 御目見被仰付、安永二癸巳年三月七日、父弥左衛門跡式無相違被下置旨、於菊之間御老中御列座、松平右近将監殿被仰渡、小普請組堀田三六郎支配ニ罷成、同三甲午年十一月十二月（ママ）久留嶋数馬支配ニ罷成、同六丁酉年

五月三日、評定所勤役儒者被仰付、並之通御役料五拾俵被下置候旨、於御右筆部屋、縁類田沼主殿頭殿被仰
渡、同七戊戌年正月晦日病死仕候

つぎに引用紹介するように、本書のはじめに〈山路平〉とあるのは、山路家が平氏の出自であるからであろう。また、後に引用する〈序文〉にあたるところで、〈弱冠ノ時ヨリ府君ニ従テ相与ニ和蘭人ト一〻天文暦数ノ事ヲ闘論ス〉とあるので、父親はかの有名な山路主住（ヌシズミ）（通称は久次郎で親子とも同じ通称である）で、和算家としての実力と令名はここで贅言を要しまい。したがって之徽も和算や天文・暦学などの研究に専念したわけである。この方面ではやはりかなり知られた人物として活躍している。右の引用文中に、安永二年（一七七三）に、〈父弥左衛門跡式無相違被下置旨〉とあるように、この年に父の跡をついだことがわかる。論末に作成した〈江戸初期蘭学関係者の生存期間比較一覧表〉で了解できるように、江戸の蘭学の初期に属し、青木昆陽、野呂元（玄）丈、前野蘭化、杉田玄白などとほぼ同じころの人物ということができる。これは本書に登場する人物名からも判定できるのである。

山路之徽については、これまで蘭学や蘭語学との関連で考察記述されたものはないようである。もとより、『蘭学事始』などにも登場しない。『天文方代〻記』にもこの点の記述はない。せいぜい父、主住の子として数学に励んだという点のみである。[2] この点、本書は新しい山路之徽像といったものを示して余りあるといえるであろう。篤実謹厳、きわめて謙譲な人であったという父、主住の学風と性格を受けて、之徽もまたあまり目立つことがなかったかと思う。しかし父が久留米藩主、有馬頼徸（ヨリユキ）の数学の師であり、改暦や天文方の有名なメンバーとして、幕府の事業にたずさわっていたから、早くから藩主や幕府要路の人びととの接触もあり、また之徽自身も評定所勤役儒者として、仕事や生活面では、俗にいう日のあたる場所におり、活躍できる場を得ていたと推定できる。

さてこうした之徽が、実は以下紹介するように、青木昆陽や野呂元丈とともに、江戸における蘭学の基礎を確

立するのに努力した蘭学者の一人でもあった。弱冠のころから、参府の蘭人と問答をかわし、オランダ文字やその発音を習って、世界地理書なども翻訳した有力な蘭学者だったのである。こうした新しい之徽の学問の一端が、本書、『和蘭緒言』によって語られている。まず序文にあたるところを抜き出してみよう。表記は統一した（原文は、片仮字は細字であり、漢字は新旧混用、句読点はない。二九一ページの図版参照）。

和蘭緒言　　　　山路平之徽編撰

先府君

徳廟ノ命ヲ蒙リ年〻朝貢ノ和蘭人ニ交ル、小子之徽弱冠ノ時ヨリ府君ニ従テ相与ニ和蘭人ト一〻天文暦数ノ事ヲ闘論ス、初メ番字（ママ）及ヒ彼国ノ音韻ヲ知ラズ、象胥ニ依テ通弁ス、先キニ白石先生采覧異言ト云フ地理ノ書ヲ著シ蘭学ノ緒ヲ発トイヘトモ惟〻惟〻国字（カナ）ヲ以テ地名ヲ訳スルノミ、惜ラクハ字音ノ学ニ及ハサルコトヲ野呂青木両氏此学ニ意アリトイヘトモ訳家伝フル言ヲ耳ニシテ国字（カナ）ヲ以テ書記スルノミ、之徽独リ其ノ鴂舌鳥語ノ如クナルヲ憂ヘ、家学ノ暇ニ彼国ノ字音ヲ学ヒ、栖々二十許年順々然トシテ略〻其緒ヲ探索シ、遂ニ此挙ニ及ヘリ、曰ク吾

国ニ於テ和蘭ノ文芸ヲ預リ聞クモノ鮮シ矣、吾

邦文運之盛ナル今也、　都下ニ番字ヲ知ルモノ多シ、然レトモ皆野呂青木両氏及吾儕等ノ灑派ナルモノ也、于茲友人楽山前野氏、此学ニ敏ニシテ夙夜工夫、遂ニ以テ彼国ノ字音ノ学ヲ学ヒ得テ、既ニ彼国ノ書ヲ手自ニ折中スルニ至レリ、之ニ頼テ闕疑質正シテ、和蘭小学（テナラヒ）ノ道及ヒ音韻ノコトヲ序テ、且ツ専ラ天文暦数ニ切ナルコトヲ述シ、及ヒ万類ノ名ヲ書シ是ヲ学フノ階梯ヲ著シ、以テ不朽ニ致ス、実ニ楽山子之功哉

右の記述でまず目につくことは、〈友人楽山前野氏〉のことであろう。楽山はいうまでもなく前野良沢（蘭化）の

号である。しかも楽山について、之徽は、〈遂ニ以テ彼国ノ字音ノ学ヲ学ヒ得テ……〉とあるから、楽山が蘭語の初歩をいちおうマスターしていることを語っている。(3) とすると、楽山自らが語るように、〈熹(ママ)四十八ヨリコレヲ学デ今年犬馬ノ齢六十九……〉(楽山が最上徳内に与えた書翰。『前野蘭化』所収)という記録からいくと、本書は、楽山の四十八歳即ち明和七年(一七七〇)以降ということになってしまう。ちょうど昆陽死没の翌年である。そしてこの年に、楽山は長崎遊学をしたことになっている。しかしさすれば本書の成立は明和七年以後の、しかも、楽山がかなり蘭語に精通した時ということになる。現代知られている一番古い楽山のものは『蘭訳筌』で、〈明和辛卯仲夏〉成立とみえるもので、明和八年(一七七一)ということになる。こうして記述をおっていくと、明和七年から蘭語を習った人間が、明和八年に蘭文法書——よしごく簡単な入門書ではあっても——を著述したことになる。しかしこれは、従来の説をふまえた故に出てきた矛盾である。ことに楽山ほどの人物がそうした軽卒な言動をするはずがなかろう。したがって、これまでいわれているような、楽山の蘭語学習時期こそ再検討されるべきで、おそらくもっと早い時期に、学習がはじまったのであり、之徽すら二十年余も蘭人について学んでいるのである。昆陽に師事した時期もこれまで考えられているより早いころに疑いないと思う。

おそらく明和七年云々には蘭化自身の一種の虚構があり、宝暦年間、その半ごろには学習に着手しているのであろう。明和八年ころからあるいは楽山が自信もって蘭語を習いおぼえたと発言できたということでもあろう。(4) しかしそれはさておいて、すくなくとも本書は、楽山がよく蘭語に通じていたと記述はされているわけであり、しかも実は後述のように、本書は明和七年以前に作成されたものであることもほとんど確実な証拠がある。それは本書の識語の〈姫路藩主、源忠恭〉のことから出てくるのである。この藩主については後述するが、源忠恭こと酒井忠恭(タダズミ)は安永元年(一七七二)、六十三歳で死没しているのである。したがって書写したのはそれ以前であり、さらに本書の成立——之徽の執筆時期まで考慮する——まで考えると、安永元年より二年前の明和七年成立とはどうしても考えにくい。忠恭が何歳の時に書写したかは残念ながら明記されていない。しかし、姫路藩主となった寛延二年（一七四九）より死没（一七七二）の間にあることはまず確実であろう。

つぎに何のために書写したかを考えれば、やはりこうした蘭学方面に、忠恭が関心をもっていたからであろう。そして之徽の初めて御目見得を得た年、明和三年（一七六六）あたりを考えると、忠恭自身も、まさかこうした性質の書物を死際に書写などしないであろうから、明和三年ごろ、即ち忠恭が五十七、八歳、あるいはそれ以前の書写と考える方が妥当するかと思う。とすると、楽山の蘭語学習も先にふれたように、必然的にさらに早い時──『蘭訳筌』で自身が述べているように──〈弱齢ノ時〉であろうと思う。こう考えてくると、本書はまた昆陽なども活躍していたことに山路之徽が記述した著述ということになる。さらに本書の執筆契機などを考えると、野呂元丈なども在世していたころかも知れない。つぎにこの点について考えてみよう。

2　成立と目的

本書の成立を推測するものとしては、まず、〈弱冠ノ時ヨリ〉和蘭人と論議したこと、また〈彼国ノ字音ヲ学ヒ栖々二十許年順々然トシテ略〻其緒ヲ探索シ遂ニ此挙ニ及ヘリ〉とある点を考慮すべきであろう。まず後者の記事の〈二十許年〉を仮に明和七年から二十年さかのぼった時とすると、一七五〇年ごろ、すなわち、宝暦元年（一七五一）のころになり、之徽が二十三歳のころとなる。これは前者の〈弱冠ノ時〉という表現とほぼ一致すると考えてよかろう。論末の比較一覧表でわかるように、元丈も約六十歳でまだ生存しており、蘭語学習をしていたわけである。他の人たちとの関連を考えて妥当するかと思う。序で、〈都下ニ番字ヲ知ルモノ多シ、然レトモ皆野呂青木両氏及吾儕灑派ナルモノ也〉と述べている点とも一致しよう。(5) 新井白石のあと、昆陽や元丈が参府の蘭人に蘭語を習い、さらに之徽や蘭化がこれにつぐといった順がよく史的にも了解いくであろう。楽山は之徽より六歳年上であり、之徽と違って、片手間でなしに蘭語を勉強し、加えて長崎遊学もしているから、一段と蘭語学習に進歩があって、之徽が楽山に質正して、本書を書きあげたというのも自然である。之徽が楽山を友人と呼んだり、昆陽、元丈にも氏と呼んでいる点、ともに蘭人について蘭語を学習した仲間という意識があったのではないかと思う。さらに〈都下ニ番字ヲ知ルモノ多シ〉も注目しておきたい。江戸での蘭語学習は、このようにしてもはやはじまっているのである。

以上のような推論から、本書は山路之徽が二十三歳ぐらいから、参府の蘭人や通詞について蘭語を学習し、また自学自習して、約二十年後、明和七年以前に楽山、前野良沢に質正して書きあげたものということになる。年齢的には約四十二、三歳のころのものであろう。しかもこうして成立したそのころ、姫路藩主の酒井忠恭がこれを書写したということである。時に忠恭はおよそ五十七、八歳と考えられる。ただし、之徽が〈二十許年〉というのを、厳密に二十年として考えねばならぬこともないから、むしろ忠恭の年齢を考慮すると、さらに五、六年さかのぼって、明和初年から五年ぐらいの間を想定することも、あるいは可能かと思う。蘭化が第二の長崎遊学をした明和七年より、二、三年前とすることも妥当であろう。[6] 蘭化の長崎遊学については、之徽の別著『蘭学緒言』でふれている（後述参照）。

こうして本書は、蘭化の『蘭訳筌』（一七七一成）よりさらに数年さかのぼったころの成立であり、蘭学史上、入門書として初めて公刊の『蘭学階梯』（一七八八）と比較しても数十年はやく成立している。その体裁からいけば、まさしく江戸での最初のオランダ語入門書といってもよい。しかも例の『蘭学事始』などにはついぞ書かれていない重要な史実を本書が語っていることにもなるのである。さらに前野蘭化が、はじめて参府中の蘭人に接したのが、明和三年（一七六六）という従来の説も疑わしいことになる。[7] すくなくとも、之徽が宝暦初年から参府の蘭人に接しており、その友人である蘭化が、それより十五年ほども後にやっと蘭人に接したとは考え難い。また蘭化は昆陽、青木文蔵に師事したことも確かであるから、昆陽の紹介でも蘭人に接する機会は蘭化にあったであろう。本書の執筆のころ蘭化の蘭語学が之徽のいうようなものであったのであろうから、これを独学とは考え難いので、既に明和三年（一七六六）以前に蘭人に接し、且は昆陽の指導もうけていたであろうし、第一回の長崎遊学もとげていたと推定したい。これはかなり重要な問題なので別論を参照されたい。さらにここで注目されるのは、『和蘭緒言』より数年のちに執筆したもう一つの之徽の著『蘭学緒言』の存在である。この〈序〉が重要な意味をもつのである。つぎに紹介してみよう。

予弱冠ノ時ヨリ仰観ヲ業トス、旁ラ俯察ノ道ヲ考ルニ天下万国ノ地理豈容易ニ言フヘケンヤ、其地理ノ書タル三才図絵(ママ)。図書編。大明一統志。象胥録。等ノ諸書ト雖ドモ、僅ニ支那十五省ノ地理ヲ挙テ百ニシテ八九十ミナ疏ナリ、且ツ其人物水土ノコトヲ略ス、本ヨリ各国経緯ノ度ヲ正フセント欲スルニ心アル者ナシ、畢竟棋局ニ安土スルノ族、仮如、輿地ノ人物水土ヲ精覈スルトモ労シテ益ナシト謂ヘルヨリシテ、此大業ニ心ナシ、西域諸蕃ノ如ク、万里ノ外ニ航海スルノ族ハ、舟中百万人ノ命ノ係ル所ナル故ニ、天下万国ノ地理ヲ精覈ス、故ニ古ヨリ万里航海ノ術アリ、今ノ地学家ノ所レ謂行舟術ノ如ク、小少ノ江洫ヲ渡ルニ用ユル高唐ノ事ニハ非ス、故ニ常ニ航海ノ心ヲ存シ、苦心シテ万国ノ地理ヲ探索セハ、職方ノ外ト雖トモ、燎トシテ掌ヲ指カ如クナルベシ、今ニ坤輿図説。廣輿地図。万国全図。等ヲ視ルニ、皆和蘭制ノ地図ヲ支那ニテ訳セル者ナリ、更ニ蕃字ヲ削リ去テ漢字ヲ書ス、蓋シ魚ヲ得テ筌ヲ捨ルノ見モ事ニ依ルべシ、惜カナ哉、漢字ノミヲ用ユルノ地図ハ、日本朝鮮等ノミニテ其用甚小ナリ、天下万国公用ノ地理書ニ非ス、今予之ヲ還源シテ、和蘭本国ニテ制スル所ノ地理書ヲ校閲シ、悉ゝク地名物産等ヲ正シ、之ニ附スルニ漢字国字ヲ以テシ、寔ニ天下万国公用ノ地理図説ヲ述ント欲ス、之ヲ編スルノ本ハ、全ク和蘭ノ文字言語ヲ習熟スルニ在リ、之ヲ習フコト道ナキニ非ス予幸ニ、
官命ヲ蒙リ、毎年入貢ノ和蘭人ニ問ヒ、且ツ訳家ニ質シ、悠ゝトシテ茲ニ二十年来、今稍ゝ其端倪ヲ窺フコトヲ得タリ、然レトモ方言ニ疏ク、音韻彷彿トシテ弁別スベカラサル者多キニ苦シム、時ニ前野氏楽山先生、

此道ニ夙夜スルコト年アリ、其事ノ侏離ナルヲ嘖発シ、一タヒ崎陽ニ向キ、其解スベカラサル事ヲ訳家ニ正シ、彼国ノ字書数本ヲ齎シ帰リ、同心ノ者之ヲ叩ケハ懇ニ受ス、於レ是初メテ羽翼ヲ得タルカ如ク、嫌疑ヲ決シ紕繆ヲ正シ、今茲乙未ノ春ニ至テ万国地理図説遂ニ稿ヲ脱セリ、実ニ楽山先生ノ功績ト言ツヘシ、此行（ママ）ヤ一朝一タノ事ニ非ス、今ヨリ後此学ニ志アル者ノ階梯ニ為ント欲シ、和蘭文字言語ヲ学フノ法ヲ筆シ、名ツケテ蘭学緒言ト云

山路平之徽謹識

右の序文中、〈今茲乙未ノ春〉とあるから、本書及び『万国地理図説』は、安永四年（一七七五）乙未の成立と考えてよかろう。ちょうどかの有名な『解体新書』翻訳刊行の翌年ということになる。まだ青木昆陽や野呂元丈、平賀源内も存世中のことであり、そういう人たちと参府の蘭人にオランダのことを問い尋ねたことになる。シナより阿蘭陀の大航海魂や航海術を高く評価している。これは初期の蘭学を考えるうえからも重要であり、山路之徽も重要な人物の一人であることになろう。従来知られていない山路之徽の一面であろう。地理学への傾倒もよく認識したうえでのことである。

つぎに蘭化の長崎遊学と、蘭化が字書数本を持ち帰ったことを記し、〈同心ノ者之ヲ叩ケハ懇ニ受ス〉として、之徽が蘭化にオランダ語を質正したこと、蘭化の指導者としての顔もみられる。これは何時ごろのことだろうか。蘭化の長崎遊学を明和七年（一七七〇）とすると、之徽は四十三歳ぐらいになっていただろうか。蘭化が六歳年上の四十九歳である。大槻玄沢が杉田玄白の門にはいったのが、安永七年（一七七八）であり、蘭化についたのはさらにその後である。之徽及び同心ノ者が蘭化に師事したのは本書成立以前であるから、安永のはじめ、之徽四十歳になるかならぬころであろう。玄沢などより、よほど早く蘭化に蘭語を習ったことになる。しかも〈西域諸蕃〉が〈天下万国地理〉にくわしいことをしって地理の学に志したというのである。ここに重要な点は、之徽の蘭語学習とその結果として、『万国地理図説』が脱稿したことである。之徽の蘭語学習は、地理書を訳読するた

めのものであったことがわかる。シナの地理書の粗略に満足できず、〈和蘭（ヲランド）本国ニテ制スル所ノ地理書ヲ校閲シ悉ミク地名物産等ヲ正シ……天下万国公用ノ地理図説ヲ述ント欲ス〉ゆえに、蘭語学習をしたというのである。

之徽は天文・暦学・数学の徒としては知られていたが、地理学にも関心のあったことは知られていない。この点においても、きわめて注目すべき人物ということになる。ちょうど林子平が、〈聖堂には和漢蘭の書籍を夥く入置候て人々に読書出精為レ仕博覧を勧め万芸の元手に為仕べく候〉（富致の事に）という点も注目される。時代的要請かもしれないが、身近によき資料をもったのである。もっとも子平が長崎遊学の安永乙未四年には、既に之徽の『万国地理図説』は脱稿していることになる。鮎沢信太郎『鎖国時代の世界地理学』、同『山村才助』、新村出〈天明時代の海外智識〉（『続南蛮広記』所収）などを披閲しても、山路之徽の地理学のことはまったくふれていない。『蘭学階梯下』に地理学を好んだ朽木昌綱の訳編に、『泰西輿地図説』（寛政元年・一七八九）のあることを伝えているが、之徽のものに関しては一言もふれていない。したがってむしろ之徽のものは、蘭学全体を考えても、かなり早期に属する貴重な業績であろう。

また森島中良の『紅毛雑話』（天明七年・一七八七）の編集に用いられた資料中にも内外のものをかなり参照していながら、まったく之徽のものにふれていない。桂川国興の訳した『新製地球万国図説』も天明六年（一七八六）と、後のものである。ともあれ安永四年以前で、蘭書を参照して万国図説的なものを完成した点で、この之徽のものは特筆に価すると思う。ただし『蘭学階梯』の〈立成〉に、前野蘭化の著したものとして〈輿地図編〉があり、ほかにも地理関係の〈訳稿、篇ヲナスモノ枚挙スヘカラス〉（十オ）とあるから、蘭化と地理書の翻訳も考えねばならぬ点であろう。新村出先生は、〈前野蘭化には後年の訳と思はれる一二の地理書があるが、この輿地図編（天明年中成）なるものの存否すら予は知らない〉といわれている。しかし同書は現存しており、同書を筆者は披閲考察する機会を得た。〈附記〉によれば、〈天明壬寅（二年）正月壬子　前埜源憙誌〉とあるもので、やはり之徽のものよりは後の訳書である。こうしてみてくると之徽の『万国地理図説』はいっそう重要な作品であることが推定される。つぎの機会に同書について一文を草する予定である。そして、たとえ時期はおくれているものの、蘭化に地理書の翻訳があることも注目すべきことで、正式には『輿地図編小解』とよびその〈附記〉に、〈「アタラスノウヘアウ」ト云、此ニアタラスヲ輿地図編ト訳ス、ノウヘアウヲ新修ト釈シタルナリ〉とみえる。これに関しては、園部昌良氏が「蘭研報告」で考察されているので、補足すべき点もあるが、今回は之徽の蘭学を考えるにとどめる。(8)

これまで初期にあっては医学書や天文学書、さらに本草書を読むための蘭語学習が考えられたわけであるが、之徽による資料の出現によって、世界地理書を読み解くための蘭語学習も存在したことが明白になったのである。蘭学史上、その独自な意義を評価したい。そして漢字表記ではついに狭い地域の日本、朝鮮ぐらいに通用するだけで、〈天下万国公用〉の役にたたぬという之徽の認識もなかなか洞察に富み、よく世界や国家のあるべき在り方を理解し、予見していた学者と称することができると思う。しかも当時の学問書一般の文章体から考えて、漢文体をとっても不思議ではないのに、〈漢字国字〉(漢字かなまじり文)をもって記述するという前向きの方法をとっている。このへんまで考えてくると、之徽は単なる評定所儒者にとどまらず、文化人として、知識人として、日本と日本人のために先達となろうとした進歩的学究の徒といわねばならない。鎖国時代の閉じられた日本の中で、その志向は開国や世界へとまっすぐに進んでいる。視野の広い有力な学者というべきである。こうした真に日本のあるべき、進むべき方向を認識した学者が、宝暦〜明和の間に出現したことは、近代日本の形成にあって、大いにプラスになったはずである。これが『蘭学事始』に欠落しているのはどうしたことか。とりもなおさず従来の対蘭学認識と研究において——玄白の『蘭学事始』は、自分史の域を出ないという点や、蘭学の重要な歴史のある部分に空白がある点——わたしたちの責任と反省をこめて、自戒せねばなるまい。

さて右のような『和蘭緒言』が、姫路藩主、酒井忠恭(タダズミ)によって書写されたという点も、きわめて興味のあることである。忠恭についてはほぼつぎのようなことがしられている。

関が原の役の後、上野国前橋三万石に加増された酒井雅楽助正親を祖にもつ。寛延二年(一七四九)、姫路藩に転封になった(初代に相当する)が、延享元年(一七四四)より寛延二年まで幕府老中という要職についている。忠恭の嫡孫に忠以・忠因があり、後者は著名な〈酒井抱一〉である(後述参照)。

3 酒井忠恭と蘭学

右のうち、延享元年〜寛延二年まで、老中の要職にあったことは一考に価しようか。老中というのは、現代の各省大臣以上の役柄で、総理大臣にも匹敵するそうである。そうした人物が、自からオランダ語の入門書を手写――しかも上で考えたように、かなり晩年に――しているというのは、これまた注目すべき点であろう。松平定信が『阿蘭陀名目語』(写本)を書写、所有していたのにも比せられようか。もちろん、〈姫路藩主〉であるから、忠恭が転封を命ぜられた寛延二年以降のものであり、老中職は去っている。しかし三十五歳の若さで、老中に任ぜられるほどの人物であることも、彼が普通(なみ)の人物でないことをもの語っていよう。しかし不思議なことには、河出書房の『日本歴史大辞典』には、この忠恭だけ見あたらないし、一般に忠恭は省略されている。その他、福井久蔵、『諸大名の学術と文芸の研究』(昭和十二年)にもただ、〈姫路侯酒井忠恭鷺山と号す。文名ありしが與正木利充序などの外所見なし〉(五九八ページ)と簡単にあつかっているにすぎない。最近の『姫路藩の人物群像』(穂積勝次郎)にも、ほとんど注目すべき記事をのせていない。残念なことである。

忠恭が正確に何歳の時に本書を書写したか断定できないけれども、上で考えてみたように、五十五歳より六十歳の間と考えるのに、ほぼまちがいはなかろう。とすると現代流にいうと、定年退職後にこの方面に情熱を燃やしていたことがわかる。このことは忠恭が、何時ごろからオランダ語に興味をもち、学習するような志をたてたかを考えることとつながる。彼が老中になった延享元年に天文台を神田佐久間町に建てたり、同三年には長崎貿易を年間オランダ船二隻、中国船十隻に制限するなどのことをおこなっている。また彼が寛延二年、姫路に転封される前年に、姫路藩は全藩にわたって、減免を要求する農民一揆がおこっているというから、あるいは忠恭の政治力がかわれて、転封されたかもしれない。——私は忠恭を決して過大評価するつもりはない。あくまで事実に忠実に記述することを心がけているが、忠恭に関して、従来の記述はあまりに貧弱である。『和蘭緒言』を通読して、これを書写した底になみなみならぬ忠恭の向学心をみるのである。もし彼個人の向学心、好奇心ということからではないとしても、幕府の最高責任者だった人物が、かかる外国語の学習入門書を書写しているところに、当時の幕府の政治姿勢や、要職にいたいわば日本のブレーンの開明性までも垣間見ることができると思う。これをもし単に幕藩体制の補強策に出ている行為と評すべきであろうか。先にあげたが、酒井忠恭の三男、忠仰の子に化政期の著名な画家、芸術家である酒井抱一（一七六一～一八二八）がいる。彼は宋紫石につき、蘭画修業をしたといわれている。こうした抱一の芸術志向にも、あるいは祖父にあたる忠恭などの影響が直接、間接にあったと推測するのは必ずしも妄想とはいえまい。

このように本書が酒井忠恭に書写されたという歴史の重みは、十二分に評価吟味すべきかと思う。日本の近代化と幕府重臣の進歩性は、これまで以上に評価すべきであろう。またこの十八世紀が近代日本の歴史の上で果す意味も再評価すべきであろう。——その他、諸点については専門の歴史家にゆずる。今はこうした事実をよく考えて、蘭学史上の本書の位置を考えてみたいと思うのである。それを現代まで伝えてくれた忠恭やその他の人びと——この『和蘭緒言』は高野長英が得て、逃亡の際、群馬県のさる旧家に秘蔵を託して今日に伝えられ、大学の有に帰したといういわくある秘書でもある——のことを考えてみたいのである。

さてこの忠恭の書写したものをひそかに転写したのが、本書であるから、厳密にいうと、本書は之徽の『和蘭緒言』を酒井忠恭が書写したという事実が判明するだけで、忠恭が書写したそのものは別に存在するわけである。それがもしも出現したらと願うことも切である。そしてこの転写の主、〈等随俊衍〉については、どういう人物か判明しない。〈伏乞〉とあるから、直接忠恭に頼みこんだのであろう。同じ藩、同じ志の人物であろうか。〈等随〉とは珍姓に属するであろうから、あるいはそのうちに判明できるかもしれない。諸兄姉の御教示を願っておく。

4　構成と内容

『和蘭緒言』の内容構成を、私なりに整理、分類してみると、ほぼつぎのようになる。

和蘭緒言

〇序

一、和蘭の文字：(1) 文字(レッテル)の数　(2) 呼称　(3) 字体――ドルュク・レッテルほか数種の字体を具体的に示す。
(4) 算数文字(セイヘルレッテル)（数字）　(5) 奇　字(テーケンレッテル)

二、切韻：セイラベンと呼ぶ音節のこと。(1) 五十音図を横文字で表記した切韻図　(2) 字音を学ぶための切韻図。

右を青木昆陽の『和蘭文字略考』（延享三年・一七四六成）と比較すると、記述の方式で類似しており、あつかっている内容もほぼ同じである。ただ同書には単語もあげているが、本書は、文字と綴り・発音を示すのみで終っていてごく基本のみである。記述の方式が〇印で箇条書き的な点などは、昆陽のものとの直接関連を認めることができる。また、前野蘭化の『蘭訳筌』と比較すると、記述の方式は異なるが、説明の表現や内容はほぼ同一である。ただし蘭化のものには、単語や短文がある点で異なる。まず冒頭の記述から示してみよう。＊原本句読点なし。参考までに（　）内に、『和蘭文字略考』（油印本による）から引用して、対応を示しておいた。

○和蘭(ヲランド)ハ文字ニ義訓ナシ文字僅ニ二十五字ヲ以テ用ヲ成ス、タトヘハ吾邦伊呂波四十七字ニテ用ヲ成スカ如シ（一和蘭はアベセデ……二十五字ヲ寄合セテ用ルナリ大抵我國ノ伊呂波ノ如シ 此二十五字ヲ和蘭人アベセデト云我國ニテハ阿蘭陀伊呂波ト云）

○文字ノコトヲレッテルト云フ／和蘭二十五文字ノ総名ヲアベセト云フ、アベセハ二十五字ノ上ノ三字ノ名ナルユヘ此三字ヲ以テ、アベセト号ス、此際ニテ仮名四十字ヲ伊呂波ト云フガ如シ。＊右の注記双行を参照せよ。

○書籍ノコトヲブークト云フ、和蘭小学(ヲランドテナラヒ)ノコトヲ書タル書籍ヲアベブークト云フ（和蘭ニテ書物をブウクと云）

○レッテレン(文字)ニ四体アリ、曰クドルユク(押)・レッテル(字)、曰クホウフト(首)・レッテル(字)、曰クメルク(印刻)・レッテル(字)、曰クテレッキ(曳)・レッテル(字)、此四体ヲ用ユ、此ノ外ニ別体二様アリ、曰クセイヘル(算数)・レッテル(字)、曰クテーケン(験符)・レッテル(字)、此二様トモニ六体ナリ、此外ニローフン(走)・レッテル(字)ト云フテ走筆ノ体アレドモ別ニ一体トハ成シカタシ、蓋シローフン(走)ハテレッキ(曳)ト同一体ナリ（和蘭文字三体アリ篆ノ如キをドルクレットルと云 トルクレットルは板行文字と云コトナリ 真ノ如キヲメルクレットルと云 メルクレットルはしるしに用る文字と云コトナリ 草ノ如キをテレッキレットルと云 テレッキは引なりレットルは文字なり草字ノ如ク引ニよりてテレッキレットルト云 （後略）／一和蘭文字三体一体ゴトニ数体アリ此書敦書観タル体ヲ記ズ／一ローフンは早書ノコトニテ甚ダ読ガタキユヘ記ズ一和蘭ニアベセデ二十五字の外ニ員数の字アリ）

○言語(言語)ノコトヲウヲールテント云フ、特ニ言フトキハウヲールド(言)ト云フ／読誦ノコトヲレーセン(読)ト云フ／○切韻ノコトヲセイラベン(切韻)ト云フ（後略）字学ノコトヲシケレーヘン(字学)ト云フ写字ノ総称ナリ、今コ、ニ文字ヲ書クコトヲハ、シケレーフ(写)ト云（和蘭ニテ書ことをシケレイヘンと云、読ことをレーセンと云、寄合せのことをセイアベンと云ナリ）

以上で両者の相関関係は推量できるかと思う。文字の字体についていえば、本書は同じ〈ドリュク・レッテル〉にも、具体例としては五体をあげ、〈ホーフト・レッテル〉は一体、〈メルク・レッテル〉は二体、〈テレッキ・レッテル〉は二体をあげるなど、合計三体のみの『和蘭文字略考』（以下『文字略』と略称）よりはるかに豊かである。〈テレッキ・レッテル之体〉に、〈蘭人平生此体ヲ用ユ、訳家（ツウジ）ノ説ニ此字体ヲ名ケテシケレイツ（書写）・レッテル（字）・ハン（之）・イタリヤン（国名）スト云フ〉などとみえ、通詞に教示されたことが判明、いわゆるイタリック体のことがみえる。〈一、和蘭の文字〉の〈5 奇字〉とある〈テーケン（奇）・レッテル（字）〉は〈♈白羊（アリエス）〉など〈天元十二宮ノ記号〉とあるが、これは『文字略』にはみえない。こうした点では、蘭化の『和蘭訳文略』にきわめて近いといえる。〈✦ハピュンクトト云フ段落ナリ／是ハピュンクトニ用ユ、コレハピンネノ中ノ墨ヲ尽シガ為ニ書ス、ピンネハヲラ（ママ）ドノ翮筆也〉など、いずれも蘭化のものと共通した記述である。(9) また〈○切韻ノコトヲセイラベント云フ、切韻トハ此際ニテ伊呂波ヲ二合三合トクサリヲ用ユルカ如ク二字組合セ三字組合セテ韻ヲ生ス、此ヲセイラヘント（切韻）云フ〉とみえる。〈クサリ〉は綴りの通詞用語で、昆陽のものにもみえる。〈セイラベン〉を〈切韻〉と訳している点は、『文字略』で、〈セイアベン／寄合せのこと〉と訳しているのと異なるが、(10) 説明用語からは、蘭化の諸作品と共通していて、まさしく蘭化の指導を得たことがわかる。〈Aア・Eヱ・Iイ・Oヲ・Uユ〉の順で、五十音図に準じて示している〈切韻図〉の図表も蘭化の『和蘭訳文略』や『和蘭訳筌』に類似する。ただし蘭化は、〈A（ア）・E（エ）・I（イ）・O（オ）・œ（ウ）・U（ユ）・y（エイ）〉などと配列されている点がやや異なる。この点は『文字略』の〈a e i o u〉の方に近い。(11) 蘭化はそれらをやや進展させ日本人向けに変更していると受けとれるのである。最後に〈セイッラブ〉とある切韻の図譜（次ページの図版参照）について検討しておこう。図譜の説明がつぎのようにある。

○夫レヲランド（和蘭）之セイラベンヲ学フニハ先ツ彼国ノ音字ト名ノ字トヲ能ク熟得シテ而後ニセイラベンヲ学ヒ得べシ、此レヲ学ブノ法吾　邦ノ五十音ノ仮名反切（カナカヘシ）ニ略ゝ同シ（後略）右切韻図ヲ按シテ吾　邦仮名切韻ノ如ク、

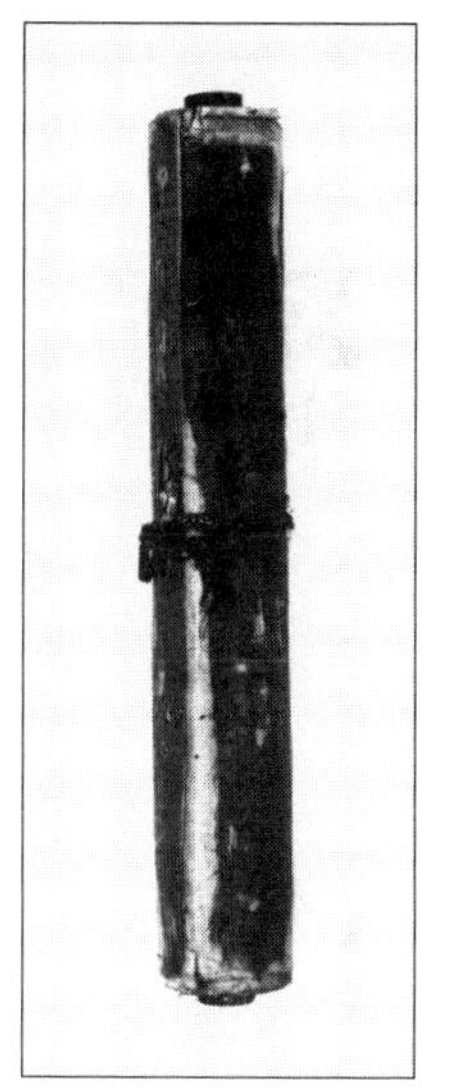

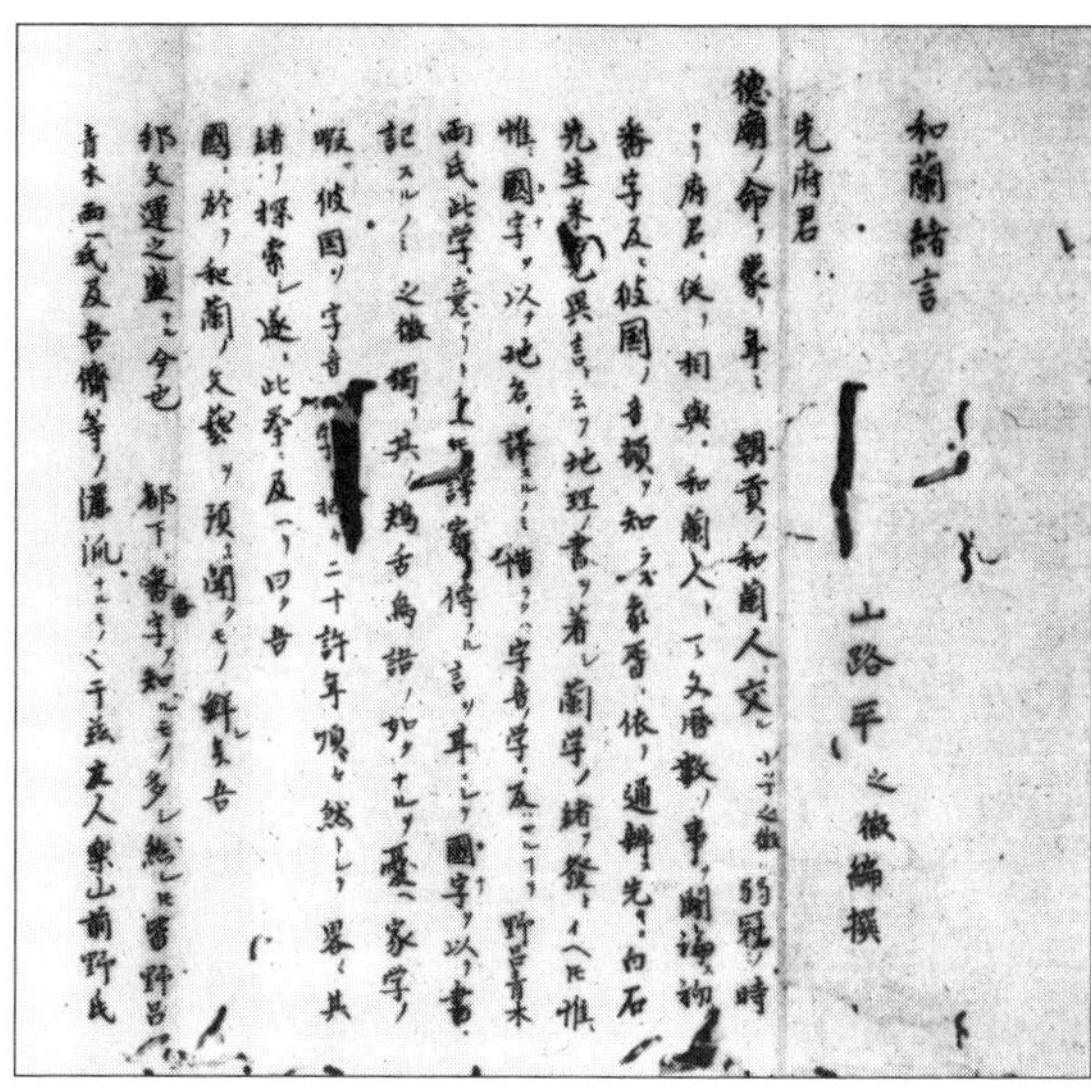

和蘭緒言
山路平之徴編撰
先府君
徳廟ノ命ヲ蒙リ年〻朝貢ノ和蘭人ニ交ル 小子之徴弱冠ノ時
ヨリ府君ニ従ヒ相與ニ和蘭人ト天文暦数ノ事ヲ問論シ初
番字及ビ彼國ノ音韻ヲ知ル 〻又暦書ニ依リ通弁ス先生白石
先生[illegible]異言ニテ地理ノ書ヲ著シ蘭学ノ緒ヲ發ク [illegible]惟
惟國字ヲ以テ地名ヲ譯スルノミ[illegible]字音学ニ及ニ[illegible]野呂青木
両氏此学ニ意ヲ[illegible]詳審ニ傳ル言ヲ耳ニシテ國字ヲ以テ書
記スルノミ 之徴獨リ其ノ鴂舌鳥語ノ[illegible]ナルヲ憂ヘ家学ノ
暇ニ彼国ノ字音[illegible]二十許年頃々然トシテ畧ク其
緒ヲ探索シ遂ニ此挙ニ及ヘリ 四ツ音
國ニ於テ和蘭ノ文藝ヲ預リ聞クモノ鮮ト云
郁文運之盛ニシテ今也 都下番字ヲ知ルモノ多シ然レモ皆野呂
青木両氏及吾儕等ノ濡流ナラサルモノ[illegible]于茲友人東山前野氏

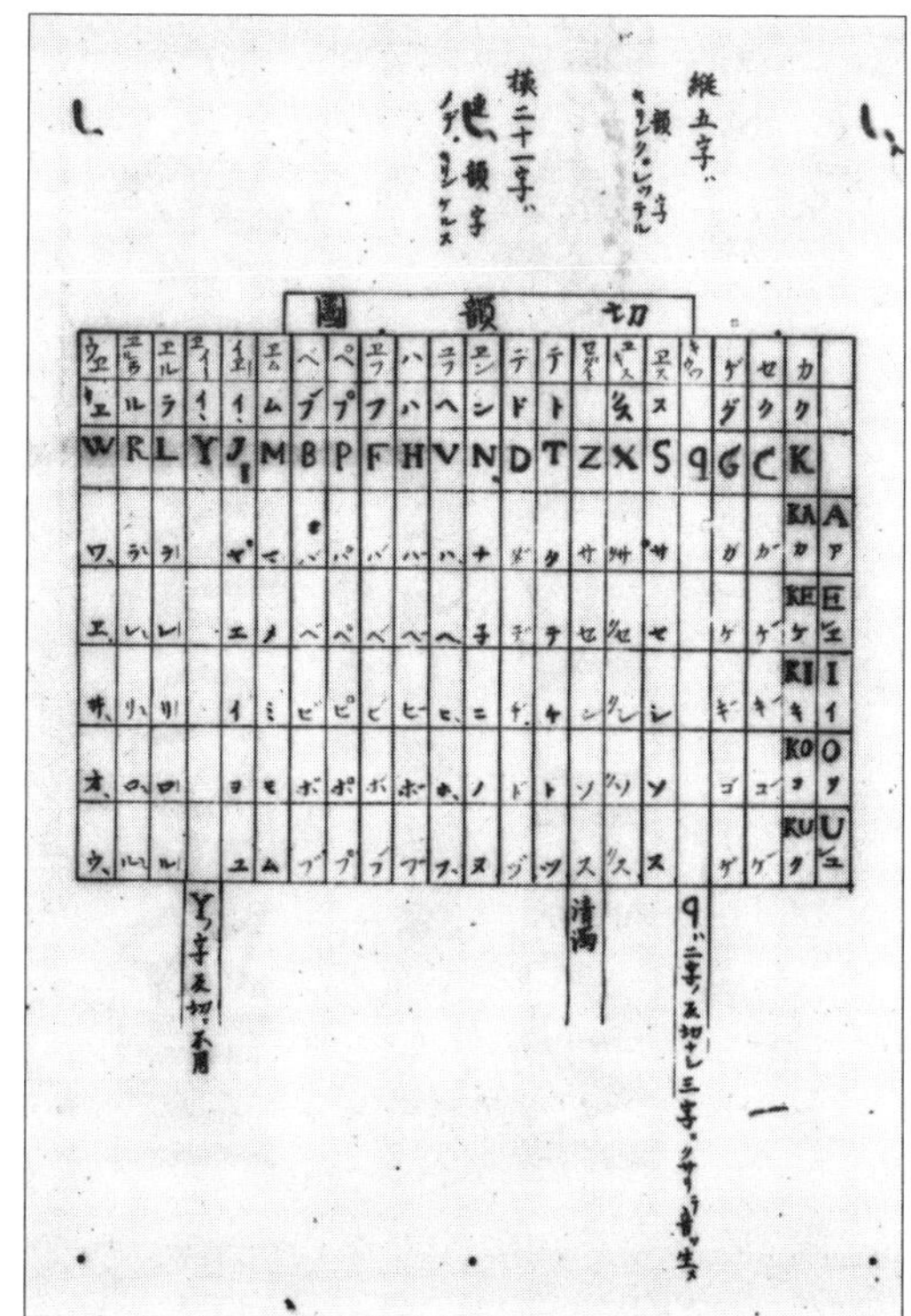

『和蘭緒言』

上：外観と本文冒頭

左：〈切韻の図譜〉

上欄に〈縦五字／キリンク．レッテル（韻字）／／横二十一字／メデ．キリンケルス（連韻字）〉とある。

上下縦横シテ音ヲ求メ、セイラベンノ大概ヲ知テ而後、彼国ノレッテルをヲ学ブベシ
○彼国字音ノ書ニアベブークト云フ小冊子アリ、アベセ二十五字ノ諸体ヲ載ス、其中ニセイラベン(韻)トテ吾邦五十字文ノ如ク字譜ヲ載ス、彼国ノ童蒙ハ此セイラベン(韻)ヲ以テ、字学ノ初メトス、故ニ今コレヲ茲ニ載ス、蓋シ切韻之譜也

乃ヲランドニテ字音ヲ学ブノ法左ニ記スルセイラベンノ譜ヲ暗誦セシムルコト也、予年々朝貢ノ和蘭人(ヲランド)ニ之ヲ学ヒ粗々其端蜺(倪)ヲ記得シ且ツ之ヲ同学楽山前野氏ニ正セリ

右の説明で、図譜は原本から借用したこと、蘭人から習ったこと、楽山に質正したことなど之徽の学習の根拠が判明する。(12) これはオランダで刊行の初級者用の語学書に拠ったことを証言していることになる。さらに〈字母〉との組合せを、〈Abアブebェブibイブobヲブubュブ〉などと図式的に示す。これは、『文字略』の〈ab eb ib ob ub〉と一致している。現存の蘭化のものにはこれがみえないが、おそらく彼の『和蘭訳文略』が完本として出現すればこれがみられると思う。大槻玄沢の『蘭学階梯』にほぼ同一の図譜が採用されているから、之徽が独自に作成したわけではなく、本書の記述、その用語、構成を検討すると『和蘭緒言』は昆陽と蘭化のものを結ぶ中間的作品であると断定してよさそうである。いわば昆陽―之徽―蘭化という初期江戸の蘭語学習の流れをたどることができる。あるいは昆陽・蘭化の流れを補うに十分な資料的価値を認めることができる。さらには、蘭化―玄沢への流れを考える上で補う点もあって、これまでやや資料不足に悩まされてきた初期の江戸の蘭語学習の実態が、かなり明確になってきたと思われ、蘭語学史の空白を補うと考える。私はライデン大学図書館で、拠った蘭書も確認することができた。

なお本書の内容についてはさらに十分な検討、吟味が必要なのである。ここでは昆陽のものとの比較を主とし、蘭化のものとの比較はすこしふれたにすぎない。筆者の関係論文を参照されたい。

註

(1) 小論〈蘭化をめぐる二つの新資料〉(「武蔵野女子大学紀要 8」、昭和四十八年三月)を参照。
(2) 『明治前日本数学史』、『日本の和算』(平山諦)などを参照。直接、平山諦氏より御教示をえた。
(3) 『蘭学緒言』の序では、〈前野氏楽山先生〉と呼称している。これは〈安永乙未四年(一七七五)に成立したことを示している。
(4) 『蘭訳筌』では、〈弱齢ノ時〉から蘭語に関心をもち学習していると記述している。小論の〈蘭化前野良沢の蘭語学〉に詳述した(未発表)。
(5) 〈灑派〉の意味は、仲間、関係者と考えられるが、原義とやや異なって用いられているようで、ここは仲間であり、派出シタ後輩ぐらいの意で用いたと思う。
(6) 前野蘭化の長崎遊学についても従来と異なる私見がある。
(7) 拙著『蘭学事始』(現代教養文庫、社会思想社)の註記を参照。
(8) 『新撰洋学年表』の明和八年(一七七一)の条に、〈十二月阿蘭陀地図略説　本木良永訳　松村元綱校〉とみえ、これは一七二二年刊〈ゼヲガラーヒー〉(ヨーハンヒユブネル)による翻訳という。
(9) 〈セイヘルレッテル〉について、〈正体・略体・時計之体・数之記〉と分けて示し、一から十億までを蘭語とともにあげている。さすがは数学者で、昆陽・蘭化にまさっている。
(10) ただし〈字ヲ寄セテ音ヲ生スルコト也〉と説明(欄外)がみえる。
(11) 〈キリンクレッテル(韻字)/メデキリンクレッテル(連韻字)、ストッメ(同上)〉という用語。また音節の結合を〈クサリ〉と表記している点は、昆陽—蘭化のものと一致しているが、根元は長崎通詞の用語で、彼らの学習がやはり通詞(訳家とも)によることが判明する。
(12) ア行音を〈能生音〉、それ以外を〈所生音〉とも呼ぶ。蘭化と同じ。

初出▼「早稲田大学図書館紀要 15」(昭和四十九年三月)

	貞享元年 一六八四	正徳元年 一七一一	享保一三 一七二八	宝暦元年 一七五一	明和元年 一七六四	安永元年 一七七二	享和三年 一八〇三
吉宗	1684			1751(68)			
昆陽	1698				1769(72)		
元丈	1693				1761(69)		
蘭化			1723				1803(81)
之徽			1729			1778(50)	
忠恭		1710				1772(63)	
源内			1729			1779(51)	
玄白			1733				1817(85)
玄沢				1756			1827(71)

江戸初期蘭学関係者の生存期間比較一覧表
＊（　）内は年齢

3　前野蘭化と蘭文句読法・諺の考察

――新資料、『和蘭点例考』・『思思未通』をめぐって

一　蘭化、『和蘭点例考』と句読法の考察

はじめに

小論はこれまで前野蘭化（以下蘭化と略称）に関する資料を収集した結果、わたしのみるを得た数種の資料のうち、考察の完了した『和蘭点例考』についての発表である。紙数の関係もあって、全体的位置づけは別論にゆずる。

〈点例〉とは貝原益軒の著、『点例』があるように、本来、漢文法の用語で句読法のことである。漢文訓読にあたり、〈句読師〉がおり、積極的に句読法を指導した。蘭学での〈点例〉もこの応用の一つといえる。

青木昆陽のあとを受けて、蘭化が江戸における位置は不動のものかと思うが、『和蘭点例考』は、彼の著述中でも注目される独自性をもつと思われる。蘭化が句読法をどう考え、どう論じたかに関しては、これまで資料がみえないとされている。[1] しかし大槻玄沢（以下、玄沢と略称）の『蘭学階梯下』中に、〈点例〉の条があり、（前略）蘭化先生ノ点例考ニ由テ其ノ一二ヲ抄シ、学者ノ求ニ備フ（中略）・「ピュンクトム」ト名ク訳シテ畢点ト云、此

点ハ義理事物等ノ其説ヲ終ル下ニ記ス、点例大抵右ノ類ナリ、猶審ナルコトハ点例考ノ中ニ具ス〉（二十一ウ〜二十二オ・ウ）と簡単ながら、句読法についての説明がみられる。『蘭学階梯』に明記されているように、蘭化に『点例考』という作品のあったことは確定的であろう。しかも蘭化は長崎遊学をしているわけであるから、彼の著書をとおして、もし長崎通詞でこのことについて記述したものがあれば、それを知ることも可能であろう。

　蘭化には長崎での蘭語学習と、そこで接した通詞から得た語学的知識がある。それは『蘭語随筆』として、まとめられている。ただしかしそれを見ても点例＝句読法についてはまったくふれていない。他の長崎通詞のものをみてもやはりみえないので、蘭化こそヨーロッパ語における句読法（パンクチュエーション）をはじめにとりあげて、論じた学者であると評することができそうである。

本文の吟味

　しかし上述のように、蘭化の『点例考』の現存が問題であり、現在までそのことに関する報告がない。しかし京都大学文学部言語学研究室に、『和蘭点例考』と称する写本一本が所蔵されており、筆者はこれを披閲する機をえた。すなわち〈和蘭点例考〉の書名で、『蘭訳要訣』と合綴されている。合綴本の表紙書名は『和蘭点例考』（以下、『点例考』と略称）とあって、こちらが主であるようにみられさえする（ただし中扉には、〈蘭訳要訣／和蘭点例考〉と並記されている）。しかし『蘭訳要訣』が前に編集されていて、丁付けは算用数字で1、2、3……とあり、『蘭訳要訣』からのつづきで『点例考』には8、9……と丁付が付されているから、現在の形から、両者一体と考えてもいいのであろう（『蘭訳要訣』は別に考察したので別論を参照）。『点例考』は、8〜11（原本は101と表記）と四丁分にすぎないが、本書の書き出しをあげて吟味していこう。この写本はもとより蘭化のオリジナルではない。なお原文の漢字・合字は現行字体に改め、適宜、句読点を与えた（また　は□に改更した）。

和蘭点例考

是点例ハ和蘭書「レッテルコンスト」千七百廿七年刻スル所ノ者也 第六篇ニ載スル所ノ者也、今其言ヲ併テ採テコレヲ翻訳シテ、
且異本ヲ以テコレヲ校考シテ抄録シ、以テ他日ノ校正ニ供フ。
本扁(ママ)点体十様アリ、然シテ其末ノ点、其例ヲ闕(ママ)ヲ故ニ異本ニ載ル所ヲ以テコレヲ補フ。
凡諸点ノ中ニ変体変例アリ、而本扁(ママ)コレヲ備ヘス、予曽テ訳文略ヲ撰フ、但見聞ニ随テ其正変ヲ併テ輯録ス、
然トモ其説紛雑(ママ)ナルヲ恐レテ、未稿ヲ脱セス、今同志ノ需ニ応シテ姑ク是篇ヲ草ス、其変体変例ノ如キハ、
則其説ヲ得ルヲ俟テ、訳文略中ニ於テコレヲ述ベン。

右によって、『点例考』は原本の蘭文典（レッテルコンストはLetterkonstで文典の意）における一部（第六篇）を翻訳したことが判明する。〈異本〉とあるのは全体の叙述からいくと、明らかに別のある文典であることが推測される。この原書は、B. HAKVOORDが編集した一七二七年刊、アムステルダム版のLetter-konstと考えられる。原書については所在も得たので、改めて考察する予定である。(2) さて、右に引用した文に、〈凡諸点ノ中ニ変体変例アリ而本扁コレヲ備ヘス〉とみえるように、本書が不備であることも十分認識していた蘭化は、やがて本格的な〈点例考〉を著述するつもりでいたと思われる。さらに蘭化の述べるところを考えていってみよう。

本扁(ママ)原ト点毎ニ左右( )如此半月点ヲ設ク、然トモ予以為、初学其繁ヲ厭ンコトヲ、故ニコレヲ刪リ今□如此囲ミヲ以テ換之、コレヲ以テ和蘭ノ書法ヲ誤ルコトナケン
「レッテルコンスト」点例ヲ題(ママ)言ニ
此扁ハ和蘭ノ文書ニ用ル所ノ「テヱケン」義ヲ述テ、蒙士ヲシテ能コレヲ弁知シテ其誦読ニ便アラシム
是「テヱケン」者其文理ノ断続布置ヲ指示シテ、章句節目ヲ分別スル所以者ナレハナリ
凡書ヲ読者コレヲ「テヱケン」ノ処ヨリ求ルトキハ、則能其義理(ギ)ヲ通暁スルコトヲ得ヘシ、否則僅ニ其語路

ニ達スルコトモ能ハサルベシ、只是紛然ノミナリ、此故ニ初学ノ徒須ク「テヱケン」例ヲ審ニ分別スルヲ以テ最モ先ッ先ン務ト為ヘシ 〔按或書ニ此ニ云「テヱケン」ヲ「ブークテェケン」ト称ス、「ブーク」ハ書ナリ「テヱケン」ハ数義アリ、此ニハ記号ヲ云ナリ、故本扁名目「テヱケン」ト云者ハ点字ト翻訳スルナリ〕

〈テヱケン〉は〈テエケン〉などとも表記している。teeken（teken, teiken）のことで、〈記号〉の意であるが、以下説くところを一覧すると、まさしく英語のいわゆるパンクチュエーションと、ほぼ同質の記号をさすと思われる（オランダ語でも、句読法の意の Punctuatie の語はある）。もう少し厳密にいうならば、lees tekens という句読法として説かれるものを意味していると思われる。確かに漢文の法、〈点例〉からしても、この〈テエケン〉は必要欠くべからざるものであることを考えついたのであろう。原書を訳出していく過程で、記号による文の区切りは、内容理解にきわめて重要であることを知ったと思う。長崎通詞のものには、ついにこの種のものの存在しない点も注意しておくべきかと思われる。(3) さて蘭化において、〈点例考〉とは具体的には次のような記述となっている（原語はラテン語・オランダ語の二種で示す）。

第一 [,] 又 , comma [言蘭和] strepje 〔按ニ小線ト訳スヘシ〕 又 scheid=teken 〔按ニ分点ト訳スヘシ〕 ogscheid=ing 〔区別ト訳スヘシ〕

此羅甸言ハ原ト「ギリイキス」ヲ言（ママ）ヲ用ルナリ、羅甸ニテ云也、〔按ルニ此ニ云小策トモ小枝トモ訳スヘシ、是下ノ点ヲ指ノ云ナルヘシ〕 然シテ羅甸ト厄勒斉亜（ギリッシャ）ニテハ上ノ点ヲ用ルナリ、入瑪泥亜（セルマニア）ト和蘭都トハ下ノ点ヲ用ル也、故ニ「ヲウンド」（ママ）ニテハ其名ヲ「ストレヱピイ」ト号スルナリ、右ノ「テエケン」ハ成文ノ語中意義未説畢ラスト雖トモ、諸ノ名物事類ヲ言フモノハ、コレヲ記シテ一名一物一事等ヲ分別スルナリ 〔按ニ一本ニ云此点ヲ記シテ区別ヲナシ以テ誦読ノ気息ヲ節ニス〕 此「テエケン」有トキハ読者其気息ヲ休ムベシ 〔按ズルニ此点支那ノ読ニ似タリ、而モ全ク同シカラサル者有アリ〕

第二 ; punct=comma 又 Semico=lom 言蘭和 halflid teken ト号ス 按ニ半節点ト訳スヘシ

此「テヱケン」一事ノ内ニ節三節ニ分ルコト有ルトキコレヲ用ユ、故ニ次ノ語ノ初ニ、多クハ「デウェイル」「テルハルヘン」ノ類ノ助辞ヲ置ナリ 按ニ此辞ヲ置コト無モアリ、又「トク」「マアル」「ウァント」「ダン」「ツアルドオル」ノ辞ヲ置コトモアルナリ 此「テヱケン」有トキハ気息テ上ノ「テヱケン」ヨリ休止スルコト稍久シクスルナリ

右二例ヲ比較吟味すると当然のことながら、『蘭学階梯』にみえる蘭化の『点例考』ときわめて類似している（後述）。原語のあるなしが大きなちがいであるが、訳語、〈半節点〉で考えると共通している。玄沢が蘭化の著書から抄出したということはほぼまちがいあるまい(4)。

第三 : doupu=nota colon 按一本ニ作ル dubbel=destip 按ルニ重点訳スヘシ 又(ママ) 按スルニ節点トスヘシ

此「テヱケン」意義一段説畢ル上(ママ)雖モ、尚コレヲ詳ニ説クベキコト有トキニ、上ノ一段ノ終ニ、コレヲ記ノ一節ヲナスナリ 按ニ或ハ「ツント」「トク」「ノクタント」等ノ助辞ヲ次ノ語ニ初(ママ)ニ置ナリ、又助辞無キコトモアリ

*欄外に、〈按ニ「フルコルト」略点ニモ又コレヲ用ユ〉とある。これもおそらく蘭化による書込みであろう。

第四 ? interro=gotio 言蘭和 Vaaag-teken. 按ニ問点ト訳ヘシ Vraag(ママ)

此「テヱケン」問ノ語ノ終コレヲ記ス

第五 ／ Admir=atio. Verwon=derings-teken. 按ニ奇異点ト訳スヘシ

此「テェケン」奇語珍語、又驚クヘキ歎スヘキ語ハ終ニコレヲ記ス　＊〈!〉の記号のことである。

右のうち第一、第二は特に問題はないと思う。第一の二種のうち下部の〈，〉は、活字の場合でなく、鵞筆(ペン)書きなどのときのコムマなどを示すのであろう。全体として書写がわるく、素人くさい。第三の：は、呼称とスペリングに誤りがあるらしく =nota は =ncta (doupuncta) となる。『蘭学階梯上』に〈ドウピュンクタ〉、のちの藤林普山『蘭学逕』に、〈ドウプンクト、ドッペル。プント、リドテーケン〉とみえる。ラテン語 doupuncta であろうから、後の二本の方が正しいといえる。またオランダ語で示されている dubbel=destip であるが、まず dubbel は二重の意であり、destip は点 (point) といった意味になる。『蘭学逕』にみえる〈ドッペル。プント〉は dubbelepunt のことであるから、これなら現代も一般に用いている二重点のことで、どうやら了解できよう。そして〈節点〉の訳の上は空白になっているが、『蘭学逕』の〈リドテーケン〉がこれにあたるであろう。原語は lidteeken と考えられる。これも一般に辞書には二重点の意ではみえない (傷跡の意) が、likteeken, likteekenen (マークする) から推量して、十八世紀ごろは、あるいはこの意味として用いられたのであろうか。いずれにせよ原書との関連を考慮しなければなるまい。

説明はあやまりないと思われるが、〈助辞〉として示している〈マアル・ダン・ツント・トク・ノクタント〉などは、〈maar, dan〉などの接続詞の類であろう。また欄外にみえる註記は、『蘭学階梯』に、〈又一語ヲ省略シテ首メノミヲ記スルトキモ此点ヲ用ユ〉という説明と対応一致するものである。〈フルコルト〉は、〈verkorten〉で省略のことであろう。符号としてこの名称があるかどうかはやや問題で、〈省略〉といった言い方から、蘭学者の間で、フルコルトなどと俗称したのではあるまいか。英語の apostrophe（省略符）に相当すると考えられる。『訳鍵』などにも、〈verkort 簡約（原本、横にたて書き）〉とある。蘭学者の書名をみると、例えばN:L:（中野柳圃）、B:sazuro（馬場佐十郎）、K:S:（小関三英）などとみえるので、かなり一般的に用いられた符号かと思う。玄沢なども、O:Gentaku（大槻玄沢）と用いたようである。欄外の書入れは、やはり蘭化の筆になるようである。おそらく別の資料を閲覧して、記入しておいたものかと思う。

第四はいわゆるイントロゲイションマーク、〈疑問符〉のことで、特に問題はない。〈和蘭言〉のスペリングは誤りで、下部に書込まれているように、vraagteken が正しい。〈問点〉と訳しており、説明も簡単であるが、『蘭学逕』に、〈此ヲ認レバ。疑問ナルヲ知ル〉（十一ウ）とあるように、疑問文の終りにつくことも、充分に認識していたようである。当時の蘭学者の文には、このマークが用いられている例がごく普通にみられる。

第五はいわゆるイクスクラメーションマーク（感嘆符）といわれるもの、『蘭学階梯』にはみえないが、断りのとおり、同書では省略にしたがったのであろう。これも特に問題はあるまい。符号は斜線になってしまっているが、おそらく写す折の配慮のなさによるのであろう。『蘭学逕』などはきちんと！と画いている。ただ現在のように下つぼみに画かず、棒に点の組み合せとなっている。以上第五まで、すなわち〈，より〈！〉までの紹介と吟味を終る。これらが一つの〈点例〉というか、〈記号〉として蘭文を解読するうえで、重要であることを認識していたことがわかる。以下、第六〜第十までをあげて吟味する。

第六は（）・〔〕などのことで、すこし異なるが、以下〈―〉・〈＝〉・〈；〉・〈・〉とテェケンを列挙して説明を加えている。ここにも別本からの補いがみられる。原文をつぎにあげてみよう。

第六 （） 〔〕 按ニ一本又此点ト二様アリ parenthesis 和蘭言 tusschengsteken 一本 tuschenleden ト号ス按ニ此中間ニ義ヲ加フルノ点ヲ云ナリ夾註点ト義スヘシ

此「テエケン」(ママ)正文ノ中間ニ傍註ヲ加ヘ、其義ヲ明ニシ且コレヲ以テ隔テ、本語ヲシテ断セサラシムナリ

此ニ半月点、左ハ其註語ノ前ニ記シ、右ハ其後ニ記スナリ 按ニ一本ニ云言語ニハ方ヲ用ヒ、事物ニハ円ヲ用ルナリ、再按スルニ此説ニ相反スル者アリ、又言語事物トモニ〔〕ヲ用ルモノ多シ

第七 [-] copulatio. [言蘭和] Samenknopinge 按ニ一本ニ Kospeling 按スルニ共ニ結ヒ合スルヲ云、合言点ト義訳スヘシ

此「テエケン」二言ヲ合テ一言トナシタル者、共ニ言間ニコレヲ記シテ相結フナリ

第八 [=] divisio. [言蘭和] verdeelinge. 按ニコレ(ママ)ヲ分裁スルヲ云ナリ分言点ト義訳スヘシ

此「テエケン」諸ノ語コレヲ書スルニ、紙端ニ至テ一言ヲ全ク書畢ル可カラサル時ハ、則其音ヲナス処ニテ、コレヲ分裁シテ此「テエケン」ヲ記シ、余字ヲ次ノ行ヘ書スルナリ、又[-]ヲモ用ユ

○按ニ此点多クハ「テーツキ」(テレッキの誤写であろう)ノ体ニテ書スルトキニ　コレヲ用ユ、「メルク」ヲ以テスルトキハ[=]ヲ用ユ

第九 [’] apostrophus [言蘭和] wegneming 按ニ省点ト訳ス

按ニ het ヲ ’t トh ヲ畧スルトキ，点ヲ左ノ上傍ニ添フ ’er ナドノ類

第十 [·] punctun. [言蘭和] sluit teken. 畢点ト訳スヘシ、一本ニ云義理事物等ノ終ニコレヲ記ス

按ニ此点字体ニヨリテ ✦ カクノ如クニモ作ルナリ

以上で点例の十種はすべて示されたことになるが、ひきつづき第六から吟味してみよう。第六で、前文の解説文に、〈左ハ……右ハ……〉とあるが、例示は上・下の位置になっている。さらに、〈按ニ一本ニ云、言語ニハ方ヲ用ヒ事物ニハ円を用ルナリ……〉というように、他の一本も参照している点をみのがすことができない。〔　〕（方）と（　）（円）の二種を示して、用法の相違を記述している点も注意しておくべきかと思う。ただし、見出しの一本として示されている tuschen leden は tuschen redden のスペリングの誤写であろう。ピカードの蘭英辞典にはこれでみえる。現代オランダ語では、単に tusschenzin を用いているようである（tusschen は中間の意）。『蘭学逕』にも両方が示されている（ただし原語は異なる）が、いずれにせよ蘭化は記号用法にかなり関心をもったことがしられ、その結果、蘭学者の間での理解も次第に浸透していったこともしるのである。

第七は複合語を示す場合である。オランダ語の samenknopinge は samenknopen の形容詞形かと思うが、下の Kospeling（koppeling が正しい。これも形容詞）の方が、むしろ一般的になってきているようである。ともに結び合せるの意であるが、テエケンの語は省略されている。次の第八に示した〈＝〉とのかかわりも、多少あるらしいが、〈－〉はあくまで複合語を示し、〈＝〉は一語がスペースの関係などで、分割された時の統一体を示す点で異なる。現代はともに〈－〉を用いるようである。

第八の verdeelinge は特に問題はあるまい。しかし一語の分割の仕方は音節構造と関連してくるわけであるから、厳密には、単に紙端に至ツテ……ということにならない。このへんは別に論じたい。蘭学者の写本類をみると、多く一般的に、〈＝〉を用いているが、〈－〉（前の第七にあるもの）を用いている例もある。この説明の一つとして、〈○按ニ……〉があるので、いちおう吟味しておこう。この文中の〈テーツキ（ママ）〉はおそらく〈テレッキ（trek）〉で『蘭学階梯下』にみえる〈（前略）「テレツキ」ハ曳ナリ、運筆連飾シタル所ヲ曳クトハ云ヒシナリ、此體ハ平生通用ノ書牘等ニ用ユ（後略）〉とある説明と一致する。いわゆる小文字の筆記体の場合である。もう一つの〈メルク〉（merk）であるが、これは『蘭訳筌』・『蘭学緒言』にみえるものの、『蘭学階梯』にはこの名称を見出せない（『蘭学佩觽』及び『増広蘭学佩觽』にはみえる）。〈「メルクレッテル」体〉のことで、『増広蘭学佩觽』にはこう説明している。

> （前略）凡一章ノ首又一語ノ首ニ用ユ、故ニ「ホーフト」ノ名アリ、或ハ端ヲ更タムルコトアルニ用ユ、諸々書冊ノ表題或ハ画題扁額及印章等ニ用、或ハ、一篇ノ首ニ用ユルトキハ必スコレヲ大書ス、故ニ又「メルク」ノ名アリ、按スルニ此體二十六字ノ正体ナリ

結局、『蘭学階梯』にみえる〈ロメインスホオフトレッテル〉と同じものかと思う（但し、同書説明はいささか誤解して記述しているところがある）。〈メルク merk〉はマークの意で大文字使用の場合である。いわば大文字の活字体をさしているわけだが、果して＝と－との用法の異なりに、そうした点があるのかどうかは、改めて吟味したい。

第九は『蘭学階梯』にはみえない。蘭学の wegneming はテエケンを省略した言い方と思われるが、現代では用いられていない呼称ではないかと思う。『蘭学逕』でも、〈レッテルヲイトラーチングス。テーケン〉とあるから蘭化などの依拠した原本がどのようなものであったかが考えられよう。原語と使用した原本との関連については、なお考究を要する。

第十の sluit teken（スロイト テーケン）は文字どおり終りの記号である。〈畢点〉と訳しているが、これは『蘭学階梯』にもみえるし、『蘭学生前父』にも『蘭学階梯』の訳として紹介されている（実はこの訳語は蘭化によるところを明確にしておきたい）。ただ『蘭学階梯』では、〈ピユンクトム〉とラテン語のみが出ていて、オランダ語のスロイトテーケンはみえない。また〈按ニ〉とある文中の〈✦〉印についても後考をまちたい。手書きのものに用い、一種、花文字的に用いるのであろう。蘭化がそれぞれの記号に日本語訳をつけていること、しかもそれがほとんどそのまま玄沢のものに用いられていることを重ねて確認しておきたい。

以上、蘭化の『点例考』の紹介と内容吟味とを終るが、新しい資料として、初期の江戸の蘭学——とはいえ結

局は、蘭化の語学と限定して誤りないが——における、一つの重要な面を考えてきた。一つ一つの記号の吟味と理解は、引用の原文で充分だと思うが、現代のそれと比較しても遜色はないようである（後出の図表Ⅰを参照）。原本の翻訳や読書には必読の知識である。

なおここで、吟味すべきは、〈訳文略〉なるものである。既に指摘したように、『点例考』及び『蘭学階梯』中に蘭化のものとして挙げている一本であり、さらに『蘭訳筌』にもみえるから、〈明和辛卯〉以前の作ということになる。現在すれば最古の蘭化の語学作品である。書名からして充分に興味がもたれる。実はこれも『和蘭訳文略』（これも新資料、以下『訳文略』と略称）として現存しており、それを一覧することができたが、その中での記述で、ここでは句読法に関する部分のみを考えてみよう。同書ははじめに、〈ターフルハンレッテル（文字之譜）〉という〈レッテレン（文字）〉に関する図式があり、二大別し、一方はつぎのようになっている。

別体別用者二号（セイヘルテーケン）レッテル即（数符）字其数（十多）

すなわちこの〈別体別用〉が、『点例考』にみえた〈其変体変例ノ如キハ則其説ヲ得ルヲ俟テ、訳文畧中ニ於テコレヲ述ベシ〉とあるそれであろう。したがって、『訳文略』との関連でみていくと、蘭化のいう〈変体〉とは、A・B・Cとか、・，のような文字・符号ではなく、さらに別種のものを指しているようである。現存の『訳文略』中にはついにこの別種がみえない。そしてわずかに次のことばから、その実態を推量することができそうである。

(A)「テーケンレッテル」

「テーケン」ハ奇巧ナリ、記号ナリ、此書或ハ字ヲ合シ或ハ別ニ象状ヲ作為シ、一字ヲ以テ数言ニ代ヘ用ル奇体ノ符字（フテウモシ）ナリ、是則天文暦算医術等ノ「ブーク」ニ用ル所ノ者ナリ、然各其事ニ随テ其用ヲ異ニス、故ニ

此ニ一例スベカラス、頗見聞スル所ノ者ヲ訳シテ、「ウォールデン」ノ編末ニコレヲ附ス

これは、水（みず）を〈▽〉で示し、日月（にち・げつ）を〈☉・☾〉、オンスを〈℥〉などと示す類のものを指す。〈テーケン〉の用語を用いるゆえに、やや混乱があるが、〈カラクテル〉の用語を用いれば、さらに明確にすることができると思う。山路之徽『和蘭緒言』に、〈テーケンレッテル〉として、同様の記号があがっているが、また『蘭学逕』などにも例があがっており、また同じ蘭化の作、『和蘭訳筌』に、〈カラクテル〉として、例のあがっているものと同じ符号である。いうならば句読法とは直接関係のないものである。蘭化は同じ符号ということ、さらにオランダ書を読んでいく過程で出あったものとして、これらを総括して記述しようとしたのであろう。しかし結果的には、この別種の変体的なもの、〈カラクテル〉は『訳文略』にも『点例考』にもみえない（『蘭学階梯』にもみえず、『蘭学逕』がもっとも有望である）[5]。ここまで吟味してくると、やはり蘭化の句読法は、『点例考』に集約されているといっても過言ではなさそうである。

さてしかし『訳文略』にも、部分的に句読法の記号にふれているところが見出される。たとえば次のような記述である。

(B)「ブーク」中、点批（ママ）句画等ヲ設ケ或ハ「レッテル」ノ体ヲ殊シ（ママ）種々ノ点例書法アリ、コレヲ辧セザレハ語意ヲ審ニシ難シ、故是ヲ「レーセン」ノ先務トシテ、初学ヲ教ルノ法アリ、是ヲ「イタ」又「ブークレーケン」ト称スルカ追テ詳ニスヘシ

(C)✦ハ「ピュント」ト称スル点ナリ、下皆コレニ同シ、但其体ヲ異ニスルノミ、或本ニ「セダト」ヲ[symbol]此ノ如ク作ル者アリ、是訳家ノ伝ル所ト云、然「レッテルコンスト」ノ首ニ[symbol]（セタト）ニテ書止タル故「ピュンクト」ニ

ノ傍（ママ）ニ記シタリ、或本ニノ（ママ）是点ナルコトヲ辧ヘスモ誤写シタル者ナリ、

＊ピュンクトは〈畢点〉。セダトは〈Z〉。ここの説明は、いささか不明瞭であるが、一つはZで終るところに✦（ピュンク）を書いたのを、ピュンクトと考えず、誤ってA・B・Cなどと同じ文字と誤写したこと。もう一つは、文字入門書（レッテルコンスト）の首にZ（セダト）で書止めたので、傍にピュンクトを書き添えたのを、そのまま誤って写したという。しかしこの〈首〉に書止めたという記号は、〈§（章）〉のことであろう。記号（テーケン）への挑戦も蘭学であった。

(D)⚘ハ「ピュンクト」ニ用ユ、且コレヲ以テ「ピンネ」中ノ餘墨ヲ尽スカ為ニ書ル者ナリ、然シテ人々ノ風格アリテ其体一様ナルコトナシ、其甚キニ至テハ、転タ遍満シテ恰モ乱糸ヲ画クカ如キモノアリ

＊〈ピンネ中ノ餘墨ヲ尽ス〉とは、鵞ペンを用いて、なお残れる墨汁（インキ）により畢点を自己流に描いたの意である。印刷と異なり人により運筆に多少の異なりがあって、筆を走らせるわけである。

以上、(A)の場合をのぞいて、(B)に、〈点例書法〉の語があり、しかも、〈レーセンノ先務トシテ初学ヲ教ルノ法〉と述べているから、蘭書を読解するうえの重要な記号と考えていたことがわかる。特に他のテーケン（符号）と区別して、〈ブークテーケン〉（書物の符号）とも呼んだのであろう。ただ〈追テ詳ニスヘシ〉とはあるが、ついに詳細を知ることができない。この『訳文略』では、右の(A)としてあげた説明が最終的なもので、〈ウォールデンノ編末ニコレヲ附ス〉という〈ウォールデン〉（ウォールデンブックで辞書の意か）も果してどのようなものか不明である。蘭化が長崎から持ち帰ったというP・マーリン辞典などにみえるところであろうか。あるいは蘭化自身の自著か。彼には別に『蘭草採秀』の著もあったようである。

(C)によって、『点例考』にみえる〈✦〉の説明がより明確にされている。これは〈・〉と同じ意味用法ながら、用いる文字体がドルユクレッテル（ドイツ語の亀甲文字体に似る）である時のものと思われる。すこし飾りの要素が

はいってくるわけであろう。(D)は筆を走らせる場合で、実際に蘭文を鵞ペンで書く時に、花文字的に書写していく場合についての畢点、ピリオドについて記述したもので、これも果してレッテルコンストと呼ばれる書物に解説されていたものかどうか。蘭化自身が実際に、長崎や江戸の長崎屋あたり、蘭人や通詞に接して、見聞した際に知ったものか。多分、実際の経験からであろうと思う。なおこの『訳文略』の説明文句は、蘭化の友人、山路之徽のいうところとも一致するところがみえる。両者はよく共通一致しているので成立時期をふくめて、注目しておきたい。

さて前野良沢によって開拓され、確立した句読法は、〈点例〉として、ほとんどまさしくヨーロッパ的パンクチュエーションに相当するものが、認識され記述されたわけである。さらにこの流れは、江戸で彼に師事した人びと、なかでも山路之徽や、大槻玄沢に受けつがれていったと考えてよかろう。特に後者は上述のように、『増補点例考』なるものがあったようである。しかしこれは現存しないし、文化元年成立の『書目』にもその名が見えない。したがってついに玄沢独自のものは知ることができないのである。そこで一つの資料として『蘭学階梯下』を考えてみよう。すでに上でも言及したように、同書には〈点例〉という一条があって、蘭化の『点例考』の一部抄出という形で、これを紹介、論じている。当然重複するわけであるが、考証し理解するためにも、次にその全部を抜き出してみよう。なお囲みは、（ ）に変更して示す。

点例

彼方ノ文章ニ支那ノ句読段落ノ如キモノ多シ、此点例ヲ知ラザレバ其篇章融会貫通シ難シ、蘭化先生ノ点例考ニ由テ、其一二ヲ抄シ学者ノ求ニ備フ

（，）「コムマ」ト名ク、訳シテ分点ト云フ、此点ハ成文ノ中ニ意義未ダ説キ畢ラザレドモ、諸ノ名物事類ヲ言フ所ニ記シテ、一名一物一事等ヲ分別スルナリ、又　如此モアリ

（；）「ピユンクトコムマ」ト名ク、訳シテ半節点ト言フ，此点ハ一事ノ内二節三節ニ分ルコトアルトキニ用ユ、故ニ次ノ語ノ初メニ多クハソノ後、ソノウヘト云類、助辞ヲ置クナリ
（：）「ドウピユンクタ」ト名ク、訳シテ重点ト云フ、此点ハ意義一段ノ終ニ記シテ一節ヲ為スナリ、又一語ヲ省略シテ首メノミヲ記スルトキモ此点ヲ用ユ
（?）「フラーガテーケン」ト名ク、訳シテ問点ト云問ノ語ノ終ニ記ス
（”）「ジヒシヲ」ト名ク、訳シテ分言点ト云、此点ハ総テ事ヲ記スルニ紙端ニ至リテ一言ヲ全ク書キ終ルベカラザルトキ、其音ヲナス所ニテ分裁シテ此点ヲ記シ、余字ヲ次ノ行ヘ書スルナリ、又・如此モアリ書体ニ由テ異ナリ
（・）「ピユンクトム」ト名ク、訳シテ畢点ト言、此点ハ義理事物等ノ其説ヲ終ル下ニ記ス、点例大抵右の類ナリ、猶審ナルコトハ点例考ノ中ニ具ス

右のうちたとえば〈，〉〈・〉のところを例に比較してみよう。(T)が『点例考』（引用の際、体裁をややかえた）、(R)が『蘭学階梯』である。

(T)（，，）Comma 按ニ分点ト訳スヘシ（中略）右ノ「テエケン」ハ成文ノ語中意義未説畢ラスト雖トモ、諸ノ名物事類ヲ言フモノハ、コレヲ記シテ一名一物一事等ヲ分別スルナリ（後略）

(R)（，）「コムマ」ト名ク、訳シテ分点ト云フ、此点ハ、成文ノ中ニ意義未タ説キ畢ラサレトモ、諸ノ名物事物ヲ言フ所ニ記シテ、一名一物一事等ヲ分別スルナリ、又，如此モアリ

(T)（・）Punctum 畢点ト訳スヘシ、一本ニ云義理事物等ノ終ニコレヲ記ス　按ニ此点字体ニヨリテ✦カクノ如ク

ニモ作ルナリ

(R)（・）「ピュンクトム」ト名ク、訳シテ畢点ト云、此点ハ義理事物等ノ其説ヲ終ル下ニ記ス

まさしく玄沢は蘭化の著書から抄出したことが実証されるであろう。そして別表のように、玄沢の他の『西文訳例』をはじめ、以後の蘭学者の点例に関する考察と記述は、ほとんど蘭化のものを出ていないのである。そして最終的には宇田川榕庵『点類通考』にとどめをさす。参考までに、『点例考』以後の諸作品と対比した〈点例の作品別訳語一覧表〉、及び、現代の『英語学辞典』（研究社、市河三喜編）にみえる〈点例〉の訳語、解説とを対比した一覧表を作成してあげておく。

註

(1) 前野蘭化（良沢）について、関場不二彦、岩崎克巳両氏の御研究より多くの学恩をいただいた。なお早大出版部より刊行の『前野蘭化集』（早稲田大学蔵資料影印叢書／洋学篇）を参照のこと。

(2) ライデン大学図書館で、このハッカホールドの著を見出しマイクロに収めた。これは青木昆陽の『和蘭文字略考』にも参照、活用されている貴重な文献資料である。

(3) 書写の宇田川玄随がオランダ語にまだ未熟のときのためか、当時オランダでも正書法が確立しているわけではないので、写本として『和蘭点例考』はいささかおぼつかない写しである。その点を認めたうえで活用したい。通詞には江戸の蘭学者と異なる役目上、関心はあくまで生きたオランダ語にあったと思われ、〈点例〉の論は了解済だったと思われる。

(4) 〈助辞〉は〈副詞・接続詞〉などを主として指す。按文の〈maar（マール）・dan（ダン）〉など。中野柳圃に『助辞（字・詞）考』の労作があり参照。

(5) 巻末の資料、『訳鍵』〈凡例并附言〉（影印）を参照。〈カラクテル〉は薬学関連書を参照していると思われる。つぎの"Pharmacopoea"（薬局方）の書（一七〇九年、ロッテルダム刊）を参照されたい。〈Chymische characters〉（化学記号）などが紹介されている。

Pag. 1

PHARMACOPOEA
ROTERODAMENSIS
Galeno-Chymica,
OF
Galenische en Chymische
ROTTERDAMMER
APOTHEEK.
EERSTE DEEL,
Bevattende
ENCKELDE MEDIKAMENTEN,
die men in de winkels bewaaren moet.

WORTELEN.
RADICES.

A.

Acori, *of* calami aromatici, *welriekende Lis.*
Angelicæ, *Angelika wortel*, *Engel wortel.*
Alkannæ, *Alkanet wortel*, *blanket wortel.*
Allii, *Look.*
Althææ, *of* Ibisci *en* Bismalvæ, *Heems wortel.*
Apii, *Juffer marckwortel.*

A Aristo-

GEBRUIKLYKSTE
CHYMISCHE
CHARACTERS.

Acetum. *Azyn.*
Acetum destillatum *Gedestilleerde Azyn.*
Alumen. *Aluin.*
Antimonium. *Spiesglas.*
Aqua destillata, *of* stillatitia. *Gedestilleert waater.*
Aqua fortis. *Sterkwater.*
Aqua pluvialis. *Regenwaater.*
Balneum Mariæ *vel* Maris. *Kookend-waater-badt.* MB
Balneum vaporis. *Waasem-badt.* VB

Calx

VAN DE CHARACTERS.

Calx viva. *Onuitgebluste kalk.*
Cancer. *Kreeft.* 69
Caput mortuum. *Doodig ooverblijfzel Doode kop.*
Cinnabaris. *Vermilioen.*
Ignis. *Vuur.*
Jupiter *seu* stannum. *Jupiter* of *Tin*
Luna *seu* Argentum. *De Maan* oft *Silver.*
Mars *seu* ferrum *seu* chalybs. *Mars* ofte *Yser* of *Staal.*
Mercurius *seu* argentum vivum. *Quik* ofte *Quiksilver.*
Mercurius præcipitatus. *Ondergebleeven* of *neergeplofte quik.*
Mercurius sublimatus. *Opgeheeven of gesublimeerden quik.*

Oleum

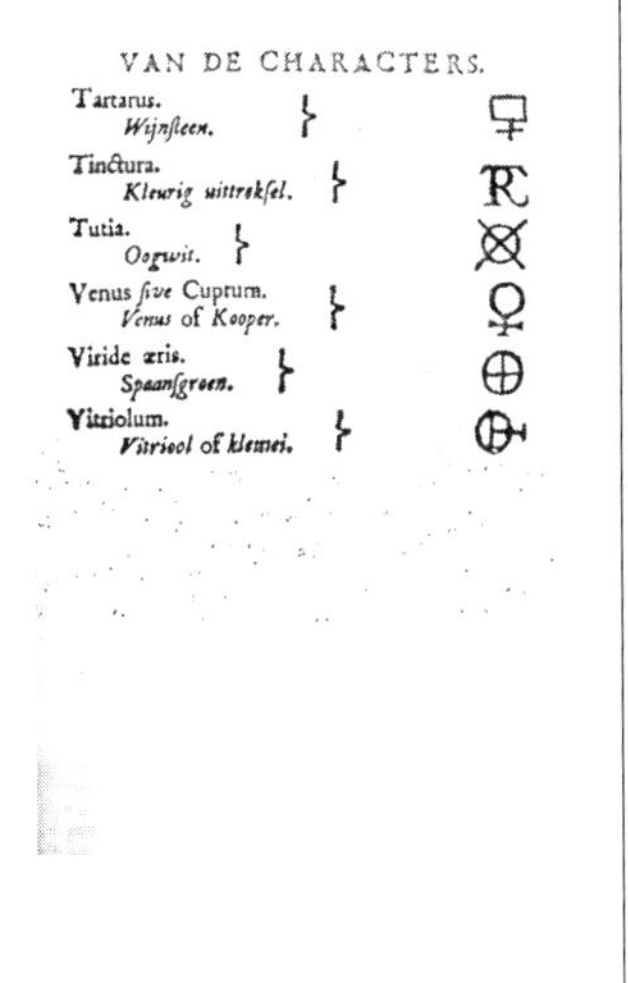

VAN DE CHARACTERS.

Tartarus. *Wijnsteen.*
Tinctura. *Kleurig uittreksel.*
Tutia. *Oogwit.*
Venus *sive* Cuprum. *Venus* of *Kooper.*
Viride æris. *Spaansgroen.*
Vitriolum. *Vitriool* of *klemei.*

"Pharmacopoea"(1709)
〈Chymische characters〉ほか

(A)〈点例〉の作品別訳語一覧表

＊『点例考』で列挙している順序を1～10として示した。原語はラテン語とオランダ語による。

原語・記号 ＼ 出典		点例考	蘭学階梯 西文訳例	蘭字醸音鑑	点類通考	蘭学逕（訳鍵） 標式十記	蘭学独案内 標圏十記	増補改正 訳鍵	洋学篇 万宝叢書	洋学指針
comma/streepje, scheid teken ogscheiding	， ，	1小線・分点（小策・小枝）・区別	1コムマ／シケイドテーケン 分点	1コムマ 小読	1原語なし 訳語なし	3コムマ。シケイドテーケン 区別標	3同上 区別圏	1 comma/scheid-merk 章句標的 分点・区切	1同上 読 ヨミキリ	同上 （蘭）小句・読 （英）コンマ・読キリ
Punct comma, semicolon/ halfiid teken	；	2半節点	2ピュンクトコムマ／ハルフリットテーケン 半節点	2ピュンクト コムマ 大読	2右同	4プンクト。コムマ。ハルフリドテーケン 半節標	4同上 半節圏	—	2Punct en comma 句・段落	同上 （英）セミコロン句
doupuncta, colon/ dubbel destip, lidteken	：	3重点・節点／略点	3ドウピュンクタフルコルトテーケン 重点／略点	3デュブルト ピュンクト 小句・小段	3右同	2ドウプンクト。ドッペル・プント。リドテーケン 重畢標・節標	2同上 重畢圏 節圏	—	3dubbld stip 句・段落（右と同じ欄）	（蘭）小段・大句 （英）コロン、セミコロンヨリ稍重シ
interrogatio vraag teken	？	4問点	4フラーガテーケン フラーグテーケン 問点	5原語なし 問点	4右同	5フラーガ。テーケン 問標	5フラーグ、テーケン 問圏	—	4vraagteken 疑問	（蘭）疑問 （英）インテルロゲーション疑問
Admiratio/ Verwondorings teken	！	5奇異点	なし	6原語なし 歎息ノ点	5右同	6ウヲンデリングス。テーケン 珍異標	6同上 珍異圏	—	5verwondering schrikteken 奇件	（蘭）感嘆 （英）感嘆・乞望など
parenthesis/ tuschengs teken, tuschen leden	（）〔〕	6夾註点・半月点	なし	なし	6右同、〔〕はhaakies（朱）とみえる。その他二種	10ツッセン。インステッリングス。テーケン 挿間標	10同上 挿間圏	—	6tusschen in stelling 挿註	（英）パレンテシス、ブラケッツ 嵌
copulatio/ samenknopinge, kospeling	—	7合言点	なし	なし	7右同、－＝と二種示す	7コッペリングス。テーケン 連接標	7同上 連接圏	—	7koppeling 二言連用	（英）ハイフエン 連読

divisio/ verdeelinge	=(-)	8 分言点	5 ジヒシヲ 分言点 (-もある)	なし	8 右同、-= と二種示す	8 デーリングス。テーケン 連接標	8 同上 分離圏	—	8 deeling teken 一言分書	(英) ハイフヱン 分書
apostrophus/ wegneming	'	9 省点	なし	なし	9 apostrophus/ teken van wegneming. letter uitlaating	7 レッテルヲイトラーチングス。テーケン 省字標	9 同上 省字圏	—	9 省略ノ・或ハ・ヲ用フ	(蘭) 略字。・モ用イル (英) 略字、アポストローフ
punctum/ sluit teken	・	10 畢点	6 ピュンクトム/ピュンクト、スロイトテーケン 畢点	4 ピュントム 大句・大段	10 punctum/ sluitteken	1 プンクト・スロイトプント 畢標	1 同上 畢圏	10 punt 点・句読	10 punt 結末 オハリ	(蘭) 大段・闋 (英) ペリオド、フヲルストップ
備考		teeken のみは点字と翻訳			〝アーンハーリングが見える/訳語はすべてにない	『訳鍵』では teeken を標的と訳す mark を識号、標的と訳す	teeken を標圏と訳す	※『訳鍵』を参照	符号(カラクテル/テーケン)〝などの符号も他に多くのせる	原語は省略して、発音表示で代行した

註記：

1 『蘭字醸音鑑』以下は、時代的、学塾的に別派であり、訳語も異質である。
2 最終欄の『洋学指針』は〈蘭学・洋学〉の両篇を参照したので、やや別格である。
3 別論、〈芝蘭堂蔵版『蘭学佩觿』の考察〉も参照されたい。
4 (B)の『点例考』の解説を参照。
5 『蘭学逕』は本書巻末の資料Iを参照のこと。
6 原語の綴りは当時まだ正書法の確立していない点を考慮のこと。

(B)『点例考』と現代訳語（英語対訳語）との比較（1呼称　2記号　3説明）

記号・記号名＼出典	点例考	英語学辞典（研究社版）
第一　，（,）　comma/ streepje, Scheid teken	1 小線／分点（語源的には小策・小枝とも訳す） 2 ，（ラテン・ギリシャ語） ，（ゼルマニア・オランダ語） 3 (a)諸ノ名物事類ヲ一ツ一ツ分ケル時ニ用イル／(b)読者ガ気息ヲ休ム、支那ノ読ニ類似スル（読文の時の息づかい的なもの）。 ＊一本ニ云此点ヲ記シテ区別ヲナシ以テ誦読ノ気息ヲ節ニス――(b)と同じようであるが、区別ヲナシとあるから、挿入句的なものをさすか。	1 コンマ（Comma） 2 ， 3 主な用法は三つあり、第一は文法的なもの：(a)同一名詞を修飾する形容詞が二つ以上ある時、(b)2箇以上の名詞。形容詞・副詞などの連続　第二は間接的に文法的なもの：挿入句・間投詞などを区切る、総括にも用い、セミコロンなどと近い用法となる。第三は強調を示す。前後の節の思想の対照を示す時などに用いる。
第二　；　punct comma, semicolon/ halflid teken	1 半節点 2 ； 3 一事ノ内ニ節三節ニ分ルコト有ル時。コノ場合単ニ助辞（副詞・接続詞など）ヲ次ニ置ク時ト、マタ次ノ語ノ初ニ、特定ノ助辞ヲ置クコトガアル。第一ノモノヨリ気息ノ休止時間ガヤヤ久シイ。	1 セミコーロン（semicolon） 2 ； 3 主な用法は三つあり、第一は、接続詞なしに続く2箇以上の節間。第二は特定の接続副詞で文をつなぐ時。第三はコンマで間にあうところを時に強意・強調で用いる場合。
第三　：　doupuncta, colon/ dubbel de stip	1 重点または節点 2 ： 3 意義一段説終ッテ、サラニ詳説スベキ時ニ、ソノ段ノ完了ヲ示ス。時ニハ次ニ特定ノ助辞ヲトルコトモアル（マタハソノ意味ノミフクメテ、ソノ語ヲ用イナイ時モアル）	1 コロン（colon） 2 ： 3 ・と：の中間的なもので、同一構文の節が重なる場合（and, but などを言外に含める場合が多い）、〈即ち〉といった意味の語とともに用いる（意味だけで、その語を用いない時もある）。その他直接話法を導く時、呼びかけ、箇条の列挙、数字とともに用いる。
第四　？　interrogatio/ vraag teken	1 問点 2 ？ 3 問ノ語ノ終ニ記ス	1 疑問符（question mark） 2 q。→? 3 疑問文・疑問の語の末尾に附す。 ＊question stop, introgation mark (point)
第五　！　admiratio/ verwondorings teken	1 奇異点 2 ！ 3 奇語珍語マタ驚クベキ語、歎ズベキ語ノ終ニ記ス	1 感嘆符（exclamation mark） 2 IO→！ 3 間投詞（相当語句）の次に。命令文に用いて強意の時も。 ＊exclamation point, note of exclamation

第六 ()・〔〕 parenthesis/ tuschengs teken, tuschen leden	第七 ‐ copulatio/ samenk nopinge, kospeling	第八 ＝ divisio/ verdeelinge
1 夾註点・半月点 2 ()・〔〕 3 正文中ニ傍註ヲ加エ、ソノ義ヲ明カニシ、コレニヨッテ、本文ノ流レ、ツヅキヲ断エヌヨウニスル。 ()（半月点）ハ註語ノ前ニ記シ〔〕ハ後ニ記ス。マタ()ハ事物ニ、〔〕ハ言語ニ用イル。マタ別ニ、事物・言語トモニ〔〕ヲ用イル。	1 合言点 2 ‐ 3 二語ヲ結合サセテ一言トスル。	1 分言点 2 ＝・‐ 3 語を書スルニ紙端ニ至ッテ書キ終ルコトノデキヌ時ニ、コノ記号ヲ記シ次ノ行ヘ書スル。 字体ニヨッテ＝ト‐トノ用法ニ区別ガアル。
1 括弧（丸括弧・角括弧） 2 ()・〔〕 3 挿入文・挿入語句を示す、先行語句の説明のために用いる。 ()をParenthesesというのに対し〔〕をbracketsという。〔〕は文中に説明・註釈を挿入する。	1 ハイフォン（hyphen） 2 ‐ 3 二語（以上）を一語に結合する時に用いる。	1 （分字用ハイフォン） 2 ‐ 3 分字用ハイフォンは言語の起原、構成、又は意味を最も善く示し、且綴字を其最も体裁好き形にて明らかにするが如く、使用せられる。（この項は高橋五郎『英語句読法』より）

第九 , apostrophus/ wegneming	第十 . punctum/ sluitteken
1 省点 2 ’ 3 単語・文字ノ一部ヲ省略スル時、左ノ上傍ニ添エテ用イル。het→'t ノヨウニ用イル。	1 畢点 2 ・ 3 義理事物ナドノ終ニコレヲ記ス。 字体ニヨリ✦ノヨウナ点モ用イル。
1 省略符・アポストロフィ 2 ’ 3 名詞の所有格を示す。文字・語の一部を省略する。	1 終止符・ピリオド／フルストップ 2 ・ 3 他の句読点に比べ最長の休止を示す。疑問・感嘆文以外の文の終りにおく。省略に用いることがある。

初出▼「武蔵野女子大学紀要13」（武蔵野女子大学、昭和四十八年三月）

二　蘭化、『思思未通』と諺の考察

はじめに

『思思未通』については、大槻玄沢が、『蘭学階梯 上』〈立成〉の項で、〈此学（蘭学）ノ筌蹄トナルベキ書〉として、前野蘭化の著作をまず六本列挙し、さらに加えてつぎの六本がみえる。

其余、思思未通、管蠡秘言、仁言私説、八種字考　彗星考　輿地図編ノ類ナリ（十オ）

しかし関場不二彦氏の『西医学東漸史話』（昭和八年刊）と、それを受けた岩崎克巳氏の『前野蘭化』（昭和九年刊）においても、本書の存在は不明とされている。最近の資料紹介などでも、その存在は確認されていないようである。わたしは十年ほど前（昭和三十五年）、早稲田大学図書館の洋学資料の整理に関係し、その際、宇田川玄随の『蘭学秘蔵』（写本）を披閲し得たが、その中に〈思思未通〉と題する一篇の書写記録をみいだした。蘭化のものとしては、ほかに〈点例考〉（二種）を見、他に旧長崎通詞、中野柳圃の〈助詞考〉と題するものも披閲した。いずれも玄随の手で転写しておいた貴重な資料であって、それぞれ発表しておいたが、『思思未通』については、そのあまりに分量のすくない点、あるいは完全な写本が出現するかもしれぬ期待をもって、さらにあちこちをたずね求めたが、現在まで完本らしきものを発見するまでに至っていない。『国書総目録』にも『思思未通』は収載されていない。書写記録は『蘭学秘蔵』中の断片ではあるが、しかしこの〈思思未通〉の内容は長崎通詞の蘭語学と、前野蘭化のそれを関連づけるものとして、貴重な資料であり、蘭化自身の語学力を評価し、そのはげしい記述をとおして、多くの点を知ることのできる有力な資料として完結しているともいえる。わずか五丁、おそらく断片であろうが、よくも玄随が書写して伝えてくれたと思う。他の蘭化関係資料とともに、玄随が蘭化に師事したであろう——これも従来、かならずしも一般的に認められているものではない——証しとしても、高く評価できる。記述方法においては、他の蘭化の著述、『仁言私説』などに類似しているので、その方もあわせ参照されたい。文字どおり、〈思ヒ思ヒシテモ、未ダ通ゼズ〉といったところから書名としたものかと思う。この点、高野長英の『繙巻得師』——巻ヲ繙ケバ師ヲ得タリ——などと同工異曲の書名といってよかろう。

1　記述の形式

まず『思思未通』の本文のはじめを抜き出し、記述の形式の吟味から考えていってみよう（原文は句読点なし）。

思思未通　　蘭化先生著　　第一章
西意ニ曰　Geen A voor een B Kennen, figúúrlijk spreek woord, heel bot heel dom zijn.
無レ認(ミシルコト)ニ 以レ阿(テアヲ) 当レ別(ルコトベニ) 是此諺也言至鈍〔至愚〕矣
懶言子曰、本文訳文倶ニ〔 〕カクノ如キニ画ヲ附スル者ハ、凡例ヲ案スルニ是上ノ言ト同義也トスル者ナリ、仮令ハヘールホツトトヘールトムト同義ノ言ナリ、下皆コレニ倣フベシ
註云、コ、ニ無ノ字ヲ以テ訳スル所ノ番語ハ、ゲーントアリ、即欺誣之辞又無一トモ註釈セル語ナルカ故ニ、必至ト無キ意也、又禁止之辞ニモ用フ、又当ノ字ヲ以テ訳ス処ノ番語ハ、ホールトアリ、物ニ対スル意アル助語ナリ、又アヲベト知タルハ愚ナリ、而ルヲソレサヘ知サルハ至テ愚ナリト云ナリ

右訳文并ニ国字ノ註、皆予カ未通ノ所ナリ、且訳文ト註ノ末ニ、又アヲベト云云ト其主意吻合セズ、皆浅説アリ、姑クコレヲ惜ク(其説或問ニコレヲ記ス)今竊ニソノ註ノ初ニ説ク所ノ訳字ノ義ヨリ、次ヲ逐テ本文ノ言ニ対シテ、ソノ闕タル所ノ者ハ、コレヲ補ヒ、粗私説ヲ附スルコト左ノ如シ

右はおわりに、〈左ノ如シ〉とあるように、さらに前野蘭化自身の意見が記述されるわけであるが、それは後述することとして、全体を通覧したうえで、右引用の部分について説明しておくとこうなる。すなわち①〈西意ニ曰……〔至愚〕矣〉は長崎通詞、西善三郎の明示している部分で、彼の訳を示し、これが批判の対象となっている。但し〈凡例〉なるものはここに引用されておらずみえない。②〈嬾言子〉は他の資料からも類推して、一般に知られていないようであるが、前野蘭化のことである。要するに、〈嬾言子曰〉は蘭化の言葉であり、〈註云〉以下は西のそれであると読みとるべき記述である。したがって、〈右訳文并ニ国字ノ註……〉の段落以下は蘭化の述べるところである。このように右引用のところは、途中に蘭化の註記はあるが、西善三郎の草稿と、そのうち蘭化にはよく理解できぬ〈未通〉の部分をぬき出し、吟味批判して成立したものである。こうした形式で順次、彼の意見を開陳していったのが、『思思未通』の記述形式であり、内容である。そして、念のために上にあげた引用の部分について、その構成の形式と内容との対応を、具体的に吟味しておくとつぎのようになる。

①西善三郎の訳稿の部分、すなわち蘭文・訳文・語釈を主とした註記という構成である。
(a)西意ニ曰　Geen A voor een B ... zijn.　無レ認……矣
(b)註云コ、ニ……愚ナリト云ナリ
②蘭化の未通の部分——右の訳文の形式を説明し、その註記部分に対する疑問未通の記述部分をさす。
(a)嬾言子曰……倣フベシ

(b)右訳文……左の如シ（以下、批判の記述が展開する）

右のような構成になっていると考えてよかろうと思う。西善三郎の訳稿は、上の①で示したように二部分、三種から成っている。そのうち〈訳文〉、および〈語釈を主とした註記〉の部分を受けて、〈右訳文……〉と述べて、蘭化が未通、疑問として記述した部分が、本篇の骨格の部分である。これこそ『思思未通』の中心的部分であって、書名の出てきたところということになる（以下、西善三郎の訳稿に相当する部分、すなわち上の①に相当する記述部分は単に〈訳稿〉とのみ呼ぶ）。玄随の書写ではあるが、蘭化のものとしてほぼ完全な記録と考えられる。

右で蘭化が〈思思未通〉として問題にし、究明しようとした部分は、①〈Geen A voor een B Kennen.〉という蘭文と、②その意味、翻訳した訳文であり、ついでは、③〈figúúrlijk spreek woord〉（f. s. と以下略記する）という蘭語、さらに、④〈heel bot, ... zijn〉の蘭文と、⑤その意味であり、西による註記の部分である。しかしこの〈Geen ...〉以下〈... zijn.〉までは、どこから抜き出してきた蘭文なのか明記はしていない。ただ後述には、〈マーリンノ払郎察言語ノ書ニコノ成語ヲ載ルヲ校ルニ……〉とみえるので、やはり引用の蘭文は当時、蘭学者のよく用いたP・マーリンの蘭仏対訳辞書から抜き出したことが明白であり、原本によって確認できた。したがって批判吟味すべき点は、〈西意ニ曰〉の蘭文の解釈、いうなら内容であり、さらにそれに対する蘭化の疑問と批判——これへの吟味である。そして蘭化が対訳のフランス語も引用して自己の説を展開している点が問題である。

蘭化の批判

まず西善三郎の訳稿は、上のように蘭文をとりあげ、それに対する訳文を漢文体で与え、さらに個々の単語についての説明を施し、わかりやすく日本語で解説記述している。一読してこれに加える余地はなさそうである。しかしにもかかわらず、〈未通〉として蘭化が『思思未通』を執筆せざるを得なかった理由が存在したのである。すなわちそれは蘭化がはっきりと、〈右訳文并ニ国字ノ註皆予カ未通ノ所ナリ〉

と述べている点である。本書がいつ成立したものか未詳であるが、すくなくとも、『蘭学階梯』刊行の天明八年（一七八八）以前のものであることは確かであろうし、西善三郎のものを書写してきたということは、長崎遊学との関連で考えられるわけで、その点からはかなり早い時期、『蘭学事始』の記事を信用すれば、明和四、五年（一七六六、七）ころ書写してきたものであろう。しかし執筆の時期はそれほど問題にはならないと思う。『新撰洋学年表』などでは、安永二年（一七七三）の条にこの『思思未通』を紹介している。これは『蘭学階梯』の記述を参考にしてであろう（現物を手元においてではなかろう）。それはともかく、蘭化の語学力を考える大切な素材として、これをみることができるのである。しかし以下吟味するように、蘭化は未通とは言いながら、西の訳稿をよく了解し、かなり批判的に述べているのである。そして蘭語についても、①本文の〈Geen A voor een B Kennen,〉、②符号的註記の〈f. s.〉③原文対応の注釈、〈heel bot, heel dom zijn.〉と三つの部分について、かなり厳密に批判している。そこでつぎに蘭化の記述批判の部分をあげてみよう。すなわちこれは上に引用の部分の終りにあった〈左ノ如シ〉とつづくところで、まず単語の訳に関する点である。

註云、ケーン云云即欺誣之辞也、是予カ未通ノ所ナリ 其説或問ニコレヲ記ス
又無一ト註釈セル語ナルカ故ニ、必至ト無キ意ナリ、是マーリンノ言語書ニ出ル所ノ第二義ナリ 其説或問ニコレヲ記ス
又禁止之辞ニモ用フ、此説未タ詳ナラサルカ若シ、他ノ言ニ随テ勿ト訳スルコトアリト雖トモ、只コノ言ノミニテハ禁止ノ辞ニ用フトハ云ヒ難カルベシ、已上之義、皆本文ニ対セズ、訳文ニモ与ルコトナシ 其説或問ニコレヲ記ス
私訳云、不也又無也又否也又非也、又上ニ須宜等ノ義アル言ヲ置トキハ、則ソノ語勢ニヨリテ或ハ勿トモ訳スベシ、又名称ノ言ニ用ル義アリ、玆ニ之ヲ略ス 其説或問ニコレヲ記ス 本文ノ意ヲ案スルニ、不ノ字ヲ用テ可ナラン、無ノ字ハ有ニ対スル字ナレハ、乃認ルコト有ニ対シテ認コト無ト云意トナルナリ、然ルトキハ語中ニ対待（ママ）スル意味ヲ含ムナリ、本文ハ只一意ニテシ其語単ナレハ、恐ラクハ適当セザルベシ 其説或問ニコレヲ記ス

又当ノ字ヲ以テ訳スル所ノ番語ハ、ホールトアリ、物ニ対スル意アル助語ナリ、是予カ未通ノ所ナリ、但訳シテ当ノ字トスル者ハ、マーリン書ノ第三義ノ転用ナリ、物ニ対スルノ意ト云ハ、第一第二ノ義ナリ

私訳云、先也又前也又為也、転シテ当トモ訳スベシ

本文ノ意ニ依テ、サーメンスフラーカ之書ヲ按スルニ、第一義ノ先ノ字ヨリ転用シテ、義訳シテ次クレ之ニトナシテ可ナリ、ソノ故ハ自ラ先タツトキハ、必ス他ヲ次ニ従フル者ナレハナリ（其説或問ニコレヲ記ス）

○本文エーンノ言訳文コレヲ略セリ（見せ消）然トモ註ニ其義ヲ闕テ説カズ

私訳云、正訳一也、又義訳指ノレ物ヲ之辞トス

本文ノ意ヲ按スルニ、指スレ物ヲ之辞ナリ、訳文コレヲ略スル者可ナリ、但須ク之ヲ略スルノ義ヲ説ベシ

○本文ケンネンノ言アリ、訳文認ノ字トス、是ハ転用ナリ、然トモ本文ノ払郎察言ヲ校レハ、是ノ字ニ的当セザルナリ、私訳曰、識也転用或ハ認ノ字トモナスベシ、又学テ而識シレ之ヲ也

本文ノ「払郎察言」ヲ按スルニ学而識レ之ノ義ヲ用ベシ

右に引用の部分が、蘭化が西の翻訳に対して、未通として批判を記述している部分である。まず〈ケーン（Geen）・ホール（voor）・エーン（een）・ケンネン（Kennen）の四つの蘭語を中心に論じている。当然のことながら、問題の蘭文は全体で六単語からなり、そのうち〈A・B〉（アー・ベー）は問題にならないから、残った四単語について吟味しているわけである。一読判明するように、〈未通〉というよりも実質は誤訳と判定しているのが蘭化の真意である。〈Geen〉について、訳稿では〈欺誣之辞〉と註記説明しているが、これに対し、〈是予カ未通ノ所ナリ〉という。〈欺誣〉はアザムク、シウルなどの意であるが、訳稿はさらに、〈無一（必至ト無キ意）・禁止之辞〉と説明している。これに対して、蘭化は、〈三義皆本文ニ対セズ訳文ニモ与ルコトナシ〉と手きびしく断をくだす。実際的には〈訳稿〉は〈無ノ字ヲ以テ訳〉しているのであるが、こうした語釈に対して、蘭化は、〈私訳云不也又無也又否也又非也

又……勿トモ訳スベシ〉というのである。そして本文を考えると、〈無〉ではなく、〈不〉が適当していると決定している。いわば西善三郎の〈無〉の訳を否定しているのである。かなりな自信といわねばなるまい。後述するように、〈Kennen〉と一緒になって、〈不ㇾ識(シラ)〉と訳しているようである。しかし、果して蘭化のいうように西の〈無〉の意では彼は未通だったのであろうか。〈訳稿〉の訳は〈無ㇾ認(ミシルコト)〉とあるわけであるが、この〈無〉は〈ミシルコト〉に対してナシとあって、動詞を打消しているのではなく、名詞を打消す点を注意しておいてほしい。〈Geen〉（英語の none, no）は語法的には直接名詞を否定している形容詞として用いられているのであって、蘭化のように、〈不〉という副詞、あるいは助動詞的訳ではない。原文のオランダ語に忠実ならば、むしろ西の訳稿の方がよかろう。そして、翻訳となれば、両方ともに許容されるであろう。意味のうえからは、西の訳と説明は決して蘭化にも未通ではないはずで、蘭化の記述自体、西の真意を了解していることを証明しているではないか。ただここは語法的吟味をすべきところ故、どちらかに軍配をあげるべきか。その点ではむしろ西の方が正しいといえまいか。西が蘭文全体の意をよく了解したうえで、〈欺誣之辞〉と評したこともかみしめるべきである。

つぎは〈voor〉についてである。ここも〈予カ未通ノ所ナリ〉と断言する。〈voor〉に〈当〉をあてることを全面的に否定はしてないが、〈為〉の意もあるところから、〈当〉とも転じて訳出するというのである。結局、P・マーリンの辞書を蘭化自ら吟味した結果、〈voor〉（前置詞）は、〈先・前・為〉の三意のあることから、〈先ノ字ヨリ転用シテ義訳シテ次ㇾ之(クニ)トナシテ可ナリ〉と結論している。〈次ㇾ之(クニ)〉はかなりな意訳かと思うし、この点批判すべきであるが、後述にまかせ、さらに蘭化のいうところをおっていこう。〈voor〉について吟味すべきは、〈een〉である。この冠詞は西の訳稿の註記に説明のないこと、すなわち〈其義ヲ闕テ説カズ〉がいけないという指摘である。なぜ略したかその理由を説明すべきであるという。しかし欠いたのではなく、特に〈一〉というように訳出する必要がなく、日本語に対応しない冠詞であるから日本語訳としては省略したままで、西の説明不足ではない。〈未通〉ということとは論議の次元が異なる。むしろ蘭化がかかる〈een〉を訳出しする必要なしという語学的、初歩的知識に欠けていたのではあるまいか。しかも蘭化は〈正訳一也〉などと断言し、義訳して〈指レ物ヲ之辞〉という。あきらかに誤解であるが、実は後述の蘭化の訳文でも判明するように、彼自身も訳を省略し、その理由を特に述べてはいない。単に冠詞ゆえ日本語に対応する点のない用語用法なのである。

吟味の終りは、〈Kennen〉（英語の to know）であるが、ここでも〈認〉は〈的当(ママ)セザルナリ〉と批判し、〈識〉が正しく、転用としては〈認〉を認めてもよろしいといった口調である。したがって、これも蘭化にとって決して〈未通〉などというべきところではない。確かに蘭化のいうように、〈学而識レ之〉の〈識〉も訳語としてよかろうが、しかしこれも上の〈Geen〉ですこしふれたように、訳稿で〈認〉の漢字を用いて、〈ミシルコト〉という日本語を与えていて誤りではない。オランダ語の〈Kennen〉は〈認・識〉のどちらでもいいし、厳密には彼我を比較すれば、どちらも完全に一致しないであろう。これも毛ヲ吹イテ疵ヲ求メル類にすぎない。蘭化が、〈本文ハ只一意ニシテ其語単ナレハ……〉と主張しているのは、無と有という対立的なものではないからであり、ただ〈大馬鹿〉という一語に尽きると考えているからであろう。しかしここはむしろ無と有という対立から統一への表現であって、不ではなく無とあるべきところである。もっとも、ここはそれほど厳密に論ずべきところでなく、むしろ〈～コト無シ〉と名詞の打消という語型の方が重要であり正解であると思う。識か認かは漢字での論にすりかえられることになる。

以上のように蘭化はかなり痛烈な批判を弄してはいる。しかし〈Ik heb geen geld. 私は金がない〉というように、〈geen〉は動詞を打消す〈niet〉（英語の not）とは異なる否定の辞というわけで、〈訳稿〉のように、〈必至ト無キ意〉は正しいであろう。また〈voor〉は前置詞、ここは〈前〉という普通の意で解せるはずである。すなわち、〈Bの前のAをすら知らぬ／Bの前にAのあることすら知らぬ〉、また、〈Bの前のAのことすらみしらぬ〉などと意訳してもいいと思う。〈訳稿〉に〈ミシルコト無〉と〈コト〉を入れているのはまさに正しい理解といえる。

〈voor〉に関しても、訳稿で、〈当〉と訳しているのはおそらく、〈Bに対するA→AヲBニ当ル〉と訳したと思う。これこそ問題点で、〈voor〉が、英語の〈for, before, from〉にほぼ相当するから、これも無理からぬところであろうが、蘭化のように、〈Aの次にBがくる〉といった意訳こそ責められるべきではないか。しかも後述のように、最終的には、〈AトBトヲ〉と〈ト〉をもって誤訳しているのが蘭化である。厳密にいえば、これは西の〈当〉も蘭化の〈ト……ト〉も考えすぎで、〈voor〉はすなおに、ただ〈前〉と訳し、〈Bの前のA〉でよかろうと思う。オランダ語のアルファベットの順ならば、〈A, B, C, …〉と〈B〉の前に〈A〉が位置しているのはごく当然のことなのである。したがって〈Bの前のAをも知らぬ〉ということで、〈イロハのロの前のイの字も知らぬ〉が本意となろう。これがはじめにあげた西の訳のように、〈至愚〉の比喩的表現ということになると思う。

蘭化とP・マーリンの辞書

以上のように、蘭化が熱っぽく批判し、正解を提示している点も、一人相撲といった観なきにしもあらずで、むしろ彼の弱い語学力を示す結果になってしまっている。しかしともあれ、これでまず第一の部分の考察が終ったことになる。つぎは、〈figúúrlijk spreek woord〉(f.s.)の部分である。本文を引用してみよう。

○本文ニヒギュールレイキスヘレイキウヲールドノ二言アリ、訳文ニ比諺ノ二字トス、上ハ比ナリ下ハ諺ナリ本文ノ意ヲ按スルニ、コノ二言ハ成語ノ類ヲ分ツ註語ナリ、コレニ因テ一本ニハ略書ノ例ヲ用テ、fig : spreekw: カクノ如ク記シタリ、又マーリンノ払郎察言語ノ書ニ、コノ成語ヲ載ルヲ校ルニ、コノ二言ヲ記サズ是本語ニ属スル所ノ言ニ非ルヲ以テナリ、今私ニ註語ノ例トナシテ本文ニ於テ朱ヲ以テ之ヲ囲ムナリ

〈○本文ニ……〉以下はすべて蘭化の説明であるが、〈ヒギュールレイキ〉は、figúúrlijk(以下fと略称)であり、スヘレイキウヲールドはspreek woord(以下sと略称)である。これを西は〈比諺〉と訳したわけで、これをしも、

未通としている。後述のように、P・マーリンの辞書にのっている蘭文をさすと思われるが、〈成語ノ類〉という認識が正しい。この〈f. s.〉については蘭化が、〈成語ノ類ヲ分ツ註語ナリ〉と説明しているとおりである。別論で考察したように、蘭化はこうした符号・記号・略称などに関心がふかいこともその一端がのぞかれる。しかし長崎通詞などにはこの種のことは、特に指摘するまでもなく常識であった。一方、原書を解読翻訳していく江戸の学者などには、新奇であり重要なものであった。誰でもが経験するように、比喩的表現などははじめから内容をすぐには理解しがたいこともあって、問題とすべき文字であり、十分に了解しておかねばならぬ性格の記号であった。〈fig:〉の略称などもよく心得ておくべきものだったと思う（これは現代の辞典にも普通にみられる）。西の訳稿に〈f. s.〉の説明がないので、蘭化はこれをとりあげたと思われる。そして〈Geen ... Kennen〉という一句が、比喩的表現であり、一種の諺である点で、〈成語〉という用語を蘭化も用いるようにもなっているのであろう。〈朱ヲ以テ之ヲ囲ム〉は玄随の書写ではみえないから、蘭化自筆の『思思未通』の草稿では、そうした体裁をとっているというのであろう（ただ玄随は朱にかえて黒墨で囲んでいる。後述参照）。したがってここで蘭化が指摘しようと考えているのは、〈未通〉ということではなく、〈f. s.〉について、西が何の説明註記もしていないことへの不備不満?からの批判である。しかしこの点、西らにとっては常識の範囲なので、〈比諺〉（比喩的〔f〕諺〔s.〕）の訳で十分だったと思う。蘭化も実はこれを用いているのである。

さて右の蘭化の記述ですこし問題になるところがある。それは〈マーリンノ払郎察言語ノ書〉のことである。同書では〈f. s.〉の表示がないというのである。とすると訳稿の〈f. s.〉の表示部分は、P・マーリンの辞書によらず、西善三郎本人が仮りに注記したということになろうか。また蘭化が、〈本語ニ属スル所ノ言ニ非ルヲ以テナリ〉と説明している〈本語〉とは何であろうか。これは通詞や蘭学者のものにもよく見られる用語であるが、いわゆる辞書の本文にあたる部分の登録語彙ということである。したがって、〈f. s.〉は本文とは次元を異にした一種の記号的用法をとった註記的なものと判断したわけである。しかし、であるから〈f. s.〉を略したというのは説明にならぬと思う。そうではなくて、〈Geen … Kennen〉という諺が一般的であって、わざわざ註記の要がないということで、〈f.s.〉を省略したと考えるべきであろう。いうまでもなく、訳稿、すなわち西は〈是比諺也〉として、〈fig:/spreekw:〉のことはよく心得ていたのであり、〈二言ヲ記サズ〉ではなく、記しているのである。この〈figúurlijk spreekword〉は特に吟味する必要もないし、説明のみえないという点で西をとがめられないはずである。またここで蘭化がP・マーリンに、〈コノ二言ヲ記サズ〉とある点について、改めて吟味しておきたい。すなわち、蘭化がこの辞典のどの版を使用したか判明しないので、決定的なことは断定できないが、一七六八年刊の“Groot Nederduitsch en Fransch/Woordenboek（Rotterdam, 第4版）”によってみると、辞書の第一番目（Aの項）に、ここに問題にしている〈比諺〉が次のように載っているのである。

A　Eerste letter van 't A B (C)　＊A B（C）のはじめの文字の意。
Geen A voor een B Kennen, fig: spreekw: heel bot, heel dom zyn. Ne sçavoir（ママ） ni A ni B. être fort ignorant.

フランス語の対訳文がついているわけで、そこでは、〈AもBも知らぬ。大馬鹿（fort igonorant）〉と訳せる仏文が与えられているわけである。さらに参考までに、幕末に用いられた『クラマーズの辞書』（J. Kramers Jz.; “Nieuw / Nederlansch Fransch / Woordenboek, 1862”）をみてみるとつぎのようにみえる。

（fig. et fam.）Hij kent noch a noch b, kent geene a voor eene b, il ne sait ni a ni b, il ne sait panse d'a.

右によって蘭化のいう〈コノ二言ヲ記サズ〉というのはどうも不確かである。蘭化は小さいP・マーリンの辞書も持っていたとものべている（『蘭学事始』）が、むしろ小さい辞典にはこの諺はでていない。いずれにせよこの諺のでているくらいのもには、〈f. s.〉の註記とこの諺はみられるのではないかと思う。蘭化の見落しか、あるいは蘭化が、〈仏蘭〉の部分をみて、それがないと早合点してしまったかと思う（後述参照）。

2

つぎに本文を解釈している〈訳文〉の部分について、蘭化の批判評言を吟味してみたい。

〈至鈍至愚〉の訳

○本文ニヘールボット、ヘールドムトアルヲ、訳文ニヘールヲ至トナス是ハ義訳ナリ、又右ノ二言ヲ至鈍至愚ト訳シテ同義ノ言トス　然トモ予未タ詳審ナラズトス、ソノ義次ニ之ヲ説ク

私ニヘールノ言ヲ訳シテ曰全也、又甚多也又甚也、又右ノ二言ヲ按スルニ、ボットハ元ト刀刃ノ不利ヲ云フ、即刃鈍キナリ、又別義ニ人ノ才器ノ上ニ言トキハ、之ヲ釈シテドムト云、ドムハ総シテ頑愚ヲ云フノ言ナリ、ボットヲ人才ノ上ニ云モノハ学習ノ業ニ鈍頑ナルヲ云ナリ、故ニ本文ノ語ハ、只ボットノ一言ノミニテ其意ハ達スレトモ、本書ハ言語釈義ノ書ナルガ故ニ、ソノ書法ニ依テドムノ言ヲ以テ之ヲ釈シ、彼ノ鈍刀ノ義ニ非ルコトヲ審ニスルナリ、又払郎察言語ノ書ニテ此諺語ヲ校ルニ onkundig. ト云一言ヲ以テシテ、右ノ二言ヲ用ヒズ、按スルニ on ハ不然ノ義アリ、kundig ハ工術ヲ云ナリ、二言合シテ芸術ヲ学ヒ得難キヲ云ナリ、即ボットト同義ナリ、但又ドムトモ通シテ之ヲ云ナリ、是ドムハ総称ナルカ故ナリ

本文ノ意ヲ按スルニ、ヘールボットノ一言□(虫)取テ大鈍才ト訳スヘキカ、大ハヘールノ甚ノ義ヨリ転スルナリ、而ヘールドムノ言ハ則釈言ナレハ、私ニ勾画ヲ設テ訳文ニハ之ヲ略スベキモノトスルナリ

右は〈heel bot, heel dom zijn.〉という注釈の蘭文の部分の批判と解説である。いわば、〈比諺〉という表現の

真意は何かを説明したものである。西は訳稿で、この蘭文を参照して、〈至鈍至愚矣〉と名訳しているのであるが、この訳に対して蘭化は、これが〈義訳〉（意訳）であり、〈予未タ詳審ナラズ〉というのである。例によって蘭化の皮肉ともうけとられる註記があり、つづいてねばっこい説明がはじまるのである。まず〈bot〉が〈刃鈍キナリ〉と語源的、本義の注解を示すのである。参考までに現代の「蘭英辞典」での説明を示しておこう。

> bot〔bòt〕eig. blunt〔of a knife〕; fig dull, obtuse, stupid〔fellow〕; blunt〔answer〕, flat〔refusal〕.
>
> ——"Cassell's Dutch Dictionary"

蘭化が〈別義〉というのは誤りで、むしろ転義というべきであろうが、それはともかく、〈字義どおり〉ならば刃の鈍いことであり、それから転じて、〈人ノ才器〉の鈍いことにも用いるわけである。したがって訳稿で〈愚〉と訳していることは決してまちがっていないし、蘭化もそれを認めているのである。ただし、〈本書ハ言語釈義ノ書ナルガ故ニ、ソノ書法ニ依テドムノ言ヲ以テ之ヲ釈シ、彼ノ鈍刀ノ義ニ非ルコトヲ審ニスルナリ〉という説明まで実は必要だということを示唆しているのである。いうならば、本義を示さず転義のみを示している西の訳文に、ある程度手落ちありと批判する口ぶりである。しかしこうなると、〈訳稿〉の著者、西善三郎の執筆意図にかかわってくることである。一体この〈bot〉の解釈が正しいか否かとか、訳語とその説明が充分か不充分かということとは、ここの〈比諺〉に適切な訳文を与えることとは、別の問題としてとらえるべきである。蘭化のいわんとするところは了解できるが、的はずれであり、むしろ西としては苦笑せざるをえない記述と批判ということになる。もし蘭化のいうような主張をもりこもうとするなら、〈bot〉の見出しのところですればいいわけだし、かなり一般的に、〈bot〉は〈鈍〉の意に用いるようにもなっているのである。はじめから、〈bot〉自体の十二分な説明が要求されるならば、西としても蘭化に劣らず、蘭化と同程度の説明は開陳できたと思う。ここの一句（成句）の註解としては、そうした語源的、本義的説明など必要あるまい。たとえ〈言語釈義書〉であっても。むしろ繁雑になってただ知識をひけらかすだけになるであろう。〈dom〉を用いていることが、〈bot〉の意味を限定しているようにも説明しているが、おそらく長崎通詞、特に西善三郎のように、辞書に慣れている人たちには、そうしたことはわざわざ断らずもがなであったと思う。厳密に語それ自体を説明しようと意図しているのではなく、一つのレトリックとして、〈bot / dom〉を用いて註解が施されたまでで、〈至鈍至鈍〉でも、〈至愚至愚〉でも日本語の訳としてはいい。ここは翻訳の腕の見せどころということになる。したがって文字どおり、〈至鈍至愚矣〉が正解であり名訳かと思う。すくなくとも、蘭化の〈大鈍才〉よりは。

蘭化とその訳文

また〈払郎察言語ノ書〉で、オランダ語の〈onkundig〉と註しているとあるが、このフランス語は、英語の、〈ignorant〉と同意で〈無学、愚〉であろう。しかも蘭化はまたここで、〈on〉の説明や〈kundig〉の説明をして、学識のあるところを披瀝しているわけである。しかし〈kundig〉は、蘭化のいうように、〈工術〉ではなく、〈expert knowledge/accomplishments〉といったことで、単に〈賢〉（英語の cleaver）の意でもよく、〈on〉で反対の意になるから〈ignorant〉となるぐらいに考えていいわけである。〈芸術ヲ学ヒ得難キヲ云〉などと、大げさに説明するほどのことではない。要するに鈍であり愚なのである。この点もおそらく西善三郎などは心得ていたであろう。しかし再三述べるように、ここはそうした説明を必要とするところではあるまい。『蘭学事始』にも、西がいかにオランダ語の語学的知識を心得ていたかのエピソードが語られているから、参照されたい。そして、〈ドムハ総称ナルカ故ナリ〉の〈総称〉の意は解しかねる（dom は英語の dul, blunt に相当する）。特にこの語について、〈総称〉などと断る必要性はないと思う。なお、〈kundig〉などの蘭語を示している点から、蘭化がP・マーリンの辞書を用いて、F・ハルマの辞書は用いていなかったらしいことが消極的に示されているようである。この〈kundig〉について、P・マーリンの仏蘭字典の部分をみると、はじめの

〈A〉のところに、つぎのように説明している。

○ Ne sçavoir(ママ) ni A. ni B. être fort ignorant. Geen A voor een B kennen, heell onkundig zyn.（後略）

右の〈onkundig〉が、蘭化のいうそれであると思われる。そして〈右ノ二言ヲ用ヒズ〉と説明しているが、辞典では、〈heell onkundig zyn.〉は〈être fort ignorant.〉と対応するものであり、問題にする蘭文に直接対応するフランス語文は、〈Ne sçavoir ni A. ni B.〉である。したがって、〈bot, dom〉の〈二言ヲ用ヒズ〉は正しいが、しかしこれはあくまでも、フランス語の註釈においてであって、蘭仏対訳の蘭文註解の部においてではなく、西のかかわらぬところである。こうしてみてくると、蘭化がかなりフランス語に関心をもち、学習をしていたことも推測される。しかし西の訳文と〈onkundig〉とは直接的になんの関連もなく冗言にすぎない。

さて右のように、〈veel bot〉を重んじ、〈大鈍才〉と一語に訳すべしとするのであるが、しかしここでも、蘭化の説明は結局のところ、〈至鈍至愚〉が決して未通などでもないことを反証している。まして、〈詳審〉でないということではないことも自証している。むしろ〈heel〉を〈多い〉と考え、そう理解することが普通一般であるから、意訳して、〈至〉とした西は妙手であって、名訳であるといえる。〈大鈍才〉もまた卑俗ながら、わかりやすいものであろうが、原文から〈大鈍才〉をみちびくのはかならずしもむつかしい訳語ではあるまい。しかし蘭化が、〈大ハヘールノ甚ノ義ヨリ転スルナリ〉は厳密にいうと難点がある。すくなくとも、原義の〈多〉から〈甚〉や〈大〉への転用転義と説くべきで逆ではない。また〈ヘールドム〉であるが、これを〈釈言ナレバ〉とあるのはどうであろうか。むしろ原本で、〈heel bot, heel dom〉とあるのであるから、やはり〈至鈍至愚〉と四字による翻訳は、レトリックを考慮しても必要であり、〈至鈍〉と〈至愚〉と原語において次元を異にするなどと判断する必要もない。まして、〈訳文ニハ之ヲ略スベキモノトスル〉というのは早計かと思う。表現のリズムも考慮して、西のなみなみならぬ翻訳の腕前をここで感じるのである。つぎに吟味すべきは、最後の〈矣〉と関連する部分である。

○訳文矣字、按スルニ本文セインノ訳トナス者ナリ、是予未通ノ所ナリ（其説或問ニコレヲ記ス）
　私ニセインノ言ヲ按スルニ、ソノ義甚多シテ一定ノ訳ヲナシ難シ、須ク語勢ニ随テ義ヲ以テ之ヲ訳スベシ
　本文ノ義ヲ按スルニ言云云（心ハ）也（ナリ）ト訳スベキ歟、是義訳ナリ

〈矣〉は〈zijn〉と関連して出てきた訳という意見である。ここで蘭化は〈矣〉の字が〈zijn〉にあたるとして、〈未通ノ所ナリ〉と述べている。〈zijn〉は英語のいわゆる〈to be 動詞〉にすぎない。もとより〈矣〉ではない。〈その義甚タ多シテ〉という単語でもない。蘭化をふくめて、初期の江戸の蘭学者は、こうした人称・数・時制による動詞の語形変化はほとんど知識がなく、原形の一つが、いろいろに変化するなどと考えることは夢のような想定外だったようである。

さてこの〈zijn〉は〈至愚ナリ〉の〈ナリ〉にあたるわけで、〈語勢〉によるわけでもない。率直にいって、このへんは他の蘭化のものでもそうであるように、基本動詞である〈zijn〉をさえ蘭化がよく了解していなかったことを証明している。この点も、長崎通詞にとっては無用の説明である。こうした比諺の解釈という場で、一つ一つ解説する要をみとめないであろう。〈矣〉は私見ではそれこそ語勢を示そうとした西の意図のあらわれであり、漢文での用法を示唆したことが推測され、〈至鈍至愚〉というかなり強い表現を〈矣〉一字で表示しようとしたのであろう。語法的にいえば、形容詞の〈bot, dom〉が補語格として用いられており、〈zijn〉はその不完全自動詞として、~デアルの意で用いられているにすぎない。西の訳出力のなみなみでないことをこれまた証明していることになると思う。

3 蘭化の語学力

以上で、西の語釈に対する蘭化の批判、すなわち〈未通〉の実態を批判詳述しようとした経緯（いき）が了承できたであろう。しかして蘭化のいわんとするところも、わたしたちはよくくみとり、その苦心と語学的知識など、解読・訳解力を冷静に評価する必要があろう。しかし蘭化はかなり饒舌を弄しており、しかも結果的には、西の訳稿の訳文や説明が、必要にして十分であるということの証明になっているのではないかと思う。ところどころに、〈其説或問ニコレヲ記ス〉とあるので、蘭化の〈或問〉（現在未詳）も一見したうえでないと、蘭化のいう〈未通〉の真意を、完全に了解することができないかもしれない。しかしこれまでの検討で、それなりに蘭化の語学力は考察できたと思う。

さてここで、蘭化はさらに、西の俗語訳に対しても、つぎのような批判を加え、全体として自分の訳文を提示している。その自信のほどはたいへんなものである。しかし結局は西の訳を優るとすべきであろう。

アヲベト知タルハ愚ナリ、而ルヲ夫サヘ知サルハ至愚ナリト云ナリ
右ハ本文ノ主意ヲ俗語ニテ俗語ニテ（ママ）解シタル者ナリ、然ニ予未通ノ所ナリ（其説或問ニコレヲ記ス）
私ニ上ノアホールエーンベト云語ヲ按スルニ、アニベヲ次クト云語ニテ、アトベトABカクノ如ク並ヘ書シタルヲ云ナリ、又払郎察言語書ヲ校ルニ、ni A ni Bトアリ、是ハ払郎察語ニテ、アモベモト□（虫）義ニテ、コレ亦二字並ヘ書シタルヲ一字ツ、指シテ云意ナリ、此ノ二字ヲ知ラズト云ノ意ハ、彼国ニテ廿六字ノ総名ヲアベレツテレントイヘハ（レツテレンハ文字ヲ云）吾邦ニテ俗諺ニ、イロハノイノ字モ識ラズト云ト同意ナリ、支那ニテモ、不識一个字ト云ヒ、又一識六与七ト云ノ語アリ、是マタ同キ趣ナリ

○本文ノ主意ヲ或(モシ)俗語ニテ解スベキナラバ則左ノ如シ

アベノ二字サヘ識ラズト大愚鈍ナル者ヲ譬テ云諺ナリ

又本文ノ語ヲ支那文字ニ翻訳スルトキハ、則愚稿左ニ具フ

geen A voor

een B kennen,

figuurlyk spreek woord

heel,,(ママ) bot ⌊heel dom⌉ zijn.

切意

不レ識(シラ)ニ阿(ア)ト与(ヲ)レ別(ベ)比諺言(ナリ)ニ▸大鈍才(ヲ)一也、本文説□者、註語也、今作細字而書於傍▸設「勾画」者、釈上言也、仍訳為一言矣▸訳文附側抹者、直訳彼音也、下皆倣此、

読法　詳于和蘭切韻略

釈言

geen　不也　B阿別字首二字也。阿別　A字者廿六字之総名也

voor　先也、転言次元也　今義訳為与

een　一也義訳指物之辞也、今随文而去之

kennen　学而識之也

heel　前比也、次諺也

bot　大鈍才也

語註

zijn　助語也、今義訳分為言也二字

以上のように、蘭化が西善三郎の訳文を批判、自己の訳文を例示するのは、それとして多とするが、いささか的はずれであり、蘭化は実質的に〈未通〉ではない。まして〈アトベトABカクノ如ク並ヘ書シタルヲ云ナリ〉は誤解で、〈Bノ前ノA〉という真意を理解することが蘭文に忠実なはずである。そして彼の示した翻訳とその説明において、義訳（意訳）とはいえ、〈voor〉に〈与(ト)〉の訳をあてたことは、むしろ誤解され、誤訳に近い。また、〈heel dom〉も「」で省略して訳出していない点。さらに、〈een〉を〈随文而去之〉というのも説明不充分であり、〈冠詞〉への理解もないことを露呈している。結局は西に従っていることになろう。

しかし蘭化は、〈ni A ni B　トアリ、是ハ払郎察語ニテアモベモト□義ニテ……〉などと述べているように、彼がフランス語に関心をもち、これを学習した蘭学者の一人であることが判明する。彼がフランス語の慣用句について理解がどの程度あったかも推定できる点で興味あるところである。引用中に〈和蘭切韻略〉という蘭化の別著らしいものがみえるが、あるいは『和蘭訳文略』の別名かもしれない（おそらくこの推定は正しいと思う）。現在この書名〈和蘭切韻略〉の所在は不明である。諸兄姉の御示教をお願いして筆をおく。

初出▼『佐藤喜代治先生退官国語学記念論集』（桜楓社、昭和五十一年六月）

4　高野長英と蘭文典の学習——新資料『縭巻得師』をめぐって

1

はじめに

長崎通詞の手を離れて、蘭語学は蘭書翻訳を志す学徒に広く浸透していった。その蘭語学と関連ある学者、特に小関三英と高野長英の著書について考えていくことにしたい。前者については小著をものしたが、彼の蘭文法の考究については他日にゆずる。[1] 後者については、ここで小考をつづる『縭巻得師』がある。しかし小関・高野が馬場との関連で考えられ、その一つはシーボルトとの関連を中においてのことである。

呉秀三『シーボルト先生—其生涯及功業』には、馬場が夫妻つれだって、参府のシーボルトと面談したことが記されている（平凡社、東洋文庫版巻Ⅰ、一八三ページ）。しかしもとより、馬場は文政五年（一八二二）に死没しているので、文政六年に来日のシーボルトに逢えるはずがなく、小関がシーボルトの門に入門したというのも虚報のようである。しかし高野長英（文化元年・一八〇四〜嘉永三年・一八五〇）はシーボルトの鳴滝塾へ入塾し、長崎滞在半年の計画を大幅に変更して、蘭学に専念した。彼の書翰で明白である。しかし長崎遊学のため文政八年七月、江戸を出発するまで、換言すると文政三年に江戸に来てから、文政八年までの約五年間、江戸での蘭学修業がどうであったか。彼が蘭文翻訳にきわだって秀れていたという評価を考えると、彼の蘭語学習修業の実態を考えることはきわめて興味がある。彼の語学力の高い評価に比して、語法関係の著述、実態はほとんど検討されていない。シーボルトの塾に入門し、半年ほどで、〈鯨魚及び捕鯨に就きて〉の蘭文論文によりドクトルの称号を授与されている点をみると、それまでで彼の蘭語の力はかなりな水準に達していたと判断してよかろう。江戸で誰にどのように蘭文法を習ったのであろうか。ただ彼が蘭語を習いはじめたのが十七歳であるということは、大きな意味がある。語学は若い時にという原則をはずしていない。また元長崎通詞の今村甫菴（これの父が今村猶（直）四郎で、シーボルトの Japansche Handel に名をつらねている長崎通詞）[2]に、〈蘭学稽古〉を受けている点も見のがせない。さらに蘭方医、吉田長淑の塾にいて勉強したという点で、時期的に馬場佐十郎にも習っているのではなかろうか。しかし文政五年五月十九日の父、高野玄斎宛書翰の一節に、〈五月二日為御用、和蘭陀通辞馬場佐十郎浦賀津え参候〉とみえて、後に師とした吉雄権之助などには、〈先生〉を用いているのと異なる。吉田長淑（駒谷）は桂川家と親交あり、馬場も桂川家と特別に関係があったようであるから、直接ではないまでも、間接的に馬場の評判を聞いて、――当時馬場は蘭学塾、三新堂も経営し、杉田玄白の子弟もここに学んでいる――長英も江戸に出て来たはじめは杉田伯元に就いている点、馬場にも蘭語を学んだのではなかろうか。このへんは今後の考究をまちたい。

長英と蘭文典の執筆

さてしかし、長英の蘭語読解力の急速で的確な進歩は、やはり長崎遊学の結果であり、直接には、長崎で吉雄権之助（如淵）に学んだゆえと思われる。参考までに、〈文政九年春〉（犬養木堂『文明東漸史』）の郷里の父宛の書翰の一節を引用しておこう。

（前略）小生儀も去冬中より吉雄権之助先生盟会へも相出、日夜励精心勤学仕居候、此度同塾（鳴滝塾）より両三人シーボルトに附添出府仕候に付、東部迄得実便奉呈一翰候、古人所謂少年易老学難成　殊に小生客来既に五秋を過き熟思仕候に、両三年以前長崎へ参り候はゞ、如何程か学業相進居候はんと今更後悔仕居候、是非当年一年粉骨の勉強可仕、兎も角も来春は可罷帰奉存候間、左様御承知可被下置候

長英がこのころどのような状態——精神的にも、語学力の点でも——にあったか、本人のつづるところとてよく推測できると思う。どうやら天才的であるより、努力の人であることがわかるし、よき師として吉雄権之助を得た点、早く長崎へ来るべきであったと後悔していることが印象的である（やはり江戸ではあまり師に恵まれなかったか）。権之助についてはまだあまり知られていないが、シーボルトのよき協力者として、鳴滝塾に遊学した俊才の好指導者であり、彼の蘭語学は特に文章法にすぐれて、多くの蘭学者に強い影響を与えている。おそらく長崎通詞中では、もっとも影響力の大きかった蘭語学者といってよかろう。長英がこの権之助に就くことのできたことが、後に語学力の優秀さを高く評価される一因と私考する。(3)

さて長英はその語学力に秀れていたとはいえ、具体的に蘭文法関係の著述として知られているものはない。『高野長英伝』の著者、高野長運氏はその著書で、〈長英が生涯の著訳書として、著者が今日までに調査し、或は蒐集し得たものだけで、七十一部二百四十二巻、外に巻数未詳のもの十一部あるから、八十二部数百巻に達してゐる訳である〉として、氏の調査で判明した八十二部について解説されている。そしてその中に『繙巻得師』があり、さらに昭和六年刊行の『高野長英全集 巻四』に、長英自筆として、『繙巻得師草稿』が二十三ページにわたって収録されている。その中扉の裏にはつぎのように解説されている。

これは蘭文法の解説書である。当時蘭文を学ぶ者の苦心は、並一通りの話ではなかつた。長英がこの経験を以て親切に後生を誘導したのは、頗る感興の深いことゝいはねばならぬ。

しかし同書について特に考察したものをしらない。わずか二十三ページ。丁数にすれば十二丁ほどのものである。たまたま国会図書館で宇田川榕庵の著作を調査している際、私は『繙巻得師草稿巻之一』という著者名不載のものを見た。これは宇田川榕庵のものと合綴されているので、あるいは榕庵のものと考えられていたのかもしれない。実は上の全集に収録されているものも、〈高野長英〉が著者である明確な証拠はないのである（自筆であっても、自著と直接関係はない）――私はいささか迷いかつ興味をもった。国会図書館で偶然見た写本（以下「国会本」と呼称）は、分量も全集本の二倍以上あり、内容的にも、表現語句でも多少の相違がある。くわしくは後述するが、ここで『繙巻得師』が長英のものかどうか確定する資料がほしかった。とこれも偶然であるが、五年前の夏、京都大学図書館で蘭学関係の未整理資料を拝見する機を得て、〈辻蘭室文書〉(4)を披閲していたところ、その袋にはいった文書の一つに、〈蘭語八箋凡例稿一冊〉とあり、その中の一つ、四枚目裏の一部に、つぎのようなメモ風の記述のあることを見出した。

○コノ書ニ付出スベキモノ　スプラーカキュンデノ訳シタル一冊　○高野生（長エイ）ノ繙巻得師草稿一冊　○西文軌範（下ニ書ス西文軌範ノ事也馬場佐十郎スプラーカキユンデノ訳也）　○属文錦嚢一冊 吉雄権之助　○天文暦学算学ノコンスト語ヲアツメタル一冊 柳圃　○本木仁大夫ノ天文書ノ訳ノ原文ヲヌキ　○解体書ノコンストヲアツメタル草ノ草（ママ）一冊　○病名ヲ少々アツメタルモノ一冊 瑛一冊　○本草書訳ノモノ大冊二冊又一冊　スプラーカコンスト　イギリス一冊フランス一冊ジヤカタラホルトガルトイツノ同上ノ少く（ママ）アツメタル一冊　コノ余柳圃ノモノソノ余ノモノ四五冊　○江戸ハルマ訳二部　○ドウフハルマ訳二番ハルマ等□□□□□□一式　○其余和蘭助語辞五冊　○江戸人ノ著スモノ四五冊

右の引用中に『繙巻得師草稿一冊』が〈高野生（長エイ）〉のものと明示してある。添書きの〈長ヱイ〉からこれは高野長英であることは確実である。他の『西文軌範』にしても、『属文錦嚢』にしても、明示のとおり馬場や吉雄の

訳書、著作であってまちがいはない。(5)

『蘭語八箋』は辻蘭室の著書、寛政七年(一七九五)より起稿されたらしいが、蘭室は天保六年(一八三五)、八十歳で死没している。一方長英は文政十一年(一八二八)まで長崎におり、同年五月に長崎を出立している(かのシーボルト事件はこの年の十一月である)。そして文政十三年が天保と改元された天保元年(一八三〇)五月、京都に着き藤林泰助(普山)と逢い、彼の斡旋で京都に居を構えている。しかし同年十月京都を去って江戸に移り、麹町貝坂に居を構えた。ちょうど二十七歳の時である。以後の彼の行動から推すと、辻蘭室との接触、あるいは蘭室が彼のものを書写して手に入れるのに一番可能性の高いのは、京都在住の天保元年ごろ(蘭室七十五歳)かと思われる。すくなくとも長崎遊学以前は、文典を著わすほどの実力にはいたっていないと判断できる。それに「国会本」は「全集本」と異なって、〈寄港吉雄如淵翁拂郎察語ノ文法書翻シテ蘭文トナシ語法解一巻ヲ述フ〉のことばもみえて、長崎で吉雄権之助について蘭語学習をした結果が、『繙巻得師』の一部に反映していると考えられる。私見では文政十一、二年ごろに草稿が成立したのではないかと思う。長英の作品としては、ごく初期の語法書ということができそうである。以上が高野長英著『繙巻得師草稿』成立の事情とその時期の推定である。以下「国会本」によって、その内容を紹介検討していくこととしたい。なお参考として、「全集本」を「全」として参照、引用する予定である。書名は、〈巻ヲ繙ケバ師ヲ得タリ〉の意。どちらかというと独習用の意をもつ。

2

「国会本」、『繙巻得師』

はじめに形式的な点について述べておくと、本書は半紙本(他作品と合綴)袋綴、全二十六丁。半丁は約十行・一行二十二～二十五字詰。本文中の註記解説的な記述は細字双行。漢字かたかなまじり文。文字はどちらかというと稚拙で、長英風のところもあるが別人であろう。

全体の構成はかなり意図的である。すなわち、まず〈九品――一名言　二附属名言　三活言　四代言　五添言　六接言　七数言　八上言　九性言　。分言〉の順に説明記述し、終って、〈四格・単複――単複三性による語形変化／人称・活言の三世と語形変化〃四法――一直説法　二附説法　三使令法　四疑問法〉と説明している。きわめてハンディーな簡単明瞭な初学者向き概説手引書で、私見では『和蘭語法解』（藤林普山）に訳語はすこぶる類似している。「全集本」も骨格においてはかわらず、本書の方が実例及び説明の部分が多く、それだけに長英の個人的意見がより多く見られる利点があり、ノート風ともいえる。しかし残念なことは、最後の数丁が欠落してしまっている点で、これは「国会本」から類推すると、〈疑問法〉で終結しているものと思われる。以上が本書の構成であるが、以下順次その説明するところをみていこう。まずつぎの九品詞の紹介からはじまる。

西洋ノ人其言ヲ（西洋諸国ハ本邦ト同シク唯仮名アリテ文字ナシ故ニ皆言ナリ）分チテ九品トス、九品トハ何ソヤ、一ニ曰名言二ニ曰附属名言三ニ曰ク活言四ニ曰代言五ニ曰添言六ニ曰ク接言七ニ曰数言八ニ曰上言九ニ曰性言是ナリ（一丁オ）

〈名言〉は名詞のことで、〈事物ノ正名ニシテ変化スルコト無キ者ヲ謂フ、則チ支那ノ実字又ハ死字等ニ充ル……有形、無形（徳義智等）ノ物ニ至ル迄一切称レ名アル者……「カノニヲ」（則チ四格ナリ）ノ的尼阿華（テニヲハ）唯此言ニ付ク〉とある。特に問題はなく、『和蘭語法解』にごく近い訳語である（〈変化〉については後述する）。さらに二の〈附属名言〉は、形容詞のことであるが、〈一ニ形名言或ハ副言ト名ク此ハ名言ニ附接ノ其大小軽重黒白等ノ形状態度ヲ顕ハス言ナリ〉とある。「全」ではこの附属名言を名言の一種としており、〈形名言・副言〉という別称を示していない。私見では共に形容詞の訳語として珍しいもので、長英独自とさえ思われる。長崎の吉雄塾では、こんな風にも訳称していたのであろうか。それよりも、ここで形容詞をはっきり独立させて、一品詞としていることは注意したい。したがって、「全」の分類と一つずつずれるし、結果的には〈分言〉を認める「全」と、認めぬ「国会本」は新旧という根本的相違をみる。即ち「全」では、まず冒頭がこうはじまっている。〈西人言ヲ分テ九品トス一曰名言則事物ノ正ニシテ変化スルコトナキヲ云フ、又此一種附属名言ト云モノアリ……二ニ曰活言……〉と。一般に〈附属名言〉の称呼のように、形容詞は蘭文典で名詞のうちに考えている。この点からも『和蘭語法解』との関連が想定でき、目録でわかるように、同書と同じく〈㈠性言篇　㈡名言篇　自立名言　附属名言　㈢代言篇（以下略）〉のようになっているのである。しかし馬場の『蘭学梯航』では、〈bijvoeglijk naamwoorden/ toevoeglijke naamwoorden〉（属名詞・従名辞などと訳す）を naamwoord と区別独立して、三番目に一品詞として立てて、論述している。「全」より「国会本」――ということはやはり蘭文法により深くはいっていくと当然、「国会本」のようになろうし、『和蘭語法解』より進化した姿をもつ。もっとも「全」では、せいぜい七十字ほどの説明であり、「国会本」の三百五十字以上の説明とは比較しにくいといえよう。こうして一つの発展として「国会本」を考えることが可能であり、長英自身の学問の向上の軌跡を示していると解してよい。特に「国会本」では、〈白馬大ナル人賢ナル婦人等トアレトモ、此ヲ精シク言ントスルトキニ、此言七八箇ニ重ナルコトアリ、譬ヘハ白ク少シ灰色ヲ帯ヒ太ク而シテ疾ク駆ル馬ト云カ如シ〉という、やや複雑な形式にも注意している。そしてさらに、〈附属名言を、〈下ニ置クコトアリ馬㆑所㆓白ク少シ灰色ヲ帯ヒ太ク而シテ疾ク駆㆒或ハ又所ノ字ヲ除キテ馬、白ク少シ灰色ヲ帯ヒ太ク而疾駆リタル（注記省略）ト云フコトモアリ〉と、いわゆる関係代名詞（時に省略されることも）によって導かれる修飾部（従属節）構造の中の附属名言の場合もきちんと説明している。〈此ハ西文ニ尤モ多シ心ヲ用テ知覚スヘシ〉とことわりを入れる。よく蘭文を了解したものである。簡単なようであるが、こうした構文論的な記述は、初期の蘭語学にはすくなく、吉雄権之助の指導の賜であろう。『和蘭語法解』などを一読すれば了解のいくところであるが、「全」にこうした説明のない点、彼の長崎遊学の成果を間接的にも推理させるのではなかろうか。ここに語学者、長英の誕生があると断じてもよい。

第三は〈活言〉で、これは動詞であるが、〈一自活言 二他活言〉の二種に分ける。そして他活言の実例を挙げ、〈一切「ヲ」ノ「テニヲハ」アルニ非ザレハ解セザル言、皆他活言ナリト知ルヘシ〉と、他動詞はヲをとることを述べている。また〈自活言（自動詞）〉も〈令ム〉ノ言を添えて、〈他活言〉の状に変化させるという。例えば、〈雨ル〉は〈砂ヲ雨ラシム〉と〈「ヲ」ノ言アル名言〉をとると述べている。また〈他活言ヲ変シテ自活言ノ如クニナス言アリ、所被（セラル、）ノ字是ナリ、故ニ他活言ニ之ヲ添テ打タル、衝カル、ト云フトキ「ヲ」ノテニヲハアル語言ヒ難シ〉と説明、馬場らのいう〈被動詞〉である。これも初期では、〈自動詞・他動詞・被動詞〉と三本立としている。長英の明確簡潔な説明は正しいといえよう。他の場合もほぼ同様であるが、〈活言ハ漢ノ動字或ハ活字ニ当ル言ナリ〉と漢文法のことと対比している。このへんは初期の柳圃の学に発する蘭語学と共通しているともいえるし、柳圃や馬場のものなどに具体的にみられる。さらに名詞の格とも関連して、〈先ツ文中ニ於テ早ク活言ヲ見出シ、自活言ナリヤ将タ他活言ナリヤヲ知ルヘシ、自活言ナレハ「ニ」ノ名言ハ要スレトモ「ヲ」ノ名言ハ云フコト能ハス、他活言ナレハ常ニ「ヲ」ノ名言ヲ要スルナリ／又活言ニヨリ「ガ」「ノ」「ヲ」ノ三名言ナケレハナラヌ語アリ、則チ与ル送ル等ノ語ナリ（後略、〈四法〉の条）〉と、かなり動詞の性格を認識して、助詞との関連を述べてもいる。

また動詞に三世（三時とも）があり、〈過去・現在・未来〉と分け、未来は〈漢ノ助字ニ当ル活用ヲ補足スル……可シ将須等ノ如キ類ナリ〉と述べている。三世は後に性言・単・複の場合三人称を例にして、次のように示している（複数の場合を省略し、一部抜萃）。

現在

de man zij

単 de vrouw zij sterfe（死ス） 又 is（アル） gestorven（死テ）

het kind, het

未来

de

単 man, hij zal（可） sterven（死）

een

過去

de man zij

単　de vrouw zij steerf（死ンダ）（ママ）

het kind, het

第四は〈代言〉で、〈上或ハ下ニサス物アリテ、此ニ代リテ言フ言〉と説明している。訳語は〈代名詞〉が一般であり、長英は他ではこれを用いている。代言に、〈三性アリ、三性トハ男性女性中性……支那ノ字ニ四声アルカ如ク一般ナリ〉と述べている。名詞にも三性があるのにそこではふれていない（後の〈性言〉で、〈名言ニ三性ナクンバアル可カラザル所以ナリ〉とふれている）。〈代言ノ数頗ル多シ、西文ヲ読ムノ間其初メ茫洋解シ難キモノハ唯此代言ノミ、漢ニモ彼此其之斯維厥等ノ此ニ当ル可キ字アレトモ其数極メテ少ナク、以テ類ヲ分ケテ自レ各ニ穏当ノ文字ヲ塡充シ難シ〉といい、〈初学ノ専務ニ非ス……別ニ詳ニ解ケル書アリ〉とくわしい説明を省略している。ここには初期にもみえる六つの分類、〈人代言・主代言・指代言・再代言・問代言・通代言〉などは示していないが、後の〈単複〉の説明のところで、〈人代言〉のうちには、〈第一人称・第二人称・第三人称〉の術語がみえるし、〈天地間ノ事物代言トナス〉などがみえるので、実際に学習しまた教授する場合は、それぞれについて分類して学び教えたのであろう。なお〈人称〉の用語は注目しておくべき訳語である。

第五は〈添言〉で、〈活言ニ関係シテ其形状作用ヲ顕ハス言ナリ〉とある。蘭学の初期にすでに、〈副詞〉とも訳出されたものである（中野柳圃・吉雄如淵のものにみえる）。ここでも、〈此馬ハ疾ク行ク〉の文をあげ、〈疾ク〉が〈行ク状ヲ定ムル言ナレハ添言ナリ〉と説明している。ただし、〈大ヒニ勇悍（ママ）ナル人〉の〈大ヒニ〉は〈勇悍（ママ）ナル〉という附属名言に連なっているという。そして実字（名詞のこと）にかかわらぬのが添言であって、〈支那ノ虚字ニ当ル〉と述べる。〈添言〉は特に問題がなく、〈大小多少夥多屢頻有無〉などをいう語といって充分であろう。

第六は〈接言〉で、〈二言二辞ヲ連接シテ一トナスノ言ナリ、例スルニ〈予ト汝ト此事ヲ為ス〉ト云フトキハ〈ト〉ノ字ハ則チ接言ナリ、二言ヲ(ママ)（予汝ヲ云）ヲ以テ一トナセハナリ〉とある。馬場や現代もいう〈接続詞〉のことである。しかしもう一面、すなわち、〈又汝(ママ)何某ノ書ヲ貯蔵セハ。予ニソレヲ貸シ与ヨ。—ト云フトキハ—セバ—ノ仮字ハ則チ二辞ヲ接シテ下ニ及ボス言ナレハ又接言ナリ、但シ西文ニハ此ノ如キ文ニテハ常ニ—セバ—ノ字上ノ辞ノ首ニアリ〉と、日本語と異なり、蘭文での接続詞の位置、用法も忘れず示している。後者の方は結局、文章法とも関連があるから、本書でも、〈詳ナルコトハ下ノ文法ヲ論スルノ条ニ出ス、是ヲ以テ雖則。故。却。然則。等皆此接言ニ属ス、種類極メテ多シ……初学ノ専ラ門ニアラズ〉とことわっている。そして具体的に上に引用した〈汝何某ノ書ヲ貯蔵セハ。予ニソレヲ貸シ与ヨ〉を、〈西文ノ体ニナセバ—セバ(als)汝(ú)何某ノ書(en boek)ヲ貯蔵(bewaart)。与ヨ(geef)予ニ(mij)其ヲ(het)貸シ(ten lenen)—トナル　其他トキハ二何々スル一然ルトキ三何スル五其力四ミミト書クヲ常トス〉とみえる。蘭文〈als ú en(ママ) boek bewaart geef mij het ten lenen(ママ)〉と明示する。als が接言の一つであるというわけで、後の例には蘭語が添えられていないが、例えば daar などを用いればいいわけである。もっとも『和蘭語法解』にもいろいろ——必ずしも初学者には適当ではないが——分類された〈接言〉の例文がある。しかし「全」が単に、〈上ノ一段ト下ノ段ヲ連続スルモ亦接言ノ職ナリ〉とだけ解説することですませているのに比すれば、他の品詞の説明と同様に、「国会本」によってこそ長英の蘭語学習の実態が了解できるのである。

第七は〈数言〉で、「全」では〈数言〉にあたるところが〈分言〉になっている。これは詳説しないと理由のよってくるところが明確にならないが、先にふれるところがあったが、結論的にいうと、〈分言〉を〈数言〉に代える点に、旧と新との蘭語学、蘭文法の分れがよみとれる。おそらく長英はまず、〈分言〉のある文典で習ったと思うが、これはやがて一品詞ではないと判明し、且つ新輸入の蘭書との関係もあって、長崎では蘭語学習は旧文典から脱した場合は、〈数言〉を文典に組み入れているのであろう（オランダ本国でも同じ）。「国会本」にはこれがあるのは、そのまま長英の足跡を語っているということができる。「全」でも〈九品〉の大略説明が終ってから、〈按スルニ古昔ハ以上論スル九品ヲ以テ言ヲ分ツ、今世其九品中ノ分言ヲ除キ別ニ数言ヲ加フ……所以ハ下巻ニ論ス（下略）〉とあるとおりである。「全」には〈下巻〉が存在しないのであるが、やがて「国会本」のような構成が、あるいはその点まで説明、記述しようとしたことも想定できる。〈数言〉は長英において、やはり長崎での遊学と、彼が旧い蘭文法ではないものを身につけているという、世代の相違も明確に語っていよう。〈数言〉は現代及び当時の〈数詞〉である。これを二種類――一は〈治定数言〉（一、十、百、千など定まっている数）、二は〈不定数言〉（諸、多クノなど定まっていない場合）――に分けている。さらに〈附属名言、添言〉に類する用法のあることも述べているが、やはり〈詳ナルコトハ下ニ出ツ、就テ見ル可シ〉とみえる。下巻の発見がまたれる。

第八は〈上言〉である。これは、〈常ニ名言ノ上ニ在ルヲ以テ名トス、而シテ名言ノ所在、由来、連属ヲ明ニスル言ナリ於、従、自(ヨリ)、以、中、外、上、下、左、右、前、後、等ノ字此ニ当ル〉と説明、いわゆる〈前置詞〉のことである。当時は〈所在詞・前詞・前置詞〉などと訳出しているもので、〈上言〉の訳語はやく『和蘭語法解下』にみえ、〈上置言ノ義ニシテ名言代言及ヒ活言ノ上ニ置ク所以ノ言ナリ。略シテ今茲ニ上言ト訳ス〉（十七ウ・十八オ）とある（なお訳語についての吟味は後述する）。別論で詳述したように、『和蘭語法解』の説明は多少混濁していて、本書の明確さの方が質的にも秀れてわかりやすい。本書の具体的説明は、〈何薬(ママ)書於、何亭之南窓一卜云フトキハ於ノ字、南窓ニ関渉シテ其書スル処ヲ明ニスルナリ、支那ノ文ニハ此等ノ字又実字ノ下ニアルコト多シ〉とある。〈於〉が上言に相当するわけで、支那でも於は上にある、いわば〈上言〉の類であるが、その他は窓下・屋後・午後など下にあることが多く、オランダ語ではこれらがまた上にあるとしている。そしてオランダ語を翻訳する場合、〈常ニ此言ニハ下ノ名言ヨリ直チニ転シテ上ニ升り訳スルナリ〉と訳す時の仕方も指示している。

以上は八品詞について述べているわけであるが、それらは多少とも日本語やシナ語に、共通して考えられるところもあるが、〈西洋人ノ言中ニ別ニ一種倭漢ニ充ツ可キノ字ナキ言アリ〉として、特に〈性言〉、すなわち〈冠詞〉をとりあげて説明をしている。いわば第九番目にあたるわけで、蘭語が九品詞からなることを示している。〈性言〉は、〈名言ノ上ニ冠セ其三性（男女中ノ三性ヲ云フ）ヲ示スノ言ナレハナリ、先人或ハ此ニ此、其、個等ノ漢字ヲ填シテ得タリトス〉と説明している。〈性言〉も『和蘭語法解』にみえる訳語であり、まさに冠詞のことであるが、〈名言〉との関連が強い故に、文中の名言の〈格〉のことも説明しているが、これは改めて記述している。上文のように確かに初期は、〈其・個〉などを〈性言〉にあてているが、正確ではないと長英もいう。まさしく、〈倭漢ニ充ツ可キノ字ナキ言〉であった。初期にあっては前置詞などと同様に、名詞の上に置ク、冠スルという考え方、言い方があって、〈冠辞〉とも訳して、前置詞・冠詞・接頭辞を一つにまとめ包含して説明している。一面ではこの理解は誤りではなく、名詞の自立性あるものに対して、前置詞や冠詞は非自立性をもち、常に名詞と共に（その前に位置するという点は名詞中心なら名詞ニ冠スルとなろう）用いるということであるから、わかりやすくもっともな理解であり、説明である。しかしこれもやがてというか、前置詞は名詞の前に、冠詞は名詞の一部などとレヴェル、職能の違いが明確に認識されて、〈冠辞〉の言い方は解体して、〈前置詞〉と〈冠詞〉の二品詞に分けその異同も明確に認識して一つ一つそのところを得たわけである。〈性言〉は〈不定性言・治定性言〉とわけ、説明しているが、これは〈不定冠詞・定冠詞〉と同じで、当時すでにこの新しい訳語がある（学派とはいかないが、グループで訳語を異にしているのである）。なお〈性言〉の職能についてはつぎのように説明している。

唯広廓（バット）ト指シテ言フ両ナカラ、「カノニヲ」ノ四格ニ従ヒ、兼テ其下ニ在ル三世ニ従テ、言尾少シク変易ス故ニ、性言ハ旁ラ名言ノ四格ヲ示スノ一標的ナリト、初学ノ間ハ知覚モ亦可ナリ、蓋シ此等ノ事ハ蘭書ヲ親ク読テ、其文中ニ就テ探索セハ、自然ニ其味ヲ得テ自ラ融会スルコト有ン

〈カノニヲ〉は日本語では名詞の四格が、助詞のガ・ノ・ニ・ヲをとるゆえの解説である。そしてある人の質

問として、〈西人遍ク其名言ノ性何ニ属スルヤヲ知覚スルヤ／和漢倶ニ此性言ナシ、文ヲ綴リ言語ヲナス、各其意ヲ達ス又妨ナシ、凡ソ西人ハ事ニ於テ精ヲ尽スト雖トモ、如此迂遠ニシテヨク人ノ知リ難キコトヲ建ルハ、蓋シ精ニ失スルニ有スヤ〉と批判的文言がみえる。これはある意味では初学者の当然の疑問であろうが、これに対してつぎのように解説している。

> 然ラズ、是レ勢ノ止ムコト能ハサル所ナリ、若シ名言ニ三性ナキトキハ「テニヲハ」ノ格ノ分別知レス、且ツ代言ニ至テ錯雑乱シテ竟ニ解ス可カラサルニ至レハナリ、仮令ハ支那ノ文ニ一老人与客泛舟遊于長江童子従之云々ノ辞アランニ、後ニ老人客童子ヲ云フトキハ漢文ニテハ直チニ老人ト謂ヒ客ト謂ヒ童子ト称ス、然レドモ蘭文ハ仮字ニシテ字ナク、又其名ヲ復シ言ヱバ甚タ繁ニ至ルヲ以テ概シテ彼ト称ス、然ラハ則チ彼ハ老人ナリヤ客ナルヤ将タ童子ナルヤ解シ難キニ至ル、之ニ加フルニ、西文ニテハ一句中ニ、必ス主格（ガハ）ノ名言アルヲ常トス（中略）蘭文ニテハ皆此ノ如ク、一句中ニハ必ス一主格ノ名言、或ハ代言ヲ置クヲ以テ、一段中ニ彼是其等ノ語、五六箇モ乃至七八箇モアリ、故ニ代言三性（男女中ノ性言）ヲ備ル者、遠近ヲサス者、事物ヲ受ル物、等ノ種々ノ異別アラザレバ、必ラズ紛乱ノ謬誤ヲ免レストス、是レ又名言ニ三性ナクンバアル可カラザル所以ナリ

〈性言〉から、〈名言〉や〈代言〉の三性存在の理由を述べているわけであるが、漢文体の例もあげ、代名詞を多用する西洋の文章との違いや、それ故に性別をもつ代名詞のよさも認識して解説している。そしてここでも支那ノ文と蘭文との比較がおこなわれていることは、長英の蘭語学、強いては蘭学者たちの蘭文解読の背景を考えるうえからも大切な例示である点を言い添えておきたい。なお〈主格（ガハ）〉は現代文法と同一用語である。

以上九品（九品詞）についての記述を紹介考察してきた。最後に、〈以上示ス所ノ九品ハ西洋人其言ヲ区別スル

ノ大略ナリ、然ルニ古昔ハ分言ヲ以テ九品中ノ一トナシ、数言ヲ省キタリ〉と述べ、〈分言トハ、活言ヨリ出テ或ハ附属名言トナリ、或ハ添言ノ形ニナルモノヲ云フ、仮令ハ愛セラル、人ト云フトキハ、愛セラル、ハ活言ヨリ出テ、人ニ附属スル言トナリ、物ヲ携テ来ルナト云フトキハ来ルト云フ活言ノ用ラザ（ママ）ルヲ補フ言トナレバ、本来ハ活言ナレトモ添言トナルカ如シ〉と〈分言〉の説明をしている。〈分言〉は現代では〈分詞〉に相当する。説明中の附属名言的（附属名言ノ格と呼んでいる）、添言的用法（添言ノ格と呼んでいる）は、〈過去分詞・現在分詞〉にほぼ相当し、〈添言〉という言い方は、国文法で主語まで含めて連用修飾語（格）などというのと同様で、完了形をつくる場合などもふくめていると思われる。〈概シテ蘭文ハ一句ノ中ニ主格ノ名言一箇添言一箇トス、是レ体ト用トノ二ツナリ、故ニ見「タ」見ルベシ」等ノタ」ベシナトノ助言アルトキハ活言ハ則チ分言ナリト知ルベシ〉とつけ加えている。ここでも〈主格〉の用語は注目したい。〈体と用〉の用語、概念は国文法の領域でもある。蘭文をマスターした人間の、日本語文も認識したゆとりある初学者へのアドバイスが明確で、英語のhaveやto be動詞のように、蘭文でもheefやis（zijn）などで完了形をつくる時などに分言（分詞）を用いる点などもよく了解しての発言と考えられる。

　ところどころで漢文（法）と比較する発言のあることや、〈死活・虚字・実字・動字〉などの用語の散見する点、ここにも、かなり蘭文法の下敷に漢文法が底流していることを知る。これは「全」で、〈猶詩ヲ賦スルモノハ四声ヲ知ラズンハアルベカラス、若シ字ノ四声ニ拘ラス、詩ヲ裁スルトキハ之ヲ楓咏スル律呂ニ合ハス、以テ詩トナシ難キカ如シ、然則漢字ノ四声ニ於ルモ、亦蘭言ノ三性ニ於ルカ如ク、本邦ノ人ニ於テモ詩ヲ学フニ非ザレハ、容易ニ之ヲ諳ルコト能ワス、以テ蘭漢ノ文相斉キヲ知ルヘシ〉とあるのと呼応する。あらためて蘭文法の基本的考え、方法の本質が判明する。これは長英の学問、学統の背景を語るもので、彼の江戸での蘭語学の基本学習と、長崎遊学の実績を知らせてくれる。さらには日本の蘭語学の流れや、その本質の一端も知ることができよう。また一つには初期蘭語学と、このころのいわば成熟した蘭語学との違い、発展の相を理解することができる。

3 格と数と法

九品詞の説明が終って、つぎは〈四格〉について筆を改めて説く。つぎのことばではじまる。

凡ソ言語ニハ必ス格アリ、格アルヲ以テ言語ヨリ人ニ通ス、文ハ其言語ヲ籍牘ニ載スルモノナリ、亦格アリ、我邦人之ヲ底尼阿華ト云フ猶漢ノ文格アルカ如シ

言語一般論から〈格〉を考え、日本語の〈底尼阿華（テニヲハ）〉、すなわち格助詞の認識も明確である。日本、シナ、オランダの三国語の比較でもある。例も〈予ニ筆ヲ与ヨ〉などで、〈ニ・ヲ〉の二語（格）なければ言をなさぬという。漢文を引きあいに出しているが、引用文でもわかるように、言と文（話しことばと文章の語）とも区別して考えている。言文一致の蘭文と、言と文とが乖離している日・シナ文との比較からもでてきたのであろう。説明はさらに、〈西洋ノ言語文章共ニ格アリ法アリテ、此言ハ何ノ格タリ彼言ハ何ノ格タリ此章ハ何ノ法タリ彼章ハ何ノ法タルヲ知リ、而シテ後其言語文章始メテ明亮ナリ……性言ノ屈曲変化ヲ以テ此ヲ定ム〉として、〈第一ノ格ヲ主格ト云我邦ノガ」或ハハ」ノ仮名ニ当ル〉と、〈主格〉の用語を使用している。そして名言は性言によって〈格〉が判明するが、これなしに、〈常ニガ|ハ|ノ仮名言中ニ備ルモノアリ〉として、代名詞の〈ik（吾ガハ）・hij（彼ハカ）〉などを挙げている。主格は〈ヲ|格〉よりは前に位置するといい、時にはヲ格が主格より前に出ることがあって、解し難い時があるが、文脈によって考えよという。第二格は、〈ノ〉にあたる格で、〈生格〉の訳語を用いている。〈我国ニテハノ|ノ仮名モ、亦名言ノ下ニ在レトモ、和蘭ニテハ常ニ名言ノ上ニアルナリ……西文ノ上ニテ此標的トナルモノハ、van, des, der, eens, eener ノ五ツキリ〉とある。第三格は〈ニ〉に当るもので、〈与格〉と呼んでいる。〈一儒

生書ヲ親友ニ送ル〉の〈親友ニ〉がこの格であるという。そして標的となるものは、性言（冠詞）〈den, eenen・der eener〉や、〈確トシタル上言 bij（キワニ）, aan（キワニ）, in（中ニ）〉などを用いるという。そして、生格と与格とでは眩惑されることもあるが、〈動ク言ヲ見テ深ク味フトキハ忽チ知ルヘシ〉と動詞、自・他の性質によって、見分けられることを教えている。例えば、〈氷大川ニ溢ル、〉は〈溢ル、〉が〈自活言〉で、〈ニ格〉をとるという。また〈打ツ〉は〈他活言〉で〈ヲ格〉であると断じている。

以上、ガ、ハ・ノ・ニ・ヲの〈四格〉の説明をおわっているが、〈然ルニ、中古彼邦ニテ六格トシテ此四格ノ外、則ニ（ママ）呼格奪格ノ二格ヲ立ツ〉と二格をあげている。〈呼格〉は日本語で〈ヨ〉に当り、〈標的ニ。・―（！）〉などとあって、その故に呼格は省かれているという（。はピリオド、―は！感嘆符）。〈奪格〉は、〈基因テ起ノ原或ハ其為所ノ標準、或ハ其用ヲナス器械等ヲ明ニスル格〉で、〈常ニ上言〉によらねばならぬし、現代は、第二格や添言によると説明している。日本語では、〈因（ヨリ）為（タメニ）以（モッテ）等ノ言ヲ以テ言フベシ〉とあって、いずれも、〈此等ハ親シク西書ニ就テ精ヲ得ベシ又贅セス〉と結んでいる。珍しくこの二つの格については、「国会本」と「全」とが、説明語数ともほとんど一致する。

つぎに〈単複〉（「全」では〈単複之弁〉と見出しがある）であるが、つぎのように説明している。

> 西洋ノ諸名言必ス単複アリ、単トハ唯一箇ノ物ヲ称ス、複トハ一箇ヨリ以上数多ノ物ヲ称ス、仮令ハ馬ヲ蘭語ニテ paard ト云フ、是レ一疋ノ馬ヲ云フナリ、故ニ単称トス、又 paarden ト唯言ノ尾ニ en ヲ附ルトキハ数疋ノ馬ト称スルナリ、故ニ複称トス／和漢倶ニ活言ニ単複スルコトナシ、西洋ノ文ニハ必ス其主トスル名言ノ単複ニ従テ、活言ニモ亦単複アリ（用例省略）

これも現代では当然であるが、当時は新しく珍奇な概念であったと思う。日本語では、〈本邦ニテハ唯代言ノミ此別アリ〉と言って、代名詞に単複あることを認識している点は注意しておいてよかろう。当時の国学系の人からは出てこないものではなかろうか。しかも〈吾〜吾等〉などの場合をふくめて、こう説明している。〈本邦ニテハ代言単複ノ別ハ言フ尾ノミ違フト雖モ、蘭ニテハ「カノニヲ」ノ四格ニ従ヒ、単複ニ因リ男女中ノ三性ニ由リテ、大ニ異ナル言トナル〉と。さらに単複は、〈与役（ヨヲ）ノ二格〉において、名言を受け、その場合の代言の大切さを強調している。たとえばつぎのように解説する。

単称ニハ hetzelve（ママ）〔het zelve と分けるべき〕或ハ denzelven（ママ）ト云ヒ、複称ニハ de zelven 或ハ het ト云フ〔欠落の語あるか〕、凡ソ蘭書ヲ読ムモノ苟モ此代言ヲ知ラサレハ書ニ臨ンテ、茫然一句モ訓シ下スコト能ハス、然レトモ上ニ既ニ論スルカ如ク、代言ノ種類甚タ多シ、初学ノ能ク頓ニ暗記ス可キ所ニ非ス、故ニ代言ハ唯上下ノ名言ヲ承テ、三性、四格、単複、関係ノ主用ニ由テ其称名ヲ異ニスト知ルヘシ

そして男・女・中の三性、単・複の数に分けて、〈主格・生格・与格・役格〉の四格を性言及び名言と代言三つの場合によって、どう格変化するかを具体的に示している。初期の蘭語認識、学習に比すれば雲泥の差である。図表も本書が「全」と比較して詳述していることになる。いうまでもなく、〈……兼テ此ニ属スル活言ノ其単複ニ従テ変易シ、且ツ三性（ママ）〔過去現在未来ヲ云フ〕ニ因テ異別アル所ヲ表ス〉と、動詞にも単複、三世（時制）にあって、主語により語形変化するという点への認識も大切で、〈活言〉の〈死・アル〉の二語を例語として示し説明引用したところ（三四二〜三四三ページ参照）であるが、さらにつぎのような例文をあげている（一部省略）。

ik（吾） ben（ナリ） doctor.（医）　ben ハ第三人称ニテハ is ニ、zijt ナシ（ママ）用ユ
wij（吾等） zijn

gij（汝） zijt（同） doctor.（同）
(gij（汝等） lieden)

右の図表についても〈左ニ示ス所ハ実ニ一枝片玉ナリ、初学ノ間此ニ由テ先ツ梗概ヲ暁ラハ、別ニ西籍ニ就テ其真面目ヲ視ルヘシ〉とつけ加えている。さらに重要な点は、「全」にはまったくないが、つぎの文句である。

近頃舶来ノ勿以郎度ノ語法解 原名スプラークコンスト 尤モ精シ、又嵜港吉雄如淵翁拂郎察語ノ文法書翻シテ蘭文トナシ、語法解一巻ヲ述フ、是亦簡易ニシテ初学ニ便ナリ

勿以郎度（ウェイランド）（Weiland、人名）の著わした〝語法解〟の輸入の正確な年月日はわからないが、文政十一年（一八二八）の長崎遊学中の長英の記事に、〈近来〉と見える点、そしてそのころ吉雄如淵について学習していた事実のあることから、本書執筆の時期や彼と如淵との関連も判明するであろう。さらに吉雄如淵がフランス語をオランダ語に翻訳して、蘭文典をあらわしていること――これは数少ない如淵を知るうえでの好材料である。長英蘭語学のよるところも判明してありがたい。長英の『繙巻得師』とは直接関係ないことながら、ここに特記しておく。

本書の最後は〈四法〉（「全」では〈蘭文四法之弁〉とある）で、つぎのように、〈文法（文章法）〉を解説している。

和蘭ノ文法四法アリ、一ヲ直説法ト云フ、二ヲ附説法ト云ヒ、三ヲ使令法ト云ヒ、四ヲ疑問法ト云フ、直説法ハ直チニ事物ヲ説明スル義ヨリ来ル、附説法ハ独立シテ文ヲナスコトヲ得ス、常ニ必ス直説法ヲ須テ其義始メテ分明ニ至ル、又直説法ノ文、之ヲ得テ其文意ヲ補足スルコトアリ、倶ニ是レ互ニ相離ル、ヲ能ハサルカ故ニ此名アリ、使令法ハ人ニ向テ事ヲ命スルトキニ用ユ、疑問法ハ事物ヲ人ニ質問スル文ナリ、故ニ使令

法ト疑問法ガ少ナク、直説法ト附説法ハ多シ

一般的にいうと、このころでは、五法が標準的となっていることであり、柳圃の文法論を受けついで吉雄如淵は五法も唱えている。その点ここの四法は初期の具体的にいうと、柳圃・如淵の伝統に近いが、四法の中味も相違して、実質的には五法となっている。多分長英が江戸で学習し、吉雄如淵の提示した〈五法〉の延長上によるのであろう。この四法の説明を集約するとつぎのようになる。＊〔 〕内は筆者の補足。

一、直説法：標的ハ主格ノ名言ノ下ニ直チニ活言、文ニ因リテ上ニ添言アリテ、夫レヨリ活言主格ノ名言トアルコトモアルナリ

（例）

一（性言）婦人（名言）死ス（活言）　現在　直説法正体

昨日（添言）死ス　一（性言）婦人（名言）　直説法変体

二、附説法：〔右のつづきで〕此婦人死スルハ何故カ、其死ヲ知ルト雖モ、其死ノ因ヲ起原スル所ヲ知ラズ、是レ附説法ノ起原スル所ナリ。直説法ノ反対ニシテ名言ノ最下ニシテ、文ノ終リニ在ル活言ヨリ直チニ上ニ飛躍シテ接言ニ至リ、直説法ノ文意ニ交リ、其余義ヲ申明（マヽ）スルモノナリ。此文体ニテハ、活言、文ノ始メニハ必ス在ルコトナシ、以テ直説法ト区別ス可シ、之ニ加フルニ文ノ始メニ直説法ノ餘義ヲ申明スル接言アリ……

（例）

為（接言）二　彼（代言）カハ　労療（名言）ニ　嬰ルカ一

○〔この直説法と附説法との〕二体其法ヲ異ニスト雖トモ、西文連環シテ一小段落ヲナス。……元来附説ノ文ハ、畢竟ハ直説文ノ意ヲ詳明スルヲ以テ、統括シテ見レハ、先ツ一種ノ添言ナリ、故ニ上ノ直説文中ノ昨日ト云添言ノ格モ同シク一揆ナリ／西文ヲ解スルノ一大捷径ノ法ハ、早ク本文ト註トヲ見分ツコトナリ〔これを分註法とよんでいる〕

＊附説法に用いる接言、〈als, wanneer〉などを用いて、蘭文（訳語を添えて）を示している。そして〈総テ西書ヲ始メテ読ムトキハ言語ノ連係スル処ヲ採リ求メテ、此語ノ此ニ関渉スルヲ以テ、此ヨリ彼ニ転シ、彼ヨリ此ニ至ルト云フコトヲ知覚スルヲ肝要トス、而シテ一章中主格ノ一名言ト、其用ヲ示ス一活言トヲ探索スルヲ最モ緊要トス、此二ツノ者スラ探求シテ得ルトキハ、文ヲ解スルニ難キコトナシト知ルヘシ、又活言ニヨリ「ガ」「ノ」「ヲ」ノ三名言ナケレバ〉と、蘭書の読み解き方、横文に対する態度のポイントを明示している。これはそのまま長英のそれであろう。また、活言は自・他の区別をよく知ることが大切で、これが名言でニをとるかヲをとるか格にも関連するという。そのため〈先ツ「ハルマ」ノ語典(ママ)ニ就テ求ムヘシ〉と辞典の効用、引き方も指示している。

＊なお右の引用文で判明するように、附説法の説明中に、〈分註・分註法〉の語がある。それについて、〈分註法ノ格ハ附説法ト一般ニシテ文末ノ活言ヨリ文注文ノ初メニ転シ本文ノ名言ニ接スルナリ〉とあって、広く附説法の一つと考えている。『和蘭語法解』に、〈第二附説法〉などとあるものに通じよう。この分註を知る法として、〈分註ヲ知ル八(ママ)ノ法、,(コンマ)アリテ其下ニ welke,(ソレハ所ノ)（数語省略）waarvan(其ニツキ所ノ), dat(ソレハ) 等ノソレハ云所々スル所ノト再ヒ反リ読ムベキ代言アリテ、活言ハ其章ノ最下ニ在ルナリ、此サエ知覚セハ本文ト分註ハ容易・区別ス可キナリ〉と説明している。〈所ノ再ビ反リ読ムべキ代言〉とは、初期に〈再代言〉と訳され、このころなれば、〈関係代名詞〉と訳されている品詞で、〈……所ノ〉と訳する点も示していることになる。従属節を関係代名詞で導く時の訳文であり、コンマのことなど、構文を熟知し、そこにやはり西文論理の正しさを了解していた

態度が判明しよう。

三、使令法：標的ハ命令ヲ下シ或ハ事ヲ仕スル文法ナルヲ以テ、其命令ヲ受ケ、或ハ其任ヲ受クル人目前ニ在リ、故ニ別ニ其人ノ名ヲサスニ及バズ、是ヲ以テ此文ニハ多分ハ主格ノ名言アルコトナシ、活言多分ハ文ノ始メニ在リテ而シテ必ス単称ナリ（別に〈単称ノ尤モ単ナルモノ〉とものべ、使令法はいわゆる命令法で、動詞については蘭学者一般に、〈原形〉の認識はなかなか困難だったようで、長英も〈単称〉と解しているようである）。

以上でこの写本は終っている(6)。ということは、使令法の説明途中で中断され、さらに第四の疑問法の説明がまったく欠落している。すなわち最終丁は、〈使令法ニハ単称ノ尤モ単ナルモノ用(ママ)テ何某ヲ訪エト云エバ bezoeke ト更〉で終ってしまっている。使令法は複雑ではないので説明も簡単になっている。そこで「全」をみると、約一・五丁分をあててこれを説明し、疑問法に二体アリとして、〈本邦ノ語ニテハ—カ—（ドウ）（イカナル）ト云ノ二様アルカ如シ、和蘭ニハ漢ノ耶等ニ当ルヘキ言ナシ、故ニ文法ヲ以テ之ヲ示ス其一体ナリ、又如何(イカヽ/ドウカ)ニ当ルヘキ語アリ、之ヲ文ノ始メニ置ク此レ其第一体ナリ、尚且蘭文ニハ疑問文ニハ疑問点ヲ記シテ此文法ヲ示ス〉として（一例省略）、つぎの例文をあげている。

読(活言)ニヤ　汝(代言)カ　此(代言)　書(名言)一　　第一体

何也(ナニナリヤ)(疑問代言活言)　其書(名言)　　第二体

この例文の説明として、〈第一体ノ法ハ直説法ニ同シテ〉とか、〈附説法文ノ始メニ置ク接言ヲ除クモノ〉と〈異ナル所ナシ〉とあるが、疑問点によって、〈区別スヘシ〉という（疑問点とは？をさす）。また第二体は、〈直説法ト言語ノ排列ノ法異ナルコトナシト雖モ、此文ノ初メニハ必ス何ト云言ノ疑問代言アリ、以テ弁別スヘシ〉とある。これで疑問法も完全であろう。〈附説法〉など四法の用語はやはり『和蘭語法解』と一致している。[7]

同じ四法でもそれまで一般的には、直説法と疑問法とを一つ（正体と変体）と考えている。したがって、もし直説法と疑問法とを分ければ五法となる。その点で長英の四法とは異なるようであるが内容的、実質的には十分に、五法と同質で充足した説明となっている。ただし長英には、〈不定法（不限法）〉がみえない点はいささか問題である。しかしこれは「国会本」・「全集本」ともに草稿であるからで、あるいは長英も、〈不定法〉は他の〈法〉とはレヴェルを異にすると心得ていたかもしれない。より完全な草稿の出現を望みたい。

なお補足として、文法用語の吟味が残るが、他の蘭文典と比較して一覧表にしたものを示しておくので、それを通覧されたい。この点では結論的にいうと、藤林普山、『和蘭語法解』（文化十二年一八一五刊）との類似一致が大であって、両者の関連性とその根拠については筆を改めて比較考察したい。おそらく長英もはじめは独習したので、『和蘭語法解』をよき学習書とした証であろう。また吉雄如淵の『属文錦嚢』の一写本ともきわめて類似するし、如淵に師事した証明であろうが、これについては註(3)の小論を参照されたい。また長英が提示した蘭文、漢文の例文により、やはり蘭学における語法・翻訳とともに、蘭語理解の根底に、漢文法が厳として存在することが明白にみられる。やはり古代よりの積みかさねというか、江戸期の徂徠学による漢文学習、漢文訓読の威力というか、基本的学習としてあらためて漢文、シナ語学習の意味を痛感する。

○文法用語比較一覧

現代＼作品	1. 訂正蘭語九品集	2. 蘭学梯航	3. 和蘭語法解	**4. 繙巻得師**
冠詞	発声詞	発声詞・冠詞	性言	性言
単数・複数	単称・複称	単・複 (単数・*複数)	単称・複称	単称・複称
名詞	静詞・実詞	名目詞・実詞・実名詞	名言・自立名言	名言
性（男女中）	陽詞・陰詞 非陽，非陰詞	*陽・陰・中性 *男・女・中性	男・女・中性	男・女・中性
形容詞	虚静詞・*形容詞	属名詞・*形容詞	附属名言	附属名言 形名言・副言
代名詞	代名詞	代名詞	代言	代言，*代名詞
関係代名詞	再代言	再代名詞・*再代言	再代言	—
動詞	動詞	動詞	活言	活言
他動詞 自動詞	他動詞 自動詞	他動詞 自動詞	能活言 中（自）活言	他活言 自活言
分詞	動静詞（不断詞）	*同分辞 *動静詞	分言	分言
副詞	形動詞，*副詞	属動詞	添言	添言
接続詞	連属詞，助詞	連続詞・助詞 *接続詞（語）	接言	接言
前置詞	所在詞・助詞	所在詞・*冠辞	上言	上言
間投詞	歎息詞	歎息詞	感言	—
数詞	—	数詞	—	数言
不定詞	不限法	*不限法・*不定法・*普通法	不定法	—
直説法	直説法	直説法	直説法	直説法
使令法	使令法	使令法	使令法	使令法
接続法	分註法	分註法	附説法	附説法（分註法）
疑問法	—	—	疑問法	疑問法

（備考）*は同一著書の他の作品にみえるものである。—は該当語のないことを示す。『繙巻得師』は『和蘭語法解』と用語を等しくする。長英の独学学習のテキストでもあったか。

註

(1) 拙著『小関三英伝』（敬文堂出版）を参照。

(2) 板沢武雄『日蘭文化交渉史の研究』（吉川弘文館）・高野長運『高長英伝』（岩波書店）を参照。

(3) 小論〈『属文錦嚢』の研究—如淵吉雄権之助の蘭語学〉（「武蔵野女子大学紀要5」）を参照。

(4) なお『日本洋学史の研究』（有坂隆道編、昭和四十三年六月）に収録の〈辻蘭室伝研究（山本四郎）〉に、この資料の翻刻考察がある。しかし同ご労作は、蘭文・日本文ともに翻刻まずく使用に耐えない。直接山本氏に私信で訂正表をおわたしし御理解を得たが、この機に確認しておきたい。辻蘭室の蘭文筆録は決していい加減なものではなく、全体的に誤解をおこさせるような翻刻は困るのである。なお拙論〈辻蘭室『蘭語八箋』の考察（「近代語研究6」武蔵野書院）〉を参照のこと。

(5) 「全集本」の『繙巻得師』の〈呼格〉の説明文中の例語に、〈長英ヨ〉の例語をみるが、これも一つの証拠にはなろうか。

(6) なお「国会本」・「全集本」ともに例の訳文の示し方が、漢文訓読法にならっている点、蘭語学の伝統の強さと、長英個人の学習方法とが推定される。やはり蘭学者が、外国語をどのように学習したかを知ることのできる標章であろう。

(7) 『和蘭語法解中』には、〈活言法—此ニ九法アリ〉として、〈直説法・許可法・附説法・第二附説法・使令法・不定法・疑問法・不無法・不有法〉とある。しかし結局は内容的に五法に集約される。

＊なお小論中、〈 〉は引用を示す（原文のままである）。『 』は書名、／は大省略、……は小省略、（ ）は筆者補註、〔 〕は引用文中の著者の補註。漢字体は原文をふくめて当用漢字体とした。

初出▼「高野長英『繙巻得師』小考」『金田一博士米寿記念論集』（三省堂、昭和四十七年三月）

5 高橋景保編『亜欧語鼎』の編述——アジア・ヨーロッパ語対訳辞典

1

辞典編集の状況と条件

江戸時代における外国語の研究は、その母胎として、〈蘭語〉研究をもつが、その広がりは予想外に大きくふかい。いうまでもなく言語のための言語研究ということではなく、すべては国家のため、政治のため、済世のためといってよい。しかし人間は決して常に与えられた道具や手段を使用することだけに満足するものではなく、かならず自分にあったように改良しようと志し、それはいつか大目標の前にはむしろその改良自体に使命感をもつことがある。私見では江戸時代の外国語研究者の中には、こうした人物がいく人か存在したと思う。蘭語の研究においても同様である。おそらく時間と書籍（参考文献）は現代の私たちよりも、いわゆる幕府の官職に身をおく人びとには、充分に与えられていたであろう。語学の才は古今それほど時代差があるわけではなく、結局は個人の資質による。されば江戸時代の外国語学習者が、職業的な通詞の指導を得たあと、自分の思うままに外国語の学習や研究に情熱をもやしていったのもごく当然のことかと思う。しかも常に実際問題としても、外国語を正しく読み解くことが政治や政策につながるわけで、現代とは異なって、個よりも団体が、個人より国家が優先する政治体制であればなおさらである。

小論でとりあげる『亜欧語鼎』（写本）も文化元年（一八〇四）、魯西亜使節からさし出された書翰の満洲語文を翻訳する必要からはじまった高橋景保（一七八五〜一八二九）の満文学習と研究が一つの起因となっている。そして基本的には〈蘭語学〉を基盤として作成された辞典といってよく、途中で挫折はしたが、日本ではじめてのアジア（亜）とヨーロッパ（欧）両語の対訳辞典であった。この書名は鎖国時代の日本と日本人の発想からはちょっと出てこないものと思われよう。しかし、ここに蘭学および蘭語学の近代性や開明性もひそんでいると思う。後継者を求めれば、佐久間象山の〈満・蒙・天竺字・フランス・オランダ・ロシア〉を一つにおさめる『皇国同文鑑』の構想があるが、根本理念は異なっており、これは一種の空想論で終っている。こうしたことは語学を専門的に学習していく時、かならず一度は至りつく想念の世界でもあったと思う。

私が『江戸時代蘭語学の成立とその展開Ⅱ』で論評したように、〈博言学・言語学〉の萌芽はこの蘭語学習と研究に発している。しかも日本最初の刊本蘭日辞典、『和蘭字彙』（安政五年刊行完了）が、桂川国興（くにおき）を主任に、二十二歳という桂川甫悦が実質的責任者であったように、あるいはまた日本最初の刊本英日辞典、『英和対訳袖珍辞書』（文久二年・一八六二）が二十代前後の若者の手になったように、いずれも十代の末〜二十代の若者によって編集されたことを考えねばならない。学問こそまさしく鎖国時代の青年には自由の天地であった。江戸時代の蘭語学習についていは拙著で実証したように、文化〜文政期、すなわち十九世紀前半において、本格的に成立し隆盛を示したわけである。この指導的役割を演じた長崎通詞も、二十代〜三十代の間に大活躍をし大きな業績を示した。その一人、馬場佐十郎は三十六歳で他界するという短い一生ではあったが、まさしく一粒の麦が地におちての意義は大きい。こうした蘭語学の中から、小論で考察する『亜欧語鼎』が編集されたのである。まずごく簡単に書誌的な点を示すとつぎのようになる。

1．所蔵：国立公文書館内閣文庫（函架番号２０７・４６３）

2. 編者：高橋景保（観巣、蛮蕪）・馬場佐十郎（貞由）・吉雄忠次（二）郎（宜・呉洲）

3. 体裁：写本。五巻五冊。大きさ、縦二六五ミリ×横一八〇ミリ（二〇〇×一四〇ミリ）。四針眼、右開き和装袋綴。題簽はなく表紙に〈亜欧語鼎〉と墨書。第一巻―六八丁、第二巻―七八丁、第三巻―六〇丁、第四巻―六〇丁、第五巻―四四丁。各巻目次（目録）をもつ、序・跋なし。四周双辺で、毎半葉有界九行。上段より漢・満・蘭・〈魯〉の順に語彙が収集されている。ただし〈魯〉はごく一部分（一一六語）のみであり、別にごく少数の英語が吉雄忠次郎の手で書入れられている。

右のような辞典である。すべて三一〇丁、語彙数は約五〇〇〇語ほどである。四種の国語はいずれも毛筆によって綴られており、縦書きを基調としているから、蘭語・魯語・英語は縦に横書きで、当時のものによくみられる形式である。なお〈能得(ドウカコウカ)〉の見出し語に対応して、〈scarcelij. hardlij.〉と英語が書きこまれてあり、他に十二語ほどがみえる。吉雄の手である。しかし亜欧の両語がすべて揃って完璧に排列されているわけではなく、結果としては残念ながら未完、佐十郎の死去、また景保も吉雄もシーボルト事件にかかわり、命を絶ったからであろう。

辞典の構成・内容

上ですこしふれたように、〈亜〉は漢語（清代のシナ語）・満洲語（満洲文字による）二か国語であるが、漢語が見出しの役目をもち、同時に、〈那辺(アナタ)〉（巻一・地輿）のように、日本語を右側に与えて日本語の代行もかねている。〈欧〉は蘭・魯の二語である（なお江戸時代は魯西亜語の〈ロ〉は〈魯〉の漢字で表記する）。したがって〈語鼎〉の〈鼎〉は、満・蘭・魯の三語か、漢・満・蘭の三語を意味すると思われる。鼎の字は三か国語を意味したのであろうから、本来は見出し語をのぞき、〈満・蘭・魯〉の三語を対訳しようと意図したのではあるまいか。四段に分けているのもそのためかと思う。ただし〈魯語〉も巻之一の〈時令類〉のあたりまでで、はじめから空白が目立ち、巻之一に百数語を収載しているのみで、巻二以降は二、三語のみでまったく空白となっている。英語はごく少数とて特に問題にならない。つぎに構成組織であるが、目次からも判断できるように、大きく〈部〉に分け下位区分として〈類〉をもつ。一部一類のこともあるが、数類に分かれる部もある。そして〈部〉は、〈天・時令・地・君・諭旨・設官・政（以上巻一・以下同）、礼・楽・文学・武功・人一（巻二）人二（巻三）人三（巻四）人四（巻五）〉と十二部になっている。〈巻二〉以下は〈人部〉のみであるが、〈類〉は細分されている。内容を示す意味で便宜上、〈部・類〉のすべてをつぎに列挙しておこう。

(1)天部―天文類／(2)時令部―時令類／(3)地部―地輿類／(4)君部―君類／(5)諭旨部―諭旨類・封表類／(6)設官部―臣宰類・陞転類・考選類／(7)政部―政事類／(8)礼部―礼儀類・朝集類・礼拝類・筵宴類・祭祀類・喪服類・灑掃類／(9)楽部―楽類・楽器類／(10)文学部―書類・文学類・文教類・文学什物類・数目類／(11)武功部―兵類・防守類・征伐類・歩射類・騎射類・騙馬類・撩跤類・畋猟類・頑鷹犬類・軍器類・鞍轡類／(12)人部一―人類・人倫類・親戚類・朋友類・老少類・人身類／(13)人部二―容貌類・性情類・福祉類・富裕類・孝養類・友悌類・仁義類・忠清類・聡智類・徳芸類・厚重類・敬慎類・親和類・省倹類・黽勉類・勇健類・名誉類・称奨類・問答類・観視類・聆会類・喚招類・詳験類・催逼類・遅悞類・倚靠類・取与類・助済類・均賑類・分給類・取送類・落空類・求望類・生育類・生産類・喜楽類・愛惜類・嘻笑類・戯要類・貧乏類／(14)人部三―当借類・饑饉類・寒戦類・怨恨類・愁悶類・悔嘆類・哭泣類・怒悩類・怕懼類・言論類・声響類・隠顕類・坐立類・行走類・歇息類・友来類・疲倦類・睡臥類・急忙類・留遺類・遷移類・揺動類・拿放類・擲撒類・遇合類・憎嫌類・侵犯類・鄙薄類・讐敵類・責備類・折磨類・咒罵類・叛逆類・逃避類・竊奪類・疾病類・疼痛類・瘡膿類・腫脹類・傷痕類・残欠類／(15)人部四―僭奢類・淫黷類・猜疑類・驕矜類・軽狂類・強凌類・懦弱類・愚昧類・過失類・羞愧類・暴虐類・懶惰類・怠慢迂疎類・欺哄類・奸邪類・讒諂類・克悪類・貪婪類・邋遢類・厭悪類・鄙瑣類・鈍繆類・洗漱類・乾燥類・湿潮類・抽展類・完全類・爾我類

以上のように語彙収載は意味分類によっている。しかも部・類ともに当然のことながら、これまで一般にみられる漢語による呼称と比して熟していない。熟していないというよりも、従来の漢語に比しても、非シナ語的な漢字語がみられることに気がつく。そこでこの分類はどのようにしておこなったかが、問われねばならぬわけである。

従来、日本には意味分類の辞典として、『下学集』や『節用集』という伝統的な語彙集が存在するが、それとは異質である。また蘭学の方面からいくと、景保の身近にあったと推定されるものに文化七年（一八一〇）刊行の日蘭辞典、『蘭語訳撰』がある。しかし同書などとも異なる。——そこで高橋景保の専攻した語学、満洲語学と関連して調査してみると、ほとんど完全に一致するものが存在する。すなわち『増訂清文鑑』（一七七一年成立刊）である。彼はこの満洲語辞典を改編して、『満文輯韻』なども編集している。彼の著書をとおして『清文鑑』がよく用いられていることがうかがわれる。はやく新村出先生は、〈高橋景保満洲語学〉の論文（大正三年六月）を記述されている。しかしいかなるわけか、『亜欧語鼎』との関連についてはふれておられない。また山田孝雄博士にも高橋景保の『満字随筆』の油印本〈解題〉（大正七年十二月）があるが、それにも『亜欧語鼎』はふれられていない（もっとも、同解題は全体として訂正すべきところがかなりある）。

筆者は数か所の図書館で景保の満洲語学習・研究の資料を披閲したが、およそ文化七年（一八一〇）から文化十三年の間にあれこれと著述しており、さらにその延長として、彼は文政十一年（一八二九）まで、満洲語の学習と著述をつづけていったようである。かなりシナから舶載の〈清文〉関係書を披閲している。いずれも秘閣に蔵されているものである。たとえば現在でも、国立公文書館には景保所蔵の『増訂清文鑑』（四十九冊）が収蔵されている。これには〈昌平校〉の印顆があり、〈寛政庚申〉（寛政十二年・一八〇〇）の見なれた印顆もあって、輸入の時期が推測される（新村出先生の文化三年ごろ輸入という御推定はおそらく誤りであろう）。そうした中で語学として注目すべきは、景保の手になる『満文散語解』（二巻二冊）であろう（後述参照）。いずれにせよ景保の満洲語学についてはつぎの機会にゆずるが、景保は『増訂清文鑑』を改編したり、その漢語（名詞）のみをぬき出した抄本なども編集していて、満洲語学習に熱を入れている。

2

近代語史と漢語語彙

『亜欧語鼎』に収載の語彙であるが、見出しはシナ語（漢語）であるが、清国人すなわち満洲民族によって、自国語と対応させた漢語でもあるから、対応する日本語も〈天亮（ヨアケ）・天晩（ヨニナツタ）〉など漢語としてもやや特殊な語彙に対している。伝統的なシナ語の語彙体系とは異なっている。たとえば『大漢和辞典』によって検索してみても、本辞典に収載の多くの語彙が発見できない。したがって一種の底本として使用した『増訂清文鑑』（以下単に『清文鑑』と呼ぶ）と比べて、〈天文類〉でも〈上天・清天・回光乱動・日色淡〉など、日本語として対応を見出しにくいもの、必要語彙と認めぬものは削除している。また、〈月円／日微斜〉（清文鑑）を〈満月／日斜〉などのように、わかりやすい漢語に置き代えたり二字熟語に改めている。『清文鑑』の三字熟語は削除するか、二字熟語に改めているところがある。もっとも〈仮陰天（ウスクモリ）〉（天文類）とか〈肯哭（ヨクナクコ）〉（老少類）など、日本語で翻訳できる場合は採択しているようである。また片仮字で傍訓のように与えた日本語——結果的に満洲語の翻訳となるので——によって彼の満洲語学習の過程や結果が、理解、推測できそうである。その他、満洲語を対応させていないと思われる語として、〈(天涯)・1. 天頂・2. 南極・3. 北極・4. 赤道・5. 黄道・6. 白道・7. 七曜・8. 恒星・9. 惑星・(日)〉（巻一・天文類）、〈10. 陽物〉（巻二・人身類）などがみられる。これは本書の編集意図や構成から補った語彙といえる。確かに『清文鑑』を検すると、やはり1.~9.の語彙はなく、原本に即して語順を考えると、〈天涯・日〉とあって、上の九語はちょうどその間にはめこまれる形式となっている。そのうえ、〈星〉の部分は語の排列や語順も両者でかなり異なっている。景保は天文学を専攻していた関係もあって、彼なりに語彙の選択をおこなったのであろう。〈恒星・惑星〉など小論で考察したことがあったように、長崎通詞、本木良永らの苦心になる〈義訳〉の訳語である。〈10. 陽物〉は丸囲みで〈補〉とあり、つぎの〈陰門〉とともに原本にはなく補った語彙である。しかし対応のオランダ語からみて、それぞれ男性・女性のそれをさしているのである。これは明らかに補足したとことわっている唯二つの語彙であり、原本の〈肛・血・血道〉の語順と比較して、本書が〈肛・陽物補・陰門補・血・血道〉（巻二・七六ウ）となっているとおりである。こうした見出し語の補いや、満洲語の欠除に対する補いを、それなりに景保が実行しているのである。また〈天涯即地平〉（巻一・天文類）・〈時憲書暦〉（巻一・論旨類）・〈三焦飲食道〉（巻二・人身類）なども、下部に細字で示した〈地平・暦・飲食道〉が一般的漢語（景保の理解している語彙体系を示す）であることを示しているわけで、こうした註記的な記述も散見する。あくまで景保なりの独自編集を心がけているわけである。

以上、通覧してくると、『増訂清文鑑』のみでなく、『清文鑑』を改編した『音漢清文鑑』、さらに『清文鑑』以外の源、たとえば『満漢同文全書』・『満漢名物同文類集』などからもぬき出したのであろう。そして日本語の中に組みこまれるべき漢語で、景保自身が必要だと考えたものがとり入れられているようである。その際、日本人の著作として、島津重豪（南山老人）の『南山俗語考』なども参照したのではあるまいか。同書校定の石塚崔高（後述参照）は景保のよき助力者の一人であったと思われる。必要性のない語彙、つまり清国の官職名などを思いきって削除しているところと精神において同様である。中で一例であるが、〈公務〉（巻一・官差類）に蘭語がみえないのが興味をひかれる（他にも蘭語欠落はある）。ここの〈公務〉は、現代語の〈公務〉とほぼ同一で、満洲語の〈アルバン〉、文字どおり〈公務＝官務〉と考えていい語である。景保は公務員であったはずで、蘭語で〈ambtsbezigheden〉などと対訳してよかったと思う。後述するように、景保がみずから語るほどの蘭語力があったならば、いとやすいことではなかったか。景保の配下の馬場佐十郎が文政五年（一八二二）に没しているのはともかく、せめて吉雄が補訂してもよかったのではあるまいか。

さて小論では全語彙を検討吟味する余裕もないが、つぎのような語彙はしかし注目される。

(a)臣宰類：参議・大使・公費・公用　(b)巡邏類：禁止・巡邏　(c)事務類：縁故・告示　(d)弁事類：討論・職掌・会議・商議・改正・決断　(e)詞訟類：原告・被告・口供　(f)数目類：一次(ヒトタビ)・二次(フタタビ)・末尾　(g)兵類・征伐類：天兵・歩兵・奇兵・援兵・血戦・突入・敗走・凱歌・投降(クダル)　(h)その他：傲慢・冷淡(ミツクサキ)・誇張(ホコリチラス)・姑息(コヽロヨハクシマリナキ)・軽薄(ウハキ)・過誤(アヤマレ)・遺漏(モラス)・羞恥(ハヂ)・怠慢・不覚・迂濶(マヌケ)・疎略(オロソカ)・偏向(カタヒイキスル)・不肖(ヒトナミナラヌ)・故意・過失・只管(ヒタスラ)・畢竟(ツイニ)・再三再四的・外人(イコクノヒト)

以上の語彙は見出しの漢語ではあるが、すべて幕末~明治から現代へと継承されている近代日本の漢語ということができる。こうした新しい別の（シナ語の）語彙体系が、江戸の中期あたりから、日本語へと注入、定着された意義を確認しておきたい。この媒体は満洲語である。今後ぜひとも、明清時代のシナ俗語・唐話と近代日本語との語彙的比較考察が必要で、これは日本語研究でも大きな課題かと私考する。以上のような語彙とともに、また中には、〈頭生(ソウレウ)・羅経(シナンシン)・出小恭(シャウベンスル)・接子(シメシ)・狐臊(ワキガ)・発獃(アホウデアル)〉などの語彙、短文が対応してみえ、江戸時代とともに消え去った漢語（唐話）もすくなくない。しかし本辞典によって、亜欧をよそに漢語体系（近代シナ俗語）と近代日本語とのかかわりを考察する充分な資料も得られるように思う。これは筆者が最近の著書でも指摘したように、『雑字類編』をはじめとする唐話の語彙体系の中にすえて、今後大いに論究すべきところであろう。

つぎに蘭語学習との関連であるが、これは〈文化十三年〉の序をもつ『満文輯韻』でも、〈和蘭語書／点例—西洋之・・〉を参照したことを述べているように、〈蘭語学〉の影響は大きいわけである。そしてさらに具体的には、『満文散語解』で、〈散語〉を考える上に、〈間有与和蘭散語脗合者〉として、当時の蘭語学者のいう蘭語の〈助詞〉と共通するところが〈散語〉にみられると考えている。一例のみあげるとつぎのような例である。

ᡩᡝ向ナリ于ナリ於ナリ又上頭ナリ処ナリ時候ナリ、我方語「テニヲハ」ノニ当り和蘭、aan, in, op, voor等ノ語ニ当ル、乃上ヲ承下ヲ起スノ詞ナリ、単聯倶ニ用ユ（単用ノ例単用字ニ見ユ）（上巻）

満洲語は〔de〕と発音する後置詞（テニヲハ）かと思うが、日本語やオランダ語（前置詞）と比較している。しかも〈単聯〉の両方に用いるという。これはいわば英文法などでいう"free-form"と"bound-form"の二つの語型式（国文法での自立語と付属語に近い）に近く、満洲語学で分けた分類用語であって、景保独自のそれではないと思うが、文法をよく理解していたのであろう。また〈aan〉のように前置詞でもあるが、分離複合動詞の接辞としても用いられる点で、単聯両用がある点、よく両国語を理解しての説明といえようか。この『満文散語解』は、『増訂清文鑑』の〈人部・散語類〉の〈散語類〉を独立させて、蘭語学の知識により考察記述したもので、ほかに『清文啓蒙』も参照しているらしい。しかし彼の満洲語への語学的構造理解に、かならずや蘭語学は有効だったと思う。しかも身近に、当時〈紅毛読書達人・西学博士〉といわれた馬場佐十郎などが存在したのである。彼の『満字随筆』（文化十三年成立）中の〈六、履辞考〉なども、馬場の『蘭語冠履辞考』（文政五年成立）から示唆影響を受けているし、あるいは教示されていると思われる。景保の蘭語知識は未詳である。

3

編者と協力者

さて本書の成立と関連させて、編者の素描を試みておこう。本書の成立を示す記録はどこにもみえないのであるが、幸いなことに、一・二・三の各巻の終りに、〈癸未九月廿八日吉雄宜再訂了／癸未初冬仲ニ再与吉雄宜校訂／文政癸未十一月二日吉雄宜再訂正了〉とあって、文政癸未六年に、吉雄宜によって校訂されていることが判明する。吉雄宜は馬場佐十郎死没後、文政六年（一八二三）に江戸に召された長崎通詞である。通詞の中では、かなり漢文がよくできたと記録されており、水戸藩とも強い関係をもった人物で、水戸藩には吉雄による『英和対訳辞書』が所蔵されていた（第二次世界大戦の空襲で焼失）。英語を学習していたようである。また宇田川榕庵は吉雄が論理学（ロジカ）に秀れていると記している。したがっておそらく、『亜欧語鼎』の〈欧〉はそもそもはまず馬場がすべて担当し、吉雄に引きつがれたのであろう。しかしここでぜひ述べておかねばならないのは、魯語のことである。すなわち、景保の『魯西亜国呈書満文訓訳強解』（文化七年附言）を読むと、魯帝の〈エカテリナ〉に関するところに、〈清文鑑ニ見ヘス漂客光太夫曰余魯西亜ニ客タル時ノ女帝「エーカテリナ」ト云ヘリ（後略）〉などとあって、例の大黒屋光太夫に魯西亜のことを種々たずねて、その知識や魯西亜語も示されたようである。馬場の魯語学習も第一歩は光太夫であったことを考えれば、おそらく景保は馬場を通して、魯西亜語も採択したのであろう。光太夫は当時の魯西亜通の第一人者で、辻蘭室など京都の学者にも影響を与えるなどかなり広範囲に強い影響を発揮している。ただし魯語の部分はほとんど空白のままとなり、蘭語もまた多少不備なままに残されたのは、やはり馬場の他界によるのであろう。吉雄——景保との関係をもった結果、シーボルト事件に連座し、牢死する——は吉雄権之助とともに〈二雄〉と称された優秀な通詞で、文政六年以降、景保の蘭語翻訳には影に形とつきそっていた有力な景保のブレーンの一人である。そして『亜欧語鼎』中の書込みを検すると、吉雄は『清文鑑』もみているようであるから、満洲語についても一見識をもっていたのかもしれない。したがって本書は〈巻之一〉の本文第一丁目に、〈観巣　橘景保編次〉とあっても、馬場佐十郎との合作であり、吉雄宜校訂と考えた方が妥当する。

　ここで景保と馬場との関連をすこしく紹介しておこう。この点でもっとも興味あるのは、〈文化十年三月廿六日〉付の伊能勘ヶ由（忠敬）宛の景保の書翰の一節であろう。これは景保の役宅というか、暦局の罹災に関する記述と関連するところで、途中省略して引用する。

（前略）一、御書物焼失は彼蘭書其外満字書二部……一、出火後馬場佐十郎宅に罷在候、幸佐十郎者留守中に而妻壱人故妻は里方へ差遣し宅不残明渡しに而借受居候……其外書籍等買集〆候には中々容易之事にては難行届身代破滅にて候御憐察可被下候　一、残念成者六ヶ年已前より被仰付取掛り居候満洲文字之書、著述三十巻追々補加致し申請書も出来 当夏中には清書致し進呈と存候処、草稿迄も焼失、六ヶ年の功労空く相成残念至極に御座候　其外是迄某折々蘭書和解致し候草稿多く有之候処悉烏有と相成候　一、右之趣長崎え御越之節、本木庄左衛門馬場為八郎等え委に御物語可被下候　并和蘭字書ハルマと申書二冊其外字書之類長崎には品に寄り売物も有之由、右両人え御問合候而御求可被下候　是迄所持之ハルマ字書は二冊に而金六両に而手に入候、大躰其位に候はゝ御求可被下候、其外「ラテイン」語書等払物有之候哉、右両様御問合御求可被下候　呉々も頼上候（後略）

右のように満洲語、和蘭語関係の原書、翻訳草稿などが大量に焼失していることが判明する（当時、馬場は蝦夷松前に魯西亜人と面接、通訳のため留守していた）。別のところで、〈世間え対候而も面目なく〉といい、〈退役可致と決心〉などとも書きつづっているが、景保は当時まだ二十九歳の壮年である。右によると彼自身、六年間をついやして編成した〈満洲文字之書〉が草稿ともに焼失したというのである。これはどのようなものであったかわかりかねるが、現存の『満文輯韻』（二十一冊）『増訂満文輯韻』（十一冊）をみると、実に献上本のように美しく、ことに後者は浄書の年月日がはいっていて最終巻は文政十一年十月初八日の〈浄書畢〉である（このへん新村・山田両先生の解説に若干の誤記、見落しがある）。罹災して約十年後ということになるが、改めて編集し執筆浄書したものであろうか。そうした意味では、『亜欧語鼎』なども文化十年より後のもので、罹災しなかったのであろうか。また右の書翰で重要なことは、蘭書の〈和解〉を多数おこなっているということと、〈ハルマ〉（F・ハルマの蘭蘭仏・

仏蘭辞典で二冊本をさすと思う〉を利用、ラテン語も必要あって字書を求めていることである。さすれば景保はオランダ語も学習し、翻訳できるほどの実力をそなえていたのであろうか。上での考察といささか矛盾するところで、景保には横文字関係の文法書も翻訳書も一本も伝えられていないのである。おそらく責任者として必要な図書を求めたもので、暦局内の和蘭書籍和解御用の実質的内容の一端もうかがわせる内容と解すべきであろう。

4

景保の語学力

従来景保の語学力についてはほとんど問題にされていない。上で示したような蘭語知識、文法的理解記述は、あるいは馬場に協力を求めた結果などではなく、彼自身の蘭語学習や研究の結果であろうか。ただ私見では、それにしては当時の江戸蘭学者の語学レベルは低いし、景保への高い評価もまったくきかれない。石崎又造氏が『支那俗語文学史』で、〈諸外国語に通じ多数の翻訳書がある〉と記されているが、これは残念ながら大いなる誤解の所論である。むしろ身近にいた大槻玄幹の述べているように、〈此人学才は乏しけれども世事に長じて、俗吏とよく相接し、敏達の人を手に属して、公用を弁ぜしが故に此学（蘭学）の大功あるに似たり〉（『蘭学事始附記』）という評価が一つの見解として参考になりそうである。私見では、景保の蘭語学は圧倒的にほとんど馬場によっていることは、当時景保のよき助力者であり指導者であった間重富も述べているところである。たとえば重富の子、重新の記録している〈先考大業先生事迹略記〉に、〈（馬場ヲ）高橋公ノ局ニ留仕セシメラル、以テ高橋公蘭書ヲ質サレ其学益々進マセラル〉などとみえる。また満洲語も先にあげた薩摩藩の〈石塚崔高〉の助力によるところがあるように思われる（『満字随筆』参照）。石塚は文化十四年に死没しているが、唐音をよくし、読書は大抵唐音を用いたという。島津重豪の『南山俗語考』の奥付に、〈華音臣石塚崔高校〉とみえる学者であり、シナ人同様にシナ語を読み、日本語に翻訳していったという実力の持ち主である。

なお文化五年、唐通事に満洲語の学習を幕府が命じているように、文化年間には、一種の満洲語学習ブームがあり知識人の間にも広がっていったらしい。いずれもいわゆる〈唐話学〉の一環として考究されるべきであろう。いずれにせよ、上の書翰にもあるように佐十郎留守とはいえ、その家をまったく自分の住居と化するほど、両者は親交の状態ではなかったか。公的な上下関係以上のものを感じさせる。すくなくとも、文化五年に馬場が幕府に招致され江戸へ来てから、江戸蘭学界はまともな翻訳がおこなわれるようになり、景保らの名でも翻訳が出てきたことが事実である。景保は年齢的に馬場より三歳年上で、大槻玄幹とは同年であるが、彼の蘭学の実力はやはりナゾである。景保の実弟、渋川景佑も景保の満洲辞書のことなどで、〈其任重而力不遑〉と暗に語学学習は未熟であったようにも書留めている。私が『亜欧語鼎』を採りあげるのには、鎖国の中でのその構想の雄大さが一つの刺戟になっている。

なお小論発表後、上原久『高橋景保の研究』（講談社）の大著が刊行されている。

参考文献

(1) 新村出〈高橋景保の満洲語学〉、同〈本邦満洲語学史料断片〉（いずれも、新村出選集第三巻所収。養徳社版）
(2) 上原久・小野文雄〈高橋景保の書簡について〉（「埼玉大学紀要17」御恵投いただく。
(3) 田村実造・今西春秋・佐藤長共編『五体清文鑑訳解』（京大、内陸アジア研究所刊）
＊本書は江戸時代の満洲語研究については、まったくふれてない。『亜欧語鼎』についても何ら言及していない。
(4) 『清文鑑和解』（写本、県立長崎図書館所蔵）
(5) 拙著『江戸時代蘭語学の成立とその展開―長崎通詞による蘭語学習とその研究Ⅰ』（早稲田大学出版部）
同『蘭学事始』（付「蘭学事始附記」、社会思想社、現代教養文庫）・『近代日本語の新研究』（桜楓社）

初出▼「早稲田大学図書館紀要18」（早稲田大学図書館、昭和五十二年三月）

6 小関三英論——書翰と文典断片（新資料）の考察

——世俗に相構不申自分一己之学文仕候事に相決申候名利は何程求め候而も是迄得候例無之候間透と相明らめ候而求めざるに相決申候——

はじめに

三英の資料を求めて、鶴岡市と酒田市に遊んだが、その折、鶴岡市立図書館と酒田の光丘図書館で若干の資料を見るを得た。一つは三英の書翰約五十通と、郷土史家、阿部正己氏の収集された資料、他は光丘文庫に蔵されている『弘采録』（百三十九巻）である。特に後者は、同じく同館所蔵の『病間雑抄』（七十二巻）と合わせれば、二百十余巻にも及ぶもので、平賀源内に関する記述や山口行斎についての記録など貴重なものが多い。早く森銑三氏がこの尨大な資料の一部を紹介されているが、小論で扱うものは、まだ御紹介にはなっていないようである。[1] いわゆる〈蛮社の獄〉の立役者として、高野長英や渡辺崋山のことは、かなり調査研究されている。しかしむしろ尚歯会のブレーンであった小関三英（三栄、号は篤斎・学斎・鶴斎・鶴州。通称は貞橘。天明七年・一七八七〜天保十年・一八三九）のことは、その姓の読み方（名乗り）さえ明確にされていない。江戸時代に出版の著者別書籍目録にもヲのところに小関三栄が出ているから、巷間一般には、ヲゼ（セ）キサンエイと呼んだのかもしれない。それらをふくめて、資料探訪の報告と、早大図書館所蔵の新資料を紹介することとしたい。

1

小関三英と『弘采録』

おそらく小関三英の伝記資料として、池由玄斎の[2]『弘采録』と『病間雑抄』とはきわめて貴重な資料ということができよう。これに優るとも劣らぬものが、残されている三英の書翰である。もっとも『弘采録』にみられる三英に関する記録は、古く郷土史家の佐藤古夢氏などが御覧にならられ、さらに阿部正己氏がひろく且つ多くの資料を紹介しておられる。東北大学の山川章太郎氏の論考、〈小関三英とその書翰〉[3]も、阿部氏の資料・草稿によっていると思われる。私もあらためて、『弘采録』に三英資料の記事をさがした。たとえば三英が弁助といわれたころの唯一の書翰と目されるもの（『弘采録二〇』）の中で、これまでの紹介で新井白蛾を〈白蝶〉としているが、これを訂正することもできた。これは阿部氏、したがって山川氏も誤読しているもので、現物をみるとまさしく、玄斎自身きちんと、〈白蛾〉と書いている。これはほんの一例にすぎないが、書翰をふくめて、読みあやまりがあり、再検討は必要であった。なお三英の直接資料ではないが、阿部氏と山川氏との往復書翰なども保存され、拝見することができ、山川氏の論文作製が阿部氏のものによっていることの事情もかなり明確に知ることができた。また郷土史家たちの収集研究されている資料――例えば明治初年まで小関三英の末流ともいうべき人物が、酒田市で代言人をしており、伝わる資料も所蔵されていたこと、それを書写されたものなど――も披閲することができた。小論では文政十一年六月十日付の書翰一通[4]をとりあげ、それを中心に、従来未詳とされた点や、新しく見出したところを述べ、大方の叱正を仰ぐものである。

三英とその語学力

おそらく三英の語学力のすぐれていたことを証するものは、つぎの書翰であろう。

◇文政十一年六月十日付

一筆啓上仕候、甚暑之節に御座候得共、皆ゝ様益御機嫌能可被遊御座奉恐悦候（中略）私義三月中より足痛にて必至と平臥罷在候処此節稍近所歩行相成申候、尚追ゝ快方に御座候間乍憚御休意可被成下候、右に付御屋敷にも一向出入不仕候、扨又蘭書は追ゝ珍敷もの相渡り申候に付、此節専ら披見に相かゝり居申候、去年已来学文も大に上達仕候、又ゝ蘭文相認め先頃権之介(ママ)先生被来候節、監定(ママ)お得候処大に称美被致候、当時は権之介先生門人之中にも、壱両輩上達之人有之候由、就中岡賢(ママ)介と申は尤抜群に而吉雄忠次郎にも相勝候由権之介先生被相咄候、右岡賢介と申は承候処格別之人物之由に御座候壱両年中には此人も出府可被致候由に付、何卒面会致度相待居申候、外には天下中六七人はよく読候人も有之候へ共、何れも同志に無之候、天文台も明後年は交代年に御座候間、誰ぞ長崎より別人参可申と存候、左候へは是も又一変可仕存候、諸侯に而も蘭学を真に好候人は一人も無之候、只医術而已を取用候はまゝ有之候、仙台之ことく蘭学を別に興候人は無之候、米藩(ママ)も一向論に不足候、猶我大夫山住氏が如くに而候、何方も一般之風俗にて門戸お大に不仕候へは門人に相成候ものも無之候、兎角ゑり元お見申候は天下一統之悪俗に御座候、依之此間より見識お相定め申候而、世俗に相構不申自分一己之学文仕候事に相決申候、名利は何程求め候而も是迄得候例無之候間、透(スキ)と相明らめ候而求めざる事に相決申候、是に而生涯お送候とさへ存候へは不苦存候、御地之出生之ものに野村周徳と申もの、当時青山侯の近医に相成湊抔の同役に相成り居り申候、如是者に御座候間、何程学文有之候而も、名利之益には相成不申ものに御座候、是ハ天下一統皆如是ものに御座候間彼是相譏候も無益と存候、田舎に来り候へは少ゝ利益之口も有之候へ共、是又学文之障りに相成候間延引仕候、当時蘭学お致候人之主意は何れも名利お重と仕候事に御座候所、私抔之同意には無之候、第一翻訳を業と致候人は夫に而金お設(ママ)け候ために仕候、又医術を学候人は夫に而世俗に用られ望お得候ために致候事に御座候間、孔子之所謂君子之道に相返候事に御座候、依之私抔之する所は同蘭学致候人之目より見候而も相分り不申候、桂川様には未た見合引移不申候、此仁は君子小人之分ちは屹度相知候人に御座候、勿論蘭学者の目利も出来候人に御座候間、私抔之胸中は得に御見取被成下候事に御座候、乍去此人も金銀之助けには一向相成不申候、学文之助けには大に相成候人に御座候間、不懈相仕居申候、外には是そと思ふ人物にも往逢不申候、中山良輔父子此間出府致候由に而、私方に相尋参申候、桂川様にも参候由に御座候、私は往違に而いまだ面会不申候、先は右暑中御伺申上度是如に御座候、猶期後音之時候　恐惶謹言

六月十日　　　　　　　　　　小関　三栄

小関友之輔様

参人〻御中

＊追伸は省略。また小関は助詞〈を〉を〈お〉と表記するくせがある。

文政十一年（一八二八）といえば、この十月に例のシーボルト事件が発生しているわけであるが、三英は四十一歳で彼自身にとって、生活の上できわめて困難な時だったとされる。書翰はこのことも充分語っているといえよう。しかしこの中で、〈去年已来学文も大に上達仕候、又〻蘭文相認め先頃権之介先生被来候節、鑑定お得候処大に称美被致候〉というところが注目される。また桂川（甫賢）の人物評価も興味がもたれる。

まず〈去年已来〉であるが、去年という文政十年は、三英が何処でどうしていたか明確ではない。すくなくとも、山川氏の推定されている文政十年八月廿五日付の書翰（これは書翰裏面〈亥八月廿五日〉を文政十年とされたのである）によれば、文政十年六月九日母死没後、鶴岡をたって、山形―仙台経由で江戸に再び出ようとしている。山形でしたためたものがこの八月廿五日付の書翰である。この書翰を山形でしたためたことは文面で明白であるし、〈江戸え着の上差上候様可仕候〉といい、〈江戸へは来月廿日頃の着に相成可申と存候〉という文面からすれば、江戸へ行く明白な目的のあったことも諒承できる。しかし反面、三英が鶴岡を出るにあたって、仙台での医学修業を願い出ている点――〈仙台え医学為修業罷越候処、又々修行之筋有之同所より直に御当地へ罷出申候〉

とある――はうなづけない。彼自身すでに文政六年十月には仙台藩から招聘されて、仙台医学校の教官になっているのである。人に蘭学（主として語学か）を教えるほどの人物が、再び元自分が教師をしていた仙台へ、医学修業というのはおかしな話である。とするとこの書翰を文政十年とするのは誤りかとも思われよう。しかしやはり書翰中に、〈佐々木中沢方へは相尋不申、医学校に而心安く仕候方には何れも隠れ分に〉と述べているから、三英が仙台医学校の教官をした後であり、何か特別な事情があったことも確かであろう。とすればやはり、文政十年は正しく、この書翰は何か文面以外の真実が語られているようである。

事情は別であるが、森鷗外や西周のことを調査に、津和野へ探訪に行った際も、彼らが忠実な藩の子弟ではなく、むしろ反藩体制の人間であり、そうした組織からはは み出している人間たちであることを知った。おそらく青雲の志ある三英も、藩ではきわめて低い下積み生活の人間とて、脱藩・離藩を合法的に計画していたことも推測される。[5] 三英についてこの文政十年前後（前後というより、八・九・十年のころ）は注目すべき時期でありながら、三英の行動未詳の空白期なのである。

なお右の佐々木中沢（ちゅうたく）（養三）について一言述べておきたい。『磐水存響』の年譜に、〈文化十二年　一ノ関　佐々木養三　入門〉とあって、彼二十五歳の時大槻玄沢に入門している。この文化十二年から約七年間、江戸で蘭学修業をしている。蘭語は馬場佐十郎などに学んだようであるが、文政五年に仙台医学校の教官となるまでみっちり蘭学を勉学したことになる。中沢（ちゅうたく）と江戸蘭学者との交渉は繁く、多くの書翰が現存している。従来、小関三英が文化のはじめ、江戸に出て、蘭方医、吉田長淑や通詞、馬場佐十郎に学んだとされているが、[6] これも疑惑である（事実、馬場に関していえば、彼は文化五年（一八〇八）以降でなければ江戸に在住していないし、他の小関の書翰から、小関が馬場に直接蘭語を習ったことを否定したい）。むしろ仙台医学校や中沢との関係からすると――中沢から三英に対して数回にわたって仙台の医学校教官の交渉がある（書翰による）――両者の関係はこの交渉で生じたというより、すでに江戸滞在中に知り合ったと想定できる。特に桂川甫謙が、[7] 中沢と三英を仙台に推薦したとなると、三英の江戸在住も人間関係から間接的に証明されようか。文化のはじめというより文政のはじめではなかったか。

後述のように三英の語学力、特に蘭作文にすぐれているという点からは、吉雄権之助との出逢いも大切であろうが、現在までほとんど考察らしい考察のない〈吉田長淑〉について、是非とも考究すべきと思う。吉田の実力は、桂川直伝とて、かなりなところまで達していたと思う。ともあれ従来の説に立っても、馬場は文政五年には死没しており、中沢は文化十二年に江戸に出て来たとすると、文化十二年から文政四年の間に、三英の江戸での蘭学修行と中沢との交渉が生じたのではあるまいか（後述）。三英が文政五年には鶴岡に居たことが、書翰では明確であるから。ただこの文政五年以前のもので、明確に江戸在住を証拠だてるものはつぎに考察する『弘采録』の資料だけといえる。三英が中沢との面会をさけたのは、単に三英の方に何かがあった（山川氏説）というだけではなく、中沢の方に、例の文政五年仙台郊外、七北田での解剖とその報告ともいうべき『存真図腑』事件があったゆえであろう。仙台における漢蘭の対立は、三英にとって、不必要な摩擦であり、避けられれば避けたい気持があったと思う。

2

三英と吉雄権之助

さて〈去年〉云々が意外に横道にそれてしまったが、三英が何故去年以来の向上を述べているのか、いささか理解に苦しむところである。むしろおちついて勉強する暇には乏しかったと思われる。ここで三英の江戸在住を証する現在唯一の資料を『弘采録二〇』から抜出しておこう。つぎのものである。

東都の学者は孰も宋学に御座候、此間木下一斎と申儒生の会に出候人の咄に承候に、此人斗は宋学に無之由此木下は則葛山寿か事也と申聞候、才孝君の碑なと書候人、孟孝君抔尓御尋被成候はヽ相知可申候、一斎か著述論語一貫と申もの一見仕候、山子か説を体にいたし、己か説にて補ひ候ものに御座候
此間加州の藩中、新井真蔵と申人と致対話候、是は白蛾か実孫にて当時聖堂に遊学いたし居候、固(因)斎兼て被下候馬場喜十郎が事共尋候処、到て入魂の由申候、被仰下候通豪傑に御座候由承候、今は何某とやら候養子に参候故、馬場性(ママ)をは名のり不申候由、扨当時聖堂にての嚆矢は、古河弘の由、是は親弥介に一陪まさり候才子の由と、右真蔵咄され候間に御座候、北山か二代山本良助と申者、詩ヲ能作り書も出来候男のよし、塾中に懇意のもの有之度々参申候、扨田舎にて豪傑と承り候者も、逢見候得は張合も無之ものに御座候、田舎には却て豪傑も可有之奉存候、已上

五月三日　　　　小関　弁助

高橋玄甫様

右は三英の書翰を玄斎が書写しておいたものであるが、文中、東都の学者が誰も彼も宋学であるというのは、いわゆる寛政の異学の禁以降の江戸学界の状況を記述していることとなろう。ただ〈木下一斎（葛山寿）〉や古河弘・同弥介については必ずしもまだ解明されていない。特に木下一斎に関して、ここでまず考究しておこう。

一体小関三英のものには、誤字、宛字、かなづかいの誤りなど、いい加減さが多いようである。そのうえ『弘采録』は三英書翰の写しであるから、いっそうずれがでてこよう。ここの木下一斎はどうもこれに適当する人物が見出せない。山川氏の論文発表以来、約三十年、いまだに正解が出ていないのである。しかし結論的にいうと、三英のくせで、松を木としてしまったのではないかと思う。私はそう推定して松下一斎なる人物を求めてみた。調べてみると、まさしく適当な漢学者が見つかったのである。すなわち、木下一斎とは松下一斎のことで、例によって三英（あるいは池田玄斎）の書写の誤りであった。『近世漢学者伝記著作大事典附系譜年表』の〈松下葵岡（古注学）〉に

つぎのようにある。

名は寿字は子福、清太郎と称し、葵岡、又一斎と号す、文事には葛山氏と称す。松下烏石の姪なり、江戸の人、家世々幕府に仕ふ。葵岡業を片山兼山に受け、兼山の没後は其子弟を誘掖し、其学統を受く。之を以て世に唱ふること、四十年一日の如し。山子学と称して今に存するは、実に葵岡の功多きに居る。其の平生の言行甚だ古人の風あり。文政六年十二月十三日没す、年七十六　著述　論語一貫十巻刊（片山兼山説）

右で文政六年以前、三英が江戸にいたことも推定できる。つぎに関連して一斎の著『論語一貫』の刊行を考えてみよう。三英が〈一見仕候〉と述べているところをみると、同書刊行の時点、あるいはそれ以後、江戸にいたことは確かであろう。同書は、文化九年序、文化十一年（一八一四）刊の五巻五冊本である（上の十巻刊というのは誤）。やはり三英が述べているように、〈山子〉すなわち〈片山兼山（古注学）〉の説によっているものである。文化十一年刊行であるから三英がこれを読んだのも、これ以降であり、したがって江戸居住がこのころか、それ以降であったことも確かであろう。従来、三英の江戸居住の時が明確ではない。これで文化十一年ごろに（〜文政四年以前）江戸にいたことと、彼が多少とも儒学に身を入れたことがわかる。そして消極的な意味で、蘭学には専心していなかったのではなかろうか。さらに古河弘や弥介のことがでてくることからも推定される。後者は、かの有名な古賀精里（弥助）であり、前者はその三男・古賀侗庵（弘）のことと思われる。例によって古河は古賀であり、弘は侗庵の名としては他に見えぬが〈聖堂にての嚆矢〉などから、文化六年二月二十四日、聖堂に儒者見習となった侗庵（煜）と考えるのが妥当しているようである。さらに北山は文化九年五月十八日に死没し、二代目の山本良助（良も亮が正しい）のことを考慮すると、小関はともかく文化十一年前後には江戸におり、これ以降文政四年ぐらいまでは、鶴岡を離れていたのではなかろうか。年齢的には二十歳の半から十年ほどである。別に出てくる桂川甫謙・甫賢のことを考えると、おそらく江戸居住中にでも、親しく、あるいは師事することもあったのではないかと思う。桂川が蘭学者の庇護者であることはいうをまつまい。従来、三英が馬場佐十郎に就いたとするのも、あるいは桂川をとおして、紹介され、知り合った程度のことかと思う。しかし後、天保九年九月、故郷宛の手紙に、〈世間大ニ此学（蘭学）相開候而往時馬場佐十郎位之学者珍しからざること〉と書きつづっている。文面からも直接の師などでないことは確かであろう。ともあれ文政十一年現在では、すでに甫謙は死去し、甫賢が三十二歳で、ちょうど三英より十歳年下である。馬場はすでに死亡している。

つぎに、〈先頃権之介先生被来候節、監定お得処大に称美被致候〉の点である。権之介は吉雄権之助（如淵）のことで、馬場とともに中野柳圃の高弟である。当代随一の蘭学者であり、シーボルトが、〈学問ある通詞〉として高く評価している長崎通詞である。ただし日本人の記述したものには、必ずしも権之助について高く評価を与えたものは多くないのである。江戸蘭学界では決して～先生などとは敬称されていない。三英は文政十一年四月朔日の書翰でも、〈此間は長崎より吉雄権之介ナル大先生出府致居候、折々面会仕候、今一両日逗留之様に御座候〉と最大級の敬称で吉雄に面談したことを郷里に書き送っている。この言いぶりでも、三英がこれ以前に長崎に留学していないことがわかる（小関の長崎留学は否定される）。権之助が蘭会話に秀れていたことは定評があるが、その評価ほどには、彼の文法論というか、著述が残されておらず、わずかに『属文錦嚢』があるのみである。同書については、私は蘭学研究会で発表しており、且は小論にまとめたのでそのほうを参照されたい[8]。権之助の弟子は高野長英といい岡研介といい、その他多士済済で、シーボルトの弟子がそのまま実質的に、語学的には権之助の弟子であった。彼は後にシーボルト事件に連坐してしまうが、直接間接に江戸の蘭学界にも影響を及ぼしている。例えば宇田川榕庵における権之助蘭語学の見事な結実がそれを証する。そしてこの文政十一年六月十日、その大先生に小関は自己の蘭文を見せて、大いに褒められ得意になっているのである。時に三英は四十二歳で権之助の方が二歳年上である。〈岡賢介〉も研介が正しいが、当時三十歳、新進気鋭の蘭学者として、シーボルトの鳴滝塾の最初の塾長をつとめている。坪井信道、伊藤圭介の語る研介は最高の蘭学者であり、よくいわれていることは、〈読書力は長英が研介に勝り、文章会話は研介が長英に優れたり〉であった。

私が萩の郷土史家、田中助一氏を訪問した際、氏が岡研介（山口県出身）の書翰のこと話され、研介が吉雄俊蔵（名古屋蘭語学の祖、蘭語学に秀れていた）は、評判ほどすぐれたものではないと評している由をお聞きした。もしこれが真であれば、岡研介の自信はたいしたものであり、裏返すとそれほどに実力があったことになろう。三英が手紙の中で、〈就中岡賢介と申は尤抜群〉との評語も肯づけよう（のち研介は狂死する）。また吉雄忠二（次）郎は吉雄呉洲のことで、文政五年、馬場の死没後、幕府に召された長崎通詞である。宇田川榕庵『自叙年譜』にも〈両雄〉として、如淵、吉雄権之助と並んで蘭語学の大家と記述している。つぎの文政十一年七月十三日付書翰でも、〈蘭学も追〻盛行ニ御座候へ共、指たる人物も無御座候、当時崎陽に罷在候岡賢(ママ)介と申は格別之人物之由に御座候……扨除之は取るに不足候〉と書いている。三英が如何に自己の蘭語学に自信をもっていたことか証明できよう。つぎに示すのは『弘采録九四』の一部である。三英が蘭学者として自他ともに許していたことが証明されよう。

（三英の蘭語熟達ぶりについて）その一ツをいはゞ先の中山道輔（同じ藩のもの）より持伝へたる蘭書一巻あり、荘内にて誰もよみ得る者なく、近来物故せし良輔も実は一向よめざれとも、能く読み得る体にもてなし、秘書と号して深くひめ置つるに、この貞橘（小関三英のこと）が事を聞てひそかに招きて、右の蘭書を出しよませ試るに、同然のものにて蘭書の中に於ては、いと読み易き事なるものをとて、水の流るゝことくよみ下す。扨その中に鹿と鶴の如き鳥海岸の湖水に入りて居る図あり、良輔いかなる因縁なるぞと問ふに、貞橘そは鹿も鶴も矢疵を得て潮に浴すさま也、扨金創等は外科薬斗にて、内薬に及はざるを譬喩せる事といふ。其外奇説異聞人頤を解しむ。良輔大に感じ何卒御国の宝とせまほしきといへりしか共、時運の至らざる処は、人力の及がたきものにて、終に南上して他家の臣となれり。

文中の〈南上〉が天保三年（一八三二）の岸和田藩への小関の仕官を指すのかもしれない。したがって右の逸話は、文政五年（または文政十一年）ごろ、彼がいったん江戸から帰郷した折か江戸表でのこととなろう。時運の至らざる処が、三英にどれほどの苦痛を与えたことか。

権之助との出会いは、山川氏もいうごとく、三英の長崎行を否定する一材料ともなろう。ただ三英が、文政十年八月二十五日付の書翰で、〈先は江戸へ罷越候は丶本石町弐丁目、湊長安処へ寓居と存候〉とあるから、湊長安とは親しかったわけである。長安とどうして親しいかを検討すると――長安は奥州石巻の対岸、湊千軒村の人――単に郷土の関係からではなく、長安が吉田長淑の学僕となっていたからと思われる。やはりすでに三英と文化年間、すなわち三英の第一回の江戸居住中に親交を結んだのであろう。長安がシーボルトの門に入ったことは、彼の著、『丹靖堂随筆』でもうかがえる。このことから、三英もシーボルトの門人などと誤伝されたのではなかろうか。長安の第一回江戸在住を追求していくと、あるいは三英の第一回江戸在住もより明確になるかもしれない。

3　文典断片と『英文鑑』

ここで新資料として、小関三英の語学力を知ることのできる資料を紹介してみよう。実は資料というには余りにもすくなく、断片三葉にすぎず、彼自身の語学力を知るにはきわめて不足している。しかし現存のものとしては唯一とも思われるのである。この断片も二つに分けられる。ここでは、つぎにその一つ、〈文法用語の一覧（断片）〉を紹介してみる。(9) なお、（　）内に現代文法用語を示す。

1. Lidwoorden　冠辞（冠詞）
bepalende lidwoord　指実冠辞モリソンニ拠ル（定冠詞）

2. onbepalende lidword　不指実冠辞同上（不定冠詞）
zelfstandige Naamwoorden　名目辞同上（名詞／単数・複数／男性・女性・中性）
getallen　二員　Enkelvoud　単員　Meervoud　畳員
geslachten　三性　mannelijk　陽性
vrouwelijk　陰性　onzijdig　中性
naamvallen　四転（四格）　eerste　第一転　tweede　第二転
derde　第三転　vierde　第四転

3. Bijvoegelijk naamwoord　添名辞（形容詞）
trappen　三等　stellig　平等　vergelijkende　較等　oversreffende　極等

4. Voornaamwoorden　指名辞（代名詞）
Persoonlijk voornaamwoord　称呼指辞
persoonen　三位　eerste　第一位（第一人称）
(t)weede　第二位（第二人称）　derde　第三位（第三人称）
wederkeerige voornaamwoord　反己指辞
bezittelijk voornaamwoord　連名指辞
vragende voornaamwoord　問指辞
aanwijzende voornaamwoord　示指辞
betrekkelijk voornaamwoord　承接指辞（関係代名詞）

5. Werkwoorden　動辞（動詞）
gelijk vloeijende　不換音動辞

ongelijk vloeijende　換音動辞
onegelmaatige　拗格動辞　bedrijvende　能動辞
lijdende　所動代（ママ）　onzijdige　自動辞
wederkeerige　反己動辞　hulpwoord　助辞
deelwoord　分類辞（分詞）
wijzen　四様（文章法（シンタックス））
aantoonende　明説様（直説法）　aanvoegende　未定様
gebiedende　吩咐様モリソンニ拠　onlepaarde　寛説様同上
Tijden　六時　tegenwoordig　現在
onvolmaakt verledene　過了現在
Volmaakt verledene　過去
meer dan volmaakt verledene　過了過去
eerst toekomende　未来
tweede toekomende　過了未来

6. Telwoorden　数辞（数詞）
7. Bijwoorden　添旁辞モリソンニ拠ル（副詞）
8. Voorzetsels　置先辞同上（前置詞）
9. Voegenwoorden　連句辞同上（接続詞）
10. Tusschenwerpsels　歎辞同上（感嘆詞）

一見してわかるように、品詞を主とした紹介であるが、訳語の点から考慮すると、江戸の蘭学界や長崎の通詞たちの用いる用語と著しい相違がある。たとえば文章法（wjze）の〈四様〉であるが、〈明説様・未定様・吩咐様・寛説様〉は、中野柳圃・馬場佐十郎、吉雄権之助などの用語とも異なり、現時点では他にまったく共通の訳語がみられない。つぎに若干の訳語について、指摘しておくとつぎのとおりである。（ ）内は出典を示す。

冠辞（訳鍵・和蘭文学問答・蘭学梯航など）／陽・陰・中性（蘭学生前父・蘭語冠履辞考など）／名目辞（蘭語冠履辞考・訳鍵・蘭学逕など）／単員・畳員（六格前篇・蘭学凡）／指名辞（蘭学凡）／動辞（蘭語冠履辞考）

右のように藤林普山のもの、馬場佐十郎のもの、中野柳圃のもの、吉雄権之助—吉雄俊蔵—大槻玄幹のものなどと多少は類似のものが認められる。しかし〈単・畳員〉は、吉雄俊蔵の『六格前篇』やそれと関連がある『蘭学凡』にはみえるが、他にはこの訳語を用いているものは皆無であって、三英が権之助と関係あったことの一証拠にすることも断定しにくい。吉雄俊蔵の文法は権之助から流れているから、あるいは権之助のものが、三英にも流れていると考えられはする。〈指名辞〉（一般には代名詞）という用法も、この線で考えられるようではある。しかしそれにしては、吉雄権之助や同俊蔵などには〈冠辞〉などがなく、『蘭学凡』などでは、〈弁声詞〉などと訳している例もある。結論的にいうと、ある文法用語についてのみ、ある文典と一致するということで、全体的には、何の共通性もなく、既成のものとの比較では、ばらばらと断言してよさそうである（これをもって、小関の蘭学の独自なことも想定できる）。現代も用いている〈中・男・女性〉も蘭文典では必ずしも一般的には用いられず、『和蘭語法解』（文化十二年刊）で〈中性・男性・女性〉はあるが、それとごく近いとは思われる。しかしいずれにせよ〈男、女、中性〉などの訳語もなかなか一般的ではない。〈歎辞〉などにしても同様である。こうしてみてくると、註記、〈モリソン〉が注目されることになる。ただしかしここで注目すべき資料がある。すなわち天保十一年成立の『英文鑑』で、それをみるとつぎのようにある（英語・オランダ語を対訳して訳語を示している）(10)。

Articles lidwoorden 冠辞, Definite Articles, Bepalende lidwoorden 指実冠辞, Indefinite Articles, Onbepalende lidwoorden 不指実冠辞／The number, het getal 二員, singular, het enkelvoud 単員, plural, het meervoud 畳員／The gender, het geslacht 三性, The musculine, het mannelijk 陽性, The feminine, het vrouwelijk 陰性, The neuter, het onzijdig 中性／Substantives or Nouns, Zelfstandige Naamwoorden 名目辞／Adjectives, Bijvoegelijke Naamwoorden 添名辞／Verbs, Werkwoorden 動辞／Pronouns, Voornaamwoorden 指名辞／Adverbs, Bijwoorden 添旁辞／Conjunctions, Voegwoorden 連句辞／Interjections, Tusschenwerpsels 歎声

右のような小関の断片と本書と、両者の一致は偶然とは考えられない。『英文鑑』の完成したのは天保十一年（序文は十月）で、訳者は、〈渋川六蔵訳述、藤井質訂補〉である（三英は前年死去している）。六蔵は同書の巻首にみえるように天文方見習、渋川敬直のことで、本書は彼の訳述で、父は天文方、高橋景保の弟、景佑である。したがって、六蔵は間接的には馬場佐十郎及びその弟子などを師として蘭語を学習したであろう。しかし、そうであるならば、三者の共通性がもっと多くの用法、訳語においてあってもよかろう。もっとも父、景佑も蘭語には精通していたと思われるので、父からも学習したであろう（しかしその場合も六蔵自身から出ているとは限らない）。今後いっそう考究すべき人物である。しかしさしあたり、そうした点よりも、むしろ上述のように、『英文鑑』と三英の断片との一致であり、これはただごとではないと思う。しかも三英のものが少なくとも『英文鑑』以前である点は明らかであるから、もし影響となれば三英の訳語が六蔵に影響を及ぼしていると推断してよかろう。天保六年（一八三五）三英は幕府天文台の翻訳方に出仕して、『厚生新編』の翻訳に従事している。したがってそれ以前、六蔵らとも交渉をもったと推測することは容易である。さらにこの六蔵と三英との関係を、〈英語〉を仲介にし

て考えると、先にふれたように、上掲の文法用語にみえる〈bepalende lidwoord　指実冠辞モリソン二拠ル〉——の〈モリソン〉が問題になる。すなわち、三英は蘭文の英文典を翻訳していたのではあるまいか。〈モリソン〉は、おそらくR. Morrisonの"Dictionary of the Chinese Language, Macao 1815-1823, 6 vols."というシナ語字典、別称『五車韻府』とよばれる〝華英英華字典〟であろう。この第二巻目が英華対訳字書の体裁になっているが、同書は文化十二年から文政六年にかけて出版され、文政八年（一八二五）にシーボルトの助手として長崎にやって来た外科医、Burgherなどが、持参したと思われる。その点、R・モリソンの"Memoirs of the life and labours"の〈一八二八年十二月二十八日・二十九日〉の二日間の記事につぎの記述がみえる。

"28th. — Mr. Burgher called and told me a great deal about Japan and the neighbouring islands. I have invited him to the Company's, as you will see by the enclosed. He says the Japanese write on their fans, at Nagasaki, extracts from Morrison's Dictionary, arranged according to the Alphabet, as an ornament, and present them to each other ! The Alphabetic arrangement is new to them. Majoribanks was much struck with the circumstance of the Japanese getting a new Chinese Dictionary through English language."

"29th. — I have sent to Japan an order for a copy of my Dictionary, to be given to the translator Gonoski Kokizas.（ママ）* Mr. Burgher suggests that I should write a kind letter to him, and he will forward it. I have given Burgher also an order for a copy of the Dictionary, and thirty-two dollars, worth of Chinese books and prints."

*Gonoski Kokizasは権之助吉雄である。さらにHenri Cordierの"Bibliotheca Sinica/Dictionnaire Bibliograaphique / Des ouvrages relatifs à L'Empire chinois"の巻三に、Mr. BurgherがMorrisonを訪問して、つぎのように述べたことを伝えている。すなわち："Nov. 18th.（中略）He told me a piece of news which I cannot help communicating to you — it is this — the Japanese translators are rending Mrrison's Dictionary into the Japanese language ! This is a curious and interesting fact（後略）"（一八二八年十一月十八日、上述のモリソン日記から抜萃のものである）。

一八二八年は日本の文政十一年にあたる。ちょうど二年前権之助は商館長（カピタン）の江戸参府に参加して、江戸に来たらしい。

右のように〝モリソン字典〟は吉雄権之助と深い関係があり、権之助が翻訳して英和対訳辞書の作成を志していたことが既存の資料で判明する。文政十一年六月の三英と権之助の出会いは、あるいは権之助を通して三英が〝モリソン字典〟を手に入れ、または披閲して、訳語においてその影響を受けたのかもしれない。権之助のそれ（「英華字典」からの訳語）を受けとめる機会も得たであろう。あるいはまた、三英と友人となった高野長英が権之助の弟子であったから、権之助―長英―三英という流れで、受けとめられたかもしれない。先にあげた〈断片〉には、一か所のみでなく、〈モリソンニ拠ル〉が九か所もみえるから、かなり参考にしたことがわかる。〝モリソン英華華英字典〟の何版かの、シナ語訳が三英に用いられ、さらに『英文鑑』に受けつがれたと考える公算が一番大きいであろう。モリソンのものといえば、他にも『五車韻府』の名で蘭学者が用いている例がみえる。この字典は蘭学者にかなり利用されていたらしい。宇田川榕庵なども翻訳の時、これを用いていたことが彼の訳書をとおして、充分うかがえるのである（現在でも日本では英語の翻訳に英中・中英辞典を参照するという）。

4

小関はKoseki

さて三英がモリソンの〝字典〟を用いたのは決定的であるから、従来知られていなかった彼の語学の一面——すなわち英語も手がけていたことを知るのである。権之助が英語を手がけていたことは、すでに知られているが、馬場もまた英語を手がけていたことは、現存の彼の作、『訳司必用諳厄利亜語集成草稿』でも証明できる。しかし他の蘭学者の場合は、英語をどの程度手がけたかが知られていない（長崎通詞はのぞく）。いちおうすなおに考えていけば、やはりこの文法用語をとおして、つぎのことがわかる。①三英が権之助と交渉をもち、彼などをとおして、英語関係の書に接したらしいこと。②三英が英語も学習していたらしいこと。③さらに『英文鑑』及びその訳編者と深い関係のあるらしいこと（これは三英の天文台出仕とも関係あろう）。従来『英文鑑』が〝モリソン字典〟との関係で、特に訳語について論じられることはなかった（荒木氏のもの及び大阪女子大『日本英学資料解題』でもふれていない）。また小関三英との関係もまったく考えられていない。たとえば荒木伊兵衛氏が『英文鑑』についてつぎのように解説されているのは再考を要しよう。

> 即ち英艦が屢々東海に出没して、我国に水薪炭を乞ふ者が出来て来たので自然英語の必要を感じるやうになつた。そこで幕府は天文方である渋川六蔵をしてその研究に当らしめた。しかし先に長崎に於て編纂された「小筌」「大成」等は只単語単句を集めたのみにてその文法を知る上に於て不便を感じたので、今度英文法書の翻訳を思立ち本書が完成されるに至ったのである。蓋し英文法書として本書は本邦に於ける最初の著述であるが江戸に於ける英語学研究は長崎よりも凡そ三十年許り後れてゐた。

右の解説は果して十分であろうか。否で英艦とは関係などない。上掲三英のものは、わずか三葉の断片であり、文法関係はそのうち二葉だけである。それも直接英文法関係でなく（『英文鑑』自体、L. Murray の "English Grammar" の蘭訳本 "Engelsche Sprakkunst", F. M. Cowan によっていることは判明している）、〝モリソン字典〟を通しての推測にすぎないが、この点は今後小関三英を考えるうえに充分考慮すべき問題をはらんでいるといってよかろう。[11] 今後の資料探訪を必要とはするものの、三英こそ英文典翻訳の最初の蘭学者と仮定してもいいのではなかろうか。ちなみにこのころ〈三栄〉を〈三英〉と改名したのも、単なる偶然だろうか。

ついでをもって、〈小関〉を吟味しておく。これまで史家はオゼキと紹介している。しかし私が訪問した折、鶴岡市市立図書館元館長、大瀬欽哉氏の御教示では、〈小関〉は庄内地方ではコセキと呼び、羽黒山麓手向地区では、現在もコセキと呼ぶ人びとの集落があるという。佐藤古夢氏の資料中に、小関の子孫の方が明治初年に御健在で、コセキと自称されたこと、小関三英伝（草稿）[12]をまとめられた阿部正己氏は小関のシーボルト門人帳にSanei Kozekiとあるから、やはりコセキが正しいとされ、氏の編集に成る『庄内人名辞典』では、はじめヲゼキとされたが、朱でコセキと訂正されていること（いずれも市立図書館にて現物調査）。しかし江戸時代の出版物では、ヲゼキとヲの項目に編集されていることや、積極的に――上述の阿部氏のローマ字署名からの断定も、小関が現代ではシーボルトに入門したことが否定されているし、署名の仕方に私見では疑問がある――コセキかヲゼキかを決定するものがない。日本史の研究家の間でもオゼキと呼ぶのが一般である。『日本史辞典』（数研出版）なども、〈おぜきさんえい〉で立項している。ただ上述のように、庄内地方ではコセキであることは、小関自身もコセキと名乗ったことを推定させる。ただ江戸とか他地方の人は言いにくいこともあってヲゼキと呼び、みずからも強く否定しなかったのであろう。ところが、上述の早大図書館所蔵の他の断片には、〈Koseki Sanij, K:S: Saneei, KS. Sanee〉とあり、姓名はコセキサンエイ、あるいはコセキサンネイ（サネイ、サンエエなどとも）と読める。ローマ字書きであり、筆蹟からは自筆とも思われるので、やはりヲゼキにあらずしてコセキであったと思われる。従来明確ではなかったが、以上二点をもって確証とし、今後コセキと呼ぶべきかと思う（なお別に京都在住の蘭学者に〈尾関（オゼキ）〉と名乗る人物はいる）。そして同時に小関が蘭作文にも秀れていたらしいことも判明した。

最後に三英の人為り、対学問態度であるが、幼時、火傷（やけど）により〈びっこ〉になったというハンディキャップ（足痛もそれである）もあり、その性格にもよろうが、きわめて地味であり、ケレン味のない学究肌の人物と思われる。世間の風潮や学者が金もうけや名利のために働く姿は君子之道に反するといい、桂川甫賢にもそうした学問・学者の真の庇護者であることを期待もし希望もしていたようである。おそらく天保期は三英の蘭語学の実力は上位にランクされるものであろうし、反面、たいして学問実力のないのに栄達の門が開け、立身出世しているもののいることも承知していた。それも時運であり、人の運命は学問とは別であることも悟ってはいたであろう（内心では無念にも思ったろう〉。しかしやはり田舎では学問ができないこと、そして、〈世俗に相構不申自分一己之学文仕候事に相決申候〉と断言し、当時としては、まれにみる表現としていいほど、学問のための学問、真摯な学究の徒としての言動、姿勢と努力を語る三英であった。これは『弘采録』に、〈三英は私欲などはいたす可き性質にあらず、貨財には甚うとき男、此方に居たる中など、大窮せしかとも自若として唯酒を嗜み書を読むの外なし〉と記録しているのと同じである。しかし文政十一年から四年ほどで、天保三年（四十六歳）一月十五日岸和田藩に召し抱えられ、江戸赤坂溜池山王隣藩侯長屋に住み、給人格、七人扶持金五両を給される身分となる。これは大変よろこんでいる三英でもある。さらに三年後、銀十枚を給せられ、幕府天文台の蘭書翻訳方――『厚生新編』という翻訳事業に参画――を命ぜられる（訳稿は現存）。蘭学者として最高の地位であり、この年天保六年（一八三五）に、三栄を〈三英〉と改めるのである。三英と親交のあった渡辺崋山の『全楽堂日録』がよく三英の実生活を伝えていると思う。例によって幼時から天才のように評され、その風貌が蘭人に似ているところからカピタンとあだ名されたともいう（『弘采録』）。屋根にのぼって星を観じたという逸話もある。しかし彼の大志と藩制とはついに彼を鶴岡から離れさせ、さらに自刃という非業の最後をとげさせることにもなる。わずか一通の書翰ながら、たった断片二葉ではあるが、小論でとりあげたものは、三英を考えるうえにきわめて重要な資料であることを失わぬと思う。(13) 三英が『那波列翁（ナポレオン）伝』（安政四年・一八五七）を翻訳出版した――はじめは写本で流布――のも、きわめて象徴的といえるのである。ナポレオンは幕末、いわゆる勤皇の志士にも影響を与えたようである。

註

(1) 雑誌「本道楽114〜118」（昭和十年・十一年）に五回にわたり紹介記事を連載。

(2) 池田玄斎は庄内藩士禄百石、嘉永五年（一八五二）七十八歳で死没。三十歳より聾になり、家督を弟にゆずって、文事に親しんだ。その筆録が酒田市光丘図書館に所蔵され、甲崎環氏により「弘采録目録」が作成印刷されている。

(3) 雑誌「文化」（東北大学、昭和十三年）に四回にわたり連載。

(4) 三英の書翰は文政十一年としているが、他に(A)文政十一年一月五日付、(B)四月朔日付の書翰があって、(A)では〈(前略)当三月ハ長崎より吉雄権之助馬場為八郎と申通事(ママ)両人、献上登に出府被致候積に御座候（後略）〉とあり、(B)では〈(前略)此間は長崎より吉雄権之助ナル大先生出府致居候　折々面会仕候　今一両日逗留之様に御座候（後略）〉とあって、吉雄・馬場（為）が文政十一年三月には出府していることを知る。これを甲比丹の参府と比較すると、板沢武雄氏の調査では、文政元年（一八一八）に附添大通詞馬場為八郎と小通詞吉雄権之助が参府に同行しているが、それ以降、文政五年・天保元年と甲比丹の参府はあっても同行していない。無いというよりも、両人ともシーボルト事件に連坐したわけである。したがってこの両人そろっての文政十一年の江戸出府は、甲比丹に同行したのではないと考えるか、あるいは、書翰自身を文政十一年でなく両人出府にあわせると文政元年と考えるべきであろう。しかし裏書きの〈子六月十日〉の子が、丙子とすると文化十三年になり、三英三十歳のころで、かなり蘭語学にすぐれ、そうした結果、桂川（桂川甫謙こと国宝(クニトミ)であろう）などの推挙もあって、文政五年に仙台医学校教官として招聘されるようになったと考えても自然である。しかし上述のように、仙台の医学校のことや、天文台が明後年交代云々——これは『新撰洋学年表』の〈文政十二年己丑〉の条に〈四月天文方山路弥左衛門(孝諧)蘭書和解御用扱を命せらる又長崎通詞名村三次郎は吉雄忠次郎後役として天文台詰〉とある。これをさすか——と書いているから、文化十三年だとあわぬようにも思われる。岡研介が吉雄門であることからも文化年間は無理である。いずれにせよこの書翰は内容的にも重要なことがふくまれていて、やはり文政十一年と考えてよく、馬場為八郎と吉雄権之助両人の出府は公的に特別な目的をもってではなかろう。——シーボルトが文政九年に参府しているので、それと関連しているか。ただし一般に毎年一度長崎から大名などから注文の洋書・器物を持って、通詞が出府するならわしとなっていたようであるから、これも単にその恒例の一つにすぎないと解し、特に意味づけは必要はないのかもしれない。

(5) 阿部正己氏によると、三英の祖先は小関兵郎敬忠といい、羽州八沼城主岐師美作守敬義の子といい、九代目が小関仁一郎で三英の兄である。子孫は代々組外（足軽組の組外）で、通常郡代支配に属し会計を扱い、理数に長じていたという。身分的にはきわめて低いというべきであろう。

(6) 註13を参照。小関家の所蔵にかかる三英墓誌銘による。明治初年には所蔵されていたらしい（佐藤古夢・阿部正己両氏資料）。「文化」に転載されている。しかし馬場へは批判の言もみえ、両者は関係なしと思う。

（7）五代目桂川国宝のこと。文政十年には没し、六代目は甫賢国寧で、三英は主としてこの人の世話にもなっている。

（8）小論〈属文錦嚢の考察―吉雄権之助の蘭語学〉（『蘭研報告214』）及び、同「『属文錦嚢』の研究―如淵、吉雄権之助の蘭語学」（『武蔵野女子大学紀要3』）を参照。

（9）他のもう一つの断片は、三英の蘭作文で、青砥藤綱の逸話を日本語から蘭語に翻訳したもののようである。彼が蘭作文にも秀でていたことを証する。やはり江戸でその方面の有力なものに指導されての蘭語学習だったと推定される。

⑽竹村覚氏『日本英学発達史』（研究社）に述べているように、『英文鑑』自体、その文法用語の訳語が当時の他の英学関係書と比較してもきわめて特異である。これは原語（蘭語）とも関連するわけで、その点、三英のものとの一致は、いっそう両者の緊密性を語っている。

⑾三英のものと『英文鑑』との関連は後日詳論するとして、『英文鑑』の用語の特異性は渋川自身が〈諸言運用名目訳字諸家各異今従其字義隠当者別挙訳例以便参考〉（凡例）と書いているのでも知られている。しかしひるがえって考えると渋川は水野忠邦に抜擢された一種の政治家で、学究の徒ではない。弘化二年（一八四五）三十五歳で死没とすると、『英文鑑』の翻訳年は、三十歳前か三十歳そこそこであろう。天保十一年（一八四〇）は三十歳であり、天保二年（一八三一）に天文方見習となって約十年である。その時点では、三英と比較できぬほど蘭学にも劣るし英文翻訳などなおのことだったと思う。三英は天保十年（一八三九）に五十三歳で自殺しているから、〝モリソン字典〟などの使用を考えれば、なおさら渋川が果して、政事の暇に、『英文鑑』翻訳を仕遂げられたか大いに疑問である。渋川の立場からすれば天保十年のころは、例の蘭学取締りに関する意見書十か条を幕府に上申するなど、政治的にもかなり力はあったであろうし、逆に三英などが個人的に翻訳することはどうであったろうか。そのうえ、三英の文法用法の蘭語（Lidwoorden, Bepalende～, ...）と『英文鑑』とはきわめて一致し、可能な推定では、『英文鑑』の元となった蘭訳英文典、及びその文法用語を三英が訳したのが現在の断片であり、これは渋川のために訳してやったのではないかとさえ考えられるのである。その翻訳は、天文台出仕の天保六年（一八三五）ごろであろう。三英が特に語学・翻訳にすぐれていただけに、このことは必至であろう。なお『英文鑑―資料と研究』（ひつじ書房、一九九三年）として拙著を刊行した。

⑿なお阿部正己氏『小関三英伝』・佐藤古夢氏『小関三英伝』は、三英の息子・高彦の伝記とともに、一本にまとめて、小生が補訂し出版の労をとらせていただき、『小関三英伝』（敬文堂）として刊行した。学問に地方・中央はない。同書の刊行により、小関三英研究は、さらに、深まっていくことと信ずる。小論以降、『洋学史事典』（日蘭学会、昭和五十九年）など

もオセキサンエイと立項している。

⒀　三英の墓は青山龍岩寺に、〈小関三英先生之墓〉とあるが、墓誌銘は刻まれていない。しかし、小関家に所蔵されてあったつぎのごとき墓誌銘が伝えられている（一部不明の箇所あり）。撰文は儒者井部香山（越後・西島村出身）である。

小関三英先生之碑

天保十年五月二十三日　小關篤齋君卒　享年五十有三、葬二于江戸青山龍巌禪寺一　其姪徽猷君與二同僚及門人等一謀レ建レ石屬二銘於予一　君諱好義呼二三英一　羽之荘内人也　自レ幼刻二意讀書一　渉二獵經史諸子一　殊善二西洋窮理之言一　學二吉田長淑馬場轂里一早有二青藍之聲一　不二但同時學者不レ及而已一　自有其學於〇〇〇吾邦而不レ詳二其著書一　至レ君而始明備　年若干筮二仕岸和田侯一　徵二于大府司天臺一分二修地理一　君雖下以二西洋名學一　而唯取中物理方枝之精覈上　至二于講一レ道　則一以二聖人一爲レ歸

嘗與レ予曰　西洋之言　雖三精二緻于物理一而乏二溫厚中和之氣象一　慘（礉）無レ息　究竟夷狄之道　頭曼冒頓之流而已　尤疾二耶蘇教一謂二其法古法一　彼土亦世爲レ禁　自二公斯當丁一一時急二于纂國一　苟從二民欲一　而遺二害於萬世一　在二今有識之士一、欲二排而去一レ之而勢不レ可レ得也　可二勝而嘆一哉　又曰其法比二于浮屠一　似レ近二于理一而同源異派　下レ兎レ爲二邪説一也　是其言也大與二世之西洋學者一異　蓋世之修二西洋學一者　多疎二于漢籍一　未三始聞二聖人中正之道一　驟而眩二于新奇一　以爲二道之至者一也君則不レ然本正二聖經一而閲二變史子一　故能議論不レ謬而取捨無レ失也如レ此矣　君爲レ人謹畏清約淡二于勢利一　專二意於學一而無二物奪一レ之每二與レ豫（ママ）逢一未レ叙二寒暄一　遽告二其所一レ得霏々談説　不レ知二陰之移一　性嗜レ酒多飲而不レ亂與レ人交樂易無二忌克一　故皆得二其歡一而尤厚者也　徽猷等之請豈可レ辭哉　銘曰

多欲者焚レ和　忘作者死レ才
貪レ実者近レ刑　矜レ名者自災
無レ之而不レ壽　嗚呼命矣哉

己亥六月六日

香山井鳴子鶴撰
貫斎野善公明書

＊己亥は天保十年（一八三九）、三英自刃後十日目の撰文。撰文の書写に多少の誤写あるか。

＊参考文献：拙編著『小関三英伝』（敬文堂出版、昭和四十五年十一月）・松尾耕三『近世名医伝』（私家版）

初出▼〈小関三英に関する覚書〉（「国文学研究」39」（早大国文学会、昭和四十四年三月）

余論

H・ドゥーフと蘭日辞典訳編の史的意義——日蘭友好の金字塔

1

H・ドゥーフの選択

おそらく日蘭四百年の交流史を考えるとき、もっとも記念すべき遺産は長崎出島の商館長（カピタン）、H・ドゥーフ Doeff（一七七七〜一八三五）による〝ドゥーフ・ハルマ〟の訳編ではないだろうか。あえていえば、先進国、オランダが鎖国の日本に贈った最大の知的財宝が〝ドゥーフ・ハルマ〟*（註）ではなかったか。ことばこそ異国間の交流を発展させ、相互理解をふかめるもっとも有効な鍵（キー）なのである。

ドゥーフが商館の書記役（ヘトル）として着任したのは一七九九年（寛政十一年）七月十八日である。一時バタヴィヤにもどったが、一年たらずで再び来日、さらに一八〇三年には商館長、W・ワルデナール Wardenaar のあとをおそって商館長に任命された、二十七歳である。それから一八一七年（文化十四年）に離日するまで、十二年間、日蘭友好のために、壮年期をこの日本でおくることとなった。その間、さまざまな事件と危機にさらされた。日本とそして祖国、オランダのために、すばらしい活躍をするのである。

周知のように、オランダは一七九五年以来フランスの治下にあり、イギリスとも交戦状態にあった。そしてつ

H. ドゥーフの肖像
斉藤阿具『ヅーフと日本』より転載。

いに一八〇九年を最後に約八年間、オランダ船は長崎に姿をみせることがなかった。出島での生活は極端に不自由となり、幕府の全面的援助をうけることになる。しかしヨーロッパではオランダ国旗は奪われたものの、ここ日本の出島、蘭館にはいつにかわらず、オランダの国旗がはためいていたのである。

こうした情況のなかで、一八〇八年（文化五年）八月十五日（十月四日）、突如、イギリス船がオランダ国旗をかかげ長崎湾に不法侵入、出島の商館員二名を人質として、あわよくば出島を占領してオランダ人を追放せんと計画していた。このいわゆる〈フェートン号事件〉について、ドゥーフ自身、『日本回想録』（一八三三年、オランダ・ハーレム刊）のなかで、〈一八〇八年は実に厄運の年であった。異国の軍艦が入港したため、大難事をひきおこし、その結果、長崎奉行および長崎警備の佐嘉藩の武士五人も切腹するなど、日本人が生命を失った〉と記し、事件の顚末を詳細に記録している。わが僚船と思って検分にでた二人のオランダ商館員は、入港のイギリス船に捕えられ、日本人のみもどってきたのである。やがてイギリス船はマストに高々とイギリス国旗をかかげ出島にせまる。商館のオランダ人たちは緊急避難で奉行所にかけこむ。事件の実状が明らかになるにつれ、長崎市中もいたるところ恐怖と混乱をきわめた。奉行はこの異国船を、三百余の小舟に芦や藁をつみこんで、そのまま英船に体あたりして襲撃焼討しようとした。ドゥーフは長崎港の口をふさいで英船を捕え、抑留しようと考えた。しかしイギリス船も次第に飲水、薪料、米穀などが欠乏し、その補給のため供与を懇請するというおだやかな手段にでてきた。ドゥーフの説得によって、奉行は英船にこれらを供与して、人質のオランダ人二名を取りもどすことに成功した。しかし、奉行はあくまで英船をうち沈めんと計画した。一夜あけると、すでに英船の姿はなく、英船は強い東風に乗じて長崎港を出港してしまった。これで万事落着ということになったのである。

日本にとっても、ドゥーフにとっても、このフェートン号事件は大きな衝撃が与えられた。まず奉行、松平康英は責任を感じて切腹した。さらに幕府も、オランダ語のみではことは運ばぬことを痛感し、翌年、蛮語世話役を設け、本腰をいれてオランダ語以外の外国語学習を考えるようになった。そして長崎蘭通詞に英語・魯語兼修を命じるのである。そこで英語は当時、荷倉役として出島にいたJ・C・ブロムホフ Blomhoff から学ぶことになった。日本においてはじめて英語が公的に学習されることとなったのである。魯西亜語は教授する人材なく、これはさらにのちまで待たねばならなかった。すでに北方での魯西亜の情勢にそなえて、まずドゥーフがフランス語を長崎蘭通詞に教えていた。周知のように、当時魯西亜ではフランス語が、上流社会では通語であり、必須の外国語であった。

ドゥーフは祖国から入津の船もなく。地球上ただこの出島のみがオランダであった。そこでこの暇な機会——甲比丹としての貿易関係の事務などに時間をついやすことがなくなった——に、ひそかに通詞らのオランダ語力を気づかって、蘭日対訳辞典編集の計画をたて、実行にとりかかろうとしていた。

祖国との通信がまったく絶えたことについて、『日本回想録』にこうもつづっている。

わたしたちの運命は次第に悲惨となった。すでに七年の間、本国よりまったく通信を受けず、また血族縁者と遮断され、いっこうに救済される希望もない。こうしたことは体験したものでなければ、とうてい想像することはできないであろう。わたしたちは、生活物資にもことかいている。しかし惜しげもなく必需品を供給してくれる日本人の恩恵によって生存しているわけである。われらの使用人も幕命によって毎月われらに代って長崎会所よりきちんと支払いをうけている。おかげでわれらの出費もまぬかれた。／日本人はできるかぎりわれわれの欠乏品を、無償で補給してくれる。その厚意は敬服にたえぬところである。日々の食料品およびその他の必需品は、毎月幕命により長崎会所からきちんととどけられる。奉行は毎週二、三人をよこして、何か不足の品はないか、すべてきちんととどいているかをたずねてくれる。要するにかれらは力のおよぶかぎり、われらの惨状を慰藉せんとつとめてくれるのである。

あるときはまた、オランダ船の長崎入津をまちわびて、〈夜明けより日没までじっと入津をしらせる烽火台を凝視し、ときに異船見ゆのしらせに半時間ほどは歓喜したことがある。しかしそれはオランダ船ではなく、唐船の入津をしらせる烽火だったのでいっそう落胆した〉とも記している。ドゥーフがいかに苦境の中に耐えて、再びオランダの栄光の復興するときをまっていたことか。フェートン号事件の翌年一八一〇年、ドゥーフは参府している――ドゥーフにとって二回目のことになる――が、江戸城にて参見の折、幕府はその功を多として賞詞を与えた。そしてドゥーフはまた、江戸滞留中、日本の有識者、学者とも知己となることができた。彼は〈江戸にて新たに多くの知人をえ、ことに前に記した馬場佐十郎の仲介で幕府に尊重されている人たちとも近づきになることもえた〉と記している。ドゥーフにとって馬場佐十郎は長崎にあっていわば語学の弟子として秘蔵っ子でもあった。まれにみるこのポリグロット、馬場佐十郎は、幕府の世界地図作成のため、その語学力を評価されて江戸によばれていたのである。おそらく馬場のすぐれたオランダ語通訳が有効適切にはたらいて、ドゥーフは幕府要路の人びととも、十二分に意思疎通ができたのであろう。

一八一三年七月、本国との連絡が断絶されて四年目にはいるが、先月六日バタヴィヤを出帆のオランダ船二隻、シャーロット号・メリー号があらわれる――この報をえて、ドゥーフは歓喜する。まちがいなくオランダ国旗がひるがえり、先のフェートン号事件の失敗から新しくもうけた秘密の合図もまちがいがなかった。来船の責任者はドゥーフの前任者、ワルデナールで、これに医師、D・エインスリー Ainslie〈イギリス人〉、さらに秘書、書記を引き連れ、新任の甲比丹にはA・A・カッサ Cassa 氏を伴なってやってきたのである。しかし船員は皆、英語を話しており、どこか異様な雰囲気であった。そしてワルデナールはイギリス政府より派遣の委員という肩書で、持参の書面には、ドゥーフ宛に爪哇(ジャワ)および周辺の附属地を支配するイギリス人総督、T・S・ラッフルズ Raffles の署名があった。さらにドゥーフは新任のカッサ氏の直接配下におかれるという意味の文面であった。要はワルデナールを介して出島の商館をイギリスに譲るということであった。しかしドゥーフには何の理由・根拠があって、こうした事態になったのか、まったく寝耳に水のことであった。ワルデナールからの申し出ではあるが、断乎としてこれを拒絶した。たとえジャワ・バタヴィヤが敵国の手にわたっていようと、日本の出島は、商館は、まったく別の存在である。また祖国がフランス帝国に併合されていることも本国より報告を受けていない――断乎としてワルデナールの提言をしりぞけた。

ワルデナールはドゥーフに、許諾するならば多額の金銭をともほのめかした。しかしドゥーフの意志の堅いことをしって、次席役員ともいうべきブロムホフに、ひそかに甲比丹の地位を与えることを暗示し、誘惑的かつ屈辱的な画策をした。

ドゥーフの私財、財産がバタヴィヤにあるゆえ、もし拒絶すればそれの保証もないわけで、ドゥーフは『日本回想録』の一節に、〈予はわが君主に対する忠誠の

HERINNERINGEN

UIT

JAPAN

VAN

HENDRIK DOEFF,

RIDDER DER ORDE VAN DEN NEDERLANDSCHEN LEEUW, OUD OPPERHOOFD DER NEDERLANDERS IN JAPAN OP HET EILAND DECIMA.

TE HAARLEM, BIJ
DE ERVEN FRANÇOIS BOHN,
1833.

ドゥーフ『日本回想録』初版本扉

誓盟を破るよりは、むしろ一切をあげて運命のままとすることを決意した〉と記している。己れの利をすて祖国のために忠誠を尽す道をえらぶというのである。ワルデナールに、同胞として軽率な行動をとったことを詰問し、〈もし日本政府が、入津のこの船がイギリス船であり、船員もイギリス人であることをしれば、乗組員たちの生命はどのような危険にさらされることか〉とも警告している。そこで大通詞五名を召集して、〈バタヴィヤはイギリス人に奪取され、この船はイギリス船である。しかるゆえに一切これとは交渉せず〉と告げて、すみやかに通詞をして幕府にその旨をしらせるよう言明した。通詞、石橋助左衛門、中山作三郎、名村多吉郎、本木庄左ヱ門、馬場為八郎は、この言明に驚愕、ことばもなかった。とりわけ通詞たちとも親交をもった前甲比丹のワルデナールが、今イギリスの手先になっている点は、もっとも驚嘆するところであった。

ドゥーフと大通詞

通詞はドゥーフのいわば重大な証言に困惑し、〈もし甲比丹のいうとおりを奉行に上申すれば、おそらく半時間たらずでイギリス船は焼却され、乗組員はことごとく生命を奪われるであろう〉と告げ、〈そうした残酷な手段をとる必要があろうか〉とドゥーフに再考をうながした。そして、〈甲比丹よ! 万一露見するならばひとりわれらの罪にして、おそらく死はまぬかれまい。しかし幸いに、ワルデナール氏に日本人は厚意を保持しており、現時点では何の疑いももっていない。ことは穏便に運ぶをよしとする。ワルデナール氏とじっくり話しあうべし〉と。目下の事実は秘するよう提案した。

すでにワルデナールも、ことが思うように運ばぬ事実を感じていた。ドゥーフは通詞の意見に同意し、ワルデナールと交渉することに決した。相互に秘密を厳守し、両者の話し合いは、しっかりとした協約書という形をかりて無事終了したのである。ドゥーフはこのときの交渉にあたって、しばしばフェートン号事件の結末をある意味では恐喝的に引用して、ワルデナールにせまっている。たとえば『日本回想録』の一節につぎのようにみえる。

日本人はことに一八〇八年のイギリス軍艦、フェートン号事件以来、非常にイギリス国民を恨み、同艦の此地（長崎）における暴行に対して、もっとも苛酷に報復せんとひたすら機会の来るのを待っている。そこで第一署名者（ドゥーフ自身）はこれに対し何らの手段も講ずることできず、さりとて傍観は許されぬ――もっともこの事件のために長崎奉行および肥前侯の重臣、番所頭であった五人は切腹し、肥前侯自身も百日の間家に閉居、その間ヒゲをそることもままならず、ゆえに侯はもとより、その他多くの日本人としては万一にも、イギリス人をその手で捕えるときは、これを殺戮しようと考えて、今現に同侯の家臣らは番所を守備している。

第一署名者は日本でのオランダ貿易の最高責任者を自認し、爪哇（ジャワ）の現政庁とは何らの関係もない。したがって責任もない。しかしながらもし事件の真相を日本人に公表するならば、たとえ来日のものたちが日本の国民にすこしも侵略などの心をもっていないとしても、かならずや彼らは日本人の復讐心の犠牲となり、ことはすこぶる険悪となることを憂うるものである。そこでこれらなんの罪もない者を日本人の手にわたしてかならずやおとずれるであろう運命によって、命を失うことのしのびがたいゆえに、つぎのような協約を結ぶことを決意した。

こうして第二のフェートン号事件になりかねぬこの事件は沈静した。この危急はドゥーフの巧みな処置、行動によって一件落着となったのである。ドゥーフの名誉もたもたれ、出島のオランダ国は無事平穏をとりもどし、同時にイギリス人の生命はまったく傷つくことなくおさまった。このとき、イギリス船のもってきた財貨は、文化十一年（一八一四）に、ドゥーフ参府の折、常例のごとく将軍に献上されたという。しかしここでもう一点、裏面のドゥーフの行動や策略の一端を彼の記録から紹介してみよう。というのは、やがてドゥーフは、〝ドゥーフ・ハルマ〟を幕府に献上することになるのであるが、その際、彼に協力した通詞が連名でみえ、当時大通詞であり、実力もあったと思われる二人の大通詞が参加していないのである。ということはドゥーフと通詞との関係にも——あるいは通詞仲間の内部にあっても親疎の別があったと思われる。

たとえば、ドゥーフはワルデナールと同行した甲比丹候補のカッサ氏を、出島内の家屋に宿泊はさせたが、そこに日本の女性を小間使としてつけ、カッサの行動をひそかにさぐらせていた。そのカッサの居所に二人の通詞がしばしば訪れては歓談することをつきとめている。この二人の通詞の談話や彼らがカッサが信頼すべき人物であることを吹聴していることなど、奉行所内での風聞も詳細にドゥーフは入手している。すでに五年の任期をこえるドゥーフを出島から追放すべき理のあること、さらに甲比丹として、ドゥーフは日本の政治、法律、制度に通じすぎていて危険人物であること——こうしたさまざまな風評の流されていることをよく把握していたのである。これには逆に、ドゥーフもまた彼とごく親しい通詞をして、内偵の役を演じさせていたのである。前者、すなわちカッサと親交をえたのは、五人の大通詞のうちの、名村多吉郎と本木庄左ヱ門であることなど、ドゥーフには馬場為八郎（佐十郎の養父）が逐一告げしらせた。ドゥーフ自身、『秘密日記』（「ドゥーフ家文書」）に、為八郎が、〈非常に尽力してくれた〉と書きとどめている。もっとも名村も本木もドゥーフとは長年、交流はあるわけで、この二人も直接間接にさまざまな方法をもって、カッサの行動や意図をそれとなくさぐったようである。いざとなればドゥーフ自身、今回のイギリス船の来港について、〈自ら日本語にて一切を奉行に公表する〉覚悟であったとも記録している。さらにドゥーフは、対幕府とカッサ氏と通詞との状況を〈江戸にいる予の知友〉からも入手している周到さである。そして、〈ドゥーフはこのまま日本にとどまり、カッサはバタヴィヤに帰る旨を許可すること、さらに明年は旧甲比丹ドゥーフを更迭するため、善良でよく日本の事情に通じているものを送るべし〉という幕府の〈特別命令〉まで入手している。しかも右の特別命令のうち、終りの〈更迭や、日本の事情に精通するもの云々〉は二通詞によって作文挿入された不正なものということまでつきとめたのである。こうして、祖国存亡の危機のとき、出島もドゥーフ自身もまた、最大の危機にさらされていたわけである。

しかし結局、日ごろの彼の言動と、彼をサポートする通詞との太くて相互信頼のあるパイプは、彼を救うことに大いに力を発揮した。ある意味では同じ穴の狢というべく、利害関係の一致する通詞と商館長の立場であったろう。通詞が不法に公費を着服することなども、ドゥーフは書きとどめているが、ともかくドゥーフの巧みな綱さばきもあって、通詞との関係はこのうえなく良好で、日本の危機を救ったのであった。

ここでイギリス人の名誉のために一言。近代史的視点からコメントを加えておきたい。ワルデナールを派遣したラッフルズは、鋭い眼識と豊かな東洋の知識をもち、植民地政策に精通し、オランダ人の排他的で鎖国政策に荷担した態度にも批判的であった。その彼が特に選んだエインスリー氏だけに、わずか数日間の長崎滞在ながら、〈日本人は理知的で探求心に富み偏見のない人民〉と本質を見ぬき、さらにつぎのような内容の報告をしている。

彼ら（日本人）は逞しく活気に満ちた国民で、肉体上と精神上の力はアジア人一般に帰せられているよりもはるかにヨーロッパ人の方に似ていると理解され……彼らとシナ人のあいだの唯一の似かよった特徴である小さくて長い韃靼人の目を除けば完全にヨーロッパ的であって、顔の色艶は全く美しくまさしく華のようである。高貴の（日本）婦人はヨーロッパ人と同じく色白で、ヨーロッパにおいて一般に見出されるよりも彼らの間にさらに一般的な健康の輝きさえもっているからである――その性格はヨーロッパ文明と同じ高さの文明を獲得するまで改良をつづけるであろう。

ドイツの哲学者、E・カントの日本観などと異なり、私はここに明治維新と日本近代化に邁進する日本の姿の予言と、さらに約百年後の日英同盟（一九〇二年）締結の舞台演出を描かんとしているかのようでもある（もっともそこには白人優位のある種の偏見の底流していることもいなめまい）。

2

〝ドゥーフ・ハルマ〟の訳編と方法

さて話を前にもどす。こうしてドゥーフは逆境にありながら、日蘭友好促進のために、また永遠の記念碑として自ら発案したのが、蘭日対訳辞典の編集であった。日本人がドゥーフら出島のオランダ人に示してくれた厚意と援助にむくいる意味もこめて、日ごろ彼が感じていたことばの問題、通詞たちの語学力に思いをいたし、彼の信頼する通詞——私は通詞を実務派と学究派に二分することを提唱している——の協力をえて、文化七、八年（一八一〇、一一）ごろから、いよいよ〈蘭日対訳辞書編集〉に着手することを決断した。『日本回想録』の一節でこうのべている。

予は非常に長く日本に在任し、当時すでに在留十二年に及びしをもって、前任者よりも大に日本語に習熟することをえた。であるから此の事業（蘭和辞典の編集）はこれまで機会をえなかったため、着手することができなかったのであるが、今やこのうえない好機がおとずれた。

彼が〈好機〉とよぶのは、これまでふれたように、一八〇九年から、まったくオランダ船が来日しないゆえ、ドゥーフが商館長としての事務的仕事に多くの時間をさく必要がなくなり、それだけ余裕ができたことである。しかも自ら語っているように、日本語にもかなり自信があるというわけである。着任してより約十年以上経過、日常日本人との接触によって、日本語、ことに話しことばにはすくなくともかなり自信もついてきたのであろう。ドゥーフの日本語力をしる一つに、俳諧撰集『鵤鮓（みさごずし）（美佐古鮓）集』の跋文がある。これはドゥーフがローマ字で書き、〈通詞　子潮〉なるものが、漢字仮字まじり文に翻刻している文である（原本に訳とあるがもとより翻刻である）。

同書は仙台、士由編、馬年、蘭卿校で文化十五年（一八一八）に出版されているが、つぎのような跋文である。

Koko no uwra no visamatu cumaduwroo no juwk, Misagoto yuw tori sekikan ni suuwo taquw, sono adiway
爰ノ浦ノ久松熊十郎ノ曰ク ミサゴト云フ鳥石間ニ鮓ヲ貯フ其味ヒ
vanavada ka narit, jema sendaieno Siuuwga toeketa suci mo nan boo uwmaga bei ya vitovir koeúút mitaay
ハナハダ佳ナリト今仙台ノ士由ガツケタスシモナンボウウマカベイヤ一トヒラ食フテ見タヒ
monozjyat. tamano uwrano tabi no jadorini site voerland no henderkdoef bass / 1816 april dertin daf
モノジヤト瓊ノ浦ノ旅ノ舎リニシテ和蘭陀ノヘンデレキドーフ跋ス

和蘭改暦千八百十六年四月十三日
大日本文化十三年春三月十五日　／通辞　子潮訳

カ行を〈c・k〉であらわしたり、ウを〈u・w〉の二字、タ行音を〈t〉のみで母音を加えない、さらにサ行を〈s・c〉であらわし、〈ク koe〉などもオランダ語式で、ウは〈oe〉と〈u〉を両用するといった具合で、システムはうかがえない。しかし同書が、〈仙台国分町　加志和屋正六梓〉というわけで、ドゥーフもベイことばを織りこむなど達者なところがみえる。同時に〈佳ナリ、跋ス〉などの文語調もみえる。この『鶚鮓集』に、〈春風やアマコマ走る帆かけ船　和蘭陀人〉の句がみえるが、このオランダ人はドゥーフのことであろう。ここでも長崎方言と思われる〈アマコマ〉（あちらこちら）をよみこんでいる。『大日本方言辞典』（小学館）には、長崎方言としてみえず、鹿児島県や沖縄県の方言とみえるのはいささか怠りがあり、そのころドゥーフが長崎で耳にした生きた方言であろう。このようにドゥーフはなかなか文学的センスもあり、嗜みもあって他に蘭詩なども創作している。彼の日本語への自信はかくのごとしという一サンプルである。

再び『日本回想録』を一読してみよう。彼の計画した蘭日対訳辞典編集の経緯については、つぎのようにみえる。

日本の通詞によって、オランダ語はきわめて拙劣に話されるし、また訳語も往々まったく意義を誤るという

WOORDENBOEK
DER
NEDERDUITSCHE EN FRANSCHE
TAALEN,
Uit het Gebruik en de beste Schryveren, met hulpe van voornaame Taalkundigen, opgesteld,
DOOR
FRANCOIS HALMA.
Tweede Druk, naauwkeurig overzien, verbeterd, van ontallijke feilen gezuiverd, en ten minsten een derde vermeerderd.

DICTIONNAIRE
FLAMAND ET FRANCOIS,
Tiré de l'Usage & des bons Auteurs,
PAR
FRANCOIS HALMA.
Seconde Edition, revue avec soin, corrigée, purgée d'une infinité de fautes & augmentée tout au moins d'un tiers.

Te AMSTERDAM BY DE WETSTEINS EN SMITH.
Te UTRECHT BY JACOB VAN POOLSUM. 1729.
Met Privilegie.

NIE
WOORDE
der Nederduitsche
Taale

DICTION
NOUVEAU
Flamand & François.

A.

〝ドゥーフ・ハルマ〟の底本となった
フランソワ・ハルマの蘭蘭仏辞典
タイトルページと本文冒頭（東京大学附属図書館蔵）

体験から、予ははじめて両国語の対訳辞書をつくろうという考えをおこした。予はいまだ例のないこの事業を一身に引受けて、よくこれを遂行するために、日本語において相当に熟達していると考える。オランダ商館の役員や通詞のための二三の小辞書があって、もっとも必要な語義が録されているが、なおそれらは小さくかつ不完全であった。そこで手引書として、フランソワ・ハルマ（François Halma）氏の蘭仏辞典をとった〔第二版。ハルマ（1653-1722）はオランダ、ユトレヒトの書肆・出版業者。博識で著書も多い〕。もっとも能力のある通詞とかつ出島の町年寄の一人――彼は日本語に非常によく通じている（通詞らは、必ずしも日本語に通じているとはかぎらない）――によって、まことによく助勢された。そのうえ、予にとっては状況も特に都合がよかった。貿易の断絶は悲しむべきものであったが、かえって予にこの仕事に従事すべき時間を与えられた。これは毎年の多忙な商事のために、他の商館長は誰一人としてかつて手にしなかったものである。加えて、予の日本における長い滞在（当時、もはや十二年）は予に以前、ここに滞在した任務者の多くのものよりは、より大きくこのことば〔日本語〕に通じさせた。なぜかといえば、機会を得ないため、以前には十分におこなうことができなかったが、今こそこの仕事にとって、最善の時がやってきたのである。（中略）予は別れにあたり、贈物として通詞仲間の目付の息子の一人に、予の原本、すなわち草稿を与えた。（原本二六三〜二六五ページ）

一八〇八、九年に着手したこの辞書づくりは、一八一六年（文化十三年）に完了した。約八年ほどの苦闘であった。まずドゥーフが底本とした原本の「蘭蘭仏辞典」をつぎにあげておく。

○ François Halma ; Woordenboek der Nederduitsche en Fransche Taalen, Amsterdam, 1729.　＊第二版

幸いにも早稲田大学図書館に、〝ドゥーフ・ハルマ〟の写本が所蔵されている。H・ドゥーフによる〈緒言・凡例〉が蘭文とその訳文とともに、つぎのようにみえる。歴史的文書でもあるので全文を引用する（蘭文は省略）。

緒言

外臣へんでれきどうふ、此五六年前に思ひを起し通詞家数輩と相議し、和蘭の辞書を皇和の語にて訳して一部卒業せり、唯是通詞家をして其家学に進ましめんと欲するのみなり、外臣に先つて此のことき〈如きの〉挙を為〈な〉せし人ある事を聞か〈し〉す

一今恭く是を謄写して奉れとの　命下れり、外臣甚恭喜に堪へす、何者〈いかにとなれは〉江都においても此書の棄物たらざる事を知〈し〉ろしめす人のあるは、是外臣か久しく思ひを尽せし微意の世に顕はれたるにてまた栄ならずや

一今通詞十一人に命して、此書謄写の事に従はしめらる、此書初めに撰みしまゝ〈儘〉にては、許多の謬誤ありて捧けかたし、凡大部の書は〈ニハ〉固より免れさる処なり、此に〈於〉おいて今更に是を校正す、かの従事の輩の中に就て、小通詞助の中山得十郎及ひ蘭学において最も上達し、都ての通詞に勝れて、凡如斯事業を為〈な〉すに嘗て欠く可〈へ〉

からさる所の小通詞并〈並〉吉雄権之助、悉てこれに主たり、小通詞并〈並〉の西儀十郎、石橋助十郎、名村八太郎、小通詞末席の名村八十郎、猪俣伝次右衛門、西甚三郎、植村作七郎、志築長三郎、稽古通詞の三嶋松太郎等是に佐となりまた書写を掌〈一〉とる

一此辞書に於て緊要なる用法の訣あり、外臣次にこれを述ふ

一皇和に於て已に和蘭の辞書を訳せし人有る事を聞く、是レ〈一〉皇国の裨益を思ひ和蘭人の助をも藉らずして、如斯盛事を成せるは実に感するに堪たり、たとひ其書中に謬誤ありとも、有識の人ハ必す尤め笑〈咲〉ふ事なかるべし、若し誹謗をなす人有〈あ〉らは、外臣等は是レ〈一〉を是なりとせす、如何者〈となれは〉誹謗する事は是易く、校正するは難し、其是を誹謗する輩は、是唯なまじひに和蘭の文法の書ト辞書とを読て、深く了解せさる輩なるべし

一凡辞書を取て和蘭の語を学はんと思ふは、もとより過なり、夫レ〈一〉辞書ハ初学の翫ふものにあらす、成学の人の彼言辞中にお〈於〉いて其義を研究するため〈一〉に用るものなり、此故に辞書を訳するには、必す質直ナル語を以てする事を要す、何者〈とす如何となれは〉辞書の中には殊に鄙俗なる辞多し、是を都雅なる語もて翻せんとせは極めて意を尽す事能〈一〉はさるのみならす、更に棄物となるべし、是によつて此辞書を訳するは、勉めて語の本意に随て鄙俗なるをいとはす、然と雖とも本語の訳及ひ其運用の中には、猶解し難き類もあるべし、是蓋し和蘭の文意を能く理会せばたやすく発悟する事を得ん

一此辞書は本フランソイス〈マヽ〉ハルマの著述せる辞書の第二版の本に就て撰す、といへとも全くハルマを用ふるにあらす、其運用の例に於て不用なるものは是をすて〈捨〉、緊要なる物は更に増し加〈て〉ふ、又アベセの序次はハルマの所列に順はず、常に用ふる所の次第によれり即 a b c d e f g h i j k l m n o p q r s t u v w x y z の如し

一皇国の言語の句法、文法、外臣是を知らすと雖とも、此書の訳語は直に長崎の方言を取る、是通詞家の老幼

ともに通暁し易からん事を欲すれはなり、何者若し勉めて〈如何となれは若勉めて〉都雅の語を取らんとせは、強て昆崙児の洗浴をなすかことく〈が〉、徒に労して用なきのもの〈物〉たらん事を恐れてなり

一今此書を捧げよとの命を蒙り、外臣及ひ従事の徒、心を尽し力を竭し更に勉めて校正せんとすれとも、尚且誤謬多かるべし、是併寛容の仁恕を仰き請〈こ〉ひ奉るのみ、凡如斯の書はたとへ〈ひ〉五次の校正を経とも、また誤謬なき事能はす、何者〈所以者何ハルママリ等〉ハルママレイン等は西洋の名家なり、その著撰の書尚数次の改版を須ふ、況や外臣及ひ通詞家のことき浅学陋劣のものにおいてをや

一書中和蘭語に左の符を記せるものあり

＊符あるものは、其辞の本意を転して、他に及ぼさしむべきものなり

≠符あるものは、鄙陋悪罵嘲弄の辞なり

D符あるものは、是外臣新に増補せるものなり

一外臣が是微意既に成り、後来和蘭船来の書籍を訳する助ともなりて、もし皇国に裨益あるに至〈いた〉らんは実に外臣か本願なり、外臣皇国の地に住し大庇を蒙り奉る事、茲に十七年、しかのみならす児子無比の慈恵を戴く、終身豈忘失する事あらんや

へんでれきどうふ敬白（出島 Decima にて）

和蘭暦数一千八百十六年

凡例

一我輩皆無学にして雅語を以て訳詞を下す事能はず、若し強て雅語を用ん〈理〉事を欲せば、却て蘭語の義理を失ん

事を恐る、故に他の笑を顧みす〈不厭〉直に鄙俚の俗語方言を以て訳す
一 蘭語の義理と訳語と合せざるが如きものあり、即ち zig laaten aandienen 等の如し、是等の語は本書蘭語の傍にある所の払郎察語に従て訳するが故なり、彼邦におい〈於〉て辞書はもと払郎察語を学ぶ者の為めに〈一〉設けたり、故に専ら払郎察語を詳に記す、由て今払郎察語に取る所多し、在館のかひたん払郎察語に長せるを以て払郎察〈語〉を訳する事を得たり
一 advocaat, ambacht, klier. 等の語は都て運用中にある時は訳語を附せず、蘭語の儘にてアテホカーテ、アムバクテ、キリールなと、記す〈一〉註解は詳〈審〉に本詞の下にあるが故に其繁きを除んか為なり
一 aan bidder van zijn minnares. 等の van の詞はの、字の義なれとも、動詞より転用し来る実詞の下にある時は van にをの字の訳を下すも間ゝあり余倣此
一 ik heb hem van zijn voor neemens afgehoúden, 等の語を直訳する時は「我彼を彼の企事より離したり」といふ義なれとも、我彼が企事を差遏たなと、訳す是等は義訳なり、故に van の詞にをの訳詞を下す余倣此
一 動他詞の d: w: の符あるはられたると訳を下すべきに、其運用中に在〈有〉て、間ゝてあると訳せるもあり、又一個の主あるが如く何ゝをしたと訳詞を下すもあり、是唯義は一なりしかれとも、現に主ありて是に hebben を附せるものは、皆何ゝをしたと訳す、又主に is を附せるものは実はられておる〈を〉と訳すべけれとも、又てあると訳するもあり、是も亦義は一なり参考すべし
一 是書を読んと欲する者は、まづ和蘭の文法〈文法学〉を詳〈審〉にして後、是を見るにあらずんば其益を得る事あらじと蘭人いへり

文化十三年九月〈子九月〉

＊〈 〉内は、〈若林本〉との異同を示す。蘭文は〈若林本〉の方が総体的に正確である。

〈緒言〉は、〈へんでれきどうふ敬白〉とあるように、蘭文緒言と、協力した通詞によって訳された訳文である。〈緒言〉は辞書成立の事情がほぼあますところなく語られていて、とくにつけ加えるところはない。一にも二にも彼が愛し信頼した通詞のため、そして蘭書翻訳の助となり、ひいては日本に大いなる裨益あることを期待してのことであった。

はじめは個人的な仕事としてはじめたわけであるが、〈今恭く是を謄写して奉れとの命下れり〉とあって、ついには幕命による国家的翻訳事業の一つになるわけである。江戸の幕府の要路にある人物の存在もまた重要といってよかろう。ことばや辞書などに——ことに当時は鎖国という国家の閉塞の時代である——関心も興味も必要性も理解しない幕閣、政治家の烏合の衆であれば、ドゥーフのこの挙も辞書の完成も決して歓迎されず黙殺されるところだったと思う。当時オランダ人が日本語を学習することはむしろかたく禁止されていたのである。したがってかかる蘭日辞書の作成は裏返すとこの禁を破った、い

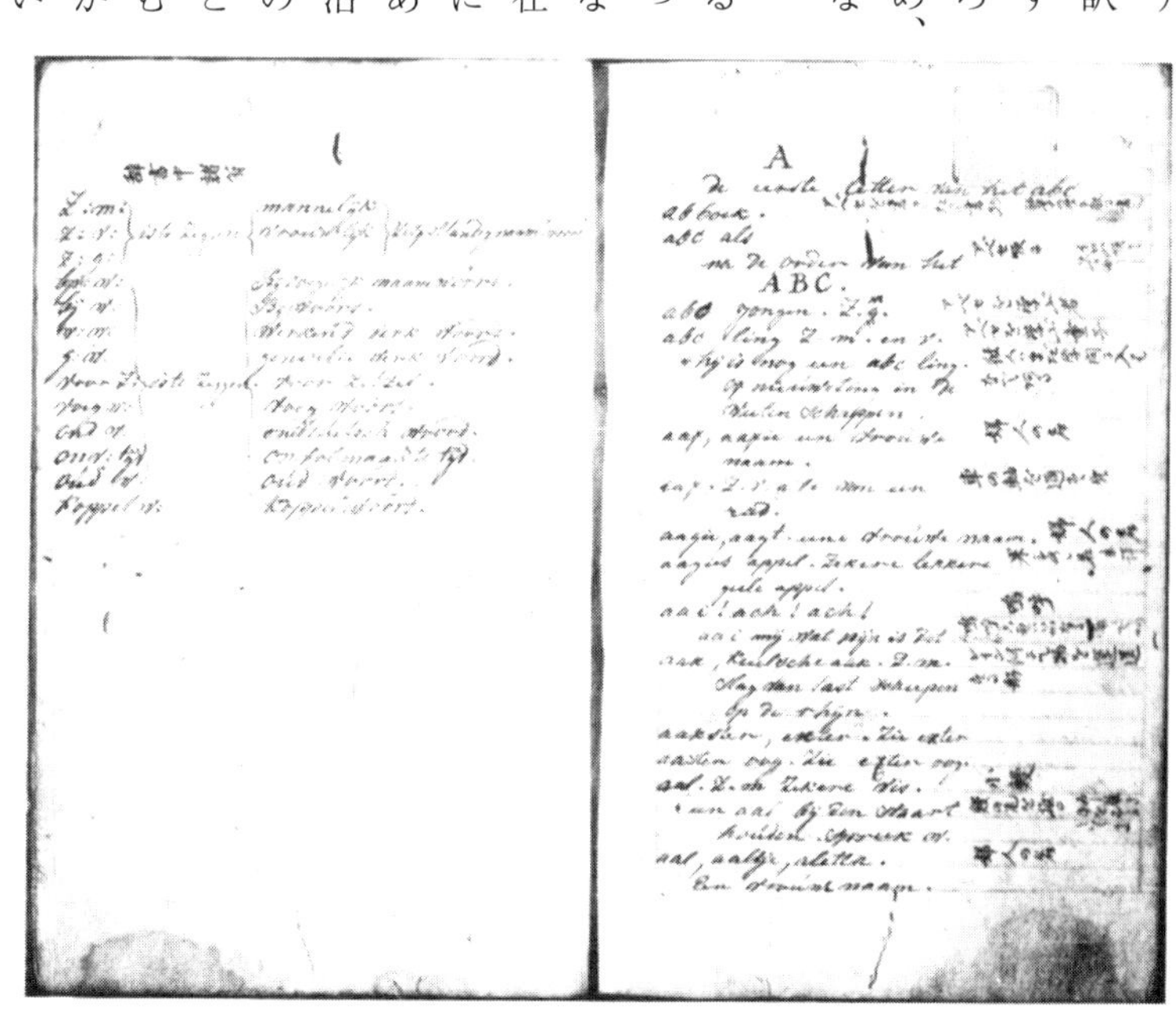

〝ドゥーフ・ハルマ〟(早稲田大学図書館蔵) 辞書中諸符(左)と本文冒頭(右)

わば国家的犯罪である。その罪をとがめられ国外追放か、投獄されかねないはずである。しかしむしろ、幕府へ献上せよというありがたいことばに接し、ドゥーフが〈恭喜に堪へす〉とのべている胸中もよく理解できるところである。第二次世界大戦と政府のことを一考しただけでも、このことは了解できよう。私自身、戦争中、アービングの"Sketch Book"を所持し、勤労動員の休憩の寸暇にとりだして読んでいたとき、〈鬼畜米英のコトバ！何事か〉ととりあげられ、教師に往復びんたをくらわされた経験がある。当時の幕府の要路に立つ人にまさに人をえたこと、ドゥーフの歓喜に私もともに涙したいほど感激するところである。

協力した通詞はすべて列挙されているわけであるが、やはりフェートン号事件やカッサ氏事件で好意的にイギリス寄りの行動をした大通詞らの名はみえない。協力者のうちとくに、〈中山得十郎・吉雄権之助〉の二名が中心的人物であることも判明する。ことに後者は学究派の第一人者というべく、蘭通詞の中で古今一人といわれた中野柳圃に師事し、杉田玄白らが先生と敬仰した大通詞、吉雄耕牛を父にもち、さらに馬場佐十郎と同じ柳圃門下でその語学と学究を互いに競った人物である。のちシーボルトの来日にあたり、彼の日本研究にも協力して、シーボルトをして〈学のある通詞〉といわしめた逸材である。

さらにみのがせないことは、ドゥーフが稲村三伯の『波留麻和解（ハルマわげ）』（寛政八年・一七九六）にも言及していることである。これまで『波留麻和解』について、これほど率直に賞賛のことばを唱えた人物がいたであろうか。これこそ多年苦心して辞書訳編に従ったドゥーフ本人でなければ、発するをえぬねぎらいのことばでもあろう。そしてあえて、辞書を批判する輩に、〈唯なまじひに和蘭の文法の書ト辞書とを読て、深く了解せざる輩なるべし〉と苦言を呈している。まことに至言である。なおかつ、〈外臣及ひ通詞家のごとき浅学陋劣のもの〉と、この日蘭両国の人びとの汗をながした労作にも、謙虚な反省のことばでしめくくっている。わたしはライデン大学図書館で〝ドゥーフ・ハルマ〟の関係資料を披閲した中に、おそらくドゥーフが参照したであろうと思われる『波留麻和解』の断片をみた。ドゥーフもかならずや先輩にあたる『波留麻和解』をなんらかの方法で入手し、参照したのだと思う。

原典というべき蘭仏辞典——厳密にいうと蘭蘭仏辞典で、見出し語に蘭文で意味を与え、例文などには蘭文と仏文が対応して例示されてあって、フランス語のみの解釈というのではない——と、〃ドゥーフ・ハルマ〃とを比較すると、ドゥーフのいうように、それなりに取捨選択がおこなわれている。日本人のため、通詞のためというドゥーフの意思が強くはたらいていることも判明する。ことに積極的に、〈D〉の符号を付して、ドゥーフが〈増補〉した語と例文は彼の辞書編集者としての一見識を示すのみでなく、日本人のためになるようにと配慮している点は注目すべきであろう（後述参照）。

先にふれたが、『波留麻和解』は結局、この〃ドゥーフ・ハルマ〃の出現によって、次第に活用されなくなる。これも、前者にはまったく例文がないのに対して、後者には例文とその訳文とが豊かである点が、〃ドゥーフ・ハルマ〃の歓迎された第一の理由にあげられると思う。もちろん、ドゥーフの訳稿は彼がいくら日本語に習熟していても、ローマ字によったと思われる。現存の資料によってもこの点は裏づけられる。しかしともあれ、単なる語彙集ではなく、文字どおり本格的辞書であって、例文を通して聖書の文句や西洋聖賢のことば、あるいは思想、文化を表現している点を日本人は学んだのである。辞典であり事典である内容の豊かさをあげたい。蘭文の翻訳文では非日本語的表現となるところには、按文ともいうべき註文がある。訳語にも訳文にも、日本や日本人とは重なりあわぬ異文化が投射されているときには、それらについての深切なるコメントがあるわけで、さながらヨーロッパの学芸、文化の世界を眼前にする思いがする。これはおそらく通詞がドゥーフに質問などしてノートした、疑問点などのコメントによるものであろう（もとよりはじめよりドゥーフの配慮にもよるところがあろう）。

〈緒言〉の終りに、日本への感謝をこめてつぎのようにのべているところが注目される。あえて再び引用してみる。〈外臣〉の名乗りにもドゥーフが日本臣民の一人である態度がみえる。

外臣皇国の地（原文ではコヽコヽ）に住し大庇を蒙り奉る事、茲に十七年、しかのみならす児子（mijn zoontje, ワガムスコ）無比の慈恵を戴く、終身豈忘失する事あらんや

3

ドゥーフと道富丈吉

ドゥーフは長崎丸山の遊女、園生と瓜生野（俗名、よう）と関係をもち、後者との間に一人の男子、道富（ミチトミ）丈吉をもうけた。丈吉は見習通詞にまで成長したが、十七歳で夭折した。しかしここでドゥーフがわが子に対する日本人の慈恵を感謝しているように、現存の丈吉の墓（皓台寺）を一見すると、まことに堂々とした立派な墓碑であって――現在は無縁となり雑草生い茂るにまかせるが――、生誕以来、いかに丈吉が通詞や長崎の人びとに手厚く庇護されて生育していったかがしのばれる。日本風に姓に道富をあて、ミチトミとも読んだらしい（大槻玄沢の手記）。当時、江戸より長崎に役人として滞在中の大田南畝（蜀山人）が、その著『一話一言 四十六』に、〈○道富丈吉由緒書〉を転写収載している。ドゥーフのこともあり、参考までにつぎに全文を引用しておく。

○道富丈吉由緒書

本国阿蘭陀国あむすてるだむ　　生国肥前長崎　　道富丈吉

へんでれきどうふ

一父

右どうふ儀は阿蘭陀国之都あむすてるだむ住居、先へんでれきどうふ悴にて、父存生の間はゆにおくると称し、父死後の名を継罷在候処、寛政十午年於本国おんてるかうふまんと申官を受、同十一未年の夏咬

へ出役仕、夫より無程御当地通商の船に乗組み、筆者頭勘定役相勤、六月十二日始て御当地へ着仕諸用向相仕舞、同年秋帰帆仕、翌申年夏再渡仕、五月廿五日御当地着仕、某等引続在留候処、翌酉年夏へんとる役申付候旨入津の船より申越、へんとる役三ヶ月相勤候処、享和亥年夏、加比丹職申付候旨申越、当年迄拾三ヶ年加比丹職相勤罷在候。右どうふ儀加比丹役相勤候内、江府拝礼幷御用向相勤候、桁々左之通に御座候。

一文化元子年、魯西亜船御当地へ渡来仕候節、御用向首尾好相勤申候。

一文化三寅年、江府拝礼首尾能相勤申候。

一文化四卯年、魯西亜船松前表へ乗渡ふらんす語にて認候書物残置候を、江府より御当地へ御差越被為成和解差上候様被仰付候に付、阿蘭陀(ママ)にて和解仕差上候、然る処翌辰年春、右為御褒美御銀三十枚被下置候。

一文化四卯年、秋御注文通荷繰等出情仕候、為御褒美銀六拾貫目被下置候。

一文化五辰年、ゐげれす船御当地へ渡来仕候節、御用向相勤申候。

一文化七年、江府拝礼首尾好相勤申候、右之節於御殿中どうふ儀兼々実体相勤、昨年従江府御尋事之御用骨折相勤候に付、御褒詞被為成下候旨、大御目付中川飛驒守様御立合、長崎御奉行曲淵甲斐守様御書面被為成御読渡候。

一文化十一戌年、江府拝礼首尾能相勤申候。

一某　　　道富丈吉

私儀右どうふ悴にて、文化五辰年於御当地出生仕御免之上新橋町人別に相加り、当時新大工町人別にて罷在り候処、父どうふ儀依願文化十二亥年九月三日、遠山左衛門尉様御在勤之節被召出、新規御抱入被仰付、右に付受用金之儀は父どうふより別段差出候白砂糖代銀御貸付之利銀を以、壱ヶ年銀四貫目宛被下置、役向の儀は、追て相応之人柄年輩にも相成候節可為及御沙汰旨被仰付、扨亦追て父願之通御役義被仰付候節に至、右御貸付之利銀而已之受用にては不本意之筋も可有之候に付、格別之御義其節は別段相応へ御役料をも御加へ可被下置、父右之趣は於江府表にて御沙汰之次第も可有之被仰渡候条、難有可奉存、右は牧野備前守様御伺之上被仰渡旨、父どうふへ被仰渡、尚又父どうふ儀再渡以来引続在留仕、江府拝礼三度相勤、其外魯西亜ゑげれす船等乗渡候時に、御用骨折相勤候処、無程父代帰国之上は、再渡之程も無覚束候得ば、私身分片付方見届、安気仕帰国可仕旨を以、扶持為御返尚別段持渡候白砂糖三百籠払代銀貸し置、右を以年々銀四貫目宛私儀へ被下置、薬種目利或は端物目利、又は阿蘭陀人へも交少(ママ)通辞共へも引離し候筋、(ママ)新規に御抱入れ被為成下候様奉願候趣被聞召上、乍然右躰之儀先例も無之、容易に難被及御沙汰筋に候得共、父どうふ様是迄御用筋時々骨折相勤、加比丹とは訳違候者に付、格別之御儀を以御伺之上、前文之通被仰渡候。然る上は向後私儀諸事外役人一同之御取扱に御座候、尤追而御役儀被仰付候迄は、新大工町に罷在、祖母方にて身寄之者申談養育仕候様、父どうふ並祖母其外地役人一統へ被仰渡、古今無比類奉蒙御仁恵候

親類書

父方

一祖父　阿蘭陀国あむすてるだむ住居　へんでれきどうふ死
一祖母　右同断あれきさんでる ねすゑんき死娘　まるれつたねすゑんき
一父　寛政十一未年始而渡来翌申年再渡以来在留仕加比丹職相勤罷在候　へんでれきどうふ
一母　長崎新橋町住居　土井徳兵衛娘死　よう
一伯母　阿蘭陀国あむすてるだむ住居　父どうふ姉ゐるれむやこふつて妻　ゐるへるみいなどうふ
一同　右同断　父どうふ姉　い(ゐ)るへるみいなどうふ 此両人同名如何
一同　同　父どうふ妹　まるかれつたどうふ 母一所ニ罷在候

母方

一祖父　新橋町ヶ所持町人　　　　　　土井徳兵衛死
一祖母　　　　　　　　　　野母村峯仁平治娘　す　ゐ
一伯父　新橋町ヶ所持町人　　　　　　土井滝蔵
一伯母　新大工町住居　　　　母よう妹　作治郎妻　こ　と
一従弟　　　　　　　　　　　土井滝蔵子　国太郎
一同　　　　　　　　　　　　作治郎子　久治郎
右之通に御座候以上
文化丁丑春如月下浣、松平鳩翁君より拝借謄写

ドゥーフが帰国後、〈年々銀四貫目宛〉を丈吉に与えられるよう、白砂糖三百籠の代金をあてており、普通一般の〈加比丹〉とわけが違うので格別の扱いをうけていること、丈吉の養育を生みの母、瓜生野、すなわち土井徳兵衛の娘、ようの母にあたる祖母、すゐのところに託し、そこに起居することを記している。〈古今無比類御仁恵候〉とむすんでいるとおりである。いわゆる混血児として偏見や差別がなく、まことにほのぼのと心あたたまる扱いである。日蘭愛の結晶へ限りない慈愛の手をさしのべていることが推量できる。ここにも江戸時代の、そして長崎の、ヒューマニズムが豊かに感じられるのである。ちなみに遊女といっても、いわゆる色を売る売笑婦と異なり、オランダ人と特定の、一対一の関係で結ばれるわけで、むしろ日本妻、妾に近い。子どもも生み、ふかい愛情で結ばれていく場合も当然でてくる。シーボルトと丸山の遊女、其扇（きせん）こと滝（タキ）との関係も同様である。

訳文の文体と訳語

つぎに〈凡例〉と関連して、翻訳の仕方——長崎の俗語を主とし、あえて文語、雅文調をとらずに理解しやすい訳文体を創始したわけである（後述参照）。何よりも〈蘭語の義理〉を失わぬという、簡潔で言文一致のデアル体を基調にした文章態で訳しているのである。また翻訳にあたって、いわゆる片仮字語もすくなくない点、〈本語〉（辞書に登録されている語）に註解のある点を考慮しているところも注目したい。たとえば、〈búrger〉を〈ビュルゲル〉（ブルジョワに同）と音訳し、この新しい市民層の出現について註記として、〈素性正しき由緒ある町人を云なり、彼国にては此者ども政道にも与り此方の士の如くにして賤しからぬ者也、事ある時は王を助て一方を防ぐ者なり〉とあるがごときその一例である。近代的市民階級へと一歩アプローチしていることにもなろう。さらに根本的にドゥーフがフランス語をよくしたことが、本辞書訳編上で大きな原動力であったことが判明する。

〈凡例〉では、〈動詞、動他詞、実詞〉などの用語をもって、文法上からの文構造や訳法を示していて、〈和蘭の文法（文法学）を詳にする〉ことの必要性をのべている。本文中でもたとえば、〈conjugatie, ond w.z.v. buiging der werkwoords, tijdvaeging. 動詞の変化（文学の語にして譬ば現世にて云ふと云ふ語を過去にて云ふたなど遣ふる）〉など、江戸蘭学では〈未詳〉とみえるところで、両者は大きな落差をもち、長崎通詞らの文法知識は格段の実力をともなっていたと思われる。なお〈凡例〉中の〈アテホカーテ〉は〈advocat〉で〈弁護士〉であるが、当時の日本人には理解をこえていたのであろう。もう一語、〈キリール〉も、〈klier〉であるが、当時、江戸蘭学界では宇田川玄真により、〈腺〉と訳され、さすがに解剖学的にも江戸の蘭方医にはかなりよく了解されていたわけである。

つぎに〝ドゥーフ・ハルマ〟約八万語と、その例文中から若干の訳文と訳語を紹介してみよう（＊印は筆者の註記）。

(A)訳文：原文は蘭文（左）—訳文（右、横に縦書き）。

1　Hij is nog een abcling, of nieuweling in de welenschappen.　彼人はまだ学問に入はなである

2　hij moest de schúld heel en al betaalen.　彼は借銀を全く払はねばならぬ

3　Zij zeide dat zr het schijnsel van haren minnaar gezien had.　彼女は己が恋人の幽霊を見たと言ふた

4　Haar hart is heel van hem, of getrokken.　彼女の心が彼を見捨た

5　Die stroom bepalde zijne overwinningen.　其川か彼か勝利を打ちとつた　川がありたによりて負けたと言ふ意

6　Hij voerde eene nette rede voor de vúit.　彼は前もつて勘弁なしによく演説をなした

7　Het is winter.　冬である

8　De wêgalm is de dochter van de lúcht.　響は空気の娘である　空気の産み出す所なりと云意

9　Hij kuste haar voor den mond.　彼は彼女と接吻した

10　Dat stúk is van eenen fraaijen meester geschilderd.　其絵は秀たる芸術者の画かいたるものである

11　De vierkante wortel van negen en veertig is zeven.　四十九の平方根は七つである

12　Het vúúr dat úit haar oogen straalt bekoord een leder.　彼女の眼より出る光線が諸人を心酔さする

13　Dat bier smaakt bitter naar de hop.　其麦酒は「ホップ」の苦味が多し

14　Eenen aal bij den staart hoúden　鰻の尾を握る　為し難き事を為るといふ意

15　[D]Het krioelt in Jedo van volk.　江府は人がぐや〳〵する

16　[D]De stelling van Descartes word van vele gepreezen.　「デスカルテス」が理を示す為に組立てたる物が多くの人より誉めらる　＊stellingは〈論説・理論〉の意。またここは〈多くの人より〉でなく〈非常に誉めらる〉と訳すべき。

つぎに蘭文を省略して、ヨーロッパの思想家の登場、あるいは箴言（アフォリズム）的なもの、比喩などをあげてみる。

17　ラシネ（Raciné）よ、芝居役者をして見物人の目を驚く心を動して奪ふの趣向は何と言ふべきや　ラシネは

詩人にして芝居抔の作者なり

18 「エピキュリス」（Epikureesch）の肥やし豕（ぶた）　飲食楽みのみする人を云ふ「エピキュリス」は昔の学者の名なり此人の教には飲食楽みを専と為し居れり依て如斯言ふ　＊エピキュリスはエピクロス（B.C. 341〜270）、エピクロス主義という感情的享楽主義を唱えたギリシアの哲学者。

19 「ユヘーナール」（Juvenaal）はひどき悪口の詩を作る人であった　＊ユヘーナール（A.D. 50頃〜130頃）は毒舌の詩人といわれるローマの諷刺詩人。十八世紀以後のヨーロッパ文学に大きな影響を与えた。

20 「ヲヒデュス」（Ovidius）の著したる恋の術を書てある書物　＊ヲヒデュスはPublius Ovidius Naso（B.C. 43〜A.D. 17）で、『愛の技術』（Ars Amatoria）の公刊で筆禍を受けたローマの恋の詩人として有名。

21 彼はかすりきみする人である　「マーリン」に嘲弄語とあり、此方言にて云内の前のやせ犬と云ふことに似たり。案ずるに見せかけ斗（だけ）でやくにたたざるを云か

22 空中に城を築く　をよばぬ事に心寄せて居ると云ふ事

23 狐が葡萄は酸いと言ふ　心に欲して居れども出来ぬ事に依て態と夫は嫌ひと云ふ意

24 我が子は我が柩の釘である　子故に辛苦して命が縮まると云ふ意

25 彼は他人の過ちを顕微鏡にて見る　彼は人の過を大造に言ふと云意

さて〈デアル体〉をうみだした蘭学の精神は、なんとしても西欧論理へのアプローチにあったと思う。それは反面また修飾の多いシナ文からの乖離でもある。そこにいわば近代的姿勢をよみとることは可能であろう。しかも当時一般的傾向としておこってきた俗語（口語）への強い関心もみのがせない（俗語・方言の収集が十八世紀後半からおこっている）。またデアル体を創始させたものに、漢学、特に徂徠派の国字解があり、さらに国学者たちの講義体（口授調）や僧侶の説教調が、考えられるかもしれない。訳文は平易を旨としているが、なかには訳者（多分、

協力の通詞〉による註記もみえる。いわばバタ臭い西欧的直訳体や比喩など非日本的発想に対する文である。

17～20までラシネ（ラシーヌ）をはじめとするヨーロッパの文学者や古代の思想家、詩人などを註記しているところを原本でみると、とくに解説はみえない。やはりドゥーフの自作であるが、ドゥーフの教示するところか、通詞たちの研究の証しでもあろうかと思う。15・16の〈D〉はH・ドゥーフの自作であるが、さすがに近代哲学の祖デカルトを取りあげている点は立派である。当時の通詞にはすでに既知の情報でもあったろう。〈組立てたる物〉は蘭語のstelling、英語のthesis、別に〈組立て物 窮理術の理を論ず為に〉と解説があって、現代ならば〈論説・理論〉と訳していい語であろう（窮理術は理学、物理学にほぼ相当する）。21の〈かすりきみ〉とは、空威張などの意の長崎方言と註記しているのであろう。こうした比喩的表現についても、諺、格言とともに日本人の好むところで、21～25はその例である。すべて註記を与えているが、もとより彼我で思考や表現の型がいちじるしく異なるところが多いと思われるので、誤解なきように訳者の通詞が註を与えたわけである。22〈空中に城を築く〉など現代の〈空中楼閣〉のルーツであろう。以上の点をまとめると、ほぼつぎのような構造になる。

(イ)無人称代名詞を主語とする。(ロ)無生物が主語になる。結果的に擬人法にもなっている。(ハ)主語を多くたてる。(ニ)動詞を抽象名詞につける。(ホ)語彙的に、形容詞比較級を用いる〈〈……より小さい kleiner〉など多い〉。(ヘ)関係代名詞〈〈～所の dat〉や〈彼女 zij〉〉を用いる。(ト)天候・時などを表わす文では、非人称代名詞〈het〉を訳さずに正しく認識している。

本文中にも、〈De aantoonende wijze der werkaovelen. 動詞の直説法 文学の語／conjugatie, ond w. z. v. buiging der werkwoordes. tijvaeging. 動詞の変化 文学の語にして譬ば現世にて云ふと云ふ語を過去にて云ふたなど、遣ふる〉のように、文法的所見がみられる。

こうしたオランダ語文の翻訳によって、明治の翻訳文調とほぼ同質のものが創訳されたのである。これは、当時の他の訳書にもみられるところである。たとえば、〈健康ハ富ヨリ大ナル宝デアル。昨日花サキシ所ノ薔薇ガ凋ンダ〉（原文省略、大庭雪斎『和蘭文語之凡例』安政三年・一八五六）などとふつうにみえる。8の〈響は空気の娘である〉など、さながら明治文壇で活躍した山田美妙のハイカラスタイルを思わせる新しい西欧的表現といえるであろう。25などの比喩も新しい表現である。デアル体で一貫した訳文は、いうまでもなく〝ドゥーフ・ハルマ〟編集の姿勢であり実践であって、ほとんどそのまま幕末の刊本、『和蘭字彙』に受けつがれるのである。

上でのべたように〝ドゥーフ・ハルマ〟ははやく江戸でも書写された。当時の江戸は日本全体における、政治・文化・学問の中心地であったから、同書は江戸蘭学界での貴重な存在となり、広く周辺に影響を与えていったのである。そして時代はようやく蘭学から英学へと移る重大な曲り角にあったこととて、さらに文久二年（一八六二）刊行の『英和対訳袖珍辞書』へと継承されていった。

4 〝ドゥーフ・ハルマ〟と蘭語学習塾

さて文化十三年に完成した〝ドゥーフ・ハルマ〟は、長崎に遊学する蘭学々徒によって書写されて全国的な広がりをみせ、さらに江戸にもたらされては、江戸を中心に全国的広がりをもって、多くの蘭学塾で最有効な辞典として活用された。江戸の蘭学者でもっとも翻訳を手がけ、〈紅毛学第一〉と称された宇田川玄真とその塾、風雲堂で書写の〝ドゥーフ・ハルマ〟の写本も現存する。その玄真に師事した緒方洪庵とその塾、適塾でも蘭学を学習した福沢諭吉は、その著『福翁自伝』に、〈昔長崎の出島に在留して居た和蘭のドクトル・ヅーフと云ふ人が、ハルマと云ふ独逸(ママ)和蘭対訳の原書の字引を翻訳したもので、蘭学社会唯一の字書と誉められ〉とのべている。いかに〝ドゥーフ・ハルマ〟が貴重で有益な辞典であったかが推量できるであろう（もっとも右の記事は誤記も多いのであるが）。さらにこの写本がどんなに需要が多く、かつは写本を作成することによって蘭学書生が生活や勉学の費用までかせいだことか、すこし長文ながら、参考までにさらに『福翁自伝』から引用紹介する。

ヅーフの事に就て序でながら云ふことがある。如何かすると其時でも諸藩の大名が其ヅーフを一部写して貰ひたいと云ふ注文を申込で来たことがある。ソコで其写本と云ふことが又書生の生活の種子（たね）になつた。当時の写本代は半紙一枚十行二十字詰で何文と云ふ相場である。処がヅーフ一枚は横文字三十行位のもので、夫れだけ横文字を写すと、一枚十六文、夫れから日本文字で入れてある註の方を写すと八文、只の写本に較べると余程割りが宜しい。一枚十六文であるから十枚写せば百六十四（ママ）文になる。註の方ならば其半値（はんね）八十文になる。註を写す者もあれば横文字を写す者もあつた。ソレを三千枚写すと云ふのであるから、合計してみるとなかなか大きい金高になつて、自から書生の生活を助けて居ました。

今日より考えれば何でもない金のやうだけれども、其時には決してさうではない。一例を申せば白米一石が三分弐朱、酒が一升百六十四文から二百文で、書生在塾の入費は一ヶ月一分弐朱から一分三朱あれば足る。一分弐朱は其時の相場で凡そ二貫四百文であるから、一日が百文より安い。然るにヅーフを一日に十枚写せば百六十四文になるから、余る程あるので、凡そ尋常一様の写本をして塾に居られるなどと云ふことは世の中にないことであるが、其出来るのは蘭学書生に限る特色の商売であつた。ソレに就て一例を挙げれば斯う云ふことがある。

江戸は流石に大名の居る処で啻にヅーフ許りでなく蘭学書生の為めに写本の注文は盛にあつたもので自から価が高い。大阪（ママ）と較べて見れば大変高い。加賀の金沢の鈴木儀六と云ふ男は、江戸から大阪に来て修業した書生であるが、此男は元来一文なしに江戸に居て、辛苦して写本で以て自分の身を立てた其上に金を貯えた。凡そ一、二年辛抱して金を二十両ばかり拵えて、大阪に出て来て到頭其二十両の金で緒方の塾で学問をして金沢に帰った。是れなどは全く蘭書写本のお蔭である。其鈴木の考では、写本をして金を取るのは江戸が宜いが、修業をするには如何しても大阪でなければ本当なことが出来ないと目的を定めて、ソレで其金を持て来たのであると話して居ました。

勝海舟なども妹の嫁入費用にと、〈〝ヅーフ〟の書写〉に精励したそうである。また、明治大正時代、東大総長として大学自治を守る運動に活躍した長与又郎（またお）（一八七八〜一九四一）、あるいは小説家として、白樺派で活躍の長与善郎（一八八八〜一九六一）の父親にあたる長与専斎（天保九年・一八三八〜明治三十六年・一九〇二）は、蘭学に志し、十七歳で緒方洪庵の適塾に入門したが、そのころの蘭学学習を回顧して、その著『松香私志』に、つぎのような一文をつづっている。

（予習の場合）初学の内は冠詞前詞等の外は一語も見識りたるものなく、片端より皆字引にて引出すことなるが、肝腎の字書といへるは塾中只「ヅーフ」即ち和蘭字彙（ママ）なり「ハルマ」といへる字典に「ヅーフ」といへる人長崎に来りて和訳を付したる書なりの写本一部あるのみ。三畳敷許りの室を「ヅーフ」部屋と唱へて其処に備え置き、一冊たりとも他に持出すを許さす。百余人の生徒皆此一部の「ヅーフ」を、杖とも柱とも頼むものなれば、立替り入代り其部屋に詰め込みて、前後左右に引張り合ひ、容易に手に取ることも叶はさる程なり。斯て昼間は字義の詮索も届かされは、深夜に人なきを伺ひ字を引きに出かけるもの多く、「ヅーフ」部屋には、徹宵の燈火を見さる夜ぞなかりし。其頃塾中の雑談に、字書を坐右に控え原本にて書を読むことを得は、天下の愉快ならんといひ合へり。

右のように写本として伝流した〝ドゥーフ・ハルマ〟は、幕末まで蘭学推進の原動力として貴重な存在となった。亜流というか、〝ドゥーフ・ハルマ〟を利用して、さらに簡便な蘭日辞典も編集出版されている。その一つに江戸蘭学の雄、箕作阮甫の門人、牧天穆（培蘭、穆中。一八〇九～一八六三）なるものの編集した『蘭語通』という蘭日小辞典がある。この辞典は未完に終っているのであるが、その〈序〉に、〝ドゥーフ・ハルマ〟の流伝を考えるうえで参考になる記述をみるので、つぎに紹介しておきたい（原本は洋書と同じ左開きなので、序も一般とは逆に記述されている）。

蘭語通序

予曾テ崎陽人ノ手ヨリ無双ノ奇書ヲ護（ママ）タリ、即チ和蘭ノ学者道冨氏所訳ノ法爾瑪ナリト雖トモ、書法善美ヲ極メテ且ツ一点ノ謬誤ナク、訳述ノ体裁丁寧反復或ハ図式ヲ以テ訳義ヲ弁明セリ、復タ世ニ流布セル者ノ比ニ非ス、崎陽人ノ説ニ此書タルヤ道冨氏本国ヘ携ヘ帰ン為ノ稿本ナリ、此ヲ以テ善書達筆ヲ撰シテ書写セシメタリ、或ハ自筆モ相交リ有リト云フ、是レ無双ノ奇書ト称スル所以ナリ、予憶フニ、独リ珍味ヲ嘗ンヨリ、衆ト共ニ相楽マハ其楽復タ大ナリト、乃チ此挙ノ起原スル所ナリ、唯巻帙浩瀚ヲ恐レ、専ラ本語ヲ詳載スト雖トモ、変例鶏肋ニ属スル者ハ亦摘出シテ遺サス、又本書ノ遺漏ハ手ニ従ヒ他書ヨリ取テ増補ス、是レ一ニ初学ノ為ニ簡明ニシテ懇篤ヲ貴フ故ナリ

安政丁巳　　培蘭牧天穆識

右で注目されるのは、〈道冨氏本国へ携へ帰ン為ノ稿本ナリ、……自筆モ相交リ有リト云フ、是レ無双ノ奇書ト称スル所以ナリ〉とのべている点である。牧氏によると、長崎の者から得たようにのべている（疑問である）。

いささか眉唾のところもあるが、〈復夕世ニ流布セル者ノ比ニ非ス〉ともあり、本物なれば確かに、珍書、奇書である。本書の刊行は安政丁巳四年（一八五七）である。こうした写本での流伝もあったのかと考えると、長崎での書写も一本のみでなかったのか。流出した写本の異本とでも考えられようが、そのまま外に流れることは一寸考えにくい。牧氏が長崎遊学の際にでも披閲したのであろうか。果して牧氏が得たというのが事実かどうか。

さらにこの『蘭語通』は写本の〝ドゥーフ・ハルマ〟と大いに異なる点として、巻首の〈辞書中諸符〉の欄の訳語（品詞）がある。すなわち品詞名が、〈実詞・代名詞・形容詞・副詞・動詞・前置詞・接属詞・感慨詞〉のように、〝ドゥーフ・ハルマ〟の〈静詞・虚詞（虚静詞）・所在詞＝前置詞〉などとまったく別の用語で明らかに文化年間より進歩した蘭語学の研究成果を反映し、幕末に改訳された――現代の品詞名とほぼ同一――品詞名となっている。この事実をみるとドゥーフによる原本とは異なることは決定的である。こうした品詞名は、絶対に〝ドゥーフ・ハルマ〟の写本にはみえない。私のこれまで披閲したかぎり（オランダ、ライデン大学蔵本をふくめて）この用語はみられない。しかもたとえば、〈AAS. 餌〉のところに、〝ドゥーフ・ハルマ〟と同文同訳の〈Een dood mensch is een — (aas) voor de wormen. 死体ハ虫ノ餌テアル〉とデアル体の訳文もみえるのである。また、〈彼女ノ心ガ彼ヲ見捨タ〉など、〝ドゥーフ・ハルマ〟と同一蘭文・訳文であり、訳語を通覧すると、やはり〝ドゥーフ・ハルマ〟の忠実な継承とうけとれる辞典ではある。いずれにせよ、本人の語るように長崎に存在していた〝ドゥーフ・ハルマ〟の写本の一本であることにまちがいはなさそうである。

　このように〝ドゥーフ・ハルマ〟もいろいろなかたちで流伝していったことが想定できる。これまで私も多くの写本をみてきたが、成立期、すなわち文化十三年の時点での訳語、訳文はかなり忠実に書写されていると思われるのだが……。その点、上で指摘した品詞名のいちじるしい異なりはどうも不可思議である。以下にのべるように、最終的に幕府に献上のものも、〝ドゥーフ・ハルマ〟を基に刊行した『和蘭字彙』も、品詞名は成立時と同じであって、『蘭語通』はひときわ異彩をはなっている。ここでは、珍書の一つとして『蘭語通』の紹介にとどめる。

蘭学史上の金字塔

〝ドゥーフ・ハルマ〟はまさしく日本の蘭学史の金字塔である。『波留麻和解』を訳編した稲村三伯の場合とは正反対に、借財に苦しむどころか、幕府への献上という光栄に浴し、通詞たちによって引きつがれ、さらに約二十年間、ドゥーフの危惧した誤りの補訂がつづけられたわけである。

公的には日蘭両語で、『和蘭辞書和解／Hollandsch en Japansch Woordenboek』と命名されて、全六十四冊に分冊、完結した。その最終巻に通詞の〈跋〉があり、蘭文と訳文でつぎのようにのべられている。

○ Alle zaken [zaaken] habben een begin en een einde, bijgevolg ook alle werkzaamheden, alhoe wel men eene zaak heeft begonnen en er ['ez] geen navolger is, kan men dezelve niet ten einde brengen.

Wij betuigen onzen oprechten dank aan den WelEdelen Gestrengen Heer Doeff, voor de door zijn WelEd : Gestr : genomen moeite en bewezen húlp vaardigheid in dege werkzaamheden.

Thans hebben wij de vertaling van Halma's woordenboek, waarmede het geezen Opperhoofd Doeff tot ons nút een aanvang heeft gemaakt, voetooid.

Indien het opperhoofd Doeff deze taak niet op zich [zig] genomen, en een begin met de overzetting had gemaakt, zouden wij hetzelve waarschijnelijk ook niet ten einde gebragt hebben; maar het ['t] is voor ons eene aangename herinnering, dat dit begonnen grote werk door ons als nú is voltooid.

In de overzetting van dit woorden boek in 16 deelen zullen voorzeker foúten worden gevonden ; wij hopen en vertroúwen dat de genen [geeren] die deze zúllen hebben ontdekt, dezelve zúllen gelieven te verbeteren [verdeeteren], waar door dit werk tot meerder volmaakheid zal worden gebragt.

〇すへて〔惣〕物事〔事業〕の成就するは始め〔始〕と終〔終り〕とあり、之〔是〕か始めを為せとも其後を継もの〔者〕なけれは其事半にして廃る、
今此辞書の成就するは実に道富之か始をなし、予輩其後を継く〔終り〕に因り、〔継にあり〕嗚呼道富微りせは此業を始むること〔事
あたわず〕能す、予輩〔ら〕其緒を継かされは〔継ざれば〕復〔た〕其業を終る〔為す〕こと能はす〔あたわず〕、二物相合ふて〔して〕其事成就せり、豈美き事〔美舗事〕にあらす哉、〔や
しかれども〕然れ共大部書其中に〔にナシ〕誤も多かるへし、後哲是正を〔をナシ〕賜らは備るの上の又備る〔るナシ〕と道ふ〔謂つ〕へし

天保四年巳十二月　　　　　　　　　　　　　　　　　　　　　掛り通詞

＊〔　〕内は別の写本での異同を示す。

〝ドゥーフ・ハルマ〟にはドゥーフの蘭文緒言があるが、通詞の蘭文はみえない。その意味でも、ここにあげた通詞の手になる蘭文の跋は、日本人蘭文としても珍とするに足ろう。ここで通詞は、〈すへて物事の成就するは始めと終とあり〉として、道富(ドゥーフ)がまず着手したこと、そして、〈道富微(なか)りせは此業を始むること能ず〉と、ドゥーフの功を率直に認めている。そのうえで、その後をつぐものなければ、この辞書編集の業を完成できないというのである。蘭日両国のしっかりしたスクラムを組んでの協力によってこそ、この偉大な記念碑が樹立されたというわけである。ただし現存している完本はなく、わずかに大阪中之島の府立図書館所蔵の六十九冊本の『和蘭辞書和解』がもっともこの最終定本に近い写本として生き残ったのである。

そして天保四年（一八三三）とは、明治維新までわずか三十余年である。時代はもう蘭学から英語へと転換しつつあった。広く洋学として、諸外国語を学習しなければならなくなったわけである。それに写本としての〝ドゥーフ・ハルマ〟は、すでにはるかにふかく広く日本国中に普及浸透している。しかしやはり右に引用の諭吉ものべているように、外国語の中心はまだオランダ語であって、需要は依然として多く、写本とて高価である。そこで安政二年〜安政五年にかけて、私財をなげうって将軍侍医、桂川甫周（国興）らによって、書名も『和蘭字彙』

と称して公刊された。訳文は写本と異なり漢字片仮字まじり文に改めている。『字彙』とはシナ明代、梅膺祚の編集した名著『字彙』にちなんで名づけられたものである。五帙十三冊仕立の体裁で書林、山城屋佐兵衛より刊行された（現存の『和蘭字彙』では冊数はかならずしも一定していない）。これについては、私が五冊本の影印本として刊行したのでその方を参照されたい（〝ドゥーフ・ハルマ〟と『和蘭字彙』は研究者でも混同の記述をみるのは遺憾である）。

一八一七年（文化十四年）、ドゥーフは久しい不安と期待をこめて、長崎の天空に合図の烽火があがるのをみつめていた。ついに二隻のオランダ船が長崎港に入港、出島に近づいてくることがたしかめられた。商館はわずか六人のスタッフのみ。〈その歓喜は実に筆紙につくしがたく……われわれは有頂天となり、歓喜雀躍、われわれを最大の悲痛と憂愁より救出し給うた神に心から感謝す〉とドゥーフは記録している。さらに、〈今や再びわれわれの政府をもった。ヨーロッパは平和を恢復した。世界でただ出島にのみオランダ国旗がひるがえっていたことに自負的満足を感じた〉ともつづる。日本人も、奉行所に勤める役人たちと長崎市民とを問わず、皆狂喜した。ブドウ酒の盃をたかだかとかかげて、祖国オランダの復活を祝った。このドゥーフらによる愛国的歓喜は深夜までつづけられたのである。ドゥーフはオランダ国王より、一八一三、一八一四年の困難なときの活躍と適切な処置に対して、和蘭獅子士勲章（リッデル・ファン・デン・ネーデルランデンレーユ）を授与されることになった。

一八一七年十二月六日、ドゥーフはバタヴィヤに向け日本を離れることになった。先にのべたように、帰国にあたり、〝ドゥーフ・ハルマ〟の訳稿を通詞目付の子に与えた。そしてもう一本を書写して、祖国に持ちかえることにしたのである。一旦爪哇（ジャワ）に寄港し、一八一九年二月十六日、いよいよアドミラル・イフェルツェン号で祖国への帰途についた。しかし不幸にも途中、暴風雨にみまわれ、乗船は浸水につぐ浸水をうけ、もっとも悲惨をきわめ、ついに〝ドゥーフ・ハルマ〟の書写訳稿も、ドゥーフが日本で蒐集した貴重な珍宝も、海底ふかく船とともに沈んでしまった。ドゥーフらはかろうじて偶然、航行中のアメリカ船、ビッケリング号に発見、救助された。しかし十ヶ月前に爪哇で結婚したばかりの愛妻は妊娠中であった。彼女はこの災難にあって、恐怖と苦痛に衰弱いちじるしく、救助はされるが四日目に絶命した。

かくしてすこぶる長い航海の後、寄港地ロンドンに数日間滞在し、一八一九年十月、ドゥーフは無事本国オランダに帰着した。

＊（註） 〝ドゥーフ・ハルマ〟はこれまで『道訳法爾瑪』・〝ヅーフ・ハルマ〟など、さまざまに表記されているが、私見で、〝ドゥーフ・ハルマ〟をもっともよい表記と判断して決定した。拙論にはしたがって表記の混在がある。原本（写本）自体には特に日本文字による表示はない。

参考文献

(1) Doeff, H., Herinneringen uit Japan, Haarlem, 1833.（架蔵本）

(2) 信夫清三郎『ラッフルズ伝』（東洋文庫版、平凡社、昭和四十三年）

(3) 斉藤阿具訳『ヅーフ日本回想録』（奥川書房、再刊本、昭和十六年）

(4) 拙著『江戸洋学事情』（八坂書房、平成二年）・小論〈オランダと日本〉〈ライデンだより、一九八一～一九八二〉（「図書新聞、昭和五十六～五十七年）

(5) 大佛次郎『阿片戦争』（「大佛次郎作品集 二」文藝春秋新社、昭和二十六年）

資料篇

I

『訳鍵』〈凡例并附言〉

（影印）

II

『乾坤奇観』

（影印）

III

シーボルト蒐集

“日本の書物（刊本・写本）目録”

（影印）

資料I　『訳鍵』〈凡例并附言〉（影印）

【解題】『訳鍵』は京都の蘭学者で、十代にして前野蘭化の門弟、江馬蘭斎に師事し、のちさらに大槻玄沢の門人、稲村三伯（海上随鷗）に入門して蘭語を考究した藤林普山（一七八一～一八三六。本姓は大西、名は紀元、字は君諧、号は筒城・普山、通称は淳道・泰助・泰介）編著で、文化七年（一八一〇）刊行の蘭日対訳小辞典である。

これは寛政八年（一七九六）刊行の、普山の師、稲村三伯が長崎通詞、石井庄助の指導のもとで訳編した『波留麻和解』のコンサイス版である。同辞典より約三万語を抜き出し、他の蘭語辞典及び羅蘭辞典などからも必要語彙を補填して独自に編集、〈薬名小語彙集〉を付加し、初版百部限定として、乾坤二冊と〈凡例并附言〉一冊の体裁で刊行した。本影印はこの一冊をとりあげたものである。

辞書は語彙供給のみなので、蘭語のアルファベット、蘭文構造や解読上に必要な知識、すなわち語法的知識や句読法、蘭文に用いられている記号・符号などに関して具体例をあげ解説、さらに翻訳法を具体的な例文をあげて教示するなど、語の活用面をしらせ、翻訳に役立つよう附録として執筆した蘭文解読指導の語法書である。現代でも辞典には一般に附録的に語法解説が付してあるが、それと同じ体裁と考えることができる。

のち〈凡例并附言〉の部分を、『蘭学逕』として単刊本としても出版した。それまでとちがい、翻訳に厳密さが要求され、蘭語研究も深化した史的事情が背景にある。わずか二十七丁よりなる小冊子である。普山にはのち文化十二年（文化十年刊とあるのは誤り）に刊行の本格的翻訳蘭文典『和蘭語法解』（三冊本）があるが、いわばその前哨線的役割を演じたオランダ語の初心者向語学書である。先にオランダ語の入門書といわれる『蘭学階梯』（天明八年・一七八八――岩波書店『日本史年表』に天明三年できる、とあるのは誤り）の刊行もあるが、これには語法的な点はまったく解説されておらず、翻訳上の参考書としては未しというわけで、本書に九品詞やオランダ語で必要不可欠な接頭接尾辞の解説（辞性の部）もあり、はじめて蘭語の構造実態が公表された点、真に蘭語入門書として迎えられた。文政七年（一八二四）には再版が出版されている。ただし普山の学統、とりわけ文法的な面は馬場佐十郎が『和蘭語法解』の蘭文序（下部参照）でのべているように、中野柳圃の蘭語研究によっていると思われ、むしろ柳圃の蘭文法の一般的公開版ともいえる。参考までにはじめに馬場の蘭文序を全文引用して解説の筆をおく。

◇書誌

一　旧蔵者：幕末の科学者、宇田川榕庵（蔵書印「宇田川蔵書・榕庵」あり）／早稲田大学図書館蔵。

二　構成：内題、訳鍵凡例并付言（二十六丁）＊本文にあたる。／跋（一丁）＊海上陳人（海上随鷗）による。合計二十七丁。

三　大きさ：一九八ミリ×一三〇ミリ（匡郭内一五二ミリ×一一〇ミリ）

＊外題、〈凡例附録／訳鍵〉（表紙・扉ともに右横書き）。

＊難読箇所：二十丁ウ〈Kant / lijk / lis〉

＊なお十五丁ウ・十六丁オの上欄に書入れあり、末尾にあげる。

『和蘭語法解』蘭文序（１オ～１ウ）

kad men de hollandsche taalen by mondeling geleert, dus was het onmogelyk te bevorderen, maar na het permissie van dezelve te leeren, van tyd tot tyd was merkelijk bevorderd, en dewyl er nogtans geen regt regel en wys van spraaken genoeg bekend was, heeft men wel abuys zo in het schryven als in het vertaalen gedaan, maar zedert de ontdekking van de opregt smaak van de spraakkonst, door onzen wydberoemde meester N. Liuho in het Jaar boenkwa eerste, gedaan, zyn de duister wolken, die hier en daar overhingen, geheel verdweenen, gevolglyk moet men hem altoos in eerbied blyven; hy is zeer zwak van gesteltenis geweest, maar door zyn leerzugtigheid van aart heeft hy altoos den neus op de boeken gehouden, en eindelyk zodanig groot dienst voor ons gedaan, maar tot ons ongeluk is hy drie jaaren daarna, in het vierde jaar boenkwa, op 47 jaaren oud, in Nangazaky, gestorven.

De Nakomelingen van den heer Liuho zyn maar drie in het eerste, namelyk I. Rokziro, N. Kitbemon en de ondergetekende, waar van de eerste is nu ook in Nangazaky, de tweede is reeds dood, en de derde word daarna aan 't hof Jedo ontboden; door deeze laatste heeft de gemelde Liuhoaande leerregel eerst aan de leergenoot te Jedo mede gedeelt, waaronder Woedagawa en Hoezii zyn de voornaamste, die dezelve eerst wel bezitten hebben.

De docter Fr. Taysky in Miaco woonende is een van de nakomelingen van onzen leerregel, en is zeer leerzugtig van aart, hy vlyt en naarstig met de overzettinge van de spraakkonst, uyt het zelfde oogmerk dat ik hier boven gesproken heb, en ter drukpers gebragt, gelyk men hier nader zal ontwaaren; wat dit werk aangaat mag men zeggen dat een fakkel ligt voor de leerlingen is, den vyf en twintigste van fatigwats in het Jaar Boenkwa Twaalfde, is geschreeven

Door
Taziro
te Jedo.

『和蘭語法解』蘭文序（2オ～3ウ）

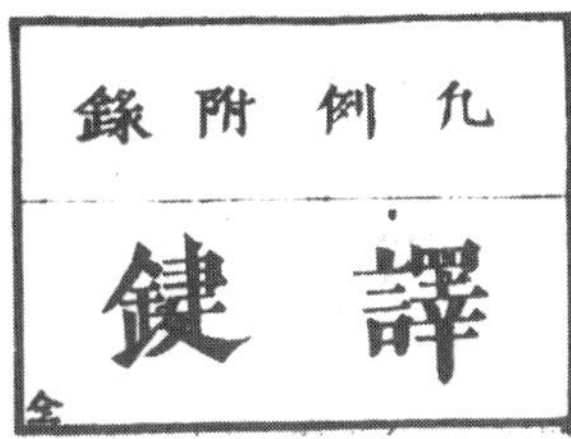

〈見返〉

〈表紙〉

譯鍵凡例并附言

○海上翁。曽テ江戸ニ客在スルノ日。當時諸子競テ和蘭文ヲ修レ𪜈。未タ一書ヲ全譯スル者ナキハ。必竟其辞ノ明ナラザルニ係ルヲ悟リ。執掌ノ暇。志ヲ奮テ。遠西ハルマナル人ノ纂輯セル釋詞ノ書ヲ自寫シ。對譯ヲ石井先生ニ親受シ。其功半成ニ至テ。宇槐園。及ヒ岡甫說ノ二子。犄角シ扶ケ。裘葛再ヒ更ヘ。約スルニ三萬許ノ辞ヲ得テ。退テ義弟榛齋宇子ト倶ニ。之ヲ燈下ニ校擴シ。且是正シ。一年ノ間。毎夕必ス鷄鳴ヲ期ス。黽勉ノ甚キ。齒牙之ガ為ニ脫盡スル

〈1オ〉

ニ及デ。漸ク遂ニ一部八萬餘辞ヲ完翻シ。寛政八年。始テ活板ト為シ。三十餘部ヲ社友ニ配與ス。字ヲ植ヘ函ヲ使フ。榛齋子特ニ労勤せり。此ニ據テ。槐園子ハ。内科撰要ヲ成シ。榛齋子ハ。和蘭ノ醫書數部ヲ譯ス。翁乃チ其成說ニ就キ。更ニ熟思シ。折衷シテ。八譜六十四冊ヲ作リ。以テ已意ヲ述ヘ。唐山西洋ノ醫學ニ於ル。論治大ニ異ナレ𪜈。要旨終ニ同キヲ明シ。又其實事ニ施シテ。今日ニ違サルヲ認徴シ。現ニ門堂ヲ禁闕ノ下ニ開テ。疑詰ヲ四方ノ有志ニ竢ツ。余亦此ニ庇蔭シテ。少ク西辞ヲ言ヿヲ解スル寸ハ。郷村

〈1ウ〉

〈2オ〉

ノ童輩。時ニ来テ扣問スル者頗有リ。然圧。入門ノ初。前ノ全成セル和解ヲ謄寫スルノ甚タ年月ヲ費ニ因ミ。大抵倦意ヲ生シテ。廃學スル者衆シ。因テ。予ガ金蘭タル伏水ノ桃塢小森子ト謀リ。妄ニ刪補シテ。三萬許辞ニ要約シ。之ヲ與テ學シムルニ。各其省便ニシテ。撿語ニ優ナルヲ喜ブ。故ニ茲ニ翁ニ請テ。又復一百部ヲ植剞シ。以ヲ篤好ニ頒ツ。希ハ學者。此ニ由テ往バ。遠西ノ醫籍ヲ讀ヿ。猶支那ノ方書ヲ解スルガ如ク。從テ繙バ。從テ曉リ。終ニ今ノ望洋難助。空ク居諸ヲ玩愒スルノ洪嘆ヲ免ベシ。惟フニ榛齋子及

〈2ウ〉

予等。各嘗テ幾多ノ西書ヲ譯稿シ。斯業ヲ世ニ公明スト雖圧。必竟唱蘭醫學ノ興ルハ。蘭化先生ノ洗研ニ椒リ。海上老師ノ篤志ニ成ル。古云。本立而道生ト。蓋シ二哲ノ謂歟。

○八萬ヲ三萬ニ省略シテ。照撿ニ窘窒ナク。却テ優便ナルハ。新ニ三法ヲ設ルニ由ル。其一ハ。言同シテ數義ヲ兼ル者。原書ニハ。一語必ス一義ヲ陥ス。今支那ノ字注ノ例ニ傚テ。一語ニ多義ヲ併ス。假令ハ。アルス如。アルス則。アルス自。アルス時ト。四言ニ分記スル者。茲ニ下ノ三條ヲ刪テ。上ノ一語ニ。如。則。自。時。

〈3オ〉

ト合注ス。其二ハ。両語ヲ連接シテ一言ト為ル者。其上下ニ附タル助詞ヲ分離スレ圧。義解ニ妨サルヲ刪リ。下ニ挙タル冠履ノ例ニテ推領セシム。假令ハ。本語ノコーケンハ煮ナリ。是ニドールヲ冠スレバ。熟煮スル也。本語ノウォルムハ虫ナリ。是ニウェイスヲ履スレハ。虫狀ナリ。今其連接ノ言ヲ刪除スレ圧。各其本語ニテ撿スレハ。則チ解ス。但シ本語ニ冠履ヲ接シテ。他義ニ轉スルハ。全ク舊貫ヲ存ス。其三ハ。「マーリン」。「ハンノット」。其他ノ書ニ見ル所ノ辞。偶ハルマニ漏脱シタル者ヲ補入ス

〈3ウ〉

○(一)ハ上ノ全語。(··)ハ上ノ二字。(···)ハ上ノ三字。(····)ハ上ノ五字ヲ略ス。彫且植ノ労ヲ省スルナリ。他義アルニ非ス

○系格ノ行中。罕ニ譯字ヲ書シテ。和蘭語ヲ書セザル者アリ。是一辞ナレ圧。多義ナルニ由テ。両段ニ分収スルナリ

○今本ヲ舊板ニ比スルニ。語辞ハ略芟シ。字形ハ纖小シ。系行ハ陪増シ。紙葉及巻數ハ減省スル等。必竟。初學照撿ノ便宜ヲ主トシ。兼テ貧生ノ價ニ難ミ。寫人ノ神ヲ費ヲ慮ル。芥螺ノ鄙意ノミ

○舊譯。往々違覆シ。且謄訛ニ係ル者アルヲ覚フ。予妄ニ挍勘ヲ加ヘ。更ニ老師ト謀テ鉛槧ス。然ド。改正亦或ハ謬誤多カルベシ。其文モ槩子蕪語窕言ニ属ス。孟浪ノ罪。晉予ガ固陋ニ係ル。看官幸ニ恕亮セヨ。

○凡和蘭ノ醫書ヲ讀ント欲セバ。初ニ先ツ字體。音韻。及ヒ呼法。標式。官金。數秤等ノ符号ヲ認メ。次ニ冠履。助詞。及辭性ノ自別。對照ノ譯例。兼テ藥品ノ名ヲ會シ。常ニ此譯鍵。及ビラテン。又バスタールドノ辞書ヲ机邊ニ備テ足ル。故ニ下ニ前項ノ梗概ヲ附刻ス。蓋ラテン。バスタールドノ書ノ如キ。舶来少ヲ以

〈4オ〉

テ人多ク購求シ。且謄寫スルニ苦ム。若シ他日善本ヲ捜索シ得バ。又活刻シテ同社ニ頒ント欲ス。

○西洋ノ薬名ハ。修彌醫ノ最習ヘキ要事ナリ。但シ其物洪繁ナレバ。遽ニ斯ニ輯収シ難シ。今唯諸家ノ充來テ。和漢ノ名アル者。并ニ有無未ダ詳ナラザレド。西籍屡載テ常用スル所ノ品ヲ撰ブ。鍵尾ニ附ス。必竟充名ノ出ル所ヲ推ニ。象胥ノ嘗テ和蘭人ニ正ス者多ク。又皇國ノ赭鞭家。或ハ物ニ就キ。或ハ圖ニ拠テ。索中スル者往々アリ。然ド。予未ダ物産ノ学ヲ修セス。故ニ當否ノ如キハ。妄ニ保ツ所ニ非ズ

〈4ウ〉

○十醂字様并定名二十六

メルク。レッテル		ローム ス。レッテル		イタリヤーンス。ホーフド。レッテル		イタリヤーンス。レッテル	
A ア	N エン	a ア	n ン	*A*	*N*	*a*	*n*
B べ	O ヲ	b べ	o ヲ	*B*	*O*	*b*	*o*
C セ	P ペ	c セ	p ペ	*C*	*P*	*c*	*p*
D デ	Q キウ	d デ	q キウ	*D*	*Q*	*d*	*q*
E エ	R エル	e エ	r ル	*E*	*R*	*e*	*r*
F エフ	S エス	f フ	s ス	*F*	*S*	*f*	*ſ s*
G ゲヘ	T テ	g ゲ	t ト	*G*	*T*	*g*	*t*
H ハ	U ユ	h ハ	u ユ	*H*	*U*	*h*	*u*
I イ	V イハ	i イ	v フ	*I*	*V*	*i*	*v*
J イー	W ドウ	j ホ	w ウ	*J*	*W*	*j*	*w*
K カ	X エキス	k カ	x キス	*K*	*X*	*k*	*x*
L エル	Y エイ	l ル	y エイ	*L*	*Y*	*l*	*y*
M エム	Z セイト	m ム	z ズ	*M*	*Z*	*m*	*z*

〈5オ〉

ホーフト。テレッキ。レッテル			テレッキ。レッテル		ホーフド。ドルク レッテル		ドルク。レッテル	
a A	k K	s S	a	n	A	N	a	n
b B	l L	t T	b	o	B	O	b	o
c C	m M	u U	c	p	C	P	c	p
d D	n N	v V	d	q	D	Q	d	q
e E	o O	w W	e	r	E	R	e	r
f F	p P	x X	f	ſ s	F	S	f	ſ s
g G	q Q	y Y	g	t	G	T	g	t
h H	r R	z Z	h	u	H	U	h	u
j J			i	v	I	V	i	v
			j	w	J	W	j	w
			k	x	K	X	k	x
			l	y	L	Y	l	y
			m	z	M	Z	m	z

〈5ウ〉

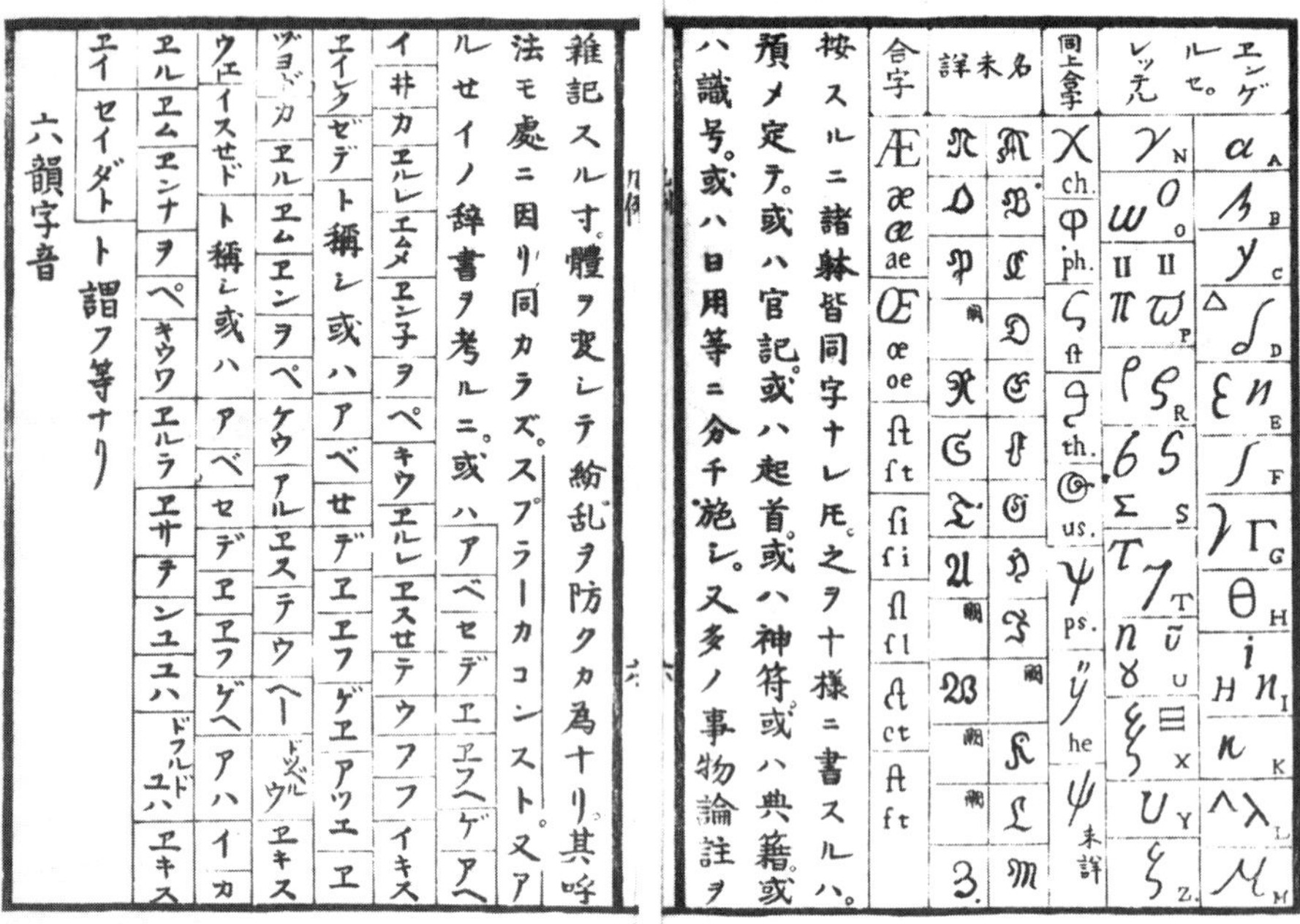

エングルセ。 レッテル 同上拿 名未詳 合字

按スルニ諸躰皆同字ナレ𪜈之ヲ十様ニ書スルハ。預メ定テ。或ハ官記。或ハ起首。或ハ神符。或ハ典籍。或ハ識号。或ハ日用等ニ分チ施シ。又多ノ事物論註ヲ

〈6オ〉

雑記スルナリ。體ヲ変シテ紛乱ヲ防クカ為ナリ。其呼法モ處ニ因リ同カラズ。スプラーカコンスト。又アルセイノ辞書ヲ考ルニ。或ハアベセデエエフゲアヘイ井カエルレエムメエンチヲペキウエルレエスセテウフフイキスエイケゼデト称シ或ハアベセデエエフゲエアツエエツヨドカエルエムエンヲペケウアルエステウヘードゥベルウエキスウエイスセドト称シ或ハアベセデエエフゲヘアハイカエルエムエンナヲペキウワエルラエサチシユユハドフルドユハエキスエイセイダトト謂フ等ナリ

六韻字音

〈6ウ〉

エ E	ア A		イエ Y	ウ U	ヲ O	イ I	エ E	ア A	
レ re	ラ ra	R	イケ ky.	ク ku.	コ ko.	キ ki.	ケ ke	カ ka.	K
ヱ we	ワ wa	W	イセ ſy.	ス ſu.	ソ ſo.	シ ſi.	セ ſe.	サ ſa.	S
ゲ ge	ガ ga	G	イセ cy.	ク cu.	コ co.	シ ci.	セ ce.	カ ca.	C
ゼ ze	ザ za	Z	イセ xy.	ス xu.	ソ xo.	シ xi.	セ xe.	サ xa.	X
デ de	ダ da	D	イテ ty.	ツ tu.	ト to.	チ ti.	テ te.	タ ta.	T
ヱ tſe	ヅ tſa	Ts	イチ ny.	ヌ nu.	ノ no.	ニ ni.	子 ne.	ナ na.	N
ベ be	バ ba	B	イヘ fy.	フ fu.	ホ fo.	ヒ fi.	ヘ fe.	ハ fa.	F
ペ pe	パ pa	P	イフ hy	フ hu.	ホ ho.	ヒ hi.	ヘ he.	ハ ha.	H
ヅ dſe	ヅ dſa	Ds	イヘ vy	フ vu	ホ vo	ヒ vi	ヘ ve	ハ va	V
ク que	クア qua	Qu	イメ my	ム mu	モ mo	ミ mi	メ me	マ ma	M
ク kwe	クワ kwa	Kw	イエ jy	ユ ju	ヨ jo	井 ji	エ je	ヤ ja	J
			イレ ly	ル lu	ロ lo	リ li	レ le	ラ la	L

〈7オ〉

イエ Y	ウ U	ヲ O	イ I
イレ ry	ル ru	ロ ro	リ ri
イヱ wy	ウ wu	ヲ wo	イ wi
イゲ gy	グ gu	ゴ go	ギ gi
イゼ zy	ズ zu	ゾ zo	ジ zi
イデ dy	ヅ du	ド do	ヂ di
イヅ ty	ヅ tu	ヅ tſo	イヅ tſi
イベ by	ブ bu	ボ bo	ビ bi
イペ py	プ pu	ポ po	ピ pi
イヅ dſy	ヅ dſu	ヅ dſo	ヅイ dſi
クイ quy	ク quu	クヲ quo	クイ qui
クイ kwy	ク kwu	クヲ kwo	クイ kwi

按スルニ。Aア Eエ Iイ Oヲ Uウ Yエイ ノ六字ハ。単呼定音ヲ做シ。他音ニ変ゼズ。故ニ之ヲ韻母トシ。其余二十字ヲ子字トス。子ハ固ヨリ親ニ従テ移リ。親ハ子ノ声ヲ生スル故ニ。子母合テ清濁百三十八音ニ轉ス。假令ハカノ音ヲ為ハ。Kカ字ニAア字ヲ接シ。ケノ音ハ。Kカ字ニEエ字ヲ接シ。キノ音ハ。Kカ字ニIイ字ヲ接シ。コノ音ハ。

〈7ウ〉

K字ニO字ヲ接シ。クノ音ハK字ニU字ヲ接シ。ケイノ音ハ。K字ニY字ヲ接スル等。毎音皆此ノ如シ

○又按スルニ。二十六名ノ中。イ字ニ長短アリ。短キヲ韻字ノイト称シテ母ニ算ヘ。長キヲ韻外ノイト謂テ子ニ属ス

讀呼音便

ブレー ble	アー Aa
ブラウ blau	アッブ Ab
ブリー bri	アク Ak
ベイル byl	アーク aek
ブック boek	アル al
ボイク buyk	アーデル ader
シリ Cli	アッデン adden
カラ Cla	バル Bal
ダウ Dau	バレン balen
ドル drui	バンネン bannen

〈8／9オ〉

スネーウー sneeuw	ヲップ op	クルーク Klock	ロフ Iro	ダワー dwa
テイル tyr	ヲッペン open	ロット Lot	ギリー gli	ダット dat
ウー Uu	ピリ pli	マーン maan	ガラ gra	ヂック dik
ウンド une	ピッキ pik	モイス muijs	ヘット Het	ヂット dit
ウグ ug	シカラー Schra	ムス muis	ヒール hiel	ダゲン dagen
ウギス uit	スラ sla	メット met	ヘッス huisch	エー ee
フレー Vlee	スミイ smie	ヲー Oe	イッド yd	エック ec
ウリ Wli	スプ spu	ヲク ok	イム im	エル el
ズウエ Zwe	ステッレン sterren	ヲン on	イス is	エル er
セグゲン Seggen	スターン staen	ヲット ot	コメン komen	フリー flu

〈8／9ウ〉

按スルニ。アエイヲウノ韻字ヲ重ルモノハ。其音ヲ引呼ス。アールド。エーン等ナリ。又カ以下韻外ノ字ヲ重ルハ。促呼ヲ為ス。ステツレ。レツテル等ナリ。韻外ニテモ。B. D. G. K. L. M. N. P. R. S. T. 等ノ字。詞尾ニアルハ。概子右ノ音ヲ定呼ス。然氏Kノ如キ。或ハキノ讀ヲナシ。Tノ如キ。時ニツノ讀ヲ為ス。学者習得ハ自ラ知ン

○ aa, ee, oo, 等ノ引呼ノ辞ハ。一字ナルモ。二字ナルモ。同義ナルヿ多シ。假令ハ Koomen, ニテ得サレバ。Komen, ニテ按スヘキ等ナリ

〈10オ〉

○又按スルニ。アエイヲウ。多ハ相通ス。假令ハ。ステーケン。ストーケン。スローテン。スルイテン等ナリ

○ aa ハ ae ト通ス。假令ハ。aard ト aerd ト同キ等ナリ

○ Ch ハ g ト通ス

○ d, t 相通ス。假令ハ。ベヒント ハ ベヒンド ニ同キ等ナリ

○ V ハ f ト同シ。假令ハ。Zelve ハ Zelf ト同キ等ナリ

○ z, s, 相通ス假令ハ。Samen ト Zamen。

〈10ウ〉

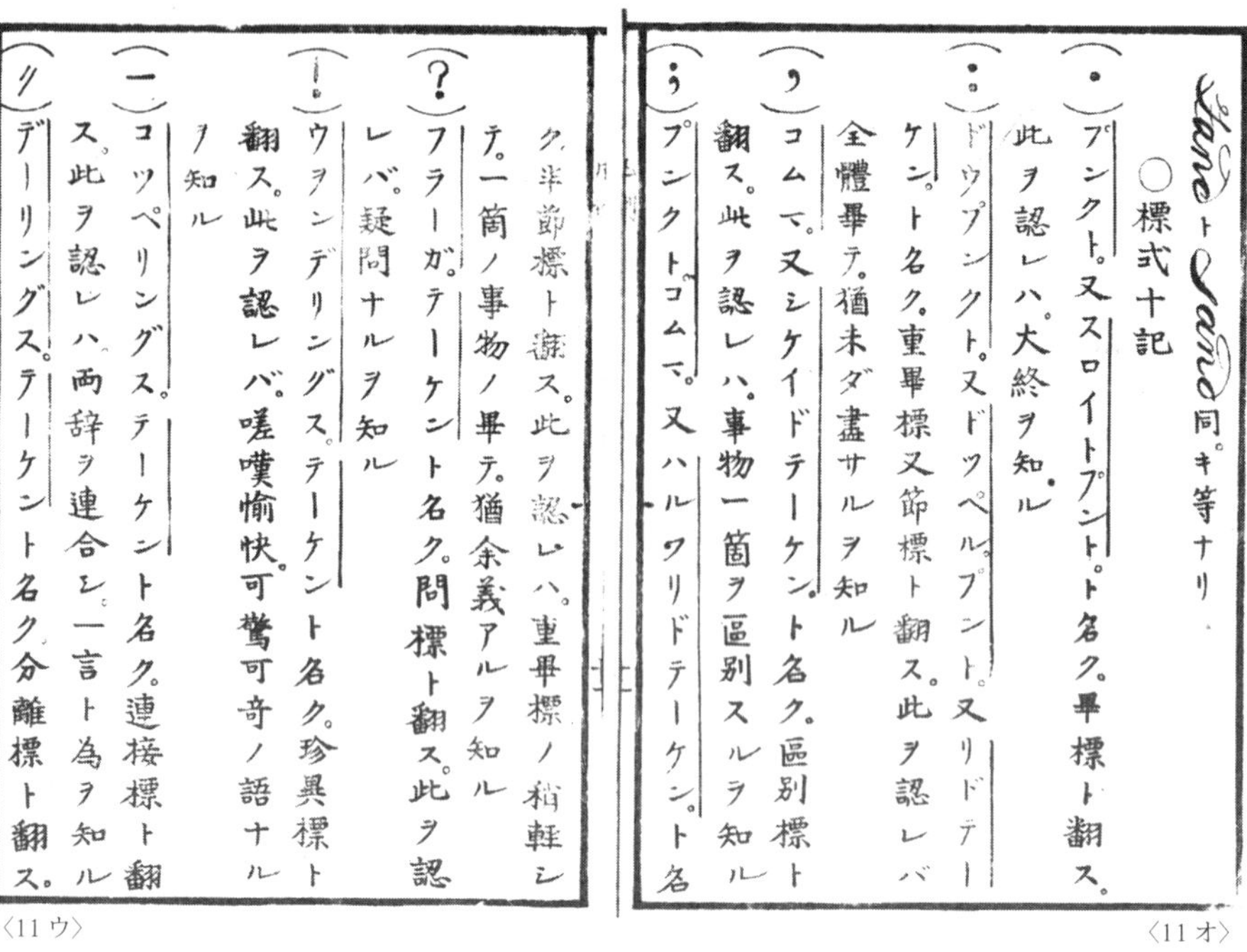

Zane ト Sane 同キ等ナリ。

○標式十記

（・）プンクト。又スロイトプント。ト名ク。畢標ト翻ス。此ヲ認レハ。大終ヲ知ル

（:）ドウプンクト。又ドツペルプント。又リドテーケント名ク。重畢標又節標ト翻ス。此ヲ認レバ全體畢テ。猶未ダ盡サルヲ知ル

（,）コムマ。又シケイドテーケント名ク。區別標ト翻ス。此ヲ認レハ。事物一箇ヲ區別スルヲ知ル

（;）プンクトコムマ。又ハルワリドテーケント名

〈11オ〉

ク半節標ト翻ス。此ヲ認レハ。重畢標ノ稍軽シテ。一箇ノ事物ノ畢テ。猶余義アルヲ知ル

（?）フラーガテーケント名ク。問標ト翻ス。此ヲ認レバ。疑問ナルヲ知ル

（!）ウヲンデリングステーケント名ク。珍異標ト翻ス。此ヲ認レバ。嗟嘆愉快可驚可奇ノ語ナルヲ知ル

（-）コツペリングステーケント名ク。連接標ト翻ス。此ヲ認レハ。両辞ヲ連合シ。一言ト為ヲ知ル

（//）デーリングステーケント名ク分離標ト翻ス。

〈11ウ〉

此ヲ認レハ。一辞ヲ分離シタルヲ知ル。按スルニ。或ハ此ニ代ルニ。連接標ヲ用ユル書アリ

（'）レツテルヲイトラーチングステーケント名ク。省字標ト翻ス。此ヲ認レハ。省畧ノ辞ナルヲ知ル

（ ）〔 〕ツッセンインステツリングステーケント名ク。挿間標ト翻ス。此ヲ認レハ。其間ハ註語ナルヲ知ル

按スルニ。此ハ支那ノ句讀点畫ト。大抵髣髴タリ。翻業ヲ修ルノ士。先此十記ヲ領得センコヲ要ス。苟此

〈12オ〉

ニ依サル寸ハ。前後事ヲ乱シ。左右義ヲ錯ル。故ニ。余嘗テ云。西書ノ諸標アルハ。猶航海ノ羅盤アルガ如ク。特ニ最重ノ事ナリ。皇国昔ヨリ此式ヲ闕ク。故ニ假名ノミノ書ニ至テハ。上字或ハ下ニ混シ。後字反テ前ニ属シ。此ヲ讀人。各己ガ意ニ任セ。紛々タル議論。終ニ一定シ難シ。必竟此法ヲ施サルニ因ノミ

○四行

氣 A Lugt.
水 ▽ Water.
火 △ Vuur.
土 ▽ Aard.

○四時

〈12ウ〉

○十二月

季	
春	Lente.
夏	Zomer
秋	Helfst
冬	Winter.

月	
正月	January.
二月	February.
三月	Maartius.
四月	Aprillis.
五月	Mayus.
六月	Junius.
七月	Julius.
八月	Augustus.
九月	Septembor.
十月	October.
十一月	November.
十二月	December.

〈13オ〉

○十二宮

支	符	宮	Latin	Dutch
戌	♈	白羊	Aruis.	Oom.
酉	♉	金牛	Taurius.	Stier.
申	♊	雙女	Geminj.	Tweeling.
未	♋	巨蟹	Canker.	Kreeft.
午	♌	獅子	Leo.	Leeuw.
巳	♍	室女	Virgo.	Maagd.
辰	♎	天秤	Libra.	Waag.
卯	♏	天蝎	Schorpius.	Scorpioen.
寅	♐	人馬	Sagitarius.	Schieter.
丑	♑	磨羯	Capricornum.	Steenbok.
子	♒	宝瓶	Aquarius.	Waterman.
亥	♓	双魚	Pisces.	Visscher.

〈13ウ〉

○七曜七金

曜	符	金	
日	☉	金	Sol.
月	☾	銀	Luna.
金	♀	銅	Venus.
火	♂	鉄	Mars.
木	♃	錫	Jupiter.
土	♄	鉛	Saturnus.
水	☿	汞	Mercurjus.

按スルニ。四行ハ。彼邦窮理ノ括要ニシテ。百事悉ク此ヲ用テ統了ス。特ニ辨識セスンハ有ス。其時月宮金ノ如キハ。急ニスル所ニ非スト雖𪜈。是亦修西ノ初学。當ニ知ヘキノ事ナリ。故譯鍵既ニ挙ル所ノ辞ナルヲ復茲ニ贅載ス

○數字

〈14オ〉

○同用法

数	ローマ数字	読
壹	I	エーン
弐	II	テウヱー
三	III	デリー
四	IIII	ヒール
同上	IV	
五	V	ヘイフ
六	VI	セス
七	VII	セーヘン
八	VIII	アクト
九	IX	ネーゲン
十	X	チーン
二十	XX	テウヱンチグ
三十	XXX	デルチグ
四十	XL	ヘールチグ
五十	LↃ	ヘーフチグ
六十	LX	セスチグ
七十	LXX	セーヘンチグ
八十	LXXX	タクンチグ
九十	XC	ネーゲンチグ
百	C	ホンデルド
五百	D	ヘイフホンデルド
千	M	ドイセント
萬	MIO	チーンドイセント

1	一
2	二
3	三
4	四
5	五
6	六
7	七
8	八
9	九
10	十
20	二十
30	三十
40	四十
50	五十
60	六十
70	七十
80	八十
90	九十
100	百
1000	千
10000	万
100000	億

〈14ウ〉

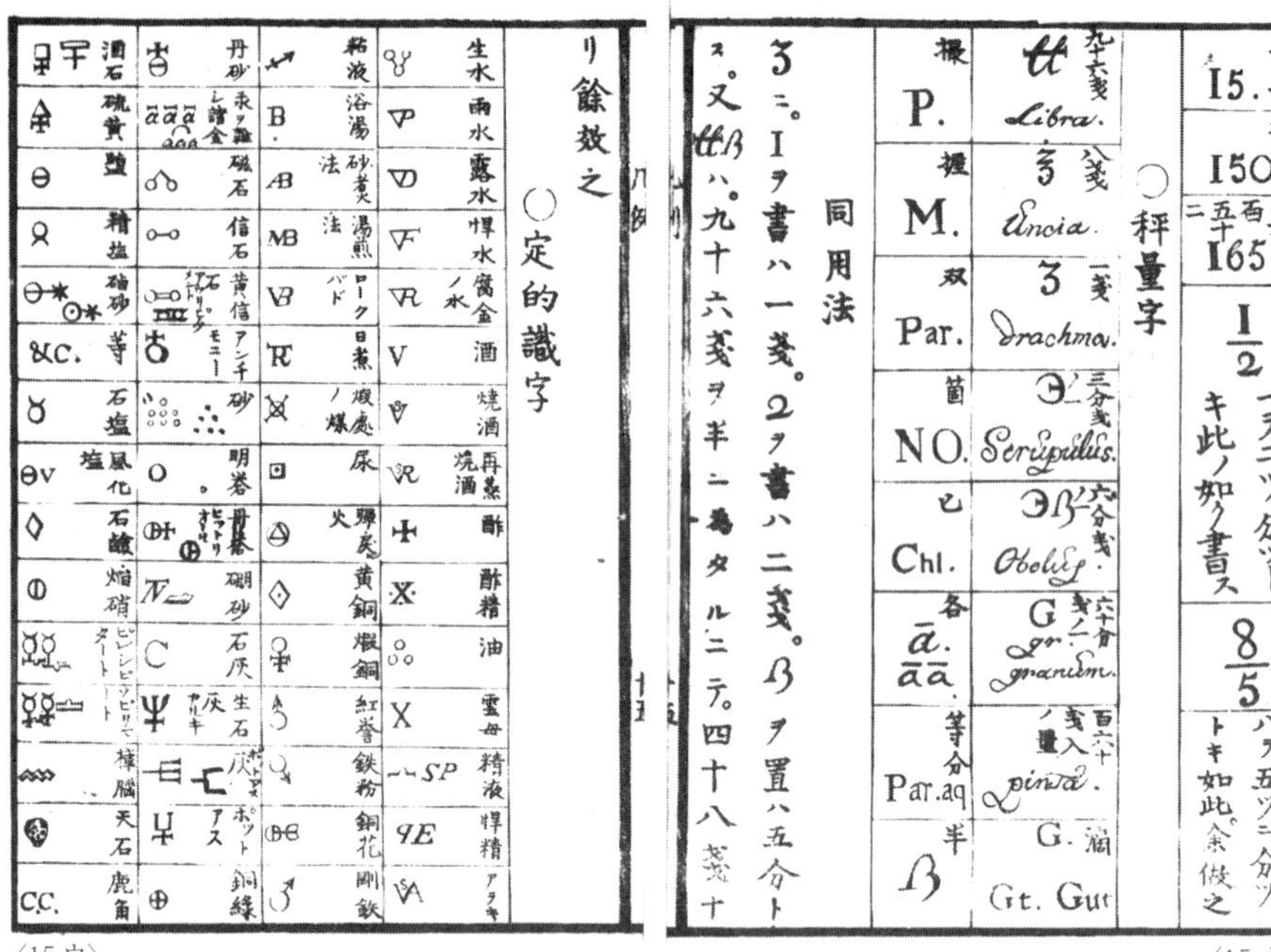

十五 15.
百五十 150
千六百五十二 1652.
$\frac{1}{2}$ 一ヲ二ツニ分ツトキ此ノ如ク書ス
$\frac{8}{5}$ 八ヲ五ツニ分ツトキ如此。余倣之

○秤量字

℔ 九十六戔 Libra.	撮 P.
℥ 八戔 Uncia.	握 M.
ʒ 一戔 Drachma.	双 Par.
℈ 三分戔 Scrupulus.	箇 NO.
℈ß 六分戔 Obolus.	匕 Chl.
G gr. 六十分戔ノ一 granum.	各 ā. āā.
百六十戔入ノ量 Pinta.	等分 Par.aq
G. Gt. Gut 滴	半 ß

同用法

ʒニ。Iヲ書ハ一戔。2ヲ書ハ二戔。ßヲ置ハ五分トス。又℔ßハ。九十六戔ヲ半ニ為タルニテ。四十八戔十

〈15オ〉

リ餘效之

○定的識字

生水	粘液	丹砂	酒石
雨水	浴湯	汞ヲ諸金ニ鍍ル	硫黄
露水	砂煮法	磁石	塩
悍水	湯煎法	信石	精塩
腐金ノ水	ロークバド	黄信石	硇砂
酒	日煮	アンチモニー	等 &c.
焼酒	煆處ノ爆	砂	石塩
再蒸焼酒	尿	明礬	風化塩
酢	彈灰火	丹礬	石鹸
酢精	黄銅	硼砂	焰硝
油	煆銅	石灰	タートル
雲母	紅礬	生石灰 カルキ	
精液 SP	鉄粉	灰 ポットアス	樟脳
悍精 qE	銅花	ポットアス	天石
アラキ	剛鉄	銅緑	鹿角 C.C.

〈15ウ〉

角石	C.C.v.	風化	
蝲蛄	69	煅升	
硝子		煅降	
坩堝		從法	S.A.
コルフ		製	P.P.
蒸露罐		為	F
同上		調和末	M
レトルト		某方	Rp
酒槍		適宜	q.S.
ビヲールガラス		任欲	q.P.
歳月 ノ月		随意	q.V.
一時		如前	U.S.
一日夜昼		粗搗	G.M.
夜		合テ予メ	M.D.

按スルニ。數秤及諸預定ノ的識ハ。西醫ノ籍。毎ニ多ク用ユ。認記セズンハ有ベカラズ。故ニ此ヲ載示ス。

助辭

譯鍵ニ概注ス。故ニ又贅セズ。各辭ヲ撿セハ即。得ン

冠履辭

冠トハ上ニ附テ本語ヲ動カス助詞。○号ヲ用ユ。

履トハ下ニ接メ本語ヲ動カス助詞。□号ヲ用ユ。

〈16オ〉

○aal ハ。惣ナリ。甚ナリ。大ナリ。悉ナリ。

○aan ハ。アフノ反ニシテ。着。向。于。邊。就。結聚。來至。混接。對。近。現前。等ニ用ユ

○achter ハ。ホールノ反ニシテ。後。含。蔵。却。避。等ニ用ユ

○af ハ。アーンノ反ニシテ。離。背。開。廣。開。解。除。逐。脱。放。等ニ用ユ。又ヲントト同義ナレモ。大抵ヲントハ作為。アフハ自然ト別ツ。

○al ハ。悉。甚。ノ意ナリ

○ander ハ。エーンノ反ニシテ。二。次。他。隔。重。等

〈16ウ〉

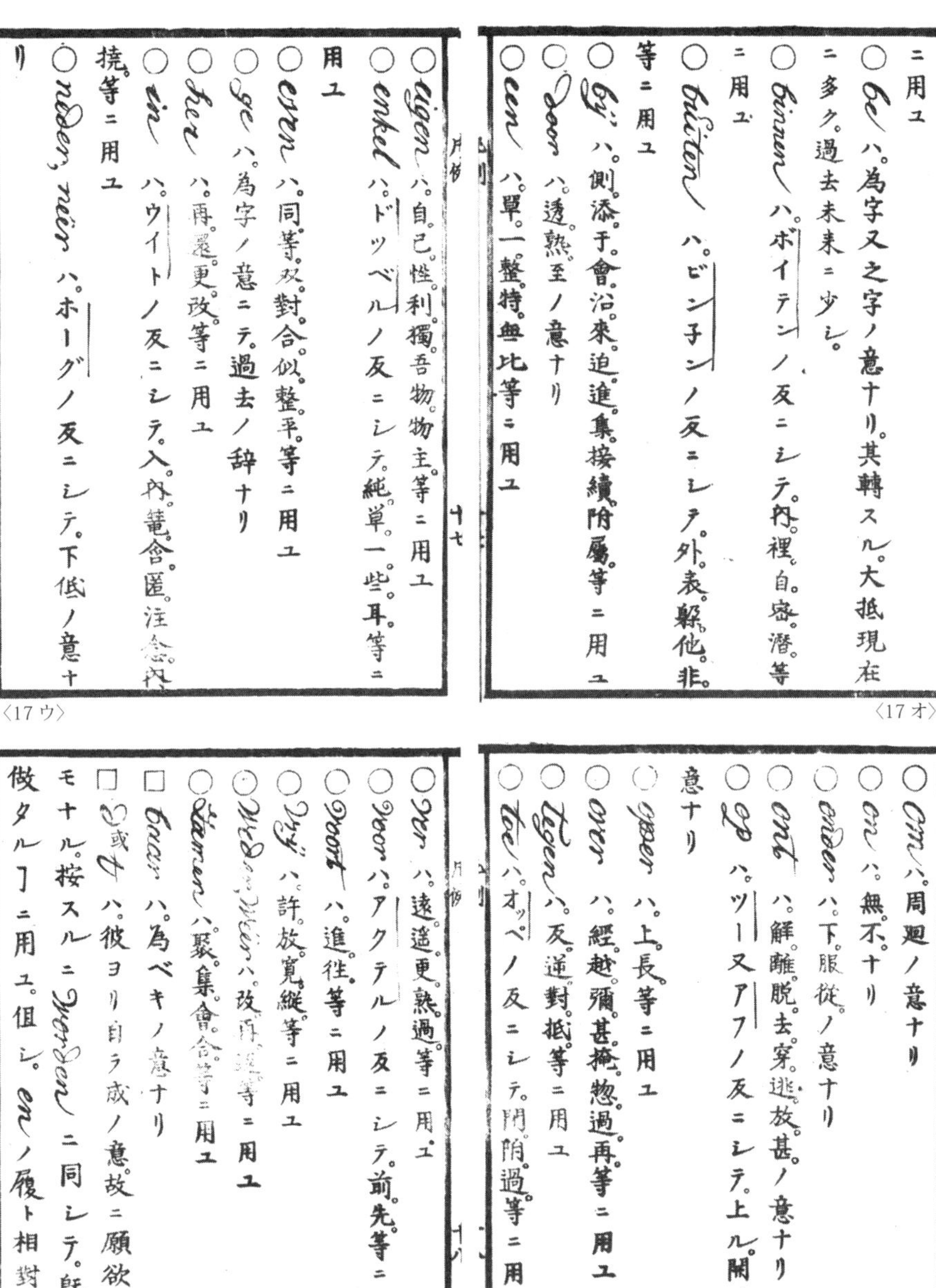

ニ用ユ
○be ハ為字又之字ノ意ナリ其轉スル大抵現在ニ多ク過去未来ニ少シ
○binnen ハボイテンノ反ニシテ内裡自容潜等ニ用ユ
○buiten ハビン子ンノ反ニシテ外表觧他非等ニ用ユ
○bij ハ側添手會沿来迫進集接續附屬等ニ用ユ
○door ハ透熟至ノ意ナリ
○een ハ單一整特無比等ニ用ユ

〈17オ〉

○eigen ハ自己性利獨吾物物主等ニ用ユ
○enkel ハドツベルノ反ニシテ純單一些耳等ニ用ユ
○even ハ同等及對合似整平等ニ用ユ
○ge ハ為字ノ意ニテ過去ノ辞ナリ
○her ハ再還更改等ニ用ユ
○in ハウイトノ反ニシテ入内篭含匿注念内撓等ニ用ユ
○neder, neêr ハホーグノ反ニシテ下低ノ意ナリ

〈17ウ〉

○om ハ周廻ノ意ナリ
○on ハ無不ナリ
○onder ハ下服從ノ意ナリ
○ont ハ觧離脱去穿逃放甚ノ意ナリ
○op ハツー又アフノ反ニシテ上ル開ク高キノ意ナリ
○opper ハ上長等ニ用ユ
○over ハ經越彌甚掩惣過再等ニ用ユ
○tegen ハ反逆對抵等ニ用ユ
○toe ハオッペノ反ニシテ閉陷過等ニ用ユ

〈18オ〉

○ver ハ遠遥更熟過等ニ用ユ
○voor ハアクテルノ反ニシテ前先等ニ用ユ
○voort ハ進往等ニ用ユ
○vrij ハ許放寛縦等ニ用ユ
○weder, weêr ハ改再返等ニ用ユ
○zamen ハ聚集會合等ニ用ユ
□baar ハ為ベキノ意ナリ
□lijk 或 ig ハ彼ヨリ自ラ成ノ意故ニ願欲スル義ニモナル按スルニworden ニ同シテ既ニ自ル上ニ倣タルヿニ用ユ但シen ノ履ト相對ス假令ハ

〈18ウ〉

behend ハ。彼ヨリ顕ルナリ。behennen ハ。
我ヨリ顕スナリ。
□en ハ為ノ意又叅ヲ斥ニ用ユ此時ハ諸ノ字ヲ
充ツ按ニ。maaken ニ同シ。en ト d トノ對ハ
假令ハ。bequaamen ハ。相應サス。bequ
aamd ハ。相應ナル。benaauwen ハ彼ヲ
困マス。又責ル。benaauwd ハ迫ル恐ル等ニテ
其他ヲ推ヘシ
□eer, er, ling, aar 等ハ男ト云トキ多
ク用ユ故ニ何々スル人ト譯ス但シ grooter, l,

〈19オ〉

adder 等ノ如キ名目語ニシテ。間ニ er ヲ履ムモ
ノアリ自ラ別ナリ。
□achtig, ig, 等ハ。多。如。状。様。等ニ用ユ
□ster, sse, s, in, inne, 等共ニ女ト
云コトニ用ユ
□dom ハ。釆地。輩。等ニ用ユ
□de, ste, st, 等。數ノ語ニ用タルハ。第。其ノ字
ニ充ツ。de アルトキハ為ス所トス但シストハ虚
ノ死辞ニモナルコトアリ。ste ナトノエノ附ハ之
字ニ充ルコ多シ。

〈19ウ〉

□genoot ハ。同輩。火伴等ニ用ユ
□gierig ハ。好。愛。欲。嗜。等ニ用ユ
□heden, heiden ハ。ヘイドノ多ヲ斥ス。故
ニ活用シテ諸字ヲ帯ル意アリ。
□heid ハ。名目語ニシテ不動且一定スルノ死辞
ナル故物字ノ意アリ。
□ig ハ名目語ナレ圧ヘイドトハ少異ニシテ。
活用ニ係ル。假令ハ。Vogtigheid ハ。液。Vogt,
tig ハ。潤又 aalmoeshe ハ。施物。aal,
moesing ハ。施シ等ニテ准

〈20オ〉

□kant ハ。邉。端。縁。方等ニ用ユ
□lijk ハ。之属ニ充ツ
□loos ハ。屑。滓。等ニ用ユ
□maal, reis, ハ一度二度ノ度ナリ
□rij, rije ハ職。処。業。事。等ニ用ユ
□rijk ハ。領地。国。多。冨。等ニ用ユ
□s, sch ハ。之ナリ
□tje, sje, je ハ小ナリ
□tig ハ achtig ノ略ニテ多ナリ様ナリ。
□werk ハ業。作。等ニ用ユ

〈20ウ〉

□Zaam ハ。聚畫力。能等ニ用ユ
□te ハ。長サ大サノサ。又物処。之等ニ用ユ。但シ物ノ多ヲ作コモアリ。又ヘイドト同ク。名目語ニナル〕モアリ
□ken, kens ハ。物ニ小。事ニハ徐ノ意ニ用ユ
□Eirn ハ。場。所。等ニ用ユ
□Stuk ハ。片砕ナリ物。ナリ
□Tal, Sel ハ。物ナリ。但シ。多クハ物ノ屑ヲ作ス
□Zugt ハ好。貪。等ニ用ユ
□Waarts ハ。方位ナリ
□schap ハ。一箇ノ名目語ニシテ。掌職ナリ

〈21オ〉

□lei, hande ハ。品。種等。ニ用ユ
□loos ハ。無ナリ
□spel ハ。遊興。寄。暢。賞豫。等ニ用ユ
□Voerder ハ。司ル人。又為ル人。等ニ用ユ
□Overste ハ。長首。上。等ニ用ユ
接スルニ。冠履ノ辞ハ。上下ニ添ヘテ。本語ヲ種々ニ辞用スル。テニヲハニシテ。尋常ノ助詞トハ。同様ノ如クナレ氏少シ異ナル所アリ。翻業家ノ尤モ習熟セスンバ有ベカラサル要務ナリ

辞性

〈21ウ〉

○辞性ニ。九等アリ。一ヲ。ゲスラクトウヲルデント云。素性語ト翻ス。之ヲ以テ。自性ノ名目語ニ冠スル辞ヲ云。デ，ヘツト。エーン，ノ類ナリ
○二ヲナームウヲルデント云。名目語ト翻ス。二ニ分ル。一ヲセルフスタンヂグナームウヲルデント云。自性ノ名目語ト翻ス。一ヲベイフウグレイケナームウヲルドト云。名目語ニ附ク辞ト翻ス。ドールガーンデ。ニート。アーン。ハン。等ナリ。自性ノ名目語ニ。三ノ別アリ。一ヲ。マン子レイケナームウヲルドト云。男ニ屬スル名目語ト翻ス。二ヲ。フローレイケナームウヲルドト云。女ニ屬スル名目語ト翻ス。三ヲゲー子ルレイケナームウヲルドト云。男女ニ偏倚セザルノ語ト翻ス

〈22オ〉

○三ヲホヲルナームウヲルデント云。直作ノ辞ト翻ス。イキ。ゲイ。セイ。メン。デーセダツト。ゲイ等ナリ
○四ヲウエルクウヲルデント云。活用語ト翻ス。本語ヲ擲ラカステニヲハナリ
○五ヲデールウヲルデント云。分出語ト翻ス。本語ヨリ分レ出タル支語ナリ
○六ヲベイウヲルデント云。附添ルノ辞ト翻スヌ。ソ

〈22ウ〉

ムテイプヲムダツトマール。等ナリ
○七ヲホールセツチェレントト云。前置ノ語ト翻ス。メ
ツト。ソンドル。アーン。ホール。テーゲン。イン。ウイト。
等ナリ
○八ヲコツペルウヲルデントト云。連接ノ語ト翻ス。エ
ン。ドグ。マール。オーク。ナーメレイク。ダツト。イス等
ナリ
○九ヲワツセンウヲルプセレントト云。不意ニ叫出スノ
語ト翻スパ、。オ。アーイ。等ナリ
按スルニ。凡テ西洋ノ辭ニハ。各預メ其性別ヲ定メ。

〈23オ〉

作文讀書。倶ニ此ニ依ザレハ。熟ク其姿勢ヲ得テ。全
義ニ通曉スルコ能ザラシム。然ドモ。此事吾邦修西ノ
初学。容易ニ理會スヘキノコニ非ス。屢翻業ニ煉習
スレハ。自然ニ得ヘシ
又按スルニ。右ニ挙ル九等ハ。辭性ノ本幹ト為リ。此
他。フーグウヲールド。ヲンドイツセウヲールド。ヲンホ
ルマーク。テイドゥ。等。各人ノ辭書。皆種々ノ名ヲ挙レ
ドモ。畢竟皆此九幹ヨリ分タル旁出ト概知スヘシ。若
之ヲ詳悉セントト要セハ。直ニ言語科ノ学ニ従事セ
ズンバアラズ。其科ノ書。ペートンナル人。著ス所ノ

〈23ウ〉

スプラーカコンスト。ヲ嘗テ得テ譯稿ヲ為セリ。後
来暇日ヲ待チ。梓行シテ。同志ニ告知セントト欲ス

譯例

De Milt is een rood of bruinachtig en week deel, het
welk zich gemakkelyk laat van een ſcheiden, 't heeft zyn pl-
aats aan de linkerzyde van de maag, tuſſchen de maag en de
valſche ribben; ze is te zaam gevoegt met de maag door de

〈24オ〉

korte vaaten, met 't net, linkernier, en zomtyds met 't middel-r
ift door vliezen. haar gedaante is eenigzints gelyk aan een
oſſen tong: ze is omtrent zes duim lang, en drie duim bre-
ed en eenen duim dik: ze heeft (1) een ſlag-ader die van
de buik-ſlag-ader voortſpruit (2) heeft ze aderen die na de
vena porta te rug keeren. (3) Klieren die 't bloed van de w

〈24ウ〉

様し 液ニ 潔浄ニスル 且ツ 第四ハ 白脉ヨリ 峡 水

aterachtige vochtigheid zuiveren, en (4) zenuwen en w-

脉ト 行ヲ 工ニ 乳糜嚢ニ 用ハ 之ニ 脾

aterwaaten loopende na de chyl-zak; 't gebruik van de milt

也ト 令ル 若液ヲ中ニ 肝ニ 易カラ 分利セ

is om de gal in de levven gemakkelyk af te scheiden.

日煮

TINCTUR CHALYBIS

鉄粉

℞ Chalybis limat. ℥IV.

Vini albi ℔ij ß.

Laat dit te zamen eenige tyd ftaan tot de ftaal

〈25オ〉

meeft gefmolten is doet ze dan daarna door een doek, en m-
engt daar zoo veel broodzuiker by tot de dikte van een fyr-
oop, zonder koken.

Dit is bequam in de miltzugt, verftoppinge, in
de milt, lever, darm-fchyl, verftopt ftonden, waterzugt,
fcheurbuik &C.

按スルニ蠻文ヲ肆ノ初ハ。先西書ノ文一條ヲ抄出シ。

〈25ウ〉

毎辭。譯鍵ニテ探得テ悉ク傍記シ。記シ了レハ。前後ヲ熟考シ。以テ全義ヲ通釋ス。此ノ如スルコ。大抵一百條許ナル寸ハ。自記シ。口慣レ。意従テ啓ヲ覚ユ。此時速ニ抄記ヲ休メ。直ニ原書ニ就キ。思ヲ煉ンコヲ要ス。今茲ニ。脾臓ノ譯一例ヲ掲示ス。以テ玩得スベシ其鉄粉日煮ノ如キハ。学者ヲシテ。此鍵ヲ用ノ始メ。先試ニ自修セシメント欲シテ。故ラニ傍譯ヲ施サヾルノミ

〈26オ〉

文化七庚午年二月

藤林淳道誌

譯鍵凡例畢

〈26ウ〉

譯鍵跋

蔵積之王。不啓誰識其美焉。抽秘之思。捨辞而無所見也。此書曰鍵。實協其名。淳道藤林生。性好下問。於其習学。黙而深蔵。愚老之拙。或有一得。即從而聞諸。未行東脩之初。早已得予之所曽刻。波留麻和解者。其喜勝於獲楚璞。則潜居山中。静讀喝蘭醫籍。且攻且治。殆乎十年餘。解剖内外療法。製修本草等之書。譯稿堆于机前。不敢妄出誇于人矣。予覧而採之。證于八譜者頗多。今茲生又就彼和解。刪繁正誤。補脱訂次。旁添薬名字躰。助語。辞性。譯法。更作活板數十部。頒以省後進謄寫之

〈27オ〉

煩也。予以前修之故。熟識其婆心之懇。與鼻醋之田焉。雖然。邦外之良術。意表之至論。因此而益明於皇和。則自謂動醫祖神所賜之天職。能少報其命。不亦無恥於心乎。又自謂鍵發珍於秘庫。而弘恵於同人。不亦無憚於世乎

文化庚午季春　海上陳人

〈27ウ〉

＊欄外の書入れ

XX 硇

☿ 汞

十 酸、醋

り餘效之 ○定的

〈15ウ欄外〉

按スル。ニ數种乃 ク用ユ。認記セズ

助辞

譯鍵ニ概注ス。故

冠履辞

〈16オ欄外〉

資料Ⅱ 『乾坤奇観』（影印）

【解題】名古屋の篤学なる研究家、吉川芳秋氏が、その著『尾張郷土文化医科学史攷』（非売品、昭和三十六年刊）で、〈吉雄南皐『西説観象経』〉と吉雄南皐を紹介されているが、その中で〈『西説観象経』を略解した一枚摺に『西説乾坤奇観』〉（観象堂主人口授、藤岡道伯筆記）なる一書があることが、その著書『遠西観象図説』の巻末広告既刊書目中にある。未見の著書として一覧したきものである〉とみえる。その『乾坤奇観』がここに影印で提供する稀覯書『乾坤奇観』である。『国書総目録』にも名のみで所蔵のところは示していない。吉川氏には尾張蘭学のことで多くの学恩をいただき、若輩ながら交友を忝うした。氏の御労作にも請われて序文もかかせていただいた（後尾参照）。それはともかくここに今は亡き吉川芳秋氏のことをしのびつつ、南皐について親しく歓談した思い出を胸にこの影印を捧げたいと思う。内容はとやかく解説するほどのことはあるまい。〈附言〉として〈観象経略解〉ともみえるので、吉川氏の翻刻された『西説観象経』を同時に収録させていただき、資料として公開することにする。

『乾坤奇観』は約八〇％ほどに縮小して影印に付した。おそらく本来は一枚摺というより折本形式だったのではあるまいか。またこれまで『西説乾坤奇観』と紹介されているが、〈西説〉の文字は冠されていない。また吉雄南皐〈口授〉ではなく〈閲〉であり、〈尾張吉雄塾（吉雄南皐の蘭学塾）蔵板〉である。この点も念のため。

◇**書誌**

一　内題：乾坤奇観 附観象経略解

二　刊記：文政六年（一八二三）

三　著者：藤岡脩道伯／吉雄南皐閲

乾坤奇観 附観象經畧解

尾張南皐吉雄先生　閲

門下後學　豊後　藤岡脩道伯　撰

文政六年歳次癸未仲夏刻成

凡ソ人身ノ兩眼アルヤ天工ノ奇鏡ニシテ能ク萬里ノ外ヲ照シ至ラザル所ナシト雖動静諸体ヲ鑑ルニ於テハ其真ヲ映サザル者アリ其静体ヲ見ルヤ近キヲ以テ大トシ遠キヲ以テ小トス其動体ヲ見ルヤ唯昇降左右スルヲ知リテ遠近去來ヲ知ラズ唯他ノ動ヲ知リテ已ノ動ヲ知ラズ茲ヲ以テ西洋ノ人測器ヲ假リテ其真ヲ究メ心ヲ諸曜ノ間ニ游バシメテ動静一体ノ理ヲ明ニス其事已ニ観象圖説ニ詳ニセリト雖尚其遺漏ヲ集メ諸曜比例ノ表及ビ圖ヲ製シ學者ヲシテ天象ノ真面目ヲ窺ハシメントス西説ニ曰仰イテ視ル所空洞トシテ涯際ナク至廣至明ナルコレヲ太虚ト云フ其廣遠ナルヤ測器ノ用ヲ施スヿ能ハズ明亮ナルヤ無量遠ノ恒星ヲ望ムニ毫釐ノ障碍アルヿナシ空濶ニシテ至虚ナルガ如シト雖神氣紛綸トシテ其間ニ充實シ屈伸散聚シテ萬物化生シ變動消長須臾モ休ムヿナク百千萬億無數ノ大火球アリテ其内ニ散滿シ各其位置ヲ守リテ動移スルヿナシコレヲ太陽ト云フ其數箇ノ太陽互ニ相距ルヿ大抵三十二兆四千億里（此編里法皆暗乂利亞ノ法ヲ用フ其一里ハ吾一十四町一十間ニ當ル○太陽互ニ相距ル里程ノ微ハ後ノ附註ニ見ユ）ニシテ各大光明ヲ發ス

其傍側數億萬里ノ際ヲ照ラス其光明ノ内ヲ名テ游星天ト云フ數箇ノ地球其内ニアリテ其太陽ヲ旋回シ或ハ小地球アリテ其大地球ヲ旋回ス然レ圧遠ク其太陽ヲ望メバ光輝微小ニシテ一小点ヲ見ルノミニシテ其游星天及ビ大小諸地球ヲ見ルヿ能ハズ故ニ吾ニ属スル所ノ一箇ノ太陽ヲ以テ太陽トシ其他ハ悉クコレヲ恒星ト云ヒ其麗ル所ノ天ヲ恒星天ト云フ凡ソ諸太陽ニ属スル所ノ諸地球皆人民居住ノ大世界ニシテ太陽ノ向背ニ従ヒ晝夜ノ變ヲナス然レ圧恒星ニ属スル者ハ絶テ其象ヲ見ルヿ能ハズ吾游星天内ニアル者遠ク望メバ僅ニ一点ノ恒星ノ如シ但太陽ヲ旋回スルガ故ニ常ニ游行シ恒星ノ不動ナルニ似ズ故ニコレヲ游星ト云ヒ其コレヲ旋回スル所ノ小地球ヲ小游星ト云フ或ハ游星ノ傍ニ在リテ衛護スルニ象タルガ故ニ衛星圧名ク游星即チ地球ニアリテ近ク其小游星即チ小地球ヲ見レバ光輝著明ニシテ太陽ニ亞グ故ニ別ニコレヲ太陰ト云フ太陰即チ衛星ニアリテ其游星即チ地球ヲ見ルモ亦太陰トナル然レバ太陽ト恒星ト共ニ火球ニシテ異ナルヿナク大小游星共ニ地球ニシテ地球太陰亦游星ナルヿヲ知ルベシ又一種ノ游星アリテ諸ノ太陽間ヲ來往スル者アリ其來リテ游星天ニ入レバ見ハレ往テ恒星天ニ歸レバ隠ル其來リテ太陽ニ親ムノ時夥ク蒸氣ヲ發シ鳥獸ノ尾ニ類ス故ニコレヲ尾星ト云フ漢名彗星凡ソ吾游星天内六箇ノ游星アリテ太陽ヲ回ル其

一ハ水星其二ハ金星其三ハ地球即チ吾大世界ナリ其四ハ火星其五ハ木星其六ハ土星コレヲ六游星ト云フ又十一箇ノ衛星アリテ其游星ヲ囲ル其太陽若クハ主星ヲ距ルニ遠近アリコレヲ囲ルニ長短アリ游星ノ太陽ヲ囲ルコレヲ公運ト云フ支那人コレヲ右旋ト云フ其一周ノ間ハ其地ノ一歳ナリ衛星ノ主星ヲ囲ルコレヲ月囲ト云ヒ其一周ノ間ヲ一月ト云フ又自己ノ樞軸ヲ轉スルニ遅疾アリ游星衛星共ニ自己ノ樞軸ヲ轉スコレヲ自轉ト云フ支那人コレヲ左旋ト云フ其一轉ノ間ハ其地ノ一日ナリ其体ニ大小アリ又六游星ノ公運ヲナスヤ皆西ヨリ東ニ向ヒテ進ムト雖各遅疾ノ差アルニ據リテコレヲ見ルニ反テ東ヨリ西ニ向ヒテ逆行スルガ如キヿアリコレヲ退行ト云フ又其星ノ遠近ニヨリテ退行度分ニ多少アルヿ表及ビ圖ニ出スガ如シ但尾星ハ行圏甚ダ大ニシテ其一周ノ間モ亦長ク遅速一樣ナラズ故ニ其數ヲ究ムルヿ能ハズ西洋ニテ記シ得ル者二百餘星ト云フ今其一星ヲ採リテ此ニ其例ヲ示ス蓋シ此ニ載スル者ハ吾ニ属スル太陽游星等ノミ凡ソ太虚ノ内無數ノ恒星悉ク太陽ニシテ大小游星各コレヲ旋囲シ游星悉ク大世界ニシテ人類蕃息シ數萬ノ尾星其間ヲ來往シ廣遠無究殆ント人目ヲ眩惑シ測驗神器ノ用ヲ窮セシムルニ至ル者ハ豈乾坤ノ大奇觀ナラズヤ

太陽游星各異諸數之表

	土星	木星	火星	地球	金星	水星	太陽
全徑	六万七千八百七十里	八万二千一百五十五里	四千四百四十四里	七千九百六十四里	七千九百〇六里	二千四百六十里	八十二万二千一百四十八里
周圍	二十一万三千一百一十二里	二十五万四千九百〇八里	一万三千九百六十里	二万五千〇二十里	二万四千八百二十三里	七千七百二十四里	二百五十九万八千里
離日	七億七千七百万里	四億二千四百万里	一億二千三百万里	八千一百万里	五千九百万里	三千二百万里	
自轉	未詳	九時五十六分	一日四十分	二十三時五十六分	二十三時	未詳	二十五日
公運	一万〇七百五十九日六時三十六分	四千三百三十二日一十二時二十分	六百八十六日二十三時二十七分	三百六十五日六時九分	二百二十四日一十六時四十九分	八十七日二十三時一十六分	
退行度	六度	十一度五分	四十一度		四十六度四十一分	二十二度四十六分	
衛星	五	四	一	一			十七
離日比例	三寸八分八厘五	二寸一分二厘	六分一厘五	四分〇五	二分九厘五	一分六厘	
全徑比例	三糸三忽九三五	四糸〇五微七五	二忽二微二	三忽九微八	三忽九微五三	一忽二微三	四毛一糸〇七四

右比例ハ二百万里ヲ一厘ト算ヲ起セリコレニ據ル時ハ大陰離地ハ一毛一糸九四六二ニ當リ太陰全徑ハ一忽〇八纖七五ニ當ル

衛星各異諸數之表

	土星第一衛星	同第二	同第三	同第四	同第五	木星第一衛星	同第二	同第三	同第四	太陰	金星之衛星
全徑	未詳	未詳	未詳	未詳	未詳	未詳	未詳	未詳	未詳	二千一百七十五里	未詳
周圍	未詳	未詳	未詳	未詳	未詳	未詳	未詳	未詳	未詳	六千八百二十九里	未詳
距主星	一十九万里余	二十四万里余	三十六万六千七百里余	八十万里余	二百三十三万里余	二十二万七千二百三十四里	三十六万五千一百九十七里半	五十八万〇二百五十八里	九十四万五千〇五十里余	二十三万八千九百三十里	未詳
自轉	未詳	未詳	未詳	未詳	未詳	未詳	未詳	未詳	未詳	二十七日七時四十分	未詳
月回	一日二十一時一十八分二十七秒	二日一十七時四十一分二十二秒	四日一十二時二十五分一十二秒	一十五日二十三時四十一分一十四秒	七十九日三十二時四分	一日一十八時二十七分三十四秒	三日一十三時一十三分四十二秒	七日三時四十二分三十六秒	一十六日一十六時三十二分九秒	自轉ニ同ジ	未詳

此編尺數ヲ云フ者ハ尺寸分釐毛糸忽微纖ト云フノ例ニ據リ時法度法ハ皆西洋ニ従ヘリ其一時ハ吾半時ニ當リ一度ハ円周ヲ三百六十分スル之一ヲ云フ支那古法三百六十五度四分度之一ナル者ニ比スレバ稍長シ又一時或ハ一度ヲ六十分ニスルノ一ヲ分ト云ヒ分ヲ六十分スルノ一ヲ秒ト云フ

諸曜旋回比例之圖

此圖ハ太陽ヲ游星天ノ中央ニ位シ六游星之ヲ旋回シ恒星其外ニ羅列シ尾星其間ニ來往スルノ象ナリ諸陽離日ノ遠近皆前ノ表ニ出ス所ノ比例ニ従ヘリ但圖挾少ナル故ニ衛星ヲ出サズ且諸曜ノ全徑各比例ヲ以テ圖スルヿ能ハザルガ故ニ仮リニ其位置ヲ示シ別ニ前ノ表ニ據リテ此圖ノ土星行圈ヲ太陽トシ六游星及ビ太陰ノ比例圖ヲ作リテ下ニ出ス○游星ノ太陽ヲ囬ル皆等ク右旋スレド地球子丑寅卯辰巳ニ行クニ當リテハ土木火ノ三星各午未申酉戌亥ニ退行シ金水ノ二星甲乙丙丁ニ行クノ間ハ地ヨリ之ヲ見レバ戊己庚辛ニ退行スルナリ

恒星天
戌
游星天
亥
戊

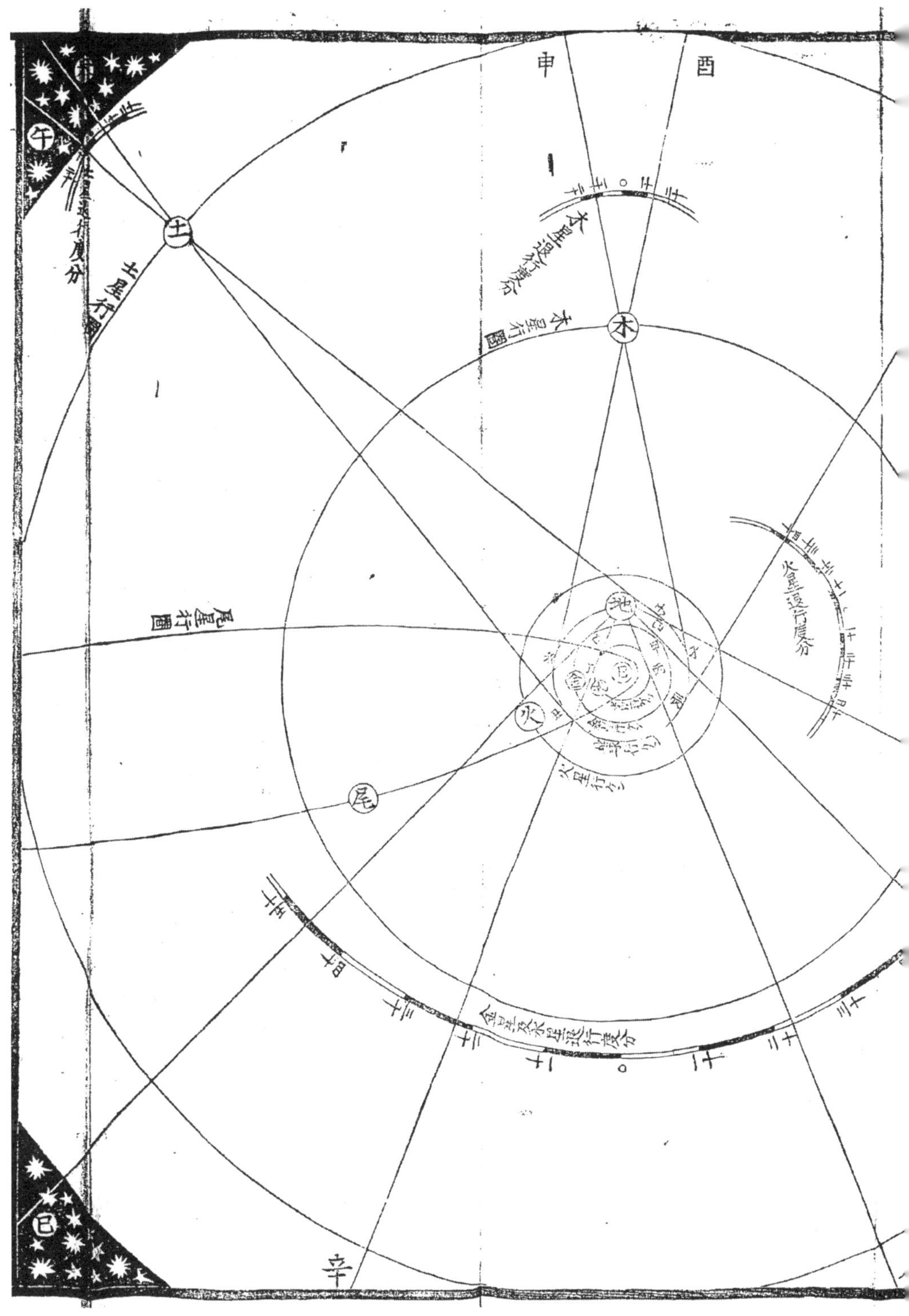
申
酉
木星退行度分
木星行圖
土星行圖
尾星行圖
辛

諸曜全徑比例之圖

此圖ハ右ノ諸曜旋囲比例之圖中ナル土星行圈ヲ以テ太陽トシテ即チ全徑七寸七分七厘ナリ諸曜全徑ノ比例ヲナセリ

土星

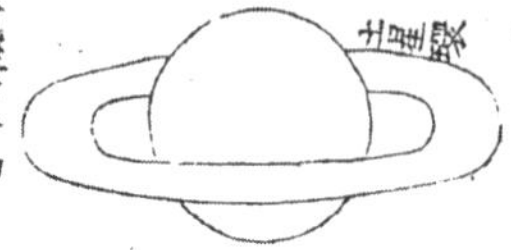

全徑六分四厘一四五

望遠鏡ニテ土星ヲ見レバ圖ノ如ク大環アリテ土星ヲ圍繞ス其大環全徑一寸三分五厘六三九本數八二十万〇二百六十五里

木星

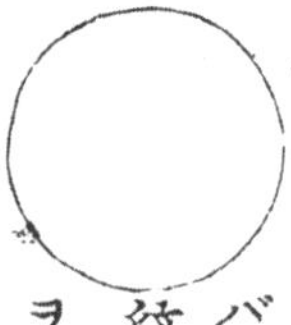

全徑七分六厘六九五

望遠鏡ニテ木星ヲ見レバ五條ノ横紋アリ火星ヲ見レバ赤色ノ蒸氣アリト云フ

火星	地球	金星	水星	太陰
全徑四厘一毛九五	同七厘五毛二七	同七厘四毛七	同二厘三毛二五	同二厘〇五糸五

觀象經畧解

附言

吾南皐先生嚮ニ理學ヲ講スルノ餘暇觀象經一千九百言ヲ述ベ童蒙ノ諷誦ニ便セリ其書西洋諸賢ノ格言ヲ宗トシ萬物動靜ノ真理ヲ究ハメ造化ノ迹ヲ尋ネテ鬼神ノ妙用ヲ明ニス然レ𪜈言簡ニソ義深ク初學遽ニ其精微ヲ探リ得ル者鮮シ希クハ學者先ヅ此圖說ニ通ジ大虛ノ廣大ナルヲ識得ノ後反覆玩味セバ必ズ自得スルヿアラン其精說ノ如キハ暦象新書、觀象圖說、動論及ビ其他西洋理學諸書ヲ熟讀ノ蘊奥ヲ極ムベシ若シ別ニ詳畧ノ義ヲ釋シニハ假令ヒ汗牛充棟ノ書ヲ作ル𪜈其意ヲ盡スヿナカラントス故ニ今其太畧ヲ述ベテ此圖說ト併セ本經ノ解トナスヿ次ノ如シ

○本經分テ七章トス第一章（如是我聞）ハ西洋理學ノ傳來ヲ論ス、亞訶得密ハ學校、斐録所費亞ハ理學ナリ○第二章（出廣長舌）ハ仰デ天象ヲ觀スルノ狀ヲ云フ、尾星ハ彗星ナリ○第三章（又我俯察）ハ俯テ地法ヲ觀スルノ狀ヲ云フ、地周實數二萬五千零二十里ナレ圧今其餘數ヲ省ケリ以下諸曜ノ周圍、距離、自轉、公運等ノ數ヲ云フモノ亦皆大略ヲ擧ルノミ詳ナル丁ハ各異ノ表ニ考フベシ○第四章（累世賢聖）ハ西洋ノ人實測ニ精シクシテ奇器ヲ製スルノ丁ヲ論ス○第五章（我以望遠）ハ測器ヲ以テ高遠ヲ窺ヒ纖細ヲ視ルノ證例一二ヲ擧グ○第六章（又我以大）ハ測器ニ據リテ諸曜ノ形体ヲ窺ヒ其大小遠近ヲ測リ自轉公運等ノ遲速ヲ知リ心游術ニ據リテ太陽ト恒星ト同物ニシテ游星衛星共ニ地球ト同類ナル丁ヲ曉レリ太陽恒星各箇相去ル丁近キ者三十二兆四千億里ト云フ者ハ甫刺獨禮（ブラドレ）（人名）カ測ル所ニシテ地球離日ノ四十萬倍ナリト云ヘリ游星太陽ヲ距ル丁近者三千二百萬里ハ水星、遠キ者七億七千七百萬里ハ土星ヲ云フ、衛星ノ游星ヲ距ル丁近キ者一十九萬里ハ土星第一衛星、遠キ者二百三十三萬里ハ土星第五衛星ヲ云フ、游衛兩星周圍小ナル者六千八百里ハ太陰、大ナル者二十五萬五千里ハ木星、公運八十餘日ハ水星、三十年ハ土星、（實ハ二十九年一百九十四日余ニ當ル）月囬四十餘時ハ土星第一衛星、八十日ナル者ハ土星第五衛星ナリ、自轉一十時ハ木星、二十七日ハ太陰ヲ云ヘリ○第七章再詰諸弟ハ測器ヲ離レ心游術ヲ以テ宇宙ノ終始ヲ推シ一切事物大小長短動靜進退悉皆究極アルコトナキヲ論ス此章殊ニ釋氏ノ説ニ似タレ𪜈皆實測ニ出テ神明造化ノ淵源ヲ究メ悉ク明證アリテ毫モ吡喩ノ類ニ非ルナリ　偈ハ西洋動學ノ樞要ヲ統括シ廣大ヲ致シ精微ヲ盡シ以テ本經ノ全旨ヲ結ブ學者コレニ據リテ其妙境ニ到ラバ古今ニ渉リ乾坤ヲ統ベ千象類ヲ異ニシ萬態群ヲ分ツト雖𪜈一理貫通シテ氷釋セザルコトナク備由判然トシテ開豁セザルコトナカルベシ

尾張　吉雄塾蔵板

西説観象経

張州　吉雄俊蔵尚貞述

如是我聞、西方国土、世出賢聖、観天象、察地理、精通造化之真理、而有知。布多禄某斯（プトロメウス）。麗廸我刺私（ピタゴラス）。地谷白刺格（テイコプラヘ）。刻白爾泥鳩思（コーペルニキュス）。葛西尼（カシニ）。傑布列爾（ケプレル）。牙里礼（ガリレイ）。得私加而的私（デスカルテス）。聒僧佇須（ガスセンヂュス）。奈端（ネウトン）。啓児（ケイル）。等諸大聖、各於其国、建大亜訶得密（アカデミ）、講演斐録所費亜（ヒロソヒア）之妙典、教化諸大弟子。

爾時大聖、出広長舌、為諸弟子、累説法要、而作是言、

今我仰観上天、則有一物、能発大光明、普照大世界、名曰太陽、又有一物、時明時暗、時盈時虧、名曰太陰、又有恒河沙数小光点、名曰恒星、皆為東移、有五箇小光点、時伏時現、時進時退、其一水星其一金星其一火星其一木星其一土星総名之游星、又有り小光数点、光芒類尾、或長或短、名曰尾星、向恒星之与太陽、或去我来、去則隠、来則見、以上数者、総名天象、一切懸象、悉皆遷転、東出西没、日日如是、天象所麗、名曰太虚、太虚玲瓏、広大無辺、不可思議

又我俯察所履、則其体渾円一大土塊、故名地球、其周

二万五千迷蓮（メイレン）、山嶽江海、凝著於其上、人畜草木、生死於其間、寿夭形質、大小長短、乃至疏密、各国不等、無有限量

（迷蓮此飜里據暗乂利亜国之法、即当我一十四町一十間）

累世賢聖、焦心覃思、窮極智巧、製造奇器、験気測影、精妙甚深、凡民所不能識別者、亦得依之以分晰、窺高遠、視繊細、各有神鏡、乃至象限。紀限。天環。弩儀。及百游晷。屋古丹多（オクタント）。南孤多物伊思児（ナダトウェイスル）等種種無量。巧妙精絶、以能分別彼最勝之真理、凡観象察形、皆不能逭其本真我以望遠大神鏡、窺見太陰、則有山嶽、有江海、形勢全体、不異地球、又窺望游星、則火星有蒸気、木星有紋理、土星有大環、又別有小星、而在金木土星之倚、名之曰衛星、亦游星之小者也、又以顕微大神鏡、窺見男子精液、則有至微羸形、悉皆活潑、蠕蠕蠢動、其数無量、或行或住、其状不異人間衆生行住地上

又我以大自在心游神力、飛騰太虚、則眼目之与上天、同一其心、而顧望天象、則異於人世之所望、太陽至小、恒星反大、而互等其光、近則太陽、遠則恒星、恒星即太陽、太陽即恒星、悉皆静息、未曾遷転、各箇相去、自有遠近、以人間太陽言之、近者三十二兆四千億迷蓮、遠者大数無量、不可測験、又有百千万億無数尾星、往来於其間、而其運也、有遅有疾、疾者一百年、遅者五六百年、乃至二三千年、其他不等如是、凡游星。衛星。地球。太陰、本来皆同類、近則地球、遠則游星、中則太陰、太陰游衛、即地球、地球游衛、即太陰、太陰地球、即遊衛、皆在太陽之側、倶受其光輝、自発其明、故各有盈虚、明暗時異、游星之周旋太陽也、亦各距太

陽、自有遠近、近者三千二百万迷蓮、遠者七億七千七百万迷蓮、其他不等如是、其周旋也、謂之公運、各有遅速、衛星之周、旋游星也、亦各距游星、有遠近、近者一十九万迷蓮、遠者二百三十三万迷蓮、其他不等如是、其周旋也、謂之月回、亦各有遅疾、太陽游衛。皆自転旋、謂之自転、亦各有遅有疾、亦游於太陽之処、全体猛火、為一円形、其周二百五十万迷蓮、恒星無東移、游星常盈、而不虚、大者有進、而無退伏、小者無伏、而有進退、一切天象、以人間二十五日、一周天、又游尾星之処、其体大円、其質堅実、為太陽所燋爍、而極熱太甚、蓋二千倍於人間熱鉄、故不能辨其質何如、又游於游衛両星之処、其質土塊、一大円球、各箇大小不等、其周囲小者六千八百迷蓮、大者二十五万五千迷蓮、其他不等如是、而永静不動、有山有川、人畜草木、円満具足、視地球、則一游星、視太陰、則一衛星、、（ママ）在於游星、而視衛星、則太陰、在於衛星、而視游星、亦太陰、而与一切天象倶、運転周旋、靡有間断止息、又恒星之東移、謂之歳差、其一周天地、謂之大年、以二万五千九百二十歳、為人間大年、太陽之東移一周天、即是公運、謂之一歳、太陰東移一周天、即是月回、謂之一月、太陽西行一周天、即是自転、謂之一日、一歳月日、各箇長短参差不一、以人間歳日言之、則有以八十余日為一歳者、有以三十年為一歳者、有以四十余倫（エ）蓮（レン）為一月者、有以八十日為一月者、有以一十倫蓮（倫蓮此飜時　当吾半時）為一日者、有以二十七日為一日者、其他不等如是、又游於恒星之処、其質猛火、一大円塊、形勢全然、不異於太陽、有大小游星、而各環繞旋転、其游星亦皆一大土塊、而山海動植、円満具足、即是一地球、而以傍側所有恒星為太陽、以人間太陽為恒星、而不得望視人間所見一切游衛諸星、凡遷游其他恒星之処、亦復如是爾時大聖、再告諸弟子言、諦聴諦聴、我将告汝造化神妙不可思議。而測験神器不能施其用。巧歴神工不能用其術者、汝等若得心游神力、游於男子精液之中羸形腔裡、則腔内応有脈絡、脈中応有諸液、液中或有蟲豸、蟲身応有脈絡、脈中或有蟲、是即微者無窮如是、又游於太虚之外、或有百千万億無量太虚、或有太虚飛迸旋転迅速。猶光輝射物者、或有太虚乃至一切天象。悉皆運転而惟地独静者、或有一大殻。周帀囲繞十万億大殻者、大者無窮亦復如是、汝等若得百億万年不老不死、而居視造化之無窮、則時応有歴視山川丘壑、若星辰乃至大大殻、砕為微塵、皆悉鎖殞、終而復始、生滅無常、変化無窮、凡物如是、此是無上大真実、此是最勝大真理、而能聞是言者、応時即得解脱。一切疑惑之念、又説偈曰

仰観俯察　諦究天真　下履坤輿　上戴太鈞
覆育蕃息　万類敷陳　大哉太虚　神気紛綸

玲瓏瑩徹　屈伸有由　一伸一屈　変化莫休
屈即是剛　伸即是柔　剛即是体　柔与空儔
空裏体雑　空錯体中　剛柔相盪　空体混融
一体成静　両体成動　動動是静　静静非動
静動非静　動静亦動　動不異静　静不異動
動即是静　静即是動　静物永静　動物永動
動静発止　物所迎送　常即是静　変即是動
動則有応　静則無感　動常在彼　静常我監
動静進退　軽重疏密　大小長短　乃至文質
皆我所定　極何可必　事物本来　真理如一
苟能頓悟　即得解脱　応物処変　靡不開豁

観象経

文政五年夏六月

観象堂蔵梓印

◇補記

『西説観象経』は宇田川榕庵『菩多尼訶経』にならって作成したという。したがって参考までに次ページに影印でおさめることとする。

西説觀象經

張州　吉雄俊蔵尚貞述

如是我聞、西方國土、世出賢聖、觀天象、察地理、精通造化之眞理、而有如布多禄某斯・麗迦我刺・私地谷白刺格刻白爾・泥烏思烏・西尼傑布列爾牙里禮得私加爾的私・蹉繒佇須・奈端・啓兒等諸大聖、各於其國、建大亞詞得奴、講演要録、所費亞之妙典、教化諸大弟子

爾時大聖、出廣長舌、爲諸弟子、畧説法要、而作是言、今我仰觀上天、則有一物、能發大光明、普照大世界、名曰太陽、又有一物、時明時暗、時盈時虧、名曰太陰、又有恒河沙數小光點、名曰恒星、皆爲東移、有五箇小光點、時伏時現、時進時退、其一水星、其一金星、其一火星、其一木星、其一土星、總名之游星、又有小光數點、光芒類尾、或長或短、名曰尾星、向恒星之與太陽、或去或來、去則隱、來則見、以上數者、總名天象、一切懸象、悉皆還轉、東出西沒、日日如是、天象所麗、名曰太虚、太虚玲瓏、廣大無邊、不可思議

又我俯察所履、則其體渾圓、一大土塊、故名地球、其周二萬五千迷蓮、山嶽江海、散著於其上、人畜草木、生死於其間、壽夭形質、大小長短、乃至疏密、各箇不等、無有限量

『西説観象経』表紙・本文冒頭（早稲田大学図書館蔵）

菩多尼訶經

江戸宇田川榕菴榕譯

如是我聞西方世界有孔刺需斯健斯涅律
私木里索內私刺愈斯多兒涅福爾篤歇兒
滿葛蕪法兒拔烏非奴私馬兒呃及斯花列
斯律兌弗大學師蒲爾花歇大學師林娜私
等諸大聖累代出世各於其國發大願力建
大道場設大法會出大音聲出眞實言說無
有上微妙甚深最勝眞理敎化諸大弟子
爾時大聖告諸大弟子言四大洲中百千萬
億一切衆生差別二種人馬獅狗鷄鳳燕雀
鯨蛇蠋龍蠅蜂龜蟹性情智能圓満具足靡
不步行自在名曰動物性情智能圓満具足
有雄有雌有一體兼男女有六親眷屬有壽
量有色相不能步行名曰植物然此二種本
來一理
我說如是最勝眞理若汝等不信受我略說
之亞墨利加洲有草號密莫沙若有物觸葉
縮而萎汝等若為異域遠物猶作疑惑之念
使汝等現得是眞理開竅試見庭前荅末林
如是
我先演說流體根幹液乳糜也葉液血也花
液陰器之液也實種子液造化成功之液也
皮液養液也膜液脂肪也葉液有三種花液
有三種皮液有八種如是諸液循環輪轉終
則老廢自蒸發孔漏洩而去以何所為如是
循環皆賴大陽温暖和煦之氣一紀一歲一
月一日一時一密扨多一世紺度之温氣悉
皆關係
諦聽諦聽我為汝等再說一切凝體無量無
數一切植物本來一條纖維錯綜織成一片
薄膜二品脉管是膜是管造作全身膜即表
被包絡圍繞全身衆器具足恒河沙數玄孔
皺紋二品脉管一名液管綜攝動靜二脉水
脉及乳糜脉而言二名氣管通大空氣扶持
諸液循環是此氣管諸他衆生本來不具足
根皮有噏収管孔有蒸發孔葉有神經有至
微腺有蒸發孔輭細毛茸皆無量無數至微
至細管孔口也根胃也幹莖腸也葉肺也花
陰處也粉男精也希輪精管也葯精囊也花
希固牢維繫希卽臍帶
種子落地則復甲柝甲柝下根根又抽莖莖
又生葉發露花實實復藏種子色香性味分
毫不易猶如動物生產蕃息生理循環無有
毫髮止息間斷汝等信受奉行我所說於四
大洲中百千萬億一切植物得於智眼大聖
說是菩多尼訶微妙經典已大弟子等頂戴
聖足歡喜踊躍合掌環繞作禮而去
菩多尼訶經

文政五年正月刻成

宇田川塾藏板

宇田川榕庵
『菩多尼訶経』
（早稲田大学図書館蔵）

資料III　シーボルト蒐集〝日本の書物（刊本・写本）目録〟

【解題】オランダ国立民族学博物館蔵、シーボルト蒐集の日本、シナの書物（刊本・写本）の目録である。私の資料探訪の成果の一端である。わが最上の友というシーボルトの教え子で且、日本語、朝鮮語学者でもあるJ・ホフマンが分類、執筆し、石版刷で仕上げたもの。一八四五年（弘化二年）刊行。原本はタテ×ヨコ、三八〇ミリ×二七五ミリとB5の二倍ほどの大判である。文政六年（一八二三）に来日、滞日約六年間に、日本を探究した成果の一端を示すものであろう。いわゆるシーボルト事件により文政十二年（一八二九）日本国外追放となり帰国、大著〝日本Nippon〟など執筆している。この目録はその参考資料の一端を示すとも思われる。日本文字はホフマンの手であろう。〈序〉（ラテン語文）でE・ケムペルをはじめ、C・P・ツュンベリー、さらにI・ティチング、J・F・ファン・リード、J・C・ブロムホフ、さらにファン・オフェルメール・フィッセルなどの活動にふれる。いずれも出島の商館長や商館付医師、筆記役などである。彼らの日本書の蒐集も注目されるところである（ライデン大学図書館・国立民族学博物館などに所蔵されている）。終りにフランスの東洋学、シナ語学者、S・アンドリシェル、同じくS・ジュリアンの名もみえる。蒐集図書は1～594まで一連番号を頭に付す。ただし343のつぎ、335～343まで番号が重複している。おそらく343を334と錯覚して、つぎを335として誤ったのであろう。したがって、全体は六〇三本となる。

　内容別に蒐集図書を十一分類してあげる。まず第一分類は百科事典であるが、これは1『和漢三才図会』～12『増補和漢書画一覧』に及ぶ。いずれも江戸期の板木類である。第二分類は歴史地理書である。下位分類としてA・(a)神道関係書、13『神代紀葦牙』～15『古史系図』などをあげる。A・(b)歴史、16『日本王代一覧』～27『大日本知仁名将勇士鑑』

をあげる。さらに、A・(c)年代記には28『甲子循環図』〜33『万歴(ママ)両面鑑』をあげる。このように、全体的にはかなり雑多の観はいなめない。しかしさすがに、第三分類の自然科学系統書に本草書や動植物、菌類、虫、鳥、魚類など写生図(写真)、同関係書、写本類を蒐集している点はさすがである。蘭学者、大槻玄沢や宇田川榕庵の著書、写生図などがみえ、やはり博物学関係書に特に興味をもったのであろう。第四分類の語法書・辞書では、シナの『字彙』や『江戸ハルマ』(写本)さらに『朝鮮辞書』『新刻清書全集』(満州語)などがみえ、注目される。『訳鍵』や『蛮語箋』さらに『蝦夷ヶ嶋言語』(写本)はシーボルトが日本語を学ぶ上からも蒐集したと思われる。この点、第二分類(d)の地図・地誌は外国人一般が興味をもつところであり、92〜139の四都会のものと146〜160・161〜173・174〜193と、地方からさらに日本の北方地域、そして全世界までかなり広範囲で充実して蒐集している。おそらく日本という国を知るために絶好の資料であったろう。目でみて理解しやすい点も、参考書として活用できたと思う。第五分類は神道・道徳書、第六分類は詩歌である。この下位区分に演劇の歌、浄瑠璃や義太夫の類のあること、これもおそらく絵入本であろうから、外国人には興味をひいたと思う。和歌、俳句、漢詩の類の書である。第七分類は生活一般、政事関係のものである。第八は経済、農業、商業関係のものである。さすがに名著『日本山海名物図会』や『山海名産図会』がみえる。第九は鋳貨、古銭など、これまた外国人に興味のある分野である。つぎの第十分類は注目される。医療・薬剤関係に鍼灸関係の書や解剖書、ことに長崎通詞、本木了(子は誤り)意の『和蘭全軀内外分号図』(分図は誤り)のみえる点は見のがせない。現代日本でもその所在はごくすくなく、当時はシーボルトがこれを入手しているほど、必ずしも珍書ではなかったのだろうか。かえって『解体新書』の見えぬ点は不思議である。すでにこのころ入手困難であったか。あるいは前者の日本風な点に興味をもったゆえの蒐集か。第十一分類は内容的に雑多である。画譜、画帖、絵本、漫画など、日本を理解する上でよき素材といえる。

以上のように、〈絵入・画本〉の類に興味をもって蒐集した点は、浮世絵への彼らの興味と蒐集の精神と同じ志向であろう。むしろこの種の書物が日本より海外で珍重されていることも、この蒐集の目録から了解できるように思う。

26-3

CATALOGUS

LIBRORUM ET MANUSCRIPTORUM JAPONICORUM

A PH. FR. DE SIEBOLD COLLECTORUM,

ANNEXA ENUMERATIONE ILLORUM, QUI IN MUSEO REGIO HAGANO SERVANTUR.

AUCTORE

PH. FR. DE SIEBOLD

LIBROS DESCRIPSIT

J. HOFFMANN.

ACCEDUNT TABULAE LITHOGRAPHICAE XVI.

LUGDUNI-BATAVORUM,
APUD AUCTOREM.
1845.
IMPRESSA CXXV EXEMPLA.

PRAEMISSA.

Quum libri Japonici ad finem usque proximi seculi inter rarissima literarum Orientalium monumenta haberentur, vix minuta quaedam eorum fragmenta in celeberrimis Europae bibliothecis reperiebantur. Et primus quidem fuit medicus illustris ANDREAS CLEYER, annis 1683—1686, Batavorum in Japonia commercio praefectus, qui admonente Electore FREDERICO WILHELMO M., Bibliothecae Berolinensi libros aliquot Sinicos, ac delineationes botanicas Japonicas inferret.

Ampliorem deinceps ex Japonia librorum supellectilem advexit ANGELBERTUS KAEMPFER, istius regionis tunc temporis (1691, 1692) perscrutator felicissimus; quae quum constaret 49 operibus xylographicis compluribusque delineationibus, post mortem viri celeberrimi (1716) 33 ex his opera in possessionem venerunt Equitis JOHANNIS SLOANE, cetera in diversas Bibliothecas migrarunt. Spectabatur autem tunc potissimum externa librorum Japonicorum forma, quos huiusmodi rerum curiosi tanquam rarissima artis typographicae in Japonia specimina custodiebant, neque erant qui inspicerent atque interpreterentur, indeque cognitionem morum ac disciplinarum cultissimae gentis peterent. Itaque hos libros male sedula bibliomaniacorum curiositas oblivioni tradidit.

Ab illo inde tempore per centum fere annos nulla scriptorum ex Japonia allatorum mentio fit, quod dubium est tribuendumne sit severitati legum eius populi, quae hospites Europaeos ab explorandis rebus suis excluderent, an incuriae potius ac negligentiae paucorum eruditorum, qui tunc Mare Indicum trajicerent, ultimique Orientis literas despicerent. Harum certe studium diutissime jacuit, ac ne initia quidem operae collocatae in addiscenda lingua a Missionariis propagandae religionis Christianae vim habuerunt ad eruenda incognitarum rerum desideria:

itaque CAROLUS PETRUS THUNBERG, vir praeclarus, cui aliquam certe linguae Japonicae scientiam debemus, magis explorandae naturae illarum regionum incubuit, quam investigandis colligendisque literarum speciminibus: paucos tantum libros de re botanica in Itinerario suo recensuit, eosque titulis mutilatis, pauciora etiam volumina secum advexit.

Tandem exstitit vir diligentissimus, deque historia gentis Japonicae praeclare meritus ISACUS TITSINGH, annis 1780—1782 Batavorum in Japonia commercio praefectus. Hic insignem librorum, tabularum geographicarum ac delineationum copiam sibi comparavit, scripsitque commentationes, ac Belgicas versiones operum praestantissimorum, adiuvantibus interpretibus indigenis: quarum omnium, in patriam redux, splendidum exemplar Amstelodami deposuit in bibliotheca Instituti Regii. Ipse, quo labentem valetudinem sub mitiori coelo confirmaret, Parisios se contulit, meditabatur autem Imperii Japonici descriptionem uberrimam, eratque ad hanc rem, siquis alius, praestantissimus ab accurata doctrina ingeniique acumine, et laboris constantia plane singulari; inopinata mors triginta annorum laborem intercepit, priusquam fructum eius eruditis impartiretur; quodque haud minus dolendum est, scripta eius, tabulae, pretiosa nummorum supellex, caetera usa sunt infelicissimo fato: quippe totus hic thesaurus, pro quo Regimen Indiae Orientalis Britanicum ducenta quinquaginta millia florenorum auctori obtulerat, sex totos annos Parisiis absconditus latuit. Haec persequi nolim, quamquam possim: habeant sibi facti conscientiam, quorum nefanda cupiditas alienis bonis inhiavit, vel turpis invidia immortalis viri memoriam sceleste obscurare conata est.

Factum est tandem editionis initium a bibliopola NEPVEU, qui indicio usus LANGLESII, viri clarissimi (ita enim ipse rem narrat) scripta quaedam aliaque documenta TITSINGHII indagavit sibique comparavit anno 1818: itaque huius operum posthumorum edidit volumen primum anno 1819. Depromitur autem in illo primo volumine, tum in Vol. XXIV Annalium Itinerum *Malte-Brunii* Index Collectionis Titsinghianae. Ibi codices quidem aliquot manuscripti recensentur, tum tabulae geographicae, aliaeque delineationes, paucissimi vero libri typis impressi, quamquam ego in Bibliothecis tum publicis tum privatis deprehendi complures libros de historia, de geographia, de re numismatica, quibus inscriptae notae autographae TITSINGHII testabantur, eum ex hoc quoque genere apparatu instructum ex Oriente domum rediisse.

Ostendimus, opinor, doctam TITSINGHII supellectilem minutim discerptam esse isigni literarum detrimento coniuncto cum existimationis Titsinghianae deminutione: quo magis dolendum est, alterum operum eius exemplar, cuius supra mentionem iniecimus, quodque ille in Instituti Regii Museo deposuit, ibi religiose quidem, sed veluti vellus quoddam aureum custodiri.

Interea studium rerum Japonicarum sensim incrementum cepit, mihique copiose Interpretes laudaverunt virum nobilissimum JOHANNEN FRIDERICUM VAN RHEEDE, annis 1786—1789 in Japonia commercio praefectum, utpote librorum aliarumque rerum curiosissimum investigatorem, quibus ego ut facile credidi, ita in nulla adhuc eius specimina incidi. Verum singuli libri, ab aliis alii, tabulae geographicae, aliarumque rerum adumbratae effigies identidem ab rerum exotica-

rum amantibus advectae sunt, repositaeque in Museis Bibliothecisque publicis ac privatis. Itaque Bibliotheca Regia Parisiensis habet Encyclopaediam amplissimam, vocabularia Japonica ac mappas geographicas; Museum Asiaticum Petropolitanum libros rarissimos de Numismatica, ac tabulas Geographicas: Viennae, Dresdae, Vinariae, Gothae inque aliis publicis Museis servantur pretiosae delineationes operaque geographica, historica, philologica, in Bibliotheca Regia Berolinensi CLEYERI, in Museo Britanico Londinensi KAEMPFERI, in Bibliotheca denique Upsalensi THUNBERGII apparatus fragmenta, cum aliis quibusdam literarum Japonicarum speciminibus. Privatorum Bibliotheca KLAPROTHII longe fuit ditissima.

In Bibliothecis autem Batavis publicis, quae ceteroquin ditissimae sunt, libris Orientalibus tum manu tum arte typographica exaratis, vix ullum librorum Japonicorum exemplum reperiebatur ante Equitem JOHANNEM COCK BLOMHOFF, cuius incredebile studium fuit rerum Japonicarum, quae quidem ad vitam publicam privatamque, victum, cultum, artes denique istius populi pertinerent; quibus ille explorandis quum multos annos, Commercio Praefectus, insumsisset, solutum apparatum, diuturni laboris fructum anno 1824 in patriam detulit; quo quidem insigni incremento auctum est Museum Regium Haganum. In his igitur libris tabulisque geographicis opera exstant viginti novem, quorum mihi exempla in Japonia comparare non potui; haec autem in nostro Catalogo asterisco (*) designavimus.

Eo denique tempore, quo nos iussu Magistratus Indiae terram Japonicam explorabamus, vir sagacissimus VAN OVERMEER FISSCHER, Commercio Subpraefectus, idem consilium agitabat, neque successu caruit eius industria: etenim insignem copiam librorum, tabularum geographicarum aliarumque rerum pictas imagines patriae obtulit (1831), quae quidem munificentia Serenissimi Regis Museo Hagano accessit. In hoc autem apparatu Fisscheriano librorum volumina circiter 117 sunt, quorum sexaginta novis operibus Catalogum nostrum locupletavimus, addita hac nota (†).

Et nos quoque, quantum potuimus, operam dedimus, collegimusque 525 opera in septem annorum decursu (1823—1830) quos in illis regionibus transegimus, omniaque Reipublicae Batavae cessimus, ut erigatur literarum Japonicarum monumentum. Hoc ut composuimus eo ordine, quem librorum argumenta acquirebant, ita effecisse speramus, ut literarum Orientalium amantes, quique in disciplina Geographica et Ethnographica studium coleant, uniuscuiusque scripti pretium ac virtutes aestimare possint. Exemplaria autem quae superfuere, quosque hactenus e Japonia ac alicunde nobis comparavimus libros ac codices manuscriptos, partim in Bibliotheca Imperiali Viennae partim in Bibliotheca Regia Parisiis deposuimus: hoc quidem consilio, ut ducibus illustrissimis Sinologis, viris Celeberrimis STEPHANO ENDLICHER ac STANISLASIO JULIEN, literae Japonicae coleantur scientiarumque Orientalium augeatur studium.

Quod autem in hunc Catalogum non nostra sola inclusimus, recipimusque ex aliorum supellectile, quae in nostra dessent, hoc ideo factum est, ut uno quasi conspectu pateret quantum divitiarum eruditarum Batavi paucis abhinc annis ex remotissima illa terra deportaverint,

IV

essetque simul enumeratio ac censura quaedam subsidiorum ad iuvanda studia rerum Japonicarum.

Plerique librorum tituli ab ipsis scriptoribus literis ideographicis exarati sunt: hos igitur in Tabulis lithographicis manu amici nostri Sinensis KO TSCHING DSCHANG descriptos reddidimus, addito auctoris nomine voluminumque numero. Libros autem descripsit et illustravit vir nobis amicissimus Dr. J. HOFFMANN.

Propositum fuit, ut haec res plane quidem sed quam brevissime absolveretur.

Si liber est origine Sinicus in Japonia autem sine mutatione repetitus, titulus nonnisi Sinice legitur et literis Itallicis exaratus est (Conf. n°. 11).

Si vero liber origine quidem Sinicus, sed in usum Japonensium additamentis et commentariis auctus est, uti n°. 197, Japonicam tituli lectionem expressam habes, addita non nunquam pronuntiatione Sinica, quae dicitur Mandarinorum, uncis inclusa.

Saepe quoque titulus Sinicis quidem literis expressus sermone mere Japonica reddendus fuit, in quo Japonensium morem secuti sumus. Titulo proxime addita est versio quam potuit accuratissima, nec nisi quum obscuri quid inesse aut aliquid cognitu necessarium non omittendum videbatur, pauca illustrandi causa addebantur.

Scripsi in secessu prope ab urbe Lugduni-Batavorum mense Februario MDCCCXLV.

DE SIEBOLD.

LIBRORUM ORDO.

SECTIO I. **Libri encyclopaedici.** . . . . . 1—12.

SECTIO II. **Libri historici et geographici.**

A. Historici.

a. Mythologici. . . . . 13—15.

b. Historici. . . . . 16—27.

c. Tabulae chronologicae. . . . . 28—33.

B. Historico-geographici. . . . . . 34—53.

C. Mappae geographicae.

a. Generales. . . . . 54—59.

b. Speciales. . . . . 60—91.

D. Libri topographici.

a. Topographiam spectantes urbis *Mijako.* . . . . . 92—104.

b. » » » *Jedo.* . . . . . 105—124.

c. » » » *Ohosaka.* . . . . . 125—134.

d. » » » *Nagasaki* cet. . . . . . 135—139.

E. Urbium regionumque prospectus. . . . . . 140—160.

F. Itineraria. . . . . . 161—173.

G. Coloniarum tributariorumque populorum libri geographici et historici. 174—190.

H. Mappae geographicae auctorum Europaeorum Japonice redditae. . . . 191—193.

SECTIO III. **Libri physici.**

A. De historia naturali generales.

a. Sinici denuo in Japonia impressi. . . . . 194—206.

b. Japonici. . . . . 207—223.

B. De historia naturali speciales.

a. Monographiae botanicae ac zoologicae. . . . . 224—247.

b. Adumbrationes botanicae, MS[tae]. . . . . 248—265.

c. » zoologicae, MS[tae]. . . . . 266—283.

d. Dissertationes miscellaneae. . . . . 284—293.

SECTIO IV. **Libri grammatici et lexicographici.**

A. Dictionaria.

a. Sinica et Sinico-Japonica. . . . . 294—300.

b. Japonico-Sinica. . . . . 301—304.

c. Synonymarum. . . . . 305—306.

d. Japonica antiquita. . . . . 307—308.

e. Japonico-Batava. }
f. Batavo-Japonica. } . . . . . 324—327.

VI

B. Vocabularia.

a. Linguae Aino. . . . . 328—329.

b. » Côraianae. . . . . 330—332.

c. » Sanscritae. . . . . 333—334.

d. » Mandschu. . . . . 335—336.

C. Libri grammatici. . . . . 309—323.

Sectio V. Libri theologici et morales.

A. De cultu Buddhaico. . . . . 337—343, 335b—336b.

B. De cultu Sjuto. . . . . 337b—340b.

C. Praecepta moralia, historiae fictae et miscellanea. . . . 341b—343b, 344—372.

Sectio VI. Poetae.

A. Poesis dramatica. . . . . 373—382.

B. » lyrica, cui nomen Uta. . . . . 383—400.

C. » cui nomen Haïkaï. . . . . 401—406.

D. » Sinica. . . . . 407—410.

Sectio VII. Libri de populo ac civitate.

A. De moribus et consuetudinibus. . . . . 411—421.

B. De civitatis et imperii forma et administratione. . . . . 422—427.

C. De politia. . . . . 428—431.

D. De re militari. . . . . 434—437.

E. De architectura. . . . . 432—433.

Sectio VIII. Libri oeconomici.

A. De agricultura. . . . . 438—448.

B. De artibus et mercatura. . . . . 449—472.

Sectio IX. Libri numismatici. . . . . 473—485.

Sectio X. Libri medici et pharmaceutici. . . . . 486—499.

Sectio XI. Tabulae xylographicae.

A. Praecepta ac rudimenta artis pingendi. . . . . 500—505.

B. Imitationes xylographicae celebrium tabularum pictarum.

a. Sinensium. . . . . 506—512.

b. Japonicarum. . . . . 513—562.

C. Libri picturarum.

a. Historicarum. . . . . 563—573.

b. Regionum aedificiorumque delineationes. . . . . 574—577.

c. Vestimentorum delineationes. . . . . 578—594.

CORRIGENDA.

Pag. 20. c. n. 334. *l.* 333.
» » n. 335. *l.* 334.
» 26. n. n. 431. *l.* 432.

1	和漢三才圖會	攝陽城醫法橋寺島良安尚順編	全百五巻
2	頭書増補 訓蒙圖彙		廿一巻
3	頭書増補 訓蒙圖彙大成		廿一巻
4	唐土訓蒙圖彙	平住専菴先生著	十四巻
5	新増廣益 萬會節用百家選 / 玉海節用字林藏 / 新刻 文林節用筆海大全		全三冊
6	文化補刻 萬海節用字福藏		全一冊
7	新撰増益 都會節用百家通		全一冊
8	増字百倍 萬寶節用富貴藏		全一冊
9	増字 倭漢節用無雙囊	華文軒主人述	全一冊
10	博物筌	蘭齋山崎右衛門	全一冊
11	彙刻書目		全十冊
12	増補 和漢書画一覧		全一冊
13	神代紀葦牙	栗田土満大人著	全三冊
14	神代正語	伊勢人本居宣長	全三冊
15	古史系圖	平篤胤	一冊
16	日本王代一覧	法眼春齋林恕	全十冊
17	日本書紀		全卅巻
18	和漢年契	攝陽蘆屋山人著	全一冊
19	掌中和漢年契		全一冊
20	和年代皇紀繪章		三冊
21	太平記		全四十巻
22	甲陽軍鑑		全二十巻
23	平家物語		全十二巻
24	島原記		全三冊
25	本朝國郡建置沿革圖説	一齋佐藤	全一冊
26	大日本太平記名將武勇競		
27	大日本知仁名將勇士鑑		
28	甲子循環圖	觀嶽主人著	
29	年代記		
30	紀年指掌		
31	和漢年歷箋		全一冊
32	萬寶二面鑑		
33	萬歷両面鑑		
34	大和名所圖會	竹原春朝齋畫 偑蘭清	全七冊
35	河内名所圖會	秋里籬島 丹羽桃溪畫	全六冊
36	和泉名所圖會	同 竹原春朝齋畫	全四冊
37	攝陽群談	攝西陵人岡田氏溪助	全十七冊

38 攝津名所圖會 秋里籬島 全十六册
39 東海道名所圖會 同 全六册
40 武藏野話 鶴磯 全四册
41 近江名所圖會 秋里籬嶌 全四册
42 木曽路名所圖會 全六册
43 紀伊國名所圖會 秋里籬嶌 全五册
44 播磨名所巡覧圖會 同 全五册
45 長崎行役日記 常州水戸長玄珠記 全一册
46 筑紫紀行 菱屋平七 全十册
47 諸國奇談 西遊記 橘南谿子 全五册
48 同 東遊記 全五册
49 同 南遊記 全五册
50 防長二州之記

51 山陵志 蒲生秀實 全一册
52 古山陵之圖
53 諸國經緯郡城數附
54 大日本細見指掌全圖
55 改正日本圖
56 改正日本輿地路程全圖 常州水戸長玄珠子玉史
57 新板 日本國大繪圖
58 日本邊界略圖
59 九州之圖
60 山城國繪圖
61 大和國繪圖
62 大和國細見繪圖 中村歡耳齋
63 河内國細見小圖 丹羽桃溪

64 河内國繪圖
65 和泉國大繪圖
66 和泉國繪圖
67 攝津國名所大繪圖
68 志摩國繪圖
69 尾張國繪圖 二册
70 参河國繪圖
71 阿波國繪圖
72 武江畧圖 岩埼常正
73 近江國大繪圖 河内敬人山下重政
74 近江國繪圖 二册
75 美濃繪圖
76 能登國繪圖

77 越後國繪圖
78 佐渡國繪圖
79 丹波國繪圖
80 丹後國繪圖
81 同
82 但馬國繪圖
83 伯耆國繪圖
84 石見國繪圖
85 隱岐國繪圖
86 因幡國繪圖
87 播磨國繪圖
88 播磨國大繪圖
89 備前國繪圖

90 備中國繪圖
91 淡路國繪圖
92 都名所圖會 秋里籬嶌 竹原春朝齋畫 全十一册
93 都林泉名勝圖會 同 諸名家畫 全五册
94 京之水 秋里舜福 全二册
95 天明再板 京都めぐり 貝原篤信 全二册
96 都寺社全圖 全四册
97 增補繪入 都名所車 全一册
98 新撰增補 京大繪圖 全一册
99 文化改正 京都指掌圖 全一册
100 文化改正 新增細見京繪圖 全一册
101 花洛一覧圖 發行風折政香 畫工黄華山 全一册
102 新改 内裏圖 全一册

103 新補 京之圖 全一册
104 新板 比叡山延暦寺
105 分間江戸大繪圖 全一册
106 分間御江戸繪 全一册
107 分間 懐寳御江戸繪圖
108 再版 新改御江戸繪圖
109 文化改正 御江戸繪圖
110 再版 新改御江戸繪圖
111 文政改正 御江戸大繪圖
112 北條氏康時代武州江戸繪圖
113 下谷淺草邊之圖
114 谷中本郷丸山小石川邊之圖
115 駿河臺小川町之圖

116 東都永町之繪圖

117 東都番町之繪圖

118 濱町神田日本橋北之圖

119 芝愛宕下邊之圖

120 築地八町堀日本橋南之圖

121 新板 御江戸名所獨案内記

122 いろは分獨案内 江戸町作〱し

123 江戸御見附略圖

124 江戸御城内御住居之圖

125 自上古到今世難波大坂十二圖

126 増修 大坂指掌圖 附川畫圖 全一冊

127 新板増補 大坂之圖 全

128 増修改正 攝州大坂地圖 全

129 文政新改 攝州大坂全圖 全

130 大坂町鑑 全

131 大坂城之圖 軍攻之圖 宝帝之合戦之圖

132 改正 一目千軒 全一冊

133 寛政改正 みをつくし 全一冊

134 攝陽市中 大凡積胸算用

135 肥州長崎圖

136 播磨姫路之圖

137 下野國日光山之圖

138 日光御山總繪圖

139 鎌倉勝槩圖 泰穂九画

140 日本名所之繪 江戸重齋耕真筆

141 東海道名所一覧 北斎

142 道中記 東海道 全二巻

143 和州吉野山名勝圖

144 安藝國嚴島景

145 丹後國天橋立之圖

146 陸奥國鹽竈松島圖

147 江戸隅田川両岸一覧圖 鶴岡蘆水 全二冊

148 兩岸 紫川 勝景圖會 全二冊

149 名山圖譜 淺野谷文晁 全三冊

150 山水奇觀 旭江

151 富士山圖 小林長周 全一冊

152 富士之景

153 禾草閣筆 三宅熊太

154 紀伊山水奇觀

淡海八景圖 平安鶴亭寫

播州明石舞子濱之圖

高野山細見繪圖 橘保春

紀州高野山金剛峯寺細見圖

四天王寺伽藍圖

太宰府天満宮御境内之繪圖

東海道分間繪圖

東海木曾兩道中懐寶圖鑑

大日本道中行程細見記

大日本道中行程指南車

大日本海陸通覧

道中獨案内

西國順禮細見大全 一冊

四國徧禮之圖

四國徧禮之圖

日光驛路里數之表

東海道驛路里數之表

増補 日本汐路之記 全一冊

大坂川口ヨリ長崎迄舟路

三國通覧圖說 全一冊

蝦夷談筆記 全一冊

蝦夷拾遺

蝦夷圖 最上徳内 全五枚

松前蝦夷之圖

蝦夷海灣之景

唐太島 最上徳内 全一冊

薩哈連島之圖 最上徳内

黒龍江中之洲并天度 間宮氏

唐太島之圖

琉球談 森島中良 全一冊

朝鮮物語 全五冊

三才一貫圖 浙部新昌呂撫安世輯

萬國大全圖

歴代事跡圖

大清萬年一統地理全圖

古今沿革地圖 水戸長赤水

喎蘭新譯地球全圖 水戸赤水長玄圖

東察加之圖 最上徳内

北海 同

6

194	大觀證類本草	唐愼微 江戸醫官	全卅一巻
195	校正本草綱目	明李時珍	全廿五册
196	本草滙	呉門郭西郭佩蘭章宜纂輯	全十八册
197	毛詩草木鳥獸蟲魚疏	唐呉郡陸璣著	全一册
198	毛詩陸氏艸木疏圖解	淵在寛述	全五册
199	毛詩品物圖攷	浪華岡元鳳	全三册
200	毛詩名物圖説	呉中徐鼎雪樵輯	全二册
201	救荒本草	明王西樓輯 姚可成補	全九册
202	食物本草	元東垣李杲編輯 明呉郡錢允治校訂	全二册
203	通志昆蟲艸木略	宋鄭夾漈著 日本蘭山先生校	全二册
204	花鏡	西湖陳扶揺彙輯	全六册
205	本草彙言	明錢塘倪朱謨選集 松岡恕菴先生抄録	全六册
206	南方草木狀		全二册
207	本草綱目啓蒙	蘭山小野先生口授 孫小野職孝士徳録	全五册
208	本草啓蒙名疏	小野蘭山鑒定 孫職儼編輯	全八册
209	本草原始	合當公鮑	全五册
210	本草和解	大江順軒	全二册
211	大和本草新校正	貝原篤信	全十册
212	廣稜本草	直海龍	全十二册
213	諸鞭餘録	豊田養慶	全一册
214	物類品隲	鳩溪平賀先生著	全六册
215	花彙	瑜南田充房	全八册
216	草木性譜	張府舍人清原重巨撰	全三册
217	有毒本草圖説	同	全三册
218	本草和名	深江輔仁	全二册
219	物品識名	尾張水谷豐文	全四册
220	本草藥名備考和訓鈔	丹波頼理	全七册
221	草花式	法橋春川筆	全三册
222	雲根志同 前後編	江州山田浦木内小繁先生著	共廿五册
223	泰西本草名疏	尾張伊藤舜民馥[illegible]編	全三册
224	百菊譜	皃素仙	全二册
225	花壇養菊集	志水閑事	全二册
226	牽牛品	峰岸龍父著	全二册
227	長生花林抄	東都深井伊藤兵衛著	全五册
228	朝顔譜	秋水茶寮先生撰 濃淡齋先生画	全一册
229	花壇朝顔通	壷天堂主人 森春溪画	全二册
230	梅品	怡顔齋松岡玄達先生撰	全二册
231	怡顔齋蘭品	松岡玄達成章撰	
232	怡顔齋櫻品	同	全一册

7

233	草木奇品家雅見	金太著	全三册
234	橘品類考	桂菴木村	全二册
235	橘品	弄花亭	全一册
236	廣益増補地錦抄	伊藤伊兵衛	全廿八册
237	花壇大全		
238	茶席挿花集	芳亭野人 岩崎常正写	全一册
239	古今鷹之事		全一册
240	六物新志	大槻茂質	全二册
241	蘭畹摘芳	同	全三册
242	一角纂考	同	全一册
243	鯨志	南紀如水軒	全一册
244	怡顔齋介	松岡玄達先生成章撰	全五册
245	蟲鏡	高玄龍	全一册
246	夏草冬蟲圖	抽木常盈	一册
247	仙臺きんこの記	大槻茂質	一册
248	本草寫真	水谷助六	二册
249	同	宇田川榕菴	一册
250	同	桂川甫賢	一册
251	人參寫真	同	一册
252	日本草木	同	二册
253	梅(ムメ)櫻類花寫真		一册
254	蝦夷本草之圖	桂川甫賢	二册
255	琉球本草之圖	同	二册
256	琉球草木寫真素稿		一册
257	日光山草木寫真	伊藤舜民ケイスケ	二册
258	本草寫真	水谷助六	一册
259	本草拔萃	同	五册
260	同	大窪太兵衛	五册
261	同	宇田川榕菴	一册
262	生檀全書	同	一册
263	山櫻説	筑前侯所著	一册
264	草花之圖	春溪寫	一册
265	腊葉擷(オシバスリ)	薛荔菴	二册
266	獸禽蟲寫真		全三册
267	蟹鰕類寫真	桂川栗本瑞元	二册
268	蟲蟹之圖	浪華鐵山画	一册
269	蝶二十寫真		一册
270	蟲類寫集		一册
271	蛛類説圖	尾藩大窪舒三郎昌章寫	一册

8

No.	書名	注記	冊数
272	魚類写真	桂川粟本瑞元	三冊
273	海魚考圖繪	鞭近齋	二冊
274	海魚写真	宇田川榕菴	一冊
275	写真隨集	同	一冊
276	獸魚縮写		一冊
277	禽獸魚写真		一冊
278	写真長鯨圖		一冊
279	唐夫人所謂リキンカムヒツナカイ二獸之圖		
280	蛇骨写真		
281	打越溝中出異獸角骨圖		
282	石ニ化ナルウヲノ魚之圖		
283	天狗爪石雜考	木内重暁	
284	本艸一家言	松岡恕菴	全四冊
285	本草和名集		全二冊
286	菌譜	酒井立生	一冊
287	修養堂本草會目録	伊藤舜民ケイスケ	一冊
288	生々堂本草會目録	大河内存眞	
289	草會目録	同	
290	海鰌		
291	鳥品類小記		
292	日本諸禽真写	附名	全一大本
293	鷸十八品真写	水谷助六	全一冊
294	字彙	梅膺祚	全九冊
295	康熙字典		全卅冊
296	増続大廣益玉篇	洛薩隠士毛利	全十一冊
297	新増字林玉篇	鎌田禎	全一冊
298	四聲字林集韻	鎌田禎删補	全一冊
299	刪定増補小字彙		全一冊
300	急用間合眞字玉篇大成	平仄校正 訓譯改訂	全一冊
301	和漢音釋書言字考節用集	駒谷散人槇郁輯	全十冊
302	假名引節用集	田仲宣	全一冊
303	大全早引節用集		全一冊
304	早引節用集	據梧散人 眞字附	全一冊
305	増補詩文重寶記	信愛生	全一冊
306	譯文筌		全三冊
307	古言梯	楫取魚彦	全一冊

9

No.	書名	注記	冊数
308	雅言假字格	市岡孟彦補訂	全一冊
309	大和詞		全一冊
310	ゑもぎ詞		全一冊
311	新撰大和詞	東華切揩	全二冊
312	雑字類編	圯愛堂	全二冊
313	學語論		全二冊
314	イロハ天理鈔		全二冊
315	以呂波字考録		全二冊
316	以呂波之五類		全一冊
317	空海之いろは		
318	麻光韻鏡	京師子蓮淨寺沙門文雄僧谿述	全二冊
319	千字文		
320	訓点千字文	山子点	全一冊
321	画引十體千字文綱目	西甌孫丕顯編輯	全一冊
322	汪由敦楷書千字文		全一冊
323	米南宮杜律墨帖		全一冊
324	譯鍵		全二冊
325	江戸ハルマ		全六冊
326	和蘭辞書		
327	蠻語箋		全一冊
328	蝦夷方言	白虹齋	全一冊
329	蝦夷ヶ嶋言語		全一冊
330	千字文大本		
331	類合	昇哲	全一冊
332	朝鮮辞書		
333	[illegible]學多體文	西海蓮華沙門源昭	一
334	梵言集		一
335	新刻清書全集 [illegible]	重鐫錢塘同學弟汪鶴孫撰	全三冊
336	清語集		全一冊
337	改正両部神道口決鈔	江源慶安	全六冊
338	繪馬雛形		全一冊
339	扁額軌範	合川珉和先生 北川春成先生 合撰	全一冊
340	通神画譜	合川亭眠和画	全一冊
341	細見男山放生會圖録	速水春暁齋	
342	二十四輩順拝圖會	河州專教寺隠釋了貞 竹原春泉齋画	全五冊
343	増補諸宗佛像圖彙	浪華土佐將曹紀秀信画	全五冊

10.

No.	書名	注記	冊数
335.	大般若理趣分	大唐 三藏法師 玄奘奉 詔譯 大般若波羅蜜多經卷第五百七十八	一冊
336	増補 咒咀調法記	菊丘臥山人	一冊
+ 337.	四書		
338	孝經	漢 魯人 孔安国傳 日本 信陽 太宰純 音	一冊
339	論語	道春點	一冊
340	論語彝訓卷之首	最上德内 著	一冊
+ 341	菜根譚	明ノ洪自誠	全二冊
+ 342	繪本孝婦傳	合川珉和画圖	全一冊
343	文化新版 麗玉百人一首吾妻錦		全一冊
+ 344.	類葉百人一首教文庫		全一冊
345	女用至寶 都名所盡		全一冊
346	定家撰錦葉鈔		全一冊
+ 347.	雜話 教訓鑑		全五冊
+ 348.	近世貞婦傳		全五冊
+ 349.	世談雜説		全五冊
+ 350.	汁きく艸		全二冊
+ 351	繪本金花談		全十三冊
+ 352	繪本鏡山列女功	川關惟充	全五冊
+ 353	巨勢金岡 名技傳		全二冊
+ 354	文化新板 伊勢物語		全二冊
+ 355.	本朝蕃物語		一冊
+ 356	遠乃白浪		全三冊
+ 357.	七福七難圖會	浪華生々瑞馬著 赤石岡田東爺画	全五冊
+ 358	和漢古今角偉談	菊丘臥山人江匡弼文坡	全五冊
+ 359.	艶廓通覧	浪華洞雛山人著	全五冊
+ 360	松陰快談	豊山長野先生著	全二冊
+ 361.	東牖子		一冊
+ 362.	閑情偶寄	湖上李 漁著	二冊
+ 363.	笑府	墨憨齋主人編	一冊
364	浮世新形六枚屏風	柳亭種彦作 豊国画	全二冊
365.	音羽丹七 女郎花喩粟島	同 歌川国貞画	全二冊
366.	正本製七編	同	全二冊
367	正本製八編	同	全二冊
368	笹色廼猪口暦手	同	全二冊
+ 369.	久松 おそめ 花競浮名廼讀販		全三冊
370	山海經	晉記室參軍郭璞傳	全十八冊
371.	キフ子本地		三巻
372.	長恨歌		全三冊

11.

No.	書名	注記	冊数
373.	妹背山	玉水源次郎	五冊
374.	壇浦兜軍 琴責段		一
+ 375	一谷嫩軍記	豊竹越前少掾	全一冊
+ 376.	娘若輪 本町糸屋娘 初音妹	同	全一冊
+ 377.	近江源氏先陣館	竹本義太夫 竹田新松 直傳	全二冊
+ 378.	假名手本忠臣藏	竹本松後掾 竹田図幡掾 直傳	全二冊
+ 379.	双蝶蝶曲輪記	竹本義太夫直傳	全一冊
+ 380	菅原傳授手習鑑	同	全一冊
381	京都歌舞妓新狂言外題年鑑		
382.	都國芝居繁榮數望		
383	古今集遠鏡	本居宣長	全六冊
384	百人一首峯北ろけ比	衣川大人著	全二冊
385.	歌道名目鈔	右中辨資任	全三冊
386.	正徹物語		全二冊
387.	萬葉集	橘諸兄公集	全三十冊
388.	和歌怜野集	清原雄風大夫編輯。四季六冊 戀雜六冊	
+ 389.	歌林雜木抄		
390.	續撰吟和歌集韻		
391.	千紅萬紫	蜀山先生集	一冊
392.	百人一首小倉文庫		一小冊
393.	百人一首		全一
394	寶玉百人一首		全一冊
395	繪本百人一首		全二冊
396.	繪本和歌合		全一冊
397.	同		一冊
398.	貝浦つゝみ	兜伴花菴	全一冊
399.	三十六歌集	同	
400.	山家集類題	西行上人歌集	全一冊
401	俳諧七部集		全二冊
402.	入重山婦		全二冊
403	狂歌手毎之花	文屋茂鷺	全二冊
404	狂歌画自满		全三冊
+ 405	狂歌関東百題集	鈍々亭撰	全二冊
+ 406	狂歌扶桑集	六樹園 蓟葊亭 兩撰	全二冊
+ 407.	宋詩清絶	江户柏昶如亭撰	全一冊
+ 408	宋詩礎	江户大窪行	全二冊
+ 409.	詩礎諺解	附聯句 村瀨海輔輯解	全一冊
+ 410	袖珍畧韻大成		全四冊

12

- 411 制度通　伊藤長胤輯　全六冊
- 412 骨董集　醒齋輯　全五冊
- 413 新板後篇 嫁入談合柱　平安華鳳山人著　全二冊
- 414 三禮口訣　貝原篤信　全二冊
- 415 當風 和國百女　菱川師宣　全一冊
- 416 小笠原諸礼大全（ヲガサハラシヨレイタイゼン）　法橋玉山著　三冊
- 417 京大坂茶屋諸分調方記　全一冊
- 418 装束圖式　全二冊
- 419 かざ称のいろ兇
- 420 雅遊漫録　大枝流芳著　全五冊
- 421 群書類従　撿按保己一集　巻第四百七一 上中下　三冊
- 422 文政武鑑　全四冊
- 423 御元服御宮參 御用掛 御役人附　全一冊
- 424 萬代寶鑑　全一冊
- 425 月令博物筌　全十四冊
- 426 文政十一年略暦候
- 427 文政十一子戊年略暦十七二候
- 428 萬世江戸町鑑　全二冊
- 429 町火消番組
- 430 火事御出役 定火消御役 御大名火消 御場所附 イロハ番組
- 431 江戸本所深川 いろは組纏はくし兩面摺
- 432 宮雛形 武家雛形 棚雛 數寄屋雛形 小坪規矩　全五冊
- 433 度量衡説統　最上徳内　全三冊
- 434 圖解 武用辨略　大樹戸木下義俊編輯　全八冊
- 435 甲冑着用辯　井上老先生著　全二冊
- 436 古軍器之圖解
- 437 角觝詳説 活金剛傳　松壽樓主人撰　全二冊
- 438 佩文耕織圖　江戸櫻井雪解　全二冊
- 439 戎形圖説　臣藤原國柱　全廿冊
- 440 農業全書　筑州後學宮崎安貞　全八冊
- 441 農家益　大藏永常著　全三冊
- 442 農嫁業事（のうかげうじ）　皃島如水翁著　全五冊
- 443 山海名産圖會　全五冊
- 444 日本山海名物圖會　全五冊
- 445 武江産物志　岩崎常正　全一冊
- 446 飲膳摘要　小野蕙畝　全一冊

13

- 447 童蒙教訓 繪本米思録　中川有恒 速水春曉畠縮画　全五冊
- 448 日州養蜂圖　一
- 449 職人盡發句合　闇田子蒿蹊　全二冊
- 450 江戸職人歌合　藤原泰圀　全二冊
- 451 妙術博物筌　貝原先生　全七冊
- 452 裝劍奇賞　浪華稲葉通龍新右衛門著　全七冊
- 453 鼓銅圖録　浪華住友氏奴隷増田綱謹撰　全一冊
- 454 鮫皮精鑒録　浅尾遠視　全一冊
- 455 滑稽漫画　全一冊
- 456 押繪早稽古（ヲシエハヤゲイコ）　全一冊
- 457 雅曲花娘 玉みかゝ乱　全一冊
- 458 生花秘傳 野山錦　全二冊
- 459 瓶花圖彙　全二冊
- 460 瓶花圖全　一
- 461 挿花千筋之麓（イケバナチスジノフモト）　入江玉蟾　全三冊
- 462 挿花衣之香　貞松斎米一馬　全四冊
- 463 立華正道集　全四冊
- 464 日本漆色法　一
- 465 漆物之法 早稲作法 茶製法　全一冊
- 466 酒作之事　一
- 467 紙作之法　一
- 468 塗之法　一
- 469 拾玉智恵海
- 470 日本持丸長者集（ニツホンモチマルチヤウジヤシウ）
- 471 張公捕魚
- 472 造壇法圖
- 473 珍貨孔方鑑　中谷顧山　全一冊
- 474 寛政孔方鑑　流石菴羽積　全一冊
- 475 改正孔方圖鑑　小澤東市　全一冊
- 476 珍銭奇品圖録　大村成富　全一冊
- 477 孔方圖鑑　小澤東市　全一冊
- 478 古今泉貨鑑　同　全十二冊
- 479 和漢泉彙　苔川甚右門　全一冊
- 480 金銀圖録　近藤守重　全七冊
- 481 對泉譜　文樓田元成　全一冊
- 482 古銭價附　全
- 483 銭範　全一冊

484	懐寶珍銭鑑（クヮイホウチンセンカン）		
485	西洋銭譜	小澤東市	全一冊
486	鍼灸抜萃大成	岡本一抱子	全七冊
487	鍼灸廣狹神倶集	雲樓子著 石坂宗哲校	全一冊
488	鍼灸説約	石坂宗哲先生著	全一冊
489	廣參説	甑孝	全一冊
490	藥名稱呼	本原宗真	全一冊
491	人面瘡圖説	桂川甫賢	
492	解臓圖賦	池田義之冬藏	全一冊
493	和蘭全軀内外分圖	長崎末木子憲翻譯 周防鈴木宗云撰次	冊
494	榮衛中經圖	竿齋先生著	全二板
495	藥品應手録	高良齋	一
496	鍼灸圖解		二枚
497	知要一言		一
498	九鍼之説	石坂宗哲	一
499	婦人患病書		
500	漢畫指南	東都建凌岱孟喬著述	二冊
*501	漢畫指南二編	寒葉齋	三冊
502	漢畫獨稽古	君山宮瓊	全二冊
503	畫筌	筑前 魯軒 林守篤	全六冊
504	花鳥畫式	翰北奈夕顔	全一冊
505	繪本直指寶	橘守國	全九冊
506	宋紫石畫譜		全十三冊
507	宋紫石畫譜		全三冊
508	畫史會要	春卜一翁集	全六冊
509	聚珍畫帖	董杉軒蓁寫	全三冊
510	押畫手鑑（オシヱテカヾミ）	大岡道信	全三冊
511	新刻金氏畫譜	尾張九峯 寄田延選撰	全一冊
*512	元明華鳥		全二冊
513	名家画譜	桃溪	全二冊
514	画本必用	中路雲岬	全二冊
515	高田敬甫画譜		全四冊
516	諸職画鑑	蕙齋北尾政美	全一冊
517	蕙齋麁畫		全一冊
518	草花畧画式		全一冊

519	人物畧画式		全一冊
520	竹譜詳録	息齋李	全二冊
521	建氏画苑	寒葉齋	全三冊
522	建氏画苑海錯圖	同	全一冊
523	繪本詠物選	法眼橘保国	全五冊
524	繪本野山草	同	全五冊
525	帝都雅景一覧	河邑文鳳	全四冊
526	文鳳山水画譜		全一冊
527	素絢画譜	山口素絢画 草花之部	三冊
528	繪本稽古帳	井村勝吉	全三冊
529	寫生獸圖画		全二冊
530	画圖百花鳥	山下石仲	全四冊
531	画本虫撰	喜多川歌麻呂	全二冊
532	繪本手引草		全一冊
533	繪本筆二色	北尾重政	全二冊
534	寫生画帖 初心柱立		全一冊
535	櫻花画帖		全一冊
536	画本無名		全一冊
537	京城画苑	文徴堂輯	全一冊
*538	鶯邨画譜		全一冊
*539	光琳百圖		全二冊
*540	南岳文鳳 街道雙画		全一冊
541	繪本手鑑	法橋春卜	一冊
542	繪本心農種		全二冊
543	花鳥寫眞圖會		三冊
*544	花鳥画譜		全一冊
*545	花鳥画帖		全一冊
*546	鳥獸畧画式	蕙齋	全一冊
547	北齋漫画		全十冊
548	寫真學筆 墨僊叢画	北齋	全一冊
549	三體画譜	同	全一冊
550	北齋寫真画譜		全一冊
551	一筆画譜		全一冊
552	繪本両筆	立好齋	全二冊
553	英雄圖會	玄龍齋戴斗	一
*554	北齋画式	北斎	全一冊
*555	秀画一覧	同	全二冊
*556	繪本淨瑠璃絶句	同	全一冊
557	北雲漫画編		全一冊

558	鳥山石燕画		全一冊
559	画本写寶袋	橘有税	全十冊
560	画図百器徒然袋	鳥山石燕豊房	全三冊
561	今昔画図續百鬼		全三冊
562	風流繪合手引北園		全三冊
563	繪本源平武者揃（ゲンペイムシヤ）		全二冊
564	繪本頼朝一生記		全二冊
565	繪本袖中雛源氏		全一冊
566	繪本源將名譽草	曲亭馬琴	二冊
567	繪本武勇櫻	長谷川光信	全二冊
568	繪本多武峯	北尾紅翠斎重政	全三冊
569	繪本武者鞋（ムシヤワラジ）		全二冊
570	繪本鶯宿梅	橘守国	全七冊
571	繪本フチハカマ	絳山撰 柳川重山画	全二冊
572	武者鑑		全三冊
573	繪本婚礼道シルベ	堀田連山 南里亭其楽	全二冊
574	繪本隅田川両岸一覧	壺十楼成安	全三冊
575	繪本江都櫻（エドザクラ）		全二冊
576	画本東都遊（アヅマアソビ）	北斎	全三冊
577	東都勝景一覧	同	全二冊
578	將軍二十五容貌		
579	倭國百女	菱川師宣	全一冊
580	花容女職人鑑	西来居未佛	全二冊
581	茶湯之圖		全一冊
582	猿樂之圖		全一冊
583	江戸風美人姿		
584	東錦繪（アヅマニシキヱ）		
585	東錦繪美人容貌（アヅマエビジンカタチ）		
586	今樣美人鏡		
587	當世美人画帖		
588	吉原（ヨシハラ）美人見立五十三驛		
589	吉原傾城（ケイセイ）江戸美人画		
590	江戸八景		三冊
591	美人繪五十三驛		
592	東錦繪集		
593	江戸風景		二冊
594	東海道五十三驛		

ヨーロッパに〈蘭学資料〉を求めて――「あとがき」に代えて

ローマでたおれる

一九六九年（昭和四十四年）冬、十二月下旬、ローマで高熱のためついにたおれる。一日中〈死〉のことばかり考える。妻よりの手紙がとどく。娘の弥生の手紙も同封されている。肉親の、日本語の文字がおもくひびき、かつはたくましくせまってくる。ふとかつて死を決意して戦場におもむいた先輩たちをおもう。一研究者として、資料の探訪は業（ごう）というものであろう。……しかし高熱は肉体の全機能のみでなく、精神的なあらゆる苦しみを私に与える。はやくわが家でくつろぎたいと念じながら、しかしここまで来たのだから、ロンドンとライデンには、なんとしてもたどりつかねばならぬと自分にひたすらいいきかせる。

大学の紛争のさなかに、突然オーストラリア国立大学（ANU）に客員教授として招かれ、三か月の期間を終って、同大学の御厚志で、旅費を一切まかなっていただき、研究資料の探訪のため、ヨーロッパ経由で日本へ帰ることになった。資料探訪の大きな目的の一つは、〝ドゥーフ・ハルマ〟の根源をさぐること。〝ドゥーフ・ハルマ〟の〈初稿本〉ともいうべき、長崎出島から日本の外へ運び出された稿本に近いものを見つけ出すこと、さらにはライデン大学図書館に所蔵されているであろう蘭語学の資料を披閲することであった。しかし前日、アテネで驟雨にあい、傘もささずに遺跡めぐりをしたのがたたってか、ローマの安宿（ペンション）についたころは熱っぽく、夜にはいると次第に熱が高くなって、ついにベッドにたおれる身となった。長期戦を覚悟して、病魔としばしたたかうことを余儀なくされた。しかしローマとはいえ、よりによってここ下町の安宿にとまる物好きな予約をしていた。旅宿についてからは、まず英語の通じないのにまったく閉口した。〈水〉いっぱいもらうのにもこまった。ただ暗い宿の一隅で高熱にうなされ、故国や妻子のことを思って苦悶するばかりだった。〈ローマで死す〉というとちょっとかっこいいかもしれぬ。しかし目的地ライデンをほかにして、死すべきところはない。当時のメモに、〈学者として何の目的でローマにと問われ——資料のないこの国で——観光のため、否、西洋文化発生の根源を体験するためと格好のいい理屈づけはした。しかしぶざまな死にざまになる〉と当時の日記はしるす。キャンベラで偶然に出逢ったチェコソロバキャの言語学者、ネウストプニー教授——小著『日本語再発見』を愛読したということから、すっかりイキトウゴウした——のおすすめもあり、プラハでの日本語研究や辞典編集の現状をみる予定だった。しかし今となってはそのスケジュールも断念しないわけにはいかない。高熱は旅の目的のすべてを私から奪った。空しく一日二日と、宿のベッドで天井のみを見まもる。

電話帳をめくって、やっと見出した日本大使館に電話した。すぐに然るべき医師を紹介してもらい、注射でもうって熱を下げ、ロンドンへ直行したいと望んだ。そこで何とか医師をとたのんでみたが、〈個人のそんなささいなことに大使館はかかわりをもたぬ〉と冷たくあしらわれる。カンタス航空会社にだけは連絡して、プラハ行きやパリ行きをキャンセルする。一週間の予定のローマは、いつまでのびることになるかわからないからだ。

部屋の掃除をする中年のイタリー女性が、宿の女将(おかみ)をつれて私の枕元に立ったのは三日目の朝だった。よくイタリー映画に出てくるたくましい太めの女である。ここのペンションの女主人、亭主は目下入院中とか。この朝、私はまったく体の自由を失い、小用からもどると食堂へ行くこともできず、ただ熱にうなされはげしい頭痛で完全にまいってしまった。それまで食事の時だけベッドを出て、食堂に足を運びスープや小量のパンも無理してのどに投げ入れていた。しかしもう食欲もなければ、体全体が意思に反していうことをきいてくれない。——まったくコトバの通じぬ人間同士であるが、そんな私を掃除女は見てとって、女将を呼んで私の部屋にあらわれたのであった。

イタリー語で二人の女が何やらぴちりぴちり話し合い、私に何かを語りかけるのだが、もちろんことばはまったくわからない。私は枕元のテーブルにあるコップに手をのばしてとり懸命に水を飲むまねをし、一ぱいの水を所望した。女将の口から、〈アクワ〉というコトバがもれた

アクワとグラッチェ

——よく蘭書にもでてくるアクワである——。私はとっさに、〈アクワ・アクワ〉と小さい声で連呼した。彼女はにこっと笑って、〈水〉をとってきてくれた。一ぱいの水(アクワ)がこんなにも手に入りがたく、手に入れた時の喜びをかみしめたことはない。実は以前にも手まねの会話を演じたのであるが、一本のコカコーラも得られなかった。一ぱいの水の要請も相手に通じなかった。ことばはそれを受けとる受け手の資質にふかく関係がある。掃除女より女将の方が、人と接し、人語を解することにたけていたのだと思う。おそらくこの女将とて、一生に一度、はじめて日本人に出あって、身近かで東洋の体臭と音声を経験したのであろう。しかし彼女は自国の人間によって、人間一般のあつかいを充分に知りぬいている感じであった。

その時ここでもう一人、小さな救いの天使があらわれた。江戸時代に蘭学者が、〈天神所使令者(カミノツカヘモノ)〉と訳する〈angel(エンジェル)〉だ。ここの一人娘が、私の部屋から聞こえる大人二人の声をききつけて、そっとのぞきにきたのである。中学校二、三年ぐらいの、顔にそばかすのあるやせた女の子で、母親のまるまると肥えたボディーとは対照的だった。彼女は『広辞苑』のように厚い伊-英・英-伊辞典をもってあらわれた。

あたしは中学校で英語を習っているので、すこしは英語が話せます。でもママはまったく英語を話せません。もし用事があったら、これをお使いください。

——彼女、そう名前はベアトリチェ、その彼女の小さな口からは英語がとびだし、こう説明してくれた。私は

ホーッと安堵感と喜びとが同時に突然わきあがった。母親は娘のしゃべる英語を聞いて、にこにこそばに立ちつづけていた。おそらく私の顔からも笑みがもれたのであろう。女将はやさしい母親の顔となり、私の方をみて、ひときわ身振り大きく笑ってみせた。

まことに、地獄に仏とはこのことで、宗教心厚いというイタリー人のことがふと思い出された（わが家に約一年、ローマ大出身のシナ学の先生をホームステイさせたことがある）。手をあわせておがみたいほどの思いだった。私が〈どうもありがとう（Thank you very much!）〉というと、その娘は母親の方をむいて、〈サンキュー、グラッチェ〉といった。母親は〈グラッチェ〉のことばを聞くと、大きな声で自分も、〈グラッチェ〉といってくれた。私も思わず、〈グラッチェ〉といった。〈グラッチェ〉はイタリー語で〈ありがとう〉の意味である。表情をくずさなかった掃除女までも笑った。

娘さんは学校があるのでもう家を出ねばならぬと告げ、帰ってきたらまたあなたの容態をみてあげるといい残していった。英語が私の病気を快方にみちびく大きな支えとなった。

――二日、三日、五日……と、私はこの娘と母親の献身的ともいうべき看病によって、次第に健康をとりもどしていった。〈アクア・グラッチェ〉につづいて、〈マンジェ〉（食べヨ！）のイタリー語が、今も印象ぶかく心に残っている。おそらく、一生涯この三つのイタリー語は忘れることがあるまい。この太っちょのイタリア女は、いうならば東京の下町の女たちと同じ、ローマの下町っ子気質をつぎつぎに発揮してくれる。旅に病んだ異邦人を情（なさけ）をもって、心からいたわってくれる。今私はその一つ一つのコトバは忘れてしまったが、目をじっと閉じてみると、額に氷囊をあて、体温計の温度目盛をじっと見守る母と娘の姿、彼女らが二人して必死に私のことを看護してくれた愛の行為とあの部屋の広さとが、奇妙にありありと思い出される。〈食べヨ、食べヨ、ドン〳〵食べテ、病気ナド吹キトバセ！〉といった調子で、大きな体をふるわせて私を力づけてくれた女将！ 病気は注射や薬でなおすのではないのだ。熱くて重いコニャック入りココアをもってきて、〈熱イウチニ飲メ、汗ヲタップリ出セバ病イナドドコカニトンズラサ〉という。二の腕のもりあがりと次第に理解しあっていく二人の西と東の人間の小さなドラマがここにある。もし情というものがイタリー語にあるとすれば、その情がそのまま人間と姿をやつして、私の枕元に女神のごとく現われたのだ。子どものころ島崎藤村の〈幸福さん〉という童話を読んだことがあったが、あの幸福さんが、この女将なのである。このイタリー母娘への感謝は今でも決して忘れることはない。私はベッドに仰向けになりながら、せっせと英伊辞典を引き、対訳の短いイタリー語の会話になる例文を諳誦した。学校から帰った娘は、わがことのように、私の頭の氷嚢とタオルを代えてくれた。一日も早く熱のひくようにと、肉親も及ばぬほどの看護をしてくれた。日本人には世界のどこの国民にもない〈甘え〉があるそうだが、このイタリーには〈思いやり〉が満ち満ちている。しかし日本人にも、これに負けぬ〈思いやり〉があるはずだ。私は天井の一点をにらみ、じっと過去のこと、将来のこと、そして今のことを思って、何となしに涙が両の頬を伝わっていくのをどうしようもなかった。こんな体験は今までの旅では感じたことはない。もし私が一流のホテルにとまったとしたら、おそらく英語でことは足りたであろう。水一ぱい、チーズ一片を頼んでも、チャージ（手数料）をとられ、ショーウインドの模造品と同じようなメニューで我慢しなければならなかったであろう。それより何より、ボーイはただ事務的にそれらを運んでくれるにすぎないロボットだ。私の額ににじむ汗をぬぐい、びっしょりぬれた下着を洗ってやるからぬげと大声で、ことばを投げかけてなどくれはしまい。異邦人のいうことにひたすら耳を傾け、必死になってそのコトバの心をききとろうとなどはしまい。金殿玉楼に住んでも、雨露をしのぐにすぎない茅屋に住んでも、人間にかわりはない。超デラックスのホテルに客となっても、こうした古ぼけた小さな安宿に客となっても。ほんとうに待遇されるとはどういうことなのだろう。心まずしいものに神の加護はあるはずはない。このローマの下町の二流どころか三流の安宿で、私は体をもって、この豊かな西欧的ヒューマニズムに出逢った。それはまた、私が私の両親から学んだ情であり、思いやりでもあった。両親を失って数十年、よりによってこの異国の片隅で、厚い人の情と出逢った。ここで再び幼いころ、私に教えてくれたわが母の思いやりにめぐりあった喜びはどれほどであったか。さらに碧い眼の娘が一所懸命に話してくれる英語、私は英語のもつ国際性と、英語に託される未来への人類の希望といったものについても、遠く思いをはせていた。

ローマからロンドンへ

こうして、私はやっと熱が三十七度近くに下った。今はここの女将とも一緒にテレビをみて、同じように笑うようになった。周囲の泊り客——先生、行商人、若いカップルとさまざまな人間の群れ——も、われわれ二人のイタリー語の会話に大げさなジェスチャーでびっくりしていた。決して質量ともに自慢などできるはずのない私のイタリー語が、しかしこのイタリー女と私をよりいっそう身近なものにしてくれた。ことに私が〈グラッチェ〉と口にする時、彼女の顔は満ち足りた笑みをたたえてくれる。

今の私は、もうまったくイタリー語を忘れてしまった。一時的にせよ、命がけで頭に入れこんだいくつかの句(フレーズ)もあったのだが……。すぐに吐き出してしまったコトバは、そういつまでも頭の中に残るはずのものではないのだ。

〈是非トーキョへもどれ、すぐにローマから帰ったほうがいい〉——という熱心な女将の忠告をふり切って、やはり私はロンドンへ向った。二週間、三食食事つき約十五ドルほど——これが出発の朝この女将に支払った金額である。今考えてみても、物の値段の変動もはげしいであろうが、ウソのような宿代である。そのうえ、看護という特別なサービス、介護の料金もふくんでいるのである。いや看病など、無報酬の莫大な恵みはこれにふくまれているはずはない。思いやりは金では買えぬものである。金などを要求するものでもないのであろう。イタリー語を自由にあやつれぬ私は、身振りよろしくこの短いが大いなるお世話に、心から謝辞を述べ、それ相応の——といっても旅行者である私にできる範囲は限られているが——御礼を申し出たが、女将はただ笑顔で拒否をくりかえし、お互いさま、〈お元気で〉を繰り返すだけであった。私たちは固い握手をして別れた。

宿を出発する時は、また小雨であった。頼んでもらった車で空港に向い、やがてロンドン行きのＢＯＡＣ機中の人となった。ついにローマでは観光もショッピングもできなかった。まさにローマの休息そのもの、わずかに二五〇〇リラで、自分用に手袋を買っただけであった。しかしローマでの病床の思い出は、一生私の胸奥ふかくさわやかな姿で残っている。

飛行機が離陸のころ、雨はやみ日がさしてきた。私はそっとポケットからビニールの小袋に包んだ梅干を一つとり出して口にふくんだ。私にとって梅干はむかしの仙人の不老不死の薬にも似ている。口にふくむと身体全体に不思議に力をつたえていく。私にとって子どものころから梅干の効用は万能薬に近い。

空からみたアルプスの絶景は、これまた爽快そのものであった。朝の日に輝くアルプスの山脈はさながら絵はがきがそのまま生気をふきかえしたようだった。

大英博物館と資料探訪

ロンドンの空港から、予約しておいてもらったロイヤルホテルに到着、そこで大英博物館、東洋部部長、ガードナー氏からのメッセージを受けとった。しかしここロンドンの寒さと暗さはまた格別だった。ホテルの部屋が暖かく、博物館に近いということが何よりも有難かったが、霧のロンドンどころか、雨と暗さの陰鬱なロンドンに再び、発熱、劇しい頭痛におそわれた。

朝起きると体中がびっしょり、裸身にパジャマだけで寝ていたのであるが、汗でパジャマはしぼるほどだ。ひどくだるい。しかしガードナーさんとの約束で、どうしても、十時には大英博物館へ行かねばならない。途中、店で薬を買って飲んだが、今度はローマと異なり、咳の出ることはげしい。熱はあまりあがらないのはよかったが、その代りはげしい咳に苦しむことになった。

ガードナーさんは日本で一度お目にかかったことがあるが、この日も笑顔で迎え、彼の部長室へ招き入れてくれた。早速、蘭学関係のものをみせてもらうことにしたが、折角なので、キリシタン関係の資料のことをおたずねして、あれこれとみせていただいた。はじめてみる『天草本平家物語』や『落葉集』の原本に、やっぱり無理してもここまで来てよかったとしみじみ思う。熱も咳も、日本のことも大学紛争のこともすべて忘れる。研究者冥利、学問の三昧境というのはこういうことだろう。時を惜み、文字を追ってひたすら資料と対峙して、幸福な時をすごす。ここではじめて、八巻からなるローマ字による『蘭日辞典』（写本）を披閲することができた。かつて伊予大洲の旧家、三瀬家――ここで女主人に昨日、司馬先生がおみえになりましたと話された――の土蔵の二階で、〈ばってんことば〉といわれるH・ドゥーフの書いた蘭文〈緒言〉を一見したことがある。その時はまったく予想していない資料とて、小さな宝物を誰にもしられず、独りで手にふれるときめきがあった。今度は多少の予想はしていても、こうした豪華な写本が、眼前につみあげられ、まことに筆舌につくしがたい感激であった。いわば私の蘭語学の資料探訪の旅で、もっとも偉大な資料の一つに出逢うことができたのである。

大学ノート風のものにさながら草稿のように書きしるされている文字はつぎのようなものであった。

NEDERDUITSCH IAPANSCH
WOORDENBOEK
Letter A
AB Boek ｜ *A. B. C. wo kaitar Sÿo motz.*　アベセヲカイタルショモツ

開巻、目にはいってきたローマ字から、これこそ百五十年前に、H・ドゥーフや長崎通詞たちが協力しあって訳編した蘭日辞典であると推定した――もっとも子細に検討していくと、紙質も筆つきも、いささか新しい感じがするし、多くの点で疑問が出てきた。しかしはじめてこの資料に接した時、私には夢にまで描いていたローマ字本（〝ドゥーフ・ハルマ〟の原本）であろうと思い、その感激はいまだに脳裡に残像している。しかし冷静に内容を調べていくと、この「ローマ字本」は、原本ではなく、すくなくとも転写本であろうと疑った。江戸時代の蘭日辞典、ことに私の探し求めていた〝ドゥーフ・ハルマ〟（俗に『長崎ハルマ』）の初源に近い草稿の面影をもつもののの一つであるとは推定してみた。

宿舎にもどっては書写してきたものの整理をし、日記をつけて早めに就寝した。しかし朝はかならず全身がびっしょりで、日ましに咳がはげしくなっていった。疲労もかなり極限にきているのかもしれないと思った。日の出が九時というロンドンのまことに陰気くさい街は、ただ博物館に蘭語学の資料がある故にのみ私には存在価値があった。ロンドンは緯度でいえばソ連のバイカル湖、サハリン（樺太）の北という極北に近いところである。

博物館で資料を披閲して、閉館と同時に宿舎にもどることにしたが、かならず、途中にある街角のカレーライス店に寄って、夕食をおえていくことにした。このカレーの店と味もまた私には心よい印象として残っている。ゆっくりとロンドン見物などする暇もなく、空港—宿舎（ホテル）—博物館—カレー店—宿舎という、最短の無駄節約のコースをとって、ただ資料の披閲に時を惜しんだ。幸い館には閲覧の人も多くなく、掛りのものも遠く極東の日本からやって来た研究者ということで、よく便宜をはかってくれた。何よりもここは英語圏である気安さがある。どうやら熱は下ってきた。ロンドンを離れる日はちょうど日曜日にあたったので、半日だけロンドンの市内見物をした。ピカデリー通りまで二階建のバスにのっていった。帰りに地下鉄にも乗ったが、この地下鉄の乗り場所が、エレベーターで入口からホームまで、まるで映画でみた炭坑の坑口から地中に降りていくような仕組みであった。

ロンドンを離れる日、博物館から宿舎にもどると、オランダ、ライデン大学のホス教授から、至急便が届いていた。「あすアムステルダムの空港でお待ちしている」という連絡であった。約一週間、ロンドンでの資料探訪、閲覧をおえて、いよいよ最終目的地のライデンへと向うことになった。ロンドンを去る日も起床すると寝汗でパジャマはびっしょりであった。咳はすこしもすくなくならず、もしこれで熱でもでたら一巻の終わりであろう。しかし薬よりも栄養と睡眠を十分にとらねばならない、と心掛けた。とまれロンドンは正直いって、暗く寒く、どんよりとした日々で、まことに陰鬱な都という印象であった。

ライデン大学と蘭学資料

空から見たアムステルダムは青磁のように白くにぶく光っていた。飛行機が降下するにしたがって、ところどころ海岸線にそってかなりの広さで四角い塩田のような空間がみえた。家々の屋根に降った雪は解けかかっているのであろう。それは凍りついた氷原であることが判明した。しかし海岸線にそった広い地域にはまだ雪が解けず、一部氷となって残っているのである。ところどころはだら雪で屋根は黒くみえた。それがにぶく弱い日の光に反射している。雪は大分降ったようである。私はふと四週間ほど前にのぞんだエーゲ海の碧く輝く海を思いだした。その時、エジプトのカイロからギリシャのアテネに向けてエールフランス機にのって飛行中であったが、スチュアーデスのフランス女に英語の新聞を要求したにもかかわらず、木で鼻をくくった拒絶にあった。そのとげとげしい言動に比して、何と南欧の海は美しくおだやかだったことか。それがまた一変して、今は氷に包まれた北欧の一隅に身をおいてている。

アムステルダムの空港はロンドンと同様に、飛行機から外に出ることなく、乗降口がそのまま空港事務所に通じる廊下の出入口へと飛行機の胴体を横づけにする（当時私が日本を出発した羽田空港はまだ構造的に現代と異なって、一旦飛行機の外に出て事務所に行くことになっていた）。しかし例によって予定より三〇分はおくれての到着、ボス教授が果して待っていてくれるかどうか。日本でホス教授の評判をきいていたところでは、なかなか気むつかしい人ということだった。〈ホス（vos）〉とはオランダ語で〈狐〉のことである。入国手続きはすこぶる簡単だった。いよいよ、〈ついにオランダに来た！〉という実感と、信じられない夢のような思いが旅愁と混りあって、いささか私もセンチメンタルになった。かつての遣欧伝習生たちが、若い日本のサムライたちが、両刀を腰にさして、このアムステルダムに第一歩をふみ入れた感激を自分なりに反芻してみる。さらにまた文久元年十二月（一八六一年一月）、当時外国奉行兼勘定奉行であった竹内保徳を正使とする三十八名の使節がヨーロッパに派遣されたことを学んでいる。箕作阮甫の嗣子となった箕作秋坪や、福沢諭吉が一行に加わっていた。

荷物を無事に手にして空港の出入口のほうに足を運ぼうとした——と、〈プロフェッサー・スギモト〉と声がかかった。ふりむくと学者の地味なそれではなく、なかなかハイカラなしかし趣味のいかにもいい図柄の背広と帽子が、大がらな体にあっている紳士が手をあげている。服装においてあかぬけのした老教授といった感じだった。私ははじめてオランダでオランダ人にオランダ語の第一声をあげた。〈グーテンダーク！〉すると彼は、〈よくいらっしゃいました。ライデンまで私の車でまいりましょう。さあ荷物を〉と日本語で応答し、にこにこしながら私の手から荷物を受けとった。そして先に立ってパーキング場の方に足ばやに歩いていった。オランダ語は必要なくなった。これまでと違う何か奇妙な安堵の感情が私の全身を走った。

　アムステルダムからライデンまでハイウェイはほとんどすれちがう車もなく、花も散り果てて黒々とした冬のチューリップ畑を左側に見て車は快適にとばしていった。ホス教授は、〈ライデンまで約二〇分です〉といって、私を運転する彼の横の席にすわらせた。うわさなどとちがう暖かい出迎えに、やっぱり来てよかった、来なければならなかったのだと自問自答した。冬のオランダは快適なドライブとは裏腹に何か沈黙の世界のようで、絵でみる風車もなく、ただ一面に声のない世界のようにおしだまっていた。

　ホス教授が予約しておいてくれた小ぢんまりとしたホテルはライデン大学に歩いて七、八分のところにあった。荷物を部屋に入れてから、ホス教授のおごりということで、昼飯を町のレストランですることになった。残念ながら、そのレストランの名もそこで御馳走になった典型的なオランダ料理というのも今は覚えていない。かすかに、チーズがたっぷり使われていたことと、大きな皿にもられていたことが思い出せる。

　——正直いって、咳はまったく止まらないし、体は相変わらず熱っぽい。ホス教授の御厚意が、わずかに私を平常の状態に保っているようなものであった。ライデンに五日間滞在し、大学図書館の日本語資料、蘭学資料をみる計画だ。幸田成友氏や新村出先生のお書きになった欧州に所在の文献資料や古本屋の所在を前もって調べておいた。もっともそれらは戦前のものであるから、かなり変更があるかもしれない。しかしライデンには古本屋があるということだけでも楽しみが待っている。

昼飯をすませてから、ホス教授は早速、ライデン大学の図書館を案内してくださった。冬のこととて豊かな水量はないが、静かなラペンブルヒ運河にそって数分歩くと、西岸にあたるところに、古い大学のたたずまいが、いかにも重厚なアカデミズムを発散させている。一五七五年創立といい、かつてはヨーロッパ各地から多くの学徒がここに勉学にきているのである。当時の著名な学者も多くここで教授をしており、ヨーロッパ学芸の一大中心地でもあった。幕末には西周、榎本釜次郎（武揚）など日本の伝習生も来ている。

直接図書の出納をする係の女性にも紹介され、あすから閲覧に通うのでよろしくとお願いした。

帰りにライデンにある〈出島の日本館〉に案内するということで、ホス教授に同道した。いったいどんなところかと思ったら、何のことはない、ホス教授を主任とするオランダの日本研究所、日本研究センターであった。しかし研究所というにしてはあまりに小さく、二階建の小アパートの規模だった。これは銀行の建物の一部を借用しているとのこと。日本でも同様であるが、オランダにおける日本語の地位は物の数でもない証明でもあろう。日本語は特殊な中でも特殊な言語なのだ。中にはいかにもホス教授らしく、日本風の看板や暖簾があり、日本的雰囲気をかもしだすように装飾している。ここで日本語を教えている二人の外国人——一人はアメリカ人、一人は日本人女性で、慶應義塾大学の卒業という——を紹介された。日本茶をすすめられ、しばし休憩し、やがてホス教授とも別れてホテルにもどった。このライデンは、レインスビュルヘル運河に面して、国立民族学博物館、国立自然科学史博物館などが並んでいる。シーボルトやフィッセルなど江戸時代に日本に来た蘭人の蒐集した日本のさまざまなものが保存よく陳列されている。若干の日本の和書もみえ、披閲させてもらった。

ホス教授の御推薦で、これから毎日食事をするには、街角にある中華料理店〈百利〉がよかろうということだった——後日譚になるが、私はここの若いシナ人の御主人——百利氏と仮称するが——に、たいへんお世話になった。時には日本へも行くとのことで、その年の暮も彼は羽田からわが家へ電話して、私の無事を家庭に知らせる役目まで引き受けてくれた。実はギリシャ以来、一度も手紙を出していない。帰国して女房から聞いたのであるが、私がローマで苦しんでいるころ、夢に私が現われ、玄関に立って家に入らんとして、その姿が突然消えてしまい、不吉な予感がしたという。ひょっとしたら旅先で何か身におこっているのではないかと。やはり夫婦というのは不思議なものである。

ライデンに滞在中、ここの百利で夕食をすませることにきめた。若主人は台湾生まれで、母親は日本人とのこと、日本語もかなり巧みに話す。ライデン大学に来ている日本人留学生も大分お世話になっているようであった（L（ライデン）大学にはサンスクリットの賢学、教授がおり、東京大学や京都大学の印哲専攻の学生が同教授につくべく留学しているという）。

十二月二十四日の朝、眼をさますと、天井がぐるぐるまわっている。ベッドから起きあがろうにも起きられないのだ。俗に腰がぬけたというか、まったく下半身が体の支えをしなくなった。四つんばいになり、壁を伝ってかろうじてトイレにいった。部屋の中を立って歩こうにも、どうしても身体がいうことをきかない。再びベッドに横になるが、仰向けに寝ると、相変わらず天井がぐるぐるまわる。えらく胸がむかついてくる。急にどうしたのだろう。原因をあれこれ考えてみたが、どうもわからない。昨夜、日本人の東大留学生、マツナミ君と長時間、百利（バリ）で話しあったのがいけなかったのか。彼がいささかノイローゼぎみなのを慰撫する意味もあってすっかり話しこんでしまったのである。いやどうということもあるまい。ほかのことならともかく、腰がぬけたように……。いままでこんな経験はただの一度もない。いよいよ最期か、わが命、ライデンで終止符を打つかと思う。大学の図書館は、係の方の御厚意で、一々出納するのはたいへんだからといって、書庫にまで机と椅子を入れてくれた。もっともここは暖房など一切ない。書庫の寒さと、それまでの疲労が重なって、再び病魔におそわれたか。すこしよくなったと思って無理をしたのがたたった。しかし熱は出ていないようである。身体をベッドに横にすると、天井は相不変ぐるぐるまわる。しかし今日一日で、ライデンともお別れしなければならないその夜である。披閲しなければならぬ資料はまだ多い。せめて対訳辞書の類だけでもと思って懸命に図書館通いをしたわけだが、中途でそれも放棄しなければならないことになるか。

再び病魔は私からすべての計画を奪いとる。しかし何としても昨日の残部は見終らねばと思い、やっとの思いで洗面をすませ、階下の食堂で朝食をしたため、図書館へむかった。二十五日のクリスマスにはここのホテルの主人一家はドイツの実家へ行くので、どうしても部屋を出てほしいといわれ、そうした約束でこのホテルに宿泊したのである。

何にせよ熱と食欲不振が旧に倍して私を襲い、それに悩まされながらも、しかしライデン大学図書館でつぎのような貴重な資料を披閲することができた。

(1) Hollandsch en Japansch woorden Boek：写本。全八冊。

これはいわゆる〝ドゥーフ・ハルマ〟のローマ字本で、訳語・訳文は静岡県立中央図書館葵文庫で私の一見した〝ドゥーフ・ハルマ〟と一致する点を発見した。

(2) (a) 江戸ハルマ：写本。全廿二冊。

表紙中央及び右寄りに貼題簽で〈Jedo Halma／江戸ハルマ〉とある。

(b) 右同：写本。全十五冊。

書中には㋫・㋟などと略称を付して、訳が書入れてある点が注目される。最終丁に、〈de quansÿ 8 jaar, agttiends dag van tweede maand〉と刊本と同じ、寛政八年二月十八日の刊記に相当する横文字がみとめられる。

(3) 和蘭辞書：写本。

〈イロ 色 ジヨ キク kleur〉のように、日本語にオランダ語を対訳させたものであるが、訳語の表記も(1)・(2)とは異なり、おわりに、〈文政十一年歳戊子初夏二十八日匡校畢〉とみえた。これも『江戸ハルマ』の類かと思うが、体裁がいささか異様である。

(4)　蝦夷ヶ嶋言語：写本、一冊。

アイヌ語・日本語・オランダ語の三語の対訳形式になっている。アイヌ語の小辞典である。

(5)　和魯通言比考：刊本、二本。

二本あって、一本は革製の美本。他の一本は仮装で表紙もボール紙。背も角。簡易版である。

(6)　蘭学逕：刊本、一冊。

表紙裏に、〈贈呈　和蘭ホフマン先生　日本　佐藤恒蔵（サトウツネゾウ）〉と墨書。ホフマンは、オランダの日本語学者として最高級の学者で、日蘭辞典も訳編している（未完。『和漢音釈書言字考節用集』を土台にして編集したもの）も訳編している。佐藤は幕末の遺蘭伝習生の一人であろうか。

このほかにも、まだ注目される資料がかなり所蔵されていることが判明した。なおコピーさせていただいた「シーボルト蒐集、書籍・写本目録」（本書の資料篇に、〈シーボルト蒐集〝日本の書物（刊本・写本）目録〟〉とタイトルをつけて影印で収録した。参照されたい）は、彼の〝Nippon〟執筆に役立てたものであろう。

さてやっと五時まで大学の図書館ですごし、例のように百利で夕食をとる。あすはライデンをひきあげることを告げた。いろいろとお世話になった礼をのべると、若主人は、〈それでは、私のおごりで〉と特別な送別メニューをつくってくれた。私が東京のわが家には、台湾からの留学生、周君などを無料で下宿させ、彼の友人の林君、陳君など二、三人がよくわが家でシナ料理をこしらえて会食したことなどを話し、体調が思わしくなくて、今朝もこんな状態だったと話すと、何よりも栄養のあるものがいいと、さかんに気をつかって特別な御馳走を用意してくれた、まるで旧知のように。キャンベラをたつ時も、王（ワン）教授などシナ人学者グループから、大送別の宴をはってもらったのであるが、シナ人は実に度量があり、海外でも堂々として好感のもてる人たちである。スケールの大きさと、ものにこだわらず、ぴしっと東洋道徳を身につけている。すくなくとも私の接したシナの人々は。旅に出たら自分のことしか考えられぬ日本人とくらべて、何とシナ人は心豊かなのだろう。同じ皮膚の色ということもあろう。所詮白人とは結びつきえない、東洋人同士の何かがある。しかしシナ人は時には、きわめてミステリアスなところもあるが、反面また兄弟同胞のように感じるのである。それに日本人とちがってコトバに巧みである。百利の若主人も、〈実はあす東京に向けてここを留守にするので、私の方が先に日本に着くでしょうから、もしよければ、奥さまに羽田空港から電話して御無事をお知らせしましょう。電話番号を教えてください〉という。私はアテネで書籍と若干の雑品を一つにして手紙を入れ、わが家に発送してから、ついに手紙は一本も出していない。さぞかし家でも心配しているであろう。この厚意ある申し出に私もたいへん嬉しく、できたら是非お願いしたいといって、若干の日本円を手渡そうとした。しかし彼は〈私はむしろ先生より、これ！小銭をはじめ、いろいろ日本のお金はもっているので、公衆電話の代金などたいしたことはありません。どうぞお金はおさめてください〉という。いくらか押し問答はあったが、ついにいわれるままに、すべてをおまかせすることにした（信じられぬほどの誠実さで、彼はその二日後にはわが家の電話のベルをならし、私の無事な研究旅行の様子を連絡してくれたのである）。もはや何か事故があったかと思い悩んでいた女房は、この百利さんの電話で、同じように信じられぬ喜びを味わった、とは帰国してから聞かされたところである。どうしてももう一度ゆっくりと探訪して、見残した国立民族博物館のものなども調査しなければと再訪を心にいいきかせて、ライデンを離れることになった（再訪計画は実現し百利氏とも再会した）。

学ハ孤ナラズ必ズ隣アリ

ライデンからアムステルダムまで、汽車で約四〇分、三ギルダー五六セント。重い荷物と定時に来ない列車にいらいらしながら、それでもどうやらアムステルダムの駅についた。ホス教授もクリスマス休暇で一家をあげてライデンを離れている。駅頭に下りたった時は、はじめてしみじみと異邦人（エトランジェ）という胸のしめつけられるような孤独感を味わった。一体何のためにこんな無理をしてまで！　一冊の書物を求め、一枚の紙片をたずねて、資料探訪にはるばるヨーロッパまでやってきたのか！　極度に健康を害した私にとって。今はもう一分でも一時間でもゆっくりと体を横たえる場所がほしかった。あと一週間もたたずに日本に、わが家の青畳の上に大の字に寝ることができる。しかし今、寒くて鉛色に暗いアムステルダムの午後の街頭にたたずむ。霧が濃くて、見とおしはすこぶる悪い。やがて私はただ一人とぼとぼ運河ぞいに、今夜泊まるべく予約のホテルを求めて歩いていった。

重くて大きい荷物をひきずるようにして、人の群れの行く方角へ、何とはなしに歩を進めていった。通行人の一人に予約したホテルの名を告げて場所をたしかめると、〈ナショナル・モニュメントブリッジを渡って、まっすぐに十五分ほどいきなさい〉という。しかし肝心のその橋がみえない。みえないというより、運河と橋が多すぎてどれがその教えられた橋なのか判断がつかないのだ。しかたなく、休み休み商店街の方を目指して歩く。方向はまちがっていないという自信はあった。日本でも土地勘だけはあまり狂わないほうである。——と突如として、〈日本の方ですか〉と声がかかった。あたりをみまわしたが、人らしい姿はない。もう一度、〈失礼ですが……〉と声がかかったので、やっと声源が判明した。橋のたもとにとまっている車の中から、窓越しにかかってきた声である。一見何かやくざっぽい玄人風のいでたちの男である。〈これはまずいぞ！〉と警戒しながら、私はそばに近寄っていった。すると、〈私たちは大映のもので、ロケに来ているんです。どちらのホテルですか、おさがしのホテルは？　どうぞこの車におのりください。お連れしましょう〉という。多少異様なと警戒したいでたちは、役者のそれだったわけである。

車の中は運転手とその横で私に声をかけた男性と二人きりで、後の席には、ロケに使うらしい小道具があれこれと乱雑に積み上げられていた。私はＮＨＫのＴＶに出演した時、小道具部屋を拝見させてもらったことがあるが、そのことがふと頭をかすめた。〈私は○○ホテルをさがしているんですが……〉とホテルの名を告げると、〈それはちょうどいい。私たちもそこに泊っているんです。さあさあ〉という。何だかあまり調子がよすぎるので、いささか懸念はしたが、重い荷物と、せまる夕闇、ホテルはわからぬということもあって、そのまま乗せてもらうことにした。

――ホテルにはまちがいなくついた。カウンターで受付けを済ませてから見まわすと、私を送ってくれた二人の日本人若者の姿はもはやなかった。ボーイが荷物を持つと私を予約の部屋まで案内してくれた。こうして、やっと落着くことができたのである。それにしても、まったくの偶然が、私に日本人の意識をよみがえらせた。一息ついた私は、街へ出る余裕もなく、そのまま部屋のベッドに横たわった。こうしてクリスマス・イヴを、アムステルダムのホテルの六階の北側の小さな部屋で、病気と疲れと同居してすごすこととなった。

二十五日、目がさめて天井を見つめる。目はまわらない。ただ胸のむかつきは劇しい。熱はそんなにないだろう。しかしまったく疲れた。何かめった打ちにされた感じである。予定していた市内見物もとりやめることにした。二日後にはアムステルダムを発って、日本に向うこととなり、いささか気のゆるみも出てきたのかもしれない。やはりどっと疲れも出て、今はとにかくゆっくり眠ることが先決だと思った。クリスマスは一日部屋のベッドに横たわって、眠ることにつとめた。夕方、部屋掛の女性が、頼んでおいた薬（アスピリン）を二錠もってきてくれた。また部屋掛のボーイ（黒人給仕）が、スープとビスケットを運んできてくれた。ボーイは、〈あなたが疲れている御様子なので、ここのマスターに強くかけあって、やっとスープをおとどけすることができたのです〉と白い歯をきらきらさせながら、重い英語で説明した。〈クリスマスで食堂もこみ、病人のお世話どころの騒ぎではないのです〉ともいう。しかし熱いスープはとてもおいしかった。チャージをたずねても、〈私の厚意でやったことですから〉と一銭も請求しないまま部屋を出ていった。その厚意に感謝して、再度また眠りについた。

ベッドに横になりながら、しかし絶えず〈死〉のことを考えていた。果して一人で無事にこの体を支えて日本に帰ることができるかどうか不安であった。目のまわることはなかったし、熱もそんなにあるはずもなく、咳も大分におさまった。しかし頭痛はするし、ほとんど食欲はない。正直にいって立っているだけで精一ぱいというところであった。ベッドから起上がってみても、すぐに体を横にする。その方が気分がよく楽なのだ。体を横にやすめながら、枕頭の小机の上におかれてある聖書にいくたびとなく眼をとおした。苦しい時の神頼みであるが、キリストが石をパンにしたり、病めるものの体に手をふれて、これを癒したりする行りを幾回となく読んだ。ヨーロッパのホテルではどこでも聖書がおかれている。私の一生において、こんなにも繰返し繰返し聖書を読んで、心の平安を求めたことはない。人間の弱さかもしれないが、聖書を読むことにより、病の好転を信じ、ともかく無事で日本に帰りつけるように懸命に心に念じた。今こうして健康がもどり日々をすごしていることから考えると、まるでウソのような、悪夢のような瞬間であったといってよかろう。ローマでもそしてライデンでも死を感じたが、このアムステルダムでは死の意味を考えた。人生の半ばも過ぎ、日本にいたときも資料の探訪にあけくれし、資料の披閲、収集に、ただひたすらに精進し、鹿児島や長崎、大阪や島根、鳥取、さらに山形、函館と旅行し、外に出てはついにロンドンやライデンの地までやってきたわけだ。そんな感慨が苦しい病気との戦いとないまぜになって、この孤独な境遇を襲いつつも、やっぱり来てよかったと思い、一個人のできる限界を自覚して空しくもなった。登山家はそこに山があるから登るという。しかしスポーツとちがって、学究的な資料の探究という登山は、決して結果においても華やかなものではない。私が、鎖国時代の日本に西欧文化をそそぎ入れたオランダの学問を解明したいと念じたばかりに、ほそぼそと資料の収集や解明——これも語学資料に限られる、ごく狭い範囲なのであるが——に全力をそそいで、あっという間に二十年がすぎてしまった。現在ではほとんど効用のない古いオランダ語と、その過去の栄光をしるした文献に対決する愚を演じてきたのである。ただひたすら、近代日本の根源、近代日本語形成のプロセスを根本から自分の力で確認したいばかりに努力した。異国での苦しい日々を思い、学究の徒としての責務と義務を考えて、ここまできた。——十二月の二十四日、二十五日、二十六日の三日間、私はアムステルダムのホテルの部屋で、しみじみと過ぎし日々のことを思い出していた。オーストラリア政府のおかげで、こうしたヨーロッパへの資料調査が実現した幸いをもしっかりと胸に焼きつけた。

二十七日朝、いよいよ日本に帰ることになる。ワルシャワ経由でモスクワに行き――モスクワに滞在の予定もすべてキャンセルする――そこからアエロフロートに乗りかえて、モスクワから羽田へ直行のコースをとることに決意した（後年、モスクワへは訪問の機を得た）。アムステルダムを発つ日の朝、前日からタクシーを予約しておかなかったが、たまたまタクシーを待っているドイツ人旅行者のご厚意におすがりして、彼の頼んだ車に同乗させてもらうことができた。車は何とトヨペットであった。日本という国の国力というか、世界への経済進出のことがそろそろ問題になってきたころであった。

空港でオランダの木靴をはいた男女ペアの人形を娘の土産に購入、十二枚セットのスライド写真も購入して、オランダ訪問の証とし、わが家へのささやかな土産とした。ＫＬＭの航空機に乗りこみさえすれば、ワルシャワに一時給油のため休憩はするものの、あとはモスクワで事務的手続きが一つ残されているだけである。もうトウキョウまでは一飛びということになる。

オーストラリア国立大学（ANU）での授業風景（1969年1月）

広大なヨーロッパ大陸を一気に飛行して、夕方、はやモスクワ空港につくことになった。空からは黒ずんだ一塊りの立木の群がのぞまれたが、どこに街が、人がいるのか無気味なほど静まりかえり人の気配のしない様子である。ソ連の広大な大地自体が、長い冬にじっとたえているといった風であった。

ＫＬＭが空港に着地した時、モスクワ空港は小雪が降りしきっていた。漆黒の闇のなかに、空港とその関係建物が明るく浮かびあがり、滑走路を照す電燈の光に細かな白い雪のつぶが舞っていた。

飛行機のドアがあいて降りることになったが、〈大分時間がおくれているので、トウキョウ行きに乗りかえるものは、至急事務手続きを済ませて、離陸を待つアエロフロートに乗りうつるように〉とアナウンスがあった。手に持っている荷物以外は、すべてそのままそちらに積みかえるので、心配はいらないとも告げた。ほとんど満足に食事もとらず、相不変、熱っぽい体をもてあます私は、それでも空港の土に足をつけて、小雪の中にモスクワの大地に立つ実感をかみしめようとした。しかしやはり例のとおり体はふらつくし、雪はいっそうはげしさをます。――と突如としてジープが私のそばにぴたっと止まった。そして身体の大きなロシア（兵のようなかっこうをした）男性と女性が、私の前ににょきっとたちはだかった。そしてつぎの瞬間、私は抱きかかえられるようにして、その男性にジープに乗せられた。私が口をひらくより先に、女性の方がきれいな英語で、〈あなたはドクター・スギモトですね。トーキョへ行きますね。パスポートをお出し下さい。空港事務所へは行かなくていいのです。すぐこのジープでアエロフロートまでお連れします。おからだがわるいのでしょう〉――〈はい、ほんとうにありがとうございます。すこし熱っぽくて……〉――私はパスポートを懐から出してこう答えた。女性は手早く事務的手続きをすませ、ジープは私を乗せたまま、まっすぐに闇の中につっ走っていった。羽田空港などから連想していたのとはまったく異なって、何やら闇の中に特別な任務をもつ飛行機だけが、じっと所を得て待機している――そんな印象がモスクワ空港であった。私が病人であることは、おそらくアムステルダムから乗りこんだＫＬＭのスチュアーデスでも、ロシア人に話してくれたのであろう。

しかしモスクワの空港に着陸してから、私が再び次の日本行きの飛行機の人となるまで、まことに迅速というか、思ってもみないフルスピードぶりの処遇であった。こんなに事務手続きも省略して臨機応変にしてくれることにむしろ一驚した。かねがね耳にしていたソ連とはまったく異なる印象を受けた。今でも小雪の降りしきる空港で私を抱きかかえてくれたロシア人のぬくもりを忘れない。キャンベラにいたときにも、大学秘書のパインスカヤとか教授のターニャなどロシア人の大学スタッフ諸氏から厚い歓迎を受け、日々の生活に楽しみを与えてもらった。珍しいロシア料理の御馳走にも招待してもらったが、個人としてつきあうロシア人はほんとうに素晴らしい人間だと思う。国という得体のしれぬ組織や団体になると、どうしても個人は埋没し、時には国家のいやおうない政策の手先として動かざるをえなくなるものである。空港のジープの上で、事務手続きをすみやかに済ませてくれたロシア女性も、ただ職業人としての事務という機械的言動のみではなかった。大げさにいえば、死地を脱するよき案内者、助力者でもあった。機内は乗客もすくなかったが、私は毛布に包まれ後尾の空席に体を横にするよう扱ってくれた。機内の人となり、アエロフロートの中の温かさと、そこでまた私に奉仕してくれたロシア人スチュアーデスの親切には、ほんとうに頭のさがる思いである。これは私が異常な肉体的精神的コンディションにあったゆえとばかりいえない。

モスクワからトウキョウへ、生まれてはじめて、日本海を飛行機で一とびに飛びこした。まさにシベリア大陸を飛びこえて、日本アルプスを眼下に眺めて飛行した。たしかに山の多い母国である。どの山も雪をいただき、それが、ちょうどアムステルダムを空から望んだ時と同じように、陶器のように凍りついてにぶい光を照りかえしている。天気は快晴、飛行機は快適そのものであった。乗客もすくないために、一番後の座席でゆっくりと体を横にしながら、年の瀬のおしせまった日本へ、羽田空港へとひたすら飛行をつづけていった。

ふりかえってみて、ヨーロッパへの資料探訪の旅は、かならずしも実り多いものとはいえない。しかしローマ字本の〝ドゥーフ・ハルマ〟をロンドンとライデンで披閲できたことは大収穫であったといえよう。やはりライデン大学所蔵の資料はさすがに抜群で、改めて機会を得て、再調査したいと願った。とりわけここに所蔵の『江戸ハルマ』も写本なりに注目すべき内容を秘めていると思われるのである。

私の資料探訪のある年の、ほんの小さい発見の旅を、ごく短いヨーロッパでの数日を、のちのちのために一つの記録として、研究余滴の意味もこめてここに書き留めることにした。

再び資料蒐集に

一九八七年（昭和五十八年）、大学から半年の暇を得て、再びヨーロッパへ。今回はホス教授の御助力でライデンに借家を借り、ライデン国立大学の研究員としても受け入れていただいた。国立民族学博物館をはじめ多くの関係機関で、ゆっくりとじっくりと蘭学、日本語資料を調査する機にめぐまれることとなった。はじめて海外に妻も同伴し、夏には大学に在学の娘も合流して家庭生活の延長をライデンを中心に、ブリュッセル、パリ、コペンハーゲン、フランクフルトなどで過ごすことができた。私は途中ソ連邦のモスクワ国立大学の招聘をえ、同大学の図書館、レニングラード（ペテルブルグ）大学図書館などで、蘭学、近代日本語、さらに吉利支丹資料を調査、目標としていた資料なども見出し、これらをマイクロやコピーに収めることができた。とりわけソ連邦では多大の研究費までいただき身にあまる厚遇をいただいた。どこの国立大学でもまことに最高のご協力をえて、貴重な資料を入手しえ、大満足の六カ月であった。かくて私の再度のヨーロッパへの研究資料の蒐集と探訪の旅路は終結した。すべては近代日本語の成立過程を解明したい素志からであった。早稲田大学をはじめ、内外の大学、研究機関にこころよりの感謝のことばを捧げたい。そしてまた、私の命の恩人ともいえる百利（バリ）の若主人とも歓談する機をえた。彼は今やオランダで大成功し実業界にも重い地位についていた。ライデンで親しくしていただいた人々については別の機会に回想録をまとめたいと思う。

なおきわめて私事ながら、これまで私が研究一路と言葉の研究に専念できたことに家族に感謝したい。長女を特異な病いで失い解剖し、江戸期に発した伝統ある慰霊祭（大学医学部）に列したが、祭文をまるで己が蘭方医の中にいる錯覚におちいった。もしあの子が生きていたら、入退院を繰り返していたので、わが研究生活など論外であっただろう。わが子の死を歓迎する親などいるはずはないが、早い死に私たち夫婦はむしろ救われたと思う。

また最近に次女の幼稚園のころの手帳がでてきて、〈四歳児なのに先生の検定で精神年齢は八歳と同じしっかりしたお子さん〉と記録してある。小さい頃から自己責任を強調はしていたが、三月三日誕生の娘はいつもわが大学入試事務と重なって一緒に祝ってやれない。定年退職しては娘は人のものとなっており、やはり一緒に祝いはできず、思えば二歳の誕生日にニュージーランドから祝いのカードを送ったが、字の読めぬ娘にかわり、妻が読むと涙をながしていたという。そういえば小学校六年間の授業参観などもつい出たこともなく、私の健康上、石神井から鎌倉へ転地療養のとき、娘は中学二年の半ばに転校、これもしかしつつがなく卒業した。受け入れの中学校はありがたい学び舎(まなや)だった。高校受験も大学受験もいっさい本人任せ、もっとも大学だけは同じ学校とてかっこよく、「おい合格しているぞおめでとう」と父親並の言葉をあたえた。日ごろの親子対話の穴埋めだ(娘は見抜いていたようだが)。妻にもセイター一枚贈ったこともなく、すべては資料代にまわした。

ひたすら書斎にこもって二階住いの世帯は、ブザーで上下の存在の交信でおわる。ほんとうに自分勝手の八十六年である。その間、癌をはじめ三度死の淵にさらされ、家族の看護よく(医師の言葉)娑婆にもどることができた。思えば世界は自分中心にまわっている錯覚で、家族はもとより多くの方々に迷惑のかけっぱなしで、ヤットこの年になって反省と悔恨の日々をおくっている。あえて蛇足の一文を。

末筆となりましたが、ライデン大学図書館、同民族学博物館、国立公文書館内閣文庫、京都大学(中央・医学部・文学部)図書館、同言語学研究室、東京大学総合図書館、東北大学図書館、早稲田大学図書館、鶴岡市立図書館、その他公私の図書館、そしてとりわけ京都伏見、故若林正治氏に、絶大なご助力を賜りました。また八坂書房、八尾睦巳氏には編集構成校正などお世話になりました。厚く御礼申し上げます。

二〇一三年十月吉日

著者誌

公開講演一覧

演題	講演地等	講演年月日
近代日本語の成立	国語学会公開講演　於東京女子大学	昭和 36/5
近代日本語と蘭語学 〜特に東北地方の蘭学者を中心に	東北大学公開講演　於東北大学文学部	昭和 44/6
The Dutch Impact on Japan	モナシュ大学公開学術講演 於オーストラリア　モナシュ大学	昭和 45/10
本草学と方言	早稲田大学国語学会講演　於早稲田実業会議室	昭和 48/10
本草学者小野蘭山	国立科学博物館（上野）　於会議室	昭和 50/4
江戸時代蘭語学の成立とその展開 〜長崎通詞による蘭語の学習と研究	日本教育史学会例会　於慶応大学　新研究室	昭和 51/9/25
日本最初のジェンナー種痘書の翻訳者について	鎌倉医師会記念講演	昭和 51/12/19
中野柳圃〜紅毛学達人	国語国文学会　於聖徳学園岐阜教育大学	昭和 59/11/28
Workshop on the History of Netherlands-Japan Medical Relationship	The Ailion Foundation / the Japan-Netherland Institute	昭和 60/11/25, 29
外から見た日蓮聖人の魅力 〜その文書布教の特色	日蓮宗門特別講演　於藤沢妙善寺	昭和 62/7
近代博物学事始	板橋区立美術館	昭和 62/4/26
日中言語交渉史	北京日本学研究センター公開講演　於会議室	平成 1/5
オランダ語と日本語 〜クロスカルチャー・フォーラム	日本翻訳家協会　於国際文化会館（六本木）	平成 2/6
東京語の歴史	韓国日本学会、於ソウル	平成 2/9/21, 22
日本文化と日本語	国際交流基金　於日本語国際センター	平成 4/2/5, 6/6
医化学者　宇田川榕庵とその周辺	昭和薬科大学　於諏訪校舎	平成 6/9
日本の近代化と蘭学	早稲田大学図書館総合学術情報センター	平成 7/3
江戸時代、本草学とその世界	昭和薬科大学　於諏訪校舎	平成 7/7

索引
（人名・書名）

【ア】

『亜欧語鼎』　360, 363, 364, 368, 370
青木昆陽（崑陽・文蔵）　119, 145, 147, 263, 268, 269, 277, 279-281, 283, 288, 292, 294, 295
青木周弼　167
青地林宗（芳滸）　149, 167, 203
アストン ,W. G.　222
足立栄建　167
阿部正己　372, 373
安部龍平　21
鮎沢信太郎　284
『あゆひ抄』（『脚結抄』）　102, 241
荒井庄十郎（西雅九郎／森平右衛門）　78, 152
新井白蛾　273, 373
新井白石　49, 263-273, 276, 280
嵐山甫安　119
有坂秀世　53, 54, 57
アリストテレス（アリストヲテレス）　74, 179
有馬頼僮　277
『訳司必用諳厄利亜語集成草稿』　388
『諳厄利亜語林大成』　78, 82
アンドリシェル , S.　463
飯泉士譲　87
池田玄斎　373, 379, 391
石井庄助（恒右衛門）　152, 177
石塚崔高　365, 370
石塚竜麿　52
石橋思案　216, 217
石橋助左衛門　400
石橋政方　214-217
『伊勢物語』　102, 103, 241
『一話一言』　414
伊藤圭介　380
伊藤東涯　268
稲村三伯　153, 412, 432
今村猶（直）四郎　336
今村甫菴　336
岩崎克巳　316
ウェイランド（勿以郎度）　352
上田秋成　39, 40, 264
上田萬年　148
上田仲敏　148
宇田川玄真　146, 151-156, 160, 165-167, 418, 422
宇田川玄随（晋・槐園）78, 96, 97, 115, 116, 118, 119, 121, 122, 138, 152, 316, 325
宇田川興斎　152, 155, 167
宇田川榕庵　22, 25, 31, 68, 81, 91, 96, 109, 151, 152, 155, 160-167, 195, 198, 200, 202-204, 227, 258, 310, 338, 368, 380, 381, 388, 461, 462, 464
『宇都宮氏経歴談』　199
『英華字典』（明治 14 年）　190
『井上英華字典』　190, 197, 200
『英華字典』（永峰秀樹訓訳）192, 197, 198, 200, 205
『英華和字典』　190-192, 195, 197, 198, 200, 205
『英語学辞典』　310
『英語辞訓』　219
『英語箋』　214-216, 218, 223
『英仏単語篇注解』　199
『英文鑑』　386, 388, 389, 393
『英文熟語集』　214, 215
『スウヰントン氏英文典直訳全』　223
『附音挿図英和字彙』　190, 191, 195, 197, 200
『英和字典翻訳適用』　190, 191, 195, 197
『英和対訳辞書』　368
『英和対訳袖珍辞書』150, 161, 177, 181, 190, 191, 195, 197, 199, 200, 214, 215, 360, 422
『英和通信』　224
『英和和英語彙集』（メドハースト）　214, 215
エインスリー , D.　399, 403
エカテリナ女帝　368
『蝦夷ヶ嶋言語』　464
『江戸ハルマ』（→『波留麻和解』）　178, 228, 338, 464
江馬蘭斎　432
『遠西医範』　153, 155
『遠西医方名物考』　153, 156, 157
『遠西医方名物考補遺』　156, 165
『理学入門遠西観象図説』　258
『於乎軽重義』　51
太田全斎（方）　37, 44, 45
大田南畝　414
大槻玄幹　22-25, 28, 30, 31, 36, 42, 43, 50, 79, 80, 81, 83, 88, 96, 108, 150, 371, 385

大槻玄沢　21, 22, 70, 79, 91, 97, 108, 109, 117, 119, 121, 147-156, 175, 209, 229, 236, 255, 263, 269, 283, 292-295, 301, 310, 316, 376, 432, 464
大槻如電　21, 139, 227
大槻平泉（民治）　23, 30
大庭雪斎　87, 181, 212, 422
岡研介　380, 381
緒方洪庵（三平・章）　87, 156, 422
岡村千曳　21, 29, 30,68-69, 90, 91, 115
荻生徂徠　68, 84, 93, 94, 98, 100
奥平昌高　151, 211
尾崎紅葉　217, 218
『和蘭医事問答』　209
『阿蘭陀禽獣蟲魚図和解』　145
『阿蘭陀口和解』　265
『阿蘭陀口和之式』　266
『和蘭語法解』　20, 22, 28, 29, 69, 77, 80-84, 151, 113, 210, 340-346, 354-357, 385, 386, 432-434
『和蘭字彙』　83, 150, 177, 178, 181, 190, 191, 195, 197, 200, 203, 213-215, 360, 422, 426-429
『和蘭詞解略説』　87
『和蘭辞書和解』　83, 177, 427, 428
『和蘭詞品考』　26-30, 70, 122, 123, 136, 139, 150
『和蘭属文錦嚢抄』　30, 79, 80, 210
『和蘭緒言』　275, 276, 278, 282, 286-288, 291, 292, 306
『和蘭辞類訳名鈔』　84
『和蘭接続詞考』　83
『和蘭全躯内外分合図』　147, 464
『阿蘭陀通詞志筑氏事略』　19, 21
『和蘭点例考』　295-299, 304-310, 312-314, 316
『和蘭文学問答』（『西文軌範』）　85
『和蘭文語之凡例』　87, 181, 422
『和蘭文典』　88
『和蘭文典後編』　87
『和蘭文典字類』　87, 88
『和蘭文典読法』　213
『和蘭文範摘要』　77, 78, 81, 110
『阿蘭陀名目語』　268, 286
『和蘭文字略考』　268, 269, 288-290, 292
『和蘭薬鏡』　153, 155, 157
『和蘭訳筌』　290, 306
『和蘭訳文略』　290, 292, 305-308, 334
『俄羅斯語小成』　151
『音漢清文鑑』　365
『音声学』（服部四郎）　49, 59, 61
『音徴不尽』　44

【カ】

『外国之事調書』　264, 266, 272
『改正増補英語箋』　192, 202
『増補改正訳鍵』　312
『解体新書』　144, 147, 149, 152, 155, 171, 173, 209, 227, 236, 283, 464
『会話篇』（サトウ）　193
『華英英華辞典』（モリソン）　184, 387, 388
『華英字典』（メドハースト）　195, 205
『増訂華英通語』　190, 191, 192
『呵刈葭』　39, 40
『下学集』　363
『化学新書』　167, 199, 200
『化学通』　167
『格物入門』　201
片山淳吉　201
勝海舟　424
『学校管理法』（伊沢修二）　194
カッサ, A. A.　399, 402
勝俣銓吉郎　19, 275
桂川甫悦　360
桂川甫謙（国宝）　377, 380
桂川甫賢（国寧）　375, 380, 390
桂川甫周（国興）　83, 152, 177, 178, 284, 360, 428
加藤千蔭　103
『仮字（名）遣奥山路』　52, 72
狩野亨吉　26, 30, 31
可野亮　213
ガリレイ　148
川本幸民　149, 167, 199, 200, 203
『高橋漢英対照いろは字典』　190-193, 196, 197, 200, 205
『漢呉音図』　44
『漢字三音考』　39, 54, 66
『寛政諸家重修譜』　276
カント, E.　149, 403
『冠履辞考』　→『蘭語冠履辞考』
『気海観瀾』　149, 167, 201, 203
『気海観瀾広義』　149, 167, 203
義門　37, 43-45, 51
『九品詞名目』　74-77, 85, 89, 133, 150, 227, 230- 232
『九品詞略』　74
『訓蒙窮理図解』　202
『窮理通』　204
『厄利斎亜字音考』　160
『近世国語学史』（伊藤慎吾）　36
『金石品目』　119

『近来繁栄蘭学曾我』 263
朽木昌綱（龍橋） 119, 284
熊坂蘭斎 88
『クラマーズの辞書』 326
呉秀三 335
『訓訳筌蹄』 84
契沖 52, 103
ケイル, J. 122, 135, 136
ケムペル, E. 149, 463
『乾坤奇観』 449
『源氏物語』 234, 235
『紅夷外科宗伝』 147
『皇国同文鑑』 360
『弘采録』 372, 373, 377, 378, 381, 391
『厚生新編』 151, 386, 391
『紅毛雑話』 284
『紅毛文化史話』 22, 29
古賀謹一郎 168
『語学新書』 31
古賀十二郎 24, 26, 169, 184
古賀精里（弥助） 168, 379
古賀侗庵（弘） 168, 379
『古今集』 102, 103, 105, 233, 235
『古今集遠鏡』 102, 103, 107
『国語学史』（山田孝雄） 139
『国語学史』（時枝誠記） 37, 43
『国語学辞典』 65
『湖月抄』 234
『五車韻府』 387, 388
『五事略』 263, 270
小関三英（三栄） 151, 335, 372-382, 385-394
『後撰集』 232, 234, 235, 241
『国歌大観』 241
『詞の玉緒』 79, 98, 105, 106, 114
コペルニクス 148
小村英庵 167
ゴロウブニン 59

【サ】

『西音発微』 19, 23, 28, 30, 31, 33, 38, 43, 45, 50, 66, 68, 70, 71, 90, 113, 150
西鶴 156
『采覧異言』 263, 264, 266, 271, 276
酒井忠恭 279-281, 286-288, 294
酒井抱一 286, 287
佐久間象山 360
『鎖国論』 26, 30, 149
佐々木中沢 376, 377
『雑字類編』 366
佐藤古夢 373, 390
サトウ, A. 193
『山海名産図会』 464
『三種諸格』 227
『三酔人経綸問答』 206
『三世考』 111
『字彙』 273, 429, 464
『字音仮字用格』 46, 50, 52, 63
『思思未通』 119, 316-320, 325
『自叙年譜』（宇田川榕庵） 22, 160, 227, 258, 381
志筑忠雄（忠次郎／→中野柳圃） 20-27, 29-31, 70, 74, 119-122, 139, 148-150
志筑孫次郎 21
シドチ, G. B. 265, 266
『支那俗語文学史』 370
渋川景佑 371, 386
渋川敬直（六蔵） 386, 387
『四法諸時対訳』（『蘭文法諸時』） 26, 29, 30, 70, 71, 80, 81
シーボルト 335-337, 380-382, 387, 390, 417, 463, 464
島立甫 167
島津重豪 365, 371
『拾遺集』 233, 235
ジュリアン, S. 463
『松香私志』 424
『理学入門 植学啓原』 161, 165, 203
『作文必用訳書須知 属文錦嚢』（中野柳圃） 80, 81
『訳文必用 属文錦嚢』（吉雄権之助） 77, 80, 82, 338, 356, 380
『助字（辞・詞）考』（中野柳圃） 27-30, 69-71, 90, 92-94, 97, 111, 114, 120, 122, 136, 150, 228
〈助辞考〉（『蘭学秘蔵』の） 120-123, 138, 139, 316
ショメール（→『厚生新編』） 151
新宮凉庭 21, 24, 70
『仁言私説』 317
『新製地球万国図説』 284
『新撰洋学年表』 20, 22, 23, 25-29, 69, 71, 227, 293, 320, 392
『清文鑑』 31, 363-365, 368
『清文啓蒙』 31, 367
新村出 53, 57, 58, 284, 363, 369
末次忠助（独笑） 23-25, 70

杉田玄白　20, 22, 144-155, 171, 175, 209, 229, 236, 263, 268, 269, 273, 277, 283, 285, 294, 336, 412
杉田伯元　336
杉田立卿　167
『西医学東漸史話』　316
『西韻府』　42, 59
『星術本原太陽窮理了解新制天地二球用法記』　148, 149, 172
『生性発薀』　205
『西説医範提綱釈義』　153, 154, 157, 160
『西説観象経』　449, 459-461
『西説乾坤奇観』→『乾坤奇観』　449
『西説内科撰要』　118, 152, 155, 157
『西文軌範』　338
『西文訳例』　310, 312
『舎密開宗』　160, 162-164, 167, 198, 202
『西洋医言』　152, 161
『西洋医術伝来史』（古賀十二郎）　24
『西洋学家訳述目録』　29
『西洋紀聞』　264, 266, 270-273
『生理発蒙』　167
セウエル（セウヱル・泄物爾／W.S.）　85, 111, 252-254
「節用集」　267, 363
『増広蘭学佩觿』　46, 304
『増訂清文鑑』　363-365, 367,
『増訂満文輯韻』　369
『増補英文指針』　75
『増補改正訳鍵』　177, 178, 190, 191, 192, 195, 197, 200
『増補点例考』　308
『挿訳英和用文章』　219
『挿訳俄蘭磨智科』　87
『存真図腋』　377

【タ】

大黒屋光太夫　368
『ウキルソン氏第三リードル直訳』　223
『泰西輿地図説』　284
高須馨（松斎）　81
高野玄斎　336
高野長運　337
高野長英　87, 146, 186, 250, 259, 275, 287, 317, 335-348, 352-357, 372, 380, 381
高橋景保　146, 360, 361, 363-371, 386
高橋重威　87
竹内宗賢　213
太宰春台　98
建部游（武部尚二）　81, 86
『玉かつま』　72
田村西湖　119
多屋頼俊　44
『英仏単語篇注解』　202
『地学初歩和解』　167
『地名字音転用例』　37, 41, 71
『中西雑字簿』　160
『重訂解体新書』　155
『重訂属文錦嚢』　80, 82, 235
辻蘭室　339, 368
ヅーフ（→ドゥーフ・ハルマ）　422-424
坪井信道（誠軒）　167, 380
ツュンベリー, C. P.　463
『訂正蘭語九品集』　27, 28, 81, 85, 96, 139, 357
ティチング, I.　118, 119, 463
デカルト（デスカルテス）　148, 419, 421
『哲学字彙』　205
『天地二球用法』　148
『天文方代々記』　276, 277
『点類通考』　109, 160, 195, 310, 312
『点例』（貝原益軒）　295
『点例考』（→『和蘭点例考』）　296
『当世名家評判記』　152
ドゥーフ, H.　177, 178, 395-405, 407, 408, 411-418, 421, 426, 428-430
『道訳法爾瑪』（ドゥーフ・ハルマ）　78, 83, 89, 150, 177, 178, 181, 182, 184, 203, 210, 212-214, 217, 252, 338, 395, 401, 407, 411-413, 418, 422, 423, 425-430
『同文通考』　273
『官許当用英語集』　218
時枝誠記　37, 43, 52

【ナ】

永井青崖　24
中江兆民　205
中川淳庵　117-119
『長崎ハルマ』（→ドゥーフ・ハルマ）　83, 228
中野柳圃　19-31, 36, 38, 39, 41-59, 61-63, 65-69, 70, 71, 74-88, 90-100, 102-112, 116, 118-122, 133-139, 149-151, 166, 172, 227, 228, 230, 232, 235, 238, 241, 254-257, 316, 338, 342, 353, 380, 385, 412

中山作三郎　400
中山得十郎　412
長与専斎　424
『男信』　37, 43, 44
名村多吉郎　400, 402
楢林鎮山　147
『南山俗語考』　365, 371
西周（周助）　143, 186, 205, 376
西善三郎　146, 318-320, 322, 324-332
西正典（吉右衛門）　23, 25, 70, 85, 86
『二人女房』　218
『日本回想録』　396, 397, 399, 400, 404
『日本口語小文典』　222
『日本山海名物図会』　464
『日本帝国志』　149
『日本文典初歩』（馬場辰猪）　221
『日本幽囚記』　59
『日本洋学編年史』　29, 70
ニュートン（ネウトン）　148, 149
野村立栄　153, 227
野呂元（玄）丈　145, 147, 157, 277, 280, 283, 294
野呂天然　74, 86

【ハ】

『博物新編』　201
間重富　370
橋本左内　88
橋本進吉　52-54, 57, 59, 71
橋本宗吉　146
橋本伯寿　24
『バスタールド（・ウォールデンブック）』　203, 204
馬田清吉（→石井庄助）　152
『撥韻仮字考』　44
服部四郎　49, 59, 61
馬場佐十郎（貞由，轂里，千之助）　19-25, 27, 30, 31, 69, 70, 71, 74, 77-86, 88, 90, 91, 96, 97, 109, 110, 121, 136-139, 146, 150, 151, 153, 160, 172, 301, 335, 336, 338, 341, 360, 361, 367-369, 371, 376, 380, 385, 398, 402, 412
馬場為八郎　400, 402
ハルマ（の蘭蘭仏辞典／→フランソワ・ハルマ）　329, 369, 370, 406
『波留麻和解』（『江戸ハルマ』）　78, 153, 177, 178, 203, 412, 413, 427, 432
『繙巻得師』　87, 317, 337-339, 352, 357
『万国地理図説』　283, 284
『蛮語箋』　214, 216, 464
『磐水存響』　376
『万宝新書』　167
ピカード（の蘭英字典）　303
ピタゴラス　148
「百人一首」　235
『病間雑抄』　372, 373
平賀源内　145-147, 283, 294, 372
広瀬元恭　167, 204
フィッセル　463
『福翁自伝』　422, 423
福沢諭吉　114, 143, 186, 190, 202, 422
富士谷成章　19, 31, 73, 95, 100, 102, 103, 106-108, 241
藤林普山（淳道・泰助・泰介）　20, 25, 29, 31, 69, 77, 151, 210, 300, 339, 340, 356, 385, 432
『物理階梯』　150, 201, 207
『物理小識』（方以智）　202
ブラウン, S. R.　211
『ブラウン・英和俗語文集』　221
フランソワ・ハルマ（の蘭蘭仏辞典，F.H.／→ハルマ）　228, 252, 253, 255
ブロムホフ, J. C.　397, 399, 463
ヘイステル（回斯的児）, L.　229, 237
ヘボン　201, 222
ヘンリー, W. D.　162
帆足万里　204
『戊辰以来新刻書目便覧』　200, 202
『菩多尼訶経』　161, 461, 462
穂積勝次郎　286
ホフマン, J. J.　53, 95, 463
堀達之助　215

【マ】

前野蘭化（良沢）108, 117-119, 135, 147, 152, 160, 171, 236, 255, 263, 268, 272, 277-281, 283-285, 288-290, 292, 294, 295-299, 301, 303-308, 310, 316-332, 334, 432
牧天穆（培蘭・穆中）　89, 425, 426
『磨光韻鏡』　45
松下一斎（葵岡／木下一斎）　378, 379
松平定信　286
松村翠崖　24
マーリン（の辞書／仏蘭字典）　29, 69, 112, 133, 325, 326, 329, 420

『満漢同文全書』 365
『満漢名物同文類集』 365
『満字随筆』 363, 367, 370
『満文散語解』 364, 367
『満文輯韻』 363, 366, 369
『万葉集』 43, 102, 103, 105, 106
『鶚(みさご)鮓集』 404, 405
道富丈吉 414, 415, 417
箕作阮甫 425
港(湊)長安 151, 382
岑(嶺)春臺 119
宮崎道生 263, 264, 266-268, 273
村上英俊 215
メドハースト, W. 195, 205, 207, 214, 215
『免帽降乗録』 153, 227
最上徳内 279
本居大平 86
本居宣長 37-59, 63, 66-68, 72, 73, 79, 86, 98, 100, 102, 103, 105-108, 114
本居春庭 19, 73
本木正栄(庄左衛門) 78, 400, 402
本木良意(了意) 147, 464
本木良永(仁太夫・蘭皐) 20, 22, 24, 111, 148, 151, 172, 338, 365
『模範英和辞典』(明治44年) 190, 196, 198, 204
森鷗外 88, 143, 186, 376
森島中良 214, 216, 263, 284
モリソン(の英華華英字典) 184, 386-389
森平右衛門(新井庄十郎・西雅九郎) 78, 119
文雄 52

【ヤ】

『訳和蘭文語』(和蘭文語之凡例) 210, 212
『訳規』 225, 228, 231, 232,
『訳鍵』 97, 177, 190, 191, 195, 197, 200, 203, 246, 249, 250, 254, 301, 464
『訳鍵』〈凡例并附言〉 432
『訳筌』(吉雄南皐) 228-230, 255
山川章太郎 373, 375, 377, 382
山口行斎 372
山路主住 277
山路之徽 275-281, 283-285, 287, 292, 306, 308
山田美妙 422
山田孝雄 139, 363, 369
『瘍医新書』 229
『洋学指針』 312
吉雄耕牛 24, 25, 146-148, 151, 227, 258, 260, 412
吉雄呉洲(忠二郎・忠次郎・宜) 150, 151, 160, 361, 368, 381
吉雄権之助(如淵・永保・六二郎・六次郎) 21-25, 30, 31, 69, 70, 74, 77, 79-83, 86, 96, 150, 210, 235, 241, 254, 257, 336, 337, 339, 352, 353, 356, 368, 374-382, 385, 387-389, 408, 412
吉雄如及 258
吉雄俊蔵(南皐・常三・洋斎・羽栗費) 24, 29-31, 69, 81-83, 88, 96, 111, 146, 148, 151, 160, 225-232, 234, 235, 242, 246, 249, 254, 255, 257-259, 381, 385, 449
吉川芳秋 259, 449
吉田長淑 336, 376, 377, 382
吉村迂斎 20, 21
『輿地図編小解』 285

【ラ】

ラシーヌ(ラシネ・ラショネ) 74, 419, 421
ラッフルズ, T. S. 399, 403
『羅甸語解』 160
蘭英辞典(ピカード) 303
『蘭英日による買物対話集』 221
『蘭学階梯』 108, 109, 147, 175, 209, 254, 281, 284, 292, 295, 296, 299-301, 302-306, 308, 309, 312, 316, 320, 432
『蘭学逕』(→『訳鍵』〈凡例并附言〉) 210, 300, 301, 303, 304, 306, 312, 313, 432
『蘭学事始』 20, 21, 144, 147, 152, 171, 173, 174, 209, 268, 273, 277, 281, 285, 320, 326, 329
『蘭学事始附記』 370
「蘭学者芝居見立番付」169
「蘭学者相撲見立番付」 153
『蘭学緒言』 276, 281, 282, 303
『蘭学生前父』 29-31, 68-70, 79, 84, 90, 91, 93, 95, 97, 98, 109, 111, 112, 114, 150, 227, 235, 254, 304
『蘭学梯航』 78, 81, 341, 357
『蘭学佩觽』 304, 313
『蘭学凡』 28-30, 71, 80, 96, 150, 385
『蘭学秘蔵』 78, 97, 115, 118-123, 139, 316
『蘭学独案内』 213, 312
『蘭語冠履辞考』 84, 97, 137, 138, 367
『蘭語九品集』 27, 28, 74, 81, 82, 85, 86, 89, 133, 139, 150

『蘭語首尾接詞考』 83, 84
『蘭語随筆』 296
『蘭語通』 89, 425, 426
『蘭語八箋』 338, 339
『蘭語訳撰』 151, 211
『蘭字醸音鑑』 312, 313
『蘭書点画考』 117, 119
『蘭文法諸時』(『四法諸時対訳』) 80
『蘭訳筌』 279-281, 288, 303, 305
『蘭訳梯航』 21, 22, 113, 114
『蘭訳弁髦』 78, 96, 119, 121, 152
『蘭訳要訣』 296
『蘭蘭仏辞典』(蘭仏辞典，フランソワ・ハルマの／F.H.) 177, 228, 406, 407, 413
『理学沿革史』 205
『理学提要』 204
『六物新志』 263
『柳圃中野先生文法』(→『和蘭詞品考』) 74, 79, 82, 122, 133, 139
『類聚紅毛語訳』 268
『暦象新書』 20, 21, 26, 29, 70, 149, 150, 227
『列子』 198
『魯語文法規範』 78, 80, 84, 113, 151
『魯西亜国呈書満文訓訳強解』 368
『魯西亜字音考』 160
『六格前編』 28-30, 82, 83, 96, 228-232, 255, 385
『論語一貫』 379

【ワ】

『和英語林集成』 190, 191, 193, 195-198, 200, 205, 222
若林政治 74
『和漢三才図会』 463
『和算研究集録』 26
渡辺崋山 259, 372
渡辺庫輔 19-21, 24, 26, 27, 29, 169
『倭読要領』 98
『ウエブスター氏新刊大辞書和訳字彙』 190, 191, 196, 197, 200
ワルデナール，W. 395, 399, 400, 402, 403

第四部

（欧文篇）

PART IV

Dutch Studies : Interpreters, Dutch Learning and Translation, etc.

1

THE INCEPTION OF TRANSLATION CULTURE IN JAPAN

Simply speaking, translation is the exchange of one set of clothes for another set of clothes that will cover the same meaning or thought. However, when we think of a translation culture, first we must understand its back-ground and give some thought to the age in which it was born. It was in the age of *Rangaku*[(1)], Dutch learning, in the 18th century that the Japanese first encountered a European language and thought to transtate it into Japanese. Before the age of *Rangaku*, Japan had Christian culture and medical arts, called "*Nanban-ryû*"[(2)]. *Nanban-ryû*, meaning school of southern barbarians, was the medicine introduced by the Portuguese and Spanish before the Dutch came to Japan. However, the Japanese had awoken to the significance of the *Nanban-ryû*, and some of the interpreters studied it and its terminology was accepted into the Dutchmedicine, called *Kômô-ryû*[(3)] (*Kômô* refers to the Dutch because of their red hair).

All the Portuguese and Spanish were expelled from Japan in 1638, and after that only the Dutch were allowed to visit and trade at Nagasaki[(4)]. In spite of the extremely reactionary policy of national isolation, the Bakuhu[(5)] government preserved the window of Nagasaki looking out on the rest of world, and wisely kept in contact with both China and Holland. During the 17th century, *Kômô-ryû* was studied by Japanese physicians and some interpreters. We have records showing that lectures by a Dutch doctor were given at Hirado[(6)] in 1639 and that Japanese physicians studied under Dutch surgeons from the Dutch East-Indian Company, and there remain five diplomas given to students at Dezima[(7)], Nagasaki, during the latter half of the 17th century. Of course, when the Japanese students studied Dutch medicine or surgery, interpreters provided atranslation for them, and some interpreters changed their occupation to that of physician as well.

High-ranking officials in the Bakuhu recognized the value of *Kômô-ryû* and some of them were very interested in Dutch medical books and surgical instruments and asked the opperhoofd or capitão to import them. One of the Daimyô[(8)] the feudal lords invited a Dutch surgeon to demonstrate the dissection of pigs in 1658. In the Dagregister of opperhoofd we can find lots of information about the birth of the scientific spirit or

curiosity among the Japanese.

Generally speaking, however, it seems that the Dutch influence on Japanese medicine was not very strong or significant in the 17th century. It is extremely probable that the weakness of the interpreters in the Dutch language was due primarily to a lack of proper tools for their work, such as grammars and dictionaries. However, we have two remarkable translations of Dutch anatomical books done by interpreters. One is entitled "*Kôi Geka Sôden*"[9] (Red-haired Barbarian Surgery Handed Down) by Narabayasi Tinzan[10], a member of a Nagasaki family of interpreters who studied Dutch surgery under doctors from Holland. The original book was the "*Chirurgie ende Opera van O alle de Werken, 1649*" by Ambroise Paré, who was famous as the "Father of French Surgery", and who appears as a noted physician in "*Sur Catherine de Médicis*" by Honoré de Balzac. The other translation is the "*Oranda Keiraku no Zu*" [11] (Atlas of the Dutch Acupuncture Points) by Motoki Ryôi (Syôdayû)[12] , a member of another Nagasaki interpreter family. He was originally an interpreter but, in attending the Dutch doctors, he learnt about Dutch surgery and medicine. Among the Dutch doctors were excellent surgeons, like Casper Schamberger, W. ten Rijne and E. Kaempfer.

Ryôi's translation has come down to us in written copies. Among them there is one entitled "*Kômô Dôningyô*"[13](Red Haired Copper-Doll). This title is interesting from the viewpoint of Ryoi's knowledge of anatomy, because "*Dôningyô*" suggests the copper model of the human body used in traditional Chinese folk medicine. During the Edo[14] period (from the 17th century to the 19th century), these copper models were imported to Japan from China and some Japanese artisans reproduced them (we can see them in museums today). It seems likely that Ryôi made an analogy between the practical utility of the Dutch anatomical charts and such Chinese models. Moreover, the"*Oranda Keiraku no Zu*" was retitled the "*Oranda Zenku Naigai Bungô Zu*" [15] (Charts of the inside and outside of Hollander) afterwards and was published in 1772. The original text is entitled "Joh. Remelini, L.A.M. & M.D. ; *Pinax Microcosmographicus,* etc. *Ontleeding des Menschelyke Lichaems,* etc., 2nd ed., 1667". Ryôi, first of all, had to confront the problems of translating medical terms into Japanese. He translated the term "blind darm" , or "*caecum*" in Latin, into "mômokutyô"[16] in Japanese and he also translated "twaalf vingerlingen darm" into by "*Yubi Zyûni Haba no Tyô*" [17] and "het vliesken van de trommel" by "*Taiko no otosuru Usumaku*" [18]. Although the word "*otosuru*"[19] in Japanese does not correspond with any part of the Dutch term *trommel-vliesken*, Ryôi added it in a free translation in order to be easily understood. Thus Ryôi sometimes translated word for word and sometimes used phrases for words. Such a special term as "*Zenuw*" was translated by "*Zuikin*" [20] or "*Kin*" [21], terms which had been used in Chinese medicine. From a terminological point

of view, Ryôi combined Dutch medicine with Chinese, as in the case of "*Zenuw*", but some interpreters who specialized in Dutch medicine translated the term "*Zenuw*" as "*Nerubo*" [22], from the Portuguese word "*Nervo*" used in the Nanban-ryû. Ryôi struggled to find appropriate terms in translation. One century after Ryôi 's work, we have the "*Kaitai Sinsyo*" [23] by *Sugita Genpaku*[24], in which terms such as "*Môtyo, Zyûnisityo, Komaku* and *Sinkei*", etc., were used, retranslated from Ryôi, terms which still live on in the medical world in Japan. And interpreters specializing in Dutch medicine compiled glossaries of medical terms in Japanese, Portuguese, Dutch and Latin. People who studied Dutch medicine at Nagasaki and who came from all over Japan, copied from Ryôi's work or compiled glossaries by themselves, and when their work was approved, they took these terms to their own areas.

At any rate, I may say that "*Rangaku*" began in the 18th century. The motivation to study Dutch medicine and surgery was stimulated by a new positive movement of the old school of traditional Chinese medicine. The first dissection of a human corpse was performed by Yamawaki Tôyô, physician of Chinese medicine to the emperor, at Kyôto in 1754. He published his records of the dissection in a book entitled "*Zô Si*" (Description of Organs), in which there are several rather crude anatomical charts. This is the true beginning of experimental medicine, some fourteen years before the publication of the "*Kaitai Sinsyo*" (New Book for Dissection) in 1774. The *Kaitai Sinsyo* was translated by Sugita Genpaku and Maeno Ranka[25], Genpaku was greatly excited by Yamawaki Tôyô's dissection and anxious to perform a dissection himself. In 1771 he and his friends attended the dissection of the corpse of an old woman in Edo. In keeping with the experimental spirit of the times, Genpaku, a student of Dutch surgery for some time, compared the anatomical arrangement of the corpse with the charts of the Dutch anatomy book by J. Kulmus's and he was amazed and impressed by the accuracy of the western work in contrast to the petrified Chinese teachings. As a result, he decided to translate Kulmus's book into Japanese.

The *Kaitai Sinsyo* was actually translated by Maeno Ranka, who was one of Genpaku's collaborators and played the leading part in the translation. Ranka was an official physician and a student of an old school of Chinese medicine called the *Kohôka*[26] along with Yamawaki Tôyô. However, he was ordered to study Dutch medicine and the Dutch language under the tutelage of interpreters at Nagasaki by his feudal lord who held very progressive ideas. Ranka was the first outstanding scholar of Dutch learning, who symbolized the encyclopedic activities of the Japanese physician and was well versed in the various sciences. He wrote some books on the Dutch language and proposed a way to translate it. He himself termed his method *Rankatei-Yakubunsiki*[27],he based it on

the *Kanbun-Kundokuhô*[(28)] or the method of reading Chinese classical scripts in use since fairly ancient times in Japan. I would say the *Rankatei-Yakubunsiki* is a unique method of translation created by the Japanese. Perhaps it was suggested to Ranka by interpreters at Nagasaki.

Ranka's method of translation, as mentioned above, owes much to the method of reading Chinese.

As is well known, the Japanese have inherited much of their civilization from China. Some knowledge of writing was probably introduced into Japan from China at a relatively early date. For the most part, educated men in old times disdained the use of their own tongue for any serious literary purpose and continued to write histories, essays and official documents in Chinese. Japanese scholars, reading the Chinese symbols, would, no doubt, have been guided first only by the sense of the Chinese symbols learned from their instructors. Since the Chinese logograph can convey to the eye any meaning conventionally assigned to it, irrespective of the sound by which it may be known, it would have been possible for Japanese scholars to read a passage of Chinese without knowing how it was pronounced in Chinese, and without consciously converting the Chinese symbols into Japanese words. Japanese students of Chinese could have understood the meaning of characters without actually translating them into words, either Chinese or Japanese. The Japanese would have retained in their minds the meanings assigned to a large number of Chinese characters through a great effort of visual memory. In that way it became customary to read Chinese texts aloud. This habit continues to this day. As we know, Chinese and Japanese belong to completely different language families. Chinese is monosyllabic and uninflected and the function of words is determined by position, while Japanese is polysyllabic and inflected. The order of words in Chinese is, in almost every respect, the opposite of Japanese. The whole grammatical structure is different. The pronunciation in reading the Chinese classics did not matter to the Japanese students. The important things was to appreciate the meaning and convey it to others. It is clear that for practical purposes some arrangements had to be made to facilitate the reading of Chinese texts by Japanese scholars who were not familiar with Chinese pronunciation and Chinese grammar, so devices for reading and interpreting passages from Chinese classics were invented. This system is termed the *Kanbun-Kundokuhô* (*Kanbun*[(29)] means Chinese sentences).

There were important considerations which guided the Japanese in building up a system by which they could adapt Chinese characters to their own needs, and these led to results which must surely be unique in the history of language and culture. Japanese scholars also learnt a system of phonetic translation of Chinese characters from Buddhist

Scriptures. What they needed was not to exchange the symbols for the words for which they stood, but rather to rearrange the symbols in accordance with Japanese syntax. The separate ideas conveyed by Chinese characters were clear enough to Japanese who had learnt them by rote, and the Japanese used the Chinese characters in the word order natural to Japanese and supplied the inflections, particles and so on, which are necessary in Japanese to show the relations between words. The inflections and particles were given in *Kana*[(30)], or dots in some cases, which were placed on the lower right of the appropriate character. In order to give indications of Japanese word order, Japanese scholars combined them with a system of markings (equivalent to the numerals and characters in the following examples) to show the order and grouping of the characters. Figures or marks are placed on the lower left of the Chinese character to which they apply. The mark " レ " placed on the lower left of a Chinese character indicates that this character and the following ones are to be read in reverse of the Chinese order. This mark may be used in conjunction with other figures or markings. Now, as they say, the proof of the pudding is in the eating, so I would like to offer some examples from the Chinese classics in the box below.

(1)
民 Tami
之 no
帰レスル kisuru
仁ニ ZIN
也 ya
猶二ホ nawo, gotosi
水 Mizu
之 no
就レクガ tuku ga
下キ一 hikukini

The turning of the people to benevolence is just like the way water moves downwards.

(2)
父 HU
子 SI
不二 ZU
相 AI
見一 MI
兄 KEI
弟 TEI
妻 SAI
子ハ SI
離 RI
散ス SANsu

Father and sons do not see one another ; elder brothers and younger brothers, wives and children are scattered.

As the *Rangakusya*[(31)] pointed out, the syntactical pattern of Dutch, that is, the structure of S.+ P. + O. is identical to that of Chinese as the above examples show, while the structure of Japanese is S. + O. + P. Next, I would like to give examples quoted from the books written by Ranka and his disciples.

対向 一箇 車 宜 人 于 一方 側 行 或 退 五 尺
a) *Voor een wagen, moet men aan een zijde gaan, of wijken, 5 ellen.*

= For a wagon, men must go or give way 5 feet by the side.

(發語)ゾ 今日 好キ 天氣
b) *Het is vandag mooi weer.* = It is today good weather.

ワレハ為 你 僕
c) *Ik ben u dienaar.* = I am your servant.

予 有 于 把利斯 在リシコト
d) *Ik hebbe te parijs geweest.* = I had lived in Paris.

When the *Rangakusya* read a medical text, they used to follow the same pattern as in the examples just quoted.

脾 也 赤 又 闇様 而 軟 物 此 自 易 為 ヲ
○ *De Milt is een rood of bruinachtig en week deel, het welk zich gemakkely laat van een*
分解
scheiden.

= The spleen is a red or brown and weak part, that itself gets easily a separation.

Furthermore in learning Dutch grammer, they would be provided with Ranka's method :

人 得 実 名詞 於二ツノ 大種類 区別
○ *Men kan de zelfstandige naamwoorden in twee hoofdsoorten onderscheiden*
於 種々ノ 国詞部分 即 文章部分
(over de onderscheidene Taal of Rededeelen)

= Men can classify the substantives into two classifications.

We can trace Ranka's method up to the eighteen eighties: students used to follow *Ranka*'s method in learning English grammar in the *Meizi*(32) period.

On the other hand, from the point of view of cultural borrowing, we have to consider the translation of words. In the preface of the *Kaitai Sinsyo,* three classifications of translation are given. The first one is so-called translation in the narrow sense : it is a kind of intimate borrowing; the second is broad translation; the third is transliteration. Genpaku wrote in his essay, "This method was suggested by Buddhist Scriptures in the Chinese language, which were translated from ancient Hindi in the third century B.C.".

The first type of translation was completely different from the type presently used : it consisted in substituting a term from the Chinese language, which was equivalent to the traditional medical term in the Dutch language, for instance, *Sibô*(33) for *vet*, *Ketueki*(34) for *bloed* and *Nyûzyû*(35) for *melk* in the Dutch language. In of the second type of

translation, a large number of new terms were produced, for instance, *Môtyô*(36) for *blind darm, Sinkei*(37) for *zenuw* and *Nankotu*(38) for kraakbeen. In the third type a lot of words were produced, such as *Kiriiru*(39) for *klier, Bando*(40) for *band* and *Geiru*(41) for *geil*.

In the history of Japanese translation, Udagawa Gensin(42) (1769-1834), the second disciple of Maeno Ranka and Ôtuki Gentaku, is the greatest translator of the *Edo* period. He produced important new coined words such as *Zintai*(43) for *band, Suizô*(44) for *groot klier* (pancreas), *Titu*(45) for *schede* (Vagina) and others used in the modern medical world, and he compiled the first glossary of medical terms in Dutch, Latin and Japanese. Before this, a small glossary had been compiled by Ôtuki Gentaku(46), disciple of Maeno Ranka, in the first half of the 19th century. It was a supplement to his translation "*Tyôtei Kaitai Sinsyo*" (47) which was another and somewhat expanded edition of the *Kaitai Sinsyo*. For reference, let me pick out two terms from it.

a) 解體科 新定義訳 ［亞納多密亜］羅 ［翁多儸鐸工牒］和蘭 ……（以下略）
**Kaitai* ‹a broad translation, new term›, *Anatomia* ‹Latin›, *Ontleed-kunde* ‹Dutch› …
(the rest is omitted)

b) 神經 ［涅盧虚］羅 ［泄奴］蘭 ……（以下略）
**Sinkei, Nervi* ‹Latin›, *Zenuw* ‹Dutch› … (the rest is omitted)

In this glossaary, Gentaku included two kinds of language : one in Chinese characters, and the other in Japanese letters called *Kana*, converting Latin and Dutch medical terms to Japanese equivalents. He never put Roman letters in his glossary. However, in the next century, the *Rangakusya* generally presented *Kana* letters in transliteration.

In general, the *Rangakusya*'s method of translation was founded on a recognition of language as code (H. E. Palmer's term), and they put their knowledge to practical use ... to translate messages into code.

In the cultural borrowing of the *Edo* period, the *Rangakusya* devised a triple tier translation system in Japanese, Chinese and Dutch, and they succeeded in transplanting European science or culture into Japan through the Dutch language which the Hollanders had brought to Japan. Good examples of this are found in Udagawa Gensin's work, the "*Seisetu Ihan Teikô Syakugi*"(48) (Outline of Splanchnology), in which there are a number of appropriated Japanese equivalents, for instance, *Sen*(49) for *Klier, Zintai*(50) for *Band* and *Nyûbi* for *Geil*. These terms are still available today.

In Ranka's method of translation, Chinese characters provided the skeleton of a statement, which was covered with a cutis of Dutch language, and clothed in an

elaborate grammatical robe of Japanese texture. The inevitable complexities in such a mixed system of reading and writing were increased by other factors. The Japanese language was poor in technical terms, and it was therefore essential to preserve a large number of Chinese words which could not be satisfactorily rendered in Japanese language, and most of the characters came to stand not only for the Japanese version of the original Chinese words but also for the corresponding Japanese words. In the *Edo* period, many technical and scientific terms were borrowed from Chinese characters. Needless to say, the Dutch language performed a great role in bringing the clothing of modernization to the civilization of Japan. *

Notes

1 蘭学
2 南蛮流
3 紅毛流
4 長崎
5 幕府
6 平戸
7 出島
8 大名
9 紅夷外科宗伝
10 楢林鎮山
11 阿蘭陀経絡之図
12 本木良意（庄太夫）
13 紅毛銅人形
14 江戸
15 和蘭全軀内外分合図
16 盲目腸
17 指十二幅腸
18 太鼓ノ音スル薄膜
19 音スル
20 髄筋
21 筋
22 ネルボ
23 解体新書
24 杉田玄白
25 前野蘭化
26 古方家
27 蘭化亭訳文式
28 漢文訓読法
29 漢文
30 仮字・かな・カナ
31 蘭学者
32 明治
33 脂肪
34 血液
35 乳汁
36 盲腸
37 神経
38 軟骨
39 機里爾
40 蠻度
41 奇縷
42 宇田川玄真
43 靱帯
44 膵臓
45 膣(腟)
46 大槻玄沢
47 重訂解体新書
48 西説医範提綱釈義
49 腺
50 靱帯
51 乳糜

References

SUGIMOTO, T. (1976) : *Dutch Linguistics. Its Formations, Growth and Development,* Tokyo, Waseda University Press.

BOXER, C. R.(1968) : *Jan Compagnie in Japan 1600-1817,* London, Oxford University Press.

GOODMAN, G. K. (1967) : *The Dutch Impact on Japan (1640-1853),* Leiden, Monographies to T'oung Pao, vol.v.

Mori, K. (1942) : *Die Anfänge der Holland-Kunde,* Translation, Tokyo, Monumenta Nipponica, vol. v.

拙著：『解体新書の時代』（早稲田大学出版部 , 1987）

---

* "*Meta* vol. 33-1," Montréal, Mars 1998 (Les. Presses de l'Université de Montréal).

2

DUTCH LINGUISTICS IN THE EDO PERIOD (1603-1868)

1. Introduction

With the intention of preventing contact between Japan and all the foreign, catholic nations, the *Syôgun*, heading the military government or *Bakuhu*, in 1636 prohibited all Japanese nationals from leaving the country, while those living abroad were prohibited to return. In the same period, Portuguese vessels were banned from Japanese waters, and only the Protestant Dutch and the non-Christian Chinese were allowed to set foot on Japanese soil. Even in their case, activities were restricted to the conduct of trade in the port of Nagasaki. The Dutch trading factory was, in 1641, moved from Hirado to the artificial island of Dezima on the Nagasaki waterfront.

1641 marked the closing of Japan to the outside world, a point of no return for over two hundred years. Earlier, the Dutch could freely learn the Japanese language, although on the whole they would not acquire more than a smattering of the language, mainly consisting of colloquialisms. François Caron (1600-1673), however, was a notable exception; residing in Japan for a period of twenty-three years, from 1619 to 1641, he achieved a fluency considered equal to that of the average native speaker. The Dutch language would gradually replace Portuguese in Japan. Before 1641, Portuguese had been the principal medium of exchange. The Director of the English factory in Japan reports that, in his days, many of the Japanese were fluent in both written and spoken Portuguese. For some time, Portuguese and Dutch were functioning side by side, as the Portuguese language was slowly becoming outmoded.

Some Portuguese-Dutch-Japanese 'vocabularies' remain to this day, in which the foreign languages are transcribed in *katakana*, and the Japanese is rendered in *hiragana*. These booklets were entitled *Nanban Oranda Kuti no Yawarage*, and in some of these, medical Latin terms were used instead of Portuguese. Portuguese left its traces even after the Dutch language had taken over, as is witnessed by the survival of the word *kapitan*, deriving from the Portuguese word *capitaõ*, used as a synonym for the Dutch term

opperhoofd. The change from Portuguese to Dutch was very gradual, and proficiency in Dutch was in the early years seldom to be found. But finally even the prominent Nisi family of interpreters switched from Portuguese to Dutch.

2. The Nagasaki Dutch interpreters and the *Rangakusya*

Together with the Dutch' move from Hirado to Nagasaki, interpreting changed from an informal into an official occupation. In the Hirado period interpreters would be hired on a private basis by the Dutch company. After the move to Nagasaki, they became Japanese government officials. Their positions were transmitted from father to son, and the interpreters also tended to act as commercial middlemen. Furthermore, a considerable number amongst them were amateur-doctors, specializing in, for example, surgery. The Dutch school of medicine had taken root among the interpreters.For a better understanding of the introduction of Dutch learning it is imperative that the 'scholastic' interpreters be distinguished from the 'practical' interpreters.

Despite occupational versatility, ranks among the interpreters were well delineated. Constituting a kind of college, or public guild, they were divided into four ranks: 1. *Ôtûzi* (major interpreter, or *oppertolk*) 2. *Kotûzi* (minor interpreter , or *ondertolk*) 3. *Keikotûzi* (apprentice interpreter, or *leerling tolk*) 4. *Naitûzi* (interpreters especially appointed during the trading season, *particulier tolk*).

Within these four levels, further subdivisions could be found. The Dutch had to make an official visit to the capital of Edo. Initially, this took place every year, to be changed at the end of the eighteenth century to once every four years. On this trip they would be accompanied by a special interpreter, called the *Edo-nenban* (annual duty interpreter, or *hofreistolk*), stationed in Nagasaki. This annual Dutch visit to the capital enabled many Japanese scholars to acquire information about Western science, including medicine. Some of the visitors to the Dutch' residence in Edo, the Nagasakiya, would acquire some knowledge of the Dutch language by asking question after question about this exotic new language.

The annual visit to Edo may well be said to have been of the utmost importance for the establishment of Dutch learning in Edo period Japan. Nagasaki played an extremely important role in this process. The Japanese scholars of the new science, or *Rangakusya*, as they were called, would make their learning famous in the whole of Japan. A considerable number of doctors, some of them surgeons, traveled to Nagasaki in order to learn Western medical methods from the Dutch surgeon at Dezima or from

some of the Nagasaki interpreters. The interpreters would be known as specialists in the Dutch school of medicine (*Kômôryû izyutu*). To the serious student-visitors, certificates of proficiency would be issued by the teachers.

Linguists study words - doctors study diseases and illnesses. Among the *Rangakusya*, doing both was not unusual, and the connection was, of course, not incidental. Narabayasi Tinzan (1648-1711), founder of the Narabayasi school of medicine, was a member ofthe Narabayasi family of interpreters. He became interested in Dutch-style medicine, studying surgery under the guidance of the Dutch surgeons, and eventually became an official physician for the *Bakuhu*. He translated a book on surgery that had originally been published in 1649 by Ambroise Paré, who is regarded as the father of French surgery. The translation was titled *Kôi Geka Sôden*. Motoki Ryôi (1628-1697), also a member of a Nagasaki interpreter family, translated the book *Ontleding des Menschelyken Lichaems* (Amsterdam, 1677). This book again was a Dutch translation by Johann Remmelin of the Latin book titled *Pinox Microcosmographicus* by Justus Gratianus. The Japanese translation was titled *Oranda Zenku Naigai Bungôzu*. It remained unknown until about a hundred years after Motoki's death when it was published in 1772 in Kyôto. Some presently used medical terms were coined in this work: for duodenum we find *yubi zyûni habano tyô*, and for cecum we find *mômokutyô*, for example. From the middle of the seventeenth century onward, sometimes the interpreters, or interpreter cum physicians, were called upon to give medical prescriptions, even when the quality of their Dutch language skills was frequently debatable. The Dutch records of the seventeenth century abound with complaints about the inefficiency, duplicity, greed and corruption of the Japanese interpreters. One Opperhoofd even went so far as to request official permission to study the Japanese language himself. This permission was not given.

The statement frequently found in both Japanese and Western sources that the capacities of the interpreters were restricted to a command of the spoken language only, seems to be contradicted by some impressive evidence. In 1650, the *Bakuhu* requested a book on dissection, as suggested by one of the interpreters. In reply to this, the Opperhoofd sent to the *Rôzyû* (*Syôgun*'s Council) a copy of a Dutch translation of Dodonaeus, entitled *Cruydt Boeck*. In 1663, the Opperhoofd presented to the *Syôgun* a copy of a publication of 1660 by J. Johnstons, containing illustrations of animals. This last work had been partially translated by Nagasaki interpreters. Publications containing information about Christianity and scientific treatises written by the Jesuits in China were not allowed to enter the country by the *Bakuhu*. Yet, this prohibition did hardly apply to Dutch books in general. On the contrary, even the *Syôgun* relied on Dutch sources to increase his knowledge of the new Learning.

The Nagasaki interpreters devoted themselves to the study of Dutch, tackling pronunciation, grammar and syntax, and even wrote some introductory grammars of the Dutch language based on Dutch textbooks. In the eighteenth century, some interpreters attempted to compile Dutch-Japanese and Japanese-Dutch dictionaries. The Dezima Daghregisters, or Journals, as early as 1644 contain an entry in which the proficiency of the interpreters is clearly indicated. On December 15, 1670, we learn that, by order of the Bugyô (Governor) of Nagasaki, young persons aged ten to twelve were sent to Dezima in order to study both reading and writing Dutch. Further confirmation of the knowledge of the Dutch language by the interpreters may be found in the correspondence of C. P. Thunberg (1743-1828) and I. Titsingh (1745?-1812). In particular, the correspondence between Titsingh and his Japanese friends, kept in the collection of the Kyôto University Library gives proof of the influency in Dutch.

Up to here, we mainly focused on the study of Dutch as a means to acquire new knowledge about the medical sciences, but of course the Dutch language constituted a subject of study in its own right. Here we must mention the efforts of the most important Dutch-language interpreters, Nisi Zenzaburô (? - 1768). He set out to compile a Dutch-Japanese dictionary by translating P. Marin's Dutch-French Dictionary, but by the time of his death he had only progressed as far as the letter 'B'.

From the last quarter of the eighteenth century, a number of word lists, dictionaries and grammatical treatises was completed by various interpreters. The interpreters further proceeded to study English, French and Russian. The *Bakuhu* recognized this investigative activity by ordering the compilation of both a French-Japanese and an English-Japanese dictionary. The almost unlimited scope of Western science and language necessitated some guidance. One of the actors to channel this huge stream of information in comprehensible form, was Sizuki Tadao (1760-1806). Sizuki, afterwards known as Nakano Ryûho, was adopted into the Sizuki family in that family's eight generation. He retired in 1777 for reasons of bad health, and owing to his adoptive father's secure financial position in Nagasaki, was able to devote the rest of his life to the study of Western science. He studied under Motoki Ryôi, and while translating the works on astronomy by J. Keill, he also devoted himself to the study of Dutch linguistics. He authored several works, including *Rangaku Seizenhu* (Father's Book for Learning Dutch Studies), *Zyozikô* (Study on the Particles in the Dutch Language), *Rango Kuhonsyû* (Nine parts of Speech of the Dutch Language), *Oranda Sihinkô* (Consideration of the Etymology of the Dutch Language), *Syokubun Kinnô* (Brocade Bag for Dutch Composition), and *Saion Hatubi* (Study of the Pronunciation of the Dutch Language). He determined six cases and nine parts of speech in the Dutch language and pointed out

its sentence structure,and in general may be said to have greatly contributed to the study of Dutch.

His fame had to wait for his works to become available on a large scale, however, which would happen somewhat later. Sizuki touched on several fields of study and was a pioneering and unique scholar. He subscribed to the theory of heliocentricity and translated Western scientific treatises, resulting in his *Kyûrikiron* (Essay on Centripetal Force) and *Rekisyô Sinsyo* (New Book on Calendrical Science), the latter being probably the single most important work on astronomy in his day. Sizuki is also remembered for having been the translator of a section of Engelbert Kaempfer's *History of Japan*. The translation was called *Sakokuron* (Essay on the Closed Country). Sizuki, in introducing the word *sakoku*, coined a term that came to be one of the keywords for describing this important aspect of the character of the Edo-period. Recently, the writer happened to come upon some poems in Dutch by Sizuki, whose Dutch pen name was Wilgen Akker (Willow's Field). Sizuki had three main disciples in linguistics. One was Yosio Gonnosuke (Zyoen; 1785-1831), the youngest son of Yosio Kôgyû (1724-1800), who was an important collaborator in the compilation of the *Zûhu Haruma*, one of the major Dutch-Japanese dictionaries of the Edo period. Gonnosuke's Dutch speaking skills were considered to be excellent. When Philipp von Siebold came to Japan in 1825, Gonnosuke assisted the doctor by serving as his interpreter during the lectures given to eager students of Western science at Narutaki in Nagasaki.

While these students were delving into the various facets of the new medical science, botany, astronomy, calendrical science, geography, physics and chemistry under von Siebold's guidance, Yosio Gonnosuke was teaching them grammar and composition. He is mentioned in a letter by Takano Tyôei (1804-1850) as Yosio-sensei (Master Yosio). On one of his annual visits to Edo, Gonnosuke was requested by Koseki Sanei (1787-1839), who was then assiduously studying Dutch, to help him with Dutch composition. Yosio Syunzô (1787-1843), Kôgyû's grandson, in his turn was a faithful disciple of Yosio Gonnosuke. He became an ardent proponent of the theory of heliocentricity. While on his way home from Edo, he visited Owari (present-day Nagoya) and was appointed official physician to the domain of Owari, where he would remain until his death. At his private academy, the Kansyôdô, he taught Dutch medicine, astronomy, chemistry and the Dutch language. In teaching Dutch, Syunzô used Sizuki Tadao's publications on the Dutch language for teaching materials. He himself also wrote some linguistic treatises: the *Rokkaku Zenpen* (Study on the Six Cases in the Dutch Language) and *Yakki* (Rules for Translation). Yosio Syunzô greatly influenced Ôtuki Genkan (1785-1837) and Udagawa Yôan (1796-1846).

In the years 1803-1804 the work of the French scholar, Lalande on astronomy was being translated at the *Bakuhu's Rekkyoku* (Calendrical Bureau). Later, the *Bakuhu* planned to complete a map of the world, to be based on already existing maps. For this task, an accomplished linguist was needed. Russia unwittingly assisted in the project as it returned a Japanese castaway, who carried with him a number of maps of this northern country. In 1807 the *Bakuhu* had to have an experienced translator come over from Nagasaki to Edo, as the geography specialist Yamamura Saisuke (1770-1806), as well as the prominent scholar Maeno Ranka (1723-1803) had passed away by this time. Ôtuki Gentaku was not available at this time. In the following year, the Nagasaki interpreter Baba Sazyûrô (1787-1822) was chosen to do the job. Baba was Sizuki Tadao's disciple in the field of linguistics and wrote the treatise *Rango Syubi Setuzikô* (Considerations on Dutch Suffixes and Prefixes) at the age of twenty-two. With Baba's help, the mapping project's progress was swift and a number of copies of the world map were produced within a short time, using the technique of copper-plate printing. The entire project was overseen by Takahasi Kageyasu (Kansô, 1785-1829) as supervisor of the Astronomical Observatory in the Calendrical Bureau. In 1811 Baba was ordered by the *Bakuhu* to translate the *Huishoudelijk Woordenboek* by Noel Chomel. It was rendered into Japanese under the title *Kôsei Sinpen* (New Volumes for the Public Welfare). For the express purpose of this huge undertaking (the Woordenboek consisted of 7 volumes, a total of 4370 pages) a translation department called the *Oranda Syozyaku Wage Goyô* (Department for the Translation of Dutch Books) was established within the Astronomical Observatory. Baba was the highest official in the department, assisted by Ôtuki Gentaku (1757-1827), Baba's senior by almost thirty years. Baba died in 1822, at the young age of thirty-six, leaving the other translators to work on the translation of the *Kôsei Sinpen*. It would not be finished until thirty years later. Although to this day almost a hundred manuscripts of the translation of parts may be found in the Sizuoka Central Library, the entire *Huishoudelijk Woordenboek* was not translated. Only the chapters considered to be useful for Japanese society as a whole were rendered into Japanese with a commentary added by the translators.

In 1816, the then Opperhoofd of the Dutch factory in Nagasaki, Hendrik Doeff, together with twelve Japanese interpreters, finished part of a Dutch-Japanese Dictionary. Usually known as the *Zûhu Haruma* (Doeff Halma), this translation was based on the second edition of François Halma's Dutch-French Dictionary. This dictionary gradually made its way all over Japan in the form of many handwitten copies. The dictionary was only completed in 1833, reflecting twenty-five years of persistent labor. In this year, the Nagasaki interpreters were able to offer it to the *Syôgun* as a complete work. In 1858,

Katuragawa Kunioki, official physician to the *Bakuhu*, effected the publication of the *Zûhu Haruma* in a woodblock printed version, entitled the *Oranda Zii*.

The *Bakuhu*'s interest, under the influence of international developments, gradually shifted from public welfare to the defense of the nation. The Department for the Translation of Dutch Books provided the *Syôgun* with almost a monopoly of Dutch learning, as it attracted nearly all of the outstanding Dutch scholars of the day. Privately, Baba Sazyûrô ran the academy for Dutch learning called Sansindô, and he became a leading scholar in the field. Among his students we find Sugita Kyôkei (grandson of the famous Sugita Genpaku. He died at age twenty-one), and Udagawa Yôan (1798-1846). Ôtuki Gentaku, Ôtuki Genkan (1785-1837), Udagawa Gensin (1769-1834), Udagawa Yôan and Sugita Ryûkei (1786-1845) could also be found at the Sansindô, When Gensin was compiling his *Kenroku Inpu* (Dutch-Japanese Beginners' Dictionary) he asked Baba to translate particularly difficult words or passages. Genkan asked Baba for further explanation of Sizuki Tadao's method, and compiled his *Rangakuhan* (Outline of Dutch Grammar), a compilation of Sizuki's lecture notes. The Sansindô may well be called the Mecca of students of Dutch studies. Baba introduced Sizuki's works and methods to scholars in Edo and occupied a pivotal role there. By infusion of the essence of Sizuki's Dutch linguistic works and Nagasaki methods for studying the Dutch language, the level of knowledge of the Dutch scholars was raised. Baba would also function as a bridge between Edo and Nagasaki and was, according to Ôtuki Gentaku, instrumental in directing the focus of Dutch studies from Nagasaki to Edo. Baba permanently resided at Edo, but one wonders if his Nagasaki roots were not responsible for the difficulty the Edo scholars had in comprehending his linguistic works. Yet, Baba was regarded as a linguistic genius; in addition to Dutch he managed to learn Russian, French and English, translating books from these languages. Demonstrated in his works was a uniqueness of approach and a sparkling originality, ever more notable as Baba produced all this in the short span of his thirty-six year life. He was in any event and by all terms, of great value to the *Bakuhu*.

His greatest period of influence occurred during the fifteen-year period preceding his death in 1822. In this period he produced works like *Oranda Bungaku Mondô* (Translation of *Nederduitsche Spraakkunst voor de Jeugd*, by Kornelis van der Palm), *Rango Kanrizikô* (The printed version of *Rango Syubi Setuzikô*), *Oranda Bunpan Tekiyô* (Summary of Dutch Grammar), *Rangaku Teikô* (Ladder for Learning the Dutch Language), *Rango Yakusen* (Japanese-Dutch Dictionary for Composition) and the *Rogo Bunpô Kihan* (Model Text for Learning Russian Grammar). Baba also translated a Russian medical book, calling the translation *Tonka Hiketu*. The legacy he left for his students will be dealt with

in the following section.

3. The Edo *Rangakusya* and their patrons

The names of linguists fill our pages but the one sentence we devote to a historian will be to note that he was responsible for the founding of Dutch learning in Edo. The linguists then, would make the Dutch learning into what it came to be later on. The *Syôgun* Yosimune (1684-1751), in his encouragement of Dutch studies, saw to it that the Dutch scholars got all the assistance they needed. He also managed to hire the most talented of their midst for his own ends. Aoki Konyô (1698-1769) and Noro Genzyô (1693-1761) were such talented scholars, who acquired a profound knowledge of the Dutch language. Konyô, also affectionately referred to as *Kansho sensei* (Master Sweet Potato) studied under Itô Tôgai, a Confucian scholar in Kyôto, afterwards returning to Edo. In 1744 he became an official Confucianist scholar attached to the Supreme Court of Justice under the Rôzyû, to be promoted to the position of Governor of Books (*syomotu bugyô*) in 1767. He visited the Nagasakiya, the inn where the Dutch Opperhoofd and his party stayed during their visit to Edo, making enquiries about various hitherto unresolved problems concerning the Dutch language. He was expressly instructed to make intensive use of these visits in order to acquire greater mastery of the language. After ten years of continuous study, he authored *Oranda Mozi Ryakkô* (Brief Consideration of the Dutch Language), which dealt with spelling, letter forms, pronunciation, vocabulary and would prove his primary compilation in the field of Dutch language study in Edo.

The Dutch source for the above publication has not been transmitted but the author surmises it must have been either the *Letterkonst* or the *Spelkonst* by the Dutch author B. Hackvoordt, presented to Aoki by a Nagasaki interpreter. Aoki also compiled ten Dutch-Japanese vocabularies. For his acquisition of linguistic skills, Konyô was greatly indebted with Nisi Zenzaburô, Yosio Tôzaburô and Yosio Kôgyû. The actual study of Dutch in Edo thus started with Konyô, the *Bakuhu* also ordering Noro Genzyô to study the language, and Dutch medicine. After ten years of studying Confucianism, medicine and botany in Kyôto, Noro entered the service of the *Bakuhu* in Edo. He made fruitful contacts with the Nagasaki interpreters at the Nagasakiya, and after mastering the language, produced, with the help of Yosio Tôzaburô two important translations: *Oranda Honzô Wage* (Translation of Dutch Botany), based on the work by Dodonaeus as mentioned earlier, and *Oranda Kinzyû Tyûgyo Zuhu* (Translation of Inscriptions for the

Pictures of Dutch Birds, Beasts, Insects and Fish) based on the work of J. Johnstons.

The physician and *new classicist* Yamawaki Tôyô (1705-1762), in contrast to the crude methods employed in traditional Oriental medicine, and in reaction to them, emphasized the experimental method and performed the first postmortem known in Japan in 1754. He published his *Zôsi* (Descriptions of the Internal Organs), containing several diagrams of his own hand in 1759. Increasingly, the *Kohôka* turned away from Chinese medicine, or realized its limits and embraced, like Yamawaki, the new empirical method.

Maeno Ranka (1723-1803) studied Chinese medicine in the tradition of the *Kohôka* school and became court physician to the lord of Okudaira, daimyo of Nakatu. In his younger days he was particularly interested in the Dutch language, studying under Aoki Konyô. He also had opportunity to obtain knowledge from the Dutch and their Nagasaki interpreters at the annual visit to Edo. However, he mostly studied with Nisi Zenzaburô and Yosio Kôgyû at Edo. Ranka showed sufficient interest in his reading of Dutch medical texts for his lord to send him to Nagasaki for study. Here, Maeno diligently pursued his studies under the direction and tutoring of Yosio Kôgyû, Narabayasi Zyûbei, Matumura Kiminori and Nisi Zenzaburô. Returning to Edo, Maeno proceeded to write several books on the Dutch language: *Oranda Yakubunryaku* (Outline on the translation of Dutch), *Ranyakusen* (Box of Rules for the Translation of Dutch), *Oranda Yakusen* (a revised and enlarged version of the former), *Rango Zuihitu* (Essay on the Dutch Language). Strictly speaking, his knowledge of the grammar of Dutch was limited. He wrote nothing on Dutch grammar or syntax and even managed to misunderstand the order of family and Christian names. He mostly focused on Dutch letter forms and their pronunciation. It is unfortunate that his works were not published, for Maeno, although no linguist, was nonetheless a philosopher of kinds, and most certainly an original thinker. The merits of his contribution were not lost on Ôtuki Gentaku, who heavily relied on Maeno Ranka's works for his own *Rangaku Kaitei* (Ladder for the study of Dutch Learning), published in 1788.

Ranka dubbed his method of Dutch-to-Japanese translation *Rankatei-yakubunsiki* (Ranka's Translation Method) and based it on the *Kanbun kundokuhô*, a method for reading classical Chinese according to the rules of Japanese grammar.

Another prominent *Rangakusya* was Yamazi Yukiyosi (1729-1778), a friend of Ranka's and an official Confucianist scholar, belonging to the same group as Konyô. His father was a well-known mathematician. Yamazi's contribution to Dutch studies was never acknowledged: in the *Rangaku Zisi* (Sugita Genpaku's 'Essay on Dutch Learning') his name does not appear. His works were located by the author in the collection of

Waseda University Library. Along with Ranka and others, Yukiyosi was tutored by the interpreters of the annual Dutch mission to Edo. As the outcome of long years of study Yukiyosi wrote the *Oranda Syogen* (Introduction to Learning the Dutch Language), which came to be the major work on Dutch spelling, writing and letter formation. In this book, Yukiyosi praises Ranka's works and refers to him as 'the father of Dutch learning in Edo'.

Ranka had many disciples in Edo. Among the foremost was the brilliant and well-known Ôtuki Gentaku. He was a very successful student at the Sirandô, Sugita Genpaku's private academy, and inherited the spirit of Dutch learning from his master although for his language proficiency he principally relied on Maeno Ranka. With the financial support of the daimyo of the domain of Hukutiyama, regarded as a patron of Western learning, Gentaku went to Nagasaki to study medicine for five months, receiving instruction from both Motoki Ryôei and Yosio Kôgyû, the Nagasaki interpreters. He also befriended Sizuki Tadao, who presented the young scholar with some of his own works. Returning to Edo, Gentaku then proceeded to publish his famous *Rangaku Kaitei* in two volumes, in 1778. As this was the first printed work to deal with Dutch letter formation, spelling, syllables, and words, it became an indispensable textbook for anybody who desired to study the Dutch language. In the preface, Gentaku wrote:

> 'Until now, China was considered to be the most civilized country. Dutch, however, is superior, as next to literature, it also possesses science.'

As noted before, Gentaku derived a fair portion of his book from Ranka's works, referring also frequently to the linguistic work of the Nagasaki interpreters. Nonetheless, considering the timing of the publication of the *Rangaku Kaitei* and its impact, this book has to be considered as one of the most significant publications in the history of Dutch learning in Japan. This is not to say that this was Ôtuki Gentaku's only accomplishment. Gentaku devoted himself to the study of Dutch medicine and continued to educate a large number of pupils at the Sirandô until his death in 1827. As noted above, it was in 1811 that the *Bakuhu* established its Translation Department in the Astronomical Observatory, and Baba Sazyûrô was appointed as head of the department. A few months later, Gentaku was ordered to assist Baba in the translation of Dutch books. Gentaku, after Baba's death, fulfilled a major role in the translation of the *Kôsei Sinpen*. Gentaku's works on the study of Dutch were few in number, however. Besides the *Rangaku Kaitei*, he wrote the *Rangaku Haikei* (Guide Booklet for Dutch Studies), and *Ranyaku Yôketu*

(Secret Rules for Translation). The above Works do not contain much as to linguistic description, and lack originality. Nonetheless, his works were of great importance for the proliferation of Dutch learning in this period. A star of his era, his students were the planets describing their orbits around him.

On his register of students 94 names may be found. Four of them achieved particular eminence: Yamamura Saisuke (1770-1807), Hasimoto Sôkiti (1763-1836), Inamura Sanpaku (1759-1811) and Udagawa Gensin. Yamamura Saisuke, a retainer of Tutiura-han, specialized in geography and compiled his *Teisei Zōyaku Sairan Igen* (Revised and enlarged edition of *Sairan Igen*; the original *Sairan Igen* was written by the prominent Confucian scholar and statesman Arai Hakuseki (1659-1725)). He also had an interest in foreign languages, like his teacher. Hasimoto Sôkiti, originally a decorator of umbrellas, was particularly known for his study of electricity. Representative of his works is his *Oranda Sisei Erekiteru Kyûrigen* (Investigation into the Origins of the Physical Principles of the Dutch System of Electricity). Inamura Sanpaku, a retainer of Tottori-han, is well known as the compiler of the *Haruma Wage* (Halma's Dutch-Japanese Dictionary), arranged in alphabetical order, with the Dutch printed in movable type in woodblock print as usual, and the Japanese by hand-writing. Later in his life, Sanpaku adopted the name Unagami Zuiô, moved to Kyôto and became the founding father of Kyôto' s movement of Dutch learning. He had also a large number of students, and although he did not publish any notable study, he was an important contributor to the growth of Dutch learning.

One of Inamura Sanpaku's students was Huzibayasi Husan (1781-1836), who published a condensed version of *Haruma Wage* and in 1810 the famous *Yakken* (Dictionary for Key to Translation) in two volumes. This was a Dutch-Japanese dictionary, alphabetically arranged, published in a limited edition of 100 copies. He also published the *Orandagohôge* (Explanation of the Grammar of the Dutch Language) in three volumes in 1816.

The primary source for this last publication is said to have been a study of Dutch grammar by one 'Peiton', although a Dutch publication by an author of this name could until now not be traced. Huzibayasi also translated some works on Western medical science.

Before Inamura Sanpaku arrived in Kyôto the scholar Tuzi Ransitu (1756-1835) was studying Dutch autodidactically in that same city. For this, he did rely, however, on the information obtained through the Nagasaki and Edo *Rangakusya*. When the Nagasaki interpreters would stay in Kyôto on their way to and from Edo, Ransitu visited them and inquired about various subjects. Ransitu emerged as one of the pioneers of Dutch

studies in Kyôto. His work, the *Rango Hassen* (Eight Chapters on the Dutch Language) in forty volumes was a Japanese-Dutch dictionary, arranged in the Japanese *iroha* alphabetical order, and covered such fields as astronomy, geography, physiology, religion, medicine, economy, utensils, arts, flora, fauna, weights and measures, and languages, amongst others. Based on the contents we may safely conclude that this work mainly relied on the *Rango Yakusen*, published in 1810 by Okudaira Masataka (1781-1855) and Baba Sazyûrô.

Udagawa Gensin (1769-1834) was undoubtedly one of the most brilliant and eminent scholars of the Edo period. Arriving in Edo from his native Ise, he met Udagawa Genzui (1755-1797), who showed to him a commentary by his own hand on a Chinese medical manual. Genzui on this occasion introduced to Gensin the Western medical methods, and Gensin was so impressed that he threw away his manuscripts and asked Genzui to accept him as his pupil. Afterwards, he would be adopted by his teacher, marry his daughter and assume the name of Udagawa. Gensin was regarded as a most accomplished scholar of Dutch learning and medicine. Although Udagawa Gensin was originally a disciple of Ôtuki Gentaku, most of his knowledge of the Dutch language was obtained from Genzui. The latter had written the *Ranyaku Benbô* (Guidebook for the Understanding and Translation of Dutch) and the *Seiyô Igen* (Japanese-Dutch Vocabulary for Western Medicine), both set up very systematically, and considered to be very useful. Gensin followed in his father-in-law's footsteps, greatly contributing to the progress of Dutch learning in Edo. He produced several medical treatises, based on translations or borrowings of Dutch sources, but did not publish in the field of linguistics. Under the direction of Baba Sazyûrô, the linguistic genius, Gensin would rely on the same' s knowledge of the language in his translations, producing the book *Kenroku Inpu*, a Dutch-Japanese dictionary. Gensin is also acknowledged as one of the collaborators in the compilation of the *Haruma Wage* with his father. He was closely befriended with Inamura Sanpaku.

Known as having made frequent trips to the red-lantern district of Yosiwara in his youth himself, Gensin proved to have a good understanding for the weaknesses of his students, thus making him a popular and much-liked teacher. He headed a private academy, the Hûundô, and became the most prominent proponent of the Dutch learning in Edo. His school constituted a center for the flourishing study of Dutch and Western science, and Gensin himself is known as an outstanding scholar, whose encyclopedic knowledge encompassed various fields. His work and influence were considerable. During his lifetime, a peak was reached in the progress of Western learning. Tuboi Sindô (1795-1848), Ogata Kôan (1810-1863), and Udagawa Yôan are his most famous pupils.

Udagawa Yôan was Gensin's adopted son and was tutored by both his father and by Baba Sazyûrô. At seventeen, he entered Baba's private academy. At the same time, he started studying Dutch grammar under the direction of Yosio Syunzô (1787-1843), who had arrived in Edo in 1815. Syunzô was an excellent linguist, having studied under Yosio Gonnosuke. More than in the language itself, Udagawa Yôan was interested in Western botany and chemistry, and he coined the Japanese term for both: *syokugaku*, and *seimi*. He wrote two major works: *Syokugaku Keigen* (Introduction to the Study of Plants) and *Seimi Kaisô* (Basics of Chemistry). Based on materials concerning Yôan available in the collection of Waseda University Library, it may be concluded that Yôan studied languages other than Dutch, i.e. Latin, Russian, German and English. He managed to acquire a certain proficiency in translating English, owing to his training by Baba Sazyûrô.

During the first quarter of the nineteenth century, numerous works, including translations of linguistic and grammar publications, grammars and studies of syntax appeared. A remarkable example is the Dutch grammar entitled *Nederduitsche Spraakkunst*. This had the delicate handwritten Dutch text reproduced in woodblock print. The book was used in Nagasaki and Edo as a major textbook and known as the *Grammatika*, or *Oranda Bunten* in Japanese. Through this and the many other publications available, students applying themselves to the acquisition of Dutch language skills could be found all over the country towards the end of the Edo period.

4. The Dutch dictionaries at the end of the Edo period

Two very important dictionaries existed at this time. One of these originated in Edo, and one in Nagasaki.

As the greatest impetus and source of Dutch learning were to be found in Nagasaki, it should not surprise us that the dictionary from Nagasaki was the better work. The Edo dictionary, *Haruma Wage*, relied on a translation of Halma's Dutch-French Dictionary by Isii Syôsuke (1743- ?) and was edited, compiled and published by Inamura Sanpaku.

Most probably, the leaders of the circle of *Rangakusya* in Edo were cooperative in its compilation. But Sanpaku, under financial stress and hampered by less than adequate translating abilities, needed some continuous guidance. It was Isii, the Nagasaki interpreter, who gave his vital support to the project. Some authorities therefore tend to attribute the authorship of the *Haruma Wage* to Isii, but the author thinks it may rightly be considered as Inamura's work, as Inamura's devotion to the realization of this publication was complete.

The *Zûhu Haruma*, popularly called the *Nagasaki Haruma*, to distinguish it from its Edo counterpart, was undoubtably the most important dictionary produced at the time. The *Zûhu Haruma* was compiled by H. Doeff, the chief of the Dutch factory in Dezima together with a staff of twelve interpreters, and ond of copies was sent to Edo by order of the *Bakuhu*. The first draft was completed in 1816, but contained numerous errors. The next five years were spent in making corrections. The second draft, written in 1822, gained popularity with Dutch scholars all over Japan who would rely on hand-written copies. The final version was finished in 1833, and was presented to the *Syôgunate,* the compilation of this dictionary thus taking some twenty-five years in all. The second manuscript from 1822 was obtained by Udagawa's private academy at Edo. Several years ago, the author succeeded in locating a copy of this draft, by the hand of one of Udagawa's pupils. The Waseda University Library also posesses a handwritten copy of the second draft, by Udagawa's pupil, Tuboi Sindô and others.

The *Rangakusya* preferred the *Zûhu Haruma* to the *Edo Haruma*, as the former provided comprehensive sentences for each entry, with the explanatory text being easily understandable. The *Zûhu Haruma* used colloquial Japanese, as opposed to literary Japanese, for its explanations.

Of course there were other dictionaries and vocabularies to be found. One was *Ruizyû Kômôgoyaku* (Collection of Red Hair [= Dutch] Words in Translation), also known as *Bango Sen*, published in 1798, by Morisima Tyûryô (1754-1810). This was the first edition of a Japanese-Dutch vocabulary to be published at Edo. In addition to the above, Morisima also wrote the *Kômô Zatuwa* (Miscellany about the Red-Hairs; 1787) and the *Bankoku Sinwa* (New Tales From All Over the World; 1789).

The first publication contains quite some information, based on the experience of the writer, his *Rangakusya* friends and the knowledge obtained by the writer on his visits to the Dutch when in Edo. The book contains some illustrations originating from G. de Lairesse's *Groot Schilderboek*, an important treatise on the history of European painting. The basis for the *Kômô Zatuwa* may have been the vocabularies contained in the publications of the Nagasaki interpreters. The Dutch words are transcribed in katakana. The work contains over three thousand entries covering astronomy, geography, physiology, diseases, clothing, food, minerals, cereals etc., as well as a list of the names of the countries of the world in the appendix. It was a most handy and convenient publication and became very popular among the *Rangakusya* towards the end of the Edo period. Mitukuri Genpo (1799-1863), an important Dutch scholar at the end of the Edo period, edited it in a version with the Dutch spelling instead of the Japanese transcription.

Another very influential publication was the before mentioned the *Rango Yakusen*. It is credited to Okudaira Masataka (1781- 1855) and Baba Sazyûrô, but was actually compiled by Baba. It was published in Edo in 1810. The entries are arranged according to subject, and divided in astronomy, zoology, physiology, and so on. It contains five thousand entries, in this following *Zatuzi Ruihen* (A Japanese language 'encyclopedia', compiled by the Confucianist scholar Shibano Teitoku). For purposes of composition, the *Rango Yakusen* may be seen as the most representative Dutch-Japanese dictionary produced in Japan at this time.

Another influential publication was the *Bastaard Woordenboek*, based on *Woordenschat* by L. Meijers (Amsterdam, 1687). The Japanese work was compiled and published by Ôe Syuntô (1787-1844) in 1822 in Edo. Bastaard, in those days, denoted derivatives from a foreign language in Dutch. This dictionary served as a handy tool for knowing all the medical and scientific terms in Dutch that derived from English, Latin, French etc. The author was official physician of Nakatu-han. His descendants are still upholding the medical profession today, in Nakatu City.

5. Conclusion

Western empirical methods and inventions were greatly admired. The application of the Rangaku scholars to the study of these sciences was based on a dedication to free, unfettered science, thus diametrically opposing the kind of scholarship that would normally be promoted and supported by the authorities. Among the scholars in the first half of the nineteenth century, many are classified as *honyakuka*, translators. Their translating activities made much material available to the general public. In this process, they coined many terms that are still used daily in present-day Japan. A final aspect of the rise of Western learning in Japan was the gradual growth of criticism on the *Bakuhu*'s policy of the closing of the country, and the cry for the importation of foreign culture, science and thinking. The author has come to be deeply impressed by the *Rangakusya*'s dedication toward their particular field of study, and to the people of their country. The phrase 'for the well of the public' or 'for the public welfare' is constantly found. One Dutch scholar regarded his role as requiring that 'we live for others, not for ourselves'. *Rangakusya*, be they famous or not, must have subscribed to the Dutch saying:

> 'Men moet eeten om te leeven, maar niet leeven om te eeten. (One should eat in order to live, not live in order to eat.)'

The relatively small group of Dutch, or Western scholars created by their activities a new spirit of curiosity, seeking modern scientific knowledge, directing their efforts toward the welfare and benefit of the four classes of Edo period Japan. After two hundred years, the *Rangakusya*'s field of study included such various categories as natural sciences, philosophy, and military science. However, it was the knowledge ofthe Dutch language that gave the key impetus and provided the essential means for this development, as Japan slowly began to turn to the recognition of, and struggle with the outside world and its different values and traditions. *

＊ "Papers of the Workshop on the History of the Medical Exchange between Japan and the Netherlands, Tokyo, Nov. 25-29, 1985" (Journal of the Japan-Netherlands Institute vol. 1, 1989).

3

THE DUTCH STYLE PHYSICIANS IN THE TOKUGAWA PERIOD

Concerning the introduction of Western medicine to Japan during the period 1640-1867, there still remain many questions to be answered. In the present essay I attempt to clarify the significance that the Dutch-style medicine exerted on the modern history of Japanese medicine.

The Japanese medical world is usually considered to have two divisions or schools : *Ranpô* (the Dutch-style of medicine) and *Kanpô*, *Koihô* or *Kohôka* (the Chinese-style of medicine or the Classicist Medical School). As my research will show, however, it is not always necessary to make this distinction.

In so-called "Red-haired Medicine" taught by the physicians of the VOC (the United East India Company), Japanese interpreters in Nagasaki played an important role as mediators. The interpreters' families, such as Motoki, Narabayasi and Yosio families, laid down the basis for Dutch surgical schools in Japan, which they called Dutch-Style Surgery. In 1682 the interpreter Motoki Ryôi (1628-97) translated the Dutch edition of J. Remmelin's *Pinax Microcosmographicus,* a collection of folding anatomical plates, under such Japanese titles as: *Oranda Dôningyô no Zu* or *Orandakeiraku Kinmyaku Zohu no Zu* etc. Afterwards in 1772, Suzuki Sôun published it under the title of *Orandazenku Naigai Bungôzu* and *Kengô* in two volumes. Probably the Dutch doctor W. Ten Rhijne in Dezima assisted him in the work of translation. This was the first book of Western medical science that was translated in Japan. Narabayasi Tinzan (1648-1711), who was also an interpreter, translated A. Paré's book on surgery (*De Chirurugie ende alle de opera*) under the Japanese title *Kôi Geka Sôden* in 1706. The translation was circulated in manuscript form among the surgeons of the Dutch-style school.

In 1774 the *Kaitai Sinsyo* (*New Book of Anatomy*) was published as the result of the efforts of a group of young Japanese physicians. The some of illustrations in the *Kaitai Sinsyo* were quoted from other books of anatomy. Though the Dutch-style medicine had already been known through the interpreters at Nagasaki, *Kaitai Sinsyo* was the first book to publicize the efficacy of European anatomical concepts through the medium of printed words. It also helped to transfer the center of *Rangaku* (Dutch learning) from its

original interpreter base at Nagasaki to the intellectual world of Edo.

The Dutch-style medicine thus spread from Nagasaki to Edo, and the project of translating the Dutch edition of J. A. Kulmus's *Ontleedkundige Tafelen* was started by Sugita Genpaku and his colleagues. They had already performed an autopsy on the body of an old woman in the spring of 1771. The publication of *Kaitai Sinsyo* paved the way for the study of Western medical science.

After Genpaku's death, Ôtuki Gentaku, one of Genpaku's disciples, devoted himself to Rangaku. Gentaku maintained a leading center of Dutch learning, and his private school or Sirandô, which succeeded Genpaku's school, became a mecca for students of Dutch studies. His register, or the *Saisyo*, lists the names of 94 of his followers, whose achievements and influence spread all over Japan. In 1790, Ôtuki Gentaku completed his *Yôi Sinsyo* (the New Book of Surgery). a translation of L. Heister's *Chirurgie.* Among his followers we see some important names such as Udagawa Genzui, Udagawa Gensin, Inamura Sanpaku (Unagami Zuiô), Yamamura Saisuke and Hasimoto Sôkiti.

It was as early as the beginning of the eighteenth century, that a new Classicist Medical School was set up in Kyôto as a reaction to the traditional Chinese medicine. The school emphasized the learning of Western anatomy in a systematic manner and with practical application, and began a new trend in Japanese medicine. which laid emphasis on the experimental method. One of the Classicists, Yamawaki Tôyô, a disciple of Gotô Konzan (1653-1727), performed the first dissection of a human corpse in Kyôto in 1754 under a government licence. He published *Zôsi* (A Treatise on the Human Organs) in 1759. Tôyô had compared the illustrations from his copy of Vesling's book with what he observed at the dissection, and had been deeply impressed with their accuracy. His *Zôsi* also demonstrated that further researches based on anatomical dissections would be valuable. After Tôyô, a dissection was made by Kawaguti Sinnin, who published *Kaisihen* (On the Dissection of Bodies) in 1772. This book was an enrichment of *Zôsi* as it contained 23 illustrations including those of some organs shown in cross section. It was two years before the above mentioned *Kaitai Sinsyo* was published. This, in fact, is considered to be the true beginning of experimental medicine in Japan.

The Classicists in Kyôto would always say that they had to examine in detail the inner structure of the human body. It may be said that while the Kyôto medical school emphasised practical anatomy, the Edo medical school depended on learning from the books they had translated. In Edo, Gensin, the adopted son of Udagawa Genzui, played a prominent role intranslating Dutch texts. In 1808, he compiled *Seisetu Ihanteikô Syakugi* (General Outline of Western Medical Precepts, with notes), which explained the structure and function of the various human organs. Gensin's son-in-law Yôan succeeded

his father in Dutch learning, and he took responsiblity for introducing the system of botany and chemistry to Japan. Gensin's work and influence were of great importance. His desciple and their followers became the leading scholars of Dutch studies in the earlier decades of the nineteenth century.

Inamura Sanpaku, on the other hand, removed from Edo to Kyôto and, establishing a private school, became a leading scholar there. Huzibayasi Husan and Komori Tôu were among his accomplished followers. They took a great interest in anatomical dissection and acquired considerable skills and knowledge. Komori was especially skillful in surgery and dissection.

In Kyôto the Classicist Medical School and the Dutch Medical School were not distinctly separated: they cooperated in making efforts to introduce a new empirical approach in medical treatment and in anatomy. Yamawaki Tôkai (1757-1834), Tôyô' s grandson, performed a dissection in the presence of many Chinese-style physicians in Kyôto. Some of the Kyôto Classicists went to Nagasaki to study Western medical techniques. Ogino Taisyû (1737-1806), a student of the Yamawaki school and later a court surgeon, was a phlebotomist, and he became acquainted with C.P. Thunberg and other Dutch physicians of Dezima. He also assisted Kawaguti Sinnin at his dissection as an observer. Koisi Gensyun (1743-1808), a student of Yamawaki Tôyô, was known as an authority on the art of dissection in Kyôto, and he used to participate energetically in the debates on the science of anatomy.

There is no doubt that the surgeons of the VOC played an important role in the introduction of Western medical science. The so-called "ship's surgeons" differed greatly from the academically trained doctors, as Ôtuki Gentaku indicates in his essay. Nevertheless, they helped introduce the latest European medical and scientific books and several pieces of information to Japanese physicians. W. ten Rhijne (in Dezima from 1674 to 76) and C. P. Thunberg (in Dezima from 1775 to 76) were the only ones that had medical degrees before coming to Japan. Among the Dutch surgeons who came to Dezima, however, there were many excellent physicians such as Casper Schamberger (in Dezima, 1649-51), E. Kaempfer (1690-92), H. Kats (1660-62), D. Bosch (1662-65 /1649-51)[?], W. Hoffman (1671-75) and von Siebold (1823-29). There was also a navy doctor named J. L. C. Pome van Meerdervoort (Pompe) who was the most brilliant Dutch physician working in Japan during the last days of the *Tokugawa Syôgunate*. In addition to this, the medical books brought into Japan by those physicians had a great influence upon the Japanese medical world, arousing interest and reaction as well. The books also introduced such famous historical names as Hippocrates, L. Heister, H. Boerhaave and C. W. Hufeland. Their approach to medical science provided invaluable

examples for Japanese physicians.

From 1815, the Dutch in Dezima were placed under the responsibility of the Ministry of Colonies. The physicians in Dezima were no longer ship's surgeons but health officers. In 1854, Japan opened its country to the world, and the number of foreigners in Japan gradually increased. An army doctor named O. Mohnik (1814-86) and a navy doctor named J. L. C. Pompe van Meerdervoort (1829-1908) played an essential role in the final phase of the introduction of Western medicine.

On November 12 in 1857, Pompe started a five-year medical course and, in September 1859, he made both anatomical and surgical demonstrations for the students. Two years later, he opened the *Yôzyôsyo*, which was the first Western-type hospital in Japan, and through the Yôzyôsyo he gave practical instruction in medicine to Japanese students. Thus his long cherished objectives were materialised.

In 1861, the *Syôgunate* renamed the *Syutôzyo* (the Vaccination Institute) and then, the *Seiyô Igakusyo* and *Igakusyo* (the Institute for Western Medicine). In 1868, the new government of *Meizi* officially decided to accept Western medicine over Chinese. As a result, *Igakukan* (the Center for traditional medicine) was closed down , while the *Igakusyo* was reopened.

As the *Meizi* era began, the predominance of Dutch medicine in Japan came to an end, and its role was gradually taken over by German medicine. It was through the Dutch physicians, however, that the Japanese physicians became familiar with the fundamental methods of Western medical science and prepared themselves for accepting Western ways of thought in the latter half of the nineteenth century. *

＊拙著『江戸の阿蘭陀医師』（早稲田大学出版部，2002年5月）

[著者略歴]

杉本つとむ　Sugimoto Tutomu

1927年横浜生まれ。

文学博士（東北大学）。早稲田大学名誉教授。

編著書：『杉本つとむ著作選集』（全十巻、八坂書房）に収録の主著の他に、近刊として『語源海』（東京書籍）、『蘭学三昧』（皓星社）、『市民のための国語の授業』（おうふう）、『馬琴、滝沢瑣吉とその言語生活』（至文堂）、『日本本草学の世界』『漢字百珍』（八坂書房）、『井原西鶴と日本語の世界』（彩流社）などがある。なお公開講演などを請われることも多く、海外をふくめその一端を右ページに紹介した。

蘭学と日本語

2013年10月25日　初版第1刷発行

著　者　杉本つとむ

発行者　八坂立人

印刷・製本　モリモト印刷(株)

発行所　(株)八坂書房

〒101-0064　東京都千代田区猿楽町1-4-11

TEL.03-3293-7975　FAX.03-3293-7977

URL.：http://www.yasakashobo.co.jp

ISBN 978-4-89694-159-3